Multiple Sklerose

Klinik – Differentialdiagnose – Behandlung

Reiner W. Heckl

87 Abbildungen

Georg Thieme Verlag Stuttgart · New York 1994

Dr. med. Reiner W. Heckl
Leitender Arzt der Abt. Akute und Allgem. Neurologie
Rehabilitationskrankenhaus Karlsbad-Langensteinbach
Akademisches Lehrkrankenhaus der Universität Heidelberg
Guttmannstraße 1
76307 Karlsbad

Die Deutsche Bibliothek – CIP-Einheitsaufnahme

Heckl, Reiner W.:
Multiple Sklerose : Klinik, Differentialdiagnose, Behandlung /
Reiner W. Heckl. – Stuttgart ; New York : Thieme, 1994

Printed in Germany
Satz: Mitterweger, 68723 Plankstadt
Gesetzt auf: Typoscript
Druck: Gutmann + Co, 74388 Talheim

ISBN 3-13-114501-3 1 2 3 4 5 6

Wichtiger Hinweis:

Wie jede Wissenschaft ist die Medizin ständigen Entwicklungen unterworfen. Forschung und klinische Erfahrung erweitern unsere Erkenntnisse, insbesondere was Behandlung und medikamentöse Therapie anbelangt. Soweit in diesem Werk eine Dosierung oder eine Applikation erwähnt wird, darf der Leser zwar darauf vertrauen, daß Autoren, Herausgeber und Verlag große Sorgfalt darauf verwandt haben, daß diese Angabe dem Wissenstand bei Fertigstellung des Werkes entspricht.

Für Angaben über Dosierungsanweisungen und Applikationsformen kann vom Verlag jedoch keine Gewähr übernommen werden. Jeder Benutzer ist angehalten, durch sorgfältige Prüfung der Beipackzettel der verwendeten Präparate und gegebenenfalls nach Konsultation eines Spezialisten, festzustellen, ob die dort gegebene Empfehlung für Dosierungen oder die Beachtung von Kontraindikationen gegenüber der Angabe in diesem Buch abweicht. Eine solche Prüfung ist besonders wichtig bei selten verwendeten Präparaten oder solchen, die neu auf den Markt gebracht worden sind. Jede Dosierung oder Applikation erfolgt auf eigene Gefahr des Benutzers. Autoren und Verlag appellieren an jeden Benutzer, ihm etwa auffallende Ungenauigkeiten dem Verlag mitzuteilen.

Dem Andenken meines Vaters
Dr. rer. nat. Leonhard Heckl

Vorwort

Die Multiple Sklerose ist die komplizierteste neurologische Krankheit und muß derartig häufig in die Differentialdiagnose einbezogen werden, daß sie gewissermaßen ständig im Bewußtsein des Neurologen gegenwärtig ist. Die Krankheit kann so typisch verlaufen, daß sogar einem noch unerfahrenen Arzt die Diagnose leicht gelingt. Sie kann aber ebenso mit derartig unbestimmten und unspezifischen Symptomen einhergehen, daß selbst der erfahrene Neurologe immer wieder die Waffen strekken und resignierend die Diagnose im Ungewissen lassen muß.

Nicht allzu selten kommt es vor – und jeder Neurologe fürchtet dies –, daß man eine *andere* Krankheit als Multiple Sklerose verkennt und damit dem Kranken eine mögliche Hilfe vorenthält.

Unbestimmte Diagnosen oder gar Fehldiagnosen sind häufig. Durch die Analyse einer Reihe von Fehldiagnosen, meist aus der eigenen Klinik, weiß ich: Die Ursache des Irrtums ist nicht immer eine in der Natur der Sache gelegene, schicksalsgegebene Zwangsläufigkeit, die man einfach hinnehmen muß. Viel häufiger wird einfach die *Vorgeschichte* nicht exakt erhoben oder man verläßt sich allzu leicht auf apparative Befunde. Dies ist wiederum weniger durch ein Nachlassen der diagnostischen Wachsamkeit im klinischen Alltag zu erklären als vielmehr durch eine nicht so subtile Kenntnis der Krankheit.

In diesem Buch habe ich versucht, die Multiple Sklerose in allen ihren klinischen Facetten darzustellen. Die *Symptome* der Krankheit werden so beschrieben, wie sie sich zeigen können, wenn man sie richtig erfrägt.

Besondere Bedeutung habe ich der *Differentialdiagnose* zugemessen. Auch hier wird dem Prinzip gefolgt, das herauszustellen, was man anamnestisch erfragen kann. Auf diese Weise soll der Leser erkennen, wie weit die Diagnose der Multiplen Sklerose schon am Krankenbett – das heißt *ohne* Zusatzuntersuchungen – möglich ist. Nur wer diese Möglichkeiten kennt, kann die Zusatzuntersuchungen klinisch folgerichtig und damit zweckmäßig, schonend und sparsam einsetzen.

Die *Therapie* der Multiplen Sklerose ist noch unbefriedigend. Es gibt aber gute therapeutische Ansätze und viele Möglichkeiten der ärztlichen Betreuung. Davon handelt der letzte Abschnitt des Buches.

Ich habe versucht, dem Leser ein möglichst übersichtliches *Ordnungsprinzip* zu bieten. Eine so vielgestaltige und wechselhafte Krankheit wie die Multiple Sklerose läßt sich aber nicht ohne Zwang in ein System gliedern, das vorwiegend der Übersichtlichkeit dient. Ich habe deshalb versucht, die so entstandenen Mängel durch zahlreiche Querverweise auszugleichen. Die Querverweise sollen dem Leser aber auch Wiederholungen ersparen und ihm helfen, bestimmte Zusammenhänge zu sehen.

Dieses Buch ist nicht ohne direkte und indirekte Hilfe anderer entstanden. Meinem Freund, Herrn Oberstudienrat *Herbert Kern*, Horb, danke ich für seine Strenge, mit der er das Manuskript korrigierte und durch Streichungen dem Leser manches erleichterte. Herrn *Dr. Clauß*, Chefarzt der Abteilung Psychiatrie am Rehabilitationskrankenhaus Karlsbad, danke ich für seine ständige Diskussionsbereitschaft und seine wertvollen Anregungen zu den Kapiteln, welche sich mit psychischen Veränderungen bei Multiple-Sklerose-Kranken beschäftigen. Meinen *Mitarbeitern* danke ich für die vielen Anregungen, Verbesserungen des Manuskriptes und Durchsicht der Druckfahnen. Mein ganz besonderer Dank gilt meiner Sekretärin Frau *Marianne Jock*, die mit unerschöpflicher Geduld das Manuskript erstellte, mit beachtlichem Gleichmut alle Korrekturwünsche erfüllte und ohne Klagen auch noch das Literaturverzeichnis ertrug.

Dem Thieme-Verlag danke ich für die stete Unterstützung und auf das Eingehen von Sonderwünschen, Frau *Martina Berge* für die Zeichnungen und der Redakteurin Frau *Christel Weiske* für ihre Akribie und ihren Scharfsinn, welche auch einen Neurologen beeindrucken.

Nicht zustande gekommen wäre dieses Buch ohne das Verständnis und die ständige Hilfe *meiner Frau*, die auf vieles bereitwillig verzichtete.

Karlsbad, Juni 1994 Reiner W. Heckl

Inhaltsverzeichnis

Klinisches Bild

Apparative Untersuchungen

Diagnose

Ärztliche Betreuung

1. Einleitung, Geschichte

Die Multiple Sklerose (MS) ist eine der wichtigsten Krankheiten des zentralen Nervensystems. In den alten Ländern der Bundesrepublik Deutschland gibt es etwa 50 000 bis 100 000 Kranke mit Multipler Sklerose. Wenn man andere neurologische Krankheiten wie z. B. die Parkinsonsche Krankheit (150 000 Patienten) oder gar den apoplektischen Insult zum Vergleich heranzieht, ist die Häufigkeit der Multiplen Sklerose auf den ersten Blick nicht so beeindruckend. Die Multiple Sklerose betrifft aber ganz überwiegend jüngere Menschen und wirft somit volkswirtschaftlich andere Probleme auf.

Für die klinische Neurologie liegt die besondere Bedeutung der Krankheit darin, daß sie durch die Mannigfaltigkeit ihrer Erscheinungsweise häufig diagnostische Probleme bereitet, deren Lösung nur mit breiter medizinischer Erfahrung und großer intellektueller Anstrengung – und auch dann nicht immer – möglich ist.

Die Multiple Sklerose ist eine Krankheit, bei der entzündliche Herde ganz unregelmäßig vorwiegend die weiße Substanz des Zentralnervensystems befallen. Durch die Verschiedenartigkeit der Lokalisation kommt es zu den völlig unterschiedlichen Symptomen und Symptomkonstellationen. Die Krankheitserscheinungen flammen immer wieder auf (Schübe) und können sich anfänglich fast ganz oder vollständig zurückbilden. Die Krankheit kann auch hoch akut und so zerstörerisch beginnen, daß sie sofort zur völligen Pflegebedürftigkeit oder gar zum Tod führt. Oft schreitet sie nur langsam fort, und es kommt erst nach Jahren oder Jahrzehnten zu mehr oder weniger schwerem Siechtum. Gar nicht so selten kann sie auch so leicht verlaufen, daß über Jahrzehnte oder sogar das ganze Leben fast keine oder nur eine geringe Beeinträchtigung besteht.

Auch wenn wir heute etwas genauere ätiologische Vorstellungen haben und dem Anfangsglied der pathogenetischen Kette ein wenig näher gerückt sind, sind wir dennoch weit von einer befriedigenden Erklärung der Ursache entfernt.

Wie lange es die Multiple Sklerose schon gibt, wissen wir nicht. Es wird aber vermutet, daß die Krankheit vor dem 17. oder 18. Jahrhundert noch gar nicht existierte. Diese Annahme stützt sich darauf, daß in früheren Zeiten weder von Ärzten noch von Laien irgend etwas festgehalten wurde, was man heute mit einer Multiplen Sklerose in Einklang bringen könnte.

Man kennt allerdings die Krankengeschichte einer Frau aus dem Mittelalter (St. Lidwina of Schiedam 1380–1433), aus der nach Medaer (1979) hervorgehen soll, daß es sich um eine Multiple Sklerose gehandelt hat. Dieser Deutung kann man aber nur mit großem Vorbehalt folgen.

Erst unmittelbar vor der Entdeckung der Multiplen Sklerose schrieb Auguste d'Esté (1794–1848), ein außerehelich geborener Enkel König Georgs III. von England, ein Tagebuch, in dem er seine unheimliche, von den Ärzten seiner Zeit nicht diagnostizierbare Krankheit im Verlauf von 26 Jahren aufs genaueste festhielt (Firth 1948). Nach heutigen Erkenntnissen ist daraus zweifelsfrei eine Multiple Sklerose zu erkennen.

Daß die Krankheit früher nicht beschrieben wurde, ist aber kein Grund dafür, anzunehmen, daß es sie in früheren Zeiten nicht gegeben hat. Es ist unwahrscheinlich, daß ein so wechselhaftes Krankheitsbild in einer Zeit hätte erfaßt werden können, in der die Ärzte sich noch ganz der hippokratischen Medizin verpflichtet fühlten und zudem noch völlig im magischen Denken verhaftet waren; in einer Zeit wo Descartes (1596–1659) glaubte, die Zirbeldrüse sei die Verbindungsstelle von

Körper und Seele. Wie hätte dieses Krankheitsbild, das erst in der Mitte des 19. Jahrhunderts von jetzt mehr naturwissenschaftlich denkenden Ärzten – aber nur mit Hilfe der recht jungen Neuropathologie – langsam erfaßt wurde, aus dem Nebel einer Vielzahl damals noch unklarer Krankheiten als Besonderheit hervorgehoben werden können?

Den Beginn der *Neuropathologie* kann man etwa am Anfang des 19. Jh. sehen, als z. B. Bichat (1802) feststellte, daß Organe keine einheitliche Masse darstellen, sondern aus Geweben aufgebaut sind. Nervenfasern wurden erst 1824 entdeckt (Dutrochet), die Myelinscheide 1838 von **Theodor Schwann.**

Wann nun die Geschichte der Multiplen Sklerose eigentlich beginnt, ist nicht genau zu bestimmen. Die erste Beschreibung erfolgte nicht von klinischer, sondern von *neuropathologischer* Seite. Auch den Ärzten in der ersten Hälfte des 19. Jahrhunderts ist es nicht gelungen, die Multiple Sklerose rein klinisch in ihrer Vielfältigkeit als Einheit darzustellen.

Robert Carswell (1793–1857) veröffentlichte 1838 einen pathologisch-anatomischen Atlas (Pathological Anatomy Illustrations of the Elementary Forms of Disease, Green & Longman, London), in welchem ein „sonderbarer Krankheitsbefund an Rückenmark und pons varolii" bei zwei Patienten abgebildet war, der auch nach heutigen Erkenntnissen typische Multiple-Sklerose-Herde darstellte (Abb. 1.**1**). Bei beiden Patienten bestanden Lähmungen, die genaue Krankengeschichte ist aber nicht festgehalten (Compston 1988).

R. Hooper (1783–1835) veröffentlichte den ersten neuropathologischen Atlas (The Morbid anatomy of Human Brain, London 1828). Hier soll zum ersten Mal ein Multiple-Sklerose-Herd abgebildet worden sein (McHenry 1969), was jedoch von Compston (1988) bestritten wird.

Jean Cruveilhier (1791–1873), der den Lehrstuhl für Pathologie in Paris innehatte und auch die Sektionen für die Salpêtrière durchführte, gab zwischen 1835 bis 1842 in verschiedenen Folgen ebenfalls einen Atlas heraus, in dem er an einer Stelle detailliert Rückenmarksherde beschrieb, welche Multiple-Sklerose-Herden entsprechen. Er stellte die Verhärtung der Herde fest und bezeichnete sie als Flecken oder Inseln.

Rindfleisch entdeckte 1863, daß sich im *Zentrum* eines jeden Skleroseherdes ein *Gefäß* befand. Er beschrieb auch die Keilform der Herde im Rückenmark, die mit ihrer Basis der Peripherie anliegen (s. Kap. 4, S. 18).

Frerichs (Internist in Berlin, gestorben 1885) waren diese Abbildungen Cruveilhiers bekannt. Er stellte 1849 zum ersten Mal *klinisch* die Diagnose „herdförmige Sklerose".

Weitere Beschreibungen erfolgten um 1850 durch *Rokitansky* und *Türck*.

Valentiner, ein Schüler Frerichs, fand 1856 die Diagnose seines Lehrers autoptisch bestätigt und hat selbst die Krankheit klinisch noch etwas genauer erfaßt. So stellte er fest, daß vorwiegend *jüngere* Menschen betroffen sind, daß *motorische* Störungen im Vordergrund stehen und daß die Krankheit *wellenförmig* verläuft. Auch *psychische* Störungen hob er hervor, die besonders dann ausgeprägt seien, wenn das Gehirn von vielen Herden befallen ist.

Die maßgebende Beschreibung der Krankheit, welche diese dann auch weltweit bekannt machte, stammte von **Jean Martin Charcot** (1825–1893, Paris), der in seinen Arbeiten, vor allem in seinen Vorlesungen ab dem Jahre 1868, immer wieder darauf zurückkam. Im Jahr 1868 beschrieb er die Multiple-Sklerose-Herde makroskopisch und mikroskopisch, stellte dann den *Myelinverlust* fest (1877) und vermutete, daß die Impulse über die nackten Axone nicht weitergeleitet werden könnten. Er fand heraus, daß der Tremor allein keine Krankheit, sondern ein Symptom darstellt, und trennte den *Tremor bei Paralysis agitans* (Parkinson-Syndrom) von dem *Intentionstremor* bei Multiple Sklerose ab. Weiterhin beschrieb er die myatrophische Lateralsklerose und grenzte sie von der Multiplen Sklerose ab. Er fand auch, daß das *weibliche* Geschlecht häufiger von der Multiplen Sklerose betroffen ist. Diese aus heutiger Sicht richtige Feststellung könnte aber damals ein Artefakt gewesen sein, denn die Salpêtrière war vor der Zeit Charcots ein Frauenhaus gewesen (4000 Bewohnerin-

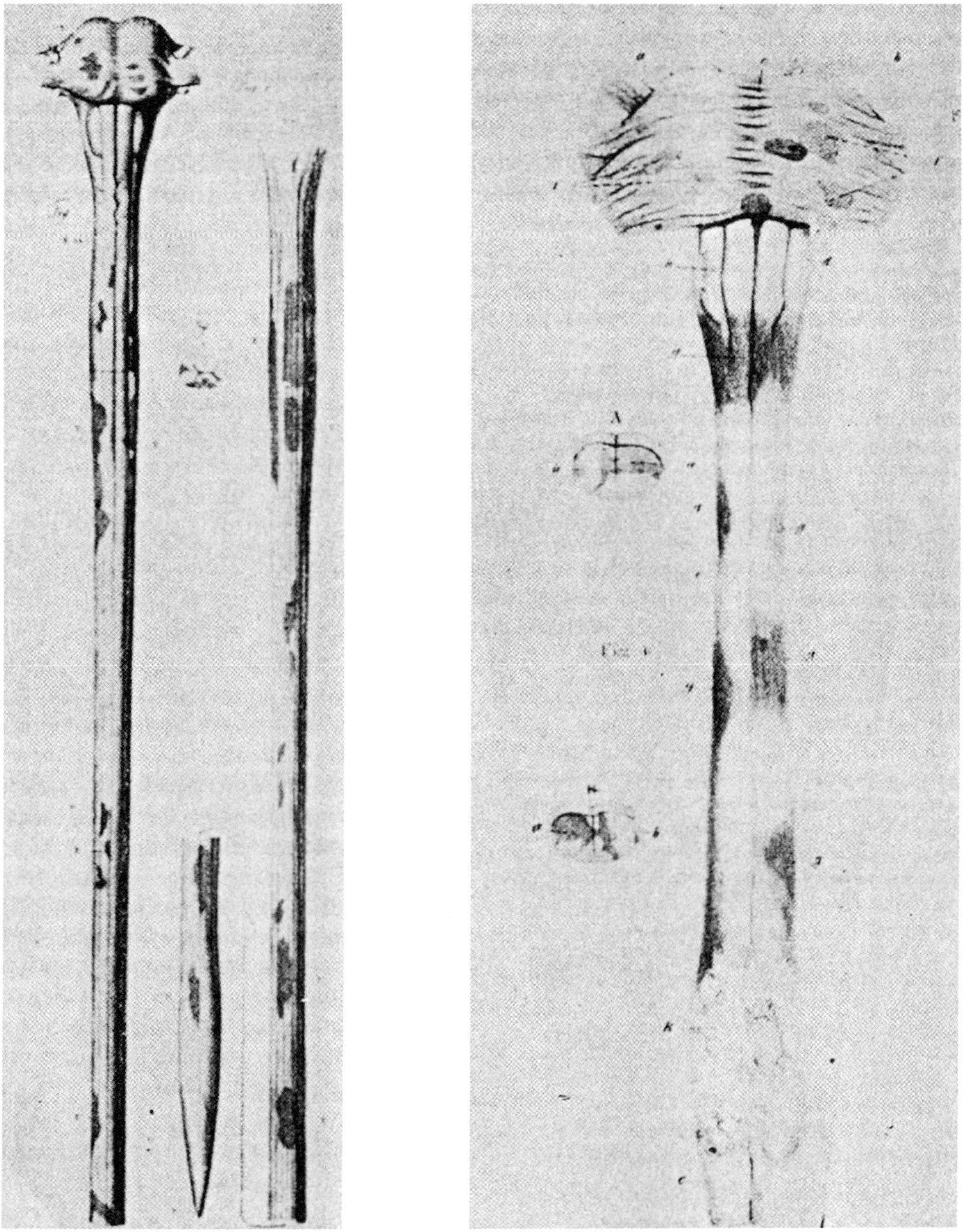

Abb. 1.1 Robert Carswell, 1838. Erste sichere Darstellung von Multiple-Sklerose-Herden (Rückenmark und Hirnstamm)

nen), und auch später überwogen weibliche Patienten.

Charcot beschrieb auch *psychische* Störungen bei Multipler Sklerose, wie gehobene und optimistische Stimmungslage, vermindertes emotionales Mitschwingen und eine intellektuelle Beeinträchtigung, welche er von der Demenz bei progressiver Paralyse abgrenzte.

Um die Buntheit des klinischen Bildes der Multiplen Sklerose darzustellen, erzählte Charcot (1877) in einer seiner Vorlesungen folgende Geschichte: Ein angesehener Arzt, der aber kaum mit der Symptomatik der Multiplen Sklerose vertraut war, habe einen Freund von ihm besucht. Um dem Gast eine Ehre zu erweisen, habe sein Freund ihm einen Fall mit der neuen Krankheit vorgestellt. Der Patient ging ein paar Schritte. „Das ist ein Ataktiker" (gemeint wohl ein Tabiker), sagte der Gast. „Vielleicht – aber was halten Sie von den rhythmischen Bewegungen, mit denen die Arme schütteln?" „Er muß zusätzlich eine Chorea haben oder vielleicht eine Paralysis agitans." Als der Patient dann seltsam skandierend sprach, sagte der Gast: „Das sind Symptome, die zur progressiven Paralyse gehören. Aber um Himmels Willen, hören sie auf! Ihr Patient ist wohl ein wandelndes Lehrbuch der kompletten Neuropathologie."

Die Leistung von Charcot und seinen Vorgängern war enorm. Die neurologische Untersuchung, wie wir sie heute kennen, wurde in ihren Grundzügen erst in den Jahren 1870 bis 1900 entwickelt. Die Prüfung der Reflexe z. B. wurde erst 1875 von **Westphal** eingeführt und etwa 1880 von Charcot übernommen, die Bedeutung der spastischen Tonuserhöhung war nicht bekannt. Noch um 1870 untersuchte Charcot seine Patienten kaum, sondern beobachtete sie in erster Linie, wobei er gerade in der Kunst der Beobachtung die größte Meisterschaft entwickelte. Aber ohne die pathologisch-anatomischen Studien von Charcot und seinen Vorgängern wäre die rein klinische Beschreibung auf einer solchen Ebene der reduzierten Befunderhebung nicht denkbar gewesen.

Die Kenntnis der Krankheit verbreitete sich jetzt rasch. In England wurde der erste Fall 1875, in Amerika 1878 beschrieben.

Weitere diagnostische Möglichkeiten ergaben sich, nachdem **Quincke** (1842–1922) die Lumbalpunktion eingeführt hatte (1891). Die fortschreitende Entwicklung der Medizin (Radiologie, Labormedizin) half nur, die Differentialdiagnose der Multiplen Sklerose zu erleichtern, indem sie den Ausschluß anderer Krankheiten erleichterte, wobei dann schließlich die Computertomographie die größte Rolle spielte. Ein direkter Nachweis der Krankheit ist auch heute noch nicht möglich.

Die Diagnostik der Multiplen Sklerose hat sich aber so verbessert, daß in vielen Fällen die Diagnose dennoch sicher gestellt werden kann. Neben der Verfeinerung der *Liquordiagnostik* hat vor allem die Ableitung von *evozierten Potentialen* dazu beigetragen. Die Einführung der Summations- und Mittellungstechnik durch **Dawson** 1955 hat die Voraussetzung geschaffen, daß **Halliday** (1967, 1972) die Ableitung evozierter Potentiale in die Klinik einführen konnte, eine Untersuchungstechnik, die sich dann in den 70er Jahren überall verbreitete. Ein weiterer Meilenstein war die Einführung der *Kernspintomographie*, durch die dann Multiple-Sklerose-Herde bildlich dargestellt werden konnten (Young u. Mitarb. 1981).

Obwohl wir in der Diagnostik der Multiplen Sklerose eine Reihe von ganz ausgefeilten apparativen Zusatzmethoden zur Verfügung haben, auf die wir praktisch auch immer angewiesen sind, ist die Diagnose noch heute in erster Linie eine *klinische* Diagnose, die nur auf der Basis der rein klinischen Untersuchung – nämlich der Anamnese- und neurologischen Befunderhebung – möglich ist.

2. Epidemiologie

Allgemeines

Die Epidemiologie ist eine Forschungsrichtung, welche die Ursachen der Verbreitung und Ausbreitung einer Krankheit zu erfassen versucht. Über epidemiologische Forschungen kann man nicht nur Hinweise für die Prävention und Bekämpfung von Krankheiten, sondern auch für deren Ätiologie gewinnen. So haben epidemiologische Studien schon öfter wichtige Zusammenhänge aufgedeckt, wie z.B. zwischen Cholesterinspiegel und koronarer Herzkrankheit, Hochdruck und Schlaganfall oder Rauchen und Bronchialkarzinom. Aus diesem Grund wurde und wird auf der ganzen Welt intensiv und mit großem Aufwand die Epidemiologie der Multiplen Sklerose erforscht.

Da die Multiple Sklerose, verglichen mit der koronaren Herzkrankheit, relativ selten ist und man zudem die Diagnose oft nur schwer stellen kann, sind die epidemiologischen Untersuchungen sehr schwierig und aufwendig. Um eine brauchbare Statistik zu bekommen, muß man große Teile einer Bevölkerung erfassen und in vielen Fällen die Diagnose überprüfen.

Erschwerend kommt hinzu, daß die Häufigkeit der Multiplen Sklerose auch innerhalb eines Landes oft schwankt und Hochrechnungen deshalb nur ungenau die Prävalenz wiedergeben.

Es gibt einige hundert epidemiologische Studien, die teilweise neue Erkenntnisse erbrachten, durch widersprüchliche Ergebnisse aber auch Verwirrung stifteten. Man weiß heute, daß die Multiple Sklerose geographisch eine ganz besondere Verteilung aufweist und daß bei ihrer Entstehung sowohl exogene als auch endogene (genetische) Faktoren beteiligt sind.

Am besten wäre es, wenn man überall die *Inzidenz* der Multiplen Sklerose bestimmen könnte. Man versteht unter Inzidenz die Zahl der Neuerkrankungen während eines Jahres pro bestimmte Bevölkerungszahl, meist angegeben als n/100 000. Aber gerade die **Inzidenz** ist bei der Multiplen Sklerose schwer zu bestimmen, da im Einzelfall oft gar nicht klar ist, wann die Krankheit begonnen hat. Meist zeigen sich anfangs flüchtige Symptome, die nicht beachtet und damit nicht registriert werden. Außerdem kann die Entwicklung der ersten Symptome so schleichend sein, daß der Beginn nicht genau festzulegen ist. Die Inzidenz der Multiplen Sklerose für Deutschland wird auf 3/100 000 geschätzt (Wikström u. Mitarb. 1977, Firnhaber u. Lauer 1985, Buddenhage u. Pantovic 1985).

Etwas einfacher, aber ebenfalls problematisch, ist die Bestimmung der **Prävalenz**, d.h. die Zahl aller Erkrankten pro 100 000 Einwohner zu einem bestimmten Zeitpunkt. Aber auch die Prävalenz ist – vor allem in unterentwickelten Ländern – schwer festzustellen. Oft ist die Diagnose nicht genügend sicher, und in Ländern mit unzureichender ärztlicher Versorgung wird sie oft auch bei sicheren Fällen nicht gestellt. In den meisten hochentwickelten Ländern wiederum gibt es kein Multiple-Sklerose-Register, was die Bestimmung der Prävalenz sehr erschwert. Hinzu kommt, daß in vielen Ländern verschiedene ethnische Gruppen leben, die zahlenmäßig nicht richtig erfaßt sind.

Aber gerade die Untersuchung der Prävalenz und Inzidenz in *Ländern mit verschiedenen ethnischen Gruppen* ist außerordentlich wichtig. Derartige Erhebungen haben zu hochinteressanten Ergebnissen geführt, besonders in Ländern, in die viele Menschen aus Gegenden mit einer anderen

Multiple-Sklerose-Prävalenz eingewandert sind (s. u.).

Die einzelnen Untersuchungen zur Inzidenz und Prävalenz der Multiplen Sklerose sind wegen methodischer Unterschiede oft nur schwer miteinander zu vergleichen. So ergaben erneute Untersuchungen in den gleichen Regionen nach 10 Jahren häufig völlig andere Ergebnisse, so daß Aussagen zur Zunahme oder Abnahme der Inzidenz bzw. Prävalenz der Multiplen Sklerose nur mit großer Vorsicht zu verwerten sind.

Man spricht von einer *geringen* Prävalenz der Multiplen Sklerose wenn die Zahl der Erkrankten unter 10/100 000 liegt, von einer mittleren Prävalenz bei $10–29/10^6$ und von einer *hohen* Prävalenz bei über $30/10^6$.

So liegt die Prävalenz in Südniedersachsen bei $85{,}7/10^6$ (Wikström u. Mitarb. 1977), in Südhessen bei $68/10^6$ (Firnhaber u. Lauer 1985). Die höchste Prävalenz der Multiplen Sklerose in Europa herrscht in Nordostschottland und beträgt $155/10^6$ (Downie u. Phadke 1983), wenn man von dem Extremfall der Orkney-Inseln absieht, wo sie $224/10^6$ (Cook u. Mitarb. 1985) beträgt. Die niedrigste Prävalenz in Europa besteht wohl in Malta ($4/10^6$) und auf den Kanarischen Inseln mit $1/10^6$ (Tab. 2.**1**).

Geographische Verteilung und Prävalenz der Multiplen Sklerose

Die Prävalenz der Multiplen Sklerose ist nicht nur in den verschiedenen geographischen Regionen, sondern auch bei verschiedenen Völkern ganz unterschiedlich. Sehr verallgemeinernd kann man sagen, daß die Prävalenz höher wird, wenn man sich vom Äquator sowohl in nördliche als auch in südliche Richtung bewegt. Dabei ist ganz überwiegend die weiße Bevölkerung betroffen, was Kurtzke (1970) veranlaßte, die Multiple Sklerose als die „Last der Weißen" zu bezeichnen.

In den gemäßigten und etwas kälteren Zonen ist die Häufigkeit der Multiplen Sklerose größer als z. B. in der Mittelmeerregion (Abb. 2.**1**). Dort ist allerdings die Häufigkeit der Multiplen Sklerose bisher wohl zu gering eingeschätzt worden (Granieri u. Rosati 1982), was vermutlich auf unzureichende frühere Studien zurückzuführen ist. Es ist nicht ausgeschlossen, daß durch zukünftige Untersuchungen gezeigt wird, daß das Nord-Süd-Gefälle doch nicht durchgehend gilt bzw. daß es nicht so stark ist, wie es bisher den Anschein hatte. Auch in der Schweiz, gewissermaßen dem Tor zum Süden, herrscht eine ungewöhnlich hohe Prävalenz ($100–200/10^6$). So liegt sie im Kanton Bern mit $110/10^6$ (Beer u. Kesselring 1988) höher als in Deutschland und kommt fast der Prävalenz in Schweden gleich.

Das Nord-Süd-(Nord-Äquator-)Gefälle zeigt sich nicht nur in Europa, sondern auch in Amerika und zum Teil auch in Asien. Ein Süd-Äquator-Gefälle findet man in Südamerika, vor allem aber auch in Australien und Neuseeland. (Skegg u. Mitarb. 1987). Zu den *Polkappen* hin scheint die Prävalenz dagegen wieder abzufallen. Genaue Angaben gibt es aber nicht, denn diese unwirtlichen Gegenden sind epidemologisch kaum erforscht.

Das Prinzip des Nord-Süd-Gefälles auf der nördlichen Halbkugel gilt auch für die von der Multiplen Sklerose deutlich weniger betroffene nichtweiße Bevölkerung, vor allem für die Neger, Orientalen und vermutlich auch für die nordamerikanischen Indianer.

Das *Nord-Äquator-Gefälle* ist unregelmäßig und nicht durchgängig. So müßte man, von den Breitengraden ausgehend, in Japan eine ähnliche Prävalenz finden wie in Nordamerika oder Mitteleuropa. Die Prävalenz in Japan ist jedoch außerordentlich niedrig (0,7–4, in Amerika 60).

Auf den *Orkney- und Shetlandinseln* (60 ° nördliche Breite) herrscht eine außerordentlich hohe Prävalenz, auf den Faröern (62 ° n. Br.) aber nur eine mittelgradige. In *Sardinien* ist die Häufigkeit der Multiplen Sklerose für diese südlichen Gefilde mit $59/10^6$ auch ziemlich hoch, in *Malta* mit $4/10^6$ wiederum sehr niedrig.

In bestimmten Ländern, vor allem in Schweden, Finnland und Dänemark, gibt es *Regionen mit besonderer Häufung* der Mul-

Tabelle 2.**1** Einige Beispiele für die Prävalenz der Multiplen Sklerose in verschiedenen Regionen der Welt

Region	Prävalenz (Erkrankungen pro 100 000 Einwohner)	Autoren
Orkneyinseln		
1974	309	Postkanzer u. Mitarb. 1980
1983	224	Cook u. Mitarb. 1985
Faröer-Inseln		
bis 1943	kein Fall bekannt	
1950	43,8	Kurtzke u. Hyllested 1979 u. 1986
1960	67,8	
1970	61,7	
1980	43,1	
Nordostschottland		
1970	127	Shepherd u. Downie 1980
1973	144	Shepherd u. Downie 1980
1980	178	Downie u. Phadke 1983
Südostwales	120	Hennessy u. Mitarb. 1989
Südwest-Hampshire	99	Robert u. Mitarb. 1991
Deutschland		
Südniedersachsen 1975	85,7	Wikström u. Mitarb. 1977
Südhessen	68	Firnhaber u. Lauer 1985
Halle	44,9 (53,9)	Kissing u. Mitarb. 1986
Rostock	60,4	Buddenhage u. Pantovic 1985
Schweiz		
Kanton Bern (1986)	110	Beer u. Kesselring 1988
Ungarn		
Pécs	56,9	Pálffy 1986
Italien		
Norditalien, Ferrara	46,1	Granieri u. Mitarb. 1985
Sizilien	59	Rosati u. Mitarb. 1987
Barbagia (Sizilien)	65	Granieri u. Rosati 1982
Malta	4	Vasallo u. Mitarb. 1979
Kanarische Inseln		
Las Palmas	6,3	Sosa-Enriques u. Mitarb. 1983
Lanzarote	15	Garcia u. Mitarb. 1989
Kanada		
London/Ontario	94	Hader u. Mitarb. 1988
USA		
Seattle 1977	69	Visscher u. Mitarb. 1977
Los Angeles 1977	22	Visscher u. Mitarb. 1977
Japan	0,7–4	Kuroiwa 1980
Saudi-Arabien	8	Yaqub u. Daif 1988
Kuwait	0,9	Yu-Yl u. Mitarb. 1989
Neuseeland		
Süden (1981)	6,9	Skegg u. Mitarb. 1987
Norden (1981)	24	Skegg u. Mitarb. 1987
Taiwan	1	Tsu-Pei Hung 1982

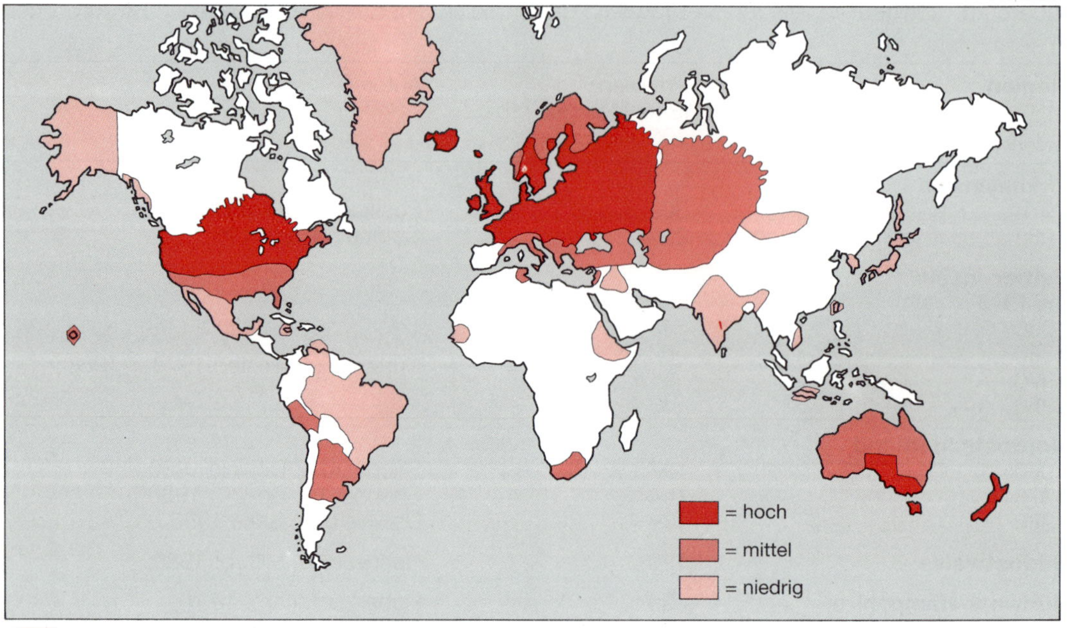

Abb. 2.**1** Weltweite Häufigkeit der Multiplen Sklerose (nach Kurtzke)

tiplen Sklerose (*clusters*) und Regionen mit geringerem Vorkommen. Bei manchen Bevölkerungsgruppen ist die Multiple Sklerose fast völlig unbekannt, wie z. B. bei den Maoris in Neuseeland (Skegg u. Mitarb. 1987), den Bantu-Negern und Eskimos.

Vermutlich spielen hier rassische (genetische) Unterschiede eine Rolle.

Es gibt bisher keine sicheren Hinweise dafür, daß die Inzidenz der Multiplen Sklerose zunimmt. Dennoch wurde bei verschiedenen Kontrolluntersuchungen eine Zunahme der *Prävalenz* festgestellt. Zum einen ist dies wohl darauf zurückzuführen, daß auch bei gleichbleibender Inzidenz, aber zunehmender Lebenserwartung und Überlebenszeit, die Prävalenz zunimmt. Die Überlebenszeit von Multiple-Sklerose-Kranken hat sich in den letzten 20 bis 30 Jahren deutlich erhöht. So betrug sie 1950 etwa 13 bis 17 Jahre (Lazarte 1950, Ipsen 1950), wogegen sie heute 25 Jahre und mehr beträgt (Phadke 1987).

Zum anderen kann eine zunehmende *Inzidenz* durch die in den letzten 10 bis 20 Jahren deutlich erweiterten diagnostischen Möglichkeiten vorgetäuscht sein. Wo man bei bestimmten Befunden früher nur den vagen Verdacht auf eine Multiple Sklerose aussprechen konnte, ist heute oft die Diagnose einer sicheren oder wahrscheinlichen Multiplen Sklerose möglich. Hinzu kommt noch, daß sich die einzelnen Prävalenz- und Inzidenzangaben nicht durchgehend vergleichen lassen, denn es wurden nicht immer die gleichen Kriterien für die Diagnose verwendet.

Die Prävalenz muß auch dann „zunehmen", wenn sich durch eine bessere Diagnostik und eine bessere Organisation des Gesundheitswesens die Zahl der erkannten und registrierten Multiple-Sklerose-Kranken erhöht bzw. wenn bei noch eingehenderen Studien mehr Fälle mit Multipler Sklerose gefunden werden. So hat sich durch eine neuere Untersuchung (Granieri u. Mitarb. 1985) in Barbagia (Sizilien) die Prävalenz, die früher mit 2,9–3,7/100 000 angegeben wurde, dramatisch auf 65/100 000 erhöht, ohne daß dies auf eine Zunahme der Inzidenz zurückgeführt werden könnte.

Änderung der Prävalenz bei Einwanderungen

Aus den sehr unterschiedlichen Prävalenzraten der Multiplen Sklerose in den verschiedenen geographischen Regionen hat sich nun die interessante Frage ergeben, was sich ändert, wenn Menschen aus einer Gegend mit hoher Prävalenz (damit hohem MS-Risiko) in Länder mit geringer Prävalenz einwandern. Diese Untersuchungen stoßen allerdings auf erhebliche methodische Schwierigkeiten, und ihre Ergebnisse können nur mit Vorsicht verwertet werden.

Israel ist seit dem 2. Weltkrieg ein klassisches Einwanderungsland. Es kamen Einwanderer aus Europa, wo vielerorts eine hohe Multiple-Sklerose-Prävalenz besteht, und aus Südafrika, wo die Prävalenz wiederum gering ist. Epidemiologische Untersuchungen haben zu interessanten Ergebnissen geführt (Alter u. Mitarb. 1968, 1978, Leibowitz u. Mitarb. 1973). Die älteren Einwanderer behielten das Multiple-Sklerose-Risiko ihres Heimatlandes. Ihre mitgebrachten Kinder unter dem 15., besonders unter dem 5. Lebensjahr und ihre im Einwanderungsland geborenen Kinder haben aber das Risiko des Einwanderungslandes angenommen. So hatten Kinder von Eltern, die aus einem Land mit *hohem* Multiple-Sklerose-Risiko stammten, das *niedrigere* Risiko angenommen, das in Israel bestand.

Umgekehrt war die Häufigkeit der Multiplen Sklerose bei Kindern von Einwanderern aus Afrika (wo ein geringeres Risiko besteht) höher als die ihrer Eltern (Dean u. Kurtzke 1971, Alter u. Mitarb. 1978). Diese Ergebnisse sind aber weniger eindeutig.

Bei den *Negern* in Amerika ist die Prävalenz der Multiplen Sklerose deutlich geringer als bei den Weißen, aber doch deutlich höher als bei den Negern in Afrika. Zu einem ähnlichen Resultat führten auch Untersuchungen in Australien (Sutherland u. Mitarb. 1966) und Hawaii (Alter u. Okihoro 1971).

Man hat aus diesen Ergebnissen geschlossen, daß die Multiple Sklerose im Kindesalter (bzw. im Alter unter 15 Jahren) in irgendeiner Form erworben wird, wobei man in erster Linie an ein *infektiöses Agens* denkt

Auf ein infektiöes Agens könnten auch die Untersuchungen von Kurtzke u. Hyllested (1979, 1986) auf den *Faröern* hinweisen. Die Faröer sind eine an Dänemark assoziierte Gruppe von 18 Vulkaninseln im Nordatlantischen Ozean zwischen den Shetlandinseln und Island. Auf diesen Inseln war die Multiple Sklerose vor 1940 nicht bekannt, trat aber nach der Besetzung durch britische Truppen von 1940 bis 1945 erstmals auf. Die Autoren meinten sogar, man könne seit 1943 eine sich wellenförmig ausbreitende Epidemie erkennen, die in den letzten 20 Jahren wieder abgeflaut sei (Tab. 2.**1**). Wegen der geringen Zahlen (von 1940–1979 nur 41 Fälle bei einer Bevölkerung von zuletzt 45 000) lassen sich derart weitreichende Schlüsse, daß es sich um ein infektiöses Agens handeln müßte, nur mit Vorbehalt ziehen.

Es wurden einige Einwände gegen diese Hypothese vorgebracht, indem man auf weitere Umweltfaktoren hinwies, die in Betracht kommen könnten (Lauer 1985, Ch. M. Poser u. Mitarb. 1986). Der vermutete Zusammenhang mit den Besatzungstruppen erscheint aber am plausibelsten.

Eine andere epidemiologische Veränderung, allerdings in umgekehrter Richtung, zeigte sich auf den Orkneyinseln, wo die höchste, jemals bestimmte Multiple-Sklerose-Prävalenz besteht (Tab. 2.**1**). Seit 1965 wird dort eine stetige Abnahme der Inzidenz und Prävalenz festgestellt (Cook u. Mitarb. 1985), ohne daß sich hierfür eine Erklärung ergibt.

Diese Untersuchungen zeigen deutlich, daß die Wechselhaftigkeit der Multiplen Sklerose sich nicht nur in ihrem klinischen Bild, sondern auch in ihrer epidemiologischen Erscheinung widerspiegelt.

3. Genetik

Familiäres Auftreten der Multiplen Sklerose

Seit man die Multiple Sklerose kennt, hat man sich immer wieder gefragt, ob bei der Genese mehr erbliche Faktoren oder mehr Umweltfaktoren beteiligt sind. Es gibt deshalb auch viele Untersuchungen, die sich mit dieser Frage beschäftigen. Man weiß jetzt, daß bei ca. 15 % aller Kranken im engeren oder weiteren Familienkreis ein oder mehrere Fälle mit Multipler Sklerose vorkommen. So fanden Ebers (1983) bei 12 % von 1 000 und Sadovnick u. McLeod (1981) bei 17,5 % von 416 Patienten zumindest einen, oftmals auch mehrere Fälle mit Multipler Sklerose in der Vewandtschaft. Daraus ergibt sich, daß für Familienangehörige von Multiple-Sklerose-Kranken ein erhöhtes Risiko besteht (Sadovnick u. McLeod 1981), das auf 1,5 % (mögliche und sichere MS) eingeschätzt wurde. Am höchsten ist das Risiko für Geschwister (2,8 %), am geringsten für die eigenen Kinder (1 %).

Bei einer späteren Studie (Sadovnick u. Baird 1988) wurde das Risiko, eine Multiple Sklerose zu entwickeln, für Geschwister von Kranken mit Multipler Sklerose auf das 30- bis 50fache (!) der übrigen Bevölkerung geschätzt (bezogen auf die Prävalenz in Kanada).

Bei einigen Familienangehörigen, die nicht manifest an Multipler Sklerose erkrankt waren, konnten Hinweise dafür gewonnen werden, daß eine subklinische bzw. noch nicht ausgebrochene Multiple Sklerose vorlag. So wurden z. B. bei einigen klinisch gesunden Geschwistern von Kranken mit Multipler Sklerose im Liquor (Duquette u. Charest 1986) oder im Kernspintomogramm (Lynch u. Mitarb. 1990, Tienari u. Mitarb. 1992) Veränderungen gefunden, wie sie bei Multipler Sklerose vorkommen.

Bei einigen nicht erkrankten Verwandten ersten Grades zeigte sich auch eine Verzögerung der evozierten Potentiale (Nuwer u. Mitarb. 1985), was darauf schließen läßt, daß klinisch stumme Entmarkungsherde vorlagen.

Dieses familiäre Auftreten der Multiplen Sklerose folgt aber in keiner Weise den Mendelschen Gesetzen. Man kann deshalb nicht mit der nötigen Sicherheit einen genetischen Faktor annehmen.

Ein interessantes, aber noch nicht deutbares Phänomen ist, daß sich bei familiären Fällen mit Multipler Sklerose weitaus am häufigsten die Konstellation Mutter/Tochter, weniger häufig Mutter/Sohn und Vater/Tochter und nur sehr selten die Konstellation Vater/Sohn fand (Sadovnick u. Mitarb. 1991).

Die familiäre Häufung könnte zunächst durchaus mit Umweltfaktoren erklärt werden. Untersuchungen an *Zwillingspaaren* haben aber gezeigt, daß ein genetischer Faktor, wenn auch nicht unbedingt bei der Ätiologie, so doch wohl in der Pathogenese der Multiplen Sklerose eine Rolle spielt. Williams u. Mitarb. (1980) fanden, daß bei 12 monozygoten (eineiigen) Zwillingspaaren, bei denen die Multiple Sklerose vorkam, 6 Paare (50 %) doppelt betroffen waren. Bei 6 dizygoten (zweieiigen) Zwillingspaaren waren jedoch nur bei einem Paar (17 %) beide Geschwister zugleich betroffen. Daraus ergab sich für eineiige Zwillinge: Wenn ein Zwilling erkrankt, so hat der andere ein erheblich höheres Risiko als weitere Familienangehörige. Aber auch für einen zweieiigen Zwilling scheint nach dieser Untersuchung das Risiko für eine Multiple Sklerose etwas höher zu sein als für andere Familienangehörige.

In weiteren Studien wurde das Risiko für einen monozygoten Zwilling zwar auch deutlich höher als für die übrigen Familienmitglieder gefunden, nicht jedoch bei dizygoten Zwillingen (Kinnunen u. Mitarb. 1988). Ebers u. Mitarb. (1984) fanden ebenfalls eine erhebliche, aber doch nicht so hohe Konkordanz bei eineiigen Zwillingen (28 %) und bei zweieiigen Zwillingen keine höhere Konkordanz als bei anderen Familienmitgliedern.

Familiäre Häufungen und die Konkordanz bei Zwillingen werden in Zukunft durch moderne Untersuchungsmethoden sicher häufiger aufgedeckt werden, weil man *subklinische* Fälle immer besser erfassen kann. Bei klinisch nicht betroffenen eineiigen Zwillingen wurden z. B. in einigen Fällen Kernspinveränderungen (McFarland u. Mitarb. 1985, Polman u. Mitarb. 1989) und Liquorveränderungen (Xin-hao u. McFarlin 1984) gefunden, was zeigt, daß die Multiple Sklerose bei Familienmitgliedern subklinisch verlaufen kann.

Wenn auch das Verhältnis bei dizygoten Zwillingen in bezug auf das Multiple-Sklerose-Risiko im Vergleich zu den übrigen Familienmitgliedern nicht sicher erhöht ist, so ist doch eindeutig erwiesen, daß bei monozygoten Zwillingen die Empfänglichkeit für Multiple Sklerose durch einen genetischen Faktor erhöht ist.

Histokompatibilität und Multiple Sklerose

Familien- und Zwillingsuntersuchungen haben sehr deutliche Hinweise dafür ergeben, daß bei der Genese der Multiplen Sklerose in irgendeiner Weise ein Erbfaktor beteiligt ist, wobei man diesen aber nicht scharf gegen einen oder mehrere Umweltfaktoren abtrennen kann. Bestätigt wurde die Annahme eines Erbfaktors zusätzlich durch die Untersuchung der HLA-Antigene.

Die HLA-Region ist ein Teil des Chromosom 6 und spielt eine wichtige Rolle bei der genetischen Immunantwort.

Wie bei einer Reihe anderer Krankheiten hat man auch bei den Multiplen Sklerose eine Häufung bestimmter HLA-Antigene gefunden (Tab. 3.**1**).

Tabelle 3.**1** Einige Krankheiten, die mehr oder weniger stark mit HLA-Antigenen assoziiert sind

Krankheit	HLA-Antigen
Morbus Bechterew	B27
Reiter-Syndrom	B27
Morbus Basedow	DR3
Hashimoto-Thyreoiditis	DR5
Goodpasture-Syndrom	DR2
Zöliakie	B8
Psoriasis vulgaris	B13, B17, Dw37
Myasthenie	A1, B8, DR2
Primär chronische Polyarthritis	DR4
Morbus Behçet	B5
Diabetes mellitus (Typ I)	DR3, DR4
Multiple Sklerose	DR2, B7, A3, Dw2

Die Erkenntnis, daß auch der Multiplen Sklerose bestimmte HLA-Antigene assoziiert sind, hat eine Reihe weiterer Fragen aufgeworfen. So ist die Assoziation der HLA-Antigene zur Multiplen Sklerose nicht sehr streng und auch geographisch verschieden. Diese geographische Verschiedenheit ist zum Teil wohl damit zu erklären, daß auch die einzelnen HLA-Antigene bei verschiedenen Völkern und Rassen in verschiedener Häufigkeit vorkommen.

Für Angehörige der weißen Rasse ist das Risiko, eine Multiple Sklerose zu bekommen, etwa um das 5,2fache erhöht, wenn das HLA-DR2 positiv ist. Es besteht auch noch eine schwächere Kopplung an das HLA-B7. Diese wird aber vermutlich vorgetäuscht, da das HLA-B7 öfter mit dem HLA-DR2 gekoppelt ist. In Nordeuropa fand sich neben der Assoziation der Multiplen Sklerose an das HLA-DR2 und HLA-D7 auch eine weniger stark ausgeprägte an das HLA-A3, -B7 und -Dw2 (Batchelor u. Mitarb. 1978).

Bei an Multipler Sklerose erkrankten Negern in Amerika findet sich eine Häufung von HLA-A3 und HLA-Dw2. Bei HLA-Dw2-positiven Negern soll das Multiple-Sklerose-Risiko sogar um das 17fache erhöht sein (Dupont u. Mitarb. 1977).

Erstaunlicherweise besteht auf den Orkneyinseln mit der höchsten Multiple-Sklerose-Prävalenz keine sichere Assoziation zu den Antigenen HLA-A3, -B7,

-Dw2, vor allem auch keine Assoziaton an das sonst in Nordeuropa bei Multipler Sklerose vorherrschende HLA-DR2 (Postkanzer u. Mitarb. 1980a, b), obwohl die Verteilung der HLA-Antigene ähnlich wie im übrigen Nordeuropa ist.

In Spanien liegt eine Assoziation der Multiplen Sklerose mit HLA-B18 (Batchelor u. Mitarb. 1978) und auf den Kanarischen Inseln mit HLA-B12 (Gantes u. Gonzalez 1983) vor. Dem HLA-DR2-Antigen kann also keine ausschlaggebende Rolle zukommen.

Es wurde auch versucht, einige *Verlaufsformen* (besonders bezüglich des Schweregrades) der Erkrankung bestimmten HLA-Genen zuzuordnen. Dabei wurde z.B. festgestellt, daß das HLA-D/DR2 signifikant häufiger bei Patienten mit rasch progredienten Verlaufsformen vorkommt und daß HLA-D3 eher vor einer raschen Verschlechterung schützen würde (Engell u. Mitarb. 1982).

Man fand, daß HLA-DR2 besonders bei Frauen vorkommt, die einen schubförmig remittierenden Verlauf haben, und HLA-B8 und -B35 bei Männern mit chronisch progredientem Verlauf (van Lambalgen u. Mitarb. 1986).

Bei mehreren anderen Untersuchungen gelang es aber nicht, derartige Zusammenhänge herzustellen (Ebers u. Paty 1979, Poser u. Mitarb. 1981, Wentzel u. Mitarb. 1984).

Über das Risiko, nach *Optikusneuritis* eine Multiple Sklerose zu entwickeln, s. S. 123.

Schlußfolgerungen

Epidemiologische und genetische Untersuchungen haben das Ziel, mögliche Umweltfaktoren oder genetische Faktoren, die für die Ätiologie oder Pathogenese der Multiplen Sklerose in Frage kommen, zu finden. Die bisherigen Untersuchungen haben gezeigt, daß die Multiple Sklerose nicht gleichmäßig über die Welt verteilt ist. Es gibt Regionen, in denen die Multiple Sklerose überhaupt nicht vorkommt, und andere, in denen sie regelrechte „cluster“ bildet. Manches spricht für eine Beteiligung von *Umweltfaktoren* in der Ätiopathogenese der Multiplen Sklerose.

Das *Nord-Süd-Gefälle* könnte man eventuell mit Klimafaktoren oder einer unterschiedlich langen Lichteinwirkung erklären. Die Cluster-Bildung in einigen Gegenden (Orkneyinseln, Finnland, Schweden) einerseits und das Fehlen der Multiplen Sklerose in klimatisch ähnlichen Regionen andererseits, spricht jedoch dagegen.

Die Ergebnisse epidemiologischer Untersuchungen in Ländern mit vielen Einwanderern, und die Untersuchungen auf den Faröern, lassen an ein infektiöses Agens denken, das hauptsächlich nur vor (oder auch noch während?) der Pubertät aufgenommen werden kann. Hinreichende Beweise fehlen aber.

Für einen *genetischen Faktor* hat man etwas mehr Hinweise. So ist die Prävalenz der Multiplen Sklerose in Japan um ein Vielfaches niedriger als in den entsprechenden Gegenden Amerikas, die auf dem gleichen Breitengrad liegen. Dies wäre eventuell mit Umweltfaktoren zu erklären. Wenn man aber bedenkt, daß die Multiple Sklerose bei Bantus, Maoris, Eskimos, Lappen, Zigeunern in Ungarn und Negern in Afrika kaum oder überhaupt nicht vorkommt, dann muß der Gedanke an den reinen Umweltfaktor etwas in den Hintergrund treten. Bei diesen Rassen besteht ganz offensichtlich eine verminderte Empfänglichkeit für Multiple Sklerose, wobei diese Empfänglichkeit nach den bisherigen Vorstellungen nur genetisch fixiert sein kann.

Auch das 20- bis 30fach erhöhte Risiko an Multipler Sklerose zu erkranken, wenn ein Mitglied der Familie diese Krankheit hat, oder gar das erhöhte Risiko eines eineiigen Zwillings, wenn der andere an Multipler Sklerose erkrankt ist, läßt sich nicht anders als über einen genetischen Faktor erklären.

Die Ergebnisse der HLA-Antigen-Studien legen ebenfalls einen genetischen Faktor nahe, wenn auch nicht so deutlich wie die Zwillingsstudien. Zwar findet man bei Nordeuropäern eindeutig einen Zusammenhang mit HLA-DR2, es gibt aber unter

Nordeuropäern genügend Kranke mit Multipler Sklerose, die dieses Antigen nicht aufweisen. Außerdem kommt die Multiple Sklerose auch in Bevölkerungsgruppen vor, wo HLA-DR2 nur ganz gering exprimiert ist. Weiter ist das HLA-DR2 bei Zigeunern sehr häufig, die Multiple Sklerose hingegen bei ihnen extrem selten. Das heißt also, daß das HLA-DR2-Antigen, das ja vererblich ist, nur eine ganz untergeordnete Bedeutung für die Ätiopathogenese der Multiplen Sklerose haben kann. Es könnte aber sein, daß ein anderes, bisher noch nicht bekanntes Gen, das die Empfänglichkeit für die Multiple Sklerose erhöht, auf dem Histokompatibilitätskomplex (kurzer Arm des Chromosom 6) oder in dessen unmittelbarer Nachbarschaft liegt und in irgendeiner lockeren Verbindung zum HLA-DR2 steht. Dann wäre z. B. die Assoziation der Multiplen Sklerose zu HLA-DR2 oder auch den anderen HLA-Genen nur Ausdruck eines indirekten Zusammenhangs.

4. Neuropathologische Veränderungen (unter klinischem Aspekt)

Makroskopisches Aussehen der Herde

Das pathologisch-anatomische Bild der Multiplen Sklerose ist durch herdförmige Veränderungen gekennzeichnet. Die Herde entstehen durch lokalisierten Untergang von Myelinscheiden, wobei noch nicht ganz klar ist, ob die Läsion primär die Oligodendrozyten, die Myelinscheide oder beide gemeinsam betrifft.

Die Herde haben keine typische Konfiguration, sind aber oft etwas rundlich, unregelmäßig begrenzt, manchmal haben sie auch eine angedeutete Dreiecksform. Ihre Größe ist sehr verschieden; meist haben sie einen Durchmesser von 2–10 mm, manchmal sind sie mit dem bloßen Auge gar nicht zu sehen, manchmal können sie aber auch eine so große Ausdehnung erreichen, daß ganze Anteile des Marklagers oder des Rückenmarks von ihnen eingenommen werden. Vereinzelt kann auch der gesamte Querschnitt des Hirnstamms oder des Rükkenmarks von einem Herd durchsetzt sein.

Größere Herde entstehen entweder durch langsames Wachstum (z. B. bei chronisch progredienten Verlaufsformen) oder durch Zusammenfließen mehrerer kleiner Herde. Manchmal kann man nur sehr wenige Herde finden, eventuell nur ein bis zwei. Es kommt aber auch vor, daß das gesamte zentrale Nervensystem von einigen hundert Herden übersät ist.

Die Herde haben in ihrem Zentrum ein kleines Gefäß, das man oft nicht sieht, weil es zu klein ist oder aber beim Gewebsschnitt nicht getroffen wurde. *Frische Herde* sind leicht rötlich oder fleischfarben und gegen die Umgebung nur unscharf abgesetzt. *Ältere Herde* sind gräulich, scharf abgegrenzt und fühlen sich im Gegensatz zu frischen Herden ziemlich hart an. Diese Konsistenzzunahme ist durch Gliawucherungen (Narbenherde) bedingt.

Da Patienten nur selten im frischen Schub sterben, findet man bei Obduktionen kaum frische Herde, und so schien den früheren Untersuchern die feste Konsistenz (Sklerosierung) das Besondere der Krankheit zu sein. Daher stammt die französische Bezeichnung *„sclérose en plaques"*. Durch diese Bezeichnung wird gerade dieser pathologisch-anatomische Befund der Verhärtung betont. Im Deutschen und Angloamerikanischen ist ebenfalls in der Bezeichnung der Begriff Sklerose enthalten, wird aber adjektivisch noch ergänzt durch „multipel", was die Vielzahl und auch die Verstreutheit der Herde zum Ausdruck bringt (Multiple Sklerose, multiple sclerosis).

Man sieht die Herde makroskopisch besonders deutlich, wenn die Hirnschnitte in einer *Myelinfärbung* vorliegen. Da die Herde Entmarkungszonen darstellen, nehmen sie den Farbstoff nicht auf und heben sich dann leuchtend weiß gegen den schwarzen, myelingefärbten Hintergrund ab (Abb. 4.**1**).

Bei der Myelinfärbung erkennt man öfter auch Herde, die dumpf gräulich aussehen, oder helle Herde mit einem dumpfgräulichen Saum ohne scharfen Übergang zur gesunden Marksubstanz. Dies sind die sogenannten *Markschattenherde* (shadow plaques). Es handelt sich dabei um Areale, in denen die Myelinfärbung abgeschwächt, aber nicht aufgehoben ist.

Diese Markschattenherde entstehen durch eine unvollständige Demyelinisierung. Man findet aber dabei auch öfter Zeichen einer *Remyelinisierung*. Derartige Herde kommen eher beim schubförmigen

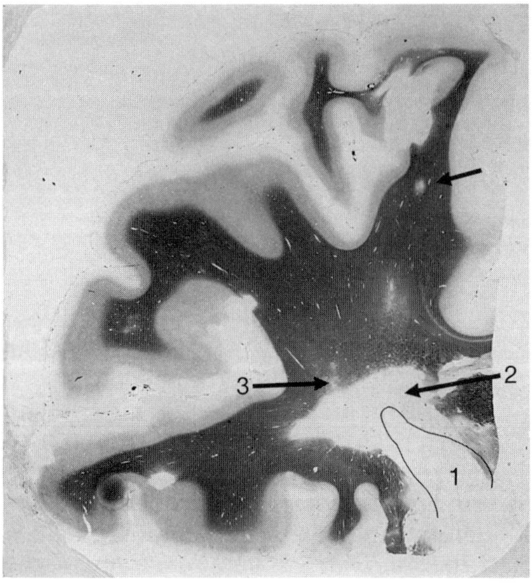

Abb. 4.**1** **Markscheidenfärbung** (Heidenhain-Wölke). Frontalschnitt: großer periventrikulärer Herd (2) mit einer kleinen fingerförmigen Ausstülpung (3). (1) Ventrikel. Mehrere kleine Herde (z. B. oberer Pfeil). Mann, 60 Jahre, seit 20 Jahren Multiple Sklerose, Todesursache Pneumonie (Prof. Meyermann, Institut für Hirnforschung, Universität Tübingen)

als beim chronisch progredienten Verlauf vor.

Verteilung der Herde

Bei der makroskopischen Untersuchung findet man meist viele Herde, und auf den ersten Blick könnte es scheinen, als ob diese so unregelmäßige wie die Löcher im Schweizer Käse verteilt sind. Dies ist aber nicht so. Man kann durchaus gewisse Prädilektionsorte und damit ein *gewisses Verteilungsmuster* erkennen.

Wir wissen z. B., daß der **N. opticus** überdurchschnittlich häufig befallen ist. Selbst im Verlauf dieses Nervs, der eigentlich kein Hirnnerv, sondern ein ausgestülpter Hirnteil ist, zeigen die Herde noch ein gewisses Verteilungsmuster. So fanden sich kernspintomographisch 34 % der Herde im *intrakanalikulären Abschnitt* des Nervs (Miller 1988b). Dieser Anteil ist sehr hoch, wenn man bedenkt, daß der intrakanalikuläre, verglichen mit dem intraorbitalen Abschnitt des Nervs sehr kurz ist (s. S. 32, Abb. 5.1).

Das **Zervikalmark** ist eindeutig der am häufigsten betroffene Rückenmarksabschnitt (Oppenheimer 1978, Fog 1950). Wenn Herde im Rückenmark vorliegen, dann ist das Zervikalmark immer betroffen, das Lumbalmark nur in 40 %, das Sakralmark sogar nur in 18 % der Fälle (Oppenheimer 1976). Das *Zervikalmark wird also ungefähr doppelt so häufig* wie die anderen Anteile des Rückenmarks von Multiple-Sklerose-Herden befallen.

Über die Ursache dieser Bevorzugung von Halsmark und N. opticus wissen wir nichts. Eventuell spielt dabei eine Rolle, daß sowohl der N. opticus als auch das Zervikalmark durch ihre Beweglichkeit die am meisten mechanisch beanspruchten Strukturen des Zentralnervensystems sind (Bulbusbewegung mit Spannung und Entspannung des N. opticus, Kopfbewegungen mit Spannung und Entspannung des Zervikalmarks). Dabei ist besonders interessant, daß die mechanischen Verhältnisse im intrakanalikulären Abschnitt des N. opticus ungefähr denen des Zervikalmarks entsprechen (zervikale Myelopathie und Multiple Sklerose, s. S. 200, 204).

Im Gehirn findet man die Herde vorwiegend – aber nicht ausschließlich – in der **weißen Substanz**. Ein großer Teil der Herde ist um die Ventrikel angeordnet. Die übrigen Herde sind aber auch nicht durchweg regellos verstreut, sondern zeigen die Tendenz, vor allem im Anfangsstadium der Krankheit, mehr die peripheren Anteile der Hirnwindungen und die Gegend der Rinden-Mark-Grenze zu befallen.

Die periventrikulären Herde sind am häufigsten in der Vorderhornregion, besonders oft im sogenannten *Steinerschen Wetterwinkel* (Steiner 1931), d. h. in der Region zwischen Balkenstrahlung, dem Nucleus caudatus, Vorderhorn und Corona radiata (Abb. 4.**2**) (s. auch S. 166).

Temporal- und Okzipitalhorn des Seitenventrikels sind weniger häufig betroffen als das Vorderhorn. Oftmals konfluieren die periventrikulären Herde, so daß vom Vorderhorn bis zum Temporal- oder Hinter-

a

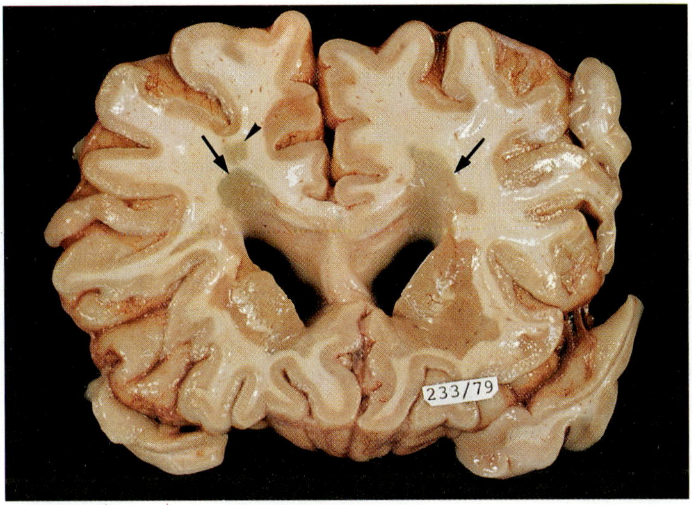

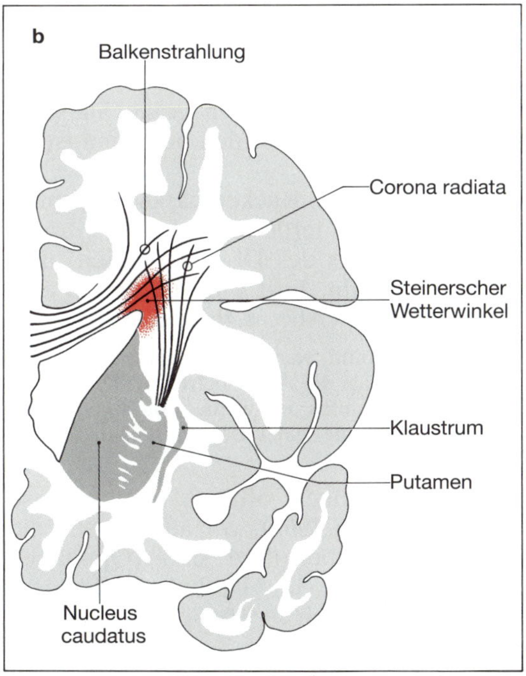

Abb. 4.**2a** u. **b** **Herde im Steinerschen Wetterwinkel. a** Pfeile: Herde an Vorderhörnern (Steinerscher Wetterwinkel). Pfeilspitze: weiterer Herd. Scharfe Begrenzung der Herde gegen das Marklager. Fortsetzung der Herde in die Innenauskleidung der Ventrikel (Prof. Meyermann, Institut für Hirnforschung, Universität Tübingen), **b** Skizze: Steinerscher Wetterwinkel

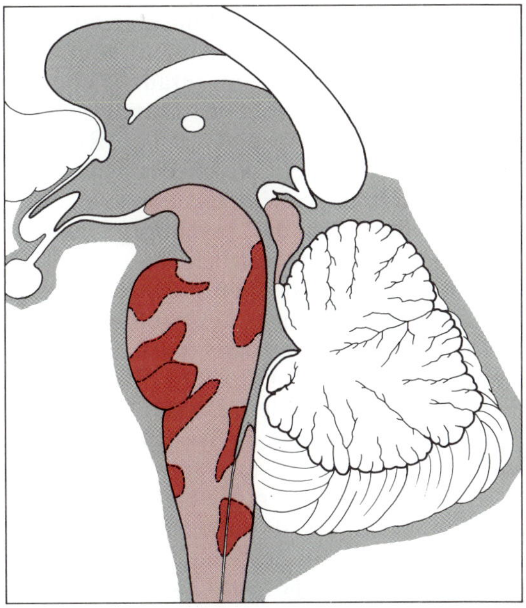

Abb. 4.**3** **Hirnstammherde.** Einige Multiple-Sklerose-Herde (rot) von verschiedenen Patienten in einer Skizze eingezeichnet. Es kommt die Affinität zu den Liquorräumen (grau) zum Ausdruck

horn sich ein einziges Entmarkungsband auszubreiten scheint. Wie kernspintomographische Untersuchungen gezeigt haben, finden sich praktisch bei allen Patienten mit fortgeschrittener Multipler Sklerose solche mehr oder weniger konfluierenden, periventrikulären Herde (s. S. 166).

Auch im **Hirnstamm** ist die Tendenz zur *periventrikulären Lokalisation* zu erkennen. Die Herde liegen häufig im Boden des IV. Ventrikels, aber auch um den Aquädukt herum, wo sie das zentrale Höhlengrau betreffen (Abb. 4.**3**). Durch die Läsion des medialen Längsbündels, das hier verläuft, kommt es zu der *dissoziierten Blickparese*, die bei der Multiplen Sklerose sehr häufig, bei anderen Krankheiten aber nur selten ist (s. S. 49 f).

In der grauen Substanz – sowohl in der Hirnrinde als auch in den Kerngebieten – kann man Entmarkungsherde finden, weil auch in der grauen Substanz myelinisierte Fasern vorkommen. So sind 5 % der Herde in der Hirnrinde und 4 % im Stammganggliengebiet lokalisiert (Brownell u. Hughes 1962). Ohne besondere Färbung kann man diese Herde in der grauen Substanz mit bloßem Auge nur schwer erkennen, weil sich ihre graue Färbung vom grauen Hintergrund nur wenig abhebt. Durch solche Herde in der Rinde und an der Rinden-Mark-Grenze entsteht die bei der Multiplen Sklerose so häufige *Hirnrindenatrophie*, die zum Großteil für die psychoorganischen Störungen mitverantwortlich ist.

Wenn man feststellen möchte, welche Abschnitte des Gehirns am häufigsten von Herden befallen werden, darf man die Herde in einer bestimmten Hirnregion nicht einfach nur zählen. Da das Mittelhirn z.B. sehr viel kleiner ist als das Großhirn, würde man dort, wenn die Verteilung gleichmäßig wäre, weniger Herde nachweisen. Lumbsden (1970) hat deshalb die Zahl der Herde zum Hirngewicht einzelner Regionen in Beziehung gesetzt (Zahl der Herde/Hirngewicht in g).

Die meisten Herde stellte er dabei im Hirnstamm fest (Mittelhirn 1,9/g, Pons 2,07/g, Medulla oblongata 2,66/g). Im gesamten Marklager, einschließlich des Balkens (ausgeschlossen allerdings die rein periventrikuläre Region), fanden sich nur 0,2/g. Als Ausdruck der Tendenz der Herde, mehr die peripheren Anteile der Gyri zu befallen, fanden sich in den Hirnwindungen 0,43/g.

Obwohl zerebellare Störungen bei Multipler Sklerose oft vorkommen, zeigte das *Kleinhirn* erstaunlicherweise einen sehr geringen Befall (0,2/g). Die bei der Multiplen Sklerose so häufig anzutreffenden Symptome wie Nystagmus und Ataxie sind also eher durch Hirnstammherde zu erklären.

Brownell u. Hughes (1962), die nur 22 Gehirne – allerdings mit minuziöser Genauigkeit – analysierten, fanden bei 1594 Großhirnherden die **Frontallappen** am häufigsten befallen (22 %). Dabei haben sie ebenfalls die periventrikulären Herde, die insgesamt 40 % (!) ausmachten, nicht mitgerechnet. Ausgesprochen *wenige Herde* fanden sie im **Okzipitallappen** (1 %) und in der *Insel* (1 %).

Die Herde im **Rückenmark** sind meist regelloser angeordnet als im Gehirn. Das Zervikalmark ist am häufigsten befallen (Oppenheimer 1978), wobei die Seitenstränge etwas bevorzugt sind. Die Herde zeigen oft eine deutliche *Ausrichtung in der Längsachse* des Rückenmarks (Abb. 4.**4a**, s. auch Abb. 1.**1**), dessen graue Substanz dabei häufiger von Herden betroffen ist als die des Gehirns.

Auf dem Rückenmarksquerschnitt erscheinen die Herde öfter *dreiecksförmig*, wobei die Basis des Dreiecks außen, d.h. zum Liquor hin, liegt und die Spitze zum Zentrum weist (Abb. 4.**4b** u. **c**, Abb. 4.**5**).

Dies ist der Grund, warum Strangsymptome häufiger die Beine als die Arme betreffen. Die langen Bahnen liegen außen und werden somit von einem Herd, der hier mit seiner Basis zu liegen kommt, eher betroffen.

Die Herde zeigen oftmals eine gewisse *Symmetrie* (Fog 1965), vor allem wenn die Vorderstränge betroffen sind (Oppenheimer 1978) (s. S. 37). Deshalb findet man klinisch wohl auch so häufig eine Paraspastik oder symmetrische Sensibilitätsstörungen an Händen und Füßen (Abb. 4.**4c**). Herde in den Hintersträngen können aber auch ohne bilaterale Anordnung eine bilaterale Symptomatik verursachen. Ein Hinterstrangherd kann durchaus beide Gollschen Stränge (Fasciculus gracilis) betreffen, weil das Septum medianum posterius anscheinend keine Schranke darstellt. Vermutlich hat dies etwas mit der Gefäßversorgung zu tun (Herde entwickeln sich fast ausschließlich um eine Venole).

a

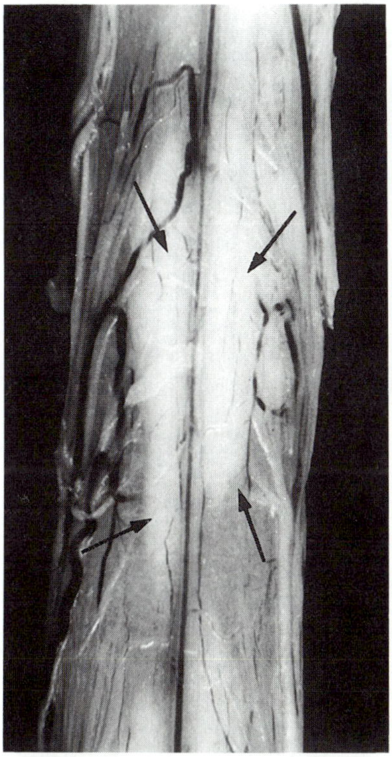

b

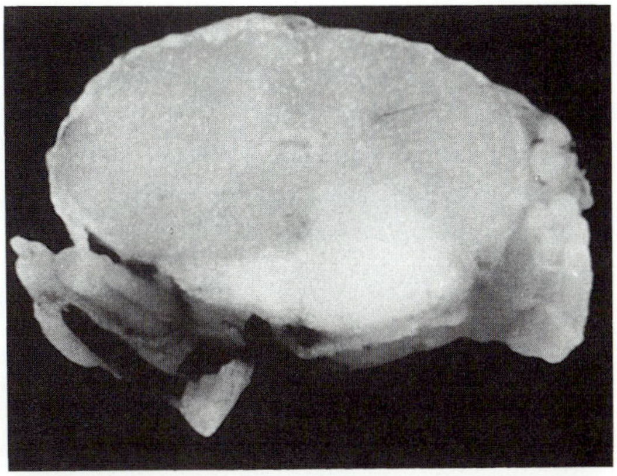

c

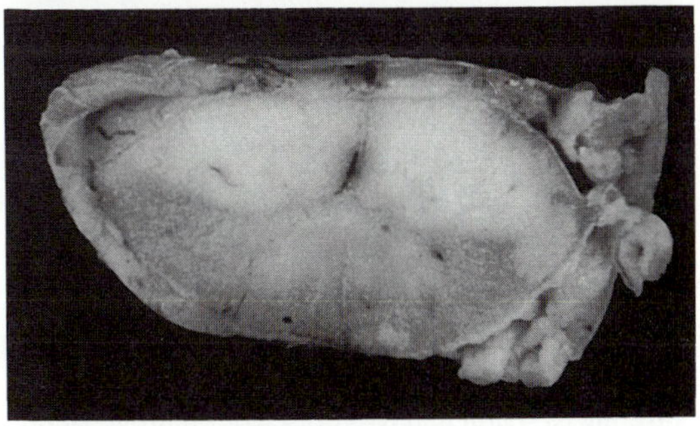

Abb. 4.**4a–c** **Rückenmarksherde.** **a** Längliche Ausdehnung zweier symmetrischer Herde, **b** Querschnitt. Annähernd dreiecksförmige Herde mit Basis an der Außenseite und Spitze zum Zentrum, **c** Große symmetrische Herde mit nur noch angedeuteter Dreiecksform (Dr. Jürgen Bohl, Neuropathologisches Institut der Universität Mainz)

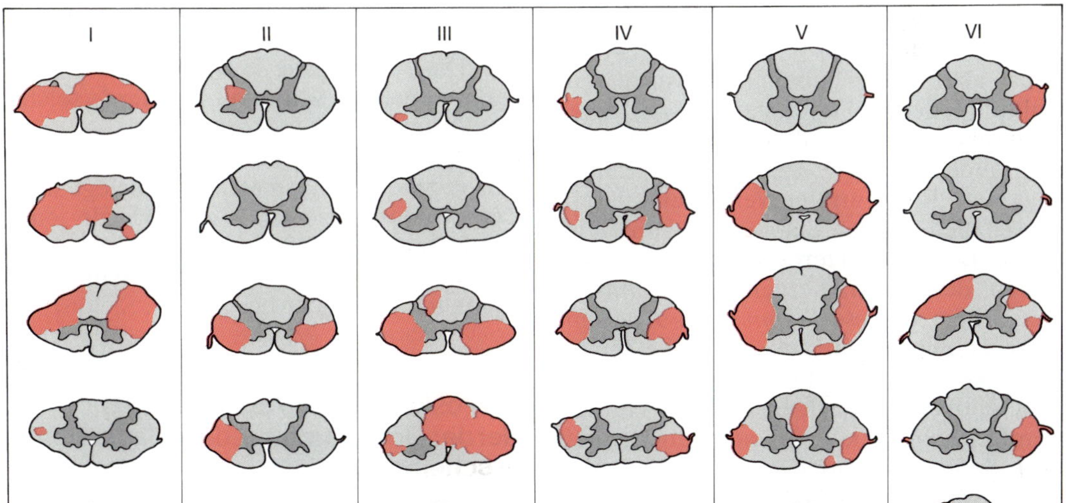

Abb. 4.**5** Verteilung von Multiple-Sklerose-Herden im Zervikalmark bei 6 verschiedenen Patienten (nach Oppenheimer). Der größte Abschnitt des Umfangs eines Herdes liegt meist an der Außenseite des Rückenmarkes, d.h. zum Liquor hin.

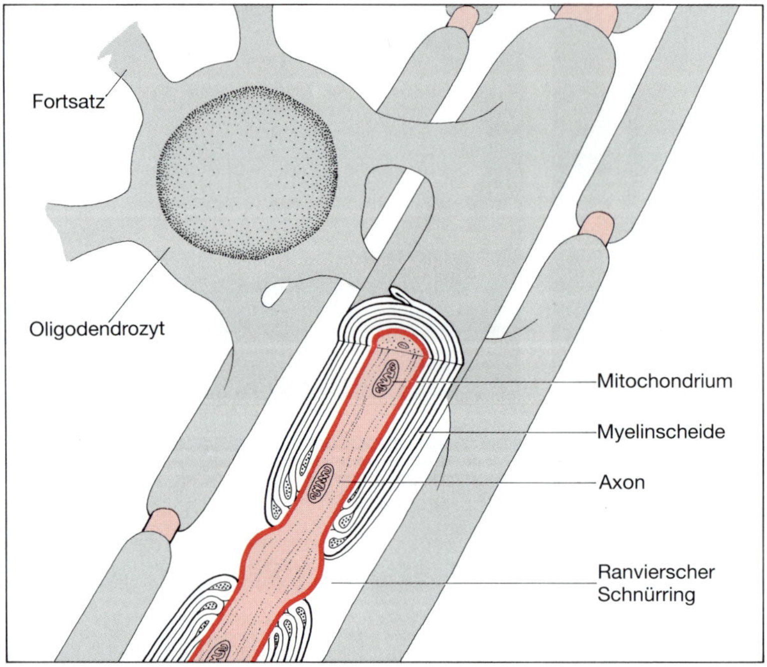

Abb. 4.**6** Ein Oligodendrozyt myelinisiert zahlreiche Axone mit je einem Fortsatz

Auffällig ist schon makroskopisch der häufige Befall derjenigen Regionen des Rückenmarks, an denen die Ligg. denticulata (Aufhängevorrichtung des Rückenmarks) ansetzen (Oppenheimer 1978). Vermutlich hat dies mit der mechanischen Beanspruchung zu tun (s. S. 16 und 204). Die häufige Symmetrie der klinischen Befunde bei Rückenmarksherden könnte so erklärt werden.

Es ist aber völlig unbekannt, warum ein Multiple-Sklerose-Herd gerade an einer bestimmten Stelle auftritt und nicht an einer anderen oder warum ganz bestimmte Regionen des Zentralnervensystems häufiger befallen werden als andere. Weiter ist ungeklärt, warum Herde auch an anderen Stellen des Zentralnervensystems immer wieder eine gewisse *Symmetrie* aufweisen. Beide Hemisphären, aber auch die rechte und linke Seite von Hirnstamm und Kleinhirn, sind meist gleich häufig von Herden betroffen. Man könnte annehmen, daß diese Symmetrie durch eine zufällige Verteilung vorgetäuscht ist. Daß die Symmetrie aber auch bei nur ganz wenigen Herden vorkommen kann, spricht dagegen.

Die bilaterale, periventrikuläre Anordnung, besonders im Steinerschen Wetterwinkel, ist überzufällig häufig. In den hinteren Anteilen des III. Ventrikels kommt es manchmal zu einer Anordnung von konfluierenden Herden, die fast eine Schmetterlingssymmetrie aufweisen (Lumbsden 1970). Nicht selten sind die unteren Oliven in der Medulla oblongata beiderseits betroffen.

Die Symmetrie könnte zum einen dadurch bedingt sein, daß die Herde solche Strukturen des Zentralnervensystems bevorzugt befallen, die in der Regel schon von vornherein symmetrisch angelegt sind. Zum anderen zeigen diese Herde eine Beziehung zu Gefäßen, was ebenfalls einen Faktor für das Entstehen der Symmetrie darstellen könnte (Abb. 14.**7,** s. S. 166).

Mikroskopisches Aussehen der Herde: Beziehung zu den klinischen Erscheinungen

Makroskopisch ist das Charakteristische bei Multiple-Sklerose-Herden, daß die Myelinscheiden zugrunde gegangen sind, die Axone aber, zumindest am Anfang, größtenteils erhalten bleiben. Die Myelinhüllen bestehen aus Abschnitten, die durch Ranviersche Schnürringe getrennt sind. Im peripheren Nerv entsteht jedes Myelinsegment aus einer Schwannschen Zelle. Im Zentralnervensystem hingegen werden mehrere Myelinhüllen gemeinsam von einem Oligodendrozyten gebildet. Die Oligodendrozyten haben viele Fortsätze, an deren Ende jeweils ein Myelinsegment entsteht (Abb. 4.**6**).

Wenn ein Neuron degeneriert, bleiben die Myelinscheiden zunächst erhalten. Bei der Multiplen Sklerose gehen aber die Myelinscheiden über die *Oligodendrozyten* zugrunde, und die Axone bleiben erhalten. Vermutlich wirkt das (bis jetzt noch nicht sicher identifizierte) schädliche Agens nicht nur auf die Oligodendrozyten, sondern auch direkt auf die Myelinscheiden, denn die Oligodendrozyten und Markscheiden haben viele Antigene gemeinsam.

Da ein Oligodendrozyt an vielen Axonen jeweils ein Myelinsegment bildet, sind durch den Untergang eines Oligodendrozyten immer mehrere *Axone,* allerdings nur segmental, betroffen.

Frische Herde stehen für pathologisch-anatomische Studien nur selten zur Verfügung, da ein Schub der Multiplen Sklerose in der Regel nicht tödlich ist. Pathologisch-anatomisch findet man deshalb meist ältere Herde, die zum Teil eine chronische Aktivität aufweisen können, zum Teil aber auch „ausgebrannt" sind.

Der **frische Herd** liegt immer um ein kleines Gefäß – meist eine Venole – und ist

a

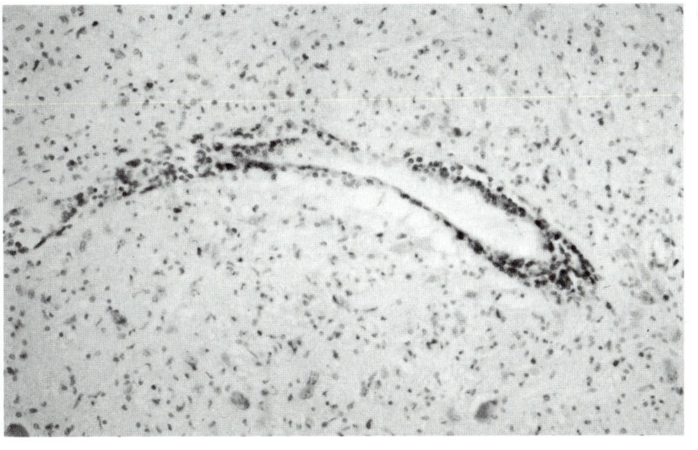

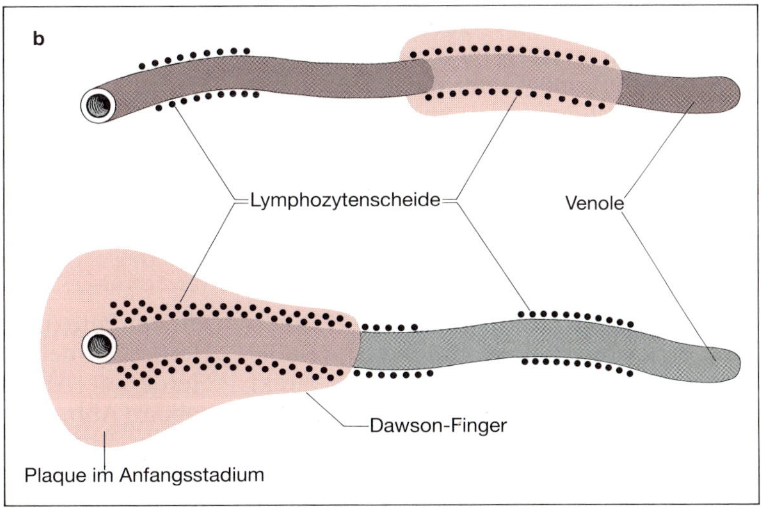

Abb. 4.**7a** u. **b**
a Perivaskuläre Lymphozyteninfiltration als erstes histologisch faßbares Zeichen beim Entstehen eines Multiple-Sklerose-Herdes. Charakteristisch der sehr hohe Anteil von T-Lymphozyten. Darstellung des CD3-Antigens. Avidin-Biotin-Peroxidase-Technik (Prof. Meyermann, Institut für Hirnforschung, Universität Tübingen),
b Zentrifugale Ausbreitung eines Multiple-Sklerose-Herdes entlang einer Venole. Einzelne derartige Herde verschmelzen zu einem größeren (nach Adams)

histologisch relativ scharf gegen das gesunde Gewebe abgegrenzt. Das kleine, zentral liegende Gefäß ist von einem dichten Saum aus T-Lymphozyten, Monozyten und Plasmazellen umgeben. Dabei ist im Gegensatz zur Vaskulitis die Gefäßwand selbt nicht infiltriert, und man findet im Lumen fast nie Thromben. Die perivaskuläre Infiltration ist das erste histologisch faßbare Zeichen bei der Entstehung eines Multiple-Sklerose-Herdes (Abb. 4.**7a** u. **b**).

In diesem Areal verlieren mehr oder weniger alle Axone ihre Myelinscheide (Abb. 4.**8**). Am Rande findet man *Makrophagen*, die, wie man elektronenmikroskopisch zeigen kann, Myelinbruchstücke inkorporiert haben, aber auch Lymphozyten, Plasmazellen und hypertrophierte Astrozyten. Solche Astrozyten kommen auch vermehrt im angrenzenden, noch gesund erscheinenden Gewebe vor (Allen 1983).

Mehrere solche kleine perivaskuläre Herde können zusammenfließen und dann mit bloßem Auge sichtbar werden. Die für die Markscheidenbildung verantwortlichen Oligodendrozyten sind großenteils zugrunde gegangen, nur am Rand des Herdes finden sich noch einige.

Bei ganz frischen Läsionen besteht ein *interstitielles Ödem*, das langsam wieder verschwindet. Durch die erhöhte Protonendichte (Wasseransammlung in der Ödemzone) wird der frische Herd im *Kernspintomogramm* sichtbar. Da die Blut-Hirn-Schranke während der Ödemphase gestört ist, kann man im Kernspintomogramm oder im Computertomogramm diese Herde mit Kontrastmittel anfärben und somit einen Herd als frisch klassifizieren (s. S. 163).

Hat sich nach einigen Wochen die Störung der Blut-Hirn-Schranke zurückgebildet, läßt sich der Herd mit Kontrastmittel nicht mehr anfärben. Man kann so frische von älteren Herden unterscheiden.

Ein derartiges interstitielles Ödem tritt auch bei Herden im *N. opticus* auf. Deshalb kann es leicht zu einer *Papillenschwellung* kommen, auch wenn der Herd nicht direkt an der Papille (Papillitis), sondern etwas retrobulbär (Miller 1988b) liegt. Die oftmals sehr rasche Rückbildung der Visusminderung bei Retrobulbärneuritis hat offenbar etwas mit dem Verschwinden des Ödems zu tun.

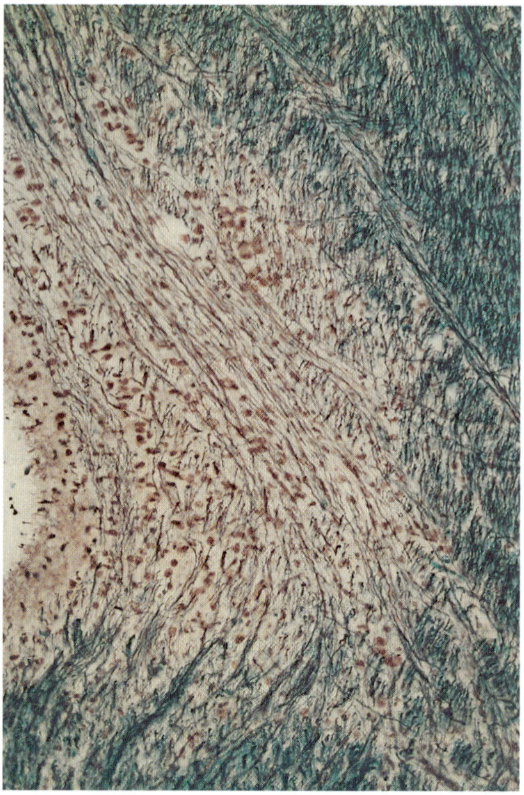

Abb. 4.**8** **Entmarkungsherd** (Luxol-fast-blue-Bodian-Färbung: Markscheiden-Blau, Axone durch Versilberung dargestellt). Die Markscheiden fehlen in einem großen Areal des Präparates ganz, die Axone sind dort aber gut dargestellt (Prof. Meyermann, Institut für Hirnforschung, Universität Tübingen)

Im Akutstadium ist die Amplitude des visuell evozierten Potentials (VEP) oft vermindert, oder das Potential fehlt ganz. Dies ist Ausdruck eines vorübergehenden Leitungsblocks in den Axonen, bedingt durch Druck des Ödems. Klinisch zeigt sich dies anfänglich durch eine massive Sehstörung, die sich dann – mit Verschwinden des Ödems – rasch zurückbildet. Im VEP zeigt sich jetzt die typische Verzögerung (s. S. 143).

Mit der Peroxidasetechnik ist am Rande des Herdes vermehrt IgG festzustellen. Weil die Herde oft Anschluß an den Liquorraum haben (Abb. 4.1 u. 4.2a), kann dieses IgG in den Liquor übertreten und damit die „autochthone“ IgG-Bildung im Liquor verursachen.

a

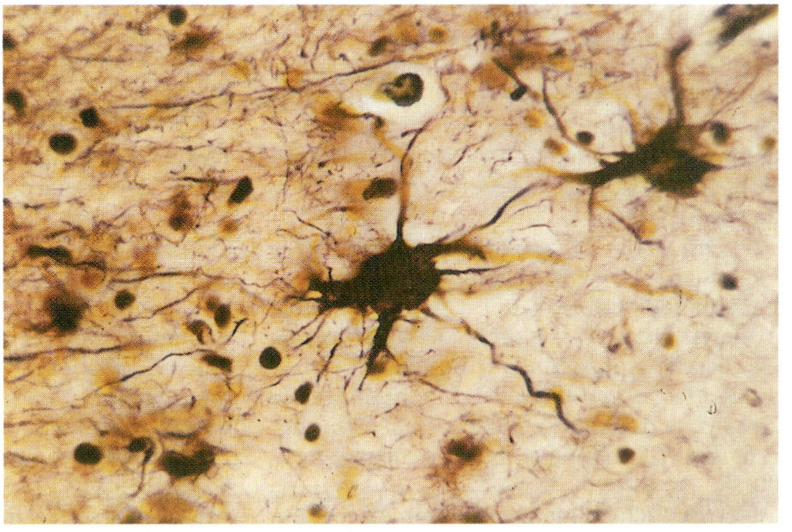

b

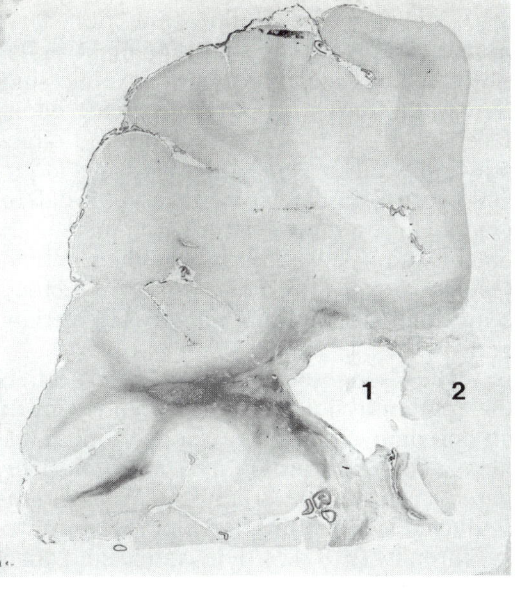

Abb. 4.**9a** u. **b** **a Fibrilläre Astrozyten** am Rand eines chronischen Multiple-Sklerose-Herdes (aus Adams, C.: A Colour Atlas of Multiple Sclerosis and other Myelin Disorders. Wolfe, London 1989), **b** Periventrikulärer Multiple-Sklerose-Herd. Färbung der Astrozytenfasern (Holzer), Ventrikel 1, Balken 2 (Prof. Meyermann, Institut für Hirnforschung, Universität Tübingen)

Im Laufe der weiteren Entwicklung des Herdes wird die Zellzahl, vorwiegend an dessen Rand, geringer – **älterer Herd** – und es kommt zu einer zunehmenden *Gliafaserbildung* (Gliose) (Abb. 4.**9a** u. **b**). Die proliferierten und hypertrophierten Astrozyten am Rand des Herdes bilden ein Geflecht von Fortsätzen, welche die frei liegenden Axone umgeben. Dabei ordnen sich die Astrozyten vorwiegend parallel zu den Axonen an.

Diese Bildung des Glianetzes ist nicht die einzige Funktion der Astrozyten. Durch Studien an Gewebskulturen weiß man, daß die Astrozyten als antigenpräsentierende Zellen analog den Makrophagen auftreten können (Fontana u. Mitarb. 1984).

Durch die Gliose bekommt der Herd eine gewisse Härte – Sklerosierung –, die der Krankheit den Namen gegeben hat. In einem Gliaherd sind die Axone zum großen Teil noch erhalten (Abb. 4.**8**). Nur in etwa

10% der Multiple-Sklerose-Herde findet man eine deutliche Reduktion der Axone. Einige dieser Axone sind geschädigt (unregelmäßige Schwellungen). Gehen Axone zugrunde, dann erkennt man in den dazugehörigen Nervenzellkörpern eine *Chromatolyse* als Ausdruck des Versuchs, das Axon zu regenerieren.

Durch die Gliafasern werden die freiliegenden, d.h. demyelinisierten Axone voneinander abgetrennt, gewissermaßen isoliert. Deshalb können sich nur selten elektrische Kurzschlußverbindungen (crosstalk) oder *parabiotische Areale* bilden, d.h. Areale, in denen es zur *ektopischen Impulsgeneration* kommen kann (*Ephapsen,* s. S. 90).

Dennoch bilden sich immer wieder derartige Kurzschlußverbindungen (Ephapsen), die für eine Reihe klinischer Symptome verantwortlich sind. Die elektrophysiologischen Eigenschaften der Axone sind durch den Verlust der Myelinscheide ebenfalls verändert. So ist vor allem die Leitgeschwindigkeit in einer derartigen Plaque verzögert. Wenn man davon ausgeht, daß in einem Herd mit etwa 1 cm Durchmesser an einem Axon etwa 50 Internodien fehlen (McDonald 1977), dann wird die Leitgeschwindigkeit dadurch um 25 ms verlängert.

Die Leitgeschwindigkeit zeigt durch die pathophysiologischen Veränderungen an den demyelinisierten Axonen eine deutliche *Abhängigkeit von der Umgebungstemperatur*, worauf die erhebliche Wärmeempfindlichkeit bei Multipler Sklerose zurückzuführen ist (s. S. 85). Die Axone sind auch sehr empfindlich gegen mechanische Reize (Lhermittesches Zeichen, S. 84).

Auch *paroxysmale Erscheinungen* bei Multipler Sklerose (s. S. 90 f.) können über elektrische Kurzschlußverbindungen und parabiotische Impulsgeneration erklärt werden.

Wenn ein Herd z.B. den Tractus spinothalamicus oder pyramidale bzw. extrapyramidale Bahnen betrifft, kann es zu paroxysmalen Erscheinungen kommen. So können z.B. zunächst sensible Erscheinungen spontan auftreten (parabiotisch), wobei dann die freiliegenden motorischen Axone auch erregt werden und es zu motorischen Entäußerungen kommt. Auch die *Trigeminusneuralgie* könnte auf diese Weise entstehen (s. S. 83). Mit der Zeit verschwinden die paroxysmalen Erscheinungen spontan, vermutlich wegen der Isolierung der Axone durch Gliafaserbildung.

Durch einschnürende Glianarben können die Axone noch zusätzlich geschädigt werden. Damit könnte man erklären, warum es bei der *chronisch progredienten Form* der Multiplen Sklerose zu ganz langsamen, kaum wahrnehmbaren, nicht schubabhängigen Verschlechterungen kommt. Auch bei Patienten mit schubförmig progredienter Form (s. S. 100) beobachtet man immer wieder eine leichte, chronisch progrediente Verschlechterung zwischen den Schüben, was ebenfalls durch Gliabildung verursacht sein könnte.

An den *motorischen Vorderhornzellen* kann man gelegentlich eine Chromatolyse finden (Torvic 1976), die auf eine Läsion der von ihnen ausgehenden Axone hinweist. Man kann damit die gelegentlich bei Multipler Sklerose auftretenden Muskelatrophien (s. S. 45 f.) erklären.

Manche Herde zeigen an ihrem Rand nur eine partielle Demyelinisierung. Gleichzeitig findet man auch Axone mit einer äußert *dünnen Markscheide* und kurzen Myelinsegmenten, d.h. mit *mehr Ranvierschen Schnürringen* als normal. Man nimmt an, daß es sich nicht um eine partielle Demyelinisierung handelt, sondern um eine *Remyelinisierung* (Prineas u. Connell 1979).

Diese Mischung von normal myelinisierten, demyelinisierten und teilweise remyelinisierten Fasern verleihen dem Rand des Herdes in einem Präparat mit Markscheidenfärbung eine andere Farbschattierung (nicht so hell), als man sie im Zentrum des Herdes findet. Es sind dies die *Markschattenherde* (shadow plaques).

Immer wieder stülpen sich von den Herden handschuhfingerförmig kleine Entmarkungszonen ins gesunde Gewebe aus. Diese als *Dawson-Finger* bezeichneten Fortsätze (Dawson 1916) entwickeln sich entlang von Gefäßen (Fog 1965) und sind Ausdruck der weiteren Ausdehnung – der chronischen Aktivität – des Herdes (Abb. 4.**7b**). Durch diese Ausstülpungen sind die

Multiple-Sklerose-Herde öfter an ihren Rändern gezackt, teilweise lobuliert.

Im Zusammenhang mit aktiven Herden kann man – wenn auch sehr inkonstant – kleine Areale mit perivaskulären Lymphozyteninfiltraten finden, in denen es vermutlich zu einer Demyelinisierung kommt. Gleichzeitig bestehen auch öfter Lymphozyteninfiltrate in den Meningen und im Subarachnoidalraum (Lumsden 1970). Über diesen Weg könnte man sich die *Pleozytose* im Liquor erklären, die – wie man weiß – nicht auf eine besondere Akuität hinweist (s. S. 138). Auch um die *Retinagefäße*, die entwicklungsgeschichtlich Hirngefäße sind, kann man solche Lymphozyteninfiltrate, zum Teil verbunden mit Exsudationen, feststellen (Arnold u. Mitarb. 1984, McDonald 1983).

Im *„ausgebrannten" Herd* gibt es keine Entzündungszellen mehr. Der Herd ist durch demyelinisierte Axone und Gliafasern charakterisiert. Gegen das gesunde Gehirngewebe ist er schärfer abgetrennt als der frische Herd. Die Myelinscheiden des gesunden Gewebes enden abrupt an der Grenze zum Herd.

Oft sind ältere Herde aber nicht statisch, sondern sie zeigen am Rand eine *chronische Aktivität,* kenntlich an einem zellreichen Randsaum und an den Dawson-Fingern. Durch diese Zellansammlung erscheint die Grenze dieser Herde zum normalen Hirngewebe nicht so scharf.

Tabelle 4.**1** Einige Krankheiten, die vorwiegend oder teilweise mit Demyelinisierung einhergehen

Multiple Sklerose
- klassische Form (Typ Charcot)
- akute Multiple Sklerose (Typ Marburg)
- diffuse Sklerose (Schilder)
- Neuromyelitis optica (Devic)
- konzentrische Sklerose (Baló)

ADEM (akute disseminierte Enzephalomyelitis) und perivenöse Enzephalomyelitis
- (post- und parainfektiös, postvakzinal oder „spontan")

Virusbedingte Demyelinisierung
- subakute sklerosierende Panenzephalitis (SSPE)
- progressive multifokale Leukoenzephalopathie (PML)
- AIDS -Enzephalopathie und -Myelopathie
- tropische Paralyse (HTLV I)

Toxisch-metabolisch-bedingte Demyelinisierung
- zentrale pontine Myelinolyse
- Marchiafava-Bignami-Syndrom
- funikuläre Myelose (Vitamin-B_{12}-Mangel)

Hypoxisch-ischämisch-bedingte Demyelinisierung
- subkortikale arteriosklerotische Enzephalopathie (Morbus Binswanger)
- posthypoxische Leukenzephalopathie

Physikalische Schäden (Strahlen, Druck)
- strahlenbedingte Enzephalo- und Myelopathie
- zervikale Myelopathie
- Hydrozephalus
- Ödemwirkung

Demyelinisierung – Dysmyelinisation

Das Phänomen *Demyelinisierung* ist unspezifisch. Es handelt sich um eine Reaktion der weißen Substanz auf verschiedene Schäden (toxische, metabolisch, traumatische, radiogene, vaskuläre, infektiöse), die nicht so stark sind, daß sie zu Nekrosen führen. Betroffen sind die Markscheide und/ oder die Oligodendrozyten. Voraussetzung ist, daß diese Strukturen vorher *normal* waren.

Die Krankheiten, die mit einer **Demyelinisierung** einhergehen, sind in Tab. 4.**1** aufgeführt. Sie werden zum Teil im Kapitel 16, Differentialdiagnose der Multiplen Sklerose (S. 216 ff.), abgehandelt.

Von der reinen Demyelinisierung ist der Markscheidenuntergang bei **Dysmyelinisation** zu trennen. Hierbei geht eine schon primär (genetisch) in ihrem Aufbau geschädigte Markscheide zugrunde. Zu den charakteristischen Krankheitsbildern, die durch Dysmyelinisation entstanden sind, gehört z.B. die große Gruppe der *Leukodystrophien,* die hier nur am Rande interessieren und ebenfalls im Rahmen der Differentialdiagnose der Multiplen Sklerose abgehandelt werden (s. S. 196f, 211).

Klinisches Bild

5. Körperliche Symptome

Allgemeines

Die Multiple Sklerose ist das vielgestaltigste Krankheitsbild in der Neurologie, vielleicht sogar das vielgestaltigste Krankheitsbild überhaupt. Die Symptomenvielfalt erscheint zunächst völlig unübersichtlich; dennoch kann man in die Vielfalt der klinischen Erscheinungen eine gewisse Ordnung bringen, welche die Orientierung erleichtert.

Im Deutschen verstehen wir unter Symptomen *alle* Krankheitserscheinungen, also sowohl diejenigen, die uns der Patient schildert (Schmerzen, Schwindel, Kribbelgefühl), als auch diejenigen, die wir bei ihm als Befund erheben (Reflexsteigerung, Abwehrspannung, Herzgeräusch). Im Angloamerikanischen wird sinnvollerweise diese Bedeutungsvielfalt durch Aufteilung in die Begriffe *„symptoms"* (alle subjektiven Krankheitserscheinungen) und *„signs"* (alle objektiven Befunde) eingeschränkt. Entsprechend wollen wir im folgenden die klinischen Erscheinungen der Multiplen Sklerose sehr streng in **subjektive** und **objektive Symptome** trennen. Die Krankheit beginnt häufig mit Gefühls- und Sehstörungen, Schwäche in den Gließmaßen, Gleichgewichts- und anderen Störungen. Diese sind anfangs oft isoliert, können aber auch kombiniert vorkommen. Am häufigsten wird die Krankheit durch *Sensibilitätsstörungen* eingeleitet. Die Angaben darüber sind in der Literatur etwas widersprüchlich. Solche Widersprüche entstehen vermutlich dadurch, daß bei den wissenschaftlichen Untersuchungen die Erstsymptome nur von solchen Patienten erfragt werden können, bei denen die Diagnose sicher ist. In der Regel sind aber diese Patienten schon länger krank, und viele können sich nur noch unscharf an die ersten, oft nur flüchtigen Symptome erinnern. Flüchtige Lähmungen oder Gefühlsstörungen, denen eine Reihe von Monaten oder Jahren guter Gesundheit folgte, werden leicht vergessen. Auch sind die Angaben der Patienten nicht immer zu verwerten. Bei einer „Gehstörung", die vor einigen Jahren bestand, ist es nicht immer möglich, genau zu erfahren, ob es sich dabei um eine Parese, eine Koordinationsstörung oder gar um beides gehandelt hat.

Weitere, allerdings seltener zu Beginn der Krankheit auftretende Beschwerden sind Doppelbilder (Augenmotilitätsstörungen), Schwindelerscheinungen und vor allem auch Blasenstörungen.

Optikusneuritis

Subjektive Symptome

Unter Sehstörungen verstehen die Patienten neben der eigentlichen Sehminderung noch verschiedene andere Empfindungen wie Doppelbilder, Schwindel und Flimmererscheinungen. Die häufige Visusminderung bei Multipler Sklerose ist immer auf eine Optikusneuritis zurückzuführen. Es kommt plötzlich – meist nur auf einem Auge – zu einem *Nebel-* oder *Schleiersehen.* Selten wird das Auge ganz blind. Die Sehstörung kann aber auch so gering sein, daß sie dem Patienten entgeht, vor allem, wenn sie nicht das führende Auge betrifft.

Manchmal beginnt die Optikusneuritis damit, daß die Patienten die *Farben* nicht mehr richtig erkennen. Alles wirkt wie vergilbt. Manche berichten auch über eine vermehrte *Lichtscheu*, bedingt durch erhöhte *Blendempfindlichkeit.*

Die Sehstörung entwickelt sich rasch innerhalb von 1–2 Tagen. Ist die Entwicklung protrahiert, sollte man eher an einen raumfordernden Prozeß mit Druckläsion des N. opticus denken (s. S. 224). In den nächsten 2–4 Wochen klingt dann die Sehstörung wieder ab, gelegentlich kann es auch Monate bis zur Rückbildung dauern. Bleibt die Sehstörung länger bestehen, muß dies nicht unbedingt ein schlechtes prognostisches Zeichen sein.

Bei etwa zwei Drittel der Patienten kommt es zu einem *Schmerz* im betroffenen Auge. Dieser wird typischerweise beim Blick zur Seite (*Bewegungsschmerz*) oder durch einen leichten Druck auf den Bulbus (*Bulbusdruckschmerz*) ausgelöst. Oft ist dieser Bewegungsschmerz aber so gering, daß man direkt danach fragen muß. Der Bewegungsschmerz kann der Sehstörung Tage, gelegentlich bis zu 2 Wochen vorausgehen, tritt aber in der Regel mit der Sehstörung auf (Bradley u. Whitty 1967).

Vermutlich ist dieser Bulbusdruck- oder Bewegungsschmerz durch einen entzündlichen Herd bedingt, welcher die schmerzfaserführenden Hüllen des N. opticus tangiert (meningeale Zellinfiltration). Der N. opticus ist in der Primärstellung des Auges immer leicht gewellt. Beim Seitblick wird er durch Aufheben der Schlängelung verlängert. Die damit verbundene Spannung des Nervs führt dann zu einer mechanischen Reizung des entzündlichen Herdes.

Da der Bewegungsschmerz häufig mit einer Läsion im posterioren Abschnitt des Nervs verbunden ist, wird auch angenommen, daß der Schmerz direkt durch Zug des M. rectus superior und des M. rectus medialis an ihrem Ursprung am Anulus tendineus an der Orbita bedingt ist (Lepore 1991).

Dieser typische Retrobulbärschmerz bildet sich mit der Sehstörung zurück. Wenn die Sehkraft wieder besser wird, ist er meist schon verschwunden.

Ein merkwürdiges Phänomen ist, daß in manchen Fällen der Visus spontan, meist aber unter bestimmten äußeren Umständen schwanken kann. Dieses Phänomen wurde zuerst von Uhthoff 1889 beschrieben, und wird als *Uhthoff-Phänomen* bezeichnet. Uhthoff stellte fest, daß bei Retrobulbärneuritis der Visus nach körperlicher Belastung vorübergehend abfiel. Hier scheint vor allem der Anstieg der Körpertemperatur eine zentrale Rolle zu spielen (s. S. 85 f.).

Manche Patienten mit einer Sehstörung im Rahmen der Optikusneuritis geben an, daß sie während der Dämmerung besser sehen würden als beim hellen Tageslicht. Dieses Phänomen wird als *Nyktalopie* bezeichnet.

Die Nyktalopie ist dadurch bedingt, daß das Dämmerungssehen nicht in den fovealen, sondern in den peripheren Abschnitten der Retina stattfindet. Bei der Optikusneuritis ist aber in erster Linie das foveale Sehen gestört (Zentralskotom), weil vorwiegend das papillomakuläre Bündel betroffen ist. Wenn es dämmert, können die Stäbchen voll in Funktion treten und der Patient hat den Eindruck, besser zu sehen. Das zentrale und damit kontrastscharfe Sehen wird aber nicht besser.

Die Nyktalopie ist nicht pathognomonisch für die Optikusneuritis, denn sie kommt auch bei der totalen Farbenblindheit vor (Goldmann 1936). Streng zu unterscheiden ist dieses Phänomen von der gelegentlich auftretenden zirkadianen Visusänderung bei Multipler Sklerose, wobei abends die Sehkraft zunimmt (Heckl 1974a, s. auch S. 87).

Eine Reihe von Patienten mit nur geringer Sehstörung auf einem Auge, bedingt durch eine Optikusneuritis, hat erstaunlicherweise ganz erhebliche Schwierigkeiten bei Tätigkeiten, die ein *räumliches Sehen* erfordern wie z. B. das Tennisspielen oder das Einparken eines Wagens. Dies kann man auf das sogenannte *Pulfrich-Phänomen* zurückführen.

Pulfrich berichtete 1922, daß eine normale Person, wenn vor ihr ein Pendel schwingt, dann den Eindruck hat, dieses schwinge nicht nur in einer Ebene, sondern beschreibe eine Ellipse, wenn ihr ein angedunkeltes Glas vor *ein* Auge gehalten wird. Man führt dies darauf zurück, daß die Lichtwellen durch das verdunkelte Glas in diesem Auge verzögert ankommen, und somit die stereoskopische Illusion entsteht (Rushton 1975). Eine derartige Verzögerung entsteht auch bei der Optikusneuritis, wenn die Aktionspotentiale durch einen Herd im N. opticus gebremst werden. Entsprechend kann man den Patienten gelegentlich helfen, wenn man ihnen ein leicht abgedunkeltes Glas vor das *gesunde* Auge gibt (Burde 1976).

Tabelle 5.**1** Subjektive Symptome bei Optikusneuritis (s. Text)

Häufige subjektive Symptome	Seltene subjektive Symptome
Visusminderung (Zentralskotom, „Schleiersehen")	Störung des stereoskopischen Sehens (Pulfrich-Phänomen)
Blendempfindlichkeit	Nyktalopie
Bulbusdruckschmerz (Bewegungsschmerz)	Movement phosphenes
Uhthoffsches Phänomen	Fading out

Die Methode des Pulfrich-Pendels wurde zu einem Test ausgebaut, der fast so zuverlässig ist wie die Ableitung der visuell evozierten Potentiale (VEP) (Rushton 1975, Wist u. Mitarb. 1978) und wohl heute überall gebräuchlich wäre, wenn man die visuell evozierten Potentiale nicht hätte.

Zu Beginn einer Optikusneuritis nehmen manche Patienten in ihrem Gesichtsfeld *Lichtblitze* wahr, die durch Augenbewegungen ausgelöst werden (movement phosphenes) (Davis u. Mitarb. 1976). Wenn eine Erkrankung der Retina oder des Glaskörpers ausgeschlossen ist, kann man diese movement phosphenes als Ausdruck einer mechanischen Reizung demyelinisierter Axone im N. opticus ansehen. Es handelt sich aber um eine seltene Erscheinung, die auch in der Literatur nur wenig erwähnt wird. Oftmals berichten einem die Patienten diese Lichtblitze nicht spontan, man kann sie aber doch gelegentlich erfahren, wenn man bei einer relativ frischen Optikusneuritis *danach fragt*. Da es sich um ein Phänomen nach mechanischer Reizung des N. opticus handelt (Augenbewegung), könnte man von einem Lhermitteschen Zeichen des N. opticus sprechen).

Differentialdiagnostisch muß man bei derartigen Lichterscheinungen an eine okzipitale Störung denken, die aber nicht von Bulbusbewegungen abhängig ist. Movement phosphenes können aber auch bei orbitalen Tumoren auftreten (McDonald 1982).

Andere Patienten berichten, daß sie langsam zunehmend verschwommen sehen würden, wenn sie einen Gegenstand länger fixieren. Besonders unangenehm macht sich dies z. B. beim Fernsehen bemerkbar. Werden dann aber kurz die Augen geschlossen, ist das Bild wieder klar. Es handelt sich dabei um das Phänomen des *Fading out* (to fade: schwächer werden, langsam verschwinden). Als Ursache kommt hier ein frequenzabhängiger Leitungsblock in Frage (s. S. 90). Die häufigen und seltenen subjektiven Symptome bei Optikusneuritis sind in Tab. 5.**1** zusammengestellt.

Objektive Symptome

Die klinische Symptomenkonstellation bei der Optikusneuritis hängt zum Teil davon ab, wo der Herd im Nerv lokalisiert ist. Der Nerv kann in 4 Abschnitte unterteilt werden (Abb. 5.**1**).

Bei einem Herd im intraokulären Abschnitt kommt es zur Papillitis (intraokuläre Optikusneuritis), Herde im weiteren Verlauf des Nervs verursachen die klassische Retrobulbärneuritis. Herde im Übergangsbereich zum Chiasma führen zu beidseitigen, asymmetrischen Gesichtsfeldausfällen, die oft nicht leicht zu deuten sind.

Bei der *Papillitis* kommt es meist unter orbitalen oder okulären Schmerzen (Bewegungsschmerz, Bulbusdruckschmerz) akut zu einem sehr starken Visusverlust. Bei typischer Ausprägung erkennt man am Fundus eine geschwollene, hyperämische Papille, die rein vom Aspekt nicht immer von einer Stauungspapille zu unterscheiden ist. *In der Regel ist die Papillitis aber durch die starke Sehminderung leicht von einer Stauungspapille abzugrenzen.*

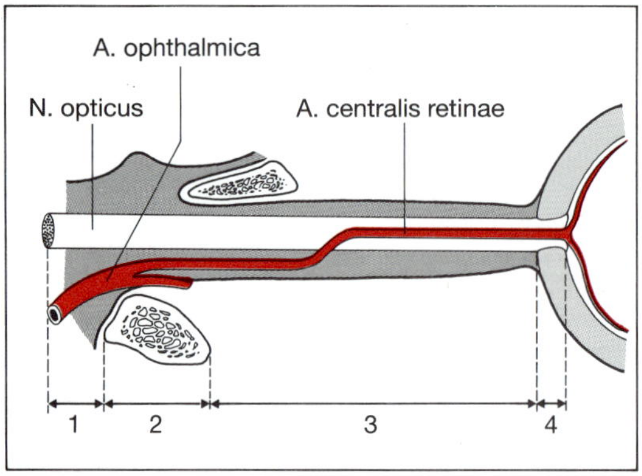

Abb. 5.**1** **Die vier Abschnitte des N. opticus:** 1 intrakraniell, 2 intrakanalikulär, 3 intraorbital, 4 intraokulär

Allerdings kann es ganz vereinzelt vorkommen, daß bei einer Papillitis die Sehkraft nicht so stark eingeschränkt ist, wenn bei medialem Befall des intraorbitalen Sehnervenabschnittes das papillomakuläre Bündel nur teilweise betroffen ist. Es können dann verschiedenartige Skotome auftreten, die das zentrale Sehen nicht betreffen (Daroff u. Smith 1965).

Der Unterschied zur *Stauungspapille* besteht darin, daß man bei dieser nur eine Vergrößerung des blinden Flecks findet, bei der medialen Papillitis aber ein deutliches Parazentralskotom. Dabei ist auch die *Pupillenreaktion verzögert,* was bei der Stauungspapille nicht vorkommt.

Wird der N. opticus in seinem retrobulbären Anteil von einem Herd betroffen, erkennt man im Akutstadium ophthalmologisch an der Papille nichts Krankhaftes. Eine leichte Papillenschwellung kann auch bei retrobulbären Herden vorkommen, was durch kernspintomographische Untersuchungen gezeigt wurde (Miller u. Mitarb. 1988b).

Perimetrisch besteht ein typisches *Zentralskotom*. Ein Bulbusdruckschmerz oder Bewegungsschmerz ist im Akutstadium in etwa 80 % auslösbar.

Neben der Sehstörung ist die *Pupillenstörung*, nach der man oft gezielt suchen muß, am wichtigsten. Auch eine abortive oder abklingende Optikusneuritis (ohne wesentliche Sehstörung) kann man dadurch erkennen.

Im Gegensatz zur Optikusneuritis (ON) mit deutlicher Visusminderung ist bei einer Optikusneuritis mit nur geringer Sehstörung die Pupille kaum oder gar nicht erweitert. Sie reagiert aber auf Licht langsamer und weniger ausgiebig als auf der gesunden Seite. Kurz nach der maximalen Konstriktion kommt es dann wieder zu einer leichten Erweiterung. Diese leichte Erweiterung ist eine physiologische Reaktion und wird als *„Pupillary-escape-Phänomen“* bezeichnet. Die Ursache dafür ist die Adaptation der Lichtrezeptoren in der Retina. *Auf der Seite einer Optikusläsion ist dieses Pupillary-escape-Phänomen verstärkt, auch wenn die Pupillen noch gleich weit sind.*

Nach diesem feinen diagnostischen Zeichen muß man gezielt suchen. Am besten führt man die Pupillenuntersuchung in einem leicht abgedunkelten Raum durch, weil die Pupillen dann weiter sind. Mit dem *Swinging-flash-light-Test* kann man sich den Seitenvergleich der Pupillenreaktion erleichtern.

Man belichtet ein Auge für 1 Sekunde, geht dann mit dem Strahl auf das andere Auge, verweilt dort wieder für 1 Sekunde und wechselt so ständig hin und her. Dadurch wird das Pupillary-escape-Phänomen vermieden, weil die Belichtungsdauer zu kurz ist. Man kann aber jetzt bequem beurteilen, ob eine Seitendifferenz der Pupille bei Konstriktion besteht. Beginnt man z. B. mit dem gesunden Auge und geht dann zum betroffenen, wird die Pupille, welche sich zusammen mit der Pupille am gesunden Auge im Rahmen des indirekten Pupillenreflexes kontrahiert hat, trotz Belichtung etwas weiter, weil die normale Konstriktion wegen der Afferenzstörung nicht aufrecht erhalten werden kann.

Verweilt man aber bei dem gleichen Test mit dem Licht etwa 3–5 Sekunden auf einem Auge, dann wird das Pupillary-escape-Phänomen ermöglicht. Man kann dieses jetzt sehr leicht im Seitenvergleich beurteilen.

Es ist erstaunlich, wie oft man mit dieser simplen Technik auch bei Patienten, die subjektiv keine nennenswerte Visusstörung haben, eine Optikusläsion aufdecken kann. Der Befund ist leicht durch die Bestimmung visuell evozierter Potentiale zu kontrollieren. Bei Patienten *ohne* Sehstörungen, aber mit VEP-Verzögerungen durch klinisch latente Optikusherde wurden in 36 % der Fälle leichte Pupillenstörungen gefunden (Kupersmith u. Mitarb. *1983*).

Das Ausmaß der Pupillenstörung korreliert meist gut mit dem Visusverlust und mit der Amplitudenminderung im VEP (Ellis 1979), nicht aber mit der Latenzverzögerung (s. S. 143).

Nach einer Optikusneuritis bilden sich die Symptome meist wieder gut zurück, auch die pathologische Pupillenreaktion wird weniger deutlich. Bei den visuell evozierten Potentialen wird die Amplitude im gleichen Maß wieder höher, die Latenzverzögerung bleibt aber fast immer bestehen, wenn auch einzelne Ausnahmen beschrieben sind (Mathews u. Small 1983).

Liegt der Entmarkungsherd am Übergang zum Chiasma opticum, dann findet man gleichartige Pupillenphänomene. Auf der betroffenen Seite besteht meist ein Zentralskotom, auf der anderen Seite jedoch zusätzlich ein leichtes Randskotom. Die Pupillenreaktion ist auf der betroffenen Seite wie bei Retrobulbärneuritis, weil ja ein Zentralskotom besteht. Die kontralateralen Pupillenreaktionen sind meistens normal. Eine Schädigung in der Gegend des Chiasmas ist somit ohne Kenntnis des Gesichtsfeldausfalls, also nur aufgrund der Pupillenreaktion, nicht erkennbar.

Farbsinnesstörungen, welche die Patienten oft gar nicht realisieren, kann man unter Umständen durch einen ganz einfachen Test nachweisen. Man läßt den Patienten einen roten Gegenstand (eine Tablette, Streichholz mit rotem Kopf) jeweils mit einem Auge fixieren und fragt, ob er einen Farbunterschied feststellt. Meist wird angegeben, daß die Farbe auf einer Seite weniger hell sei, manchmal ist sie gar nicht erkennbar. Die Farbstörung wird von den Patienten oft nicht spontan angegeben, man muß direkt danach fragen und gezielt untersuchen.

Das *Helligkeitsempfinden* ist oft auf der Seite der Läsion herabgesetzt, was aber selten spontan angegeben wird.

Folgender einfacher Test hat sich bei uns gut bewährt: Der Patient schließt beide Augen. Abwechselnd wird dann auf das Augenlid eine leuchtende Taschenlampe aufgesetzt. Es entsteht ein diffuses, gleichmäßiges Licht, und der Patient kann gut entscheiden, auf welcher Seite er das Licht weniger hell empfindet.

Die *Gesichtsfeldprüfung* kann am Krankenbett oder in der allgemeinen Praxis nur kursorisch durchgeführt werden. Mit der Perimetrie findet der Augenarzt bei der Retrobulbärneuritis fast immer ein zentrozäkales Skotom (zäkal, weil der blinde Fleck mit einbezogen ist). Zu dem *zentralen* Gesichtsfeldausfall kommt es, weil das papillomakuläre Bündel immer besonders geschädigt ist. Das Skotom betrifft anfangs vorwiegend Farben, in erster Linie Rot. Dies ist besonders für den Augenarzt wichtig, weil er damit inkomplette oder auch kleinere Skotome erfassen kann. Ein Skotom für Farben kann man auch noch nach abgeklungener Retrobulbärneuritis finden.

Für den Nachweis eines *zentralen Gesichtsfeldausfalles* am Krankenbett gibt es folgenden einfachen Test:

Das gesunde Auge wird abgedeckt. Der Patient streckt seinen Arm nach vorn, den gestreckten Daumen nach oben. Der Untersucher bringt den Daumen in Nasenhöhe genau in die sagittale Achse. Der Patient wird nun aufgefordert, den Kopf still zu halten und mit einem Auge den Daumen zu fixieren. Er soll den Daumen so bewegen, daß er ihn möglichst scharf sieht.

Bei normalem zentralen Sehen wird nichts geschehen. Im Falle eines Zentralskotoms jedoch bewegt der Patient den Daumen nach außen in sein übrig gebliebenes intaktes Gesichtsfeld. Diese Bewegung ist typisch für eine Störung des zentralen Sehens. Wenn man den Patienten von vorn betrachtet, sieht man, wie er gewissermaßen am Daumen seitlich vorbeischaut, weil er nicht zentral fixiert.

Schwer nachzuweisen sind oft kleinere Herde im **Tractus opticus**, also im retrochiasmalen Abschnitt der Sehbahnen zwischen Chiasma und Corpus geniculatum laterale des Thalamus. Es kommt hier zu inkongruenten Gesichtsfeldausfällen (Boldt u. Mitarb. 1963). Herde im *Corpus geniculatum laterale* mit funktioneller Beeinträchtigung sind bisher anscheinend nicht beschrieben worden.

Herde in der **Sehstrahlung** werden autoptisch zwar oft gefunden (Savitsky u. Rangell 1950), entsprechende hemianopische Gesichtsfeldausfälle sind bei Multipler Sklerose aber sehr selten (Hawkins u. Behrens 1975, Kölmel 1988). Wenn solche auftreten, dann sind sie fast immer durch *sehr große Herde* im Tractus opticus oder occipitalen Marklager (s. Abb. 16.**1**, S. 182) und im hinteren Schenkel der inneren Kapsel bedingt, öfter verbunden mit einer Hemiparese (Plant u. Mitarb. 1992). Bei einer Hemianopsie, besonders wenn sie keine besondere Rückbildungstendenz zeigt, muß man zunächst an andere Krankheiten denken. Die *Schildersche Krankheit* (s. S. 115) führt allerdings häufig zu Gesichtsfeldausfällen.

Nach abgelaufener Retrobulbärneuritis sieht man oft als Ausdruck der untergegangenen Optikusfasern eine *Papillenabblassung*. Diese ist in der Regel temporal gelegen (*temporale Papillenabblassung*).

Der Feststellung einer solchen Abblassung kam früher eine große Bedeutung zu, wenn man auf der Suche nach dem Symptom eines weiteren Herdes war. Es ergaben sich dabei aber oft erhebliche Diskussionen. Eine leichte temporale Blässe der Papille ist physiologisch, und auch sehr erfahrene Untersucher sind sich nicht immer einig, ob in einem bestimmten Fall nun die Blässe pathologisch ist oder nicht. Durch die Ableitung der visuell evozierten Potentiale kann man heute sehr rasch entscheiden, wer recht hat.

In ausgeprägten Fällen kann sich schon wenige Wochen nach Beginn der Optikusneuritis eine partielle temporale Abblassung oder auch eine komplette Optikusatrophie ausbilden. Die verbleibende Sehstörung ist aber nicht proportional zur Papillenabblassung. Auch bei einer deutlichen temporalen Papillenabblassung kann das zentrale Sehen intakt sein. Für das zentrale Sehen genügt es, wenn nur 44 % der Neuronen des papillomakulären Bündels erhalten sind (Frisén u. Frisén 1976).

Bei der Optikusneuritis ist die Korrelation der *Sehminderung* mit der *Größe des Herdes* nur sehr gering. Durch neuropathologische Untersuchungen konnte gezeigt werden, daß auch große Herde im N. opticus ohne nennenswerte Sehstörungen bleiben können, weil die Axone oft erhalten sind (Ulrich u. Groebke-Lorenz 1983). Auch wissen wir durch die Untersuchung mit visuell evozierten Potentialen, daß im Sehnerv häufig Herde vorliegen, die zu keiner Sehstörung führen.

Multiple-Sklerose-Herde müssen eine ganz ausgesprochene *Affinität zum Sehnerv* haben. Vergleicht man die relativ kleine Masse von markhaltigen Nervenfasern im N. opticus mit der um ein Vielfaches größeren Markfasermasse des Gehirns, dann dürfte bei einer zufälligen Verteilung der Herde eine Optikusneuritis sehr viel weniger häufig auftreten als z. B. Paresen. Vergleicht man aber das Verhältnis von Paresen und Optikusneuritis als Erstsymptome der Multiplen Sklerose, dann beträgt dieses Verhältnis, legt man die Zahlen von McAlpine u. Mitarb. (1972) zugrunde, 22:40, nach den Zahlen von Patzold (1985) sogar 39:18. Auch wenn diese Zahlen völlig verschiedene Verhältnisse angeben, kann man doch daraus erkennen, daß der N. opticus unverhältnismäßig häufig von Multiple-Sklerose-Herden betroffen wird. Jede Theorie zur Entstehung der Multiplen Sklerose muß auch Aussagen darüber machen, wie diese Bevorzugung einzelner Strukturen des Nervensystems zu erklären ist.

Auftreten und Verlauf

Die Optikusneuritis ist nach McAlpine u. Mitarb. (1972) mit 22 % das zweithäufigste Anfangssymptom der Multiplen Sklerose. Nach anderen Untersuchungen soll sie mit 39 % sogar das häufigste sein (Patzold 1985). Während des gesamten Verlaufs der Multiplen Sklerose tritt die Optikusneuritis in 60–70 % der Fälle auf (Kahana u. Mitarb. 1971, Poster 1978).

Die Optikusneuritis kann auch *doppelseitig* vorkommen, wobei beide Nerven entweder gleichzeitig oder zeitlich versetzt befallen werden. Nach Bradley u. Whitty (1967) ist sie in 7 % der Fälle sofort doppelseitig, in 12 % ist sie zunächst einseitig, wobei aber innerhalb von 3 Monaten auch die andere Seite befallen wird. Bei Kindern unter 9 Jahren ist die Optikusneuritis fast immer doppelseitig und scheint dann *nie* der Vorläufer einer Multiplen Sklerose zu sein (Meadows 1969).

In Japan tritt die Optikusneuritis sehr viel häufiger als bei uns doppelseitig (45 %) auf (Shibasaki u. Mitarb. 1981, Isayama u. Mitarb. 1982). Bei einer doppelseitigen Optikusneuritis muß man in unseren Breiten eher an eine postinfektiöse Optikusneuritis denken, die mit der Multiplen Sklerose nichts zu tun hat. Wenn die Neuritis das *Chiasma* befällt, kann eine doppelseitige Optikusneuritis vorgetäuscht werden. Es kommt dabei zu bitemporal betonten Gesichtsfeldausfällen (Spector u. Mitarb. 1980).

In seltenen Fällen kann die Optikusneuritis *chronisch progredient* verlaufen, was die Differentialdiagnose gegenüber einem raumfordernden Prozeß ziemlich erschwert (Ormerod u. McDonald 1984) (Differentialdiagnose s. S., 224).

Über die *Rückbildungstendenz* und *Prognose* der Optikusneuritis und über die Optikusneuritis als *Prognosekriterium* für die Multiple Sklerose s. S. 123, über die *Differentialdiagnose* der Optikusneuritis s. S. 224.

Gefühlsstörungen

Subjektive Symptome

Gefühlsstörungen finden sich sehr häufig bei Multipler Sklerose und leiten oft die Krankheit ein. Wenn man die Optikusneuritis außer acht läßt, dann sind Sensibilitätsstörungen mit 21 % das *häufigste Erstsymptom* (Patzold 1985). Häufiger als eine Gefühlsminderung sind *Parästhesien* (spontane Mißempfindungen), wie das Gefühl von Ameisenlaufen, Kribbelgefühle oder Spannungsgefühle um die Gelenke. Derartige Parästhesien sollen in 40 % der Fälle das Erstsymptom darstellen und sind damit am häufigsten (Sanders u. Mitarb. 1986). Diese Gefühlsstörungen, vor allem die Parästhesien, sind zunächst flüchtig und werden, wenn sie ohne neurologisches Korrelat auftreten, meist nicht richtig gewertet. Wenn später, oft nach Jahren, ein zweiter Schub mit völlig anderer Symptomatik auftritt, erinnern sich die Patienten meist nicht mehr an die früheren Mißempfindungen.

Die Hautareale, die von der Gefühlsminderung betroffen sind, werden oft als handschuh- oder sockenförmig angegeben und sind öfter auch symmetrisch angelegt, was nicht leicht zu erklären ist (s. S. 18). Manchmal steigen die Gefühlsstörungen von den Beinen auf, so daß man zuerst auch an eine aufsteigende Polyneuritis oder Radikulitis denken könnte.

Bei den **Parästhesien** unterscheidet man die *Oberflächenparästhesien* und *Tiefenparästhesien*. Am häufigsten sind die Oberflächenparästhesien wie Ameisenlaufen oder Kribbelgefühl. Wahrscheinlich werden diese Parästhesien durch eine leichte Läsion oder sogar nur Irritation des Tractus spinothalamicus ausgelöst. Oberflächenparästhesien korrelieren nämlich nicht deutlich mit einer Verzögerung der somatosensibel evozierten Potentiale (SEP), die mit größter Wahrscheinlichkeit über den Hinterstrang generiert werden (Sanders u. Mitarb. 1986).

Manche Patienten berichten über *Kältemißempfindungen* an den Extremitäten. Sie haben das Gefühl, als ob diese ganz kalt seien, merken jedoch beim Abtasten genau, daß dies nicht der Fall ist. Solche *Thermparästhesien* entstehen durch eine Läsion oder Irritation der Seitenstränge (Tractus spinothalamicus). Diese Kälteparästhesien treten zwar bei Multipler Sklerose auf, häufiger jedoch bei Halsmarkprozessen anderer Natur oder auch bei Mißbildungen am kraniozervikalen Übergang (Heckl 1978, Heckl u. Baum 1982). Einige Patienten berichten, daß sie ein schmerzhaft elektrisierendes Gefühl hätten, wenn ein kalter Gegenstand oder kaltes Wasser an ein bestimmtes Hautareal kommt, d. h., daß sie Kälte besonders intensiv und zum Teil schmerzhaft wahrnehmen. Solche *Kältehyperästhesien* und *Kältedysästhesien* sollten aber eher an eine Tabes dorsalis als an eine Multiple Sklerose denken lassen.

Bei den *Tiefenparästhesien* berichten die Patienten, daß sie das Gefühl hätten, als ob z.B. das Kniegelenk eingeschnürt oder bandagiert wäre (*Bandagengefühl, Schnürgefühl*). Manche äußern, sie hätten das Gefühl, als ob ein Gürtel eng um den Brustkorb oder um den Bauch gespannt sei (Gürtelgefühl). Auch das Gegenteil kann vorkommen, die Empfindung, als ob das Knie oder das Fußgelenk aufgebläht wäre *(Ballongefühl)*.

Oft können die Patienten diese seltsamen Gefühle nicht richtig beschreiben. Man muß die Angabe eines „komischen Gefühls" immer näher analysieren. Wenn man ihnen Begriffe wie „eingeschnürt" oder „wie aufgeblasen" bei der Anamnese direkt anbietet, bestätigen sie einem dies oftmals wie erleichtert.

Vermutlich entstehen die Tiefenparästhesien durch Herde in den Hintersträngen oder im Tractus bulbothalamicus. Wenn Tiefenparästhesien den Anfang des Krankheitsbildes markieren, dann können bei der neurologischen Untersuchung Tiefensensibilitätsstörungen noch fehlen. Bei einigen unserer Patienten waren auch die somatosensibel evozierten Potentiale noch intakt. Vermutlich entstehen die Oberflächen- und Tiefenparästhesien dadurch, daß der normale sensible Input in falsch kodierter Form im Thalamus ankommt und dort nicht richtig dekodiert werden kann.

Eine weitere Form der Mißempfindungen ist das sogenannte *Lhermittesche Zeichen*. Es handelt sich um plötzlich einschießende Mißempfindungen entlang der Wirbelsäule, die oft auch in die Arme oder Beine ziehen. Sie werden als „elektrisierend" oder ganz unspezifisch als „Schlag ins Kreuz" geschildert. Ausgelöst werden solche Mißempfindungen durch Vorwärtsneigen des Kopfes, gelegentlich auch durch Husten, Niesen oder andere plötzliche Bewegungen, welche die Halswirbelsäule betreffen. Auf dieses Zeichen wird an anderer Stelle noch ausführlich eingegangen (s. S. 84).

Wenn Parästhesien bei jüngeren Menschen isoliert auftreten und eine Polyneuropathie ausgeschlossen werden kann, muß man den Verdacht auf eine Multiple Sklerose äußern. Kostulas u. Mitarb. (1986) haben in 28 % derartiger Fälle im Liquor ein erhöhtes IgG gefunden.

Es gibt eine *benigne Verlaufsform* der Multiplen Sklerose, die sich nur in Parästhesien und Sensibilitätsstörungen äußert. Parästhesien als Anfangssymptom der Multiplen Sklerose scheinen auch auf einen benigneren Verlauf hinzuweisen (s. S. 122).

Objektive Symptome

Gefühlsstörungen sind selten komplett. Gibt ein Patient einen völligen Gefühlsverlust an einer Gliedmaße an, wobei man dann keinen weiteren pathologischen Befund mehr erheben kann, so spricht dies sehr für eine *psychogene* Störung. Auch halbseitig angeordnete Gefühlsstörungen (Hemihypästhesien) – obwohl bei der Multiplen Sklerose nicht ganz so selten – sollten immer dann den Verdacht auf eine psychogene Störung wecken, wenn keine weiteren Befunde wie Reflexbetonung, Pyramidenzeichen oder Verlust der Bauchhautreflexe zu erheben sind.

Vorderseitenstrangläsion

Im Vorderseitenstrang werden die Qualitäten Druck, Berührung, Schmerz und Temperatur übermittelt. Bei einer Läsion kommt es zu socken- oder handschuhförmig angeordneten Sensibilitätsstörungen, die nicht zu unterscheiden sind von Sensibilitätsstörungen bei einer Polyneuropathie, bei einem Rückenmarkstumor oder einer zervikalen Myelopathie.

Weniger häufig sind unregelmäßig begrenzte, flächige Sensibilitätsstörungen vorwiegend am Rumpf, aber auch an den Gliedmaßen, die sich keinem der bekannten Störungsmuster zuordnen lassen. Wenn weitere zentralnervöse Symptome fehlen, wird man in derartigen Fällen gelegentlich an eine *Lepra* denken müssen, besonders wenn die Berührungsempfindung weniger stark herabgesetzt ist als das Schmerzempfinden.

Bei Rückenmarksherden kann es zu mehr oder weniger stark ausgeprägten *Querschnittsbildern* kommen. Findet man aber nur Sensibilitätsstörungen und keine Zeichen, die für eine Pyramidenbahnläsion sprechen, wird eine Multiple Sklerose eher unwahrscheinlich, oder es handelt sich um eine *benigne Form*. Neben einer *psychogenen* Störung kommt in erster Linie eine *Polyradikulitis* in Frage.

Wenn Rückenmarksherde plötzlich auftreten, kann es auch zu Störungen im Sinne eines *Brown-Séquard-Syndroms* kommen (homolateral spastische Lähmung, kontralateral dissoziierte Empfindungsstörung), welches meist inkomplett ausgeprägt ist. Diese Symptomenkonstellation tritt jedoch *nicht* bei der langsam progredienten Form der Multiplen Sklerose auf. Ein langsam sich entwickelndes Brown-Séquard-Syndrom muß in erster Linie an einen Tumor oder an die zervikale Myelopathie denken lassen (S. 200).

Häufig bringen Multiple-Sklerose-Kranke leichte Gefühlsstörungen an den Händen vor, bei der Untersuchung ist aber das Berührungsempfinden recht gut erhalten. In solchen Fällen muß man zum einen genau nach *Temperaturempfindungsstörungen* suchen, weil derartige leichte Gefühlsstörungen für eine geringe Vorderseitenstrangläsion sprechen könnten. Zum anderen muß man aber auch gezielt nach einer Hinterstrangläsion suchen. Trotz des normalen Berührungsempfindens an den Fingern ist dann vielleicht die Zweipunktdiskrimination gestört.

An den Fingerspitzen sollten bis zu 6 mm unterschieden werden. Da größere interindividuelle Schwankungen bestehen, kann im Grenzbereich nur die Seitendifferenz verwertet werden.

Auch *segmental angeordnete* Störungen kommen vor, etwa bei C 8, wo die Sensibilitätsstörung dann nur die Außenseite einer Hand betrifft. Derartige segmentale Sensibilitätsstörungen sind vermutlich durch einen umschriebenen Herd an der Hinterwurzel zu erklären. Meist betrifft ein solcher Herd das Eintrittsgebiet der Hinterwurzel in einem Bereich von 1 bis 2 Segmenten. Gegen die Protrusion einer Halsbandscheibe, die hier am ehesten für eine Sensibilitätsstörung im Bereich von C 8 in Betracht käme, spricht, daß diese umschriebene Sensibilitätsstörung sich bei der Multiplen Sklerose in der Regel *schmerzlos* entwickelt.

Es ist erstaunlich, daß Oberflächensensibilitätsstörungen oft *symmetrisch* angeordnet sind, z. B. an den Fingerspitzen beiderseits. Ein symmetrischer Befall der Vorderseitenstränge dürfte dann, wenn man eine Regellosigkeit der Verteilung von Multiple-Sklerose-Herden annehmen würde, nur selten vorkommen (s. S. 18).

Bei einem unserer Patienten mit sehr symmetrischer Verteilung deutlicher Oberflächensensibilitätsstörungen an den Beinen fand sich ein großer Herd im Vorderseitenstranggebiet einer Seite, welche aber die *Commissura alba* des Rückenmarks vollständig mit einschloß. Hier kreuzt ein großer Teil der Fasern des Tractus spinothalamicus. Solche Herde in der Kreuzungsregion könnten die bilateral symmetrisch gelegene Oberflächensensibilitätsstörung erklären. Die Druck- und Berührungsempfindung ist dabei weniger stark betroffen als die Temperatur- und Schmerzempfindung.

Hinterstrangläsionen

Läsionen des Hinterstrangs (Fasciculus posterior) führen zum Ausfall der Tiefensensibilität. Wenn die Stellung der Beingelenke nicht mehr wahrgenommen werden kann, kommt es zu einer ataktischen Stand- und Gangstörung. Die Hinterstrangläsion wird nachgewiesen durch Überprüfung des Lageempfindens, Bewegungsempfindens, des Stand- und Gangvermögens und der Vibrationsempfindung. Diese wird aber außer in den Hintersträngen zu einem gewissen Teil vermutlich auch noch im hinteren Anteil der Kleinhirnseitenbahnen geleitet (Tractus spinocervicalis lateralis, Morinscher Trakt).

Damit kann zum Teil erklärt werden, warum manchmal die Vibrationsempfindung deutlich gestört ist, aber keine besondere Ataxie besteht. Umgekehrt kann die Lageempfindung deutlich gestört sein, verbunden mit einer entsprechenden Ataxie, wobei das Vibrationsempfinden noch relativ gut erhalten ist. Dies kommt bei parietalen Tumoren vor, manchmal auch bei Thalamusprozessen (Buettner u. Mitarb. 1983). Die erhaltene Vibrationsempfindung in solchen Fällen könnte durch die doppelseitige Repräsentation des Vibrationsempfindens zu erklären sein.

Eine weitere Erklärung für ein vermindertes Vibrationsempfinden bei relativ gutem Lageempfinden wäre die Annahme eines frequenzabhängigen Leitungsblocks (s. S. 89).

Je peripherer eine Läsion gelegen ist (z. B. Polyneuropathie), desto eher korrelieren Vibrationsempfindungsstörung und Ataxie.

In ausgeprägten Fällen kann die Tiefensensibilitätsstörung so herabgesetzt sein, daß der schlenkernde und ausfahrende Gang wie der eines Tabeskranken aussieht. Es kommt dabei zu der typischen Rekurvierung in den Knien (s. Tab. 5.**2**, S. 57). Ein rein tabisches Bild bei Multipler Sklerose gehört jedoch zu den Seltenheiten, weil hier fast regelmäßig eine pyramidale Komponente dazu kommt, welche die Abtrennung von der Tabes einfach macht.

Betrifft die Hinterstrangläsion die *Hände*, dann resultiert eine massive Ungeschicklichkeit. Die Patienten können dabei in die Hand gelegte Gegenstände (z. B. eine Münze) nicht erkennen, obwohl sie spüren (mit Hilfe des Vorderseitenstrangs), daß sie etwas in der Hand halten.

Bei genauer Beobachtung stellt man fest, daß der in die Hand gelegte Gegenstand überhaupt nicht zielgerichtet abgetastet wird, wie dies bei Gesunden der Fall ist. Die Patienten bewegen den Gegenstand regellos hin und her und trachten gar nicht danach, ihn an die Stelle der feinsten Empfindung, nämlich an die Fingerspitze, zu bringen. Es fehlt die Rückmeldung an das Gehirn, über welche das *explorative Verhalten* (hier das Abtasten) gesteuert wird.

Bei Affen konnte nachgewiesen werden, daß nach Durchtrennung des Hinterstrangs gezielte Tastbewegungen der Finger aufgehoben waren (Vierck 1975). Es scheint also nicht so zu sein, daß dem Patienten nur die Fähigkeit fehlt, eine räumliche Struktur zu erfassen, sondern *daß auch der explorative Antrieb gestört ist.* Es handelt sich um eine *Stereohypästhesie* oder *Stereoanästhesie*.

Fälschlich wird oft von einer *Stereoagnosie* gesprochen. Dabei handelt es sich aber um die Unfähigkeit, einen in die Hand gelegten Gegenstand zu erkennen, obwohl die über den Vorderseiten- und Hinterstrang geleitete Sensibilität intakt ist. Die Stereoagnosie ist durch eine Parietallappenläsion bedingt.

Hinterstrangausfälle an der Hand können plötzlich auftreten. Die Hand ist dann unter Umständen fast gebrauchsunfähig. Es handelt sich um die **Sensory useless hand** („Oppenheim-Hand“). In leichteren Fällen können die Finger bei geschlossenen Augen nicht seitengleich symmetrisch ausgestreckt werden (Abb. 5.**2**). Ist die Störung ausgeprägter, findet man eigenartige, teils leicht zuckende, teils wurmartige Bewegungen der Finger. Normale Halteimpulse in den Fingern und Händen werden nicht mehr unterdrückt, weil die Rückmeldung von den Rezeptoren für die Lageempfindung fehlt. Dadurch kommt es zu der ständigen Bewegungsunruhe. Man spricht auch von *„pseudoathetotischen“* Bewegungen, wobei allerdings die Ähnlichkeit mit einer Athetose allenfalls oberflächlich ist. Es handelt sich eher um eine „pseudodystone“ Bewegungsunruhe der Finger, in ganz ausgeprägten Fällen auch der Hände.

Bei 6 von 8 unserer Patienten, bei denen während eines Schubes eine derartige Störung aufgetreten war, zeigte sich, wenn auch nach Wochen, eine überraschend gute, *zum Teil vollkommene Rückbildung*. Bei 7 Patienten war kernspintomographisch ein Herd im oberen Halsmark zu erkennen (Abb. 5.**3**), der sich manchmal sogar in das entsprechende Hinterstranggebiet lokalisieren ließ (s. Abb. 14.**9b**, S. 167).

Bei Hinterstrangstörungen findet man ebenfalls häufig einen symmetrischen Befall, allerdings meist nur der Beine. Dies läßt sich dadurch erklären, daß die beiden Gollschen Stränge, welche die Tiefensensibilität der Beine übertragen, dicht zusammenliegen und deshalb auch leicht gemeinsam von einem Herd betroffen werden können. Die Burdachschen Stränge (Fasciculus cuneatus), welche vorwiegend für die Arme zuständig sind, liegen weit auseinander und können deshalb weniger leicht symmetrisch betroffen werden. Vermutlich ist deshalb der Befall der Arme häufig einseitig. Die Sensory useless hand war nur in einem von 8 unserer Fälle beidseitig.

Wenn die Krankheit weit fortgeschritten ist und viele Herde vorliegen, dann kann die Hinterstrangsensibilität in allen Gliedmaßen gestört oder gar aufgehoben sein. Eine diffuse Hinterstrangläsion bei Multiple-Sklerose-Patienten mit sonst nur wenigen anderen Funktionsstörungen spricht für einen Herd im Lemniscus medialis oder der Schleifenkreuzung (Kreuzung der Fibrae arcuatae internae, welche nach Umschaltung der Hinterstränge in den Hinterstrangkernen entstehen und nach der Kreuzung als Lemniscus medialis zunächst dicht zusammen verlaufen). Von hier kann die gesamte Hinterstrangsensibilität ausgeschaltet werden.

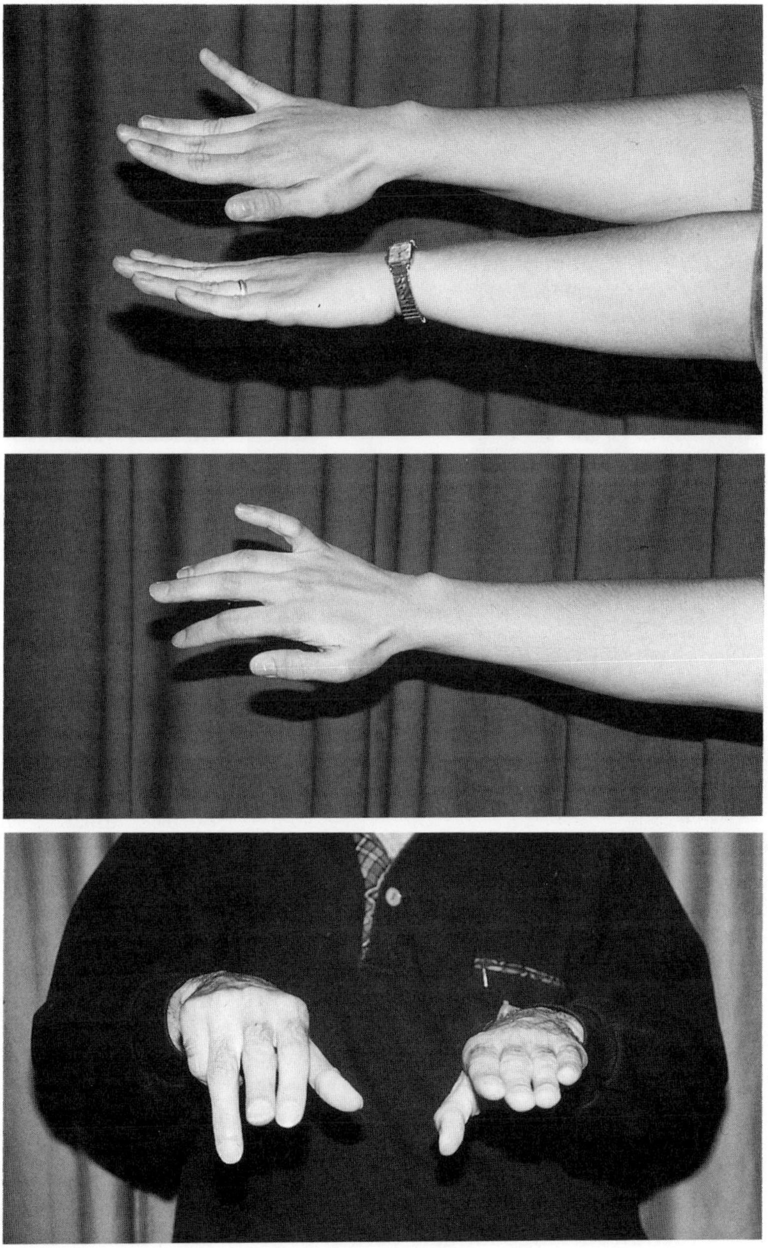

a b c

Abb. 5.**2a–c** **Sensory useless hand**. Patient wird aufgefordert, mit geschlossenen Augen die Hände auszustrekken: **a** unregelmäßige wurmartige Bewegungen der Finger, gleichmäßiges Halten nicht möglich (s. Abb. 5.**3**), **b** Finger der rechten Hand überstreckt, Finger V unruhig, sich immer wieder abspreizend, **c** vorwiegende Beugebewegung der Finger rechts (s. auch Abb. 14.**9b**)

Lähmungen

Subjektive Symptome

Die Lähmung ist das Symptom, welches die Multiple Sklerose zumindest in ihrem fortgeschrittenen Stadium, charakterisiert. Vor der Lähmung haben die Kranken auch die größte Angst, und mit Schrecken sehen sie eine Zukunft im Rollstuhl vor sich. Die Lähmung ist es auch, die in erster Linie die Berufs- und Arbeitsfähigkeit einschränkt und schließlich aufhebt (s. S. 268).

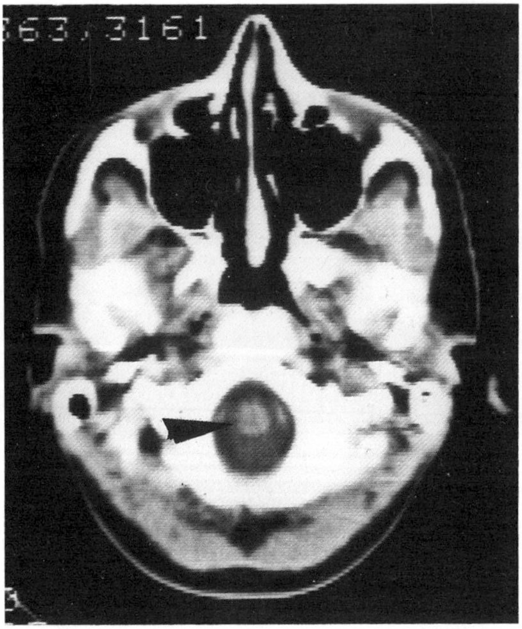

Abb. 5.**3** Computertomogramm mit Kontrastmittel, Spätaufnahme, Höhe von C 1. Deutliche Anfärbung des Herdes, der den ganzen Querschnitt einnimmt und bis in die Medulla oblongata reicht. Klinisch: Sensory useless hand

Oft entsteht schon beim ersten Schub eine Parese. Nur wenn die Lähmung etwas stärker ausgeprägt ist, wird sie von dem Patienten als solche erkannt. Leichte Schwächen werden meist nicht als solche realisiert. So wird von einer *Müdigkeit* in einem Arm oder Bein berichtet, oder von häufigem *Umknicken* mit einem Fuß. Andere wiederum klagen darüber, daß sie ein Bein etwas nachziehen würden. Erstaunlich oft werden Patienten mit geringen Gehstörungen, bevor sie selbst etwas bemerken, von Angehörigen darauf angesprochen.

Eine *Steifigkeit* in den Beinen, oft verbunden mit einem *Spannungsfeühl*, ist meist das erste Zeichen der Spastik. Manche empfinden ihren Gang als hölzern und ungelenk, manche berichten über ein Zittern in den Beinen nach Anstrengung und meinen damit den *Klonus*.

Eine *latente Parese* wird vielen Patienten zum ersten Mal bewußt, wenn sie plötzlich einmal schnell laufen müssen, z. B. um die Straßenbahn noch zu erreichen. Andere berichten über eine Müdigkeit in den Beinen, wenn sie längere Zeit gegangen sind („bleischwere" Beine), die wieder etwas nachläßt, wenn sie eine Pause einlegen. Dieses Phänomen entspricht etwa dem Déjerine-Syndrom, der sogenannten Claudicatio intermittens spinalis (S. 191).

Oft berichten die Patienten über eine ausgesprochene Müdigkeit und vorzeitige Erschöpfbarkeit, obwohl man bei der Untersuchung nur sehr geringe Hinweise für eine Pyramidenbahnläsion findet. Es handelt sich hierbei um die abnorme Ermüdbarkeit (S. 71), die nichts mit einer Pyramidenbahnläsion zu tun hat und leicht mit einer *Depression* oder psychogenen Störung verwechselt werden kann.

Objektive Symptome

Bei den Lähmungen handelt es sich fast ausschließlich um zentralmotorische Lähmungen. *Pyramidenzeichen und zentralmotorische Funktionsstörungen* finden sich bei 80 % aller Multiple-Sklerose-Kranken (Kurtzke u. Mitarb. 1972). Nach etwa 20jährigem Verlauf zeigen praktisch alle Kranken Pyramidenbahnsymptome (Broman u. Mitarb. 1981). Schon zu Beginn, d. h. beim ersten Schub, finden sich bei ca. 18 % der Patienten Lähmungen (Patzold 1985). Die Lähmungen betreffen zuerst die Beine und befallen dann die Arme. Auch in späteren Stadien sind die Beine immer häufiger und stärker betroffen als die Arme (Schrader 1953).

Interessant ist es, daß bei verschiedenen Verlaufstypen der Multiplen Sklerose die Paresen als Erstsymptom verschieden häufig vorkommen. So sind Lähmungen beim rein schubförmigen Verlauf deutlich seltener als beim schubförmig progredienten oder gar beim primär chronisch progredienten Verlauf, bei dem die Lähmungen das Kernsymptom darstellen. Beginnt die Krankheit im höheren Lebensalter, kann als einziges Symptom eine spastische Paraparese der Beine auftreten (Noseworthy u. Mitarb. 1983), die oft zu erheblichen differentialdiagnostischen Schwierigkeiten führt.

Daß die Arme durchweg weniger oft und weniger schwer betroffen sind als die Beine (nach Poser 1978 Arme 36 %, Beine 71 %), beruht wohl nicht auf einer besonderen Affinität der Entmarkungsherde zu den efferenten Bahnen, welche die Beinmotorik regulieren, sondern zu einem gewissen Teil darauf, daß die Wahrscheinlichkeit größer ist, daß die längeren Bahnen betroffen werden. Wichtiger ist aber, daß einerseits die langen Bahnen im Rückenmark außen verlaufen, andererseits Multiple-Sklerose-Herde im Rückenmark dreiecksförmig sind und mit der Basis des Dreiecks außen (liquornah) liegen (Kap. 4, Abb. 4.**4b**). Damit werden die langen Bahnen, die Impulse zu den Beinen führen, eher betroffen.

Bei der neurologischen Untersuchung findet man anfänglich an den Beinen nur eine Reflexbetonung oder *Reflexsteigerung*. Nach einer Parese muß man gezielt suchen. Am besten eignet sich dafür das Einbeinhüpfen. Im Seitenvergleich findet man dann auf der betroffenen Seite ein vorzeitiges Ermüden, das Hüpfen ist plumper, wobei die Ferse öfter auf den Boden aufkommt.

In die Beurteilung der Reflexsteigerung geht viel Subjektives ein, in Grenzfällen ist die Beurteilung ganz von der Erfahrung des Untersuchers abhängig.

Die Reflexsteigerung spricht in hohem Maß für eine Pyramidenbahnläsion, auch wenn das Babinskische Zeichen und andere pathologische Fremdreflexe fehlen. Sie ist damit gewichtiger Baustein für die Diagnose Multiple Sklerose. Deshalb muß man die *Reflexsteigerung* streng definieren.

Bei lebhaften Armeigenreflexen sind die Beineigenreflexe nur dann als gesteigert zu betrachten, wenn die reflexogene Zone um drei Drittel verbreitert ist. Bei schwach auslösbaren Armeigenreflexen genügt unter Umständen eine Verbreiterung um zwei Drittel.

Angaben über die Häufigkeit des *Babinskischen Zeichens* bei Multipler Sklerose finden sich vorwiegend in der älteren Literatur und schwanken außerordentlich (36–91 %). Schrader (1953) fand den Babinski-Reflex in 78 % der Fälle. Um solche Angaben zu werten, muß man wissen, daß das Babinskische Zeichen bei einem Patienten wechselnd sein kann, d.h. daß es gelegentlich auch wieder verschwindet, obwohl der Schub nicht etwa abgeklungen ist und obwohl noch sämtliche Zeichen einer zentralmotorischen Lähmung vorliegen. Hierzu kommt, daß klinisch weniger erfahrene Untersucher dazu neigen, viel zu häufig eine zweifelhafte Großzehenbewegung als Babinskisches Zeichen festzuhalten. Statistische Angaben sind also nur mit Vorbehalt zu werten.

Hat man das Babinskische Zeichen oder ein analoges Zeichen ausgelöst, so ist eine Pyramidenbahnläsion hinreichend sicher. Dabei kann die Funktion noch vollständig erhalten sein (Wartenberg 1958). Das Babinski-Zeichen fehlt aber gar nicht selten bei einer deutlichen spastischen Lähmung mit Reflexsteigerung.

Pyramidenbahnzeichen an den oberen Extremitäten sind schwieriger zu interpretieren. Die *Fingerbeugereflexe* (Knipsreflex, Trömnerscher Reflex) sind unspezifisch und haben die gleiche Bedeutung wie die Eigenreflexe an den Armen. Das *Wartenbergsche Zeichen* wird vielfach überschätzt.

Wartenbergsches Zeichen: Zug an den gebeugten Fingerendgelenken führt zu einer Einwärtsbewegung und Opposition des Daumens (Enthemmung einer Mitbewegung).

Es tritt häufig bei zentralmotorischen Störungen der Arme auf, aber meist erst, wenn die Lähmung schon nachweisbar ist und die Eigenreflexe gesteigert sind. Nur selten ist dieses Zeichen dann positiv, wenn man im Zweifel ist, ob bei einem Patienten eine Pyramidenbahnläsion der Arme vorliegt oder nicht.

Früher hat man dem Verlust der *Bauchhautreflexe* (BHR) als Pyramidenbahnzeichen, vor allem auch bei der Multiplen Sklerose, eine größere Bedeutung beigemessen.

Die Bauchhautreflexe sind aber bei 20 % der Gesunden in einer oder allen Etagen nicht zu erhalten. Das Fehlen der Bauchhautreflexe hat keine Bedeutung bei älteren Patienten mit schlaffen Bauchdecken und bei Frauen nach Schwangerschaften. Fehlen die Bauchhautreflexe jedoch bei jungen Leuten mit straffen Bauchdecken, vor allem einseitig, oder ist ein Bauchhautreflex in einer Etage rasch erschöpflich, so soll es sich um ein Pyramidenbahnzeichen handeln.

Die klinische Erfahrung zeigt, daß meist schon andere Zeichen einer zentralmotorischen Störung vorliegen, wenn die Bauchhautreflexe fehlen. *Man ist deshalb in aller Regel auf das Fehlen der Bauchhautreflexe als Pyramidenzeichen nicht besonders angewiesen*. Man muß bezweifeln, ob das Fehlen der Bauchhautreflexe überhaupt als Pyramidenzeichen zu werten ist, denn gerade bei der amyotrophen Lateralsklerose und bei der spastischen Spinalparalyse sind die Bauchhautreflexe typischerweise erhalten.

Ein sehr feines Zeichen für die zentrale Störung eines Armes ist das Fehlen der *Mitbewegung* beim Gehen. Die fehlende Mitbewegung ist allerdings nicht spezifisch für eine Pyramidenbahnläsion, sie kommt z. B. auch als Frühzeichen beim Parkinson-Syndrom vor. Im Zusammenhang mit einer fraglichen Reflexsteigerung an den Armen kommt diesem Zeichen jedoch eine große Bedeutung zu. Schmerzen oder eine Bewegungseinschränkung im Schultergelenk müssen ausgeschlossen sein.

Bei Patienten mit fortgeschrittener Multipler Sklerose muß man gelegentlich rätseln, warum einige Reflexe fehlen, andere aber wieder gesteigert sind. Diese Konstellation weist unter Umständen darauf hin, daß zwei Herde im Rückenmark vorliegen. Wenn z. B. der Bizepsreflex (BR) sehr lebhaft oder gar gesteigert ist, der Trizepsreflex (TR) aber fehlt, dann spricht dies für zwei Herde. Ein Herd muß dann oberhalb von C 6 (BR) die Pyramidenbahn, der andere Herd in Höhe von C 7 /C 8 (TR) die Hinter- oder Vorderwurzel tangieren.

Die umgekehrte Konstellation aber (fehlender BR und gesteigerter TR) kann durch einen einzigen Herd in Höhe C 6 erklärt werden. Dieser erfaßt die Pyramidenbahn, was die Steigerung auf dem tieferen Segment (TR, C 8) bewirkt, und schädigt zugleich auch den Rückenmarksanteil, durch welchen die Vorderwurzel verläuft.

Lähmungen im fortgeschrittenen Stadium

Die Lähmungen im fortgeschrittenen Stadium müssen gesondert abgehandelt werden, denn sie zeigen gegenüber den Lähmungen im Anfangsstadium wichtige Besonderheiten. Unter einem fortgeschrittenen Stadium wollen wir einen Zustand verstehen, bei dem die Lähmung ein solches Ausmaß erreicht hat, daß der Patient mehr oder weniger von der Hilfe anderer abhängig ist. Dieses Stadium kann erst spät erreicht werden, z. B. nach 20 bis 30 Jahren, bei besonders malignem Verlauf aber schon nach wenigen Monaten oder Jahren.

Die große Gefahr solcher kompletten oder fast kompletten Paresen ist die Entwicklung von Muskel- und Gelenkkontrakturen. Diese werden um so häufiger, je länger die Lähmungen bestehen. Mit Sicherheit aber treten sie auf, wenn die Pflege unzureichend ist. Durch die spastische Tonuserhöhung kommt es zu Veränderungen im Muskel- und Bindegewebe, die zu einer *Verkürzung* und *Elastizitätsminderung* des Muskels führen. Dadurch kommt es dann unglücklicherweise wiederum dazu, daß schon deutlich geringere Dehnungsreize als früher genügen, den Tonus zu erhöhen. Es entsteht dann der Circulus vitiosus:

spastischer Tonus und Lähmung	→	Kontraktur	→	stärker erhöhter Tonus

Die Muskeln erstarren langsam in zunehmender Kontraktur, und die zugehörigen Gelenke versteifen, analog den Gelenken, die zu lange in einem Gipsverband ruhiggestellt werden.

Die so eingesteiften Beine sind meist im Hüft- und Kniegelenk in *Beugestellung* kontrakt. Dies behindert besonders stark die Pflege. Im Extremfall kann der Patient weder in den Rollstuhl, noch auf einen Nachtstuhl gesetzt werden. Sind die Hüften – wie so oft – auch in Adduktionsstellung kontrakt, dann kann das Katheterisieren für Patient und Pflegeperson gleichermaßen zur Tortur werden. Diese Störung – die **Paraplegie en flexion** – stellt den Endzustand dar, oft begleitet von Harnwegsinfekt und Druckgeschwüren.

Ein extrem ausgeprägtes Bild zeigt Abb. 5.**4**. Im Rahmen einer massiven Beugespastik mit Kontraktur kam es zu exzessiven Druckgeschwüren am Gesäß und über den Trochanteren. Beide Beine mußten im Hüftgelenk exartikuliert werden. Nur mit größter Mühe gelang die Deckung der Ulzera.

Der Weg zur Paraplegie en flexion ist aber weit. Zuerst entwickelt sich in der Regel der *Streckspasmus*. Dann kommt es zusätzlich, vorwiegend am Tag, aber auch in der Nacht, zu einer plötzlichen Tonuserhöhung in den Streckern, die als *Streckspasmen (Strecksynergien)* bezeichnet werden. Diese Streckspasmen sind teils nur unangenehm, teils aber auch schmerzhaft. Sie können spontan auftreten, werden aber meist durch irgendwelche Haltungsänderungen, bestimmte komplexe Bewegungen wie Husten, Niesen oder Gähnen ausgelöst. Manche Patienten, die gerade noch etwas gehen können, stürzen dann sehr leicht bei solchen Streckspasmen (s. S. 85, spinale Automatismen).

Mit der Zeit wird der Dauerstrecktonus – unabhängig von den Spasmen – immer stärker. Zuerst ist diese Erhöhung des Strecktonus hilfreich, weil die lähmungsbedingte Instabilität in den Knien und Hüften etwas kompensiert wird. Damit kann der Kranke, wenn auch nur unzureichend, an Krücken noch etwas gehen. Langsam wird das Gehen aber immer mühsamer und später dann unmöglich.

In schweren Fällen erfaßt der Streckspasmus auch die Rückenmuskulatur. Die Patienten liegen dann mit nach hinten gekrümmtem Rücken und weit in den Nakken gezogenem Kopf in ihrem Bett. Die Erhöhung des Strecktonus ist Ausdruck einer unvollständigen Rückenmarksläsion, wie man dies auch bei nicht vollständigen Querschnittslähmungen anderer Ätiologie kennt. Dabei ist wohl der im vorderen Anteil des Rückenmarks liegende Tractus vestibulospinalis, der den Strecktonus bewirkt, erhalten.

Bei weiterer Progredienz des Leidens kann manchmal der Strecktonus langsam nachlassen, und die gesteigerten Reflexe können erlöschen. Dieser *Reflex- und Tonusverlust* könnte durch zusätzliche Herde im Eintrittsbereich der Hinterwurzeln verursacht sein, womit eine Unterbrechung des Reflexbogens und damit das Nachlassen des Tonus erklärt werden könnte.

Häufiger wird der Strecktonus aber von einem zunehmenden *Beugetonus* übertroffen, und die Streckspasmen verschwinden. Auch in diesem Fall werden die gesteigerten Reflexe jetzt deutlich geringer und erlöschen ganz.

Bei einigen Patienten findet man dann eine Tonuserhöhung, bei welcher die typisch *federnde* Komponente der spastischen Tonuserhöhung vollständig fehlt und deren Qualität jetzt eher an einen *Rigor* erinnert. Die Beine sind dabei bretthart und unbeweglich. Daß eine zentralmotorische Läsion vorliegt, erkennt man dann allenfalls noch an einem Babinskischen Zeichen oder positivem Rossolimo-Reflex.

Ein derartiger Zustand ist selten. Meist ist es so, daß der Beugetonus jetzt überwiegt und auch Beugesynergien (Beugespasmen) einschießen, die die Patienten oft unangenehmer und schmerzhafter empfinden als die Streckspasmen.

Bei den *Beugespasmen* werden die Beine ruckartig in den Hüft- und Kniegelenken gebeugt. Die Füße kommen dabei in Dorsalextension, seltener auch in Plantarflexion. Die Oberschenkel können manchmal bis an den Bauch hochgezogen werden. In dieser Stellung verharren sie einige Sekunden und gelangen dann langsam wieder in ihre Ausgangsstellung, die sowieso meist schon in einer starken Flexionsstellung besteht. Oft versuchen die Kranken die Beine passiv mit den Händen wieder in die Ausgangsstellung zu bringen, was aber allein durch den Reiz der Manipulation wieder zu erneuten Beugespasmen führt.

Wie die Streckspasmen lassen sich auch die Beugespasmen durch verschiedene mechanische Reize auslösen, wobei nicht nur äußere, sondern auch *innere Reize* genügen. So nehmen die Beugespasmen bei

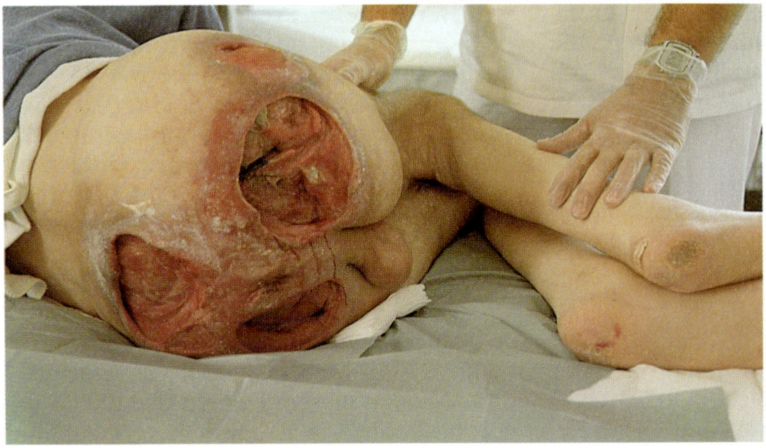

a

Abb. 5.**4 a–c**
Paraplegie en flexion
a Patient mit extremen Druckgeschwüren bei jahrelanger Paraplegie en flexion und schlechter Pflege (Mann, 38 Jahre, chronisch progrediente MS), **b** u. **c** Paraplegie en flexion mit Scherenspasmus und Luxation des Hüftgelenkes rechts (45jähriger Mann, chronisch progrediente MS)

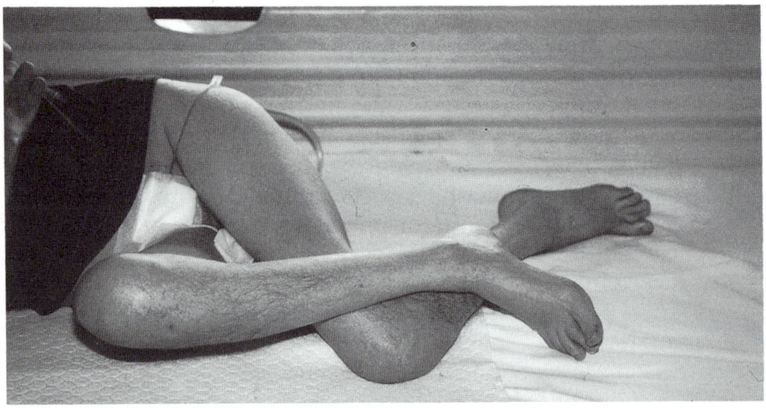

b

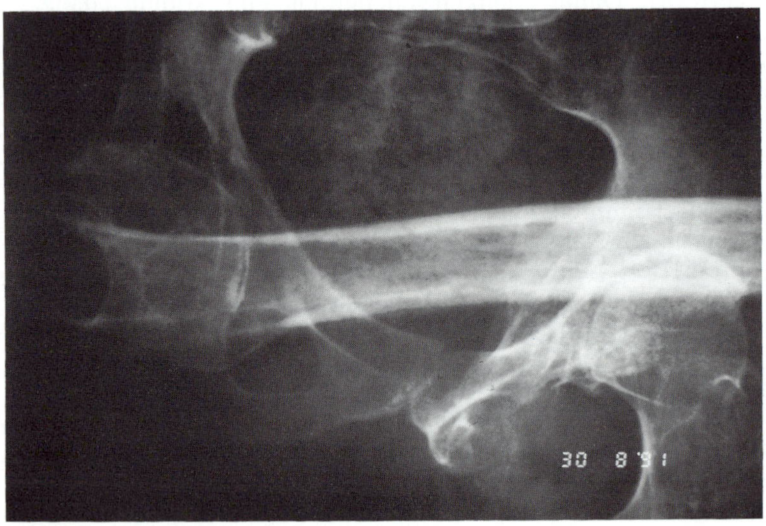

c

einem *Blaseninfekt*, bei *Druckgeschwüren*, aber auch allein schon durch einen *vollen Darm* oder eine *volle Blase* deutlich zu. In einzelnen Fällen können diese quälenden Spasmen bis zu *100mal* in der Stunde auftreten.

Kommt es vor, daß an einem Bein ein Streckspasmus, am anderen schon ein Beugespasmus besteht, wird die krankengymnastische Behandlung sehr erschwert. Auch die medikamentöse Behandlung ist in solchen Fällen kompliziert (s. S. 247), wenn man den Patienten das Stehen ermöglichen will.

Mit der Zeit werden die Beine dann in Beugestellung kontrakt, und es entsteht die schon erwähnte *Paraplegie en flexion* als die schlimmste Folge einer zentralmotorischen Lähmung. Unglücklicherweise sistieren die Beugespasmen in diesen Fällen nicht immer. Sie zeigen zwar jetzt kaum noch einen Bewegungseffekt, haben aber ihre Schmerzhaftigkeit nicht eingebüßt.

Das Stadium, in dem die Beugespastik der Streckspastik die Waage hält, kann längere Zeit bestehen. Fehlen andere Zeichen einer Encephalomyelitis disseminata, lassen sich die daraus resultierenden Befunde nur schwer deuten. Kann man die Gelenke noch beugen, dann hat man nicht den Eindruck einer Spastik, sondern einer Tonuserhöhung im Sinne eines extremen Rigors, weil sowohl die federnde Komponente als auch das Taschenmesserphänomen fehlen. In solchen Fällen stellt sich die Frage, ob hier nicht die seltene *„progressive encephalomyelitis with rigidity"* (Howoll u. Mitarb. 1979, Burn u. Mitarb. 1991) vorliegt (s. S. 212).

Bei 2 unserer Patienten mit einer derartigen Störung wurde eine chronisch progrediente Multiple Sklerose nachgewiesen. Es könnte sein, daß in solchen Fällen Multiple-Sklerose-Herde die *Interneurone* des Vorderhorns tangieren, so daß phänomenologisch ein ähnliches Bild entsteht, wie bei der Progressive encephalomyelitis with rigidity (s. S. 212).

Periphermotorische Störungen

Da die Entmarkungsherde vorwiegend die weiße Substanz betreffen, ist es immer wieder überraschend, wenn man bei Multiple-Sklerose-Patienten Muskelatrophien oder einen Reflexverlust feststellt. Diese Befunde passen nicht zum Bild einer zentralmotorischen Läsion, wie man sie in der Regel bei Multipler Sklerose erwartet.

Daß bei der Multiplen Sklerose die Reflexe paradoxerweise fehlen können, ist schon lange bekannt (Marburg 1936). Immer wieder wurde von Muskelatrophien berichtet (Pollock u. Mitarb. 1977, Eisen u. Mitarb. 1982, Fisher u. Mitarb. 1983), die aber nicht richtig eingeordnet werden konnten. Solche fokalen Muskelatrophien sollen bei Multiple-Sklerose-Kranken in 7–9 % vorkommen (Müller 1949, Kurtzke 1965). Man hat diese Atrophien, weil man nicht immer elektromyographisch etwas nachweisen konnte, zum Teil auch als Inaktivitätsatrophie gedeutet.

Atrophien findet man meist in späteren Stadien, also dann, wenn die Lähmungen schon sehr ausgeprägt sind (Abb. 5.**5**). Der periphere Charakter dieser Atrophien läßt sich oft im EMG nachweisen. Ursache dafür ist zum Teil, daß Entmarkungsherde auch das Vorderhorn oder die daraus austretenden Wurzeln während ihres intramedullären Verlaufs tangieren können (Torvic 1976).

Man fand in den Vorderhornzellen von Multiple-Sklerose-Kranken immer wieder eine *Chromatolyse*, was für eine Axonschädigung des Motonneurons spricht (Torvic 1976). Dennoch befriedigen diese Erklärungen nicht vollständig. Es gibt nämlich nicht so selten auch bei Hemiplegien nach Hirninfarkten leichtere Muskelatrophien, deren Ursache unklar bleibt. Man hat eine „transsynaptische Degeneration" oder den Verlust einer „zentral-trophischen Wirkung" diskutiert (Chokroverty u. Mitarb. 1976, Brown u. Snow 1990).

Das gemeinsame Vorkommen von Multipler Sklerose und *demyelinisierender Polyneuropathie* wurde immer wieder beschrieben (Drake 1987, Rubin u. Mitarb. 1987a, Di Trapani u. Mitarb. 1990), und ver-

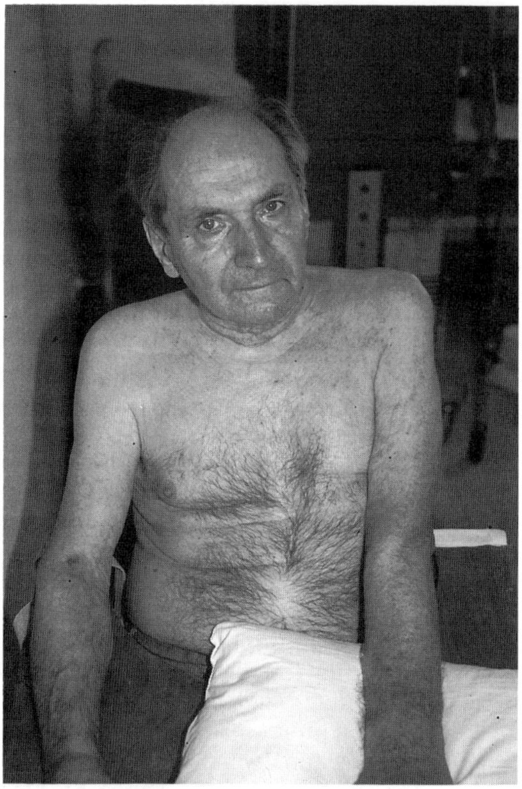

Abb. 5.5 **Deutliche Deltoideusatrophie links.** Wurzelkompression ausgeschlossen. Keine weiteren Atrophien (Mann, 68 Jahre, MS seit 28 Jahren)

mutet, daß ein ätiologischer Zusammenhang besteht (Ch. M. Poser 1987b). Hopf (1965) konnte nachweisen, daß bei Patienten mit Multipler Sklerose im frischen Schub eine leichte Verzögerung der Nervenleitgeschwindigkeit vorkam, die dann unter Corticoiden wieder zurückging. Auch dies kann dafür verwertet werden, daß die Multiple Sklerose das periphere Nervensystem nicht durchweg unbeteiligt läßt.

Wenn fokale Atrophien bei einem noch nicht geklärten Krankheitsbild auftreten, spricht dies aber zunächst *gegen* die Multiple Sklerose. Weiter sollte man nicht vergessen, daß bei Patienten mit Multipler Sklerose zusätzlich auch andere Störungen vorliegen können wie ein Ulnarissyndrom, eine zervikale Bandscheibenprotrusion oder ein spinaler Tumor, welche die Atrophie verursachen.

Schlaffe Lähmungen, bzw. Lähmungen mit einer überraschend geringen spastischen Komponente, können wie bei vaskulären Läsionen auch bei Multiple-Sklerose-Herden vorkommen, wenn diese die Hirnschenkel oder die Brücke betreffen. Warum dies so ist, da doch Herde in der Capsula interna, welche ja auch die Pyramidenbahn betreffen, regelmäßig zur Spastik führen, ist noch unklar.

Augenmotilitätsstörungen

Subjektive Symptome

Bei einer Reihe von Patienten entstehen im Schub Doppelbilder. Doppelbilder sind in etwa 11 % das führende Symptom beim ersten Schub (Patzold 1985). Da die *Abduzensparese* am häufigsten ist, wird am häufigsten über parallel nebeneinanderstehende Doppelbilder berichtet. Die Abduzensparese ist oft nur gering ausgeprägt, so daß die Doppelbilder erst bei mehr oder weniger starker Blickwendung in Richtung des gelähmten Muskels auftreten.

Bei der Lähmung der vom *N. oculomotorius* versorgten Muskeln sind die Doppelbilder je nach Beteiligung des einzelnen Muskels schräg nebeneinander oder übereinander versetzt. Die Lähmung kann so gering sein, daß man bei der neurologischen Untersuchung kaum eine Asymmetrie der Bulbusstellung erkennt.

Geringer ausgeprägte Doppelbilder werden den Patienten oft gar nicht bewußt. Sie klagen über *Verschwommensehen* oder über eine *„Müdigkeit in den Augen"*. Solche latenten Doppelbilder führen auch zu einer Mißempfindung, welche viele als *Schwindel* bezeichnen. Dieser *okuläre Schwindel* ist dadurch bedingt, daß die optisch übermittelte Raumachse mit der labyrinthär übermittelten nicht übereinstimmt. Anamnestisch muß dieser Schwindel genauestens gegen andere Schwindelformen bei Multipler Sklerose abgetrennt werden (s. S. 54).

Manchmal führen latente Doppelbilder zu *Kopfschmerzen*, wobei vermutlich das dauernde Bemühen, die Bilder zu fusionieren, eine Rolle spielt. Im Zustand der Ermüdung kann die Fusion der Doppelbilder dekompensieren, weshalb die Doppelbildempfindung meist nach längerem Lesen oder anstrengender geistig-visueller Arbeit auftritt (inkonstante Doppelbilder), was dann an eine Myasthenie denken lassen könnte.

Wenn Patienten über Schwindel oder *Doppelbilder beim Treppenabwärtsgehen* berichten, sollte man an eine Trochlearisparese (Lähmung des M. obliquus superior) denken, weil die Doppelbilder beim Abwärtsblicken deutlicher werden.

Gelegentlich berichten die Patienten, sie hätten das Gefühl, als ob sich die *Umwelt ständig hin- und herbewege (Oszillopsie)*. Diese Trugwahrnehmung entsteht durch einen starken Nystagmus, an den noch keine Adaptation stattgefunden hat. Die Oszillopsie wird meist durch diejenige Blickwendung hervorgerufen, die den Nystagmus provoziert. Bei einer dissoziierten Blickparese mit Nystagmus kann das Bild auf dem einen Auge stillstehen, während das andere oszillopsiert (Gordon u. Mitarb. 1966).

Einer unserer Patienten mit einem Vertikalnystagmus schilderte seine Empfindung, als ob in einem Fernsehgerät der Empfang nicht richtig eingeschalten sei und das Bild ständig ruckweise nach oben wegginge.

Die Oszillopsie ist insgesamt sehr selten. Der Nystagmus wird meist nicht oder nur als leichte „Sehtrübung" realisiert.

Objektive Symptome

Nervus abducens

Zu Beginn und im weiteren Verlauf einer Multiplen Sklerose kommt es in etwa einem Drittel der Fälle zu Augenmuskelparesen. Am häufigsten ist die Parese des N. abducens. Die Lähmung kann akut auftreten, sich aber auch innerhalb von einigen Tagen entwickeln. Öfter meldet sich die Multiple Sklerose aber nur mit so leichten Doppelbildern an, daß die Bulbusabweichung kaum zu erkennen ist. Manchmal sind die Doppelbilder auch so flüchtig, daß sie den Patienten gar nicht zum Arzt führen.

Wenn eine Abduzensparese isoliert auftritt, bleibt sie in knapp 30 % der Fälle ungeklärt (Rush u. Younge 1981). Wie häufig sich daraus später dann noch eine Multiple Sklerose entwickelt, steht nicht fest.

Durch den eigenartigen Verlauf des Nervs im Hirnstamm mit einer Windung seines infranukleären Anteils um den Fazialiskern und durch die unmittelbare Nachbarschaft zu den Fazialisfasern ist die Abduzenslähmung öfter mit einer homolateralen (peripheren) Fazialisparese kombiniert (*Foville-Syndrom*). Wegen der unmittelbaren Nachbarschaft zur Pyramidenbahn, die erst kaudal in der Medulla oblongata kreuzt, besteht oft zusätzlich noch eine gering ausgeprägte Hemiparese kontralateral. Im Unterschied zu einem Hirnstamminfarkt, der die gleichen Symptome verursachen kann, ist die Rückbildung beim Multiple-Sklerose-Herd viel rascher.

Bei Hirnnervenlähmungen gelingt es meist nicht, die *Kernlähmung* von der *infranukleären* Lähmung zu unterscheiden. Beim N. abducens macht dies aber keine Schwierigkeiten. Bei einer infranukleären Läsion fällt nur der homolaterale N. abducens aus. Bei einer *Kernlähmung* kommt es zum Ausfall der gesamten Blickwendung zur homolateralen Seite, weil der für die Blickwendung verantwortliche Nucleus n. paraabducentis so eng beim eigentlichen Abduzenskern liegt.

Teile des Abduzens- und Paraabduzenskernes sind über ein Verbindungssystem, das mediane Längsbündel (Fasciculus longitudinalis medialis), mit dem Teil des Okulomotoriuskerns verschaltet, der z. B. den M. rectus internus des linken Bulbus versorgt. Daß trotz der fehlenden Blickwendung nach rechts das Okulomotoriuskerngebiet intakt ist, kann man an der völlig normalen Konvergenzreaktion sehen. Über die Läsion des medialen Längsbündels s. S. 49 f.

Der Abduzensnerv hat einen ziemlich langen intrapontinen Verlauf (ca. 10 mm). Vermutlich ist er deshalb auch der am häufigsten von Multiple-Sklerose-Herden betroffene Augenmuskelnerv. Auch der extrapontine Abschnitt des Nervs, der eigentliche periphere Nerv, ist sehr lang. Wegen seiner Länge und seiner basalen Lage ist der N. abducens ganz allgemein der am häufigsten geschädigte Hirnnerv. Das Spektrum der differentialdiagnostischen Möglichkeiten bei einer Abduzensparese ist deshalb sehr breit.

Verwirrungen kann eine plötzlich nach einer *Lumbalpunktion* aufgetretene Abduzensparese stiften. Man könnte z.B. an einen frischen Schub einer Multiplen Sklerose denken. Es ist aber bekannt, daß etwa 3–10 Tage nach einer Lumbalpunktion, lumbalen Myelographie oder auch nach einer Spinalanästhesie eine Abduzensparese auftreten kann (Kestenbaum 1961, Koeppen 1967, Seyfert u. Mager 1978), deren Ursache nicht klar ist. Sicherlich besteht ein Zusammenhang mit der durch die Lumbalpunktion verursachten Druckveränderung im Liquor (Liquorunterdruck). Derartige Abduzensparesen bilden sich regelmäßig wieder zurück.

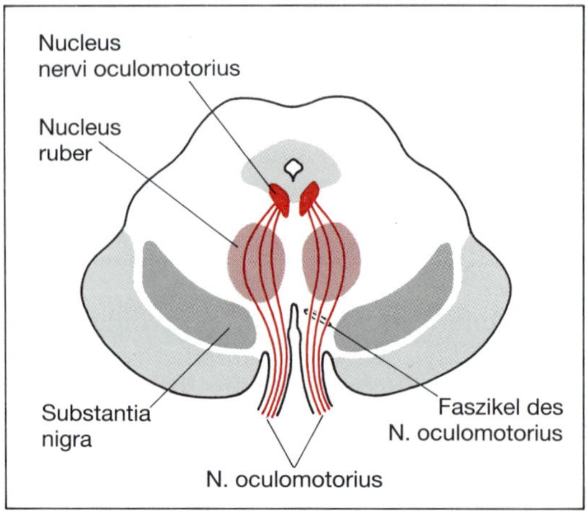

Abb. 5.**6** **Mittelhirn. Verlauf des N. oculomotorius.** Einzelne Faszikel sind einzelnen Augenmuskeln zugeordnet

Nervus oculomotorius

Deutlich seltener als die Abduzensparese ist die Okulomotoriusparese. Zwar zeigt der N. oculomotorius ebenfalls einen langen Verlauf innerhalb des Mittelhirns, aber er durchzieht dabei fast den gesamten Nucleus ruber, weshalb der Nerv, wie es scheint, vor Multiple-Sklerose-Herden in diesem Abschnitt weitgehend geschützt ist.

Okulomotoriusparesen bei Multipler Sklerose sind praktisch immer unvollständig. Der Nerv bildet in seinem infranukleären Abschnitt vermutlich keinen zusammenhängenden Faszikel (Castro u. Mitarb. 1990), sondern splittert sich auf (Abb. 5.**6**), weshalb er ab dort kaum komplett geschädigt wird.

Auch eine *isolierte* Okulomotoriusschädigung ist bei Multipler Sklerose extrem selten (Uitti u. Rajput 1986). Sowohl bei einer kompletten als auch bei einer isoliert auftretenden inkompletten Okulomotoriusparese sollte man die Diagnose Multiple Sklerose zunächst einmal zurückstellen (s. Tab. 16.**1**).

Eine Läsion des *infranukleären* Abschnittes des Nervs kann gegenüber einer Kernläsion (z.B. durch Infarkt oder Tumor) dann differenziert werden, wenn die Störung ausgeprägt ist. Bei einer *Kernlähmung* sind die Augenmuskeln nicht komplett gelähmt. Der M. rectus superior ist homolateral erhalten, aber auf der Gegenseite gelähmt, weil die Fasern für den M. rectus superior kreuzen. Bei einer infranukleären Lähmung ist der M. rectus auf der Seite der Lähmung mitbetroffen, auf der Gegenseite aber völlig intakt.

Die Augenlider werden gemeinsam durch einen unpaaren kleinen Okulomotoriuskern innerviert. Eine isolierte Läsion dieses Kernes führt zu einer doppelseitigen Ptose („midbrain ptosis"), die bisher nur im Rahmen einer vaskulären Störung beschrieben wurde (Growdon u. Mitarb. 1974).

Betrifft ein größerer Herd den infranukleären Anteil des Nervs, sind meist die Pyramidenbahnen mitbetroffen. Es kommt dann zu einer mehr oder weniger stark ausgeprägten kontralateralen Hemiparese (*Weber-Syndrom*). Wenn die Parese armbetont und der Masseterreflex lebhaft oder gesteigert ist, dann liegt der Herd im Mittelhirnfuß. Eine Raumforderung mit Einklemmung muß ausgeschlossen sein, denn diese kann durch Anpressen des N. oculomotorius und des gleichseitigen Hirnschenkels an den Klivusrand die gleichen Symptome bewirken.

Nervus trochlearis

Am seltensten ist die Trochlearisparese. Unter der Vorstellung, daß die Häufigkeit von MS-bedingten Hirnnervenläsionen etwas mit der Länge des infranukleären (fazikulären) Abschnitts zu tun hat, wäre dies dann nicht verwunderlich, denn der faszikuläre Abschnitt des N. trochlearis ist sehr kurz.

Das Kerngebiet des N. trochlearis liegt im Mittelhirn direkt unter dem Aquädukt. Der infranukleäre Anteil des Nervs verläuft oberhalb des Aquädukts und tritt dann gleich dorsal, knapp unter der Vierhügelplatte, aus. Der Verlauf im Mittelhirn ist also extrem kurz.

Bei der Trochlearislähmung steht das betroffene Auge leicht nach oben medial. Was man nicht sehen kann, ist die Aufhebung der Innenrotation des Auges um die Vertikalachse. Durch eine leichte Kopfneigung zur Schulter der Gegenseite wird sowohl die leichte Fehlstellung als auch die Rotationsstörung aufgehoben (okulärer Schiefhals).

Blickparesen

Supranukleäre und pontine Blickparese

Eine **supranukleäre** *Blickparese* kommt bei der Vielzahl von Herden, die das Hemisphärenmark betreffen, überraschend selten vor. Dabei ist die Blickwendung nach der dem Herd kontralateralen Seite gestört. Nur in besonders schweren Fällen, mit sehr ausgeprägten Herden (s. Abb. 5.**13**, S. 68), kann es einmal zu einer Déviation conjugée kommen, d. h. zu einer Blickwendung zur Seite der Schädigung.

Die **pontine Blicklähmung** ist bei Multipler Sklerose häufiger als die supranukleäre. Es besteht eine Unfähigkeit der Blickwendung zum Herd und es kommt nicht zur Déviation conjugée. Der Herd liegt in der *paramedianen pontinen retikulären Formation (PPRF),* welche hauptsächlich die willkürlich-optisch und die vestibulär induzierten Augenbewegungen generiert (Abb. 5.**7**). Dieses pontine Blickzentrum liegt paramedian zwischen dem Okulomotorius- und Abduzenskern (Goebel u. Mitarb. 1972, Kömpf 1982). Ist die Blickparese nicht voll ausgebildet, dann kommt es zum *blickparetischen Nystagmus*, der nicht so

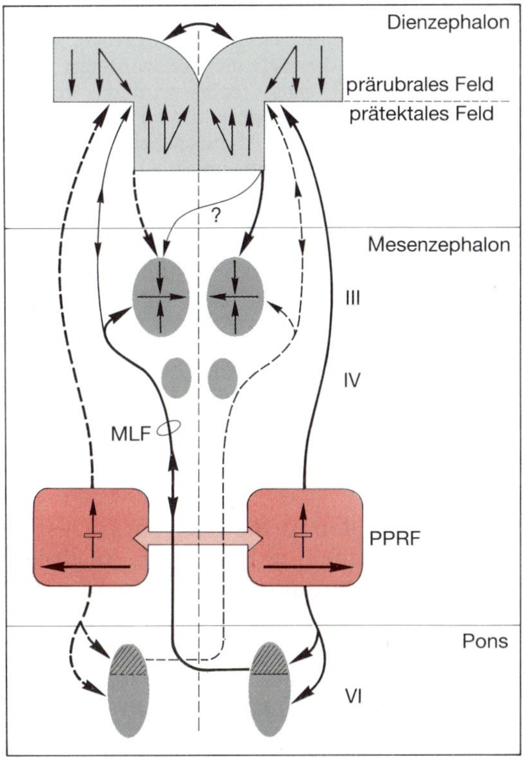

Abb. 5.**7** **Organisation der supranukleären Augenbewegungen im Hirnstamm.** Die Richtung der Augenbewegungen, die in den jeweiligen Arealen generiert wird, ist durch Pfeile dargestellt.
III Nucleus oculomotorius, IV Nucleus trochlearis. MLF mediales Längsbündel, PPRF paramediane pontine retikuläre Formation (Formatio reticularis), VI Nucleus abducens; gestreift: internukleäre Neurone des Abduzenskerns (nach Kömpf)

frequent ist wie der Blickrichtungsnystagmus (s. S. 53). Die pontine Blicklähmung kann durch eine Abduzenskernlähmung vollständig imitiert werden (s. S. 47).

Internukleäre Blickparese

Am häufigsten und fast typisch für die Multiple Sklerose ist die internukleäre Blickparese (INO).

Die Augenmuskelkerne sind sowohl untereinander als auch mit dem Vestibulariskern über das mediale Längsbündel (s. Abb. 5.**7**) verschaltet. Dadurch wird gewährleistet, daß verschiedene Augenmuskeln, z. B. M rectus externus rechts und M. rectus medialis links beim Blick nach rechts gemeinsam innerviert werden. Durch eine Läsion des medialen Längsbündels kommt es zu einer Abkopplung des Okulomotoriuskerns vom Abduzenskern. Bei Blickwendung z. B. nach rechts wird das rechte Auge nun nach rechts geführt, da der Befehl vom Blickzentrum zuerst zum Abduzenskern geht. Das linke Auge jedoch (M. rectus internus) bleibt in der Ausgangsstellung bzw. macht die Bewegung nur unzureichend mit, weil die Verbindung zwischen Abduzenskern und Okulomotoriuskern unterbrochen ist. Gleichzeitig kommt es auf dem abduzierten Auge (in unserem Falle rechts) zu einem Nystagmus. Im klassischen Fall besteht auf dem anderen (dem nicht oder schlecht adduzierten) Auge kein Nystagmus. Häufig macht aber dieses Auge jedoch mehr oder weniger vollkommen die Adduktion und zeigt einen Nystagmus, aber mit einem etwas geringeren Ausschlag und geringerer Frequenz als das andere Auge dissoziierter Nystagmus) (Abb. 5.**8**).

In leichten Fällen ist die Blickparese selbst kaum zu erkennen, es besteht als Ausdruck der latenten internukleären Blickparese nur ein *dissoziierter Nystagmus*.

Bei Blickwendung zur gestörten Seite bestehen bei der internukleären Blickparese Doppelbilder. Daß bei dem adduzierenden Auge nicht etwa, wie man vermuten könnte, eine inkomplette Okulomotoriusparese (m. rectus internus) vorliegt, erkennt man am Nystagmus, der bei der Lähmung nicht möglich wäre, oder daran, daß die Konvergenzbewegung, welche nicht über das mediale Längsbündel geschaltet wird, erhalten ist.

Die internukleäre Blickparese ist meist doppelseitig (3mal häufiger doppel- als einseitig). Dies ist nicht verwunderlich, wenn man bedenkt, daß die Fasern des medialen Längsbündels dicht zusammen verlaufen und die Wahrscheinlichkeit, daß das Fasersystem nur partiell betroffen wird, nicht so groß ist.

Man nimmt an, daß es auch eine sogenannte *hintere internukleäre Ophthalmoplegie* gibt (Schiffter 1974), was aber nicht allgemein anerkannt wird (Kömpf 1982).

Es soll dabei zu einem Bild kommen, das einer Abduzensparese, meist sogar doppelseitig, täuschend ähnlich ist. Gegen eine Abduzensparese spricht aber, daß ein dissoziierter Nystagmus besteht und daß das Auge nicht wie bei der Abduzensparese nach median abweicht. Auch kann man kalorisch einen Nystagmus auslösen, was gegen eine Abduzensparese spricht.

Die internukleäre Ophthalmoplegie kann verschiedene Ursachen haben. Tritt sie bei jungen Menschen auf, dann ist dies zwar nicht gerade pathognomonisch für eine Multiple Sklerose, die Wahrscheinlichkeit jedoch ist äußerst hoch.

Die internukleäre Blickparese war früher wohl wenig bekannt, denn in vielen statistischen Untersuchungen über die Multiple Sklerose wurde sie kaum oder gar nicht erwähnt. Klinisch kann man sie aber sehr häufig feststellen. Mueri u. Meienberg (1985) fanden die internukleäre Ophthalmoplegie in verschiedener Ausprägung bei 24 von 100 Kranken mit Multipler Sklerose. Bei apparativer Untersuchung der Augensakkaden erhöhte sich die Zahl sogar auf 34.

Geht die Schädigung etwas über den Fasciculus longitudinalis medialis hinaus und erfaßt das pontine Blickzentrum auf einer Seite (paramediane pontine retikuläre Formation, PPRF) (s. Abb. 5.**7**), kommt es zum sogenannten *Eineinhalbsyndrom* („one and a half syndrome“). Es besteht aus einer *horizontalen Blicklähmung* zur Seite der Läsion und einer *internukleären Ophthalmoplegie* beim Blick zur anderen Seite. Wie bei der internukleären Blickparese ist die Ursache dieses Syndroms in der Regel ein Multiple-Sklerose-Herd, bei älteren Patienten kommt auch eine vaskuläre Läsion in Frage.

Vertikale Blickparese

Die vertikale Blickparese ist durch eine Mittelhirnläsion vorwiegend im mesodienzephalen Übergangsbereich bedingt (Kömpf 1982, 1983). Eine komplette vertikale Blickparese ist bei Multipler Sklerose selten. So fand Kömpf in 26 Fällen mit vertikaler Blickparese nur in einem Fall als Ursache eine Multiple Sklerose. Inkomplette vertikale Blickparesen haben wir aber bei unseren Patienten, vorwiegend bei solchen mit schon fortgeschrittener Krankheit, öfter gefunden.

Diese Patienten vermitteln häufig den Eindruck des Erstauntseins (Abb. 5.**9**), weil sie dazu neigen, ständig Augenbrauen und Stirn nach oben zu ziehen.

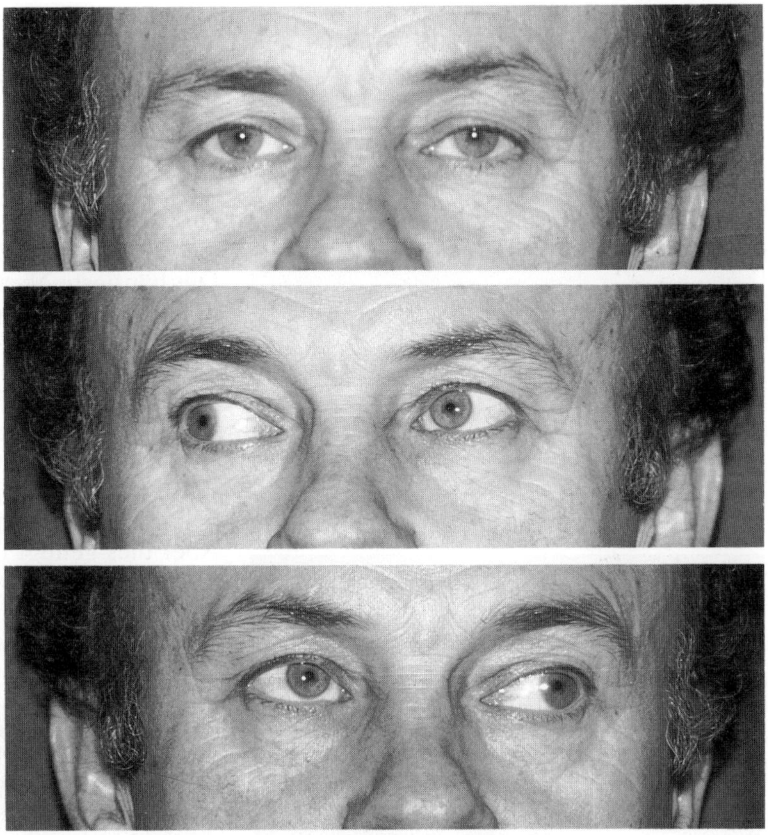

Abb. 5.**8a–c Internukleäre Ophthalmoplegie** nach recht und nach links. Das adduzierende Auge steht jeweils etwas höher („skew deviation") (s. Text):
a Primärstellung,
b Blick nach rechts,
c Blick nach links

Eine starke Blickwendung nach oben ist immer mit einer Anhebung der Stirn verbunden. Ist das vertikale Blickzentrum im Mittelhirn gestört, dann kommen die Impulse für die Augenheber nicht zur Wirkung, wohl aber die, welche zu den Fazialiskernen ziehen. Erfolgt keine Augenhebung, dann werden die Impulse verstärkt, was aber nur zu einer Verstärkung der Stirnhebung führt. Gleichzeitig kommt es zu einer leichten Lidhebung, was den Eindruck des Erstauntseins noch verstärkt. Eine leichte *Lidretraktion* kann dabei sein (Abb. 5.**9 b**).

Skew deviation (Hertwig-Magendiesche Schielstellung)

Bei Kranken mit Multipler Sklerose kann man, vor allem wenn eine partielle vertikale oder internukleäre Blickparese besteht, eine Bulbusdivergenz in der vertikalen Richtung feststellen. Dabei weist das eine Auge mehr nach oben, das andere mehr nach unten oder verbleibt in Primärstellung (s. Abb. 5.**8**). Diese Skew deviation (skew = schräg, schief) (Hertwig-Magendie-Schielstellung) ist unspezifisch, denn Läsionen mit verschiedener Lokalisation im Hirnstamm können diese vertikale Bulbusdivergenz verursachen.

Ocular tilt reaction

Bei der Ocular tilt reaction (tilt = schiefe Lage, Neigung) handelt es sich um eine Skew deviation (s. oben) mit Kopfneigung zur Seite, wobei das untenliegende Augen nach unten abweicht und beide Augen (u. U. auch nur eines) eine Rotation in der sagittalen Achse aufweisen, was man aber allein durch die Inspektion nicht erkennen kann.

Es handelt sich um eine zentral-vestibuläre Störung, die sowohl den vestibulookulären Reflex in vertikaler Richtung als auch die Auge-Kopf-Koordination betrifft

a

b

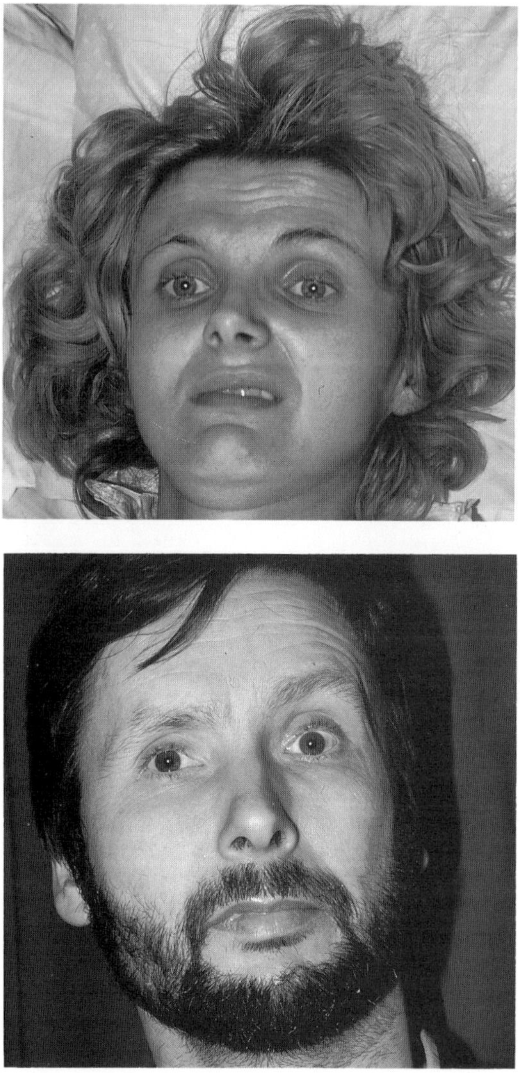

Abb. 5.**9a** u. **b** **Vertikale Blickparese.** Durch Versuch, die Störung auszugleichen (vermehrte Innervation der Heber) – auch bei Geradeausblick –, zusätzliche Anhebung von Stirn- und Augenbrauen: **a** Frau, 38 Jahre, Multiple Sklerose seit vielen Jahren. Beachte: zusätzliche periphere Fazialisparese rechts, **b** Mann, 40 Jahre, Multiple Sklerose gesichert. Zusätzlich zur Blickparese nach oben Lidretraktion links. Beide Patienten vermitteln den Ausdruck des Erstauntseins

(Brandt 1991). Als Ursache kommen verschiedene Hirnstammläsionen in Frage, aber auch eine reine Störung der Otolithenfunktion. Die Ocular tilt reaction wurde auch schon als paroxysmales Phänomen bei Multipler Sklerose beobachtet (Rabinovitch u. Mitarb. 1977).

Nystagmus

Die häufigste Nystagmusform bei der Multiplen Sklerose ist der **Blickrichtungsnystagmus** (BRN). Im Gegensatz zum vestibulären Nystagmus wird der Blickrichtungsnystagmus beim Blick zur schnellen Komponente des Nystagmus aktiviert. Oft besteht eine rotatorische Komponente. Die Lokalisation der Läsion ist nicht genauer anzugeben als mit „Hirnstamm" oder „Kleinhirn". Aber dies genügt meist, denn die große klinische Bedeutung des Blickrichtungsnystagmus liegt darin, daß er das *Symptom des weiteren Herdes* darstellen kann. Besteht z.B. eine unklare progrediente Paraparese der Beine und gleichzeitig noch ein Blickrichtungsnystagmus, so ist dies ein Hinweis für zwei Herde. Der eine Herd könnte im Rückenmark liegen, der andere im Hirnstamm. Daß die Symptomatik durch einen einzigen Herd im Hirnstamm verursacht ist, ist zwar sehr unwahrscheinlich, aber nicht ganz ausgeschlossen.

Vor Irrtümern muß man sich schützen. Es ist immer zu prüfen, ob der Blickrichtungsnystagmus nicht eventuell durch Medikamente wie z.B. *Sedativa* oder *Antikonvulsiva* ausgelöst wurde. Auch ein erhöhter *Alkoholspiegel* kann einen Blickrichtungsnystagmus verursachen.

Nicht selten findet man bei der Multiplen Sklerose einen **Vertikalnystagmus** der fast immer nach oben schlägt und beim Blick nach oben, genau wie der Blickrichtungsnystagmus, zunimmt *(Up-beat-Nystagmus)*. Im Gegensatz zum Blickrichtungsnystagmus in horizontaler Richtung kann der Vertikalnystagmus auch in Ruhe schlagen (Spontannystagmus). Von einem labyrinthären Nystagmus unterscheidet er sich dadurch, daß er durch Fixation nicht gehemmt wird.

Selten findet man einen *abwärtsschlagenden Nystagmus* (Down-beat-Nystagmus). Die Läsion liegt in diesem Fall im Flokkulus des Kleinhirns oder – wie beim häufigeren, aufwärtsschlagenden Nystagmus (Up-beat-Nystagmus) – im kaudalen Hirnstamm oder mittelliniennahe im Kleinhirn. Man wird in solchen Fällen eher an eine *Arnold-Chiari Mißbildung* denken, weil dabei der Vertikalnystagmus, vor allem der abwärtschlagende, sehr häufig ist.

Beim vertikalen Spontannystagmus berichten die Patienten häufig, daß sie das Gefühl haben, als würde die Umwelt ununterbrochen nach unten oder oben weggleiten (Oszillopsie, S. 47); manche berichten auch nur über eine „Sehtrübung".

Im Rahmen einer *pontinen Blicklähmung* (Lähmung zur Seite des Herdes) kann auch ein **blickparetischer Nystagmus** auftreten. Die Schlagfolge ist dabei etwas langsamer und gröber als beim Blickrichtungsnystagmus. Es gibt aber fließende Übergänge vom Blickrichtungsnystagmus zum blickparetischen Nystagmus, so daß die Differenzierung am Krankenbett manchmal nicht möglich ist.

Der **dissoziierte** Nystagmus (monokulärer Nystagmus auf dem abduzierenden Auge bei Seitblick) wurde schon erwähnt (s. S. 50). Auch wenn dieser dissoziierte Nystagmus ohne begleitende Augenmotilitätsstörungen vorkommt (was zu den Seltenheiten gehört), ist er Ausdruck einer leichten Schädigung des medialen Längsbündels, also Ausdruck einer sehr leichten oder einer in Rückbildung begriffenen internukleären Ophthalmoplegie. *Der dissoziierte Nystagmus muß in hohem Maße den Verdacht auf eine Multiple Sklerose wecken.*

Es gibt noch einige seltenere Nystagmusformen, die auch bei Multipler Sklerose auftreten. Bei einer isolierten Augenmuskelparese kann ein **muskelparetischer Nystagmus** bestehen. Dabei kommt es zu nystagmusartigen Zuckungen am *gesunden* Auge. Durch die Parese werden vermehrt Impulse für die Blickwendung aufgebracht, was am gesunden Auge zu einer verstärkten Innervation führt. Meist ist dieser muskelparetische Nystagmus nur elektronystagmographisch nachweisbar.

Der **Schaukelnystagmus (See-saw-Nystagmus)** besteht aus vertikalen Pendelbewegungen an beiden Augen, die jedoch gegensinnig gerichtet sind. Wenn das Auge nach oben geht, kommt es gleichzeitig in der Sagittalebene noch zu einer Rotation nach innen. Der Schaukelnystagmus ist selten, er entsteht bei Läsionen des Zwischenhirns. Die häufig damit verbundene vertikale Blickparese deutet darauf hin, daß die Läsion eventuell auch im mesodienzephalen Übergangsgebiet zu suchen ist.

Beim **Pendelnystagmus** bestehen rhythmische Bewegungsabläufe, wobei eine rasche und eine langsame Komponente nicht zu unterscheiden sind. Dies gibt dem Nystagmus den Charakter einer Sinusschwingung. Meist sind derartige Pendelnystagmen angeboren, können aber auch erworben sein. Es kommt dann zum **erworbenen Fixationspendelnystagmus** nach Brandt u. Büchele (1983). Neben vaskulären Schädigungen, vorwiegend im Mittelhirnbereich, ist auch die Multiple Sklerose als Ursache zu finden.

Beim **Opsoklonus** (opsos = Sehen) handelt es sich um rasche, konjungierte nicht rhythmische, aber in Salven auftretende Augenbewegungen in immer anderer Richtung. Der Opsoklonus kommt vorwiegend bei Kindern als paraneoplastisches Symptom vor, selten bei Multipler Sklerose oder vaskulären Schäden.

Optokinetischer Nystagmus

Die Prüfung des optokinetischen Nystagmus (mit der Streifentrommel) hat für die Diagnostik der Multiplen Sklerose nur eine begrenzte Bedeutung. Der optokinetische Nystagmus wird beim Gesunden durch optische Fixation eines Gegenstandes unterdrückt. Unter pathologischen Bedingungen (z.B. Kleinhirnläsion) kann diese *optische Fixationssuppression* aufgehoben sein.

Ein sehr einfacher, allerdings für zerebellare Störungen nicht ganz spezifischer Test, der die optische Fixationssuppression prüft, wurde von Dichgans angegeben (Dichgans 1976, Dichgans u. Mitarb. 1978). Dieser Test soll besonders dann positiv sein, wenn kaudale Anteile des Lobus posterior des Kleinhirns betroffen sind.

Bewegt sich die Umwelt oder die Versuchsperson, dann kommt es zum optokinetischen Nystagmus (vestibulookulärer Reflex). Fixiert die Versuchsperson jedoch einen Gegenstand, der sich mit ihr bewegt, dann wird der optokinetische Nystagmus unterdrückt.

Der Patient sitzt am besten auf einem Drehstuhl oder steht. Die Hände werden gefaltet, beide Daumen nach oben gestreckt und etwa 30 cm vor die Brust gehalten (Ellenbogen an Brustkorb angelegt). Er dreht nun den Oberkörper hin und her und soll dabei ständig seine Daumen fixieren. Gesunde halten den Blick unverwandt auf die Daumen. Bei einer Störung der optischen Fixationssuppression weichen die Augen von der vorgeschriebenen Richtung ab. Es entsteht ein nystagmusartiges Bild.

Dieses Zeichen ist nur im Kontext der übrigen neurologischen Symptome zu verwerten. Wenn z.B. schon vorher kein Nystagmus vorliegt, dann ist die fehlende Fixationssuppression eher Hinweis für eine Hemisphärenläsion.

Koordinationsstörungen

Subjektive Symptome

Koordinationsstörungen sind als Erstsymptom der Multiplen Sklerose relativ selten. So werden sie von Patzold (1985) mit 9,7 % angegeben. Es ist schwer, manchmal sogar unmöglich, Koordinationsstörungen allein über die Anamnese zu erkennen, denn Angaben wie „Unsicherheitsgefühl beim Gehen“ oder „Ungeschicklichkeit der Hände“ könnten sich auf eine motorische Störung beziehen.

Häufig werden ataktische Störungen als „Schwindel“ angegeben. Bietet man den Patienten dafür den Begriff „Gleichgewichtsstörung“ an, dann können sie meist recht gut differenzieren und bejahen im Falle einer Ataxie. Dieser Pseudoschwindel muß streng gegen echte Drehschwindelzustände, die bei Multipler Sklerose auch vorkommen können (s.u.), getrennt werden.

Ist die Gangstörung vorwiegend durch eine *Hinterstrangläsion* bedingt, berichten die Patienten – meist nur auf gezieltes Befragen –, daß sie in der Dunkelheit schlechter gehen könnten (Wegfall der optischen Kompensation), oder sie äußern das Gefühl, wie auf Sand oder Watte zu gehen. Wenn die Kranken eine Gleichgewichtsstörung beschreiben, „als ob sie betrunken seien“, dann kommt eher eine *zerebellare Störung* in Betracht.

Wenn eine Krankheit langsam mit einer Koordinationsstörung beginnt, sollte man *nicht* in erster Linie an eine Multiple Sklerose denken, denn die chronisch progrediente, rein zerebellare Form ist selten. Überhaupt sind Koordinationsstörungen als Anfangssymptom selten, in fortgeschritteneren Fällen kommen sie dafür um so häufiger vor und prägen mit der ataktischen oder spastisch-ataktischen Gangstörung das Bild. In späteren Stadien bestehen Koordinationsstörungen bei 70–84 % der Patienten (Poser 1978) und bedingen sehr häufig Arbeitsunfähigkeit (Bauer 1989).

Schwindel

Als Erstsymptom der Multiplen Sklerose gehört der Schwindel zu den Raritäten, während Schwindelerscheinungen im Verlauf der Krankheit nicht selten sind (ca. 4,7 % nach Kurtzke 1970). Bei Kindern scheinen Schwindelerscheinungen häufiger als Anfangssymptom die Multiple Sklerose einzuleiten (Molteni 1977).

Man muß sich aber immer klar darüber sein, daß „Schwindel“ ein sehr *unscharfer* und von den Patienten häufig benützter Begriff ist, in welchen eine Reihe von Mißbefindlichkeiten eingehen, die primär mit dem vestibulären System nichts zu tun haben. Dazu gehören Ohnmachtsgefühle, leichtere Kopfschmerzen, depressive Schwankungen, latente Doppelbilder, aber auch leichte spinale und zerebellare Koordinationsstörungen.

Durch Herde im vestibulären System (im Boden des IV. Ventrikels) kann es zu einem echten Schwindel, d.h. zu einem Drehgefühl kommen. Dieser Schwindel ist unter Umständen von einem akuten Labyrinthausfall nicht zu unterscheiden, weil auch die kalorische Prüfung entsprechend pathologisch ausfallen kann. Derartige fast isoliert auftretende Schwindelzustände, die wie eine *Neuronitis vestibularis* aussehen, wurden auch im Rahmen von Hirnstamminfarkten beschrieben (Hopf 1987). Ein derartiger *„pseudolabyrinthärer“ Schwindel* kann auch bei der Multiplen Sklerose auftreten. Entsprechende Herde in der Gegend des vestibulären Kerngebietes wurden pathologisch-anatomisch schon gefunden. Klinisch läßt sich im Einzelfall die Multiple Sklerose nur dann vermuten, wenn neben dem Labyrinthausfall noch *weitere neurologische Symptome* bestehen, was bei der üblichen Neuronitis vestibularis nicht der Fall wäre.

Eine 23jährige Frau wurde wegen eines akut aufgetretenen massiven Drehschwindels mit Erbrechen und Gleichgewichtsstörungen in die HNO-Klinik eingewiesen. Es bestand ein Spontannystagmus nach rechts und eine kalorische Unerregbarkeit des linken Labyrinths. Bei der routinemäßig durchgeführten neurologischen Konsiliaruntersuchung fand sich eine eindeutige Reflexsteigerung an den Beinen, eine beidseitige Dysdiadochokinese und Gefühlsstörungen im Gesicht. Die weiteren Untersuchungen ergaben eine IgG-Erhöhung im Liquor und multiple Herde im Kernspintomogramm. Zusammen mit dem weiteren Verlauf ergab sich an der Diagnose Multiple Sklerose kein Zweifel.

Ohne weitere klinische Symptome oder wenn diese vielleicht nur minimal ausgeprägt gewesen wären, hätte man mit größter Wahrscheinlichkeit keinen Zusammenhang mit einer Multiplen Sklerose herstellen können.

Durch Herde im vestibulären System kann es auch zu einem *zentralen Lagerungsschwindel* kommen. Meist gelingt es nicht, diesen Lagerungsschwindel von dem peripher ausgelösten Lagerungsschwindel durch Kupulolithiasis (Innenohr) abzutrennen. Bei der Häufigkeit des peripheren Lagerungsschwindels muß man immer in Betracht ziehen, daß die Kupulolithiasis auch *zufällig* bei Patienten mit Multipler Sklerose auftreten kann.

Bei Hirnstammherden kann es gelegentlich zu merkwürdigen, anfallsartigen Schwindelerscheinungen kommen, die als *„Schiefsehen“* oder auch als *„Umgekehrtsehen“* (upside down vision) bekannt sind. Die Patienten sehen plötzlich, verbunden mit Übelkeitsgefühl, die Umwelt schief, d.h. sie sehen alles in einem bestimmten Winkel entweder im Uhr- oder im Gegenuhrzeigersinn gedreht. Die Gegenstände behalten aber ihre Beziehung zueinander, d.h. es kommt zu keinem Verzerrtsehen. Der Drehwinkel kann bis zu 180 Grad betragen. Man muß dieses Phänomen zu den *paroxysmalen Erscheinungen* rechnen (Fallbeschreibung s. S. 83).

Objektive Symptome

Unter Koordinationsstörungen sollen hier Bewegungsstörungen verstanden werden, die nicht durch Paresen oder extrapyramidal-motorische Störungen verursacht sind. Bei der Koordinationsstörung liegt die Läsion entweder im vestibulären, zerebellaren oder propriorezeptiven System (bei MS nur Hinterstränge).

Vestibuläres Störungen

Wenn es zu vestibulären Erscheinungen kommt, dann liegen die Herde ziemlich peripher, d.h. dort, wo der N. vestibularis in die Medulla oblongata bzw. in das Vestibulariskerngebiet einstrahlt. Wie oben schon erwähnt, kann es dabei zu Drehschwindelanfällen und zu Gleichgewichtsstörungen kommen, die wie bei einer Labyrinthläsion erscheinen. Im typischen Fall schlägt der Spontannystagmus von der betroffenen Seite weg und ist von der Blickrichtung unabhängig. Meist besteht aber bei Multipler Sklerose ein Blickrichtungsnystagmus, der dann die Differentialdiagnose zu einer weiter peripher gelegenen Läsion (z.B. Neuronitis vestibularis oder andersartiger Labyrinthausfall) erleichtert.

Zerebellare Störungen

Die zerebellaren Funktionsstörungen sind bei der Multiplen Sklerose vielgestaltig und bedeuten für die Patienten oft eine schwerwiegende Behinderung. Die Gliedmaßen sind häufig symmetrisch von der Ataxie betroffen, der Gang wird taumelnd, die Bewegungen ausfahrend. Rasch aufeinanderfolgende Bewegungen mit Händen werden unrhythmisch und verlangsamt durchgeführt (Dysdiadochokinese, Bradydiadochokinese). Beim Rombergschen Stehversuch kommt es zu einem Schwanken, das nach Augenschluß nur unwesentlich oder überhaupt nicht zunimmt. Betreffen die Herde vorwiegend den Kleinhirnwurm, dann überwiegt die Rumpfataxie (zur Differentialtopologie und Differentialdiagnose zerebellarer Läsionen bei Multipler Sklerose s. S. 213).

Zerebellar anmutende Koordinationsstörungen können auch bei Läsionen außerhalb des Kleinhirns vorkommen, vor allem bei Herden in den Kleinhirnschenkeln, aber auch bei Läsionen im hinteren Schenkel der inneren Kapsel, die zur *ataktischen Hemiparese* führen können, welche vorwiegend im Rahmen lakunärer Infarkte auftritt (Lit. bei Höll u. Mitarb. 1989). Vermutlich sind dabei die frontozerebellaren Bahnen betroffen. Vaskuläre Herde im lateralen Anteil des Thalamus können zur thalamischen Ataxie führen (Melo u. Mitarb. 1992).

Meist erst bei etwas fortgeschrittener Krankheit findet man den *Intentionstremor.* Auch beim Knie-Hacken-Versuch kommt es zu ausfahrenden unregelmäßigen Bewegungen der Beine. Diese unkoordinierten Bewegungen bei Intention sehen zwar aus wie ein Tremor, sind aber eigentlich nur Wackelbewegungen als Audruck einer mangelhaften Zieleinstellung. Der Intentionstremor kann als eine Reihe von dysmetrischen Fehlleistungen (serial-dysmetry) aufgefaßt werden (Sabra u. Haller 1984).

In seiner reinen Form kommt es beim Intentionstremor bei Annäherung an das Ziel (z. B. Finger-Nase-Versuch) zu mehr oder weniger rhythmischen Ausschlägen, die bei weiterer Annäherung ans Ziel größer werden können. Wenn das Ziel erreicht ist, hört die Wackelbewegung wieder auf. Meist besteht aber noch ein Kleinhirnhaltetremor (s. u.), weshalb die ausschlagenden Bewegungen weiter bestehen können.

In weit fortgeschrittenen Krankheitsfällen können sich diesen ausfahrenden Bewegungen (z. B. beim Finger-Nase-Versuch) ganz unvermutet heftige Zuckungen aufpfropfen, die dem Vorgang ein fast choreatisch-ballistisches Gepräge geben. Es handelt sich dabei um die *Aktionsmyoklonien*, d. h. Myoklonien, die nicht wie sonst spontan auftreten, sondern durch einfache Bewegungen ausgelöst werden. Die durch die Kleinhirnataxie schon schwer behinderten Patienten werden dabei völlig hilflos. Jede Bewegung mit der ataktischen Hand endet in einer ausfahrenden Zuckung, so daß Tassen oder andere in der Hand gehaltene Gegenstände wahllos durch die Luft fliegen.

Die Herde liegen dann in einem Bahnsystem zwischen Nucleus ruber (Mittelhirn), Nucleus dentatus (Kleinhirn) und der unteren Olive (Medulla oblongata), welches als *Guillain-Mollaretsches Dreieck* bezeichnet wird.

In fortgeschrittenen Fällen kommt es häufig auch zu einem massiven Tremor, dem *zerebellaren Haltetremor,* welcher die Patienten sehr stark beeinträchtigt. Dieser Tremor ist fast regelmäßig mit einem schweren Intentionstremor oder auch mit einem Aktionsmyoklonus verbunden.

Der Tremor ist grobschlägig und hat eine geringe Frequenz von 2,5–4 Hz. Im Gegensatz zum essentiellen Tremor (4–9 Hz) sind die proximalen Muskeln mehr betroffen als die distalen, weshalb auch besonders der *Rumpf- und Nackentremor* ausgeprägt ist. Es handelt sich um einen Haltetremor, der im Liegen sofort wieder verschwindet. Der Tremor hat eine hohe Amplitude, die aber nicht konstant ist und z. B. beim Armhalteversuch zunimmt.

Früher wurde – wie man heute weiß – fälschlicherweise von einem *„Rubertremor"* gesprochen. Es sind nämlich die oberen Kleinhirnschenkel, welche vorwiegend von der Läsion betroffen sind (Sabra u. Haller 1984). Eine experimentelle Schädigung des Nucleus ruber bei Affen (Carpenter 1956) bewirkt nur einen geringen Tremor, während eine Läsion der oberen Kleinhirnschenkel einen ausgeprägten Haltetremor hervorruft (Carrea u. Mettler 1955).

Die **Sprechstörung (Dysarthrie)** bei Multipler Sklerose ist vorwiegend durch eine Koordinationsstörung der Sprechmuskulatur bedingt. Meist sprechen die Patienten abgehackt *(„skandierend")*, d. h. die einzelnen Silben werden nicht richtig miteinander verbunden. Auch *Sprachmelodie und Sprechatmung* sind dabei verändert. Einzelne Silben und Wörter werden verschieden laut ausgesprochen, was dem Ganzen teilweise ein explosives Gepräge gibt. Manchmal ist die Sprechweise auch verlangsamt, monoton und leise.

Bei der zerebellaren Sprechstörung soll die Läsion in der Gegend des Wurmes liegen, wobei die linke Seite bevorzugt ist. Es gibt aber keine bestimmte Kleinhirnregion, deren Läsion zu einer Dysarthrie führt (Gilman u. Mitarb. 1981).

Sprechstörungen können auch durch Läsionen im Hirnstamm, vor allem in den supranukleären (kortikobulbären) Bahnen entstehen. Die Sprechweise hat dann einen *kloßig-näselnden Beiklang*, was durch Paresen und Koordinationsstörungen vom N. vagus, N. hypoglossus und N. glossopharyngeus bedingt ist. Dies erinnert an die *bulbäre Sprechweise* nach doppelseitigen Hirninfarkten oder bei der amyotrophen Lateralsklerose. Regelmäßig haben Patienten mit einer schweren Dysarthrie vom bulbären Typ auch *Schluckstörungen* (s. S. 254).

Die Dysarthrie kann so stark werden, daß man Kommunikationshilfen benötigt.

Bei etwa 4 % der Fälle waren die Sprechstörungen so ausgeprägt, daß Fremde die Patienten nicht mehr verstehen konnten. Etwa ein Drittel dieser Patienten war auf Kommunikationshilfen angewiesen (Beukelman u. Mitarb. 1985).

In fortgeschrittenen Stadien kommt es nicht selten vor, daß die *Atemstoßkraft* so gering ist, daß trotz geringer oder fehlender Dysarthrie die Stimmbildung nicht möglich ist. Es besteht dann eine *aphone Sprechweise*. Diese kann tageszeitliche Schwankungen aufweisen.

Charcot (1825–1893) war von den Kleinhirnzeichen besonders beeindruckt, und die *„Charcotsche Trias"* (Intentionstremor, Nystagmus, skandierende Sprache) wurde für die Multiple Sklerose als typisch angesehen. Wir wissen aber, daß es keine fixe neurologische Symptomenkonstellation gibt, welche für die Multiple Sklerose charakteristisch wäre. Die Charcotsche Trias fand sich isoliert oder mit anderer Symptome nur in 11 % der Fälle (S. Poser 1978). Aber Charcot selbst hat schon darauf hingewiesen, daß diese Trias nur relativ selten vorkommt.

Hinterstrangläsionen

Die Koordination kann auch durch eine Hinterstrangläsion sehr gestört sein. Wie bei der sensiblen Polyneuropathie verschwindet die Tiefensensibilität. Der Gang wird durch die fehlende Gelenkkontrolle unsicher und ausfahrend, die Knie werden in fortgeschrittenen Stadien im Stehen *rekurviert*. Eine ähnliche Rekurvation findet man auch bei einer starken Streckspastik oder bei einer Quadrizepsparese (Tab. 5.**2**).

Tabelle 5.**2** Ursachen für Rekurvierung im Knie

1. Tiefensensibilitätsstörung (z. B. MS, Tabes dorsalis, Polyneuropathie)
2. Streckspastik
3. Quadrizepsparese (um das Einknicken im Knie zu verhindern)
4. Kniebeugerschwäche (analog der Streckspastik: Überwiegen des M. quadriceps)

Man prüft die Hinterstrangfunktion über das Vibrationsempfinden, das Lageempfinden oder auch das Bewegungsempfinden von Fingern und Zehen. Nur bei ausgeprägten Läsionen ist das Lageempfinden in den großen Gelenken gestört. Wenn sich eine Hinterstrangläsion entwickelt, dann ist an den kleinen Gelenken das Lageempfinden *vor* dem Bewegungsempfinden gestört. Wichtig als Prüfmethode ist der *Rombergsche* Stehversuch, bei dem es vor allem nach Augenschluß zum Schwanken kommt.

Ein feiner Test ist die Stimmgabelprüfung. Das Vibrationsempfinden ist bei einer leichten Störung vorwiegend am *kleinen Finger* und an der *kleinen Zehe* abgeschwächt.

Impulse von Vibrations- und Bewegungsreizen scheinen nicht in den gleichen Fasern geleitet zu werden (s. S. 37 f.). Manchmal ist bei einer Hinterstrangataxie das Vibrationsempfinden erhalten, und umgekehrt findet man gelegentlich eine deutliche Abschwächung des Vibrationsempfindens, ohne daß eine Hinterstrangataxie vorliegt. Dies könnte durch eine MS-Plaque bedingt sein, die zu einem unvollständigen, frequenzabhängigen *Leitungsblock* geführt hat (s. S. 89), welcher nur bei hohen Reizfrequenzen in Erscheinung tritt, sich klinisch aber (Rombergscher Versuch) nicht manifestiert.

Sensory useless hand s. S. 38

Koordinationsstörungen lassen sich bei Kranken mit Multipler Sklerose nicht immer genau klassifizieren. Zum einen sind die Koordinationsstörungen häufig mit Paresen kombiniert, was die Beurteilung erschwert, zum anderen liegt oft eine Kombination von vestibulären, zerebellaren und Hinterstrangstörungen vor.

Manchmal führen auch Herde im *Frontalhirn*, um die Vorderhörner und in den frontopontinen Bahnen zu der schwer klassifizierbaren *frontalen Ataxie*. Da in solchen Fällen viele Herde vorliegen, kann man eine frontale Ataxie allenfalls vermuten, nie nachweisen.

Vegetative Funktionsstörungen

Blasenstörungen

Eine Blasenstörung soll als *Erstsymptom* in 1–2 % der Fälle vorkommen (Miller u. Mitarb. 1965, Patzold 1985). Bei subtiler neurologischer Untersuchung findet man aber bei Patienten mit „reinen" Blasenstörungen fast immer Zeichen, die auf eine Schädigung des zentralen Nervensystems hinweisen.

Bei einer akut auftretenden Harnretention ohne weitere neurologische Zeichen, könnte eine sogenannte „transitorische benigne Harnretention" vorliegen. Wegen einer in solchen Fällen konstant gefundenen Pleozytose im Liquor wird eine sakrale Myeloradikulitis angenommen (Herbaut u. Mitarb. 1987), deren Ursache unbekannt ist. Ein Zusammenhang mit Multipler Sklerose besteht nicht.

Die Blasenstörungen bei Multipler Sklerose beginnen eher mit dem häufigen Drang, Wasser zu lassen, wobei entsprechend der häufigen Miktionen nur geringe Portionen Urin abgesetzt werden. Dies ist der Ausdruck einer *„hyperaktiven Blase"*. Allein von der Beschwerdeschilderung her kann man diese Störung zunächst nicht von einem banalen Harnwegsinfekt abgrenzen, es sei denn, es besteht zusätzlich das für einen Harnwegsinfekt typische Brennen beim Wasserlassen.

Gelegentlich kommt es bei ganz gesunden Frauen, welche auch später nie irgendeine neurologische Krankheit entwickeln, vorübergehend zu derartigen Blasenstörungen mit einem vermehrten Drang, Wasser zu lassen, ohne daß man irgendetwas Besonderes finden kann (Fihn u. Stamm 1983). Hier könnten psychosomatische Ursachen eine Rolle spielen.

Es ist erstaunlich, daß leichte Blasenstörungen wie z. B. der Drang, häufig Wasser zu lassen, nicht spontan berichtet werden. Dies bedeutet, daß man *nach Blasenstörungen immer fragen muß*.

Wenn Patienten bei einem plötzlichen Drang, Wasser zu lassen, zusätzlich das Wasser nicht genügend halten können, besteht die sogenannte **Dranginkontinez** (urge-incontinence). In diesem Fall ist es wahrscheinlich, daß eine neurogene Blasenstörung vorliegt, bedingt durch eine Detrusorhyperreflexie. Ohne weitere neurologische Begleiterscheinungen und wenn ein Harnwegsinfekt fehlt, ist der Nachweis einer organischen Störung, auch mit der urodynamischen Messung, nur schwer zu führen, d. h. eine psychogene Störung ist nicht ausgeschlossen.

Die rein neurogene Dranginkontinenz wird auch als *motorische* Dranginkontinenz bezeichnet, weil sie durch eine primäre Aktivität des Detrusors der Blase zustande kommt. Sie ist Ausdruck einer neurogenen Enthemmung (neurogen enthemmte Blase). Die durch eine sensible Reizung der Blase (z. B. Zystitis) entstehende Dranginkontinenz nennt man *sensible* Dranginkontinenz.

Wenn die Patienten berichten, daß sie bei bestimmten Anstrengungen, welche mit der Bauchpresse verbunden sind (Husten, Bücken), etwas Harn verlieren, spricht dies zunächst gegen eine neurogene Blasenstörung. Es handelt sich dann um die sogenannte **Streßinkontinenz**, welche vorwiegend bei strukturellen Veränderungen der Blase selbst (z. B. Blasentiefstand) auftritt. Zum Harnverhalt kommt es deshalb, weil die Urethra nur ungenügend geschlossen ist und dem plötzlichen Druck nicht standhalten kann.

Bei dieser Streßinkontinenz geht der Harn *sofort* beim Hustenstoß ab. Bei Patienten mit motorischer Dranginkontinenz kann es ebenfalls durch einen Hustenstoß zu Harnabgang kommen. Dieser erfolgt aber nicht sofort, sondern mit einer gewissen *Verzögerung*. Durch den kurz erhöhten intraabdominellen Druck beim Husten kommt es zu einer Druckerhöhung in der Blase. Diese wiederum führt zu einem Reiz der Blasenwand und des Urethraausgangs, was dann zu einer reflektorischen Kontraktion der Blase führt. Bezogen auf den Hustenstoß erfolgt der Harnabgang jetzt aber verzögert (Abb. 5.**10a**). *Allein durch einfaches Befragen kann man eine derartige „Pseudostreßinkontinenz" von der echten Streßinkontinenz unterscheiden.*

In fortgeschrittenen Fällen, wenn bei gelähmtem Detrusor die Blase voll ist (hohe Restharnmengen), kann es ebenfalls – z.B. beim Husten – zum Harnverlust kommen. Es handelt sich dabei um die ***Überlaufblase.***

Bei der *reinen Dranginkontinenz* liegt eine supraspinale Schädigung vor. Die *willkürliche Hemmung*, d.h. die von *frontal* ausgehende Hemmung der Detrusoraktivität („frontales Blasenzentrum", Abb. 5.**10b**) ist ungenügend. Der Blasenentleerungsreflex läuft jedoch normal ab. Dieser Reflex wird nicht rein spinal geschaltet, sondern läuft auch über den *Hirnstamm*. Bei einer supraspinalen Schädigung verliert die Hirnrinde ihren Einfluß auf diesen Reflex. Dem durch die Enthemmung ständig aufrecht erhaltenen Detrusordruck kann der M. sphincter externus nicht standhalten, bzw. er wird immer wieder durch eine abrupte Detrusoraktivität überwunden.

Diese Form der Blasenstörung ist bei Patienten mit Multipler Sklerose am häufigsten (Anderson u. Bradley 1976), kommt aber auch bei anderen zerebralen Schädigungen vor, z.B. nach Schlaganfall.

Wenn Patienten mit einer derartigen Störung zusätzlich noch ungenügend Wasser lassen können oder der Harnstrahl plötzlich stoppt (Stakkatomiktion), dann liegt die sogenannte **Detrusor-Sphinkter-Dyssynergie** vor. Dabei kontrahieren sich der Detrusor und der M. sphincter internus gleichzeitig. Die Blase kann deshalb trotz Harndrang und Detrusoraktivität nicht richtig entleert werden, bzw. der Harnstrahl bricht plötzlich ab. Durch die mangelnde Entleerung entsteht eine erhebliche *Restharnmenge*, die, wenn sie nicht beseitigt wird, schwere Folgen hat. So kommt es zu einer dauernden Überdehnung der Blase, und mit der Zeit spricht diese immer weniger auf Füllungsdruck an. Es besteht dann die große Gefahr des *Harnwegsinfektes* und des Aufstaus des Harns in die Ureteren. Durch den Reiz der überfüllten Blase kann eine gleichzeitig bestehende Spastik des Beckenbodens und damit der Verschluß des M. sphincter externus verstärkt werden, was den Circulus vitiosus unterhält.

Bei der Detrusor-Sphinkter-Dyssynergie funktioniert also der Blasenentleerungsreflex nicht mehr richtig. Die Läsion liegt dabei spinal oder im Hirnstamm (Blavais 1982).

Die ausgeprägteste Detrusor-Sphinkter-Dyssynergie entsteht bei einer kompletten Rückenmarksdurchtrennung oberhalb der spinalen Blasenzentren (Abb. 5.**10b**). Es besteht dann die **Reflexblase** (oder automatische Blase), die allerdings bei Multipler Sklerose nur selten vorkommt. Der völlig enthemmte Detrusor kontrahiert sich auf verschiedene Reize, und die Blase entleert sich ab einem bestimmten Füllungszustand spontan. Die Patienten können durch bestimmte Manipulationen (Klopfen, Reiben) den Miktionsreflex auslösen. Da aber die Afferenzen zur Hirnrinde fehlen, spüren die Patienten weder Harndrang, noch bemerken sie den Urinabgang. Auch bei ihnen kann es zu der Pseudostreßinkontinenz kommen.

Das *parasympathische Blasenzentrum* liegt in Höhe von S 2 Bis S 4 im Konusgebiet (Abb. 5.**10b**). Ist dieses durch Herde ausgeschaltet, wird die Blase nicht nur deshalb unvollständig entleert, weil die parasympathischen Reize fehlen, sondern auch deshalb, weil das sympathische Zentrum (Th 11 bis L 2) den Blasenhals zusätzlich noch geschlossen hält. Es entsteht die Überlaufblase.

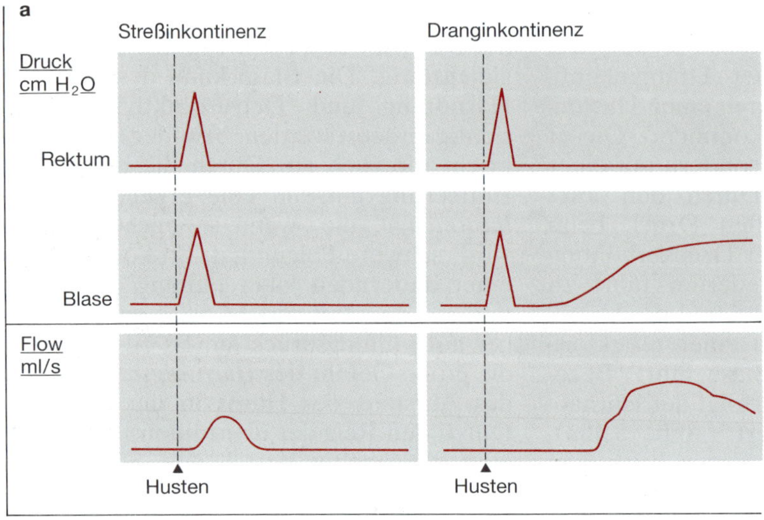

Abb. 5.**10a** **Inkontinenz bei Bauchpresse.** Links: Streßinkontinenz. Beim Husten fast simultan Druckanstieg in Blase und Rektum. Sofortiges *passives* Austreiben des Urins.
Rechts: Besondere Form der Dranginkontinenz. Druckanstieg in der enthemmten Blase führt zu einer reflektorischen Detrusorkontraktion und *aktiven* Austreibung des Urins, die damit nicht sofort mit dem Husten erfolgt

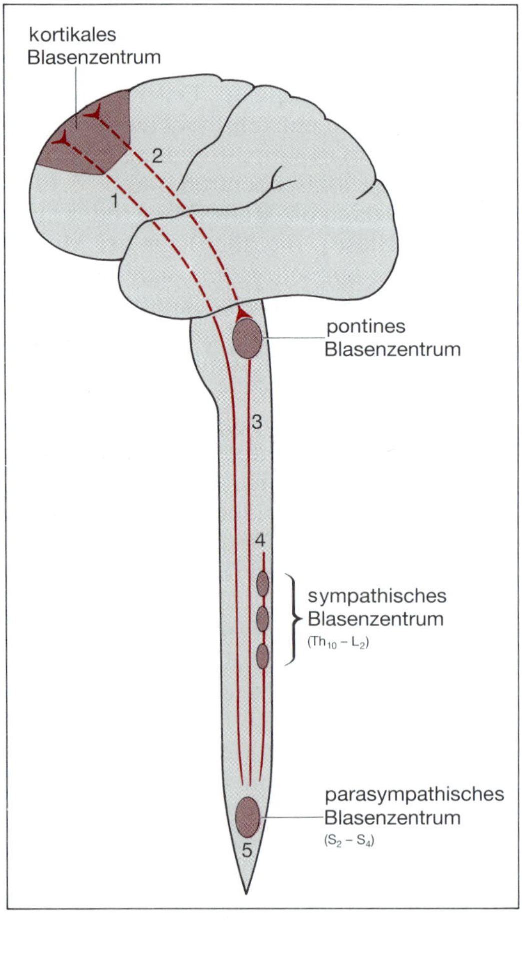

Abb. 5.**10b** **Schematische Darstellung der efferenten Bahnen für die Miktion:**
1 Bahn vom *kortikalen Blasenzentrum* für die willkürliche Anspannung des M. sphincter externus. Läsion: Verlust der willkürlichen Unterbrechung der Miktion.
2 Verbindung vom *kortikalen* zum *pontinen* Blasenzentrum. Läsion: Miktionsreflex nicht unter Kontrolle. Hyperaktiver Detrusor (z. B. Schlaganfall, Morbus Parkinson, Normaldruckhydrozephalus).
3 Verbindung von *pontinem* und *sakralem* Blasenzentrum. Läsion: Detrusor-Sphinkter-Dyssynergie.
4 Sympathisches Blasenzentrum blockiert Detrusoraktivität (α-adrenerg) und hält M. sphincter geschlossen. Läsion: Inkontinenz.
5 Parasympathisches Blasenzentrum. Parasympathische Afferenzen und Efferenzen. Läsion: schlaffe Blase

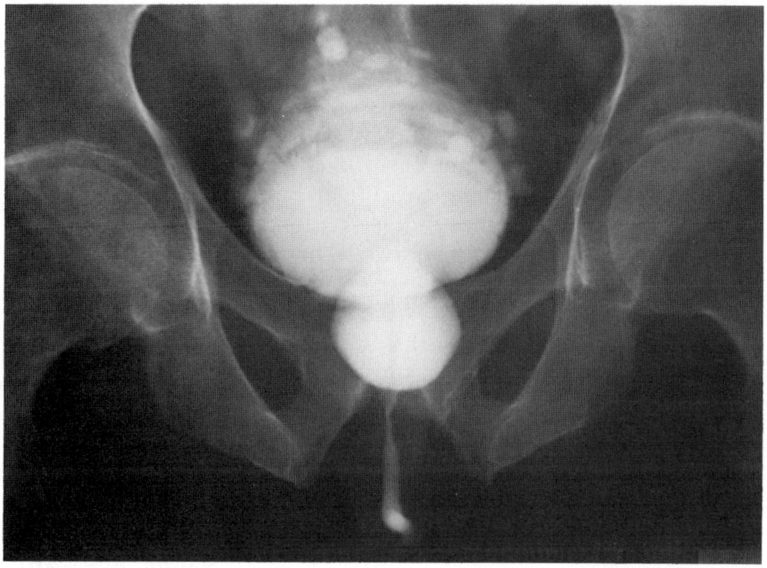

Abb. 5.**11** **Kontrastmittelfüllung der Blase.** Detrusor-Sphinkter-Dyssynergie mit Beckenbodenspastik. Balkenblase mit Pseudodivertikeln und balloniertem Blasenhals als Ausdruck des erhöhten Auslaßwiderstandes

In fortgeschrittenen Stadien der Krankheit kann es im Rahmen einer Spastik der Beine zu einer massiven Spastik des Beckenbodens und damit auch des äußeren Sphinkters der Blase kommen. Dies erschwert zusätzlich die Blasenentleerung oder macht sie gar unmöglich (Abb. 5.**11**). Über das Ausmaß der Beckenbodenspastik kann man sich über die *rektale Palpation* ein Bild verschaffen.

Mit Dauer der Erkrankung nehmen Blasenstörungen bei Kranken mit Multipler Sklerose deutlich zu (S. Poser 1978) und sollen dann in fortgeschrittenen Fällen bei bis zu 96% der Kranken vorkommen (Anderson u. Bradley 1976). Diese Häufigkeit wird verständlich, bedenkt man, daß das Bahnsystem für die Blasenfunktion vom Frontalhirn bis zum Sakralmark reicht, damit die größtmögliche Länge hat und deshalb – wie die Pyramidenbahn – auch besonders häufig betroffen sein kann.

Die Blasenstörungen gehören zu den *gefährlichsten* Erscheinungen bei der Multiplen Sklerose, weil über Harnwegsinfektionen *irreparable Nierenschäden* oder gar eine *Urosepsis* entstehen kann. Deshalb müssen die Behandlung der Blasenstörung sowie Prophylaxe und Therapie der Harnwegsinfektion oft ganz in den Mittelpunkt aller ärztlichen Bemühungen gestellt werden (Therapie der Blasenstörung s. S. 256).

Darmstörung S. 260

Sexualstörungen

Obwohl verschiedene sexuelle Störungen sehr häufig vorliegen, berichten die meisten Patienten nicht spontan darüber. Die Hemmschwelle, über Sexualstörungen zu berichten, ist bei den Patienten vermutlich genau so groß wie bei den Ärzten, gezielt danach zu fragen. Entsprechend finden sich außerordentlich divergierende Angaben in der Literatur. So hat z.B. Kurtzke (1970) in einem Handbuchartikel Sexualstörungen gar nicht erwähnt. Nach Lilius u. Mitarb. (1976) ist das Sexualleben bei 91% der Männer und 72% der Frauen in wechselndem Ausmaß gestört. S. Poser (1978) fand Sexualstörungen bei 23% der Männer und bei 5% der Frauen. Auch Patienten unter 50 Jahren und mit geringer Behinderung sollen in etwa 70% unter Sexualstörungen leiden (Minderhoud u. Mitarb. 1984).

Es ist schwierig, solche Zahlenangaben zu interpretieren, da etwa 80% aller Sexualstörungen, die in der Praxis überhaupt vorkommen (vorwiegend Impotenz und Frigidität), psychogener Natur sind. Dies ist besonders auch bei Patienten mit Multipler Sklerose der Fall. Oftmals bestehen neben den organischen Störungen bei diesen Patienten verschiedene Insuffizienzgefühle und Versagensängste. Störungen, die auch bei organisch Gesunden geeignet wären, das Sexualleben massiv zu beeinträchtigen.

Multiple-Sklerose-Herde, die die Leitungsbahn des Rückenmarks betreffen, können zu verschiedenen organischen Störungen der Sexualfunktion führen. Eine Läsion im Tractus spinothalamicus führt zu einer herabgesetzten *Empfindungs- und Orgasmusfähigkeit*. Man weiß dies z. B. von Nebenwirkungen der Chordotomie zur Schmerzbehandlung (White u. Mitarb. 1950). Läsionen der sympathischen Efferenzen führen zu *Ejakulationsstörungen*, Läsionen der parasympathischen Efferenzen zur Störung der *Erektion*. Durch experimentellen Untersuchungen weiß man aber, daß bei der Erektion sowohl temporale, hypothalamische als auch mesenzephale Areale beteiligt sind. Eine Zuordnung von Störungen wie *Libidoverlust, Erektionsschwäche* oder *Anorgasmie* zu bestimmten Läsionen an bestimmten Stellen des zentralen Nervensystems ist zur Zeit noch kaum im Ansatz möglich.

Bei einem Kranken mit Multipler Sklerose wird es, besonders im Anfangsstadium, zunächst kaum gelingen, Potenz- und Libidostörungen als organisch oder als nichtorganisch zu klassifizieren. Erfährt man von einem Patienten bei der Exploration, daß *morgendliche Erektionen* vorkommen, dann kann man annehmen, daß die geklagte Impotenz eher nichtorganisch begründbar ist. Es gibt aber überzeugende Hinweise dafür, daß in der weitaus überwiegenden Zahl der Fälle die Potenzstörung organischer Natur ist (Kirkeby u. Mitarb. 1988).

Man sollte in Zweifelsfällen immer den *Testosteronspiegel* bestimmen, weil dieser bei einigen Patienten deutlich erniedrigt sein kann. Als Ursache dafür wurde eine hypothalamische Funktionsstörung angenommen. Therapieerfolge mit Testosteron waren eindrucksvoll (Bourdette u. Mitarb. 1988).

Die Häufigkeit und Schwere von Sexualstörungen nimmt mit der Dauer und Schwere der Erkrankung deutlich zu und korreliert auch mit den Blasenstörungen.

Weitere vegetative Störungen

Es gibt noch eine Reihe von vegetativen Störungen, die sehr selten sind, in extremen Fällen aber zum Tod führen können. Meist sind diese aber so gering ausgeprägt, daß man sie direkt suchen muß. So kann es zu einer **Schweißsekretionsstörung** im Sinne einer *Hypohidrosis* (Cartlidge 1972, Noronha u. Mitarb. 1968) als Ausdruck einer Thermoregulationsstörung kommen.

Bei Multiple-Sklerose-Kranken mit schon weit fortgeschrittenem Bild kann gelegentlich eine deutliche **Hypothermie** bestehen. Dabei sind nicht nur Füße und Hände kalt, sondern es ist auch die Kerntemperatur herabgesetzt. Als Ursache wird eine *hypothalamische Läsion* vermutet (Sullivan u. Mitarb. 1987, Ghawche u. Destée 1990).

Sullivan u. Mitarb. (1987) beschrieben 2 Kranke mit Hypothermie, wobei in einem Fall die Temperatur bis 32,6 °C abgesunken war, was dann zu einer Bewußtseinsstörung führte. Im anderen Fall betrug die Temperatur 35 °C, und es bestand gleichzeitig noch eine Hyponatriämie als Ausdruck einer inadäquaten ADH-Sekretion.

Herde, die den Hypothalamus betreffen, können rasch über **Kachexie** zum Tode führen (Kamalian u. Mitarb. 1975). Bei Kranken mit Multipler Sklerose im fortgeschrittenen Stadium ist oft eine Tendenz zur Kachexie erkennen, die eventuell auf eine derartige hypothalamische Schädigung zurückzuführen ist. Häufiger ist die Kachexie aber durch Schluckstörungen bedingt.

Leichte vegetative **kardiovaskuläre Anomalitäten** konnten durch gezieltes Suchen bei Multiple-Sklerose-Kranken nachgewiesen werden. So fand sich häufig eine verminderte Variabilität der Pulsfrequenz auf Reize wie tiefes Atmen, Kaltwasser, Valsalva-Manöver u. a. (Seneratne u. Mitarb. 1984, Manohara u. Mitarb. 1984, Sterman u. Mitarb. 1985).

Bei Patienten mit fortgeschrittenem Krankheitsbild sieht man immer wieder eine leichte, teigige Schwellung und livide Verfärbung distaler Gliedmaßenabschnitte, wobei die Haut sich meist kalt anfühlt. Es handelt sich dabei vermutlich um **trophisch-vasomotorische Störungen**, wobei eine Läsion des Seitenhorns im Rückenmark die Ursache sein könnte.

Wird eine antispastische Therapie (z.B. mit Baclofen) durchgeführt, dann können *Knöchelödeme* auch durch die Tonusverminderung der Muskulatur erklärt werden, welche zu einer Verminderung des Venentonus führen kann. **Respiratorische Störungen** treten meist nur im Spätstadium auf, können jedoch bei massiven Schüben in jedem Stadium vorkommen. Atemstörungen sind in der Regel durch eine Schwäche der Atemmuskulatur, aber auch durch bulbäre Störungen mit Aspiration bedingt. Dies sind keine vegetative Störungen im eigentlichen Sinn. *Zentrale Atemstörungen* durch Herde im Hirnstamm oder in den absteigenden autonomen Bahnen im Rükkenmark sind selten. Es kann zu Hypoventilation, apnoischer und Biotscher Atmung kommen (Howard u. Mitarb. 1992), so daß eine künstliche Beatmung notwendig wird.

Schmerzen

Gemeinhin glaubt man, daß Schmerzen nicht zum Bild der Multiplen Sklerose gehören würden. Dennoch leiden Patienten mit Multipler Sklerose in einem hohen Prozentsatz unter verschiedenartigen Schmerzen (Tab. 5.**3**). So fand man in einer Studie in 20% der Fälle Schmerzen, wobei Kopfschmerzen gar nicht mitgerechnet waren (Clifford u. Trotter 1984), in anderen Studien, die alle Schmerzen mit einschlossen, in 32% (Bauer 1989) und 55% der Fälle (Moulin u. Mitarb. 1988). Es ist schwierig, derartige Studien miteinander zu vergleichen, da zum einen die Schmerzen häufig uncharakteristisch sind, zum anderen die Grenze von reiner Mißbefindlichkeit zum Schmerz oft nur subjektiv gezogen werden kann.

Verschiedene Schmerzarten

Die Schmerzen, die bei Multipler Sklerose vorkommen können, sind vielgestaltig (Tab. 5.**3**). Zu den **akut** und **subakut** auftretenden **Schmerzen**, die an anderer Stelle schon erwähnt wurden, gehören die *Painful-tonic spasms*, die *paroxysmale Dysästhesie* (s. 82), die *Trigeminusneuralgie* (S. 83), das *Lhermittesche Zeichen* (S. 84), der *Retrobulbärschmerz* (S. 30) und nicht zuletzt auch der Schmerz, welcher durch *Beugespasmen* (s. S. 43) ausgelöst werden kann.

(Kopfschmerz, der auch als vasomotorischer Kopfschmerz auftreten kann, s.u.).

Zu den **chronischen Schmerzen** gehören vor allem *schmerzhafte Parästhesien*

Tabelle 5.**3** Verschiedene Schmerzarten bei Multipler Sklerose

Akute Schmerzen (paroxysmal auftretend)	*Subakute Schmerzen*	*Chronische Schmerzen*
Beugespasmen	Retrobulbärschmerz bei Optikusneuritis (Spontanschmerz, Bewegungsschmerz)	Schmerzhafte Parästhesien (Brennschmerzen, wandernde Parästhesien, Dysästhesien)
Painful tonic spasms		Diffuse Schmerzhaftigkeit der Extremitäten
Paroxysmale Parästhesie		Spastik und Kontraktur
Trigeminusneuralgie		Kreuzschmerzen
Lhermittesches Zeichen		Radikuläre Schmerzen
Kopfschmerzen		

und *Dysästhesien*, vorwiegend an Händen und Füßen, aber ebenso am Rumpf und im Gesicht. Diese können auch als Erstsymptom auftreten und ein erhebliches Ausmaß annehmen (Portenoy u. Mitarb. 1988). Gelegentlich bestehen solche schmerzhafte Mißempfindungen jahrelang als einziges Zeichen einer benignen Form der Multiplen Sklerose. Es ist oft eine reine Definitionsfrage, ob man diese Mißempfindungen schon als Schmerzen bezeichnen will oder nicht.

Bei manchen Patienten, meist im fortgeschrittenen Stadium, sind die Beine, manchmal die Arme, vermutlich über eine spinale Enthemmung *diffus schmerzempfindlich*. Häufig besteht dann ein diffuser, spontaner Brennschmerz vorwiegend in den Füßen, wobei hier vermutlich eine Läsion oder auch Enthemmung des Tractus spinothalamicus die Ursache ist. Die Extremitäten müssen dann immer in einer ganz bestimmten Form gelagert sein, damit der Schmerz einigermaßen erträglich wird.

Eine starke *Spastik mit Kontraktur* führt zu dauernden, diffusen Schmerzen. Patienten, die mit einer Baclofen-Pumpe (S. 249) behandelt wurden, berichten oft über eine enorme Schmerzerleichterung.

Häufig bestehen bei Kranken mit Multipler Sklerose *chronische Rückenschmerzen*. Diese sind vermutlich nicht durch die Krankheit direkt bedingt, sondern durch eine Fehlstatik aufgrund der Spastik und Paresen. Auf die gleiche Weise muß man die nicht allzu seltenen, radikulären Schmerzen in lumbalen Segmenten erklären.

Schmerzen in den Armen oder an thorakalen Abschnitten, die nicht immer ganz segmental lokalisiert sind, könnten durch Herde in der *Hinterwurzeleintrittszone* bedingt sein.

Die oft quälenden Schmerzen in den Beinen, die Kreuzschmerzen, Schmerzen in den Armen oder am Rumpf lassen sich sehr häufig nicht befriedigend erklären. Dennoch kann man viele derartige Schmerzen durchaus befriedigend behandeln.

Kopfschmerzen

Einige Studien haben gezeigt, daß Kopfschmerzen bei Multiple-Sklerose-Kranken häufiger vorkommen als in der Normalbevölkerung. So fanden Watkins u. Espir (1969) ein Verhältnis von 27:12. Spannungskopfschmerzen und migräneartige Kopfschmerzen sollen sogar bei 52 % der Patienten mit Multipler Sklerose vorkommen, wobei sich die Patienten mit und solche ohne Kopfschmerzen neurologisch nicht voneinander unterschieden (Rolak u. Brouwn 1990).

Die Kopfschmerzen können auch im Zusammenhang mit dem ersten Schub auftreten. So fanden sich Kopfschmerzen als Erstsymptom in 4 % von 1 113 Fällen, wobei die Hälfte dieser Patienten wiederum eine Migräne in der Vorgeschichte hatte (Freedman u. Gray 1989). In einer anderen Studie zeigten sich bei 6 % im ersten Schub Kopfschmerzen (Rolak u. Brouwn 1990).

Kopfschmerzen können auch durch verstärkte Fusionsanstrengung bei latenter Doppelbildung entstehen (s. S. 46f).

Es sind Einzelfälle beschrieben, bei denen im Schub so heftige Kopfschmerzen auftraten, daß man zum Teil sogar an eine Subarachnoidalblutung dachte (Galer u. Mitarb. 1990, Nager u. Mitarb. 1989).

Es ist trotz des häufigen gemeinsamen Vorkommens von Multipler Sklerose und Kopfschmerzen nicht sicher, ob ein Kausalzusammenhang besteht. Es könnte sein, daß ein Multiple-Sklerose-Schub den Migräneanfall oder sonstige Kopfschmerzen nur auslöst. Bei Patienten, welche beim ersten Schub Kopfschmerzen hatten, kam eine Migräne in der Vorgeschichte besonders häufig vor (Freedman u. Gray 1983, Schneider u. Mautner 1987, Rolak u. Brown 1990). Diese Konstellation von Kopfschmerzen und Symptomen, die zur Annahme einer Multiplen Sklerose passen, ist dennoch für die Multiple Sklerose nicht typisch. Man sollte in solchen Fällen in erster Linie an eine *zerebrale Vaskulitis* denken.

Seltenere Symptome

Hörstörung

Bei der Multiplen Sklerose gibt es keine typischen Hörstörungen, die Kranken klagen auch selten darüber. Bei audiologischen Untersuchungen wurden aber Hörstörungen doch häufiger als bei einem Kontrollkollektiv (von Leden u. Horton 1948) gefunden. S. Poser (1978) fand bei 812 Patienten in 6% eine Hörstörung. Eine deutliche Hörstörung wurde in einzelnen Fällen auch schon beim ersten Schub beschrieben (Daugherty u. Mitarb. 1983), wobei die Hörstörung zum Teil doppelseitig war. Die Hörstörung kann auch flüchtig sein (Citron u. Mitarb. 1963).

Pathologisch veränderte akustisch evozierte Potentiale (FAEP) gehen in der Regel nicht mit Hörstörungen einher, die in einem normalen Audiogramm erfaßt werden können.

Manchmal zeigen die Patienten trotz *normalen* Hörvermögens eine Störung der Verarbeitung von Frequenzveränderungen (Quine u. Mitarb. 1984), was besonders das *Sprachverständnis* beeinträchtigt. Entsprechend wurde bei Patienten mit Multipler Sklerose im Sprachaudiogramm sehr häufig eine Störung nachgewiesen (Jerger u. Mitarb. 1986). Patienten mit *Hirnstammherde* haben trotz normalen oder kaum veränderten Audiogramms oft nur dann ein vermindertes Sprachverständnis, wenn mehrere Personen reden oder Nebengeräusche bestehen. Dies kann im *dichotischen Hörversuch* nach Feldmann nachgewiesen werden. Solche Hirnstammherde führen auch zu einer vorzeitigen *Hörermüdung*.

Durch die Erfahrung mit akustisch evozierten Potentialen (AEP) wissen wir, daß bei etwa 10% aller Kranken mit Multipler Sklerose die Eintrittszone des Hörnervs betroffen ist. Dabei besteht aber nicht immer eine Hörstörung, obwohl derartige Herde auch für die Erklärung von Hörstörungen herangezogen werden (Hopf u. Maurer 1983).

Da Hörstörungen allgemein sehr häufig sind, gelingt es im Einzelfall auch mit Hilfe des Audiogramms nicht, eine Hörstörung auf die Multiple Sklerose zu beziehen. Es ist oft schwierig zu entscheiden, ob eine leichte Hörstörung durch eine Schädigung der retrokochlearen Strukturen oder der Kochlea selbst bedingt ist.

Ohne aufwendige HNO-ärztliche Untersuchung kann eine Hörstörung also nicht als Symptom des weiteren Herdes gewertet werden. Man muß in solchen Fällen immer die akustisch evozierten Potentiale ableiten.

Tritt eine Hörstörung, was selten vorkommt, zusammen mit anderen neurologischen Symptomen auf, d. h. wenn ein eindeutiger zeitlicher Zusammenhang besteht, dann denke man in erster Linie an ein *Cogan-Syndrom* (besondere Form der Periarthritis nodosa mit beidseitiger Hörstörung), an eine *Hirnstammenzephalitis*, an eine *Meningeosis leucaemica* oder an einen *Hirnstammtumor*.

Die Hörstörung bei Multipler Sklerose dürfte durch Läsionen in der zentralen Hörbahn oder in den Hörkernen direkt bedingt sein. Es könnte aber auch ein Herd den Hörnerv direkt beim Eintritt in den Hirnstamm betroffen haben.

Mit Hilfe der akustisch evozierten Potentiale (AEP) konnte in ca. 15% der Patienten mit sicherer und möglicher Multipler Sklerose eine subklinische Läsion des Hörnervs (Verzögerung der Welle I) nachgewiesen werden (Hopf u. Maurer 1983).

Geruchsstörungen

Es kommt praktisch nicht vor, daß Multiple-Sklerose-Kranke in Zusammenhang mit frischen Schüben über Geruchsstörungen klagen, obwohl man pathologisch-anatomisch in der Geruchsbahn – wenn auch relativ selten – Herde darstellen kann. Bei einer gezielten Suche nach Geruchsstörungen wurde aber in 45% der Kranken mit Multipler Sklerose eine Hyposmie oder sogar Anosmie gefunden (Pinching 1977). Gelegentlich berichten Patienten auch über Parosmien, die meist vorübergehend sind.

a b

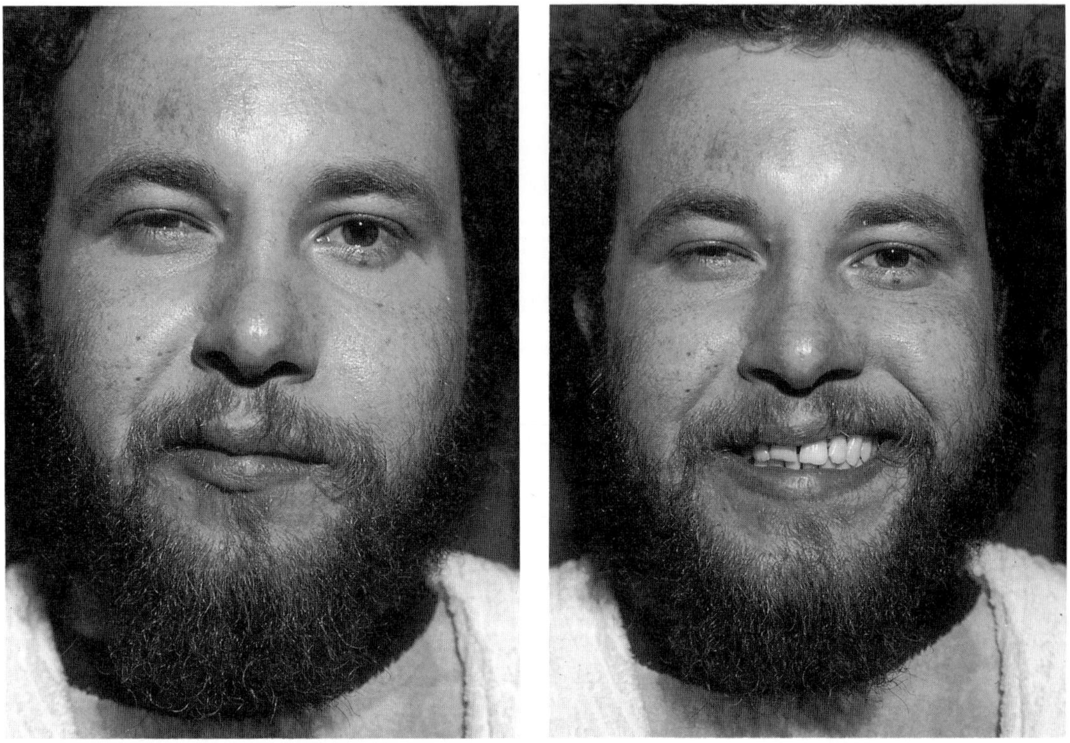

Abb. 5.**12a** u. **b** **Fazialismyoklonien.**
Ständige, irreguläre Zuckungen am Mundwinkel und Auge rechts. Leichte Mundastschwäche rechts mit Kontraktur. Leichte Abduzensparese rechts. Symptomatik nach 8 Monaten wieder völlig verschwunden (Mann, 24, Jahre, MS seit 6 Jahren). **a)** Ruhestellung, **b)** Zähnezeigen

Fazialisparese

Eine leichte *zentrale* Fazialisparese, die sich oft gut zurückbildet, stellt man im Rahmen von Schüben immer wieder fest. Die Herde können dabei in jeder Etage oberhalb des Fazialiskerns gelegen sein.

Bei einer *peripheren* Fazialisparese finden sich die Herde infranukleär oder perinukleär in der Brücke. Meist ist dann der *N. abducens* mitbetroffen oder auch nur die homolaterale Pyramidenbahn (mit kontralateraler Hemiparese, Millard-Gubler-Syndrom). Eine *isolierte* periphere Fazialisparese, etwa analog der idiopathischen Fazialisparese oder der Fazialisparese bei Borrelien dürfte bei Multipler Sklerose extrem selten sein. Insgesamt kam aber die periphere Fazialisparese in Kombination mit anderen Symptomen bei 3 % der Fälle in einer Untersuchungsserie vor (Poser, S. 1978).

Eine periphere Fazialisparese kann vorgetäuscht sein, wenn ein Herd ganz knapp supranukleär gelegen ist und damit unmittelbar auf Kernebene von der Gegenseite herüberkreuzende Fasern für den Stirnast miterfaßt. Dadurch wird die kontralaterale Versorgung des Stirnastes aufgehoben.

Fazialismyokymien

Gelegentlich kommt es bei der Multiplen Sklerose zu *Fazialismyokymien*. Es handelt sich dabei um *irreguläre*, sehr rasche und feine Zuckungen einzelner Fazialismuskeln an umschriebener Stelle, die wie Faszikulationen aussehen können und zu einer leichten Kontraktur der betroffenen Muskeln führen. Die Funktion des N. facialis ist im übrigen völlig intakt oder nur mäßig gestört (Abb. 5.**12**).

Der Bewegungseffekt ist oft gering, und die meisten Patienten spüren kaum etwas. Manchmal besteht nur eine Kontraktion des Mundwinkels. Häufig werden die Patienten von anderen auf die Störung aufmerksam gemacht, oder sie bemerken die leichte Verziehung des Gesichtes nur im Spiegel.

Im EMG findet man Entladungsserien von 20–60 Hz in Intervallen von 0,25–4 s. Die Störung entsteht durch eine Läsion entweder im Kerngebiet des N. facialis oder aber im intrapontinen (faszikulären) Anteil des Nervs. Daß es sich um eine periphere Läsion des N. facialis handelt, obwohl oft keine oder nur eine geringe Fazialisparese vorliegt, beweist das Vorkommen der Myokymien bei Tumoren (Radü u. Mitarb. 1975) und beim Guillain-Barré-Syndrom (van Zandycke u. Mitarb. 1982).

Die Fazialismyokymie kann das erste Zeichen der Multiplen Sklerose sein (Radü u. Mitarb. 1975). Sie ist aber auf keinen Fall pathognomonisch, denn sie kommt u. a. bei Tumoren des Hirnstamms (Tenser u. Corbett 1974, Radü u. Mitarb. 1975) oder auch bei ischämischen Störungen vor.

Gaumensegelmyoklonus (Gaumensegelmyorhythmien)

Streng von der Fazialismyokymie ist die Myorhythmie im Fazialisgebiet zu trennen, die aber praktisch nur im Rahmen einer Ausweitung des *Gaumensegelmyoklonus* (Gaumensegelmyorhythmie, „Gaumensegelnystagmus") auftritt. Dabei handelt es sich um *streng rhythmische* 1–3/s Zuckungen des Gaumensegels, die von den Patienten meist nicht bemerkt werden. Wenn die Tuba pharyngica in die Zuckungen mit einbezogen wird, hören die Patienten ein rhythmisches Klicken („tubar click"), welches für die Störung pathognomonisch ist. Der Gaumensegelmyoklonus kann sich auf die Fazialismuskulatur, die Pharyngealmuskulatur, die Masseteren und gelegentlich auch auf die Extremitäten ausdehnen.

Im Gegensatz zur Myokymie liegt dem Gaumensegelmyoklonus eine supranukleäre Läsion zugrunde, die im Bahnsystem zwischen Nucleus dentatus, Nucleus ruber und der unteren Olive (Guillain-Mollaretsches Dreieck) gelegen ist. Der Gaumensegelmyoklonus kommt meist bei Infarkten vor, kann aber auch bei Multiple-Sklerose-Herden auftreten (Marsden u. Mitarb. 1982, Deuschl u. Mitarb. 1990, Revol u. Mitarb. 1990).

Wir fanden in 8 Fällen mit Gaumensegelmyoklonus in 4 Fällen keine sichere Ursache (vor der Kernspinära), in einem Fall eine Stammhirnenzephalitis, in 2 Fällen Hirnstamminfarkte und in *einem* Fall eine sichere Multiple Sklerose.

Aphasische Störungen

Aphasische Störungen treten nur in etwa 1 % der Fälle auf (Kahana u. Mitarb. 1971, Poser 1978) und gehören damit nicht zu den typischen Symptomen der Multiplen Sklerose. Meist handelt es sich um *motorisch-aphasische Störungen*, die oft nicht stark ausgeprägt sind. Wenn die aphasischen Störungen im Hintergrund stehen und vorwiegend eine kortikale Dysarthrie besteht, ist die Unterscheidung von der zerebellaren Dysarthrie sehr schwierig. Besondere Schwierigkeiten können auch bei der Differentialdiagnose zur paroxysmalen Dysarthrie auftreten (s. S. 81).

Aphasische Störungen entstehen meist nur bei sehr großen Herden (Abb. 5.**13**), wobei dann oft die Differentialdiagnose gegen einen Tumor (Hunter u. Mitarb. 1987) oder einen Hirninfarkt (Bahro u. Mitarb. 1989, Cowan u. Mitarb. 1990) besteht.

Es ist erstaunlich, daß die Aphasie eindeutig zu den seltenen Symptomen der Multiplen Sklerose gehört, obwohl man sehr häufig Herde in der dominanten Frontotemporoparietalregion findet. Aber dieses Phänomen gibt es auch bei anderen Symptomen der Multiplen Sklerose. So findet man kernspintomographisch bei 11 % der Patienten Herde in der inneren Kapsel (Ormerod u. Mitarb. 1987), wobei die meisten Patienten keine Hemiparese haben.

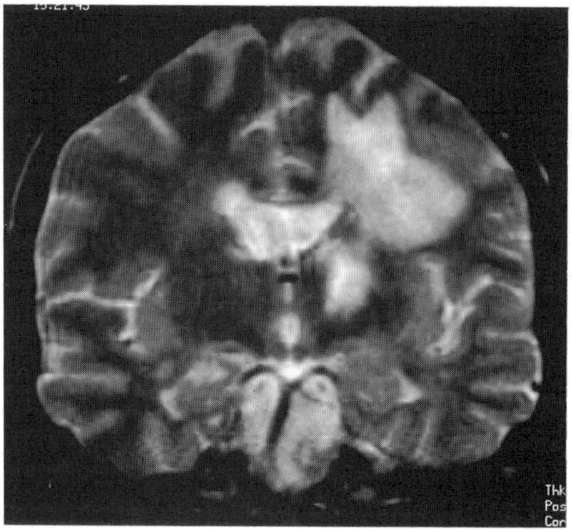

Abb. 5.**13** **Maligner Multiple-Sklerose-Schub** mit massiven Herden. Aphasie, Blickwendung zum Herd, sensomotorische Hemiparese. Kernspintomogramm

Bei der gezielten Suche mit dem Aachener Aphasietest nach subklinischen aphasischen Störungen fanden Haas u. Patzold (1985) jedoch in 15 von 86 Fällen leichte Sprachstörungen.

Bei SPECT-Untersuchungen konnte gezeigt werden, daß der linke Temporal- und die Frontallappen bei Multipler Sklerose (wie bei Morbus Alzheimer und Multiinfarktkrankheit) weniger gut durchblutet sind (Pozzilli u. Mitarb. 1991), wobei man dieses Phänomen aber noch nicht ganz versteht.

Bei manchen Patienten findet man als Ausdruck einer Störung der Verarbeitung von *Frequenzveränderungen* eine Beeinträchtigung des Sprachverständnisses (Quine u. Mitarb. 1984), was aber Ausdruck von Hirnstammherden ist und nicht als aphasische Störung gedeutet werden darf (s. S. 65).

Hemianopische Störungen

(s. S. 115, 181f)

Extrapyramidale Störungen

Sehr selten sind extrapyramidale Störungen wie Dystonien und choreatische Bewegungen. Jankovic u. Patel (1983) fanden unter 6 Patienten mit symptomatischem Meige-Syndrom (Blepharospasmus) zwei mit Multipler Sklerose. Bei allen Patienten war immer der rostrale Anteil des Hirnstamms betroffen. Auch choreoathetotische Bewegungsstörungen an den Armen sind beschrieben (Taff u. Mitarb. 1985). Einmal fand sich ein bilateraler Hemiballismus, wobei ein diffuser Stammganglienbefall unter Einschluß des Nucleus subthalamicus autoptisch nachgewiesen wurde (Masucci u. Mitarb. 1989).

Bei einem unserer Patienten begann die Multiple Sklerose im Alter von 32 Jahren mit leichten dystonen Rumpf- und Nackenbewegungen und starker dystoner Verziehung des linken Armes, ohne daß eine Parese bestand (Abb. 5.**14**). Es wurde die Diagnose Torsionsdystonie gestellt. Später kamen leichte choreatische Bewegungen im linken Arm und Grimassieren dazu. Nach 5 Jahren stereotaktischer Nachweis eines entzündlichen Prozesses. Danach wurde die Diagnose Multiple Sklerose gestellt. Jetzt 10 Jahre nach Beginn der Krankheit, kaum mehr dystone Zeichen, aber leichte Paresen und Ataxie. Im Kernspintomogramm multiple Herde auch im Stammganglienbereich.

Ein *Ruhetremor* als Ausdruck der Multiplen Sklerose kommt nicht vor. Ein Ruhetremor bei einem Multiple-Sklerose-Kranken spricht für eine zweite Krankheit (Parkinson-Syndrom).

Eine *rigorartige Tonuserhöhung* kann bei massivem Mittelhirnbefall vorkommen, aber auch beim Befall anderer Hirnstammregionen (Encephalomyelitis with rigidity, s. S. 212).

Ob ein Parkinson-Syndrom (Rigor, Akinese) im Rahmen der Multiplen Sklerose vorkommt, ist zweifelhaft, weil man ein zusätzliches idiopathisches Parkinson-Syndrom nur schwer ausschließen kann. Wenn sich allerdings in einem solchen Fall das Parkinson-Syndrom unter einer Prednisolonstoßtherapie deutlich bessert, wie dies schon beschrieben wurde (Klostermann u. Mitarb. 1991), dann spricht dies gegen ein zufälliges Zusammentreffen der zwei Krankheiten.

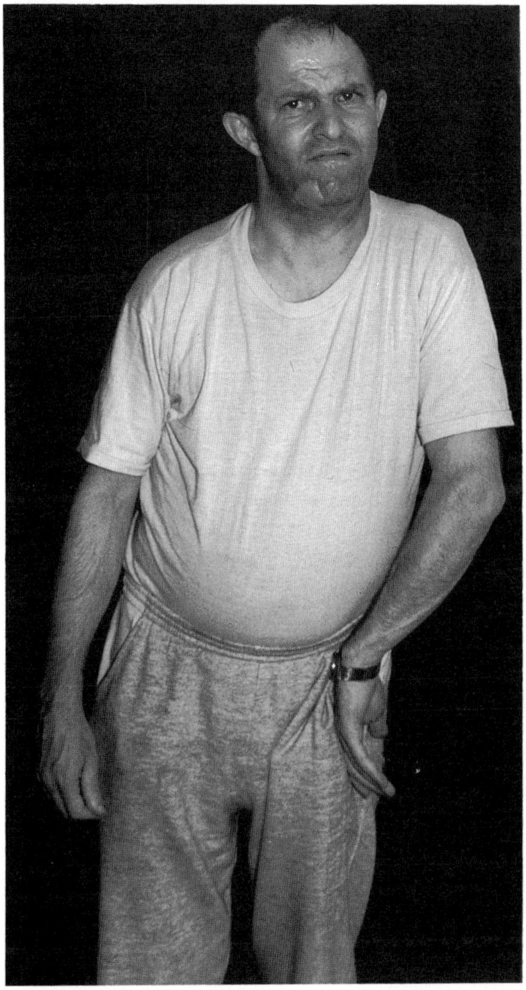

Abb. 5.**14** Vorwiegend dystone und choreatische Bewegungsstörungen (s. Text). 37jähriger Mann. Seit 5 Jahren Multiple Sklerose.

Empfindung von Phantomgliedmaßen

Phantomgefühle kommen im allgemeinen nach Amputationen, Plexuslähmungen und Querschnittslähmungen vor, wobei die Deafferenzierung die gemeinsame Grundvoraussetzung für das Phantomgefühl ist. Phantomgefühle bei Querschnittslähmungen, die durch Multiple-Sklerose-Herde bedingt sind, kommen genauso vor wie bei Querschnittslähmungen anderer Ursache (Frank 1991).

Gelegentlich können aber auch Phantomgefühle dergestalt auftreten, daß es zu dem Gefühl einer **überzähligen Gliedmaße** kommt, was aber sehr selten ist.

Ein 35jähriger Mann, der schon seit 10 Jahren unter einer schubförmig progredienten Multiplen Sklerose leidet und bei dem eine Vielzahl von intrazerebralen Herden (NMR) vorwiegend im Marklager, an der Mark-Rinden-Grenze (auch im Parietalgebiet) und im Stammgangliengebiet bestehen, berichtete im Rahmen eines neues Schubs, daß er mit seiner linken Hand nicht mehr richtig greifen könne. Er habe ständig das Gefühl, als ob ein dritter Arm aus der Mitte seiner Brust komme und auch nach den Gegenständen greife. Er könne diesen Arm nicht richtig dirigieren, habe aber die lebhafte Empfindung von Fingern. Das Gefühl des überzähligen Armes mit der Hand sei dauernd vorhanden. Er wisse genau, daß kein Arm da sei, weil er ja nichts sehe. Das Ganze sei unangenehm, hinderlich, aber ohne Schmerzen.

Es bestand ein leichtes bis mittelgradiges organisches Psychosyndrom mit Verlangsamung und Gedächtnisstörungen, einer deutlichen Tiefensensibilitätsstörung an beiden Armen, links mehr als rechts, und eine spastisch ataktische Gangstörung. Kein Neglekt.

Das Phantomgefühl verschwand nach ca. 14 Tagen (Corticoidtherapie).

Dieses Gefühl der überzähligen Gliedmaße unterscheidet sich grundsätzlich von dem klassischen Phantomgefühl nach Amputation, weil es nicht eine amputierte oder deafferenzierte Gliedmaße betrifft, sondern eine völlig neue Empfindung darstellt.

Aber wie bei dem klassischen Phantomgefühl besteht auch bei dem Gefühl der überzähligen Gliedmaße eine Deafferenzierung auf der homolateralen Seite. Bei 2 ähnlichen Fällen bestand ebenfalls eine homolaterale Gefühlsminderung, allerdings für alle Qualitäten (Frank 1991). Auch paroxysmal kann das Gefühl der überzähligen Gliedmaße auftreten (Mayeux u. Benson 1979). In diesem Fall bestand auch eine homolaterale Gefühlsminderung.

Da die Empfindung eines überzähligen Gliedes extrem selten ist, Deafferenzierungen jeder Art aber sehr häufig sind, kann die Deafferenzierung nur eine Teilursache darstellen, und die Entstehungsweise muß eine prinzipiell andere sein als beim klassischen Phantomglied. Vermutlich spielen hier Läsionen in parietothalamischen Verbindungen eine Rolle, die zumindest in unserem oben angeführten Fall kernspintomographisch nachweisbar waren.

6. Psychophysische Symptome

Abnorme Ermüdbarkeit

Eine abnorme Ermüdbarkeit soll in etwa 76–78 % der Patienten mit Multipler Sklerose vorkommen (Freal u. Mitarb. 1984, Murray 1985). Dabei scheint kein direkter Zusammenhang mit dem Grad der Behinderung zu bestehen.

In Rehabilitationskliniken macht man immer wieder die Erfahrung, daß Multiple-Sklerose-Patienten mit einer isolierten Paraspastik der Beine oft *schneller* ermatten als Patienten mit der gleichen Funktionsstörung, die aber durch eine traumatische Rückenmarksläsion bedingt ist. Diese Müdigkeit ist nicht nur von der körperlichen Belastung abhängig, sondern entwickelt sich auch, wenn die Patienten den Tag ruhig, vorwiegend im Sitzen, verbringen. Meist wird sie gegen Nachmittag und Abend am stärksten. Manchmal hat man den Eindruck, daß diese abnorme Ermüdbarkeit einer zirkadianen Rhythmik folgt.

Müdigkeit ist ein psychophysisches Phänomen von vorwiegend subjektivem Charakter, das nur unzureichend zu objektivieren ist. Worum es sich dabei neurophysiologisch handelt, wissen wir nicht. Die Müdigkeit, die bei Patienten mit Multipler Sklerose auftritt, kann von diesen oft nicht richtig geschildert werden. Meist kommen sie über Begriffe wie Müdigkeit, Erschöpfbarkeit, Schlappheit oder „Gefühl wie nach einer Grippe“ nicht hinaus. Und dennoch meinen viele, daß diese Müdigkeit etwas anders sei als die, welche sie vor der Krankheit gekannt haben. Aber auch diese krankhafte Müdigkeit wird besser durch Ruhepausen oder Schlaf; sie kann auch durch interessante oder angenehme Erlebnisse überwunden werden.

Es gibt eine normale Form der Müdigkeit, die nach *körperlicher Belastung* auftritt. Die Ursache dafür ist wohl nicht nur muskulär bedingt. Es scheint auch eine Rolle zu spielen, daß das Gehirn durch die ständige Abgabe elektrischer Signale, um die Muskelaktivität aufrecht zu erhalten, „ermüdet“. Eine andere Form der Müdigkeit entsteht durch *geistige und psychische Anstrengung,* wie sie z.B. ein anstrengender Tag mit Schreibtischarbeit und vielen Telefongesprächen mit sich bringt. Bei Multiple-Sklerose-Patienten liegt vermutlich eine Mischung beider Formen vor, die dadurch bedingt sein könnte, daß das Gehirn mehr Impulse als sonst abgeben muß, um Axone mit einem partiellen Leitungsblock (s. S. 89 f.) gewissermaßen gangbar zu machen.

In der *Depression* berichten Patienten ebenfalls häufig von einer stärkeren Müdigkeit oder vorzeitigen Erschöpfbarkeit. Ein Zusammenhang mit der bei der Multiplen Sklerose so häufig vorkommenden depressiven Verstimmung konnte allerdings nicht gefunden werden (Krupp u. Mitarb. 1988).

Die abnorme Müdigkeit bei Multipler Sklerose scheint auch nicht mit der Schwere der Behinderung in Zusammenhang zu stehen (Krupp u. Mitarb. 1988). Diese Feststellung müßte aber noch durch weitere Untersuchungen bestätigt werden. Es ist auch bisher ungeklärt, ob die Müdigkeit mit der Zahl der zerebralen Herde korreliert.

Die vorzeitige Ermüdbarkeit könnte auch im Zusammenhang mit dem *Phänomen der inkonstanten Symptomatik* (s. S. 85) gesehen werden. Eine leichte Erhöhung der Kerntemperatur, entweder durch äußere Einwirkung oder auch durch innere Veränderungen (endogene Rhythmik der Temperatur, Fieber, Temperaturerhöhung durch körperliche Belastung), führt zu einer Verstärkung der Symptomatik. Man könnte sich vorstellen, daß die Müdigkeit bei Patienten mit Multipler Sklerose auf ähnliche Weise entsteht. Durch einen *partiellen Leitungblock* kommen nämlich die afferenten Impulse nicht in der vorgegebenen Kodierung an, und der Aufwand des Gehirns für die Dekodierung wird größer.

Viele Patienten klagen darüber, daß sich die Müdigkeit in der Wärme verstärke (Freal u. Mitarb. 1984). Umgekehrt berichten manche wiederum, daß ihre Müdigkeit in Wintertagen oder nach einer kalten Dusche deutlich geringer sei.

Nicht auszuschließen ist, daß auch ein Zusammenhang mit immunologischen Vorgängen besteht.

Astrozyten spielen bei immunologischen Vorgängen im Zentralnervensystem eine Rolle, indem sie als „antigenpräsentierende Zellen" wirken, also analog den Makrophagen (Fontana u. Mitarb. 1984). Es konnte gezeigt werden, daß sie große Mengen von Interleukin 1 bilden. Interleukin 1 ist eine chemisch noch nicht genau definierte Substanz (Substanzgruppe?), die von Makrophagen abgegeben wird und auf Lymphozyten stimulierend wirkt. Wenn solches von Astrozyten in vitro gebildete Interleukin Ratten intraventrikulär gespritzt wird, verstärkt sich die Produktion von langsamen Wellen im Schlaf-EEG deutlich (Tobler u. Mitarb. 1985). Interleukin-1-Bildung wird z. B. auch bei Borreliose stimuliert (Habicht u. Mitarb. 1988) und für die Müdigkeit im Anfangsstadium der Erkrankung verantwortlich gemacht. Der Vermutung, daß die Müdigkeit bei Multiple-Sklerose-Kranken mit einer solchen Interleukin-1-Produktion in Zusammenhang steht, müßte noch nachgegangen werden.

Differentialdiagnostisch muß das unscharf definierte **„chronic fatigue syndrome"** (CFS) oder auch „postviral fatigue syndrome" einbezogen werden, welches vorwiegend im angelsächsischen Raum bekannt ist und dort häufiger diagnostiziert wird. Es könnte sich um eine chronisch persistierende Virusinfektion handeln, wobei aber eine ätiologische Festlegung noch nicht möglich ist (David u. Mitarb. 1988, Wessely u. Powell 1989). Neurologische Störungen finden sich dabei nicht. Die Patienten fühlen sich matt und kraftlos und zeigen verschiedene psychiatrische Begleiterscheinungen wie Depressionen, Hypochondrie, Angstzustände und Konzentrationsstörungen. Meist besteht noch eine *diffuse Muskelschmerzhaftigkeit,* welche die Differentialdiagnose zur Ermüdbarkeit bei Multipler Sklerose erleichtert.

Psychische Veränderungen

Depressionen

Im Verlauf der Krankheit können verschiedene psychische Störungen auftreten, die oft gar nicht richtig registriert werden. Landläufig gilt die „Euphorie" als die charakteristische psychische Veränderung bei Multipler Sklerose. Viele Untersuchungen zeigen aber eindeutig, daß depressive Zustände zumindest gleich häufig, wenn nicht sogar deutlich häufiger vorkommen (Gallineck u. Kalinowsky 1958, Goodstein u. Ferrell 1977, Poser 1978). Wir wissen, daß depressive Verstimmungen und pseudoneurasthenische Zustände schon auftreten können, wenn sich die Krankheit eben erst angekündigt hat oder noch gar keine neurologischen Zeichen manifest sind (Whitlock u. Siskind 1980, Schiffer u. Babigian 1984).

Wenn es im Rahmen der Multiplen Sklerose zu Depressionen kommt, dann kann man im Einzelfall kaum feststellen, ob es sich um eine organische oder um eine reaktive Depression oder gar um beides handelt. Einerseits würden die oft eindrucksvollen zerebralen Herde genügen, um eine organische Depression zu erklären, andererseits wird die Krankheit häufig als so unheilvoll erlebt, daß eine reaktive Depression sehr verständlich erscheint.

Bei einem Vergleich von Patienten mit Multipler Sklerose und Patienten mit Muskeldystrophie fand sich bei den Multiple-Sklerose-Kranken *häufiger* eine Depression oder eine depressive Episode, wobei diese Unterschiede allerdings nicht signifikant waren (Surridge 1969). Whitlock u. Siskind (1980) haben deshalb Multiple-Sklerose-Kranke mit Patienten, die unter neuromuskulären Erkrankungen litten und körperlich ähnlich stark beeinträchtigt waren, miteinander verglichen. Sie fanden eindeutig, daß *depressive Verstimmungen häufiger bei den Kranken mit Multipler Sklerose vorkamen.* Bei einer weiteren Untersuchung

(Schiffer u. Babigian 1984) wurden Patienten, die unter einer amyotrophen Lateralsklerose (ALS) oder einer Temporallappenepilepsie litten, mit Multiple-Sklerose-Kranken verglichen. Es zeigte sich, daß die Patienten mit Multipler Sklerose häufiger als Patienten mit amyotropher Lateralsklerose einem Psychiater vorgestellt werden mußten.

Patienten mit vorwiegend spinalem oder zerebellarem Befall hatten deutlich seltener Depressionen als solche mit zerebraler Manifestation (Schiffer u. Mitarb. 1983**b**). Die Ausprägung der depressiven Verstimmung nimmt mit der Dauer der Krankheit zu (McIvor u. Mitarb. 1984). Diese Erfahrung spricht sehr dafür, daß die depressive Verstimmung bei Patienten mit Multipler Sklerose mehr *organisch* als reaktiv bedingt anzusehen ist.

Kognitive Störungen und Demenz

Kognitive Störungen bei Kranken mit Multipler Sklerose wurden früher unterschätzt oder überhaupt nicht bemerkt. Heute sind sie durch eingehende testpsychologische Untersuchungen weitgehend belegt. Bei etwa der Hälfte der Patienten findet man kognitive Störungen aller Schweregrade (Surridge 1969, Staples 1979, Peyser u. Mitarb. 1980b, Bertrando u. Maffei 1983, Schiffer u. Mitarb. 1983, Lyon-Caen u. Mitarb. 1986). Dabei handelt es sich vorwiegend um Intelligenzminderungen und Gedächtnisstörungen (van der Burg u. Mitarb. 1987). Rao u. Mitarb. (1984) konnten zeigen, daß Kranke mit Multipler Sklerose gegenüber Gesunden z.B. mehr Schwierigkeiten haben, Prosatexte zu lernen.

Schon innerhalb der ersten 4 Krankheitsjahre kommt es bei vielen Patienten zu gut nachweisbaren Gedächtnisstörungen (Grant u. Mitarb. 1984). Häufigkeit und Ausmaß dieser Störungen nehmen mit der Dauer der Krankheit zu. Patienten im Schub zeigen schlechtere Testergebnisse als solche, die sich in der Remission befinden.

Daß leichte intellektuelle Ausfälle häufig sind und mit der Dauer und Schwere der Krankheit zunehmen, wurde oft gefunden (Poser 1978, Peyser u. Mitarb. 1980a, b).

Kognitive Störungen können auch schon im Anfangsstadium der Krankheit vorhanden sein, ja sie sind manchmal sogar schon dann nachweisbar, wenn die Diagnose der Multiplen Sklerose noch gar nicht sicher gestellt werden kann (Young u. Mitarb. 1976, Peyser u. Mitarb. 1980b, Grant u. Mitarb. 1984, Lyon-Caen u. Mitarb. 1986).

Die psychoorganischen Störungen sind im Anfang der Krankheit meist nur sehr gering ausgeprägt, können aber auch im Vordergrund der Symptomatik stehen (Steller u. Beck 1987).

Bei einem 24jährigen Studenten begann die Krankheit plötzlich mit einer erheblichen intellektuellen Leistungsminderung. Einige Wochen später wurde er in einem Verwirrtheitszustand in die Klinik eingewiesen. Kernspintomographisch fand sich eine Vielzahl von Herden, die diffus über die Hemisphären verteilt waren. Neurologisch bestanden nur diskrete Koordinationsstörungen mit Nystagmus. Eine Multiple Sklerose konnte erst später zweifelsfrei nachgewiesen werden. Obwohl sich die psychoorganischen Störungen deutlich besserten, blieben noch erhebliche kognitive Störungen zurück.

Ein 50jähriger Mann litt seit über einem Jahr unter einem starken Nachlassen der Leistung, Konzentrationsstörungen und abnormer Ermüdbarkeit. Neurologisch und elektroenzephalographisch war kein krankhafter Befund zu erheben. Erst mit der *Kernspintomographie* konnten dann viele Herde nachgewiesen werden, die sich später eindeutig als Ausdruck einer Multiple Sklerose erwiesen.

Häufiger, als früher angenommen (in ca. 17%), finden sich *subklinische aphasische Störungen* (Haas u. Patzold 1985, Beatty u. Mitarb. 1988) als Ausdruck einer kortikalen Störung. Dies bedeutet, daß die kognitiven Störungen nicht immer isoliert auftreten, sondern daß auch neuropsychologische Störungen das Bild komplizieren können.

In seltenen Fällen kann die Krankheit mit so starken psychoorganischen Ausfällen beginnen, daß es schon sehr früh zur **Demenz** kommt (Bergin 1957, O'Malley 1966). In der Regel entwickelt sich eine Demenz aber erst im Verlauf von vielen Jahren und ist nicht sehr häufig. Nach Surridge (1969) finden sich schwere zerebralorganische Beeinträchtigungen nur bei 6,5% der Patienten. Poser S. (1978) fand in 4% ihrer Fälle eine Demenz. Diese war bei fast allen Patienten mit schweren neurologischen Störungen verbunden. Häufig kann der demente Multiple-Sklerose-Kranke nur noch mit dem Rollator gehen oder sitzt schon im Rollstuhl.

Kognitive Störungen und Demenz könnten eventuell die gleiche Ursache haben wir die subkortikale arteriolosklerotische Enzephalopathie (Morbus Binswanger), die auch zu einer Demyelinisierung führt und zumindest im Kernspintomogramm oft gleichartige Veränderungen wie die Multiple Sklerose zeigt. Poeck (1988) hat die Vermutung geäußert, daß beim Morbus Binswanger durch die Demyelinisierung im Marklager Assoziations- und Kommissurenfasern beeinträchtigt werden, so daß Areale mit kognitiven Funktionen nicht mehr miteinander kommunizieren können, und die Demenz deshalb Ausdruck eines „Disconnection-Syndroms“ sei. Auch bei der Binswangerschen Krankheit kommt es zu einem Verlust von Balkenfasern (Yamanouchi u. Mitarb. 1990).

Kognitive Störungen bei Multipler Sklerose und die verminderte Lernfähigkeit könnten durch eine Kommunikationsstörung zwischen der rechten und linken Hemisphäre bedingt sein, denn die meisten Herde finden sich periventrikulär und in der Balkenstrahlung. Mit Hilfe des *dichotischen Hörtests* und Testuntersuchungen mit bestimmten Lernaufgaben konnte eine derartige Hemisphärendiskonnektion wahrscheinlich gemacht werden (Lindeboom u. Ter Horst 1988).

Psychotische Störungen

Psychotische Erscheinungen kommen im Verlauf der Multiplen Sklerose selten vor. Es ist oft schwer zu entscheiden, ob die Multiple-Sklerose-Herde überhaupt die Ursache sind oder ob nicht eine sowieso zu psychotischen Phänomenen neigende Person von der Multiplen Sklerose befallen wurde. Wir haben vereinzelt manische Episoden bei Multipler Sklerose beobachtet, wobei nicht zu klären war, ob ein Zusammenhang mit der Krankheit bestand. Die Multiple Sklerose als direkte Ursache für psychotische Erscheinungen läßt sich nur dann annehmen, wenn ein direkter zeitlicher Zusammenhang mit einem akuten Schub besteht oder noch zumindest frische Herde im CT bzw. im Kernspintomogramm nachweisbar sind. Aus den vielen Fallberichten lassen sich derartige Beziehungen nicht immer entnehmen.

Bei manchen Patienten, die früher schon eine Psychose hatten, kann eventuell durch einen Multiple-Sklerose-Schub erneut eine Psychose ausgeklinkt werden (Garfield 1985). Auch ist bekannt, daß bei Patienten, die nach einem Schädel-Hirn-Trauma eine Manie entwickeln, öfter affektive Störungen in der Familie vorkommen (Robinson u. Mitarb. 1988).

Es konnte aber gezeigt werden, daß die Zyklothymie bei Multiple-Sklerose-Kranken häufiger als bei der Normalbevölkerung auftritt (Schiffer u. Mitarb. 1986). Das weist darauf hin, daß die Multiple Sklerose entweder eine direkte Ursache der Zyklothymie sein kann oder aber der Multiple-Sklerose-Schub bei einer bestimmten Disposition einen Triggerfaktor für die Auslösung einer Zyklothymie darstellt.

Psychosen entstehen besonders häufig bei der „enzephalitischen“ Form der Multiplen Sklerose, die ausschließlich das Gehirn befällt. Psychotische Störungen können manchmal die Multiple Sklerose einleiten (Geokaris 1957, Hollender u. Steckler 1972, Matthews 1979, Bandelow u. Müller 1990).

Einer unserer Patienten wurde im akuten Unruhe- und Erregungszustand und offensichtlich halluzinierend mit dem Verdacht auf eine Drogenpsychose in die Klinik eingewiesen. Im Kernspintomogramm fanden sich viele diffus verteilte Großhirnherde, welche sich teilweise intensiv mit Kontrastmittel anfärbten, womit eine frische Schädigung nachgewiesen war. Ein Drogenkonsum bestand nicht. Alle weiteren Untersuchungen sprachen für eine Multiple Sklerose.

Unter der Behandlung mit *Cortisonderivaten* können unterschiedliche psychotische Episoden – oft paranoid-halluzinatorische Zustandsbilder – auftreten (Roos 1965), die nicht der Grundkrankheit angelastet werden dürfen. Vereinzelt führt die Corticoidbehandlung auch zu *Depressionen,* (**Corticoidentzugssyndrom** s. S. 230).

Euphorie

Die Euphorie wurde schon von den Erstbeschreibern der Multiplen Sklerose erwähnt (Moxon 1875, Charcot 1877). Von späteren Autoren wurde diese dann als fast typisch für die Multiple Sklerose angesehen (Cottrell u. Wilson 1926) und – wie man heute weiß – damit völlig überbewertet. Die *Dysphorie* und *Depressionen* kommen nämlich häufiger vor.

Auch wird der Begriff „Euphorie" besonders im Zusammenhang mit der Multiplen Sklerose mißverständlich, wenn nicht gar falsch gebraucht. Ein Grund dafür ist die Mehrdeutigkeit des Begriffes *Euphorie.* Man versteht darunter zum einen eine Hochstimmung *mit gesteigertem Selbstwertempfinden,* wie sie bei der Manie oder unter dem Einfluß bestimmter Drogen vorkommt. Zum anderen bezeichnet man aber fälschlicherweise mit „Euphorie" (vorwiegend im Umgangssprachlichen) die beim Gesunden als Ausdruck großer Lebensfreude gelegentlich zu beobachtende Hochstimmung, wie sie etwa in dem Goethe-Schubert-Lied „Der Musensohn" ausgedrückt wird. Diese *physiologische* Hochstimmung ist streng von der *pathologischen* Hochstimmung – der Euphorie – zu unterscheiden.

Des weiteren wird unter Euphorie auch die heitere – nicht unbedingt gehobene – Stimmung verstanden, die mit Sorglosigkeit und Wohlbefinden verbunden ist, obwohl nach objektiven Maßstäben dafür überhaupt kein Anlaß besteht und die heitere Ausgeglichenheit ganz offensichtlich mit dem beklagenswerten Zustand kontrastiert.

Dies ist häufig die „Euphorie" bei Multipler Sklerose. Hier ist die Stimmung oft gar nicht besonders gehoben, sondern nur aus der Sicht des Betrachters *nicht gesenkt,* wie man es eigentlich erwarten würde.

Man findet diese affektive Störung fast nur bei Kranken mit einer *hirnorganischen Persönlichkeitsveränderung* bzw. mit einem dementiellen Abbau. Diese „Euphorie" ist meist verbunden mit mehr oder weniger stark ausgeprägten läppischen Verhaltensweisen, Anklängen an eine Witzelsucht und mit einer gewissen Distanzlosigkeit. Solche Verhaltensweisen werden auch bei Frontalhirnschädigungen gefunden. Ein leicht *enthemmtes Lachen* kann zusätzlich den falschen Eindruck der „Euphorie" noch verstärken.

Bei Patienten mit einem apoplektischen Insult wurde das Phänomen der unangemessenen Heiterkeit signifikant häufiger gefunden, wenn eine Schädigung des rechten Frontallappens (Operkulumregion) bestand (Starkstein u. Mitarb. 1989). Die gehobene Stimmungslage bzw. die unangemessene Heiterkeit bei Kranken mit Multipler Sklerose ist um so deutlicher, je diffuser verteilt und je zahlreicher die Herde sind (Ron u. Logsdail 1989).

Die heiter-freundliche Zugewandtheit und die inadäquat optimistische Zukunftsbetrachtung der Kranken beruht also mehr auf einer *mangelnden Einsichtsfähigkeit* als auf einer gehobenen Stimmungslage. Diese Form des Psychosyndroms kommt zwar häufig bei der Multiplen Sklerose vor, ist aber nicht kennzeichnend. Man findet sie auch bei Stirnhirnprozessen und Schädel-Hirn-Verletzungen.

Pathologisches Lachen und Weinen

Mit einer Euphorie sollte man die – allerdings meist nur angedeutete – Enthemmung der Mimik nicht verwechseln. Bei der Multiplen Sklerose werden häufig auch die supranukleären Bahnen (Bahnen von der Hirnrinde zu den motorischen Hirnnervenkernen) erfaßt. Wir wissen, daß Läsionen im Bereich dieser Bahnen – vor allem im Knie und im vorderen Schenkel der inneren Kapsel oder auch in der Nähe des Striatums – zu pathologischem Lachen und Weinen führen können (Poeck u. Pilleri 1963).

Beim pathologischen Lachen und Weinen kommt es phänomenologisch zum „Durchschlagen" eines leichten Affektes auf die Gesichtsmotorik. Diese physiologische Verbindung von Affekt und Motorik kann man als affekt-motorische Koppelung bezeichnen (Heckl u. Roos 1976).

Bei niederen Tieren ist diese affekt-motorische Koppelung besonders stark ausgeprägt und zeigt sich z. B. in ungezielten Fluchtreaktionen oder beim

Totstellreflex. Im Verlauf der Evolution wurde diese affekt-motorische Koppelung durch höhere Zentren gehemmt, wodurch gezielte Reaktionen auf äußere Reize möglich wurden.

Lachen und Weinen sind *angeborene motorische Schablonen,* was Eibl-Eibesfeldt (1973) an taubblinden Kindern zeigen konnte. Wie man bei der Entwicklung eines jeden Säuglings beobachten kann, werden diese Schablonen mit zunehmender Reifung gehemmt. Vermutlich wird diese Hemmung über kortikobulbäre Bahnen vermittelt. Kommt es zu einer Störung dieser Hemmung, z. B. durch Multiple-Sklerose-Herde, aber auch durch Infarkte oder andere Läsionen, dann genügen kleine affektive Reize, um diese angeborenen motorischen Schablonen auszulösen. Dies erscheint dann je nach Auslösungsgrad als „Affektinkontinenz" oder als *pathologisches Lachen* bzw. *pathologisches Weinen*.

Man findet bei Kranken mit Multipler Sklerose zwar selten ein stark ausgeprägtes pathologisches Lachen und noch seltener ein pathologisches Weinen, man kann aber öfter diese Phänomene in angedeuteter Form beobachten.

Bei diesen Patienten lösen schon geringfügige Anlässe ein kurzes Kichern oder Lachen aus. Dieses kurze Lachen hat oft einen etwas glucksenden, manchmal explosiven Charakter. Auch schon etwas ältere Frauen wirken dann merkwürdig backfischhaft.

Wenn man bei solchen Patienten den Krankheitsverlauf von Anfang an verfolgt, kann man beobachten, wie die Mimik im Laufe von Monaten und Jahren ganz langsam enthemmt wird. Wem dieses Phänomen nicht bekannt ist, der wird es zumindest am Anfang nicht als krankhaft bewerten. Man findet nämlich zuerst nur ein ganz flüchtiges Zucken um die Mundwinkel, das durch heitere Emotionen oder durch Verlegenheit ausgelöst wird. Vom noch normalen Mienenspiel ist es zunächst fast nicht zu unterscheiden. Erst später wird dann ein kurzes Lachen daraus, das durch inadäquate oder nur angedeutet heitere Bemerkungen oder Ereignisse ausgelöst wird. Differenziertere Patienten geben auf Befragen an, daß ihre mimische Äußerung nicht ihrem inneren Empfinden entspricht.

In späteren Stadien kann das Lachen auch in ein Weinen umschlagen. Eine Differenzierung, ob es sich um pathologisches Lachen/Weinen oder doch nur um eine vermehrte Affektdurchlässigkeit handelt, ist oft schwer zu treffen. In diesen Stadien besteht fast immer eine stärkere psychoorganische Beeinträchtigung. Gelegentlich wird aber eine derartige vermehrte Affektdurchlässigkeit schon in früheren Stadien der Krankheit festgestellt.

Pathologisch-anatomische Korrelationen

Es ist außerordentlich schwierig, meist sogar unmöglich, eine Korrelation zwischen der Lokalisation von Entmarkungsherden und bestimmten psychopathologischen Befunden herzustellen. Dennoch gibt es einige bemerkenswerte Regelmäßigkeiten.

Von neuropathologischen und kernspintomographischen Untersuchungen wissen wir, daß die Entmarkungsherde hauptsächlich *periventrikulär* liegen, im übrigen aber die Frontallappen am häufigsten (22 %) betroffen sind (Brownell u. Hughes 1962). Eventuell ist mit dem frontalen Befall ein Teil des nicht allzu seltenen organischen Psychosyndroms mit „euphorischer" Komponente zu erklären (Starkstein u. Mitarb. 1989).

Häufig findet man, mit der Dauer der Krankheit zunehmend, eine innere, vor allem aber auch äußere bzw. kombinierte innere und äußere Hirnatrophie (Aschoff u. Mitarb. 1984). Die innere Hirnatrophie (Ventrikelerweiterung) wird als Ausdruck einer *E-vacuo-Atrophie* angesehen (Abb. 6.**1**). Die äußere Atrophie wird durch kleine, computertomographisch und auch kernspintomographisch nicht sichtbare Entmarkungsherde an der Rinden-Mark-Grenze verursacht.

Die *Ventrikelweite,* besonders die Weite des *III. Ventrikels,* korreliert recht gut mit dem Grad der kognitiven Beeinträchtigung (Rao u. Mitarb. 1985, Pozzilli u. Mitarb. 1991).

Weiter besteht eine gewisse Korrelation der psychischen Störung mit der *Anzahl der Herde* (Franklin u. Mitarb. 1988b), worauf schon Valentiner 1856 hingewiesen hat, bzw. mit der Größe des Gesamtgebietes, das von den Herden eingenommen wird (Rao u. Mitarb. 1989), wobei Gedächtnisstörungen und Psychosen bei Temporallappenherden zahlreicher sind (Honer 1987). Gedächtnisstörungen bei

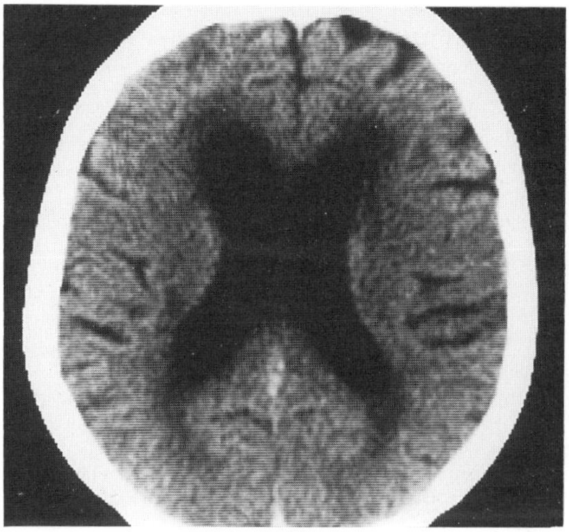

Abb. 6.**1** Computertomogramm: Deutliche Ventrikelerweiterung, Polkappenherde, leichte bis mittlere Hirnrindenatrophie. Mann, 38 Jahre, seit 15 Jahren MS, beginnende Demenz

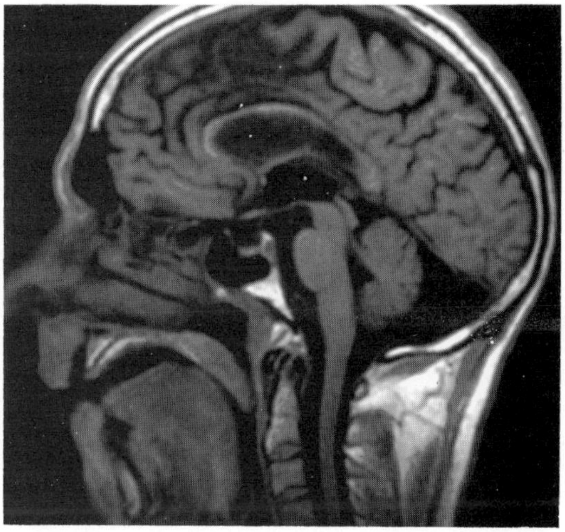

Abb. 6.**2** Kernspintomogramm: Balkenatrophie, Frau, 57 Jahre. Schubförmig progrediente Multiple Sklerose, Demenz

Multipler Sklerose waren am häufigsten bei bitemporalen Herden zu finden (Brainin u. Mitarb. 1988). Wir kennen aber auch Patienten mit sehr vielen kernspintomographisch aufgezeigten Herden, bei denen *kein* Psychosyndrom nachweisbar war (s. auch Abb. 14.**11**, S. 70). Der Grad der Demenz oder der psychoorganischen Abbauerscheinungen korreliert sehr viel besser mit der *Balkenatrophie* (Huber u. Mitarb. 1987, Weihe u. Mitarb. 1989) (Abb. 6.**2**).

Die Korrelation der psychoorganischen Störungen mit morphologischen Veränderungen bei der Multiplen Sklerose ist noch nicht genügend erforscht. Weitere Erkenntnisse sind durch Untersuchungen mit der Positronenemissionstomographie (PET) zu erwarten.

Über **psychogene Störungen** im Umfeld der Multiple Sklerose s. S. 227.

7. Schubunabhängige Symptome bei Multipler Sklerose

Bei der Multiplen Sklerose können *anfallsweise* für sehr kurze Zeit *neue* Symptome auftreten. Es können sich aber auch unter bestimmten äußeren Einflüssen die *bestehenden Symptome vorübergehend verschlechtern,* ohne daß dies durch einen neuen Schub bedingt wäre. Man geht dabei allerdings von der sehr willkürlichen Festsetzung aus, daß ein Schub immer erst dann vorliegt, wenn die Symptomatik mindestens 24 Stunden angehalten hat (S. 176).

Bei diesen schubunabhängigen Symptomveränderungen, die weit weniger als 24 Stunden anhalten, handelt es sich um die **paroxysmalen Erscheinungen** und das **Phänomen der inkonstanten Symptomatik,** das vorwiegend temperaturabhängig ist. Es gibt aber auch Symptomveränderungen, die länger als 24 Stunden anhalten, aber dennoch nicht Ausdruck weiterer Entmarkungsherde, also eines neuen Schubes sind (Pseudoschub, S. 98 f.).

Paroxysmale Erscheinungen

Bei der Multiplen Sklerose gibt es eine Reihe von anfallsartigen und nur kurze Zeit anhaltenden Erscheinungen (Tab. 7.**1**), die als jeweils völlig neues Phänomen plötzlich aus der bestehenden Symptomenkonstellation heraustreten und sofort wieder verschwinden. Es handelt sich dabei also nicht um eine plötzliche Verstärkung der vorbestehenden Symptomatik (Tab. 7.**1**). Zu diesen paroxysmalen Erscheinungen gehören auch epileptische Anfälle und spinale Automatismen.

Tonische Hirnstamm- und Spinalanfälle (tonic seizures)

Am eindrucksvollsten sind die tonischen Hirnstammanfälle. Da diese zum Teil auch durch Läsionen im Rückenmark ausgelöst werden können, spricht man besser von tonischen Hirnstamm- und Spinalanfällen.

Bei den *tonischen Hirnstamm- und Spinalanfällen (tonic seizures,* Matthews 1975) kommt es zu einer plötzlich auftretenden, dystonen Verspannung und Verdrehung eines Armes und/oder Beines, meist unter Beteiligung des Rumpfes, wobei das Bewußtsein voll erhalten bleibt. Der Arm ist entweder ab- und adduziert, die Hand gebeugt, die Finger im Grundgelenk gebeugt und gespreizt, im Mittelgelenk gestreckt. Das Bein wird entweder in der Hüfte gestreckt, manchmal auch gebeugt, der Fuß ist meist plantarflektiert und innenrotiert. Manchmal kommt es auch zu einer Kopfwendung und zu einer Beteiligung der Gesichtsmuskulatur.

Derartige rein motorische Attacken werden häufig von sensiblen Mißempfindungen, gewissermaßen wie von einer Aura, eingeleitet. Während der motorischen Entäußerungen können diese Mißempfindungen weiter bestehen (sensomotorische Form). Es handelt sich dabei um halbseitige Taubheits- und Kribbelgefühle, oft verbunden mit einer Brenn- oder Wärmeempfindung.

Interessanterweise sind derartige tonische Anfälle in Japan (Kuroiwa u. Shibasaki 1973, Shibasaki u. Mitarb. 1981) und in Taiwan (Hung u. Mitarb. 1976) deutlich häufiger als bei uns. Vermutlich hängt dies damit zusammen, daß in Asien spinale Herde häufiger vorkommen als in Europa.

Tabelle 7.1 Paroxysmale Erscheinungen bei Multipler Sklerose

Tonische Hirnstamm- und Spinalanfälle (tonic seizures)	Paroxysmale Schmerzen
a) motorisch	Paroxysmale Parästhesien
b) sensomotorisch	Paroxysmales Jucken
c) schmerzhaft (painful tonic seizures)	Paroxysmales Umgekehrtsehen (upside-down vision)
Paroxysmale Ataxie	Lhermittesches Zeichen
Paroxysmale Atonie	movement phosphenes
Epilepsie (generalisiert oder fokal)	Spinale Automatismen
	Paroxysmale Diplopie
	Paroxysmales Erbrechen

Die sensiblen Erscheinungen treten gelegentlich auch isoliert als **paroxysmale Parästhesien** auf, was zu diagnostischen Irrtümern führen kann, weil man allzu leicht an transitorisch-ischämische Attacken oder an psychogene Störungen denkt. **Paroxysmale Kälteparästhesien** können auch bei Prozessen am kraniozervikalen Übergang auftreten (S. 193, 200).

Tonische Hirnstamm- und Spinalanfälle sind öfter von *stärkeren Schmerzen* begleitet **(painful tonic seizures).**

Das Gemeinsame dieser Attacken ist, daß sie nur wenige Sekunden, selten Minuten anhalten und sehr oft am Tag (manchmal über 100mal) auftreten können. Die Attacken kommen häufig spontan, *können aber auch durch Hyperventilation, bestimmte Bewegungen, z. B. Anspannung in den Armen und Beinen, Lagewechsel, oder durch bestimmte Berührungen getriggert werden.* Nie kommt es zu Bewußtseinsverlust. EEG-Veränderungen haben sich nie gezeigt. Die Anfälle sprechen gut auf Antiepileptika an, vorwiegend auf Carbamazepin und Phenytoin.

Die paroxysmalen Erscheinungen haben die Tendenz, schon nach kurzer Zeit, meist nach wenigen Monaten, spontan wieder zu verschwinden. Nie entwickelt sich aus solchen Attacken ein epileptischer Anfall.

Die Anfälle beginnen meist in einem Bein oder einem Arm und breiten sich blitzartig aus, so daß man nicht von einem „march of convulsion" wie bei Jackson-Anfällen sprechen kann. Nie kommt es zu Kloni, etwa analog einem motorischen Rindenanfall. Dennoch, die Anfälle haben sehr viel mit den *supplementär-motorischen Rindenanfällen* gemeinsam, von denen sie sich phänomenologisch oft nicht unterscheiden lassen. Wenn der neurologische Befund und die Zusatzuntersuchungen nichts ergeben, gelingt die Differentialdiagnose meist nicht.

Auch mit der *paroxysmalen kinesiogenen Choreoathetose* gibt es Gemeinsamkeiten, eventuell sogar eine Identität, wenn man von der genetischen Form einmal absieht und nur die symptomatische betrachtet.

Differentialdiagnostische Schwierigkeiten ergeben sich eigentlich nur dann, wenn der neurologische Befund und die Zusatzuntersuchungen eine Multiple Sklerose noch nicht wahrscheinlich machen können, d.h. wenn die paroxysmalen Störungen am Anfang der Krankheit stehen (Twomey u. Espir 1980). Hier bleibt keine andere Möglichkeit, als den Verlauf abzuwarten. *Häufig entwickelt sich aber keine Multiple Sklerose, und die Ätiologie von isolieren tonischen Hirnstammanfällen bleibt oft unklar.*

Nach einer Literaturzusammenstellung von Glötzner (1980) war bei 152 von 335 Fällen die Ätiologie nicht zu ergründen (!), in 148 wurde eine Multiple Sklerose festgestellt. Bei den übrigen 35 Fällen fanden sich vaskuläre, raumfordernde und andere Prozesse.

Die Läsion liegt meist im Hirnstamm, es konnten aber auch Herde im Zervikalmark nachgewiesen werden (Sozzi u. Mitarb. 1987, Shibasaki u. Kuroiwa 1974). Herde im hinteren Schenkel der inneren Kapsel kommen für tonische Anfälle ebenfalls in Frage (Honig u. Mitarb. 1988, Maimone u. Mitarb. 1991).

Klinisch kann man den Ursprung im Zervikalmark nur dann ausschließen, wenn dysarthrische Attacken zusätzlich auftreten oder die tonischen Anfälle von Parästhesien im Gesicht begleitet werden.

Paroxysmale Atonie

Paroxysmale Erscheinungen können auch ein völlig anderes Gepräge haben. So kommt es gelegentlich gerade zum Gegenteil der tonischen Hirnstammanfälle, nämlich zur *paroxysmalen Atonie* bzw. zur *paroxysmalen „Akinese"*, wobei der Patient plötzlich eine oder mehrere Gliedmaßen für Sekunden nicht bewegen kann.

Bei einer unserer Patientinnen mit mehrfach aufgetretenem, derartigem plötzlichem Tonusverlust in einem Bein dachten wir zunächst an transitorisch-ischämische Attacken. Nur die Beachtung der Tatsache, daß diese kurze Lähmung immer durch Aktivität ausgelöst wurde, teilweise von der Patientin selbst durch bestimmte Übungen (z. B. Hüpfen auf einem Bein) provoziert werden konnte, führte auf die richtige Spur. Nach Infusion mit Phenytoin war das Phänomen rasch verschwunden. Eine Multiple Sklerose konnte gesichert werden.

Derartige Störungen wurden mehrfach beschrieben (Matthews 1975, Osterman u. Westerberg 1975, Brennan u. Hawkins 1986). Man muß wohl annehmen, daß hier *inhibitorische* Bahnen betroffen sind, die durch überspringende Impulse aktiviert werden. Neben Bewegungsreizen können dies auch Schmerzreize sein.

Eine 50jährige Patientin erkrankte mit heftigen bewegungsabhängigen Kreuzschmerzen, die durch eine Bandscheibenprotrusion verursacht waren. Jedesmal, wenn sie sich unter Schmerzen aus dem Sitzen erhob, bekam sie eine Schwäche in den Beinen, so daß sie nur noch mit Unterstützung gehen konnte. Mehrfach war sie nach dem Aufstehen gestürzt. Die Schwäche hielt jeweils 2–3 Minuten an, war aber erst nach einer Viertelstunde völlig verschwunden. Dieses Phänomen der Atonie trat nur im Zusammenhang mit Schmerzen auf und war nach 2 Monaten wieder abgeklungen. Der erste Schub einer Multiplen Sklerose konnte nachgewiesen werden. Es fanden sich mehrere Herde im Hirnstamm.

Rein phänomenologisch gesehen bestehen viele Ähnlichkeiten mit der *Kataplexie* (affektiver Tonusverlust beim narkoleptischen Syndrom). Eine strukturelle Läsion bei Kataplexie wurde nur selten nachgewiesen, so z. B. beim Lupus erythematodes (Lascelles u. Mitarb. 1976) oder bei Tumoren (Anderson u. Salmon 1977, Stahl u. Mitarb. 1980b). Bei kataplektischen Attakken helfen Imipraminpräparate. Bisher wurde noch nicht versucht, die paroxysmale Atonie mit Imipraminpräparaten (z. B. Tofranil) zu behandeln.

(Zur Differentialdiagnose s. S. 193).

Paroxysmale Dysarthrie (mit Ataxie)

Als paroxysmales Hirnstammphänomen muß auch die paroxysmale Dysarthrie mit Ataxie angesehen werden. Diese wurde erstmals von Andermann u. Mitarb. 1959 beschrieben, später noch von weiteren Autoren (Espir u. Mitarb. 1966, Miley u. Mitarb. 1974,Osterman u. Westerberg 1975, Twomey u. Espir 1980). Bei solchen Attakken ist die Sprechweise verwaschen, die Wörter werden nicht mehr richtig herausgebracht, die Patienten wissen aber genau, was sie sagen wollen. Beim Sprechen werden die Silben wiederholt, aber nicht so rhythmisch wie bei Logoklonien (s. Fallbeispiel S. 189). Meist besteht zusätzlich eine Ataxie, in der Regel generalisiert, manchmal kann aber nur eine Gliedmaße betroffen sein.

Gelegentlich wird als begleitendes Phänomen noch ein *Schwindel* angegeben, wobei aus der Literatur nicht immer ganz klar wird, ob ein Drehschwindel oder doch nur eine Unsicherheit, bedingt durch Ataxie, vorlag. Die paroxysmale Dysarthrie dauert nur Sekunden, selten 1–2 Minuten und kann sich bis zu 200mal am Tag wiederholen (Andermann u. Mitarb. 1959).

Die paroxysmale Dysarthrie mit Ataxie kann ausgelöst werden durch *Anstrengungen, Lägeänderungen,* durch ein *heißes Bad* und manchmal auch durch *Hyperventilation,* wie dies auch bei den tonischen Hirnstammanfällen, die nicht durch Multiple Sklerose bedingt sind, der Fall ist.

Die Kombination der dysarthrischen Attacken mit einer (oft generalisierten) Ataxie läßt daran denken, daß die Läsion im Kleinhirn oder in den Kleinhirnschenkeln liegt. Unlängst wurde über den kernspintomographischen Nachweis eines Herdes im gleichseitigen mittleren Kleinhirnschenkel bei einer Patientin mit isolierter paroxysmaler Hemiataxie und Dysarthrie berichtet (Kammer u. Mitarb. 1992).

Die paroxysmale Dysarthrie mit Ataxie bietet meist nur dann diagnostische Schwierigkeiten, wenn sie als Initialsymptom die Multiple Sklerose einleitet. Differentialdiagnostisch wird man zunächst an transitorisch-ischämische Attacken oder unter Umständen auch an einen „speech arrest" denken, der sowohl bei Hirntumoren und transitorisch-ischämischen Attacken als auch bei entzündlichen Prozessen vorkommen kann. Als differentialdiagnostischer Hinweis kann gelten, daß die paroxysmale Dysarthrie *ungewöhnlich häufig* am Tag auftritt, was bei transitorischen Attacken und auch beim „speech arrest" nicht der Fall ist.

Eine Verwechslung mit der *hereditären episodischen Ataxie* (angeborene Störung des Pyruvatstoffwechsels) kann nur dann vorkommen, wenn die Anfälle bei dieser Krankheit – was sehr selten ist – nur sehr kurz dauern und nicht wie üblich Tage (S. 194). Interessant jedoch ist die große Ähnlichkeit der paroxysmalen Ataxie mit der hereditären episodischen Ataxie. Auch bei der hereditären episodischen Ataxie kann es zu einer Sprechstörung kommen, und sie kann ebenfalls durch körperliche Anstrengungen ausgelöst werden.

Paroxysmales Jucken

Gelegentlich kommt es zu paroxysmal auftretenden Juckgefühlen und Mißempfindungen (paroxysmales Jucken) (Osterman u. Westerberg 1975, Ostermann 1976, Yamamoto u. Mitarb. 1981). Das anfallsweise Jucken dauert Sekunden bis Minuten und ist angedeutet segmental lokalisiert, wobei auch das Gesicht betroffen sein kann. Es kommt zu mehreren Attacken pro Tag. Kratzen bringt keine Erleichterung. Interessant ist, daß der Juckreiz auch symmetrisch auftreten kann, wenn auch meist zeitlich versetzt.

Weil manchmal der Juckreiz in einen *paroxysmalen Schmerz* übergehen kann (Yamamoto u. Mitarb. 1981) oder Hautareale betroffen werden, in denen schon eine Sensibilitätsstörung besteht, kann man annehmen, daß vorwiegend Fasern des Tractus spinothalamicus betroffen sind. Das teilweise symmetrische Auftreten könnte durch Herde in der Commissura alba bedingt sein.

Eine gewisse Ähnlichkeit besteht zum Lhermitteschen Zeichen, denn manchmal werden die Juckattacken durch Bewegungen ausgelöst. Das paroxysmale Jucken wie auch die anderen paroxysmalen Erscheinungen bei Multipler Sklerose sprechen gut auf Carbamazepin an.

Paroxysmale Schmerzen

Die „tonic seizures" sind öfter mit Schmerzen verbunden („painful tonic seizures"). Gelegentlich können paroxysmale Schmerzen auch isoliert vorkommen (Espir u. Millac 1970, Osterman u. Westerberg 1975, Twomey u. Espir 1980).

Paroxysmale Diplopie

Kurze Anfälle von Doppelbildempfindungen (paroxysmale Diplopie) können isoliert vorkommen (Brennan u. Hawkins 1986), treten aber meist im Rahmen der paroxysmalen Dysarthrie mit Ataxie auf (Ostermann und Westerberg 1975) und selten bei der episodischen Ataxie. Zu unterscheiden davon sind Doppelbilder bei Multipler Sklerose die sich unter Wärmeeinwirkung (z.B. Fieber, Warmbad) verstärken oder gar neu auftreten. Diese halten dann aber sehr viel länger an als die paroxysmalen Doppelbilder, die nur Sekunden dauern.

Paroxysmaler Schwindel und Schief- oder Umgekehrtsehen

Daß es isolierte, kurzdauernde **Schwindelattacken** analog der hier geschilderten paroxysmalen Erscheinungen gibt, könnte man vermuten, wurde bis jetzt aber noch nicht zweifelsfrei als isolierte, paroxysmale

Attacken bei Multipler Sklerose beschrieben. Unabhängig davon gibt es Schwindelattacken bei Lageänderung, die sich von einem labyrinthär ausgelösten Schwindel nicht unterscheiden lassen. Kurze Schwindelerscheinungen kommen im Rahmen der paroxysmalen Dysarthrie mit Ataxie vor (s. o.).

Ein merkwürdiges, kaum beschriebenes Phänomen ist das **paroxysmale Schief- oder Umgekehrtsehen** *(upside-down vision)*. Dieses kommt meistens bei Durchblutungsstörungen in der Medulla oblongata (z. B. Wallenberg-Syndrom) vor. Wir konnten es aber auch bei 2 Patienten mit Multipler Sklerose beobachten.

Eine Patientin, die wegen eines frischen Schubes zu uns kam, klagte, daß sie mehrfach plötzlich alles um sich herum für kurze Zeit schief sehe. Die ganze Umwelt sei dabei in einem Winkel von etwa 45 Grad nach rechts geneigt. Auch ihr Bett habe sich schräg gestellt, so daß sie geglaubt habe, sie würde herausfallen. Das Ganze habe etwa 20 Sekunden gedauert und sich 3mal wiederholt.

Ein Patient mit akutem Schub berichtete, daß sich plötzlich die ganze Welt um ihn herum so gedreht habe, daß er meinte, alles stünde auf dem Kopf. Die Krankenschwestern um sein Bett hätten mit den Füßen nach oben gestanden und er habe sich völlig verängstigt an seinem Bett festgehalten. Eine der beobachtenden Krankenschwestern berichtete, der Patient habe ganz verzweifelt geschrieen: „Ich falle, ich falle" und habe sich am Bett festgekrallt. Dauer des Zustandes etwa 20–30 Sekunden, keine Wiederholung.

Das Schief- oder Umgekehrtsehens wurde fast nur bei Hirnstammdurchblutungsstörungen beobachtet (Gerstenbrand u. Mitarb. 1956, Gloning 1965, Hagström u. Mitarb. 1969). Es besteht eine enge Verbindung zum Schwindel. Offensichtlich steht die aufrechte Justierung des Sehraums (optische Vertikale) mit der des eigenen Körpers (vestibuläre Vertikale) nicht mehr in Einklang. Im Gegensatz zum Schwindel fehlt aber die Dynamik des Drehens. Man könnte von einem eingefrorenen Schwindel sprechen.

Paroxysmale Ocular-tilt-Reaktion

Die Ocular-tilt-Reaktion (s. S. 51) kann als paroxysmales Phänomen auftreten. Es kommt dabei zu einer *rotatorischen Oszillopsie* (Rabinovitch u. Mitarb. 1977).

Trigeminusneuralgie

Die Trigeminusneuralgie gehört ebenfalls zu den paroxysmalen Erscheinungen. Sie tritt bei Multiple-Sklerose-Kranken deutlich häufiger auf als bei Nicht-Multiple-Sklerose-Kranken. Etwa 2% aller Patienten, die eine Trigeminusneuralgie haben oder hatten, leiden auch unter Multipler Sklerose, und ungefähr 1% aller Kranken mit Multipler Sklerose leidet zumindest einmal unter einer Trigeminusneuralgie.

Bei der idiopathischen Trigeminusneuralgie ist der *beidseitige* Befall sehr selten. Bei Multiple-Sklerose-Kranken kommt dies aber etwa 3mal häufiger vor (Brisman 1987). Der Charakter der Schmerzen (Tic douloureux) ist im wesentlichen der gleiche. Bei etwa einem Viertel der Multiple-Sklerose-Kranken dauert aber die einzelne Attacke länger als sonst (Jensen u. Mitarb. 1982), wobei der Tic douloureux seinen blitzartig einschießenden Charakter zwar behält, aber dennoch etwas länger anhält. Kranke mit Multipler Sklerose verspüren häufiger als Patienten mit idiopathischer Trigeminusneuralgie zwischen den Attacken in dem betroffenen Gesichtsareal einen dumpfen Schmerz.

In der Regel tritt die Trigeminusneuralgie bei solchen Multiple-Sklerose-Kranken auf, die schon deutliche Symptome entwickelt haben, nur selten ist sie das Erstsymptom.

Man sollte aber bei einer Trigeminusneuralgie immer dann an eine Multiple Sklerose als Grundkrankheit denken, wenn der Schmerz nicht ganz typisch ist *(leichter Schmerz im Intervall, Beidseitigkeit, etwas längere Dauer des Tic douloureux)* oder wenn die Patienten unter 50 Jahre alt sind. Das Erkrankungsalter bei der idiopathischen Trigeminusneuralgie liegt zwischen dem 50. bis 80. Lebensjahr und ist damit deutlich höher als bei der Multiplen Sklerose (Rowbotham 1954).

Pathologisch-anatomisch wurden mehrfach Herde in der Brücke gefunden, besonders in der Wurzeleintrittszone (Parker

1928, Oppenheimer 1976), aber auch in der absteigenden Trigeminuswurzel (Loeser u. Mitarb. 1977). Für eine eher peripher gelegene Läsion sprechen die Ergebnisse von Chiappa u. Mitarb. (1980), die bei 15 Patienten mit Trigeminusneuralgie keine Veränderungen der akustisch evozierten Potentiale gefunden haben.

Bei der Trigeminusneuralgie werden als Ursache *ephaptische Erregungen* diskutiert (S. 90). Die Ähnlichkeit zu den tonischen Hirnstammanfällen und zu der paroxysmalen Dysarthrie ist frappierend. Wie bei diesen Attacken treten auch die Trigeminusparoxysmen sehr häufig im Laufe eines Tages auf (bis zu 200mal und mehr), lassen sich meist triggern (Berührungsreize) und sprechen gut auf *Carbamazepin* oder *Phenytoin* an.

Lhermittesches Zeichen (Nacken-Beuge-Phänomen)

Patienten mit Multipler Sklerose berichten immer wieder, daß sie bei verschiedenen Bewegungen, vor allem aber beim Nachvornbeugen des Kopfes, plötzlich einschießende, sehr unangenehme elektrisierende Mißempfindungen verspüren. Diese würden sich blitzartig den Rücken hinunter ausbreiten und nur kurz, nicht länger als 1–2 Sekunden, dauern. Öfter würden die Mißempfindungen auch in die Arme und Beine einschießen. Manche Patienten verspüren aber nur ein schmerzhaftes Kribbeln in einer Hand oder in einem Fuß.

Solche Mißempfindungen können gelegentlich spontan auftreten, werden aber doch meist durch irgendwelche Bewegungen des Kopfes, durch Bücken oder allein schon durch Erschütterungen ausgelöst.

Dieses Phänomen ist nach Lhermitte benannt, der es 1924 zum ersten Mal beschrieb. Das Lhermittesche Zeichen kommt bei Multipler Sklerose zwar sehr häufig vor, ist aber *nicht spezifisch* dafür. Man findet es auch bei *zervikalen Bandscheibenprotrusionen, zervikaler Spondylose, zervikalen Tumoren, Strahlenschädigungen des Rückenmarks* (S. 205) und – mit einer gewissen Latenz – auch *nach Traumen.* Nach Unfällen, bei denen eine Rückenmarksläsion gar nicht nachweisbar war, kann es mit einer Latenz von Wochen oder Monaten zum Lhermitteschen Zeichen kommen (Chan u. Steinbok 1984). Auch bei der *funikulären Myelose* wurde es beschrieben (Gautier-Smith 1973).

Nach Kanchandani u. Howe (1982) kommt das Lhermittesche Zeichen bei 33,3% der Kranken mit Multipler Sklerose vor, allein bei 16% sogar als Anfangssymptom. Dieser hohe Prozentsatz deckt sich nicht mit unseren Erfahrungen und sicherlich auch nicht mit denen anderer Kliniker. Dennoch kann man davon ausgehen, daß das Lhermittesche Zeichen sehr häufig ist.

Besonders oft scheint das Lhermittesche Zeichen in Japan vorzukommen (Shibasaki u. Mitarb. 1981). Vermutlich ist dies wie bei den Tonic seizures, die ebenfalls in Japan häufiger auftreten, durch die insgesamt zahlreicheren spinalen Herde bei der asiatischen Bevölkerung bedingt.

Das Nacken-Beuge-Phänomen muß auf alle Fälle als *unspezifische Erscheinung* angesehen werden. Dennoch hat es eine große diagnostische Bedeutung, wenn man auf der Suche nach dem Symptom des weiteren Herdes ist. Leidet ein Patient z.B. unter einer zerebellaren Ataxie und hat gleichzeitig noch ein Lhermittesches Zeichen, dann liegen zwei Herde vor, und man wird dann eher an die Multiple Sklerose als an eine Systemdegeneration denken.

Das Lhermittesche Zeichen ist wohl Ausdruck einer *mechanischen* Reizung der von einem Entmarkungsherd betroffenen *Hinterstränge.* Vermutlich kommt es durch mechanische Irritationen zu einer abnormen Erregungsbildung, bedingt durch Membraninstabilität (S. 91).

Wie die tonischen Hirnstamm- und Spinalanfälle oder andere paroxysmale Erscheinungen hat das Lhermittesche Zeichen die Tendenz, von selbst wieder zu verschwinden. Dies läßt auf eine gewisse pathophysiologische Gemeinsamkeit schließen. Nur selten muß man medikamentös eingreifen. Sollte es nötig sein, dann hilft auch hier *Carbamazepin* (Ekbom 1971) (Pathophysiologie s. S. 91).

Andere paroxysmale Erscheinungen

Bei Patienten mit Optikusneuritis kann es vorkommen, daß sie bei Augenbewegungen Lichtblitze sehen. Es handelt sich dabei um die **Movement phosphenes** (s. S. 31). In einem Entmarkungsherd des N. opticus kommt es offensichtlich durch mechanische Irritation zur ektopischen Reizbildung (s. S. 91), analog der elektrischen Reizbildung beim Lhermitteschen Zeichen, wobei die ektopischen Impulse vom Gehirn als Lichtblitze wahrgenommen werden.

Zu den paroxysmalen Phänomenen gehören auch die **spinalen Automatismen,** die an anderer Stelle ausführlich besprochen wurden (S. 43, Streck- u. Beugespasmen); ihre Genese ist ungeklärt. Eventuell spielen auch hier ektopische Reizbildungen (s. S. 91) eine Rolle.

Es gibt sicher noch eine Reihe von weiteren paroxysmalen Erscheinungen, die bekannt, aber nicht ausführlich beschrieben sind. Wir beobachten z.B. einen Multiple-Sklerose-Kranken, der 3mal eine Periode von 3–6 Wochen durchmachte, in der er ganz spontan bis zu 8mal am Tag erbrach, ohne daß dies mit einer Übelkeit verbunden gewesen wäre. Dieses **paroxysmale** Erbrechen dauert jeweils nur wenige Sekunden. Sämtliche gastroenterologischen Befunde waren unauffällig.

Epileptische Anfälle

Nach Angaben aus der Literatur ist es nicht klar, ob fokale und generalisierte epileptische Anfälle bei der Multiplen Sklerose häufiger vorkommen. Die Häufigkeitsangaben schwanken von 0,5–8% (Elisan u. Dean 1977, Trouillas u. Courjong 1972). Mumenthaler (1986) fand bei seinen Multiple-Sklerose-Kranken epileptische Anfälle 4mal häufiger als bei der Normalbevölkerung. Dies wurde auch in einer anderen Untersuchung bestätigt (Conomy u. Mitarb. 1988).

Die Ergebnisse einiger anderer Untersuchungen wiederum sprechen aber dafür, daß die Epilepsie bei Kranken mit Multipler Sklerose nicht häufiger vorkommt als es der allgemeinen Epilepsiehäufigkeit entspricht, d.h. daß es sich bei der Kombination von Multipler Sklerose und epileptischen Anfällen vorwiegend um ein zufälliges Zusammentreffen handelt (Hopf u. Mitarb. 1970, Ritter u. Poser 1974, Elisan u. Dean 1977, Poser 1978).

Dies bedeutet jedoch nicht, daß im Einzelfall die Multiple Sklerose nicht für zerebral-organische Anfälle verantwortlich sein könnte. Wenn der erste Anfall in einem Schub auftritt und andere Ursachen ausgeschlossen sind, kann man wohl nicht umhin, einen Zusammenhang anzunehmen. Es ist eigentlich verwunderlich, daß epileptische Anfälle bei Multipler Sklerose nicht viel häufiger vorkommen, wenn man bedenkt, wie häufig man doch Herde im Gehirn findet und wie häufig diese auch subkortikal und kortikal gelegen sind.

Wenn auch epileptische Anfälle (fokal oder generalisiert) bei der Multiplen Sklerose etwas häufiger vorkommen sollten, so ist die Multiple Sklerose aber auf keinen Fall eine Krankheit mit besonderer epileptogener Potenz. Dies bedeutet, daß man bei einem Multiple-Sklerose-Kranken mit epileptischen Anfällen sorgfältigst nach *anderen* Ursachen suchen muß. Auch als Baustein für die Diagnose Multiple Sklerose kann man einen epileptischen Anfall nicht verwenden (s. S. 180, Kap. 16). Epileptische Anfälle bei Patienten mit Multipler Sklerose scheinen durchweg eine gute Prognose zu haben (Kinnunen u. Wikstroem 1986), wenn andere Ursachen ausgeschlossen sind.

Das Phänomen der inkonstanten Symptomatik bei Multipler Sklerose

Es gehört zu den merkwürdigsten Erscheinungen bei der Multiplen Sklerose, daß die Symptome sich nicht nur im Rahmen von Schüben verändern. Verbesserungen oder Verschlechterungen können für kürzere Zeit, meist Stunden, unabhängig von Schüben auftreten. Zu derartigen Veränderungen kommt es bei manchen Patienten unter bestimmten äußeren Einflüssen. So ist bekannt, daß sich die Symptomatik im Rahmen eines *fieberhaften Infektes* massiv verstärken kann, indem z. B. Paresen oder Koordinationsstörungen deutlich zunehmen.

Andere Patienten wiederum ermüden trotz geringer Paresen ohne ersichtlichen Grund schon nach kurzer Gehstrecke überraschend schnell und müssen – wie Patienten mit einer Claudicatio intermittens – eine gewisse Zeit ausruhen, bis sie weitergehen können.

Am ausgeprägtesten sind die *Veränderungen des Visus* bei Patienten, die eine Optikusneuritis durchgemacht haben. Durch *körperliche Anstrengung* oder *Temperaturerhöhung* – manchmal auch ohne daß eine äußere Ursache ersichtlich ist – kann sich der Visus mehr oder weniger deutlich verschlechtern.

Die Erforschung dieser Inkonstanz der Symptome – besonders des *Phänomens des inkonstanten Visus* – begann mit dem Erfahrungsbericht des Berliner Augenarztes Uhthoff im Jahre 1889.

Bei einer Zusammenstellung von 100 Fällen mit Retrobulbärneuritis erwähnte er 5 Patienten mit einem Visusabfall nach körperlicher Belastung. Diese Beobachtung hat Uhthoff allerdings nicht besonders in den Vordergrund gestellt, weshalb sie wohl auch über zwei Jahrzehnte nicht beachtet wurde. Erst 1925 berichtete Strebel, daß sich bei 2 Patienten mit Multipler Sklerose nach körperlicher Belastung das Sehvermögen vorübergehend verschlechterte. In den letzten 30 Jahren erschienen dann über dieses Phänomen verschiedene Arbeiten.

Die Sehverschlechterung durch körperliche Anstrengung wird **Uhthoffsches Zeichen** genannt. Es zeigte sich, daß nicht nur körperliche Anstrengungen, sondern allein schon eine Temperaturerhöhung, z. B. durch ein Warmbad, den Visus verschlechtern kann. Später fand man, daß sich unter Temperaturerhöhung auch andere Symptome verstärken können, wie z. B. Nystagmus, Blickparesen, Lähmungen oder Koordinationsstörungen.

Dieses Phänomen wird vielfach im **Warmbadtest (hot bath test)** zu diagnostischen Zwecken benützt. Schon durch eine leichte Erhöhung der Körpertemperatur (ca. 0,5–1 °C) im Warmbad kommt es nicht nur zur Verstärkung vorbestehender Symptome, was z. B. einen fraglichen Nystagmus oder eine fragliche internukleäre Blickparese sichern kann, sondern es werden zum Teil auch *neue Symptome* manifest (Jestico u. Ellis 1976, Malhorta u. Goren 1981, Rolak u. Ashizawa 1985). Solche neuen, gewissermaßen aus der Latenz gehobenen Symptome, wie z. B. *Nystagmus* oder eine *internukleäre Blickparese,* können besonders auf der Suche nach dem Symptom eines weiteren Herdes hilfreich sein.

Unkritisch sollte man den Hot-bath-Test nicht anwenden, denn es wurde beschrieben, daß die ausgelösten Symptome sich teilweise *nicht mehr zurückbildeten* (Berger u. Sheremata 1983). Wir haben aber bei vielen Warmbaduntersuchungen nie derartiges beobachtet.

Durch mehrfache Untersuchungen, z. B. während eines Jahres, können mit dem Warmbadtest auch Schübe nachgewiesen werden, die klinisch noch gar nicht in Erscheinung getreten sind (Davis u. Mitarb. 1973 b).

Am deutlichsten ist beim Überwärmungstest die Verschlechterung des Visus, was mit Visustafeln leicht nachzuweisen ist. Auch die Wahrnehmung für kleinere rote Farbmarken ist vermindert, was man ohne größeren Aufwand mit einer roten Farbmarke (es genügt ein roter Streichholzkopf) prüfen kann (s. S. 33).

Nach Perkin u. Rose (1976) soll eine derartige Visusveränderung bei etwa einem Drittel der Patienten mit Optikusneuritis vorkommen. Neue Symptome sollen unter Wärme sogar bei 60% der Patienten mit Multipler Sklerose auftreten (Malhorta u. Goren 1981).

Auch die *Flimmerverschmelzungsfrequenz* ist bei der Überwärmung herabgesetzt (Namerow 1971), die *Gesichtsfeldausfälle* werden größer (Heckl 1974 a).

Bei fast allen Patienten, die eine Visusminderung beim Warmbad zeigen, besteht auch das Uhthoffsche Zeichen, d. h. eine Sehverschlechterung bei körperlicher Anstrengung. Es konnte aber gezeigt werden, daß die Sehminderung bei körperlicher Anstrengung mit der *physiologischen Erhöhung der Körpertemperatur,* die Rückbil-

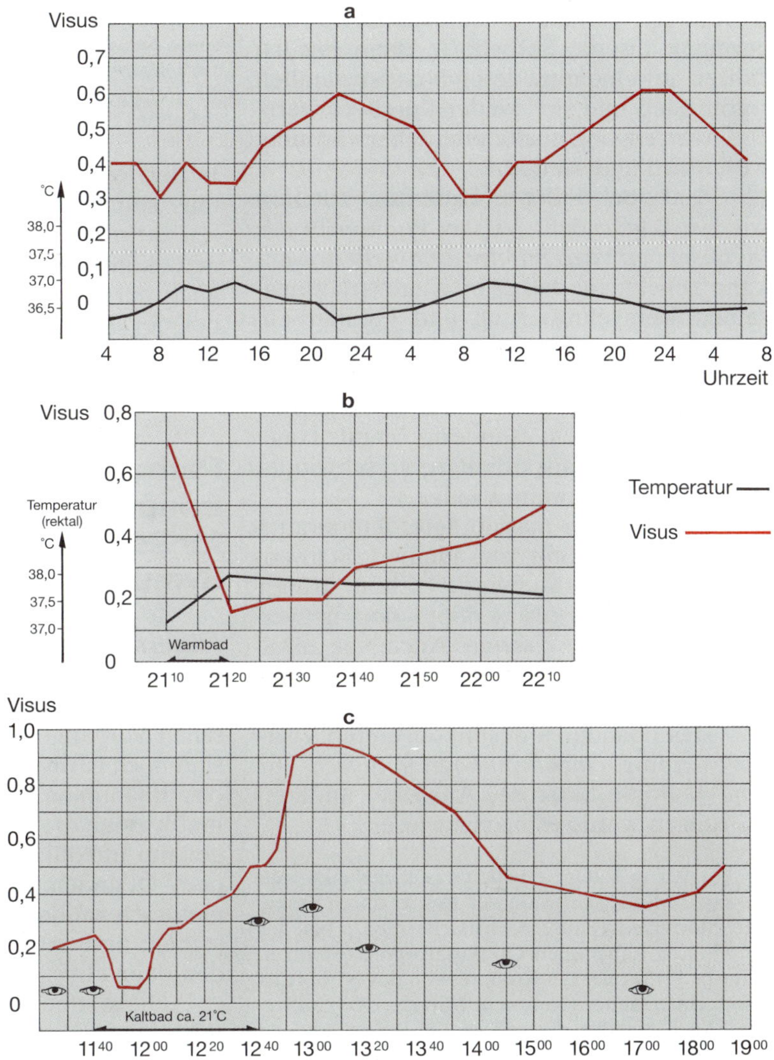

Abb. 7.**1 a–c** **Temperaturabhängige Visusschwankungen bei Optikusneuritis:**
a zirkadiane Schwankungen,
b Visusabfall bei Warmbad,
c Visusanstieg durch Abkühlung (nach einem Warmbad) (aus Heckl, 1974a)

dung wiederum mit der Normalisierung der Körpertemperatur korreliert (Namerow 1972, Heckl 1974a).

Bei vielen Patienten kann man umgekehrt durch ein *Kaltbad,* d.h. durch Verminderung der Körpertemperatur, die Sehkraft deutlich anheben – leider aber nur so lange, wie die Erniedrigung der Körpertemperatur anhält. Derartige Visusschwankungen sind zwar meist gut nachweisbar, aber bei vielen Patienten doch nur gering ausgeprägt.

Einer unserer Patienten mit abgelaufener, doppelseitiger Retrobulbärneuritis zeigte das *Phänomen des inkonstanten Visus* in einer ganz ungewöhnlichen Deutlichkeit. Allein die zirkadianen Temperaturschwankungen gingen schon mit einer *zirkadianen Visusschwankung* einher (Abb. 7.**1a**), wobei sich die Skotome entsprechend vergrößerten oder verkleinerten. Bei einem Warmbad kam es zu einem so rasanten Visusabfall, daß der Patient vorübergehend fast blind war (Abb. 7.**1b**).

Nach einem Kaltbad kam es für kurze Zeit zu einem deutlichen Visusanstieg mit Wiedergewinn der Farbwahrnehmung, so daß der Patient ganz begeistert war von dem glanzvollen und farbenprächtigen Bild (Abb. 7.**1c**). Diese Instabilität des Visus wurde im Verlauf einiger Jahre immer geringer, bis die Sehschärfe dann nach 6 Jahren auf einem niederen Niveau ziemlich stabil blieb und sich weder durch körperliche Anstrengung noch durch Überwärmung wesentlich ändern ließ.

Auch bei anderen Patienten konnten wir feststellen, daß *sich das Phänomen des inkonstanten Visus mit der Zeit verliert.* Man kann annehmen, daß es im Zuge einer langsamen Remyelinisierung und Glianarbenbildung zu einer Stabilisierung kommt. Das Phänomen des inkonstanten Visus ist also nicht nur an die akute Phase der Optikusneuritis gebunden, sondern bleibt lange Zeit darüber hinaus erhalten, verschwindet dann aber irgendwann wieder.

Eine ähnlich ausgeprägte Temperaturempfindlichkeit mit zirkadianen Schwankungen des Visus wurde schon früher beschrieben (Namerow 1968) und ist vermutlich gar nicht so selten. Auch eine zirkadiane Fluktuation des Paresegrades kommt vor (Davis u. Mitarb. 1973 a).

Das Phänomen des inkonstanten Visus ist allerdings *nicht pathognomonisch* für eine Multiple Sklerose. Auch bei anderen Störungen wurde es nachgewiesen.

So können in seltenen Fällen Visusschwankungen bei einer Minderperfusion der Retina durch vaskuläre Störungen (Pause u. Mitarb. 1985), bei der hereditären Leberschen Optikusatrophie (Smith u. Mitarb. 1973) ober bei Kompression des N. opticus durch einen Tumor (Nelson u. Mitarb. 1958) auftreten. Auch bei der reversiblen Optikusschädigung durch Chloramphenicol wurde dies beschrieben (Godel u. Mitarb. 1980).

Die oftmals sehr eindrucksvolle, vorzeitige *Ermüdung beim Gehen,* auch wenn die Parese nur gering ausgeprägt ist, dürfte die gleiche Ursache haben wie das Phänomen des inkonstanten Visus und ist durch eine Zunahme der Parese bedingt, welche dann als **Claudicatio intermittens spinalis** (s. S. 191) in Erscheinung tritt. Bei allen Patienten mit diesem Phänomen konnten wir die Parese durch den Warmbadtest verstärken und manchmal auch durch ein Kaltbad zur Rückbildung bringen.

Einer unserer Patienten mit ausgeprägter Claudicatio intermittens spinalis benötigte nach längerem Treppensteigen etwa 30–40 Minuten Ruhe, bis sich seine Schwäche auf den Stand vor der Belastung zurückgebildet hatte. Nach einem Kaltbad von 10–15 Minuten war die Schwäche sofort wieder aufgehoben.

In der Regel wird die Claudicatio intermittens spinalis (Déjerine-Syndrom) vaskulären Störungen des Rückenmarks zugeordnet, kommt aber, wie oben ausgeführt, auch bei Multipler Sklerose vor und muß bei der *Differentialdiagnose* beachtet werden (s. S. 191).

Pathophysiologische Erklärungsmöglichkeiten für schubunabhängige Symptomveränderungen

Allgemeines

Unsere Kenntnisse der pathophysiologischen Vorgänge bei der Multiplen Sklerose sind noch gering, so daß Erscheinungen wie das Phänomen der inkonstanten Symptomatik oder die paroxysmalen Veränderungen nur unvollkommen erklärt werden können. Dennoch, man weiß einiges, und es gibt auch valide Theorien. Um diese zu verstehen, muß man von den Verhältnissen an den demyelinisierten Axonen ausgehen.

Die Axone sind zwar demyelinisiert, *in ihrer Kontinuität* aber zum größten Teil *erhalten.* Je nach Alter des Herdes besteht man zwischen ihnen eine mehr oder weniger ausgeprägte Gliafaserbildung. In geringem Maße, vorwiegend am Rande des Herdes, kann man immer wieder an den Axonen dünne Myelinscheiden feststellen (S. 24). Diese sind offensichtlich nicht nur Ausdruck einer unvollständigen Demyelinisierung, sondern zum Teil auch einer zaghaften Remyelinisierung. Die gelegentliche Rückbildung der Latenzverzögerung der visuell evozierten Potentiale (Matthews u. Small 1983) zeigt, daß man eine Remyelinisierung auch klinisch wahrscheinlich machen kann.

Durch das Fehlen der Myelinscheide kommt es zu erheblichen Veränderun-

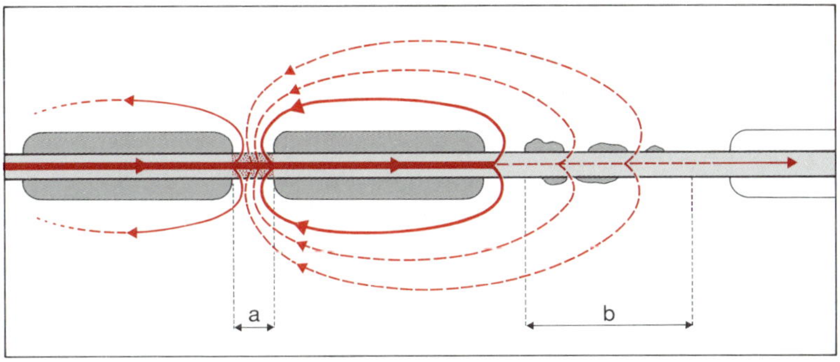

Abb. 7.**2** Ein Segment ist demyelinisiert (b). In diesem Abschnitt ist die Stromdichte geringer als im Ranvierschen Schnürring (a). Es dauert deshalb länger, bis im demyelinisierten Abschnitt die Schwelle erreicht wird

gen der Impulsleitung in den Axonen. Die pathophysiologischen Verhältnisse sind nicht ganz geklärt. Man kann aber zunächst einmal verschiedene elektrische Veränderungen an den demyelinisierten Axonen feststellen.

Verminderung der Leitgeschwindigkeit

Daß durch die Demyelinisierung die Leitgeschwindigkeit vermindert wird, ist daran zu erkennen, daß bei den evozierten Potentialen die Latenzen verlängert sind. Wenn das Myelin nur im Bereich weniger Internodien (Abschnitte zwischen den Ranvierschen Schnürringen) fehlt, dann ist die saltatorische Erregungsleitung wohl noch erhalten, aber verlangsamt. Die Verlangsamung ist dadurch bedingt, daß die Erregung an den jetzt myelinfreien Axonabschnitten erschwert ist. In der myelinfreien Axonmembran befinden sich nämlich sehr viel weniger Natriumkanäle als dort, wo die Ranvierschen Schnürfurchen waren (Abb. 7.**2**).

An der frisch demyelinisierten Membran (internodal) finden sich sehr viel weniger Natriumkanäle als am Ranvierschen Schnürring. Das Axon ist zunächst nicht leitfähig. Mit der Zeit kommt es jedoch zu einer zunehmenden Dichte der Natriumkanäle, so daß sich die Fähigkeit zur Reizleitung wieder etwas aufbaut (Waxman 1988). Vermutlich ist dies auch ein Grund, warum nach einem Schub sich Funktionsstörungen wieder etwas zurückbilden (Abb. 7.**2**).

Nach Passage der demyelinisierten Stelle ist das Aktionspotential deutlich abgeschwächt, verbreitert und zersplittert. Erst im weiteren Verlauf baut es sich zum Teil wieder auf.

Klinische Erscheinungen kann man nicht unbedingt auf die Verminderung der Leitgeschwindigkeit zurückführen. So sind die visuell oder somatosensibel evozierten Potentiale oft verzögert, ohne daß klinisch eine Funktionseinbuße besteht.

Weil die Impulsweiterleitung durch das Nebeneinander von normalen und unterschiedlich demyelinisierten Axonen verschieden ist, kommt es zu einer zeitlichen Verschiebung z. B. von afferenten Impulsen. In den höheren Zentren können diese dann nicht mehr richtig dekodiert werden, was von einem bestimmten Grad an zu funktionellen Einbußen führt. So werden z. B. Berührungsreize andersartig wahrgenommen (Dysästhesie), oder die Afferenzen über die Hinterstränge werden falsch verarbeitet, was zu Tiefenparästhesien führt.

Frequenzabhängiger Leitungsblock

Wenn mehrere Impulse *rasch* aufeinanderfolgen, kommt es vor, daß sie im demyelinisierten Axonbereich nach kurzer Zeit nicht mehr weitergeleitet werden. Es entsteht ein frequenzabhängiger Leitungsblock. Wahrscheinlich ist dieser dadurch bedingt, daß es zu einer zunehmenden Erhöhung der intrazellulären Natriumionen kommt, die nicht mehr genügend in den extrazellulären Raum gepumpt werden können. Durch den dann immer geringer werdenden Natriumgradienten reduzieren sich die Aktionspotentiale, bis der Aktionsstrom ganz zum

Erliegen kommt. Nach einer gewissen Erholung ist die Erregung wieder möglich.

Klinisch kann man einen derartigen Leitungsblock als Ursache für verschiedene Symptome vermuten. So kommt es bei manchen Patienten mit nur geringer Parese bei einer gewissen Kraftaufwendung (z. B. beim Gehen oder Gewichtstemmen) ganz *plötzlich* zu einer stärkeren *Schwäche,* die nach dem geringen Paresegrad eigentlich nicht zu erwarten gewesen wäre. Vermutlich führen die massiven Impulszüge, die die phasische oder tonische Muskelspannung aufrecht erhalten, plötzlich zum Leitungsblock, weil sie mit zu hoher Frequenz durchziehen.

Manchmal bestehen *Vibrationsempfindungsstörungen* ohne Tiefensensibilitätsstörungen. Auch hier könnte für die hohen Stimmgabelfrequenzen ein frequenzabhängiger Leitungsblock bestehen (wobei allerdings zu beachten ist, daß die reine Vibrationsempfindung vermutlich auch über die Kleinhirnseitenstränge geleitet wird).

Wenn man Patienten mit Multipler Sklerose nach einer Optikusneuritis gezielt befragt, wird man gelegentlich erfahren, daß sie einen Gegenstand, den sie konzentriert anschauen, plötzlich verschwommen sehen *(fading out),* ihn aber, wenn sie kurze Zeit die Augen geschlossen halten oder ungezielt ins Weite schauen, wieder normal sehen können (Davis 1972). Dieses Phänomen könnte auch als intermittierender, frequenzabhängiger Leitungsblock im N. opticus erklärt werden.

Bei Patienten mit Optikusneuritis findet man regelmäßig eine deutlich *verminderte Flimmerverschmelzungsfrequenz* (Aulhorn u. Trauzettel-Klosinski 1983, Frank u. Mitarb. 1980), was durch einen frequenzabhängigen Block bedingt sein könnte. Es wäre allerdings auch denkbar, daß im Falle der Verminderung der Flimmerverschmelzungsfrequenz die *zentrale Verarbeitung* zu stark gestört ist, weil durch verschiedene Leitgeschwindigkeiten die Impulse zeitlich dissoziiert eintreffen.

Auch mit den somatosensibel evozierten Potentialen (SEP) konnte ein frequenzabhängiger Leitungsblock bei Multipler Sklerose nachgewiesen werden. Dabei wurden die Einzelreize von 250 ms Dauer durch Reizzüge mit einer Frequenz von 100/s ersetzt (Namerow 1972).

Bei manchen Multiple-Sklerose-Patienten mit Rükkenmarksherden ist uns aufgefallen, daß sie nach kurzer Zeit die elektrischen Reize, die bei der Ableitung von SEP verabreicht werden, plötzlich nicht mehr spürten. Nach kurzer Pause nahmen sie die Reize wieder wahr.

Leitungsblock

Wenn ein Herd sehr groß ist und auch einzelne Axone untergegangen sind, ist das Leitvermögen vollständig aufgehoben (Leitungsblock). An den Membranen von Axonen, die über *längere Strecken* demyelinisiert sind, kann die Errregungsschwelle von den ankommenden Aktionspotentialen nicht mehr erreicht werden, weil die Stromdichte zu gering wird. Die Aktionspotentiale versanden gewissermaßen im demyelinisierten Bereich.

Aber auch in kleineren Herden kann es durch bestimmte äußere Einwirkungen (s. u.) an den einzelnen Axonen zu einem *reversiblen Leitungsblock* kommen. Diese Art des Leitungsblocks spielt eine Rolle bei der Entstehung der Temperaturabhängigkeit einiger Symptome bei Multipler Sklerose (s. S. 91).

Ephapsen

Da die demyelinisierten Axone direkt nebeneinander liegen und teilweise noch nicht durch Astrozyten und Gliafasern voneinander getrennt sind, ist es denkbar, daß Erregungen von einem Axon auf das andere überspringen. Eine solche unphysiologische Verbindungsstelle zwischen den Axonen (bzw. Nervenzellen) nennt man *Ephapse* (Scheinsynapse).

Solche Ephapsen spielen nur eine Rolle, wenn durch sie Erregungen von einem Bahnsystem auf das andere gelangen, z. B. von sensiblen Fasern auf schmerzleitende Fasern, wie dies z. B. bei der Trigeminusneuralgie angenommen wird (Kerr 1967). Eine solche ephaptische Erregung läuft dann in dem sekundär erregten Axon sowohl nach proximal als auch nach distal (Abb. 7.**3**).

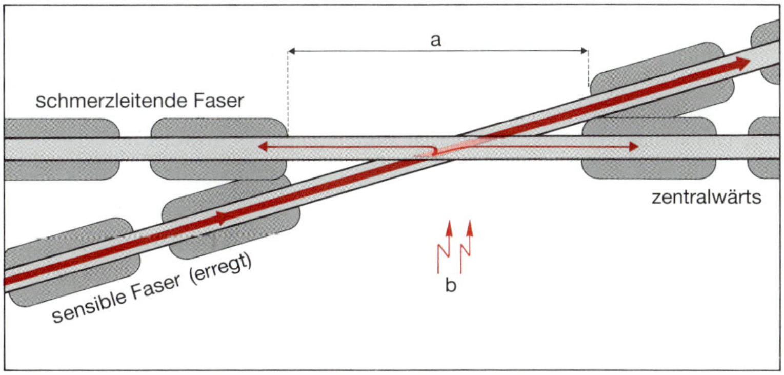

Abb. 7.**3** **Ephapse bei Demyelinisierung** (a) Ein sensibler Reiz gelangt auf eine Schmerzfaser und wird in dieser sowohl nach zentral als auch antidrom zur Peripherie geleitet.(b) Bei mechanischer oder anderer Irritation kann es bei a zur ektopischen Erregung kommen

Ektopische Erregungsbildung

An den demyelinisierten oder auch zum Teil an den remyelinisierten Axonen, sowohl im peripheren als auch im zentralen Nervensystem, kann es zur *ektopischen Erregungsbildung* kommen. Nachgewiesen wurde dies im Tierexperiment (Rasminsky 1980). Dort, wo sich Ephapsen gebildet haben, können solche Erregungen, meist durch mechanische Reize, entstehen.

Man könnte z.B. das *Lhermittesche Zeichen* damit erklären, daß solche ektopischen Erregungen durch eine mechanische Irritation entstehen und über Ephapsen sowohl nach zentral als auch in die Peripherie geleitet werden. Zentral führen die Impulse zur Mißempfindung, peripher können sie am sensiblen Nerv abgegriffen werden (Nordin u. Mitarb. 1984) (Abb. 7.**3**).

Vermutlich wird auch ein Teil der bei der Multiplen Sklerose häufig spontan auftretenden Mißempfindungen (Parästhesien) wie Ameisenlaufen, Kribbelgefühle und Schnürgefühle auf solche ektopische Reizbildung zurückzuführen sein. Dies gilt auch für paroxysmale Schmerzen.

Temperaturabhängige Veränderungen

(Klinik s. S. 85 ff.)

Am normal myelinisierten Axon ist die Impulsstärke etwa 6- bis 7mal so hoch als nötig wäre, um die Erregungsschwelle am Schnürring zu erreichen. Das bedeutet, daß im Nervensystem in einem weiten Sicherheitsbereich gearbeitet wird, was zu der Vorstellung eines **Sicherheitsfaktors** geführt hat. Man versteht darunter das Verhältnis der gebräuchlichen Stromstärke zu der, welche ausreichen würde, um gerade noch ein Aktionspotential auszulösen. Der Sicherheitsfaktor wird geringer, wenn die Membran schwerer erregbar wird, d.h. die Erregungsschwelle höher liegt und die Stromstärke, um gerade noch ein Aktionspotential auszulösen, größer werden muß. Dies ist z.B. nach einer Demyelinisierung der Fall.

Bei Erhöhung der Temperatur nimmt normalerweise die Leitfähigkeit am myelinisierten Axon zu, *am demyelinisierten Axon nimmt die Leitfähigkeit jedoch ab*. Bei höherer Temperatur kommt es sowohl an der myelinisierten als auch an der demyelinisierten Axonmembran zu einer *größeren Aktivität der Natriumkanäle,* was das Aktionspotential steiler ansteigen läßt und seine *Basis verschmälert*. Bei Abkühlung werden die Ionenkanäle gebremst, das Aktionspotential wird weniger steil und dafür breiter, was die Leitgeschwindigkeit am normalen Axon vermindert.

Die verbreiterten Aktionspotentiale haben aber am demyelinisierten Axon eine größere Chance zu passieren, weil es zu einer größeren Stromdichte an der erregbaren Membran kommt (Rasminsky 1973). Damit wird am demyelinisierten Axon der Sicherheitsfaktor durch Abkühlung wieder erhöht.

Durch Wärmeeinwirkung hingegen wird der am demyelinisierten Axon ohnehin schon verminderte Sicherheitsfaktor noch mehr verringert, weil die Aktionspotentiale schmäler werden, so daß es schließlich zu einem kompletten Leitungsblock kommt, weil die schmaleren Aktionspotentiale an der demyelinisierten Membran nicht so gut geleitet werden. Im Experiment genügt dazu schon eine *Erhöhung der Temperatur um 0,5 °C* (Rasminsky 1973). Dieser Leitungsblock betrifft immer nur einzelne Axone, nämlich die, bei denen der Sicherheitsfaktor am geringsten ist. Mit zunehmender Temperaturerhöhung werden aber auch Axone erfaßt, die noch einen etwas größeren Sicherheitsfaktor haben. Dies bedeutet: *Je höher die Temperatur, desto mehr geschädigte Axone werden blockiert.*

Überträgt man dies auf *klinische Verhältnisse,* dann muß man annehmen, daß das Ausmaß der Sehverminderung bei einem Warmbad hauptsächlich durch die Anzahl der betroffenen Axone des N. opticus bedingt ist, die jetzt ausfallen, und *nicht* durch eine Verringerung der Leitgeschwindigkeit. Bei den *visuell evozierten Potentialen* (VEP) kommt es deshalb unter Wärmeeinwirkung nicht (oder kaum) zu einer Zunahme der von vornherein schon erhöhten Latenz, sondern nur zu einer Amplitudenreduktion (Matthews u. Mitarb. 1979, Persson u. Sachs 1981).

Es konnte gezeigt werden, daß die Amplitudenreduktion praktisch nur bei Patienten mit Multipler Sklerose auftritt, bei denen das Uhthoffsche Phänomen vorlag, nicht aber bei Patienten ohne dieses Phänomen (Persson u. Sachs 1981). Matthews u. Mitarb. (1979) fanden allerdings auch bei Gesunden unter Wärmeeinwirkung eine gewisse Amplitudenreduktion, aber ohne Minderung der Sehschärfe.

Bei allen unseren Patienten, die das Phänomen des inkonstanten Visus aufwiesen, bestand eine Verzögerung der visuell evozierten Potentiale. Unklar bleibt, warum nur ca. *30%* der Patienten, die eine Optikusneuritis durchgemacht haben, das *Phänomen des inkonstanten Visus* aufweisen, die anderen aber trotz Verzögerung der visuell evozierten Potentiale nicht.

Die Zunahme von Ataxie, Paresen oder Nystagmus bei Überwärmung dürfte auf dem gleichen Mechanismus – nämlich einem Leitungsblock – beruhen. Daß es bei Erwärmung auch zu einem Block in den sensiblen Bahnen kommt, konnten Matthews u. Mitarb. (1979) wahrscheinlich machen.

Pharmakologische Beeinflussung der Temperaturabhängigkeit

Da die Symptome, vor allem die Sehstörungen, bei einem Teil der Multiple-Sklerose-Kranken so leicht durch Temperatureinwirkung zu verändern sind – vor allem zum Besseren durch ein Kaltbad –, liegt es nahe, nach einem Pharmakon zu suchen, das die Verhältnisse bei einer Abkühlung am Entmarkungsherd nachahmt.

Calcium hat einen membranstabilisierenden Effekt. Eine Minderung des Calciums an der Membran senkt die Schwelle für die Erregung und erhöht somit den Sicherheitsfaktor. Durch Infusion von *Na-EDTA* gelang es (vermutlich über eine Hypokalzämie), den Visus – aber auch Nystagmus und Augenmuskelparesen – günstig zu beeinflussen (Davis u. Mitarb. 1970). Der Effekt war nach der Infusion wieder rückläufig, analog der vorübergehenden Wirkung eines Kaltbades.

Weitere Versuche wurden mit **4-Aminopyridin** unternommen, eine Substanz, welche die Kaliumkanäle blockiert. Damit kann im Tierversuch ein Leitungsblock gut überwunden werden (Bostock u. Mitarb. 1981, Kaji u. Sumner 1988). Durch 4-Aminopyridin wird das Aktionspotential verbreitert, was zu einer größeren Stromdichte an der zu erregenden Membran führt.

Klinische Untersuchungen mit dieser Substanz (Jones u. Mitarb. 1983, Stefoski u. Mitarb. 1987) zeigten Erfolge. So wurde auch eine Erhöhung der Flimmerverschmelzungsfrequenz festgestellt (Stefoski u. Mitarb. 1987). Die Nebenwirkungen sollen aber zu stark sein. So kommt es u.a. zu Parästhesien, vermutlich weil ektopische Erregungen durch die höhere Erregbarkeit induziert werden. Es wurde aber auch die Ansicht geäußert, daß die Substanz für die Zukunft eine Bedeutung erlangen werde und daß die Nebenwirkungen nicht gravierend seien (Davis u. Mitarb. 1990).

Durch Infusion des Calciumantagonisten *Verapamil* konnte bei Patienten mit Multipler Sklerose die Latenzverzögerung verringert werden. Die Untersuchung wurde allerdings bei Patienten mit stabiler Symptomatik durchgeführt (Gilmore u. Mitarb. 1985). Weitere Untersuchungen und eine Erklärung dieses Befundes stehen noch aus.

Paroxysmale Erscheinungen

(Klinik s. S. 79 ff.)

Eine Erklärung für die paroxysmalen Erscheinungen muß ebenfalls von den elektrischen Verhältnissen am Entmarkungsherd ausgehen. Weiter muß man versuchen, die paroxysmalen Erscheinungen zu analysieren und in bestimmte Gruppen einzuteilen. So können wir bei den paroxysmalen Erscheinungen solche mit *Plussymptomen* und solche mit *Minussymptomen* unterscheiden.

Motorische Entäußerungen, Schmerzen und Parästhesien gehören zu den Plussymptomen, Paresen zu den Minussymptomen. Auch die Ataxie, Dysarthrie, Doppelbilder (Augenmuskelparesen) und die Atonie muß man als Minussymptome ansehen.

Die **Plussymptome** könnte man sich über ephaptische Kurzschlüsse erklären, wobei allerdings auch ektopische Erregungen, die zum Teil ephaptisch überspringen, eine Rolle spielen. Die tonischen Hirnstamm- und Spinalanfälle werden oft durch motorische oder sensible Triggerreize ausgelöst. Eine zusätzliche spontane ektopische Reizbildung muß aber angenommen werden.

Oft werden die tonischen Hirnstamm- und Spinalanfälle durch sensible Mißempfindungen eingeleitet, was darauf hindeutet, daß die ektopische Reizbildung vom sensiblen System ausgeht. Der mögliche Mechanismus beim Lhermitteschen Zeichen wurde schon erwähnt (S. 91).

Die Ursache von Paroxysmen mit **Minussymptomen** könnte ein plötzlich auftretender Leitungsblock sein, wobei ektopisch ausgelöste Impulsserien zunächst den Block verursacht haben könnten (frequenzabhängiger Leitungsblock). Über einen solchen Block, der z. B. durch einen Herd in den Kleinhirnschenkeln bedingt ist, könnte die paroxysmale Ataxie bzw. paroxysmale Dysarthrie erklären.

Ob die *paroxysmale Atonie* nur eine paroxysmale pyramidale Lähmung ist und damit als echtes Minussymptom anzusehen wäre, oder aber Ausdruck einer Aktivierung hemmender Bahnen, etwa analog der Kataplexie im Rahmen des narkoleptichen Syndroms, muß offen bleiben.

Die ausgezeichnete Wirkung von Antiepileptika (besonders *Carbamazepin*), die einen membranstabilisierenden Effekt haben, wobei der ionale Mechanismus noch nicht bekannt ist, könnte auch dafür sprechen, daß ephaptische Erregungen eine wichtige Rolle in der Genese paroxysmaler Erscheinungen spielen.

Die paroxysmalen Erscheinungen haben fast immer die Tendenz, sich spontan zurückzubilden. Dies ist wohl Ausdruck der sich stabilisierenden Verhältnisse am Entmarkungsherd, wenn z. B. durch Gliafaserbildung die ephaptischen Verbindungen und die ektopische Erregbarkeit wieder aufgehoben werden oder der Sicherheitsfaktor durch Remyelinisierung sich wieder erhöht.

8. Verlauf

Allgemeines

Den Verlauf oder die Verlaufsformen einer Krankheit zu kennen ist äußerst wichtig. Bei der Multiplen Sklerose (MS) ist der Verlauf selbst – im Gegensatz zu vielen anderen Krankheiten – ein wichtiger Baustein für die Diagnose und geht in die Definition der Krankheit mit ein. Wir verlangen für die Diagnose nicht nur eine *räumliche,* sondern auch eine *zeitliche* Trennung der einzelnen Läsionen im Zentralnervensystem.

Zum Verlauf der Multiplen Sklerose wurden schon viele und werden immer noch weitere Studien durchgeführt. Es gilt, eine gewisse Systematik in die verwirrende Vielfalt der individuellen Verlaufsformen zu bringen, um auf diese Weise die Krankheit besser zu charakterisieren. Auch wurde versucht, über die verschiedenen Verlaufsarten verschiedene Formen der Multiplen Sklerose herauszuarbeiten; dies ist jedoch bis jetzt noch nicht gelungen. Die Multiple Sklerose gilt zur Zeit immer noch als eine – wenn auch proteushafte – Einheit.

Weiter könnte man sich erhoffen, durch die genaue Kenntnis der einzelnen Verlaufsformen eine individuelle Prognose stellen zu können. Gewisse prognostische Hinweise kennt man heute schon (s. S. 119).

Außerordentlich wichtig ist die Kenntnis der Verlaufsformen für Therapiestudien. Gerade wegen des im Einzelfall häufig nicht vorhersagbaren Verlaufes ist es sehr schwierig zu erkennen, ob eine Substanz oder irgendeine Methode überhaupt einen therapeutischen Effekt hat.

Um den Verlauf charakterisieren zu können, muß man den *Erkrankungsbeginn* und die bisherige *Erkrankungsdauer* kennen. Die eigentliche Verlaufsdynamik wird üblicherweise mit besonderen, meßbaren Charakteristika einer Krankheit (z. B. Verlauf des Fiebers, Veränderungen der Transaminasen usw.) dargestellt, indem diese gegen die Zeit in einem Koordinatensystem eingetragen werden. Bei der Multiplen Sklerose gibt es aber keine Symptome oder Symptomenkonstellationen, die bei allen Patienten benutzt werden könnten. Man hat sich deshalb darauf geeinigt, den *Behinderungsgrad* als gemeinsames Maß für alle Patienten zu benützen. Der Behinderungsgrad wird mit Hilfe einer Skala in einem Beurteilungsbogen (disability scale) festgehalten. In dem Behinderungsgrad werden die einzelnen Komponenten der Behinderungen wie Gehstörung, Koordinationsstörung, Gefühlsstörung usw. mit Punkten bewertet. Zusammen ergibt sich dann eine Gesamtpunktzahl, die den Behinderungsgrad anzeigt. Eine gebräuchliche „disability scale“ ist die von Kurtzke (1965, 1970) (s. Anhang).

Der Behinderungsgrad wird nun in regelmäßigen Abständen bestimmt und registriert. In den einzelnen Studien wurden oft verschiedene oder modifizierte Beurteilungsskalen benützt, was die Vergleichbarkeit etwas erschwert. Die Ergebnisse sind aber nicht grundsätzlich verschieden.

Der Verlauf der Multiplen Sklerose ist durch Schübe gekennzeichnet. Es ist nicht immer ganz leicht zu bestimmen, unter welchen Voraussetzungen schon von einem Schub gesprochen werden darf. Entsprechend fehlt auch in vielen Studien eine genaue Angabe, was eigentlich unter einem Schub verstanden werden soll (s. S. 175, Diagnosekriterien).

In Verlaufskurven kommen die Schübe als eine mehr oder weniger steil ansteigende Zunahme des Behinderungsgrades zum Ausdruck. Wenn sich nach einem Schub die Behinderung nicht auf das

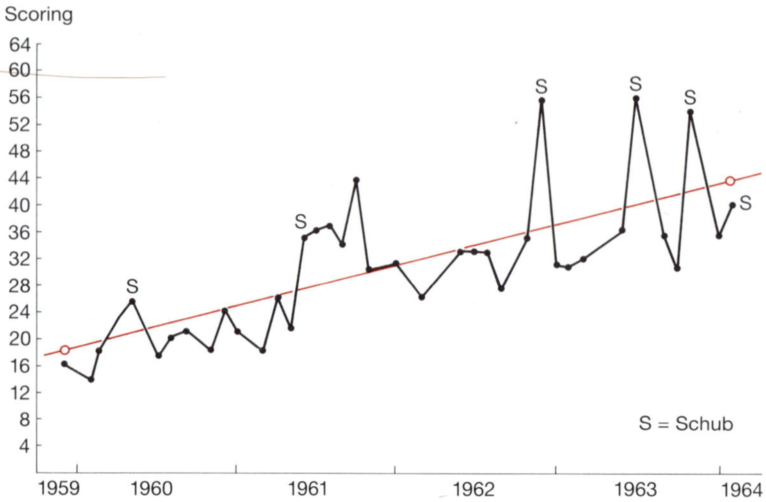

Abb. 8.**1** Schubförmig progressiver Verlauf (nach Fog u. Linnemann)

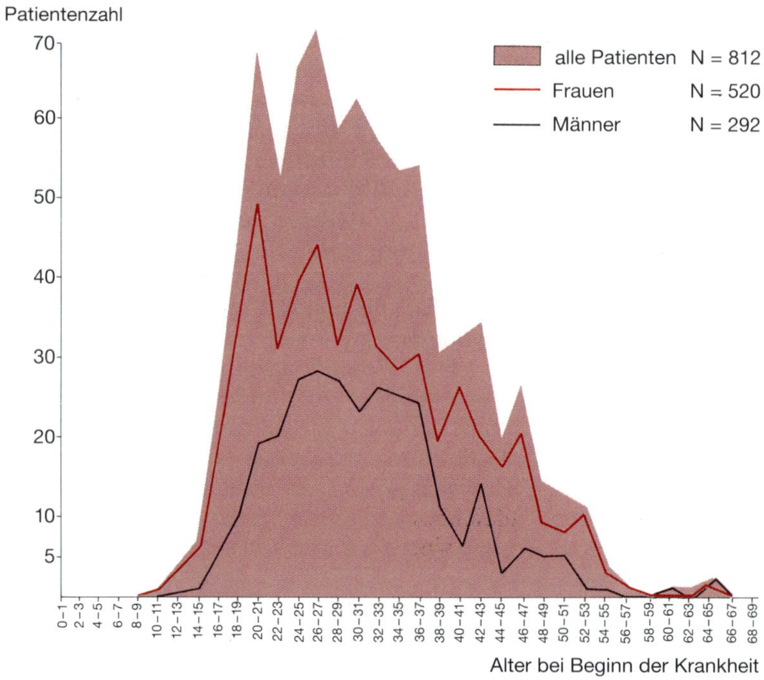

Abb. 8.**2** **Altersverteilung** bei Männern und Frauen mit Multipler Sklerose (nach S. Poser 1978)

ursprüngliche Maß zurückbildet, dann kommt dies in der Verlaufskurve als Anstieg zur Darstellung, welcher die Progredienz anzeigt (Abb. 8.**1**).

Erkrankungsalter

Die Multiple Sklerose kommt am häufigsten zwischen dem 20. und 40. Lebensjahr vor, das Durchschnittsalter beim Beginn der Krankheit liegt *zwischen 29 und 32 Jahren* (S. Poser 1978, Abb. 8.**2**, Patzold 1985, A.J. Thompson u. Mitarb. 1986, Beer u. Kesselring 1988). Manche Autoren kommen zu dem Ergebnis, daß Frauen etwas früher erkranken als Männer (Matthews 1985, Beer u. Kesselring 1988), was von anderen nicht bestätigt wurde (Tavolato 1974, Poster 1978). Eine typische Altersverteilungskurve, in der auch das deutliche Überwiegen der Krankheit bei Frauen zum Ausdruck kommt, zeigt (Abb. 8.**2**).

Je nach Altersverteilung, die sich auf die Gesamtzahl aller Kranken mit Multipler Sklerose bezieht, lassen sich noch Unterschiede aufzeigen, wenn man die einzelnen Verlaufsformen getrennt betrachtet.

Beginnt die Multiple Sklerose *schubförmig* und zeigen die Schübe zunächst eine sehr gute Remission, dann handelt es sich vorwiegend um junge Patienten (Lit. bei Beer u. Kesselring 1988). Ist die Krankheit gleich zu Beginn *schubförmig progredient,* liegt das Erkrankungsalter schon etwas höher. Bei der *primär chronischen* Verlaufsform ist das Erkrankungsalter deutlich höher (Abb. 8.**3**). Von diesen Kranken sind über 40 % über 40 Jahre alt (Beer u. Kesselring 1988).

Die spastische Parese ist häufig das Kernsymptom bei der Multiplen Sklerose. Je älter die Patienten beim Ausbruch der Krankheit sind, desto häufiger steht auch die spastische Gangstörung im Vordergrund (Fischer u. Mitarb. 1977), zerebellare Störungen werden mit höherem Erkrankungsalter seltener.

Der Schub

Es ist nicht ganz leicht zu definieren, was ein Schub ist. Nach McAlpine u. Mitarb. (1972) spricht man von einem Schub, wenn früher schon vorhandene Symptome wieder auftreten oder neue Symptome entstehen. Nach Schumacher u. Mitarb. (1965) sollen derartige Veränderungen länger als 24 Stunden andauern.

Diese *24-Stunden-Begrenzung* ist eine willkürliche Festsetzung, die sich auf keine pathophysiologischen oder klinischen Gegebenheiten stützt. Sie ist aber wichtig für Therapiestudien, damit die einzelnen Untersucher von gleichen Voraussetzungen ausgehen und nicht alle Pseudoschübe (s. S. 98) erfaßt werden, wie z. B. die Verschlechterung oder das Auftreten neuer Symptome bei Temperaturanstieg, Infekten oder Streß.

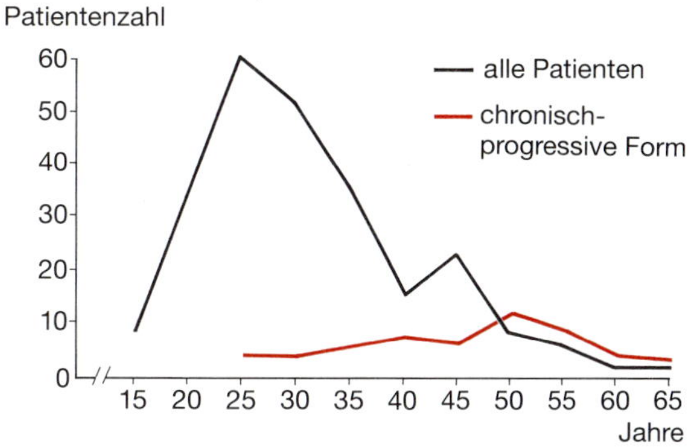

Abb. 8.**3** Altersverteilung beim Beginn des chronisch progressiven Verlaufs im Verhältnis zum Beginn bei allen Patienten mit Multipler Sklerose (nach A. J. Thompson u. Mitarb. 1986b)

Zwischen zwei Schüben soll nach den Schumacher-Kriterien (s. S. 175) die Zeit von einem Monat liegen. Durch diese Festsetzung wird verhindert, daß eine *akute disseminierte Enzephalomyelitis* (ADEM, s. S. 216) als Multiple Sklerose verkannt wird. Gelegentlich kann sich einer akuten disseminierten Enzephalomyelitis (ADEM) noch innerhalb einiger Tage ein erneuter Schub anschließen.

Es wurde auch die Meinung geäußert, daß eine ADEM erst angenommen werden könne, wenn innerhalb von 6 Monaten kein Schub mehr aufgetreten sei (Kesselring u. Mitarb. 1990).

Flüchtige Symptome wie Visusänderungen, Doppelbilder, Sensibilitätsstörungen oder Paresen können auch weniger als 24 Stunden dauern und dennoch Ausdruck eines Schubes sein, was man mit Hilfe von evozierten Potentialen oder kernspintomographischen Untersuchungen nachweisen kann.

Eine unserer Patientinnen wurde wegen einer transitorisch-ischämischen Attacke eingewiesen. Am Nachmittag war eine Lähmung der rechten Körperhälfte, verbunden mit einer leichten Gefühlsstörung, aufgetreten. Die Symptomatik war gegen Abend schon wieder völlig abgeklungen. Es konnte nachgewiesen werden, daß es sich um den ersten Schub einer Multiplen Sklerose handelte.

Umgekehrt gibt es auch „Pseudoschübe" (s. S. 98), die durchaus länger als 24 Stunden anhalten können, wie z. B. die Verschlechterung bei einem Infekt.

Man kann heute auch *subklinische* Schübe nachweisen, d.h. Schübe, die nicht zu klinischen Erscheinungen geführt haben. Der Nachweis erfolgt in der Regel durch Ableitung evozierter Potentiale und durch die Kernspintomographie. Im Kernspintogramm kann man nicht nur zeigen, daß subklinische Schübe abgelaufen sein müssen, weil zum gegebenen Zeitpunkt Herde bestehen, die früher nicht da waren und die keine Symptome gemacht haben, sondern man kann auch direkt den frischen subklinischen Schub feststellen, wenn sich Herde mit Kontrastmittel anfärben (s. S. 163).

Wenn man, wie z.B. bei Verlaufstudien, Patienten mit Multipler Sklerose sehr häufig und regelmäßig untersucht, dann können Befundänderungen Schübe aufdekken, von denen die Patienten kaum etwas oder überhaupt nichts bemerkt haben (Fog u. Linnemann 1970, Patzold 1985).

Schubrate

Für Verlaufsbeschreibungen ist es wichtig, die Schubfrequenz oder Schubrate (Schübe pro Jahr) zu bestimmen. Diese Schubrate ist bei den einzelnen Patienten verschieden. Es werden in der Literatur Schubraten von 0,2 bis 1,12 angegeben.

Die Schubrate wird dann höher, wenn man häufiger untersucht; deshalb sind die Angaben in der Literatur auch ziemlich unterschiedlich. Bei retrospektiven Studien wird die Schubrate oft deshalb schon geringer, weil die Patienten, besonders wenn ein Psychosyndrom besteht, manche Schübe einfach vergessen.

Hinzu kommt, daß sich bei vielen Patienten mit einer schubförmig progredienten Form auch zwischen den einzelnen Schüben eine Verschlechterung einstellt, die sie gar nicht richtig realisieren. Man kann diese Verschlechterung nur durch häufige Untersuchungen feststellen. Die Progredienz, d.h. die Verschlechterung und damit die Prognose, hängt überraschenderweise aber nicht von der Schubfrequenz ab (Fog u. Linnemann 1970, s. S. 121).

Die Schubrate soll für die einzelnen Patienten viele Jahre lang gleich bleiben, dann aber bis zum 20. Krankheitsjahr deutlich abnehmen (Broman u. Mitarb. 1981). Eine solche deutliche Abnahme der Schubrate konnten Fog u. Linnemann (1970) aber nicht nachweisen.

Bei Patienten, die in jüngerem Alter an Multipler Sklerose erkranken, ist die Schubrate im allgemeinen höher als bei denen, die im späteren Alter befallen werden (Broman u. Mitarb. 1981, Patzold 1985).

Pseudoschub

Bei Kranken mit Multipler Sklerose kann sich die Symptomatik durch verschiedene äußere Einwirkungen verschlimmern, *ohne* daß ein neuer Schub aufgetreten sein muß (Tab. 8.**1**). Bekannt ist die Symptomverschlechterung bei *Wärmeeinwirkung* (s. S. 85) und – vermutlich eng damit verknüpft – bei *Infekten.* Aber auch *depressive Schwankungen* und *psychogene Störungen* (s. S. 230) können durch Symptomverstärkung einen neuen Schub vortäuschen.

Ebenso können bestimmte *Medikamente* zu einer Symptomverschlechterung führen. Antispastische Mittel verstärken oft die Paresen. Eine Blasenstörung kann verstärkt oder aus der Latenz gehoben werden durch trizyklische Antidepressiva, Reserpin, Anticholinergika oder Antispastika. Carbamazepin kann gelegentlich die Müdigkeit verstärken (s. S. 256).

Wir haben vereinzelt nach *Lumbalpunktionen* und *Myelographien* Abduzensparesen gesehen, die etwa 8–15 Tage nach der Punktion auftraten und mehrere Wochen anhielten. Die Ursache dieser seltenen postpunktionellen Störung ist unklar, hat aber mit der Multiplen Sklerose überhaupt nichts zu tun, denn sie kommt auch bei anderen Krankheiten vor (Seyfert u. Mager 1978, s. S. 48). Man vermutet, daß die Parese durch Druckdifferenzen im supra- bzw. infratentoriellen Raum entsteht. Meist ist die Abduzensparese dann auch von starken postpunktionellen Beschwerden begleitet.

Früher wurde immer wieder angenommen, daß die Lumbalpunktion einen Schub provozieren könne. Dies wurde aber widerlegt (Tourtellotte 1970, Weisner 1975).

Tabelle 8.1 Ursachen des Pseudoschubs

Psychisch	psychogene Symptomverstärkung psychische Belastung Depression Corticoidabhängigkeit
Temperaturerhöhung	Wetter (schwül-warm) Infekte zirkadiane Schwankungen
Infekte	auch ohne sichere Temperaturerhöhung, meist Virusinfekte
Medikamente	*Muskelschwäche:* Antispastika, Benzodiazepine *Blasenstörungen:* Reserpin, Imipraminpräparate, Antispastika, Anticholinergika *allgemeine Müdigkeit:* Carbamazepin (selten)
Postpunktionell	*Abduzensparese* (meist 8–15 Tage nach Lumbalpunktion). Dauer ca. 6 Wochen. Ursache unbekannt. Nicht MS-spezifisch

Bei den meisten Schüben kommt es nur zu einer Verstärkung der vorbestehenden Symptomatik. So fand Thygesen (1953), daß nur in 19 % der Schübe *neue* Symptome auftreten. Gerade bei diesen Schüben, bei denen sich nur vorhandene Symptome verstärken, muß man an *Pseudoschübe* denken.

Im frischen Schub ist als Ausdruck der Demyelinisierung meist das basische Myelinprotein (BMP) im Liquor erhöht. Bei Schüben, die nur zur Verstärkung der vorbestehenden Symptome geführt haben, besteht aber keine Erhöhung des BMP (Martin-Mondierè u. Mitarb. 1987). Entweder ist in diesen Fällen die Demyelinisierung so gering, daß kein basisches Myelinprotein im Liquor erscheint, oder wir haben eventuell einen Pseudoschub vor uns.

Verlaufsdynamik

Verlaufsformen, Stadien

Die Multiple Sklerose kann ganz verschiedene Verlaufsformen annehmen. Man kann zunächst einmal drei *Kernverläufe* herausstellen, nämlich den *schubförmigen,* den *schubförmig progredienten* und den *chronisch progredienten* Verlauf.

Zwei weitere Verlaufsformen, die eigentlich in diesen Kernformen unterzubringen wären, sollen hier abgetrennt werden, weil sie besonders eindrucksvoll durch die Prognose gekennzeichnet sind, nämlich der *benigne* und der *maligne* Verlauf.

Beim *rein schubförmigen* Verlauf bilden sich die neurologischen Störungen ganz oder zumindest fast ganz zurück, beim *schubförmig progredienten* Verlauf bleiben nach jedem Schub stärker ausgeprägte Residuen bestehen, so daß es mehr oder weniger rasch stufenförmig zu einer zunehmenden Verschlechterung kommt.

Beim *chronischen* Verlauf nimmt die Symptomatik langsam schleichend zu. Ganz im Vordergrund steht meist eine Paraspastik. Die Progredienz ist aber nicht vollkommen kontinuierlich. Bei genauer Anamnese- und Befunderhebung kann man immer wieder eine diskrete, aber abgesetzte Verschlechterung feststellen, die einem „Mikroschub" entsprechen könnte. Umgekehrt kann man bei der schubförmig progredienten Form, wenn man sehr häufig untersucht, eine Verschlechterung finden, ohne daß der Patient einen Schub bemerkt hätte. Eventuell ist diese kontinuierliche Verschlechterung dadurch zu erklären, daß die verbleibenden Axone in einem Multiple-Sklerose-Herd mit der Zeit durch Narbenbildung (Gliafasern) weiter geschädigt werden.

Die einzelnen Verläufe können in bestimmter Weise ineinander übergehen, wobei meistens der schubförmige Verlauf in den chronisch progredienten einmündet (Abb. 8.**4**).

Der *rein schubförmige* Verlauf ist selten und geht über kurz oder lang (6–7 Jahre) in den schubförmig progredienten oder chronisch progredienten Verlauf über. Auch der *schubförmig progrediente* Verlauf mündet irgendwann in den chronisch progredienten Verlauf, d. h. die Verschlechterung verläuft kontinuierlich, und einzelne Schübe können nicht mehr abgetrennt werden. Man spricht dann von einem „primär schubförmigen, jetzt chronisch progredienten" Verlauf bzw. von einem *sekundär chronischen* Verlauf.

Beginnt die Multiple Sklerose gleich chronisch progedient – meist bei Patienten ab dem 40. Lebensjahr –, kann man vereinzelt zwar immer wieder kleinere Schübe abgrenzen, einen Übergang des primär chronischen Verlaufs in den schubförmig progredienten Verlauf oder gar in den rein schubförmigen Verlauf gibt es aber nicht. Zwar fanden wir bei Patienten mit schubförmig progredientem Verlauf, besonders bei sehr häufigen Schüben, immer wieder Schübe, die eine volle Remission zeigten. Das Grundmuster der chronischen Progredienz blieb jedoch immer deutlich zu erkennen.

Der *primär chronische* Verlauf ist mit 14 % der Fälle selten, der *chronische Verlauf* insgesamt aber häufig, da die schubförmigen Verlaufsformen sehr oft in eine chronische Verlaufsform münden (Abb. 8.**4**). So zeigen etwa 40 % aller Patienten mit Multipler Sklerose irgendwann einen chronisch progredienten Verlauf.

Die Multiple Sklerose kann glücklicherweise bei jeder Verlaufsform – auch bei der primär chronisch progredienten – stationär bleiben, entweder für längere Zeit oder selten auch für immer.

Es wäre eigentlich besser, nicht von verschiedenen *Verlaufsformen* der Multiplen Sklerose zu sprechen, sondern von verschiedenen *Stadien.* Ein Patient, dessen Krankheit schubförmig begonnen hatte, dann schubförmig progredient war und jetzt schließlich chronisch progedient ist, hat nicht den „Verlauf" gewechselt, sondern eigentlich nur verschiedene *Stadien* durchgemacht. Zuletzt befindet er sich dann im

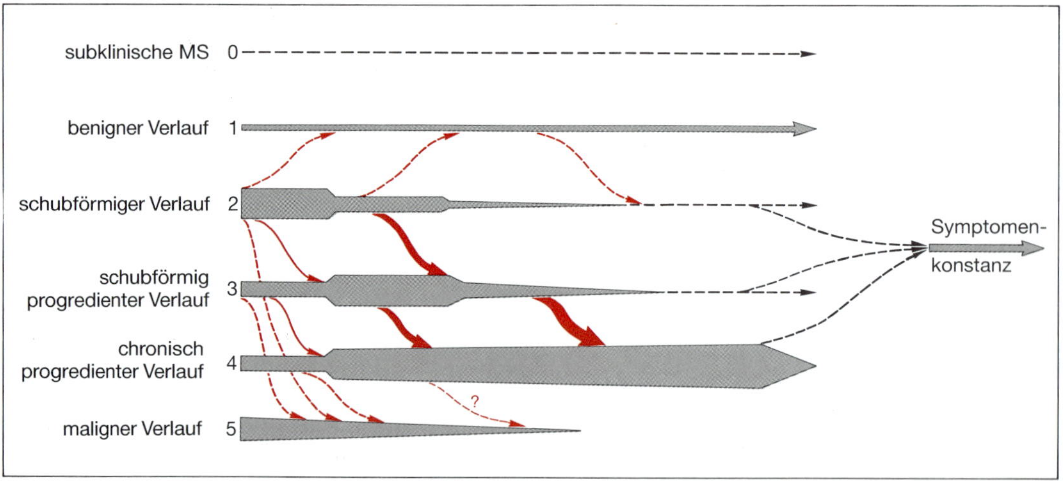

Abb. 8.**4** Schematische Darstellung der **Verlaufsformen** bei Multipler Sklerose und ihre häufigsten Übergänge ineinander: 2 und 3 werden dünner, weil sie nach 4 übergehen, weshalb 4 kontinuierlich zunimmt. Der Anfangsteil von 4 stellt den primär chronischen Verlauf dar. Übergänge nach 1 und 5 sind extrem selten. Die subklinische Multiple Sklerose ist vermutlich häufig auch das Vorstadium einer klinisch manifesten Multiplen Sklerose (Dicke der Pfeile: Zahl der Patienten)

Stadium der chronischen Progredienz. Der typische Verlauf der Multiplen Sklerose wäre dann durch 3 Stadien gekennzeichnet:

STADIUM I
(schubförmig)

↓

STADIUM II
(schubförmig progredient)

↓

STADIUM III
(chronisch progedient)

Sieht man nun die einzelnen „Verlaufsformen" als Stadien an, dann würde es sich bei Patienten, die gleich mit dem schubförmig progredienten Stadium beginnen, um solche handeln, welche das rein schubförmige Stadium übersprungen haben:

STADIUM II
(schubförmig progredient)

↓

STADIUM III
(chronisch progredient)

Es handelt sich dabei meist um Patienten, die etwas älter sind als diejenigen, welche mit dem rein schubförmigen Stadium beginnen.

Bei älteren Patienten beginnt die Krankheit meist gleich primär chronisch progredient. Diese Patienten hätten dann das schubförmige und das schubförmig progrediente Stadium gewissermaßen übersprungen, so daß sie sofort mit dem 3. Stadium beginnen:

↓

STADIUM III
(chronisch progredient)

Dabei bleibt zunächst noch offen, ob die vorhergehenden Stadien einfach „übersprungen" wurden oder ob diese Stadien subklinisch – z. B. mit asymptomatischen Kernspinherden – abgelaufen sind. Ähnliche Stadien kann man z. B. auch bei der Lues unterscheiden.

Progressionstypen

Fog u. Linnemann (1970) haben durch eine bestimmte mathematische Behandlung der Behinderungsgrade in Bezug auf die Zeit die Progredienz der Krankheit kurvenförmig darstellen können und damit bestimmte *Progressionstypen* herausgearbeitet. Dies konnte auch von Patzold u. Pocklington (1982) über Clusteranalysen gefunden werden. Verschiedene derartige Progressionstypen sind in Abb. 8.**5** dargestellt. Die *Progression* ist nicht von der Schubrate abhängig (Fog u. Linnemann 1970), sondern eher vom Verlauf; *sie ist beim primär schubförmigen Verlauf am stärksten.*

Maligner Verlauf

Häufig bezeichnet man den Verlauf dann als maligne, wenn es innerhalb der ersten *3 bis 5 Jahre* zu einer erheblichen Funktionsminderung (z. B. Rollstuhlabhängigkeit mit Inkontinenz) oder gar zum Tode kommt. Diese Festlegung läßt aber einige Fragen offen. Sicher wird man dann von einem malignen Verlauf sprechen können, wenn die ersten Schübe sofort zu stärksten Funktionsstörungen führen.

Kommt es aber beim ersten MS-Schub schon zum Tode, dann läßt sich auch histologisch nicht erklären, ob es sich um eine Multiple Sklerose oder eventuell um eine *akute demyelinisierende Encephalomyelitis disseminata (ADEM)* gehandelt hat (s. S. 216). Diese akute demyelinisierende Enzephalomyelitis, die spontan, besonders aber auch im Gefolge von Virusinfekten oder Impfungen auftreten kann, ist wenn sie überleben wird ein abgeschlossener Vorgang und führt zu keinen Schüben.

Eine Sonderform der Multiplen Sklerose, die *konzentrische Sklerose Baló*, neigt zu einer sehr raschen Progredienz. In vielen Fällen kommt es schon nach einem Jahr zum Tod. Auch die *diffuse Sklerose Schilder* ist oft sehr rasch progredient.

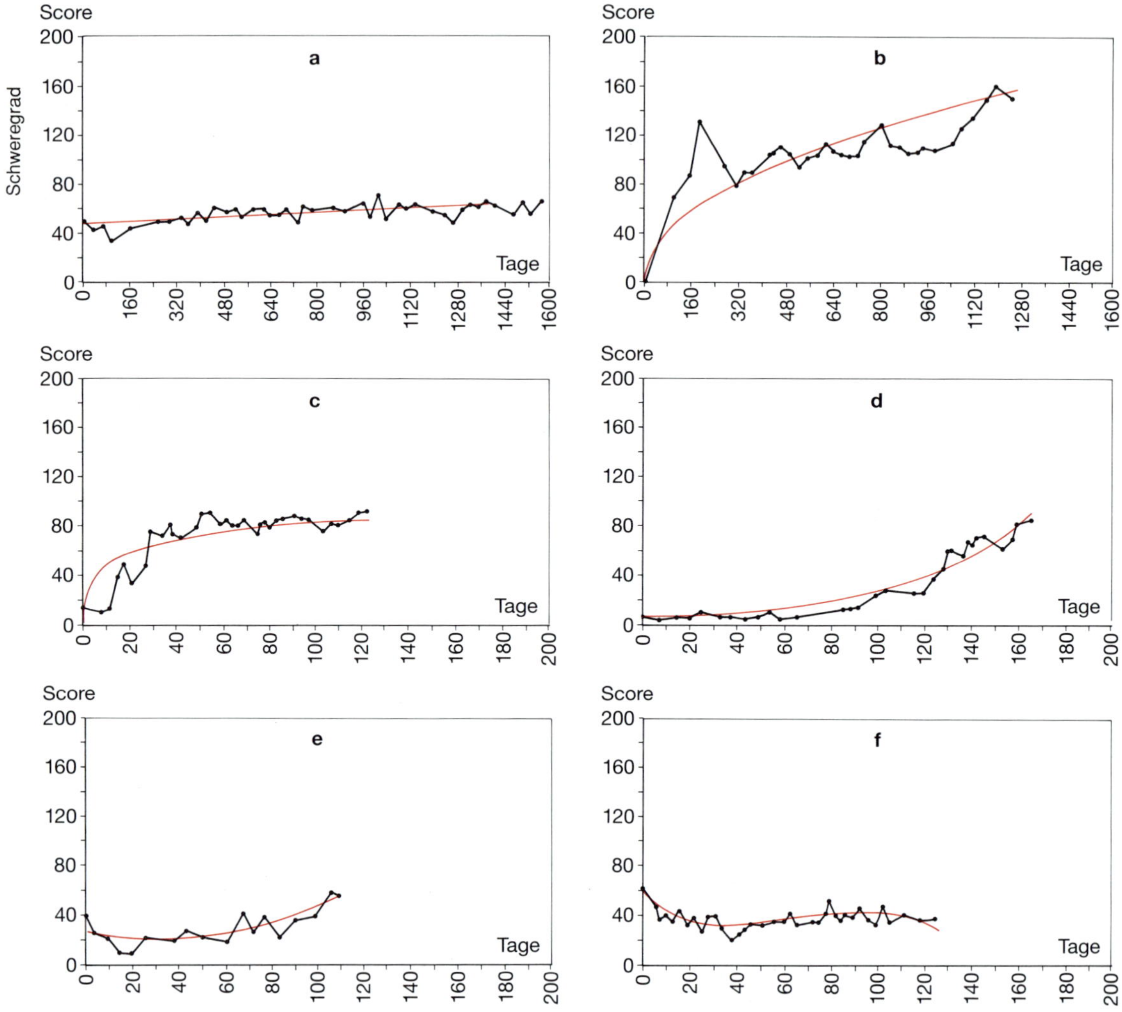

Abb. 8.**5 a–f Verschiedene Progressionstypen (Einzelpatienten)**
a stetige Progredienz, gering,
b u. **c** zunächst rasche, dann allmähliche Progredienz,
d zunächst allmähliche, dann rasche Progredienz,
e zunächst Besserung, dann zunehmende Verschlechterung,
f schwankender Verlauf mit geringer Progredienz (nach Patzold u. Pocklington)

Es gibt bei der Multiplen Sklerose auch „leichtere Schübe“ mit nur wenigen kleinen Herden und nur geringer Progredienz. Diese Herde können aber so ungünstig im Hirnstamm oder im Rückenmark gelegen sein, daß sie zu ganz erheblichen Ausfallserscheinungen führen.

Einer unserer Patienten (32 Jahre) hatte als Ausdruck einer Multiplen Sklerose eine Querschnittsmyelitis mit Querschnittslähmung ab Th 4. Er hat eine medizinische und berufliche Rehabilitation erfolgreich absolviert und ist jetzt als Rollstuhlfahrer noch nach 11 Jahren berufstätig. Im Kernspintomogramm konnten später zusätzlich kleine Herde nachgewiesen werden, deren Auftreten der Patient aber nicht bemerkte. Das IgG im Liquor war konstant erhöht.

Der Krankheitsprozeß ist in solchen Fällen also gar nicht so maligne, er wirkt nur maligne durch die besondere Topik der Läsionen.

Ein wirklich maligner Verlauf läßt sich beim ersten Schub auch dann nicht voraussagen, wenn viele Herde mit deutlichen Funktionsstörungen aufgetreten sind. Manche Patienten können sich ganz erstaunlich gut erholen – auch wenn es viele Monate dauert. Um von einem malignen Verlauf sprechen zu können, muß man in den meisten Fällen mindestens 1–2 Jahre abwarten.

Eine unserer Patientinnen erkrankte ganz plötzlich mit schwerer Hemiparese und Psychosyndrom (s. Abb. 14.**11**, S. 170). Sie hat sich gut erholt, wurde wieder gehfähig und blieb 3 Jahre ohne weiteren Schub. Die berufliche Rehabilitation war jedoch wegen des Psychosyndroms fehlgeschlagen.

Nach McAlpine u. Mitarb. (1972) sollen beim malignen Verlauf etwa 5 % der Multiple-Sklerose-Kranken in den ersten 5 Jahren sterben.

Sterben die Patienten innerhalb der ersten Wochen, dann liegen die Herde meist im Pons oder in der Medulla oblongata und führen zu *pseudobulbären Störungen* mit Aspirationspneumonie oder auch zur *Lähmung des Atemzentrums* (Adams 1983, Riechert u. Mitarb. 1975). Fünf von 8 Patienten, die perakut erkrankt waren, starben an den Folgen einer Bulbärparalyse (Adams 1989). Auch ein *Locked-in-Syndrom,* das schließlich zum Tode führte, wurde beschrieben (Seeldrayers u. Mitarb. 1987). Herde können auch den Hypothalamus und die angrenzenden Gebiete (Corpora mamillaria) betreffen und über eine Kachexie rasch zum Tode führen (Kamalian u. Mitarb. 1975).

Es soll aber betont werden, daß derartige perakut verlaufende, innerhalb von wenigen Wochen zum Tode führenden Verläufe zu den großen Seltenheiten gehören.

Benigner Verlauf

Klinisch benigner Verlauf

Es ist eine alte Erfahrung, daß die Multiple Sklerose bei nicht wenigen Patienten einen milden Verlauf nimmt, wobei die Gehfähigkeit und oft auch die Arbeitsfähigkeit sehr lange, ja bis zum Lebensende ganz oder teilweise erhalten bleiben können und die Behinderung insgesamt nur gering bleibt. So fanden Bauer u. Mitarb. (1965), daß 20 Jahre nach Beginn der Krankheit noch 30 % der Patienten ganz oder teilweise arbeitsfähig waren. McAlpine (1964) fand 32 % seiner Patienten nach 10 Jahren und länger in ihrer Arbeitsfähigkeit nicht beeinträchtigt.

Über die Häufigkeit derartiger benigner Verläufe gehen die Angaben aber ziemlich weit auseinander. Zum einen haben wir das gleiche Problem wie bei den malignen Verlaufsformen. Es ist nämlich nicht allgemeingültig festgelegt, was man unter einem benignen Verlauf zu verstehen hat. Zum anderen ist gerade bei Patienten mit so geringen, funktionell nicht ins Gewicht fallenden Störungen die Diagnose oft noch unsicher.

Um von einem benignen Verlauf sprechen zu können, sollte man 5–10 Jahre, manche Autoren meinen auch 15 Jahre, abwarten (McAlpine u. Mitarb. 1972), weil das Intervall zwischen dem ersten und zweiten Schub der Multiplen Sklerose bei 5 % der Patienten bis zu 15 Jahre beträgt. Ein benigner Verlauf ist dann als sicher anzunehmen, wenn über 15 Jahre keine stärkere Behinderung besteht, d.h. daß ein Behinderungsgrad von nicht mehr als 3 nach der Kurtzke-Skala (s. Anhang) vorliegt. Dies bedeutet, daß nur eine mäßiggradige Behinderung besteht und der Patient noch voll gehfähig ist.

Zum Vergleich: Beim Behinderungsgrad „Kurtzke 6“ benötigt der Patient intermittierend Hilfe oder konstant eine Gehstütze, um etwa 100 m ohne Rast zu gehen. Bei Kurtzke 9, 5 besteht gänzliche Hilflosigkeit, und der Patient kann auch nicht kommunizieren (s. Anhang).

Die Häufigkeit derartig benigner Verläufe wird auf *ca. 20 %* eingeschätzt (McAlpine 1964). In einer epidemiologischen Studie in Nordirland wurde sogar eine Häufigkeit von 25 % angenommen. Es handelte sich dabei allerdings um Patienten mit Multipler Sklerose, bei denen nach 10 Jahren der

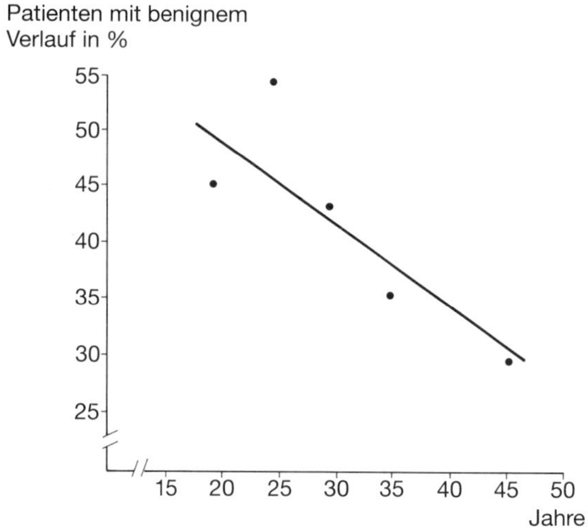

Abb. 8.**6** Prozentsatz der Patienten mit benignem Verlauf bezogen auf das Erkrankungsalter (nach Thompson u. Mitarb. 1986b)

Behinderungsgrad 3 nach Kurtzke nicht überschritten war (Hawkins u. Kee 1989). Nach der angegebenen Definition werden Patienten, bei denen die Multiple Sklerose zwar zu einem stärkeren Grad der Behinderung geführt hat (z.B. Kurtzke 4–6), in den nächsten 5–10 Jahren aber keine Progredienz mehr besteht, nicht der benignen Verlaufsform zugeordnet, obwohl der Krankheitsprozeß jetzt stationär geblieben ist und damit eindeutig eine Wendung zum Guten genommen hat.

Wenn die Multiple Sklerose nach 10–15 Jahren zu keiner weitergehenden Behinderung geführt hat, kann man annehmen, daß die Krankheit stationär bleibt oder zumindest sich nur wenig fortentwikkeln wird. Es besteht aber keine Gewähr, daß nicht doch wieder Schübe auftreten, die schwere Funktionsstörungen hinterlassen.

Die gutartig verlaufenden Formen der Multiplen Sklerose zeigen eine deutliche Beziehung zum Erkrankungsalter. Mit zunehmendem Erkrankungsalter wird die Wahrscheinlichkeit, daß die Multiple Sklerose einen benignen Verlauf nimmt, geringer (Abb. 8.**6**) (A. J. Thompson u. Mitarb. 1986b).

Im allgemeinen sind die Veränderungen im Kernspintomogramm beim benignen Verlauf weniger auffällig. Im Vergleich zur chronisch progredienten Form konnte aber gezeigt werden, *daß dennoch bei 20% der Patienten mit „gutartiger" Form die Kernspinveränderungen ausgeprägter waren als bei manchen Patienten mit chronisch progredienter Form* (Koopmans u. Mitarb. 1989). Die Neigung zur *Konfluenz* der Herde und die Zahl infratentorieller Herde waren bei der benignen Form aber deutlich geringer.

Subklinische Formen

Es gibt auch Formen der Multiplen Sklerose, die nie zu Störungen führen oder allenfalls zu Störungen, die so flüchtig sind, daß sie entweder nicht zum Arzt führen oder der Arzt sie nicht als ernstzunehmende Störung einordnet. Auf derartige subklinische Formen stieß man durch Zufallsbefunde bei Sektionen (Georgi 1961, Mackay u. Hirano 1967, Herndon u. Rudick 1983).

Gilbert u. Sadler (1983) fanden bei 5 von 2450 Allgemeinsektionen (dies entspricht 1:490) und Georgi (1961) bei einer von 1303 Allgemeinsektionen (12 von 15644) eine Multiple Sklerose, ohne daß klinische Erscheinungen bestanden. Adams (1983) fand bei 102 Fällen mit Multipler Sklerose 5 subklinische Fälle und schätzte, daß ungefähr 5% aller Patienten mit Multipler Sklerose eine subklinische Form aufweisen würden. Andere Autoren wiederum meinen, daß sogar bei 20% aller Patienten mit Multipler Sklerose eine subklinische Form vorkäme (Mackay u. Hirano 1967, Morariu u. Klutzow 1976).

Derartige subklinische Formen der Multiplen Sklerose können bei kernspintomographischen Untersuchungen immer wieder Rätsel aufgeben. Mit Sicherheit sind einige der UBO (unidentified bright objects, s. S. 169) in der Kernspintomographie damit zu erklären.

Wegen chronischer Kopfschmerzen wurde bei einem 33jährigen Mann eine kernspintomographische Untersuchung durchgeführt. Man fand einen periventrikulären und mehrere kleine im Marklager verstreute Herde, weshalb er zur Diagnostik eingewiesen wurde. Bei den Kopfschmerzen handelte es sich um schon seit Jahren bestehende Spannungskopfschmerzen, die unter Antidepressiva völlig verschwanden. Es fand sich eine geringe autochthone IgG-Bildung im Liquor. Die Anamnese war bezüglich der Multiple-Sklerose-Symptome ganz unauffällig. Die evozierten Potentiale waren normal. Nach 4 Jahren war der Patient klinisch noch immer völlig gesund.

Die klinisch benignen Formen der Multiplen Sklerose stellen wohl eine Übergangsform von den subklinischen zu den üblichen klinischen Formen dar. Pathologisch-anatomisch findet man keine prinzipiellen Unterschiede. *Die subklinische Form der Multiplen Sklerose ist – folgt man der Schätzung von 20 % – ungefähr gleich häufig wie die klinisch manifeste, benigne Form.*

Multiple Sklerose bei Kindern

Die Multiple Sklerose ist bei Kindern zwar selten, aber doch nicht so selten, daß sie differentialdiagnostisch nicht ins Gewicht fallen würde. So wurde z. B. in einer Kinderklinik bei 4600 Behandungsfällen pro Jahr in 7 Fällen die Diagnose Multiple Sklerose gestellt (Baier 1987). Es wird allgemein angenommen, daß die Häufigkeit der Erkrankung bei Kindern unter 10 Jahren etwa 0,3 % aller Multiple-Sklerose-Fälle ausmacht.

In einer sehr großen Studie (Duquette u. Mitarb. 1987), die etwa ein Viertel aller Kranken mit Multipler Sklerose in Kanada betraf, waren 125 Patienten (2,1 %) unter 16 Jahre alt, nur 8 waren jünger als 8 Jahre.

In Abb. 8.**7** ist die Verteilung des Erkrankungsalters bei Kindern mit Multipler Sklerose dargestellt.

Ganz vereinzelt erkranken Kinder schon sehr früh. Bei einem Mädchen kam es mit 24 Monaten zum ersten Schub (Bejar u. Ziegler 1984), bei einem Jungen schon mit 10 Monaten (Shaw u. Alvord 1987).

Im Kindesalter überwiegt das weibliche Geschlecht mit 2:1 bis 3:1 (Gall u. Mitarb. 1958, Izquierdo u. Mitarb. 1985, Baier 1987, Duquette u. Mitarb. 1987) deutlicher als im Erwachsenenalter, wo das Verhältnis bei uns etwa 1,8:1 beträgt.

Die Verläufe der Multiplen Sklerose sind im Kindes- und Erwachsenenalter ungefähr gleich. Vor allem können auch primär chronische Formen vorkommen (Duquette u. Mitarb. 1987).

Die **Prognose** ist aber im Kindesalter deutlich schlechter. Zwar sind einerseits die Schübe oftmals sehr gut rückbildungsfähig, andererseits aber ist die Mortalität insgesamt hoch. Sie wurde mit 20 % angegeben (Weigel 1974). Bei Kindern kommt es näm-

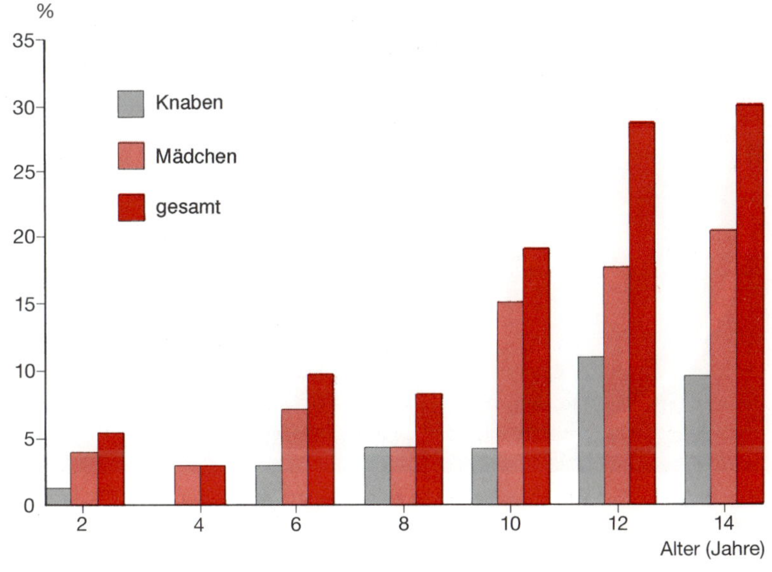

Abb. 8.**7** Altersverteilung der Multiplen Sklerose im Kindesalter (nach Baier)

lich öfter zu sehr akuten Verläufen, verbunden mit Fieber, Bewußtseinsstörungen (Hirnödem) und Krampfanfällen.

Multiple Sklerose nach dem 50. Lebensjahr

Die Multiple Sklerose wird nur selten nach dem 50. Lebensjahr (4,7–9,4 % der Fälle) erstmals manifest (McAlpine 1972, Noseworthy u. Mitarb. 1983) und ist mit 0,6 % nach dem 60. Lebensjahr (Hooge u. Redkop 1992) bzw. 0,3 % nach dem 65. Lebensjahr (Postkanzer u. Mitarb. 1963) ganz selten.

Bei der Multiplen Sklerose nach dem 50. Lebensjahr herrscht in der Symptomatik ganz eindeutig die spastische Paraparese der Beine vor, und der Verlauf ist fast durchweg primär chronisch progredient. Die Prognose ist schlechter sowohl bezüglich der körperlichen Leistungsfähigkeit als auch der Lebensdauer. Die Progredienz ist rascher als bei Jüngeren mit primär chronischem Verlauf.

Nach dem 50. Lebensjahr beginnt die Multiple Sklerose deutlich *seltener* als im Alter zwischen 20 und 40 Jahren mit einer *Optikusneuritis* (Hely u. Mitarb. 1988, Jacobson u. Mitarb. 1988).

Es ist nicht immer festzustellen, ob die Multiple Sklerose wirklich erst nach dem 50. Lebensjahr oder gar in noch höherem Lebensalter begonnen hat. Eine chronische Paraspastik der Beine wird zunächst oft gar nicht erkannt. Leichtere Gehstörungen werden von dem Patienten zunächst bagatellisiert, später dann auch von Ärzten auf Gelenksarthrose, Durchblutungsstörungen oder andere Übel zurückgeführt, so daß es bei der Diagnosestellung den Anschein haben kann, als ob die Spastik erst kürzlich begonnen habe.

Bei 2 Patientinnen (69 und 72 Jahre alt) mit dem gesicherten ersten Schub einer Multiplen Sklerose (positive oligoklonale Banden, verzögerte VEP und SEP, multilokuläre klinische Symptomatik) fanden wir ganz massive Veränderungen im Kernspintomogramm (Abb. 8.**8**). Diese lassen den Schluß zu, daß die Erkrankung schon lange in einem subklinischen Zustand bestand und nicht erst mit der ersten klinischen Manifestation begann.

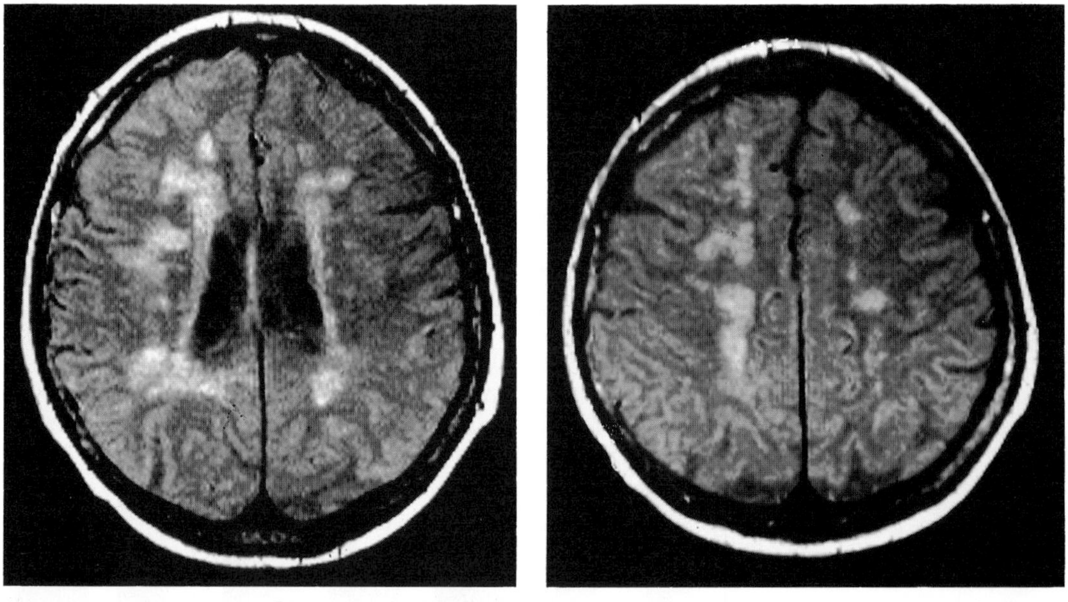

Abb. 8.**8a** u. **b** Multiple Sklerose mit „Beginn" im Alter von 72 Jahren. Erste Symptomatik in Form eines akuten Schubes. Viele alte Herde (keine Kontrastmittelaufnahme) lassen vermuten, daß die Multiple Sklerose subklinisch schon vorher bestand

Geschlechtsunterschiede

Bei der Multiplen Sklerose gibt es gewisse Geschlechtsunterschiede. So ist die Krankheit bei Frauen deutlich häufiger als bei Männern. Für Deutschland wurde ein Verhältnis Frauen/Männer von 1,8:1 angegeben (Poser 1978), übereinstimmend mit dem Verhältnis, das im Kanton Bern in der Schweiz (Beer u. Kesselring 1988) oder in Schottland (Phadke 1990) besteht. Auf der ganzen Welt überwiegen die Frauen, wenn auch unterschiedlich stark. So fand sich ein Verhältnis von 1,4:1 (Sibley u. Paty 1981, Acheson 1977) für Ontario, von 2,7–3:1 für Neuseeland (Skegg u. Mitarb. 1987) und von 5:1 für Malaysia (Tan 1988).

Bei Kindern überwiegt das weibliche Geschlecht noch deutlicher als bei Erwachsenen (Gall u. Mitarb. 1958, Izquierdo u. Mitarb. 1985, Baier 1987, Duquette u. Mitarb. 1987).

Es wird auch immer wieder angenommen, daß Frauen etwas *früher* als Männer erkranken (McAlpine 1972, Firnhaber 1973, Beer u. Kesselring 1988), was von anderen Autoren aber nicht bestätigt wurde (Tavolato 1974, Poser 1978). Das Erkrankungsalter bei Frauen scheint aber breiter zu streuen (Poser 1978) als das bei Männern.

Ob sich aus diesem Überwiegen des weiblichen Geschlechts irgendwelche Rückschlüsse auf Ätiologie oder Pathogenese der Multiplen Sklerose ziehen lassen, ist nicht klar. Wahrscheinlich ist diese Frauenwendigkeit Ausdruck der Autoimmunpathogenese. Frauen sind nämlich auch bei gesicherten Autoimmunerkrankungen wie Lupus erythematodes, Hashimoto-Thyreoiditis, primär chronischer Polyarthritis und Myasthenia gravis häufiger als Männer betroffen.

Es gibt experimentelle Befunde, die zeigen, daß physiologischerweise schon ein sexueller Dimorphismus sowohl bei humoralen als auch zellulären Immunantworten besteht, wobei der weibliche Organismus zu stärkeren Reaktionen neigt (Grossmann 1990).

Die einzelnen *Verlaufsformen* sollen bei Frauen und Männern verschieden häufig vorkommen. So meinen manche Forscher, daß bei Frauen häufiger der primär schubförmige Verlauf auftrete, während beim primär chronischen Verlauf der Geschlechtsunterschied geringer sei (McLean u. Berkson 1951, Beer u. Kesselring 1988).

Patzold (1985) fand aber in 237 Fällen bezüglich der Verlaufsform keine sicheren Geschlechtsunterschiede, ebenso wenig Noseworthy u. Mitarb. 1983. Man kann zur Zeit also nicht sicher sagen, ob die einzelnen Verläufe diesbezüglich eine gewisse Tendenz zeigen (Prognose und Geschlecht s. S. 120).

Die *Krankheitsdauer* ist bei beiden Geschlechtern gleich. Eine etwas höhere Überlebensrate bei Frauen war nicht signifikant (Phadke 1987). Die Behinderung soll bei Männern durchschnittlich stärker sein als bei Frauen (Bauer 1989). A. J. Thompson u. Mitarb. (1986) fanden entsprechend, daß bei benignen Verlaufsformen Frauen stärker vertreten sein sollen als Männer.

Rassenunterschiede

Die Multiple Sklerose zeigt nicht nur gewisse Unterschiede zwischen Männern und Frauen, sondern auch zwischen den einzelnen Rassen. So ist z. B. die *Häufigkeit* der Multiplen Sklerose bei Negern in Afrika äußerst gering, bei Negern in den USA zwar deutlich höher als bei denen in Afrika, aber immer noch um mehr als die Hälfte geringer als bei den weißen Amerikanern (Stazio u. Mitarb. 1964). Auch im Orient ist die Multiple Sklerose deutlich weniger verbreitet, teilweise fast unbekannt.

In Japan beträgt die Prävalenz 1–4/100 000 Einwohner (Kuroiwa 1980), im Vergleich dazu die Häufigkeit in Niedersachsen: 85,7/100 000 Einwohner (Wikström u. Mitarb. 1977) und in Südhessen: 68/100 000 (Firnhaber u. Lauer 1985). Die Prävalenz bei Japanern, die in Amerika leben, ist ebenfalls deutlich geringer als die der alteingesessenen Amerikaner (Detels u. Mitarb. 1977).

Fast unbekannt ist die Multiple Sklerose bei Indianern, bei Lappen, aber auch bei den Maoris in Neuseeland (Miller u. Mitarb. 1986, Skegg u. Mitarb. 1987). Bei den Eskimos ist offensichtlich bis 1980 noch kein Fall von Multipler Sklerose berichtet worden (Kurtzke 1980).

Die Bemerkung von Kurtzke (1970), daß die Multiple Sklerose die „Last des weißen Mannes" sei, charakterisiert treffend die Häufigkeitsunterschiede zwischen den Rassen.

Das *Erscheinungsbild* der Multiplen Sklerose ist bei den einzelnen Rassen im großen und ganzen gleich. Es gibt aber doch gewisse Unterschiede, die am Beispiel von Japan und Europa kurz dargestellt werden sollen, weil es darüber die fundiertesten Untersuchungen gibt.

So kommt es in Japan häufiger zur *Optikusneuritis* (Shibasaki u. Mitarb. 1981), die dort auch öfter als bei uns doppelseitig auftritt. Auch *Hirnstammsymptomen treten häufiger auf.*

Deutlich zahlreicher sind das *Lhermittesche Zeichen* (Shibasaki u. Mitarb. 1981) und die *tonischen Spinalanfälle* (painful tonic seizures) (Kuroiwa u. Shibasaki 1973, Shibasaki u. Kuroida 1974, Shibasaki u. Mitarb. 1981). Besonders häufig sind die tonischen Spinalanfälle in Taiwan (Hung u. Mitarb. 1976).

Während bei uns die *Neuromyelitis optica* extrem selten ist, kommt sie in Japan, zumindest in einigen Regionen, sehr häufig vor (3–13 %), ebenso in China, Indien und anderen asiatischen Ländern. Auch die isolierte *Querschnittsmyelitis* durch Multiple Sklerose ist in Japan häufiger. *Zerebellare Störungen* sind in Japan wiederum seltener als bei uns (Shibasaki u. Mitarb. 1981).

Das durchschnittliche *Erkrankungsalter* und auch das Überwiegen des weiblichen Geschlechts ist in Japan und in Europa gleich. In Malaysia ist das Verhältnis von Frauen zu Männern mit 5:1 (Tan 1988) aber deutlich höher als bei uns, wo das Verhältnis etwa 1,8 : 1 beträgt.

Ein interessantes Phänomen ist, daß die *oligoklonalen Banden* bei Japanern deutlich weniger häufig vorkommen als bei Europäern (Iwashita u. Kuroiwa 1980). Ebenso finden sich in Japan offensichtlich keine Masernantikörper im Liquor (Horikawa u. Mitarb. 1973). Auch in China (Hongkong) findet man nur in 33 % der gesicherten Multiple-Sklerose-Fälle oligoklonale Banden (Yu-Yl u. Mitarb. 1989).

9. Gibt es schubauslösende Faktoren?

Allgemeines

Es wäre außerordentlich wichtig zu wissen, ob es irgendwelche äußeren oder inneren Ereignisse gibt, die Schübe verhindern, diese auslösen oder gar den Verlauf der Multiplen Sklerose verändern können. Daraus könnte man eventuell Schlüsse ziehen bezüglich der Ätiologie, Pathogenese und Therapie der Krankheit, oder es würden sich eventuell auch Folgerungen für die diätetische Lebensführung ergeben.

Wie bei allen Krankheiten, deren Ätiologie unbekannt ist, gibt es eine Reihe von Vermutungen über äußere Einwirkungen, die für die Entstehung der Krankheit verantwortlich sein könnten oder ihren Verlauf günstig bzw. ungünstig beeinflussen. Hier sollen nur solche Faktoren besprochen werden, die wissenschaftlich ausreichend untersucht sind, auch wenn noch nicht genügend Klarheit besteht.

Es herrscht Einigkeit darüber, daß bis jetzt *kein* Ereignis bekannt ist, das die Krankheit auslöst oder sogar verursacht. Es ist aber in der Diskussion, ob nicht unter bestimmten Umständen Schübe provoziert werden können. Hier ergibt sich zunächst die Frage, was eigentlich ein Schub ist (s. S. 176). Eine Verschlechterung der Symptomatik ist nicht nur durch neue Herde möglich, sondern allein schon durch chemische und physikalische Veränderungen an *alten* Entmarkungsherden (Pseudoschub, s. S. 98).

Wie schon ausgeführt, muß man gerade dann, wenn sich frühere Symptome verschlechtert haben und diese Verschlechterung sich rasch wieder zurückbildet, auch an einen *Pseudoschub* denken (Fieber, Virusinfekt, Elektrolytverschiebung, unbekannte Faktoren). Weiter sollte man immer dann, wenn man versucht ist, einen schubauslösenden Faktor anzunehmen, auch in Betracht ziehen, daß eventuell vorhandene *subklinische Herde* unter gewissen Belastungen klinisch manifest werden oder exazerbieren.

Psychische Faktoren

Psychische Faktoren wurden immer wieder beschuldigt, in irgendeinem Zusammenhang mit der Auslösung von Schüben oder gar der Multiplen Sklerose selbst zu stehen. Es gibt dazu widersprüchliche Untersuchungsergebnisse. So fand man bei früheren Untersuchungen keine sicheren Zusammenhänge (Pratt 1951, Alter u. Mitarb. 1968); durch andere Untersuchungen wurde jedoch festgestellt, daß überzufällig häufig vor Krankheitsbeginn stärkere psychische Belastungen vorkamen (Warren u. Mitarb. 1982, Grant 1985, Franklin u. Mitarb. 1988a). Ob diese Untersuchungen noch weiter bestätigt werden können, bleibt abzuwarten.

Ganz unerklärlich wäre ein Zusammenhang zwischen Psyche und dem Auftreten von Schüben nicht. Neuere Untersuchungen haben gezeigt, daß es weitaus engere Verknüpfungen zwischen Psyche und Immunsystem gibt, als man bisher annehmen wollte (Übersicht bei Spector u. Korneva 1981, Kaschka u. Aschauer 1990). Die **Psychoimmunologie** ist ein neues Forschungsgebiet, das über kurz oder lang auch für die Erforschung der Pathogenese der Multiplen Sklerose von Bedeutung sein wird.

Unabhängig davon muß man aber immer im Auge behalten, daß psychische Veränderungen – vorwiegend depressive Störungen – sehr häufig zu einer Verschlimmerung der Symptomatik führen, ohne daß ein echter Schub vorliegt (s. S. 98).

Traumen

Es gibt keinen statistischen Beleg dafür, daß die Multiple Sklerose durch Traumen ausgelöst werden könnte. Bei den ungezählten Patienten mit Hirn- und Rückenmarkstraumen, die in Rehabilitationskliniken untersucht und teils jahrzehntelang katamnestisch verfolgt wurden, hätten derartige Zusammenhänge auffallen müssen. Zwar wurde früher vermutet, daß bei Kranken mit Multipler Sklerose häufiger Traumen in der Vorgeschichte vorkommen, was aber durch eine prospektive Studie (Bamford u. Mitarb. 1981) nicht bestätigt werden konnte. Auch andere retrospektive Studien konnten dies nicht belegen (Sibley u. Mitarb. 1984).

Nach dem Ersten und kurz nach dem Zweiten Weltkrieg wurde in Gutachten die Multiple Sklerose nach schweren Traumen, Verschüttungen, Kälteeinwirkungen usw. häufig als Wehrdienstbeschädigung anerkannt. Hier war aber, wohl durch den noch frischen Eindruck der fürchterlichen Kriegsereignisse einerseits und durch die größere diagnostische Unsicherheit andererseits, eine gewisse Großzügigkeit bei den Gutachtern induziert worden, die erst später einer sachgerechteren Beurteilung wich.

Auch heute können noch gewisse gutachterliche Schwierigkeiten auftreten. Im Bundesversorgungsgesetz (BVG) ist im zweiten Neuordnungsgesetz vom 21.2.1964 festgehalten, daß ein ursächlicher Zusammenhang zwischen einem Ereignis und einer bestimmten Krankheit dann schon als wahrscheinlich anzusehen ist, wenn ein Zusammenhang nur deshalb nicht hergestellt werden kann, weil über die Ursache des festgestellten Leidens noch Ungewißheit besteht.

Man kann aber auf keinen Fall die Multiple Sklerose auf ein wie auch immer geartetes Trauma zurückführen. Jedoch ist es nicht auszuschließen, daß in Einzelfällen bestimmte Traumen einen Schub bei einer *vorbestehenden* Multiplen Sklerose auslösen können. Es gibt nämlich überzeugende Einzelbeobachtungen, die einen derartigen Zusammenhang nahelegen. So berichtete Ch. M. Poser (1987a) über 5 Patienten; bei 3 von ihnen lagen Herde im Zervikalmark und bei 2 Patienten offensichtlich Herde im Hirnstamm vor. Durch ein Trauma kam es zur Exazerbation. Auch *Elektrotraumen* sollen mit einer gewissen Signifikanz einen Schub der Multiplen Sklerose auslösen können (Sibley u. Mitarb. 1991).

Es ist bekannt, daß es bei Kranken mit Multipler Sklerose nach *stereotaktischen Operationen* zur Bekämpfung eines medikamentös nicht angehbaren Aktionsmyoklonus häufig zu Schüben kommt, was z. B. von Kelly 1985 erwähnt wird. Früher haben aber schon deutsche Autoren darauf hingewiesen, daß man bei etwa 10 % der Multiple-Sklerose-Kranken nach stereotaktischen Operationen neue Herde finden kann. Diese treten zum Teil in unmittelbarer Nachbarschaft des stereotaktischen Stichkanals auf (Hassler u. Mitarb. 1975), was die Annahme einer traumatischen Induktion doch sehr nahelegt. Setzt man im Tierexperiment durch Elektrokoagulation Hirnläsionen und erzeugt zusätzlich eine experimentell allergische Enzephalitis, dann häufen sich die Herde um die vorher gesetzten Läsionen (Levine u. Hoenig 1968).

Die Multiple Sklerose ist offensichtlich nicht nur dort lokalisiert, wo sich Herde befinden, sondern ist ein diffus in der weißen Substanz ausgebreiteter Prozeß (Adams 1983). Es ist deshalb durchaus denkbar, daß traumatische Läsionen den *Kristallisationspunkt* für Multiple-Sklerose-Herde bilden können. Vielleicht kann man damit auch erklären, warum gerade der *N. opticus* und das *Zervikalmark* besonders häufig Sitz von Multiple-Sklerose-Herden sind. Beides sind diejenigen Strukturen des Zentralnervensystems, die am meisten Bewegungen ausgesetzt und gleichzeitig so von Knochenstrukturen umgeben sind, daß es zu Reibungen und damit zur Mikrotraumatisierung kommen kann.

Körperliche Erschöpfung

Kranken mit Multipler Sklerose wird immer wieder empfohlen, daß sie stärkere bis extreme körperliche Belastungen, Temperatureinflüsse usw. meiden sollen. Dieser

Vorschlag ist sicherlich theoretisch einigermaßen begründet, aber nicht belegt. In zwei Studien konnte *kein* Zusammenhang zwischen irgendwelchen körperlichen Belastungen und einer Schubauslösung gefunden werden (Firnhaber 1971, Sibley u. Mitarb. 1984). Es kann aber durch starke körperliche Belastung – über einen Anstieg der Kerntemperatur – zu einer vorübergehenden Verschlechterung kommen. Allein deshalb ist der Rat, schwere körperliche Belastungen zu meiden, nicht ungerechtfertigt.

Infektionen

Infektionen als Auslöser oder gar Ursache der Multiplen Sklerose wurden immer wieder diskutiert. Es gibt wohl nur wenig Mikroben, die nicht schon einmal mit der Multiplen Sklerose in Zusammenhang gebracht worden wären. Zuletzt wurde über die *Borreliose* (Borrelia burgdorferi) diskutiert, ein Zusammenhang mit der Multiplen Sklerose aber abgelehnt (Lancet, Annotation 1987).

Eine **Virusätiologie** bzw. eine Virusinfektion als Auslöser für die Multiple Sklerose ist aber noch heftig in der Diskussion. Es gibt bei Tieren eindeutig durch Viren ausgelöste Entmarkungskrankheiten (z.B. *Visna bei Schafen*) und Entmarkungskrankheiten bei Menschen, deren Virusätiologie sehr wahrscheinlich ist (*SSPE = subakute sklerosierende Panenzephalitis,* S. 218, und *PML = progressive multifokale Leukenzephalopathie,* S. 219).

Auch gibt es im Gefolge von Virusinfektionen **postinfektiöse demyelinisierende Enzephalitiden** und Enzephalomyelitiden, die histopathologisch große Ähnlichkeiten mit der Multiplen Sklerose aufweisen, vor allem wenn sie nicht so akut verlaufen, d.h. nicht den nekrotisierend-hämorrhagischen Charakter zeigen. Besonders ähnlich der Multiplen Sklerose, histologisch praktisch nicht davon zu unterscheiden, ist die *akute demyelinisierende Enzephalomyelitis* (ADEM). Diese kann durch verschiedene virale Infekte, aber auch durch Impfungen ausgelöst werden. Die ADEM ist letztlich nur durch den Verlauf von der Multiplen Sklerose zu trennen, weil sie im Gegensatz zur Multiplen Sklerose keine Schübe aufweist (s. S. 216).

Man hat nun danach geforscht, ob Infektionen, vor allem Virusinfektionen, der Multiplen Sklerose oder den einzelnen Schüben vorausgehen. Miller u. Mitarb. (1961) fanden in einer retrospektiven Studie, daß banale Infekte in mehr als einem Drittel der Fälle den Schüben vorausgingen. Auch ein Zusammenhang mit der Sinusitis wurde gesehen (Gay u. Mitarb 1986). Derartige *retrospektive Studien* sind aber nur unter Vorbehalt zu werten.

Wenn es während eines Infektes zur Verschlechterung kommt – auch wenn diese länger als 24–48 Stunden anhält –, muß man immer an einen *Pseudoschub* denken. Wir fanden bei unseren Patienten während und nach einem Infekt – auch wenn es zu stärkeren Verschlechterungen kam – fast immer eine vollkommene Rückbildung der Symptomatik auf den alten Stand. Dies war auch bei solchen Patienten der Fall, die sonst einen eindeutig schubförmig progredienten oder chronisch progredienten Verlauf aufwiesen und früher eigentlich nie eine völlige Rückbildung zeigten. Dies spricht dafür, daß kein echter Schub vorgelegen hat, sondern daß es zu einer wie auch immer gearteten Verschlechterung gekommen ist.

Impfungen

Impfungen werden immer wieder im Zusammenhang mit der Entstehung von Multipler Sklerose oder der Auslösung von Schüben gesehen. Es wurde aber geäußert, daß ein statistisch signifikanter Zusammenhang nicht zu finden sei (Sibley u. Foley 1965). Nach *Poliomyelitisimpfung* soll es u.a. auch zu einer Enzephalomyelitis kommen, die sich nicht vom ersten Schub einer Multiplen Sklerose unterscheiden läßt (Seitz 1976).

Nach *Tollwutimpfungen* (mit einem heute nicht mehr gebräuchlichen Impfstoff) gab es Enzephalomyelitiden mit Entzündungsherden, die sich von Herden der Multiplen Sklerose nicht unterscheiden ließen

(Uchimura u. Shiraki 1957). Selbst progrediente Verläufe kamen vor.

Wir haben über viele Jahre einen Tierarzt beobachtet, der mit dem Impfstoff Hempt (heute nicht mehr gebräuchlich) im Alter von 52 Jahren gegen Tollwut geimpft worden war. Danach entwickelte sich eine *schubförmig* progrediente (Radikulo-)Myelitis, die zunächst von einer Multiplen Sklerose praktisch nicht zu unterscheiden war (veröffentlicht von Schoop u. Rohrbach 1974).

Bei derartigen progredienten Verläufen, die nach Infektionen und Impfungen ganz selten auftreten können, muß man auch in Erwägung ziehen, daß eventuell eine subklinische Form der Multiplen Sklerose (s. S. 104) gewissermaßen angestoßen wurde und sich manifestierte.

Eine neuere retrospektive Studie ergab ein erhöhtes Manifestationsrisiko für die Multiple Sklerose nach *Pocken- und Tetanusschutzimpfungen,* während nach *Polioimpfungen* und *Grippeimpfungen* die Multiple-Sklerose-Häufigkeit sich nicht vom Erwartungswert unterschied (Lauer u. Firnhaber 1990). Sichere Aussagen über das Risiko, eine Multiple Sklerose nach Impfungen zu bekommen, können aber nur über prospektive Studien getroffen werden. So scheint z.B. über prospektive Studien gesichert zu sein, daß durch Grippeimpfungen *kein* Risiko besteht (Sibley u. Mitarb. 1976).

Die Pockenschutzimpfung ist bei allen Patienten mit Erkrankungen des Zentralnervensystems kontraindiziert, so daß auch für Kranke mit Multipler Sklerose fraglos gilt: *Die Pockenschutzimpfung ist kontraindiziert,* obwohl nicht sicher gesagt werden kann, ob Schübe dadurch ausgelöst werden können.

Die *Tetanusschutzimpfung* gilt für Kranke mit Multipler Sklerose im allgemeinen als unschädlich. Allein aus theoretischen Erwägungen sollte jedoch die Indikation zur aktiven Immunisierung streng gestellt werden (Lauer u. Firnhaber 1990). Der Verzicht auf die Polio- oder Pockenschutzimpfung bei Kranken mit Multipler Sklerose dürfte keine nachteiligen Folgen haben, da diese Impfungen nur der epidemiologischen Eindämmung dieser Krankheiten dienen.

Die neuen Impfstoffe gegen *Tollwut* sind im Gegensatz zu den früheren Impfstoffen ungefährlich. Bei Tollwutverdacht übersteigt das Risiko der Tollwut sowieso bei weitem das Risiko eines Schubes der Multiplen Sklerose.

Die Impfungen gegen *Grippe, Hepatitis B* und *Röteln* sind gefahrlos. Entschließt man sich zu einer derartigen Impfung, dann sollte man diese aber nicht im Schub durchführen.

Schwangerschaft

Man hat in der ersten Hälfte unseres Jahrhunderts geglaubt, daß eine Schwangerschaft die Multiple Sklerose verschlechtern würde und deshalb sogar die Interruptio propagiert (z.B. Fleck 1938). Genaue Untersuchungen erwiesen aber das Gegenteil: Während der Schwangerschaft besteht eher ein gewisser Schutz vor Schüben. Allerdings ist dann in den ersten 3–6 Monaten nach der Geburt die Schubrate erhöht.

Birk u. Mitarb. (1988) stellten die Ergebnisse von 8 Untersuchungen über insgesamt 935 Schwangerschaften bei Multipler Sklerose zusammen und fanden, daß sich nur 10% der Schübe während der Schwangerschaft ereigneten, jedoch 30% innerhalb der ersten 6 Monate nach der Geburt. Zu ähnlichen Ergebnissen kam man auch in anderen Studien (Poser u. Poser 1983, Korn-Lubetzki u. Mitarb. 1984, Nelson u. Mitarb. 1988, Birk u. Mitarb. 1990).

In einer australischen Studie (Frith u. McLeod 1988) wurde festgestellt, daß während der Schwangerschaft insgesamt – auch in der Periode danach – die Zahl der Schübe nicht erhöht ist, daß aber die normalerweise zu erwartenden Schübe in das letzte Drittel der Schwangerschaft und in die ersten 3 Monate danach fielen.

Weitergehende Untersuchungen haben zusätzlich gezeigt, daß Frauen, die eine Schwangerschaft hatten, gegenüber Frauen, die nie schwanger waren, nicht stärker behindert sind (Poser u. Poser 1983, D. S. Thompson u. Mitarb. 1986).

Es hat den Anschein, als ob die erhöhte Schubrate nach der Geburt Ausdruck eines gewissen Rebound-Effektes ist, gewissermaßen ein Ausgleich für die Schubunterdrückung während der Schwangerschaft.

Es wurde auch die Frage aufgeworfen, ob die psychophysische Belastung der Frauen (Kindbett, Mutterschaft, Säuglingspflege) eine Rolle spielen könnte (Poser 1984). Die Ergebnisse von Poser u. Poser 1983 (Ergänzung bei Poser u. Poser 1984) machen dies aber nicht wahrscheinlich.

Die Reaktion bei Multipler Sklerose auf eine Schwangerschaft erinnert etwas an die bei *Lupus erythematodes* oder bei *primär chronischer Polyarthritis* (Unger u. Mitarb. 1983). Auch diese Krankheiten können sich während der Schwangerschaft bessern. Andere, offensichtlich ebenfalls autoimmunologisch bedingte Krankheiten wie die *chronisch demyelinisierende, aufsteigende Polyneuroradikulopathie* (McCombe u. Mitarb. 1987) oder die *Myasthenie* verschlechtern sich eher. Auch bei der *Polymyositis* wurde in der Schwangerschaft eine Verschlechterung beschrieben (Houck u. Mitarb. 1987), obwohl auch eine Besserung vorkommen kann (England u. Mitarb. 1986).

Die Schubminderung – zumindest während eines Teils der Schwangerschaftsmonate – könnte etwas mit den physiologischen, autoimmunsuppressiven Vorgängen zu tun haben, die verhindern, daß der Fetus, der für die Mutter ja antigene Eigenschaften besitzt, abgestoßen wird.

Orale Ovulationshemmer, die zum Teil die Schwangerschaft imitieren, haben keinen Einfluß auf die Multiple Sklerose (Poser u. Mitarb. 1979).

10. Sonderformen der Multiplen Sklerose

Allgemeines

Im Folgenden soll die klassische Form der Multiplen Sklerose als *Charcotsche* Form bezeichnet werden, um sie begrifflich von ihren Spielarten oder Sonderformen abzutrennen. Diese *Sonderformen* haben zwar gewisse Besonderheiten gegenüber der Charcotschen Form und einen anderen, durchweg akuteren Verlauf, lassen sich aber prinzipiell nicht von ihr abtrennen. Es handelt sich dabei um die *Neuromyelitis optica (Devic),* die *Schildersche Erkrankung (diffuse Sklerose Schilder)* und die *konzentrische Sklerose Baló.* Solange man die Ätiologie der Charcotschen Form nicht kennt, wird man auch nicht wissen, was diese Sonderformen eigentlich zu solchen macht. Wir müssen uns deshalb zunächst ganz auf die Beschreibung beschränken.

Eine weitere Form, die man als Sonderform abtrennen könnte, ist die *akute Enzephalomyelitis disseminata (akute Multiple Sklerose oder Marburg-Typ).* Diese akute Multiple Sklerose (Marburg-Typ) ist aber nichts anderes als eine *hochakut verlaufende Charcotsche Form (s. S. 216).*

Diffuse Sklerose Schilder

(Synonym: Encephalomyelitis periaxialis diffusa Schilder [1912])

Bei der Schilderschen Erkrankung handelt es sich um eine demyelinisierende Erkrankung, die vorwiegend Kinder erfaßt und oft innerhalb kurzer Zeit (1–2 Jahre) zum Tode führt. Die Krankheit beginnt mit *psychischen* Symptomen und verschiedenen *neurologischen* Störungen wie Gesichtsfeldausfällen, kortikaler Blindheit, Retrobulbärneuritis, Pyramidenstörungen, bulbären Symptomen u.a. Die Symptomatik ist sehr diffus und ohne besondere Charakteristik. Der Verlauf ist monophasisch, d.h. es kommt nicht zu Schüben. Im Liquor findet man Veränderungen wie bei Multipler Sklerose, einschließlich oligoklonaler Banden (Einzelfälle beschrieben bei Jankowski 1963, Rohrbach u. Mitarb. 1987a).

Die pathologisch-anatomischen Veränderungen unterscheiden sich prinzipiell nicht von denen der Multiplen Sklerose. Es liegen nur *wenige* Herde vor (ca. 2–3), die aber immer *außerordentlich groß* sind (mindestens 3 × 2 cm). Sie sind fast nur im Planum semiovale (Marklager) gelegen, meist asymmetrisch. Die subkortikalen U-Fasern (kurze Assoziationsbahnen zwischen den einzelnen Gyri bzw. Sulci, „Fibrae arcuatae") sind fast immer ausgespart, was bei der Charcotschen Form der Multiplen Sklerose nicht in diesem Maß der Fall ist. Ein großer Herd kann sich über den Balken fingerförmig auf die andere Hemisphäre ausbreiten und dort mit den Herden konfluieren, wie dies Schilder 1912 schon dargestellt hat (Abb. 10.**1**).

Da die *Adrenoleukodystrophie* histologisch gleich aussieht, wurde diese früher fälschlicherweise auch zur Schilderschen Erkrankung gerechnet („Addison-Schilder-Krankheit"), was zu einiger Verwirrung Anlaß gab (Differentialdiagnose s. S. 197).

Man kann die Schildersche Krankheit und die Adrenoleukodystrophie (ALD) einander nicht zuordnen. Die Adrenoleukodystrophie bezeichnet nämlich einerseits ein völlig anderes Syndrom (Nebennierenrindenbeteiligung, genetisch bedingte Störung), andererseits besteht nicht wie bei der Schilderschen Krankheit eine primäre Demyelinisation, sondern eine *Dysmyelinisation,* d.h. eine Aufbaustörung der Markscheide (s. S. 25), die dann zur Demyelinisierung führt.

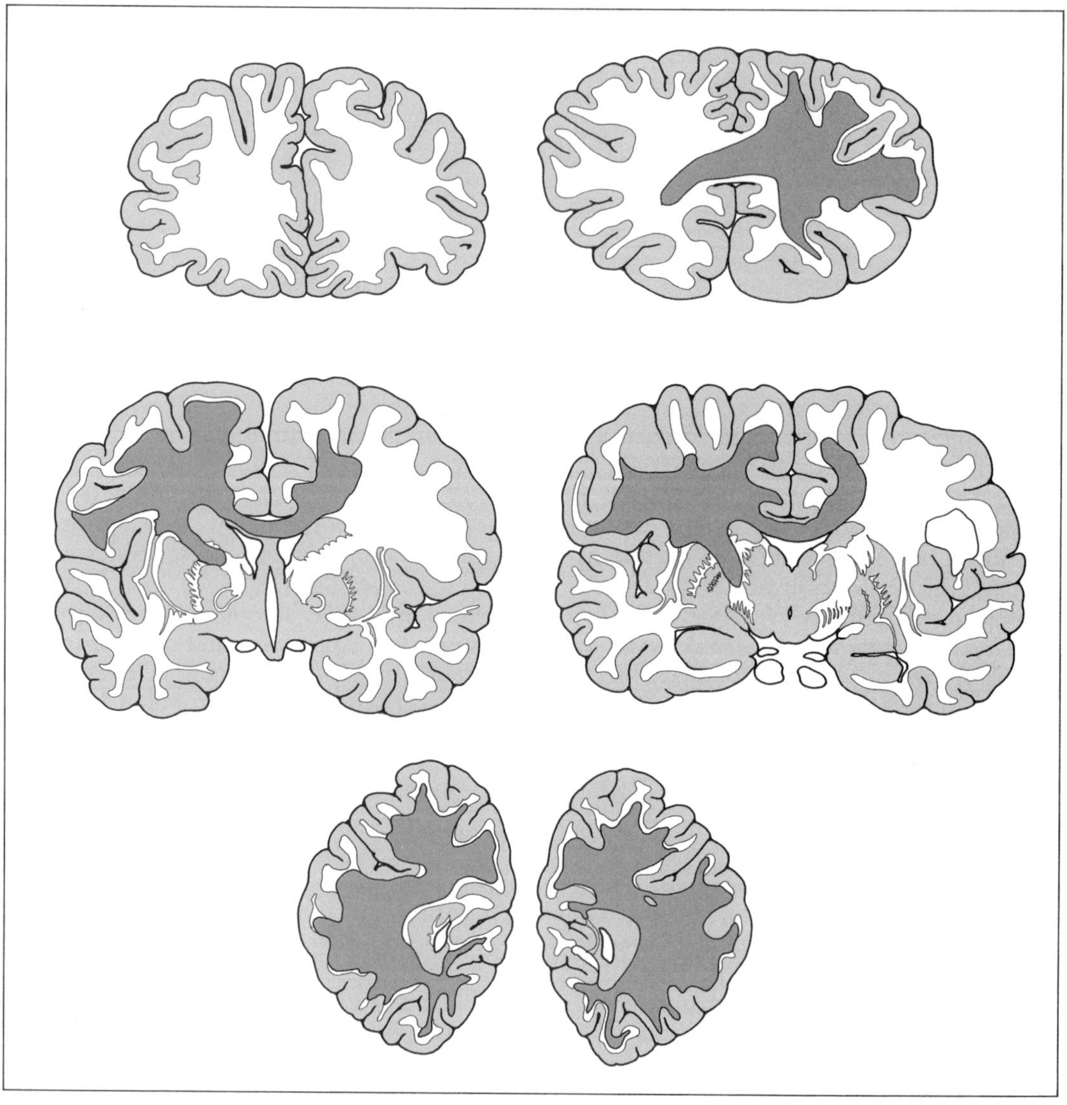

Abb. 10.**1** Originalabbildung der „diffusen Sklerose" oder Encephalomyelitis periaxialis von Schilder 1912. Beachte: großflächige Herde, die sich fingerförmig über den Balken in die andere Hemisphäre ausbreiten können

Neuromyelitis optica (Devic's Disease)

Die Neuromyelitis optica besteht aus den Symptomen einer mehr oder weniger stark ausgeprägten *Querschnittsmyelitis,* verbunden mit Visusverlust durch eine *doppelseitige Retrobulbärneuritis.* Die Querschnittsmyelitis und die Optikusneuritis müssen dabei nicht unbedingt simultan auftreten, sondern es können durchaus einige Tage bis Wochen dazwischen liegen. Nach Kuroiwa (1985) sollen keine anderen Regionen des Zentralnervensystems von der Entmarkung betroffen sein.

Meist beginnt die Krankheit mit einer Sehstörung, die sich rasch bis zur Blindheit steigern kann. Innerhalb von Stunden bis

Tagen, gelegentlich auch Wochen, kommt es dann zur Querschnittslähmung; diese kann aber der Sehstörung auch vorausgehen. Die Prognose ist schlecht; fast 20 % der Patienten sterben.

Bei uns ist die Neuromyelitis optica äußerst selten; dagegen wird sie häufig in Japan und anderen Ländern Asiens beobachtet. Sie scheint überall dort häufiger vorzukommen, wo die klassische Multiple Sklerose selten ist (in Indien 7,1 %, in Japan 7,6 % aller MS-Fälle, Kuroiwa 1985).

Die *pathologisch-anatomischen* Veränderungen sind dadurch charakterisiert, daß die Demyelinisierung außerordentlich stark ist und im Rahmen von nekrotischen Veränderungen auch Axone zugrunde gehen. Im Rückenmark dehnt sich die Läsion über mehrere Segmente aus und betrifft auch deutlich die graue Substanz. In einem Fall von Peters (1958) nahm der Herd fast das ganze Hals- und Brustmark ein.

Für die Neuromyelitis optica ist charakteristisch, daß nur das Rückenmark und die Sehnerven betroffen sind, das Gehirn aber frei bleibt. Im Rückenmark liegt in der Regel auch nur ein *einzelner großer* Herd vor. Als Ausdruck des akuten Verlaufes findet man *Nekrosen* im Zentrum der Herde (Abb. 10.**2**).

Die Neuromyelitis optica stellt eigentlich nur ein Syndrom dar. Die Symptomenkonstellation tritt auch im Rahmen anderer Krankheiten auf, die keine Verwandtschaft mit der Multiplen Sklerose haben, wie z. B. bei der Tuberkulose (Silber u. Mitarb. 1990) oder beim Herpes zoster (McAlpine u. Mitarb. 1959). Visusverlust und Querschnittslähmung können auch zufällig auftreten wie z. B. bei embolischer Verschleppung von Cholesterinkristallen (Goldman u. Mitarb. 1987), bei Vaskulitiden wie z. B. Lupus erythematodes (April u. van Sonnenberg 1976) oder bei unklaren Gefäßprozessen (Lefkowitz u. Angelo 1984). Wesentlich ist, daß eine Optikusneuritis auch Ausdruck der *akuten disseminierenden Enzephalomyelitis (ADEM)* sein kann, die nicht der Multiplen Sklerose zugerechnet wird (s. S. 216). Wenn eine Optikusneuritis und Querschnittslähmung *gleichzeitig* auftreten, dann ist die Neuromyelitis optica sehr wahrscheinlich

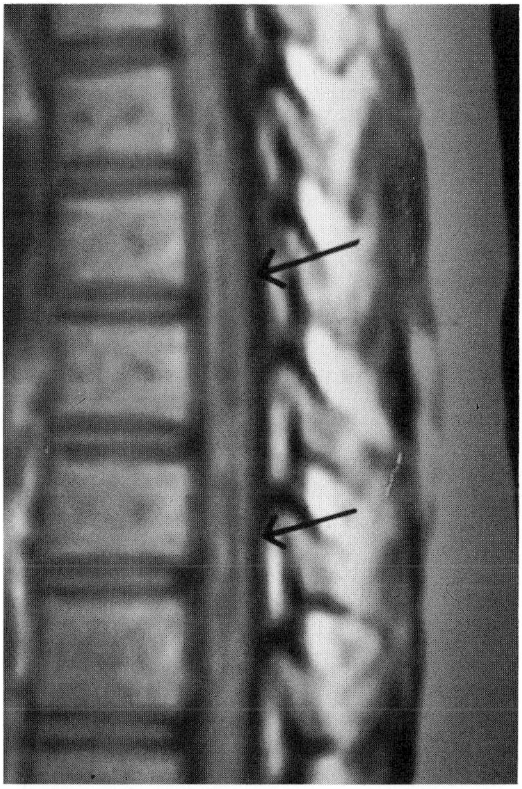

Abb. 10.**2** 23jährige Frau, atypisches Devic-Syndrom (Verdacht auf Multiple Sklerose): Nekrotische Herde im Thorakalmark, 3mal Retrobulbärneuritis innerhalb der letzten 3 Jahre, zuletzt mit Brown-Séquard-Syndrom. In einem nächsten Schub Querschnittslähmung. Keine IgG-Erhöhung im Liquor. Zwei intrazerebrale Herde, klinisch stumm (NMR). Medianus-SEP, AEP unauffällig. Mutter der Patientin leidet unter Multipler Sklerose

eine spezielle Form der akuten disseminierenden Enzephalomyelitis. Ein Bezug zur Multiplen Sklerose bleibt jedenfalls ganz unsicher, denn in der Regel kommt es dann zu *keinen* weiteren Schüben. Eine Multiple Sklerose wird wahrscheinlich, wenn Optikusneuritis und Rückenmarksschädigung *zeitlich versetzt* auftreten.

Konzentrische Sklerose (Baló)

Die konzentrische Sklerose hat ihren Namen nach der typischen Form der Herde,

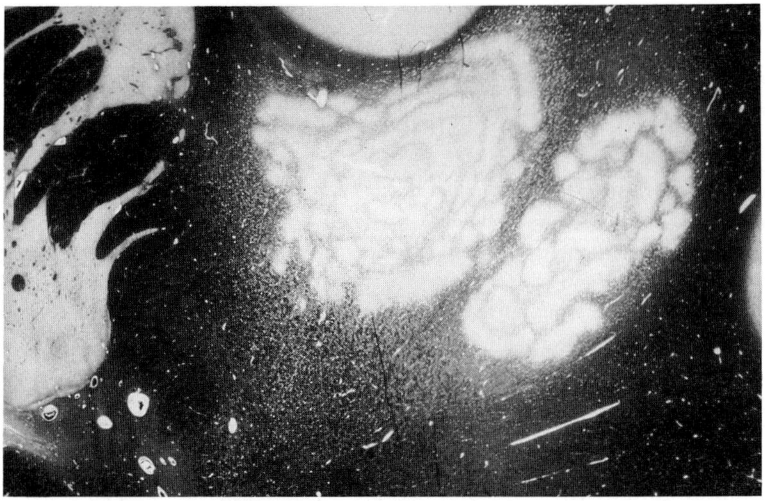

Abb. 10.**3** Konzentrische Sklerose: 3monatiger Krankheitsverlauf mit unklarer zentraler venöser Symptomatik (Hoffmann-La Roche, Basel)

die eine konzentrische Schichtung – etwa wie bei Zwiebelschalen – aufweisen (Abb. 10.**3**). Spatz (1932) hat die Schnittfläche eines solchen Herdes mit den Jahresringen eines Baumstumpfes verglichen.

Die Krankheit ist außerordentlich selten und stellt eine Sonderform der Multiplen Sklerose dar. Wenn die Herde durch ihre merkwürdige Schichtung makroskopisch auch sehr eigenständig aussehen, so lassen sie sich jedoch histologisch prinzipiell nicht von einem Multiple-Sklerose-Herd unterscheiden. Es finden sich weitgehend intakte Schichten von Myelin, abwechselnd mit Schichten von demyelinisierten Zonen. Die „intakten" Myelinbanden bestehen vorwiegend aus remyelinisierten Axonen (Moore u. Mitarb. 1985). Neben den konzentrisch geschichteten Herden können durchaus auch *normale* Herde vorkommen, was die große Nähe der konzentrischen Sklerose zur Multiplen Sklerose belegt. Auch die Kombination von Multipler Sklerose, diffuser Sklerose (Schilder) und konzentrischer Sklerose ist beschrieben (Jellinger u. Mitarb. 1976).

Wie die diffuse Sklerose Schilder beginnt auch die konzentrische Sklerose Baló akut mit psychischen Störungen, Bewußtseinsstörungen, Halbseitenlähmungen usw. Der Verlauf ist monophasisch, häufig sehr akut, und der Tod kann nach Wochen bis Monaten eintreten.

Die *Liquorveränderungen* sind wie bei der Multiplen Sklerose. Im *Computertomogramm* zeigen die Herde keine besonderen Charakteristika. Es gibt Hinweise dafür, daß man die Schichtung der Herde im *Kernspintomogramm* erkennen kann (Spiegel u. Mitarb. 1989). Um dies zu bestätigen, müssen aber noch weitere Kernspinuntersuchungen folgen. Die konzentrische Sklerose Baló wurde bisher einmal intra vitam durch eine Nadelbiopsie nachgewiesen (Gabern u. Mitarb. 1986). Klinisch läßt sie sich nicht von einer Multiplen Sklerose unterscheiden.

11. Prognose

Allgemeines, Kriterien

Auf die Prognose wurde in der hippokratischen Medizin der größte Wert gelegt. Sie war fast das beherrschende medizinische Prinzip (Meyer-Steineg 1913). Auch heute noch hat die Prognose eine hohe Bedeutung, ihren herausragenden Stellenwert von früher hat sie aber gegenüber der Diagnose verloren, denn letztlich resultiert die Prognose zum größten Teil aus der Diagnose.

Je genauer die Diagnose gefaßt werden kann, d.h. je näher sie dem Anfangsglied der pathogenetischen Kette kommt und damit immer mehr zur *ätiologischen* Diagnose wird, desto genauer kann in der Regel auch die Prognose gestellt werden. Zu diesem Anfangsglied sind wir aber noch nicht gelangt. Die Bezeichnung Multiple Sklerose ist im Grunde genommen nur ein ordnender Begriff für eine Reihe verschiedener neurologischer Störungen, die zu verschiedenen Zeiten und in verschiedenen Kombinationen bei einem Patienten auftreten. Die Verschiedenheit bezieht sich nicht nur auf die Symptome *beim einzelnen Patienten selbst,* sondern in hohem Maß auch auf die großen Unterschiede *zwischen den einzelnen Patienten,* was die Vergleichbarkeit oft sehr erschwert. Die Diagnose Multiple Sklerose ist zunächst nur eine *topische Diagnose,* die allerdings auch noch Informationen über die *Verlaufsdynamik* enthält; eine ätiologische Komponente fehlt noch vollkommen.

Solange wir nicht wissen, welche Ursache die Krankheit hat und was die verschiedenartigen Formen der Progression bedingt, so lange können wir auch keine sicheren Aussagen darüber machen, was die Progression beeinflußt und wie sie sich im Einzelfall entwickelt.

Zunächst können wir uns diesem Problem nur über empirische Studien nähern. Ob diese uns in Zukunft aber wirklich weiterhelfen werden, bleibt offen.

Man hat also versucht – und versucht es noch immer – durch sorgfältige Verlaufsstudien Anhaltspunkte dafür zu gewinnen, wie man schon zu Beginn der Krankheit Aussagen zur Prognose machen könnte. Gewisse, wenn auch sehr bescheidene Möglichkeiten haben sich ergeben.

Es ist ein großes Problem, daß sich die einzelnen Studien ganz erheblich widersprechen. In dieser Landschaft von Widersprüchen eine Orientierung finden zu wollen, heißt mit einer Landkarte zu arbeiten, in der viele Berge als Täler, manche Flüsse als Straßen dargestellt sind. Dies liegt sicher nicht an der mangelnden Sorgfalt der Kartenzeichner, sondern an der außerordentlichen Komplexität der Landschaft, d.h. der Krankheit.

Eine sichere prognostische Aussage wäre für die Patienten, aus verschiedenen Gründen aber auch für die Ärzte, sehr wichtig. Die einzelnen Formen der Krankheit könnte man besser beschreiben, Therapiestudien könnten besser angelegt werden, und die Frage, welche Form der Rehabilitation (z.B. berufliche Rehabilitation) angezeigt ist, wäre einfacher zu beantworten.

Als **Kriterien für die Prognose** gelten im allgemeinen die *Überlebensdauer* nach dem Beginn der Krankheit und der *Behinderungsgrad,* der sich nach einer bestimmten Zeit eingestellt hat. Vielfach werden auch nur die Arbeitsfähigkeit und die Gehfähigkeit als Kriterien benutzt. Aber gerade die Arbeitsfähigkeit ist nur ein ungefähres Maß, denn sie wird nicht nur durch die Krankheit (Gehfähigkeit, Ataxie, Psychosyndrom), sondern auch durch den Bildungsstand des Betroffenen und dessen soziales Umfeld bestimmt (s. S. 268 f.).

Man hat nun diese Kriterien in Beziehung gesetzt zu verschiedenen Patientendaten, zu der Art der Symptome, zum Beginn der Symptomatik, zu den Verlaufsformen, zu Laborwerten u.a. Von den einzelnen Patientendaten sind am wichtigsten das *Erkrankungsalter* und das *Geschlecht.* Von den *Laborwerten* interessieren am meisten die autochthone IgG-Bildung im Liquor, die Liquorschrankenstörung, die oligoklonalen Banden, die Zellzahlerhöhung im Liquor und die Histokompatibilitätsantigene. Zur Zeit wird auch die *Kernspintomographie* in diese Untersuchungen mit einbezogen.

Trotz aller Bemühungen ist es bis jetzt noch nicht gelungen, so harte Daten herauszuarbeiten, daß es möglich wäre, für den einzelnen Patienten schon sehr früh eine Prognose zu stellen.

Prognosekriterium: Erkrankungsalter

Es gibt theoretisch 3 Möglichkeiten, wie das Erkrankungsalter in Beziehung zur Prognose stehen könnte:
- kein Zusammenhang
- höheres Erkrankungsalter/gute Prognose
- höheres Erkrankungsalter/schlechte Prognose.

Die Widersprüchlichkeit in der Literatur zeigt sich daran, daß jede dieser Möglichkeiten durch verschiedene Studien belegt zu sein scheint.

Daß die Prognose, wie einige meinen, bei einem etwas höheren Erkrankungsalter, also etwa ab dem 40. Lebensjahr, besser sei (Thygesen 1949, Lazarte 1950), ist eher unwahrscheinlich. Andere fanden nämlich keinen Zusammenhang von Erkrankungsalter und Prognose (Alexander u. Mitarb. 1958, Hyllestedt 1961, Poeck u. Markus 1964).

Es gibt aber ziemlich überzeugende Studien, die zum Ergebnis kommen, daß *die Prognose im höheren Erkrankungsalter deutlich schlechter ist als im jüngeren* (Stazio u. Mitarb. 1964, Leibowitz u. Alter 1970, Noseworthy u. Mitarb. 1983, Phadke 1987).

Dabei bleibt aber unklar, ob diese schlechtere Prognose im höheren Erkrankungsalter durch das Alter an sich oder durch die größere Häufigkeit der chronisch progredienten Form im Alter gegeben ist (Kurtzke 1970, Poser 1978). Letzteres würde bedeuten, daß Patienten über dem 40. Lebensjahr und mit einem schubförmigen Verlauf die gleiche Prognose hätten wie jüngere Patienten mit schubförmigem Verlauf. Noseworthy u. Mitarb. (1983) sind aber der Meinung, daß *Alter* und *Verlauf* bezüglich der Prognose *voneinander unabhängige Variablen seien.*

Beeindruckend sind die Ergebnisse von Phadke (1987). Er fand, daß in Schottland von 216 verstorbenen Patienten mit Multipler Sklerose insgesamt ein Drittel nach Beginn der Krankheit noch 30 Jahre gelebt hat. Von den Patienten aber, welche ab dem 50. Lebensjahr erkrankt waren, starben fast 85 %, d.h. mehr als 4/5 innerhalb von 20 Jahren, wobei die Sterblichkeit sehr viel höher war als bei der übrigen Bevölkerung.

Die Prognose im *Kindesalter* ist eher etwas besser (Duquette u. Mitarb. 1987), wenn der erste Schub überstanden ist. Dennoch ergibt sich im Kindesalter eine gewisse Besonderheit, weil die Prognose quoad vitam zum Teil schlechter ist als bei Erwachsenen. Es kommt hier häufiger zu akuten Verläufen mit Fieber, Hirnödem, Koma und Krampfanfällen. Sheremata u. Mitarb. (1981) berichteten, daß von 12 Kindern mit Multipler Sklerose 5 verstorben seien. Im frühen Kindesalter ist die Letalität höher als im Erwachsenenalter (Weigel 1974).

Prognosekriterium: Geschlecht

Es gibt Autoren, welche die Ansicht vertreten, daß bei Männern die Prognose besser sei als bei Frauen (Lazarte 1950, Leibowitz u. Alter 1970), wobei sich die Studie von Leibowitz u. Alter (1970) aber speziell auf Patienten in Israel bezog, wo offensichtlich bösartige Formen bei Frauen häufiger vorkommen.

Geschlechtsunterschiede bezüglich der Prognose wurden in anderen Studien hingegen überhaupt nicht festgestellt (Poeck u. Markus 1964, Fog u. Linnemann 1970, McAlpine u. Mitarb. 1972, Poser 1978).

Es gibt aber doch mehrere Hinweise dafür, daß die Prognose bei Männern eher schlechter ist als bei Frauen (Müller 1949, Panelius 1969, Broman u. Mitarb. 1981, Clark u. Mitarb. 1982, A. J. Thompson u. Mitarb. 1986). Phadke (1987) fand bei seiner Studie über 216 verstorbene Multiple-Sklerose-Kranke die Gesamtüberlebenszeit bei Frauen zwar nur unwesentlich länger als bei Männern 25,7:23,9 Jahre), was statistisch nicht signifikant ist. Bei gesonderter Betrachtung aller Verstorbenen aber, die zwichen dem 40. und 49. Lebensjahr erkrankt waren, fand er, daß nach 30 Jahren noch 26 % der Frauen, aber nur noch 5 % (!) der Männer lebten. Für die gleichaltrige Normalbevölkerung betrug dieses Verhältnis 70:60 (Phadke 1987). *Frauen haben also, wenn sie in höherem Alter erkranken, eine längere Überlebenszeit.*

Die *Mortalität* der Multiplen Sklerose ist in den letzten Jahren deutlich geringer geworden. So sank sie in England innerhalb von 30 Jahren (bis 1983) um 25 %. Dabei fiel sie bei den Frauen um 21 %, bei den Männern hingegen um 30 % (Williams u. Mitarb. 1991).

Bauer (1989) gab an, daß die *Männer* in seiner Nachsorgestudie durchschnittlich etwas *mehr behindert* waren als Frauen. Man kann also mit einer gewissen Wahrscheinlichkeit annehmen, daß, wenn man alle Multiple-Sklerose-Fälle zusammen betrachtet, sich keine Geschlechtsunterschiede, bezogen auf die Prognose, ergeben, daß aber bei einer Erkrankung im höheren Lebensalter die Prognose bezüglich des Behinderungsgrades für die Männer deutlich ungünstiger ist.

Prognosekriterium: Verlaufsform

Als wichtigstes Prognosekriterium wird bis jetzt der Verlauf angesehen. So sind sich fast alle Autoren darüber einig, daß *beim chronisch progredienten Verlauf die Prognose schlechter ist als beim schubförmigen* (Müller 1949, Poeck u. Markus 1964, McAlpine u. Mitarb. 1972, S. Poser 1978, Noseworthy u. Mitarb. 1983, S. Patzold 1985, S. Poser u. Mitarb. 1986, Phadke 1990). Es gibt allerdings auch hochmaligne und maligne Formen, die schubförmig progredient sehr schnell zu schwerster Behinderung oder gar zum Tod führen. Weil diese Fälle aber seltener sind, wird die Feststellung, daß der chronische Verlauf die ungünstigere Prognose hat, dadurch kaum relativiert.

Für die Prognose spielt es dabei keine Rolle, ob es sich um einen primär oder sekundär chronischen Verlauf handelt (Noseworthy u. Mitarb. 1983, Patzold 1985). *Das schlimmste prognostische Zeichen für einen Multiple-Sklerose-Kranken ist es, wenn der schubförmige Verlauf in den chronisch progredienten umschlägt* (Kurtzke 1970).

Im Einzelfall bleibt die Progression bei allen Formen der Krankheit oft lange Zeit – bis zu 10 Jahren – gleich. So findet man meist einen ganz individuellen Anstieg (s. S. 102) (Fog u. Linnemann 1970, Patzold 1985). Man kann aber den Progressionsgrad erst nach einigen Jahren ungefähr abschätzen, *so daß meist erst nach 5 Jahren vorsichtige Vermutungen zur weiteren Prognose geäußert werden können.* Man glaubt, daß nach 5 Jahren der neurologische Befund bzw. das Maß der Behinderung (vorwiegend Paraspastik und Kleinhirnstörungen) die besten prognostischen Hinweise geben würde (Thygesen 1949, Kurtzke u. Mitarb. 1977, Phadke 1987).

Wenn sich gleich nach den ersten Schüben die Symptomatik nur wenig zurückbildet, ist dies eher ein schlechtes Zeichen (Patzold 1985).

Die **Schubrate** ist kein guter Indikator für die Prognose. Einerseits können bei benignen Verlaufsformen anfänglich viele Schübe auftreten (Bonduelle 1967, McAlpine u. Mitarb. 1972), andererseits kommt es öfter auch zu einer kontinuierlichen Verschlechterung zwischen den Schüben, so daß die Schubfrequenz nicht viel aussagt. Bei guter Rückbildung der Symptome und einem Intervall von einem Jahr scheint aber die Prognose besser zu sein (Phadke 1990).

Auch Linnemann u. Fog (1970) haben keine Korrelation zwischen Schubhäufigkeit und Progression feststellen können. Patzold (1985) hat aber doch eine gewisse, wenn auch nicht sehr enge Korrelation gefunden; vor allem bei bösartigen Verlaufsformen waren die Schübe häufiger. Umgekehrt gilt: Wenige Schübe und ein großes Intervall bis zum nächsten Schub zeigen eine bessere Prognose an.

Die Schubrate ist aber – vor allem bei retrospektiven Studien – eine fragwürdige Größe, weil viele Schübe der Dokumentation entgehen, wenn man nicht prospektiv danach sucht. Viele Patienten können sich nämlich oft an die einzelnen Schübe gar nicht mehr erinnern.

Wichtig ist die **Schubdauer.** Sie läßt zwar generell keinen Rückschluß auf die Gesamtprognose zu, wohl aber in gewissem Maß auf die Prognose der Rückbildung der Symptome des einzelnen Schubs. So fand Kurtzke (1970), daß die Remissionsrate von der Dauer der Schübe abhängt (Tab. 11.**1**).

Nach einer großen Studie zeigt eine gute Rückbildung der Symptome innerhalb von 6 Monaten eine eher bessere Prognose an (Phadke 1990).

Tabelle 11.**1** Verhältnis von Schubdauer zur Remissionsrate (Kurtzke 1970)

Schubdauer	*Remissionsrate*
7 Tage	86 %
14 Tage	64 %
31 Tage	38 %
1 Jahr	7 %

Prognosekriterium: Anfangssymptomatik
(ohne Optikusneuritis)

Man hat versucht, die Erstsymptome sowohl nach der Qualität als auch nach der Art ihrer Kombination mit der Prognose bzw. den einzelnen Verlaufsformen in Beziehung zu setzen. Auch hier sind die Angaben in der Literatur widersprüchlich. So fanden einige Autoren, daß *zerebellare* oder *multilokuläre* Störungen einen schlechten Verlauf anzeigen würden (Leibowitz u. Alter 1970). Andere wiederum meinten, nur die zerbebellare Störung sei ein prognostischer Indikator (Fog u. Linnemann 1970). Phadke (1987) fand bei Patienten, deren Krankheit mit zerebellaren Störungen begann, die kürzeste Überlebensdauer. Aber offensichtlich ist auch der *multilokuläre Beginn* prognostisch sehr ungünstig (Millar 1974, Thygesen 1949, Phadke 1990).

Wenn die Krankheit mit *Doppelbildern* und/oder *Gefühlsstörungen* beginnt, dann ist offensichtlich die Überlebenszeit am längsten (S. Poser u. Mitarb. 1986). Bei benignen Verlaufsformen herrschen die Sensibilitätsstörungen vor (Bonduelle 1967, McAlpine 1961, 1964, McAlpine u. Mitarb. 1972). Auch bei Kindern (unter 16 Jahren), bei denen die Multiple Sklerose einen etwas günstigeren Verlauf nimmt, beginnt die Krankheit vielfach mit Sensibilitätsstörungen (Duquette u. Mitarb. 1987). McAlpine fand, daß bei 50 % der Patienten mit benigner Verlaufsform die Krankheit mit Parästhesien und Sensibilitätsstörungen begann. Dies wurde, wenn auch in modifizierter Form, von anderen bestätigt (Poeck u. Markus 1964, Visscher u. Mitarb. 1984, Sanders u. Mitarb. 1986, A. J. Thompson u. Mitarb. 1986).

Der Beginn mit *Paraspastik* und *Blasenstörungen* zeigt eher eine ungünstige Prognose an (Minderhoud u. Mitarb. 1984, S. Poser u. Mitarb. 1986, A. J. Thompson u. Mitarb. 1986). *Aber allein schon das Auftreten dieser Störungen deutet zu jedem Zeitpunkt des Verlaufes auf eine Wendung zum Schlechten hin* (Phadke 1987). Etwa 62 % der Multiple-Sklerose-Kranken sterben an den Folgen ihrer Krankheit (Phadke 1987), und diese Folgen gehen letztlich auf die Paraspastik und die Blasenstörung zurück.

Wenn eine *zerebellare Störung* die Kernsymptomatik darstellt, was selten vorkommt, dann ist die Prognose aber kaum anders; sie führt in gleichem Maße zur Invalidität (Fischler u. Mitarb. 1977).

Vermutlich wird sich in den nächsten Jahren die Prognose mit Hilfe der Anfangssymptomatik genauer bestimmen lassen, besonders wenn man das *Kernspintomogramm* in die Beurteilung mit einbezieht. So weiß man, daß die Wahrscheinlichkeit, nach einer Optikusneuritis eine Multiple Sklerose zu entwickeln, deutlich höher ist, wenn gleichzeitig in der Kernspintomographie Herde nachzuweisen sind. Miller u. Mitarb. (1989) fanden, daß bei jeder Anfangssymptomatik das Risiko für eine raschere Progression dann größer war, wenn gleichzeitig Kernspinherde vorlagen.

Prognosekriterium: Optikusneuritis

Die Optikunsneuritis ist einerseits das häufigste Erstsymptom bei Multipler Sklerose, andererseits kann sie auch auftreten, ohne daß sich je eine Multiple Sklerose entwikkelt. Wenn eine Optikusneuritis vorliegt, dann ergeben sich bezüglich der Prognose 3 Fragen:
- Wie wird sich die Sehstörung zurückbilden?
- Kann man voraussagen, ob je eine Multiple Sklerose nachfolgen wird?
- Wenn eine Multiple Sklerose nachfolgt, welchen Verlauf wird sie nehmen?

Prognose der Sehstörung

Die Optikusneuritis hat in der Regel eine ausgesprochen günstige Prognose. So bilden sich bei den meisten Patienten die Sehstörungen weitgehend zurück. In einer prospektiven Studie (Celesia u. Mitarb. 1990) zeigte sich, daß bei den meisten Patienten die volle Sehschärfe innerhalb von 2 Monaten wieder hergestellt war. Patienten, die am Anfang blind waren, behielten allerdings in 60 % eine bleibende Sehminderung.

In seiner Nachsorgestudie fand Bauer (1989) bei MS-Kranken leichte Sehstörungen in 26 %, eine mäßig herabgesetzte Sehfähigkeit in 9 %, eine starke Beeinträchtigung der Sehfähigkeit in 7 % und Blindheit in 1 % der Fälle.

Bei *Kindern* ist die Prognose bezüglich der Sehfähigkeit besonders gut, auch wenn die Optikusneuritis doppelseitig auftritt. Ins Gewicht fallende Störungen fanden sich selten, wobei sich sogar in 55 % der Fälle die Verzögerung der visuell evozierten Potentiale zurückbildete (Parkin u. Mitarb. 1984, Kriss u. Mitarb. 1988). Dies ist vermutlich Ausdruck der größeren Fähigkeit zur Remyelinisierung im Kindesalter.

Schlecht ist die Prognose meist dann, wenn der N. opticus im *kanalikulären Abschnitt* von einem Multiple-Sklerose-Herd betroffen ist (Miller u. Mitarb. 1988b) und es wegen fehlender Kompensationsmöglichkeit durch das Ödem zu einer sekundären Druckschädigung des Nervs kommt.

In *Japan* soll die Prognose der Optikusneuritis, die dort häufig doppelseitig auftritt, deutlich schlechter sein als bei uns. Ein vollkommener Sehverlust beidseits fand man in 20 % (!) der Fälle, aber nur in 3 % einer englischen Vergleichsserie (Shibasaki u. Mitarb. 1981). Ganz unwidersprochen blieben diese Ergebnisse aber nicht (Isayama u. Mitarb. 1982).

Wahrscheinlichkeit der Entwicklung einer Multiplen Sklerose nach Optikusneuritis

Über die Häufigkeit der Multiplen Sklerose nach Optikusneuritis gibt es verschiedene Angaben. Hier spielen, vor allem bei älteren Studien, neben geographischen Faktoren auch noch methodische Unterschiede eine Rolle. Die Diagnose Multiple Sklerose wurde in früheren Jahren ohne evozierte Potentiale, ohne oligoklonale Banden und ohne Kernspintomogramm nicht so häufig und nicht so früh mit der nötigen Sicherheit gestellt. Unterschiedlich sind in den einzelnen Studien auch die Beobachtungszeiten nach der Optikusneuritis.

In einer australischen Studie (prospektiv) wurde in 32 % der Fälle nach Optikusneuritis eine Multiple Sklerose gefunden (Hely u. Mitarb. 1986). Da der Zeitraum der Beobachtung nicht für alle Patienten gleich war, wurde eine Hochrechnung durchgeführt, die einen Wert von *45 %* ergab (Hely u. Mitarb. 1986). Eine andere prospektive Studie aus den USA ergab (ohne Hochrechnung) 35 % wahrscheinliche und sichere Multiple-Sklerose-Fälle nach einer durchschnittlichen Beobachtungszeit von 7 Jahren (Cohen u. Mitarb. 1979).

Bei einer größeren Untersuchung in England wurde bei 146 Patienten (durchschnittliche Beobachtungszeit knapp 12 Jahre) in *57%* eine Multiple Sklerose gefunden (Francis u. Mitarb. 1987). Die Autoren errechneten daraus, daß die *Wahrscheinlichkeit, nach Optikusneuritis eine Multiple Sklerose zu entwickeln, 75% beträgt.* Dies wurde auch durch eine großangelegte Studie in New England (Beobachtungszeit 15 Jahre) bestätigt (Rizzo u. Lessel 1988). Dabei fand sich auch, *daß das Risiko für Frauen um mehr als das Zweifache erhöht war.*

Für *Kinder* ist die Wahrscheinlichkeit, nach einer Optikusneuritis eine Multiple Sklerose zu entwickeln, um vieles geringer. Kriss u. Mitarb. (1988) fanden bei 30 Kindern (unter 16 Jahren) mit Optikusneuritis nur in 15% eine Multiple Sklerose (durchschnittliche Beobachtungszeit ungefähr 9 Jahre, teilweise bis zu 30 Jahren). McDonald (1988) fand bei 12 Kindern nach Optikusneuritis nur in *einem* Fall eine fragliche Multiple Sklerose.

Nun geht es darum, Anhaltspunkte dafür zu gewinnen, ob Patienten, die nach Optikusneuritis eine Multiple Sklerose entwickeln, besondere Merkmale aufweisen.

Die Optikusneuritis kommt bei *Frauen* häufiger vor als bei Männern. Frauen mit Optikusneuritis haben zusätzlich aber auch noch ein *höheres Risiko, eine Multiple Sklerose zu bekommen.* So betrug bei Patienten, die nach Optikusneuritis eine Multiple Sklerose entwickeln, das Verhältnis von Frauen:Männern in der schon erwähnten australischen Studie 3:1 (72:23) (Hely u. Mitarb. 1986), in der Studie aus USA 4:1 (45:11) (Cohen u. Mitarb. 1980). Das Verhältnis war also deutlich größer als es dem normalen Geschlechtsverhältnis der Multiplen Sklerose allgemein entspricht (bei uns 1,8:1).

Tritt die Optikusneuritis im *Alter zwischen 21 und 40 Jahren* auf, ist das Risiko am größten (Cohen u. Mitarb. 1980, Hely u. Mitarb. 1986). Aber auch bei Patienten, die älter als 50 Jahre sind, kann sich nach einer Optikusneuritis noch eine Multiple Sklerose entwickeln (Jacobson u. Mitarb. 1988).

Ob die Optikusneuritis *rezidivierend* oder *doppelseitig* auftritt, spielt für die Prognose bezüglich der Entwicklung einer Multiplen Sklerose zumindest *bei Kindern keine Rolle* (Parkin u. Mitarb. 1984, Francis u. Mitarb. 1987, Kriss u. Mitarb. 1988). *Bei Erwachsenen ist aber die Prognose bei doppelseitiger Optikusneuritis etwas ungünstiger* (Ormerod u. Mitarb. 1986a). Wenn die Optikusneuritis *rezidivierend* auftritt, hat dies offensichtlich im Erwachsenenalter keinen Einfluß auf die Prognose (Francis u. Mitarb. 1987).

Zusätzlich hat sich die Bestimmung des **Immunglobulin G** (IgG) und der **oligoklonalen Banden** als wichtiger prognostischer Indikator erwiesen (Stendahl-Brodin u. Link 1983, Wurster u. Mitarb. 1983, Schipper u. Mitarb. 1984). *Das Risiko, eine Multiple Sklerose zu bekommen, ist dann erhöht, wenn autochthones IgG oder oligoklonale Banden im Liquor nachgewiesen werden.* Das Risiko ist zum Teil wohl auch der Menge des autochthon gebildeten IgG proportional. Schipper u. Mitarb. (1984) fanden bei einem IgG-Quotienten größer 6 (entspricht 17 mg Tagesproduktion nach Tourtellotte) ein Multiple-Sklerose-Risiko von 100% (Abb. 11.**1**). Das Risiko, nach Optikusneuritis eine Multiple Sklerose zu bekommen, ist zwar geringer, wenn man *keine* oligoklonalen Banden und keine IgG-Erhöhung findet, besteht aber dennoch.

Die **Zellzahl im Liquor** ist bei der Optikusneuritis oft leicht erhöht, steht aber in *keiner* Verbindung zu der Entwicklung einer Multiplen Sklerose.

Es gibt Zusammenhänge zwischen Multipler Sklerose und bestimmten **Histokompatibilitätsmustern.** Wenn bei Optikusneuritis gleichzeitig noch HLA-DR2 und HLA-B7 vorliegen, soll das Risiko, eine Multiple Sklerose zu bekommen, höher sein (Hely u. Mitarb. 1986). Francis u. Mitarb. (1987) fanden HLA-DR2 und DQw1 dann deutlich häufiger, wenn sich nach einer Optikusneuritis eine Multiple Sklerose entwickelte. Auch HLA-DR3 war bei solchen Patienten häufiger, bei denen die Optikusneuritis in eine Multiple Sklerose überging. Die *Progredienz* der sich entwickelnden Multiplen Sklerose nach Optikus-

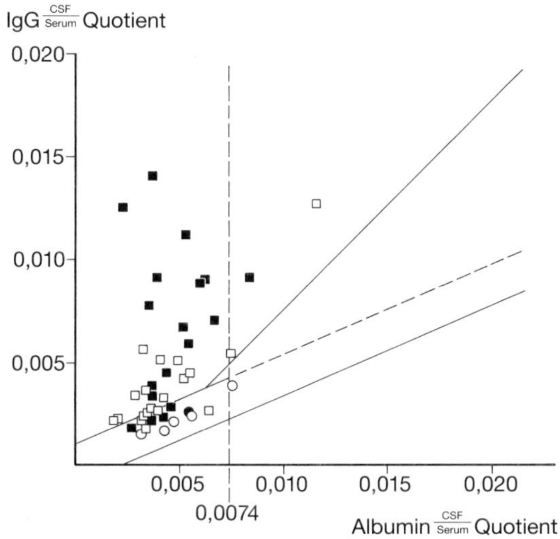

Abb. 11.**1** Prognose in Abhängigkeit von der Höhe der lokalen IgG-Produktion während der Optikusneuritis (schwarz: Entwicklung einer MS, weiß: keine MS, Rechtecke: oligoklonales IgG im Liquor nachweisbar, Punkte und Kreise: kein oligoklonales IgG, CSF Liquor) (nach Schipper)

neuritis stand aber in keinem Zusammenhang mit dem Vorkommen von HLA-DR2 (Francis u. Mitarb. 1987).

Einen Zusammenhang zwischen IgG-Produktion im Liquor und den Histokompatibilitätsmustern konnten Schipper u. Mitarb. (1984) nicht finden.

Durch **kernspintomographische Untersuchungen** kann man bei klinisch isoliert erscheinender Optikusneuritis häufig Herde nachweisen. In einer Serienuntersuchung bei Patienten mit Optikusneuritis fanden Ormerod u. Mitarb. (1986a) in 61 % der Fälle Herde. Später, nach einer Erweiterung der Serie und verbesserter NMR-Technik, war die Zahl auf 70 % gestiegen (McDonald 1988). Interessanterweise finden sich derartige Herde bei Optikusneuritis häufig in der Sehstrahlung (Hornabrook u. Mitarb. 1992).

Bei einer weiteren Untersuchung konnte gezeigt werden, daß 19 von 34 Patienten mit Optikusneuritis und Kernspinherden innerhalb eines Jahres eine Multiple Sklerose entwickelten. Von 19 Patienten mit Optikusneuritis, bei denen anfänglich keine Kernspinherde vorlagen, entwickelten aber nur 3 eine Multiple Sklerose (Miller u. Mitarb. 1988b).

Das Kernspintomogramm erwies sich der Ableitung **evozierter Potentiale (SEP und AEP)** bei der Aufdeckung zusätzlicher Herde deutlich überlegen. Es fand sich kein einziger Patient mit Optikusneuritis und *normalem Kernspintomogramm,* bei dem die somatosensibel evozierten Potentiale pathologisch gewesen wären. Die Kernspintomographie hat damit also eine größere prognostische Bedeutung bei der isolierten Optikusneuritis.

Verlauf der Multiplen Sklerose nach Optikusneuritis

Wird die Multiple Sklerose durch eine Optikusneuritis eingeleitet, dann scheint sich eher ein *günstiger Verlauf* anzudeuten (McAlpine 1961, 1964, Cohen u. Mitarb. 1979, Wikström u. Mitarb. 1980, Poser u. Mitarb. 1982, Phadke 1990). Ob dies allerdings mit der Optikusneuritis selbst etwas zu tun hat oder ob es nur damit zusammenhängt, daß der Beginn mit einer Optikusneuritis in der Regel *monosymptomatisch* ist, was ja per se schon einen günstigeren Verlauf bedeutet, bleibt offen. Auffällig ist, *daß der chronische Verlauf sehr selten mit Sehstörungen beginnt* (Patzold 1985).

Apparative Untersuchungen

12. Liquor

Allgemeines

Bei der Multiplen Sklerose findet man mit den Methoden des klinischen Labors nur im Liquor diagnostisch sicher verwertbare Veränderungen. Das heißt aber nicht, daß es im Blut keine Veränderungen gäbe. Diese sind aber unspezifisch und haben noch keinen Eingang in die klinische Routine gefunden. In nicht allzu ferner Zukunft jedoch wird es sicher auch immunologische und vor allem auch *immunozytologische* Methoden geben, mit denen man diagnostische Hinweise auch aus dem Blut gewinnen kann. So könnte man eventuell über die routinemäßige Bestimmung von T-Zellen, vor allem der T-Zellsubpopulationen (z.B. Abfall der T-Suppressorzellen), die Aktivität des Prozesses feststellen und damit die medikamentöse Therapie überwachen.

Im Liquor werden für die Diagnostik der Multiplen Sklerose vorwiegend das *Proteinprofil* und die qualitativen bzw. quantitativen Veränderungen der *Zellen* bestimmt. Elektrolyte, Enzyme, Glucose usw. spielen allenfalls aus differentialdiagnostischen Gründen eine Rolle. In manchen Kliniken bestimmt man auch das *basische Myelinprotein* (Abbauprodukt der Markscheiden, s. S. 136).

Liquorproteine

Man bestimmt in der Regel das *Albumin* und das *Immunglobulin G* (IgG). Die Gesamteiweißerhöhung ist meist nur gering und in der überwiegenden Zahl der Fälle nur durch die Erhöhung des Immunglobulin G bedingt.

Im Rahmen der Multiplen Sklerose, häufiger aber bei anderen neurologischen Krankheiten, kann es auch zu einer *Schrankenstörung* kommen, d.h. daß Eiweiß aus dem Blut in den Liquorraum übertritt. Dies bedeutet, daß die Erhöhung des Gesamteiweißes nicht durch eine Eiweißproduktion innerhalb der Blut-Hirn-Schranke verursacht ist. Im Falle einer Schrankenstörung ist dann die Eiweißerhöhung durch die Erhöhung des Albumins und des Globulins, die zum Teil in gleichem Verhältnis wie im Serum einwandern, bedingt.

Da Albumine nie innerhalb der Blut-Hirn-Schranke produziert werden (sie stammen aus der Leber), spricht eine *Albuminerhöhung* (Normwert: bis 32 mg %) immer für eine Schrankenstörung. Dessen ungeachtet kann aber gleichzeitig neben der Schrankenstörung auch das Globulin, das hauptsächlich aus IgG besteht, innerhalb der Blut-Hirn-Schranke synthetisiert werden. In diesem Fall addiert sich das *autochthon* entstandene IgG zu dem aus dem Blut durch die gestörte Blut-Hirn-Schranke eingewanderten IgG.

Eine solche Schrankenstörung findet man bei ca. 14–20 % der Kranken mit gesicherter Multipler Sklerose. *Eine stärkere Schrankenstörung spricht aber immer gegen die Diagnose Multiple Sklerose.* Findet man mehr IgG im Liquorraum, als nach dem Albumin-Globulin-Verhältnis zu erwarten wäre (s.u.), spricht dies für eine zusätzliche IgG-Produktion innerhalb der Blut-Hirn-Schranke.

Eine absolute IgG-Erhöhung findet man bei etwa 90–97 % der Kranken mit sicherer Multipler Sklerose. Eine Erhöhung des IgG zusammen mit einer Schrankenstörung besteht bei etwa 7 % der Kranken mit gesicherter Multipler Sklerose. Der *Ge-*

samteiweißgehalt steigt nur selten über 80 mg %. Findet man Werte über 110 mg %, dann wird die Diagnose Multiple Sklerose sehr unwahrscheinlich (Tourtellotte 1970). Besteht allerdings bei einer ausgeprägten Querschnittsmyelitis einmal ein sehr hoher Eiweißwert, dann sollte man die Diagnose Multiple Sklerose nicht unbedingt verwerfen. Durch die Schwellung des Rückenmarks kann es zu einer starken Eiweißerhöhung (Stoppliquor) kommen.

Immunglobulin G

Das normalerweise im Liquor vorkommende Immunglobulin G (IgG) stammt aus dem Blutplasma. Vermutlich gelangt es auf passivem Weg (Diffusion) in den Liquorraum, weil die Blut-Liquor-Schranke nicht vollkommen undurchlässig ist.

Eventuell hat diese geringe Albumin- und Globulinmenge im normalen Liquor eine gewisse Bedeutung, die wir aber noch nicht kennen. Man muß also nicht unbedingt annehmen, daß die Blut-Liquor-Schranke „fehlerhaft" angelegt ist. Die Konzentration des IgG im Liquor ist allerdings um ein Beträchtliches geringer als im Serum; sie beträgt nur 1/369 davon.

Besteht nun eine IgG-Erhöhung im Liquor, dann kann man mit Hilfe bestimmter Mengenrelationen (s. u.) feststellen, ob diese IgG durch eine Schrankenstörung in den Liquorraum kam oder aber innerhalb der Blut-Hirn-Schranke entstanden ist. Eine solche IgG-Erhöhung innerhalb der Blut-Hirn-Schranke ist typisch für verschiedene entzündliche Prozesse des Gehirns oder der Meningen.

Bei Patienten mit *gesicherter Multipler Sklerose* findet man, allerdings etwas abhängig von der Bestimmungsmethode, daß das IgG etwa in 90–97 % erhöht ist (Tourtellotte u. Ma 1978, Tourtellotte u. Mitarb. 1985, Hershey u. Trotter 1980, Johnson 1980, Hishe u. Mitarb. 1982, Schipper 1989).

Das IgG kann in den Multiple-Sklerose-Herden, besonders am Rand, gut nachgewiesen werden (Peroxidase- oder Immunfluoreszenzmethode). Wenn die Herde Anschluß an den Liquorraum finden (z. B. periventrikuläre Herde), so gelangt das IgG auch in den Liquor.

Findet man eine sehr starke Erhöhung des IgG, z. B. über das 3fache der Norm, dann sollte dieser Befund ebenfalls wie der einer starken Erhöhung des Gsamteiweißes oder des Albumins an der Diagnose Multiple Sklerose zweifeln lassen. Hier könnte z. B. eine *bakterielle* oder *virale Infektion,* eventuell auch eine *Neurolues* vorliegen.

Kennt man den Liquoreiweißbefund (Albumin, Gesamteiweiß und IgG), läßt sich nicht genau sagen, ob die IgG-Erhöhung nur durch eine Schrankenstörung, durch eine autochthone IgG-Bildung oder sogar durch beide bedingt ist.

Genauer kann man eine Liquor-IgG-Erhöhung definieren, wenn man das IgG und das Albumin im Liquor zu dem IgG und Albumin im Serum in Beziehung setzt. Ein solcher *IgG-Index* wurde von Delpech u. Lichtblau (1972) angegeben:

$$\text{IgG-Index} = \frac{\text{IgG}_{\text{liq}} \times \text{IgG}_{\text{ser}}}{\text{Alb}_{\text{liq}} \times \text{Alb}_{\text{ser}}}$$

Dieser Index solle *0,7* nicht überschreiten. Liegt er über 0,8, dann spricht dies für eine IgG-Produktion innerhalb der Blut-Hirn-Schranke.

Häufig wird von einer „intrathekalen" IgG-Produktion gesprochen. Das IgG stammt zum größten Teil bei Multiple-Sklerose-Kranken nicht aus dem intrathekalen Raum, sondern direkt aus Multiple-Sklerose-Herden, wo es von proliferierten B-Zellen (Plasmazellen) produziert wird. Deshalb ist es besser von einer IgG-Produktion innerhalb der Blut-Hirn-Schranke zu sprechen.

Eine Formel, mit der man angeblich die tägliche IgG-Synthese innerhalb der Blut-Hirn-Schranke berechnen kann, wurde von Tourtellotte angegeben (Tourtellotte u. Ma 1978):

IgG-Produktion innerhalb der Blut-Hirn-Schranke (mg/Tag)

$$= \left[\underbrace{\left(IgG_{liq} - \frac{IgG_{ser}}{369} \right)}_{a} - \underbrace{\left(Alb_{liq} - \frac{Alb_{ser}}{230} \right)}_{b} \times \left(\frac{IgG_{ser}}{Alb_{ser}} \right) 0{,}43 \right] \times 5$$

Aus dieser auf den ersten Blick sehr komplex anmutenden Formel ergibt sich die innerhalb der Blut-Hirn-Schranke *pro Tag* produzierte IgG-Menge. Dabei wird wie beim IgG-Index davon ausgegangen, daß das Albumin gewissermaßen der *Marker für den Eiweißeinstrom* aus dem Blut ist und daß täglich 500 ml Liquor gebildet werden. Weiter soll etwa 1/369 des gesamten Serum-IgG (IgG_{ser}) in den Liquorraum wandern. Der *erste Komplex der Formel (a)* stellt also die Gesamtmenge des IgG im Liquor dar, abzüglich der innerhalb eines Tages vom Serum eingewanderten Komponente. Beim Gesunden wird in diesem Fall der Komplex a = 0, weil kein IgG im ZNS selbst gebildet wird.

Für den *Komplex (b)* gilt das gleiche, nur ist hier das Albumin dargestellt. Normalerweise findet sich im Liquor 1/230 des Albumins vom Serum (Alb_{ser}). auch dieser Komplex b ist im Normalfall = 0, da im ZNS kein Albumin gebildet wird.

Der ganze Term würde also 0 ergeben, d. h. daß im ZNS kein IgG gebildet wird. Ergibt sich aber ein positiver Wert, dann hätte man die Dimension mg/ml oder mg %.

Der Komplex wird noch einmal multipliziert mit dem Quotienten aus IgG_{ser}/Alb_{ser}. Dieser ist normalerweise 0,43. Bei dieser Multiplikation handelt es sich nur um einen mathematischen Kunstgriff, damit das Albumin aus der Formel herausfällt.

Der ganze Komplex müßte jetzt mit 500 multipliziert werden, weil die tägliche Liquormenge 500 ml beträgt (nach Angabe der Autoren).

Das IgG in der Formel ist aber in mg %, d. h. in mg/100 ml angegeben. Der Multiplikator 500 kürzt sich jetzt auf 5, weshalb der ganze Komplex nur mit 5 multipliziert wird.

Die Formel liefert zwar verläßliche Werte, geht aber von Voraussetzungen aus, die zweifelhaft sind. So handelt es sich bei den Zahlen 1/230 und 1/369 im Einzelfall um keine absoluten Konstanten. Ebenso dürfte die Annahme, daß die Liquorproduktion 500 ml pro Tag beträgt, ziemlich ungenau sein.

Bei Normalpersonen ergeben sich Werte unter 3, bei Werten über 3, mit Sicherheit über 10, ist von einer IgG-Synthese innerhalb der Blut-Hirn-Schranke auszugehen.

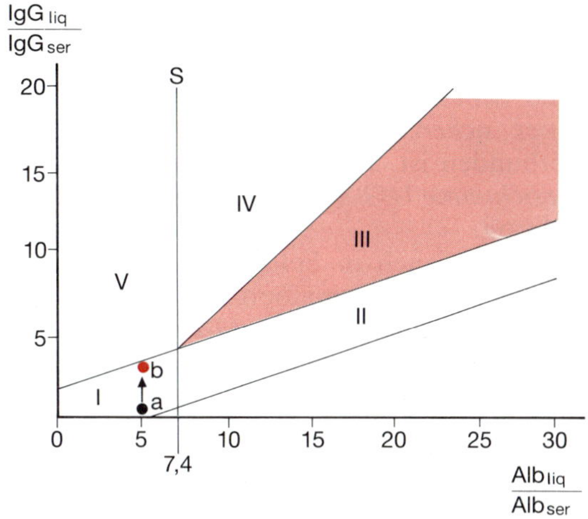

Abb. 12.**1** Reiber-Schema (s. Text)

Eine für den klinischen Alltag außerordentlich praktische und weit verbreitete graphische Darstellung der Relation zwischen IgG im Liquor, IgG im Serum, Albumin im Liquor und Albumin im Serum hat Reiber (1980) angegeben. Dieses Schema stützt sich vorwiegend auf den IgG-Index und ist prinzipiell auch mit der Tourtellotteschen Formel verwandt.

Das **Reiber-Schema** (Abb. 12.**1**) beruht zunächst auf Liquor- und Serumeiweißuntersuchungen bei Normalpersonen. Die beiden Quotienten (IgG_{liq}/IgG_{ser} und Alb_{liq}/Alb_{ser}) werden in ein Koordinatensystem eingetragen. Dabei bildet der Alb_{liq}/Alb_{ser}-Quotient die x-Achse und der IgG_{liq}/IgG_{ser}-Quotient die y-Achse (Reiber 1979, 1980). Der Alb_{liq}/Alb_{ser}-Quotient ist das Maß für den Grad der Schrankenstörung. Je größer dieser Wert, desto stärker ist die Schrankenstörung. Die Grenze zum Pathologischen liegt bei 7,4 (eigentlich bei 0,0074, einfachheitshalber werden die Quotienten jedoch mit 1000 multipliziert).

Auf dem Reiber-Schema (Abb. 12.**1**) kann man 4 Felder erkennen. In I befindet sich die Normalzone. Rechts der Linie S, die die Grenze des Albuminquotienten zum Pathologischen anzeigt (bei 7,4), besteht immer eine *Schrankenstörung*. In Feld II liegt eine *reine* Schrankenstörung vor. In Feld III besteht eine „überproportionale" Schrankenstörung, wobei schon eine IgG-Produktion innerhalb des Zentralnervensystems bestehen könnte. In Feld IV wird eine Schrankenstörung angezeigt, die mit einer *sicheren autochthonen IgG-Bildung* verbunden ist. In Feld V besteht eine *rein autochthone* IgG-Synthese *ohne* Schrankenstörung.

Aber auch in Feld I (Abb. 12.**1**), im eigentlichen Normalbereich, kann sich durchaus eine leichte IgG-Erhöhung verbergen. Wenn bei einem Patienten in gesunden Tagen der IgG-Wert an der unteren Grenze liegt, es jetzt aber zu einer leichten IgG-Erhöhung kommt (a → b), so daß der Wert an der oberen Grenze liegt, dann entgeht einem dieser pathologische Befund, wenn man die *oligoklonalen Banden* nicht bestimmt (s. u.).

Oligoklonale Banden

Seit etwa 1964 weiß man, daß bei bestimmten Krankheiten innerhalb des IgG als Ausdruck bestimmter IgG-Fraktionen sogenannte oligoklonale Banden (OB) auftreten, die man in der gleichen Art im IgG des Serums nicht findet. Das Elektrophoresebild zeigt eine Streifenzeichnung, die bei jedem Patienten verschieden ist (Abb. 12.**2**).

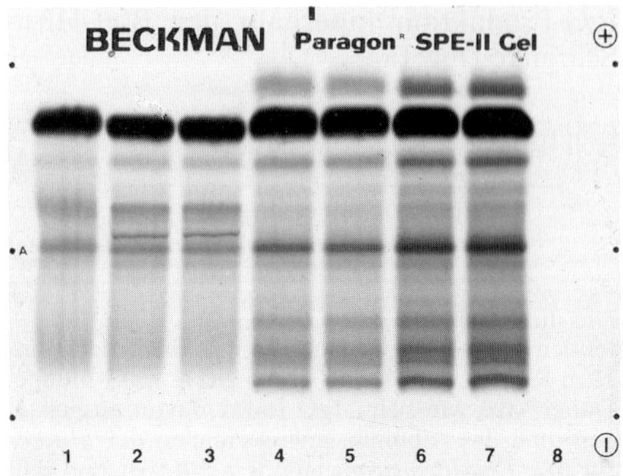

Abb. 12.**2** Oligoklonale Banden (Serum/Liquor): 1 u. 2 Serum (1:10), 4 u. 5 Liquor (16:1), 6 u. 7 Liquor (64:1). Im unteren Bereich stellen sich im Liquor mehrere Banden dar, die im Serum nicht nachweisbar sind: oligoklonale Banden

Auf dem Untergrund des eher diffusen, polyklonalen Antikörpermusters, welches das Serum-IgG in der Elektrophorese charakterisiert, heben sich bei autochthoner Antikörperbildung in der Liquorelektrophorese Antikörperbanden ab, die nach allem was wir wissen, nur von wenigen bestimmten B-Zellklonen stammen können. Es handelt sich also nicht um monoklonale Proteine, wie sie etwa beim Myelom (Plasmozytom) entstehen. In geringen Mengen auftretende monoklonale Antikörper würden sich aber mit der üblichen Agar-Elektrophorese oder der isoelektrischen Fokussierung, die man in der Regel anwendet, nicht nachweisen lassen. Die zur Frage stehenden B-Zellklone stammen aus dem Blut und sind in die entzündlichen Herde im Zentralnervensystem eingewandert.

Die oligoklonalen Banden sind bei den einzelnen Patienten verschieden und sollen diese fast wie ein Fingerabdruck kennzeichnen (Tourtellotte u. Mitarb. 1980). Das Muster der oligoklonalen Banden soll immer oder zumindest über viele Jahre gleich bleiben (Walsh u. Tourtellotte 1983). Schipper (1989) konnte jedoch zeigen, *daß die oligoklonalen Banden innerhalb des Krankheitsverlaufes deutliche Veränderungen zeigen.* Zwar bleibt die Gesamtzahl der Banden meist gleich, aber manche verschwinden, manche treten wiederum neu hinzu.

Beim gleichen Patienten kann man auch in den einzelnen Herden mit immunologischen Methoden verschiedene oligoklonale IgG nachweisen (Mattson u. Mitarb. 1980), was bedeutet, *daß in den einzelnen Herden* **verschiedene** *Immunglobuline synthetisiert werden.* Dieser Befund müßte allerdings noch bestätigt werden.

Das IgG, welches in den oligoklonalen Banden zum Ausdruck kommt, hat eine gewisse Beziehung zu den Plasmazellen in den Multiple-Sklerose-Herden. Man fand bei pathologisch-anatomischen Untersuchungen immer dann wenig Plasmazellen in den Herden, wenn die Patienten zu Lebzeiten *keine* oligoklonalen Banden im Liquor zeigten, und umgekehrt immer viele Plasmazellen, wenn bei den Patienten oligoklonale Banden im Liquor feststellbar waren (Ebers u. Mitarb. 1983). Der Schluß liegt damit nahe, daß das IgG der oligoklonalen Banden aus diesen Plasmazellen stammt.

Man kann also nicht annehmen, daß das IgG von den Plasmazellen im Liquor produziert wird. Diese sind dort in so geringer Zahl vorhanden, daß, wenn man auch die stimulierten B-Lymphozyten, die offensichtlich auch IgG produzieren können, noch dazurechen würde, die Gesamtzahl dieser Zellen im Liquor viel zu gering wäre, um auch nur einen Bruchteil des festgestellten autochthonen IgG damit erklären zu können.

Bei einer Behandlung mit initial hoch dosierten *Corticoiden,* bei der das erhöhte IgG im Liquor vorübergehend meist absinkt, verändert sich das Muster der oligoklonalen Banden im allgemeinen nicht (Durelli u. Mitarb. 1986). Bei Langzeitbehandlungen wurde allerdings eine Veränderung des Musters der oligoklonalen Banden in einigen Fällen beschrieben (Durelli u. Mitarb. 1986), wobei es sich hier aber auch um spontane Änderungen, wie sie Schipper 1989 beschrieben hat, handeln könnte.

Oligoklonale Banden kommen bei Multipler Sklerose zwar sehr häufig vor, sind aber durchaus nicht spezifisch für die Multiple Sklerose. Man findet oligoklonale Banden auch bei anderen Erkrankungen des zentralen Nervensystems (Neurolues, Borreliose, Enzephalitis, Meningitis).

Man hat viel Mühe aufgewendet, die entsprechenden Antigene zu finden, gegen die das oligoklonale IgG gerichtet ist. Bei einigen Antikörpern handelt es sich um solche gegen das basische Myelinprotein (Warren u. Catz 1990). Die Suche nach weiteren Antigenen blieb im übrigen aber erfolglos.

Unspezifische Antikörper gegen neurotrope Viren

Man weiß schon lange, daß bei Multiple-Sklerose-Kranken im Liquor Antikörper gegen *Masernviren* vorkommen. Es zeigte sich aber, daß noch gegen weitere neurotrope Viren wie *Zoster, Herpes, Röteln, Mumps u.a.* Antikörper produziert werden. Dabei hat keine Infektion stattgefunden, ein Erreger oder ein entsprechendes Antigen war nie nachweisbar. Diese Virusantikörper machen etwa 5–10 % des gesamten autochthonen IgG bei Multiple-Sklerose-Kranken aus. Es konnte gezeigt werden, daß bei 80 % der Multiple-Sklerose-Kranken derartige Antikörper vorkommen, wobei die Titer bei einzelnen Patienten ganz unterschiedlich waren (Felgenhauer u. Mitarb. 1985) und sich oftmals auch nur ein Antikörpertiter gegen eines der genannten Viren fand. Es zeigten sich auch deutliche *regionale Unterschiede.* In Japan gibt es z. B. kaum eine Antikörperproduktion gegen Masern.

Wie diese Antikörper entstehen, weiß man nicht. Es wurde vermutet, daß es zu einer unspezifischen Mitreaktion der B-Zellklone komme und daß es sich um *„Nonsense-Antikörper"* (Mattson u. Mitarb. 1980) handle, die fast ausschließlich bei der Multiplen Sklerose vorkommen. Die Antikörperbildung bezieht sich nicht nur auf die erwähnten Antigene. Es wurden auch solche gefunden, die gegen Zytomegalie, Streptokokken, Escherichia coli oder auch gegen Viren, die nur zu Krankheiten bei Schafen führen, gerichtet sind.

Die diagnostische Spezifität dieser Nonsense-Antikörper ist hoch. So finden sich bei 75 % aller Multiple-Sklerose-Kranken Antikörper gegen *Masern, Röteln und Zoster* (MRZ-Reaktion nach Felgenhauer).

Wenn in Verdachtsfällen die üblichen Liquoruntersuchungen keinen sicheren Befund ergeben haben, sollte man nach diesen Antikörpern suchen.

Diese Nonsense-Antikörper sind aber nicht ganz so spezifisch für Multiple Sklerose, wie angenommen wurde. So fand man sie zum Teil bei Autoimmunkrankheiten wie der primär chronischen Polyarthritis und der Immunvaskulitis (Holzer u. Mitarb. 1988) oder auch bei einer akuten Enzephalitis, die nicht als akute Multiple Sklerose (Marburg-Typ) angesehen werden konnte (Schädlich u. Mitarb. 1988).

Klinische Bedeutung der autochthonen Immunglobulin-G-Bildung

Eine autochthone IgG-Bildung ist in hohem Maße für die Multiple Sklerose charakteristisch. Man findet sie bei ca. 90 % aller Patienten mit gesicherter Multipler Sklerose. Allerdings ist diese Feststellung für den klinischen Alltag nicht so wertvoll, denn wir bestimmen das IgG vorwiegend dann, wenn wir uns der Diagnose nicht sicher sind, also bei Patienten mit noch nicht gesicherter Multipler Sklerose. Bei Patienten mit wahrscheinlicher Multipler Sklerose findet man eine IgG-Erhöhung nur noch in ca. 50 %, bei solchen mit fraglicher Multipler Sklerose in noch geringerem Prozentsatz.

Die *oligoklonalen Banden* zeigen eine höhere Spezifität, weil sie bei weniger Krankheiten gefunden werden. Bei gesicherter Multipler Sklerose sind sie in 85–95 % der Fälle nachweisbar, es wurden auch Werte von 97–99 % angegeben (Lievera u. Mitarb. 1981, Krüger 1985, Störch u. Mitarb. 1987). Bei wahrscheinlicher Multipler Sklerose sinkt der Wert aber auf 40 % ab (Ebers u. Paty 1980). Manche fanden allerdings oligoklonale Banden auch bei wahrscheinlicher Multipler Sklerose in 85 % positiv (Störch u. Mitarb. 1987).

Oligoklonale Banden können besonders dann helfen, wenn die IgG-Erhöhung im Liquor grenzwertig ist.

Es gibt eine Reihe anderer Krankheiten, bei denen eine IgG-Erhöhung vorkommt. So ist das autochthone IgG bei der *postvakzinalen* und *postinfektiösen Enzephalitis,* bei *bakteriellen* und *viralen Enzephalomyelitiden,* bei *Parasiten-* und *Pilzbefall* des Nervensystems, manchmal auch bei *Lupus erythematodes, Sjögren-Syndrom* und *Vaskulitis* der Gehirngefäße positiv. In der Regel lassen sich aber diese Krankheiten differentialdiagnostisch relativ leicht von der Multiplen Sklerose abtrennen.

Die *oligoklonalen Banden* sind zwar spezifischer als der Absolutwert des IgG, aber ebenfalls nicht auf die Multiple Sklerose beschränkt. Sie treten mit der IgG-Erhöhung auch bei anderen entzündlichen Erkrankungen des Nervensystems auf wie *Enzephalitiden, Arachnitis, Radikuloneuritis, Borreliose.* Auch bei *Lupus erythematodes* konnten oligoklonale Banden nachgewiesen werden (Winfield u. Mitarb. 1983), was die Differentialdiagnose Multiple Sklerose/Lupus erythematodes (S. 185) gelegentlich unmöglich machen kann.

Aus all diesen Gründen sind eine IgG-Erhöhung und die Bildung von oligoklonalen Banden nicht beweisend für eine Multiple Sklerose. Dennoch muß man festhalten: *Das Auftreten von oligoklonalen Banden im Liquor ist eines der wichtigsten diagnostischen Kriterien für die Multiple Sklerose, dessen Bedeutung die der evozierten Potentiale übertrifft.*

Korrelation zum Krankheitsverlauf

Oligoklonale Banden haben im Frühstadium der Multiplen Sklerose eine gewisse prognostische Bedeutung. Bei Patienten mit Verdacht auf Multiple Sklerose und oligoklonalen Banden im Liquor entwickelt sich in den nächsten 2 Jahren doppelt so häufig eine Multiple Sklerose wie bei Patienten, die keine oligoklonalen Banden hatten (Moulin u. Mitarb. 1983).

Oligoklonale Banden sind nicht immer zu Beginn der Krankheit vorhanden, d. h. sie können sich in einem späteren Stadium entwickeln. *Findet man oligoklonale Banden schon früh, dann sind sie prognostisch eher ungünstig zu werten.*

Entsprechend ist bei benignen Verlaufsformen das IgG weniger häufig erhöht (47 % gegen 95 % der gesicherten MS-Fälle) als bei schlimmeren Verlaufsformen.

Durch Verlaufsstudien weiß man, daß die IgG-Konzentration im Liquor bei einem Schub innerhalb der ersten 4 bis 30 Tage ansteigt (Olsson u. Link 1973). *Zwar kann die Konzentration des IgG mit der Zeit schwanken, es verschwindet aber nicht aus dem Liquor.*

Es besteht eine gewisse Beziehung zwischen IgG und *Zellzahl.* Bei höherer Zellzahl besteht auch meist eine etwas höhere IgG-Produktion (Tourtellotte u. Ma 1978).

Wenn eine IgG-Erhöhung durch eine Schrankenstörung mitbedingt ist, dann besteht eine Korrelation der Schrankenstörung mit der Schwere der neurologischen Ausfälle und mit der Anzahl der Herde (Caroscio u. Mitarb. 1986). Dies ist vermutlich dadurch bedingt, daß die Schrankenstörung Ausdruck vieler liquornaher Herde ist.

Bleibt bei einer uncharakteristischen klinischen Symptomatik aber mit autochthoner IgG-Erhöhung die Diagnose Multiple Sklerose unsicher, dann kann durch eine erneute Liquoruntersuchung 8–12 Monate später die Diagnose unterstützt werden, wenn das IgG immer noch erhöht ist. Eine IgG-Erhöhung nach Virusinfekt oder nach einer aktuen demyelinisierenden Enzephalomyelitis (S. 216) verschwindet nämlich mit der Zeit wieder.

Weitere Proteine und Peptide im Liquor

Es gibt noch eine Reihe weiterer Proteine im Liquor, die zwar im Zusammenhang mit der Multiplen Sklerose interessant sind, aber nur eine geringe oder auch gar keine diagnostische Bedeutung haben.

Immunglobulin M und A (IgM und IgA)

IgM: Von allen Immunglobulinen hat IgM (M=Makromolekül) das größte Molekulargewicht (950 000). Es setzt sich aus 5 IgG-Molekülen zusammen.

Im Serum macht das IgM nur 10 % des Globulins aus (IgG 75–85 %). Bei Immunreaktionen treten zuerst Antikörper vom IgM-Typ auf, die allerdings nur eine kurze Halbwertszeit haben.

Die Konzentration des IgM im Liquor ist nur gering (51 ng/ml). Bei gesicherter Multipler Sklerose wurde IgM in 48 % der Fälle erhöht gefunden. Eine derartige Erhöhung besteht nur bei 6 % der Gesunden. Die IgM-Konzentration korreliert nicht mit der Dauer und Schwere der Krankheit (Williams u. Mitarb. 1978). Deutlicher ist das IgM bei anderen Prozessen erhöht wie z. B. bei der Borreliose-Meningopolyradikulitis und bei Lues (Felgenhauer u. Mitarb. 1985). Das IgM hat damit also eine gewisse differentialdiagnostische Bedeutung.

Oligoklonale IgM (IgM-Banden) sollen aber ein Indikator für die Krankheitsaktivität sein, weil sie vorwiegend im Schub vorkommen (Sharif u. Thompson 1991).

IgA: Das IgA kommt im Serum zu etwa 10 % vor, ist aber vorwiegend als Immunglobulin in den Exkreten wie Bronchialexkret und Tränenflüssigkeit enthalten. Es spielt die Hauptrolle bei der lokalen Infektabwehr. Im Liquor ist es nur mit 1,32 ng/ml vertreten. Bei 18 % der Multiple-Sklerose-Kranken war es erhöht (Sindic u. Mitarb. 1984). IgA ist bei Lues, Borreliose und auch der Herpesenzephalitis erhöht.

Die IgA-Bestimmung im Liquor ist für die Differentialdiagnose der Multiplen Sklerose von Bedeutung: *Eine deutliche IgA-Erhöhung spricht gegen Multiple Sklerose.* Man muß in solchen Fällen an eine Tuberkulose, embolische Herdenzephalitis oder auch an eine zentrale Beteiligung bei Lupus erythematodes denken (s. S. 183).

Freie Leichtketten

Immunglobuline setzen sich aus kurzen („leichten") und langen („schweren") Aminosäureketten zusammen, die durch Disulfidbrücken miteinander verbunden sind. Bei Multipler Sklerose kann man im Liquor freie leichte Ketten finden, also Leichtketten, die irgendwie von Immunglobulinmolekülen isoliert worden sind. Solche freien leichten Ketten kommen im Serum nicht vor, was dafür spricht, daß sie innerhalb der Blut-Hirn-Schranke entstanden sind. Dies könnte vermuten lassen, daß die Leichtketten vom Immunglobulinmolekül abgesprengt wurden. In manchen Fällen konnten sie jedoch nicht einem bestimmten Immunglobulin zugeordnet werden. Deshalb nimmt man an, daß sie von stimulierten B-Lymphozyten isoliert gebildet werden, etwa als Ausdruck einer fehlerhaften Immunglobulinsynthese, wie z. B. beim multiplen Myelom.

Die Bildung von Leicht- und Schwerketten wird von verschiedenen Genen gesteuert. Es gibt zwei Arten von Leichtketten: Leichtketten vom *Kappa-* und vom *Lambdatyp*. Obwohl das IgG mehr Leichtketten vom Lambdatyp enthält, überwiegen im Liquor von Multiple-Sklerose-Kranken Leichtketten vom Kappatyp (Walsh u. Tourtellotte 1984).

Komplement

Unter dem Komplement versteht man die Gesamtheit verschiedener inaktiver Eiweißstoffe (Komponenten C1 bis C9 und Properdin) im Serum, die durch eine Antigen-Antikörper-Reaktion nacheinander aktiviert werden können, was dann z. B. zur Lyse von Bakterienmembranen führt. Unter bestimmten Umständen kann IgG_1 die Komponente C1 aktivieren.

Im Liquor kommt nur eine geringe Menge von Komplement vor, das aber aus dem Serum stammt. Im Liquor von Multiple-Sklerose-Kranken war die Komplementfraktion C9, also das am Ende der Reaktionskaskade stehende Eiweiß, in *90 % der Fälle reduziert* (Morgan u. Mitarb. 1984). Dieser Befund kann zur Zeit noch nicht gedeutet werden.

Basisches Myelinprotein (Myelin basic protein, MBP)

Eine der interessantesten Substanzen, die man bei Patienten mit Multipler Sklerose im Liquor findet, ist das basische Myelinprotein (MBP), auch wenn die klinische Bedeutung geringer ist, als man sich dies einmal vorstellte.

Das Myelin besteht aus einem fettartigen Material, das lamellenartig in mehreren Lagen aufgerollt ist. Zwischen den einzelnen Lamellen liegen feine Membranen aus Proteinen (Abb. 12.**3**). Eines dieser Proteine ist das basische Myelinprotein, das als Autoantigen auftreten kann. Mit diesem basischen Myelinprotein kann man bei Versuchstieren die experimentell allergische Enzephalitis (EAE) auslösen, ein Krankheitsbild, das mit der Multiplen Sklerose sehr große Ähnlichkeit hat.

Das basische Myelinprotein besteht aus einer Kette von 170 Aminosäuren (Abb. 12.**4**). Nur die kurze Aminosäuresequenz von 114 bis 122 stellt die eigentliche Determinante dar, d. h. die Stelle, an der ein Antikörper haftet. Allein diese Region kann beim Meerschweinchen schon die experimentell allergische Enzephalitis auslösen. Dieser *enzephalitogene Abschnitt* auf dem basischen Myelinprotein ist bei den einzelnen Tieren verschieden (z. B. beim Kaninchen Aminosäure 66–75).

Eine andere Stelle des Moleküls wiederum (zwischen Aminosäure 44–89) macht das Meerschweinchen gegen den enzephalitogenen Abschnitt des basischen Myelinproteins (Aminosäure 114–122) unempfindlich und trägt somit vermutlich zur Erhaltung der Selbsttoleranz bei. Den Versuchstieren muß man die Determinante 114–122 mit einem Adjuvans spritzen, um die experimentell allergische Enzephalitis auszulösen. Werden die Tiere aber vorher schon mit dem Abschnitt 44–89 des basischen Myelinproteins behandelt, dann kann man mit dem Abschnitt 114–122 keine experimentell allergische Enzephalitis mehr auslösen, vermutlich, weil zuvor die Suppressor-T-Zellen aktiviert wurden.

Bei der Multiplen Sklerose ist das basische Myelinprotein im Liquor manchmal leicht erhöht (größer als 4 ng/ml). Im *akuten Stadium* aber fanden Cohen u. Mitarb. 1980 in über 90 % der Fälle das basische Myelinprotein *deutlich erhöht* (über 8 ng/ml). Es kam aber innerhalb von 2 Wochen wieder zu einem rapiden Abfall. Auch unter Behandlung mit *hohen Corticoiddosen* kommt es zu einem deutlichen Absinken des basischen Myelinproteins (Warren u. Mitarb. 1986). Die Abnahme des basischen Myelinprotein-Spiegels im Liquor korreliert dabei auch mit der Abnahme der Gadoliniumaufnahmefähigkeit frischer Kernspinherde (Barkhof u. Mitarb. 1992).

Die Liquorpräparation zur Bestimmung des basischen Myelinproteins ist schwierig und aufwendig, so daß sich die Bestimmung dieses Myelinabbauproduktes nicht in der klinischen Routine durchgesetzt hat, *obwohl es sehr deutlich die Akuität des Krankheitsprozesses* anzeigen kann. Allerdings würde das Fehlen einer Erhöhung des basischen Myelinproteins im Liquor nicht gegen einen akuten Prozeß

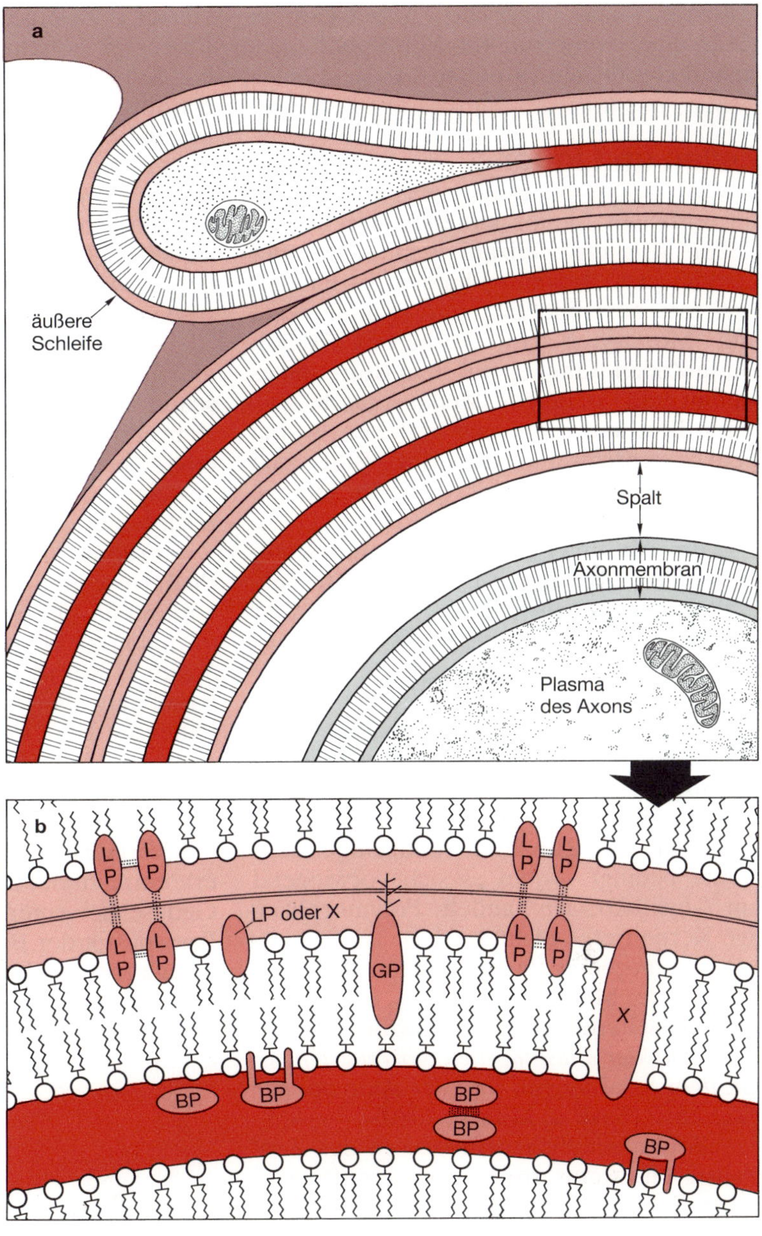

Abb. 12.**3a** u.**b**
a Darstellung der Myelinentwicklung nach einem elektronenmikroskopischen Bild. Die Innenseiten der Membran, aus der die Myelinhülle hervorgeht, verschmelzen (dunkelrote Schicht, Pfeil)
b Ausschnitt von **a.** Eine Myelinhülle besteht aus Lipidsubstanzen (Kreise mit Zickzack-Ketten). Zwischen diesen Schichten und in sie eingesenkt liegen Proteine, u. a. basisches Myelinprotein (BP), Glycoproteine (GP) und Lipoproteine (LP), unbekannte Proteine, zum Teil Enzyme (X) (nach Morell u. Norton)

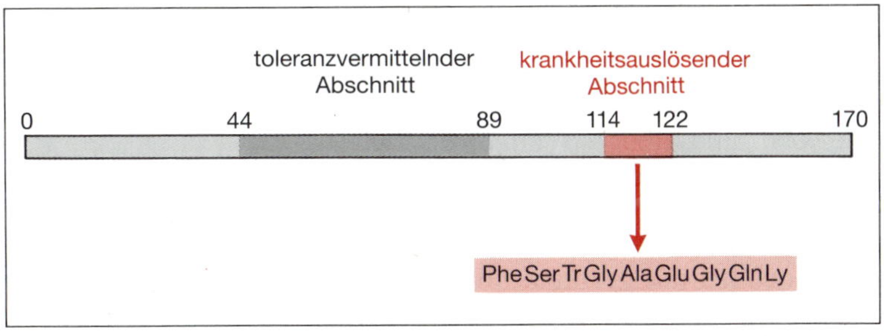

Abb. 12.**4** Wichtige Abschnitte auf dem basischen Myelinprotein (Aminosäuren 1–170)

sprechen. Das basische Myelinprotein bleibt aber weiterhin im Mittelpunkt des wissenschaftlichen Interesses.

Zellen im Liquor

Im normalen Liquor kommen nur wenige Zellen vor; die Zellzahl geht nicht über 12–15/3 (d.h. 4–5/mm^3) hinaus. Es handelt sich fast ausschließlich um Lymphozyten und Monozyten (im Verhältnis 70:30). Diese Zellen stammen aus dem Blut, und es scheint ein ständiger Zellaustausch zwischen Blut und Liquor zu bestehen, wobei Leukozytenschwankungen im Blut sich aber nicht im Liquor widerspiegeln, solange die Blut-Hirn-Schranke intakt ist.

Bei Multipler Sklerose kommt es in über einem Drittel der Fälle zu einer Zellzahlerhöhung (Tourtellotte 1970), die aber kaum über 75/3 hinausgeht. Zwar gibt es vereinzelt Zellzahlerhöhungen über 150/3 Zellen, *aber schon eine Zellzahlerhöhung über 80/3, besonders aber über 100/3 muß immer erhebliche Zweifel an der Diagnose Multiple Sklerose aufkommen lassen.*

Die Pleozytose bei Multipler Sklerose ist durch eine Zunahme rundzelliger Elemente bedingt, wobei es sich vorwiegend um *T-Lymphozyten* handelt. Polymorphzellige Kerne treten nicht auf.

Plasmazellen findet man im Anfangsstadium der Multiplen Sklerose, später werden sie seltener und verschwinden ganz. *Die Zahl der Plasmazellen korreliert nicht mit dem Schweregrad und der Aktivität der Krankheit* (Sayk u. Mitarb. 1980).

Bei entzündlichen Prozessen des Zentralnervensystems treten sogenannte *aktivierte B-Lymphozyten* auf. Es handelt sich dabei um B-Lymphozyten, die ungewöhnlicherweise intrazytoplasmatisch IgG enthalten.

Die *aktivierten B-Zellen* kommen zwar nur in geringer Zahl bei der Multiplen Sklerose vor, sind aber so ungewöhnlich bei einer nicht entzündlich bedingten Pleozytose, daß ihnen damit eine hohe differentialdiagnostische Bedeutung zukommt. So kann auch bei nur gering erhöhter oder gar normaler Zellzahl durch den Nachweis aktivierter B-Zellen die entzündliche Natur des Prozesses gesichert werden. Während sie bei den anderen entzündlichen Erkrankungen des Nervensystems verschwinden, *bleiben die B-Zellen bei der Multiplen Sklerose immer nachweisbar.* Sie verhalten sich damit wie das IgG. Findet man also nach einigen Monaten immer noch aktivierte B-Zellen im Liquor, dann ist dies ein gewichtiger Hinweis dafür, daß eine Multiple Sklerose vorliegt.

Wenn 0,1 % der Zellen im Liquor aus aktivierten B-Zellen besteht, dann gilt dies schon als Beweis für eine Entzündung des Zentralnervensystems. Bei Tuberkulose oder Lues kann der Anteil bis auf 20 % ansteigen, bei Borreliose unter Umständen noch höher.

Früher hat man geglaubt, daß eine Pleozytose im akuten Staidum häufiger vorkomme. *Es besteht aber kein Zusammenhang zwischen Pleozytose und akutem Schub* (Tourtellotte 1970). Dauert die Krankheit aber schon länger und sind die Patienten älter, dann kann man feststellen, daß die Zellzahlerhöhung seltener wird. Dies stimmt mit der klinischen Erfahrung überein, daß man bei chronisch progredienten Verlaufsformen seltener eine Zellzahlerhöhung findet und somit die entzündliche Genese bei einer chronisch progredienten Paraspastik der Beine nicht immer so offen zutage tritt (Abb. 12.**5**).

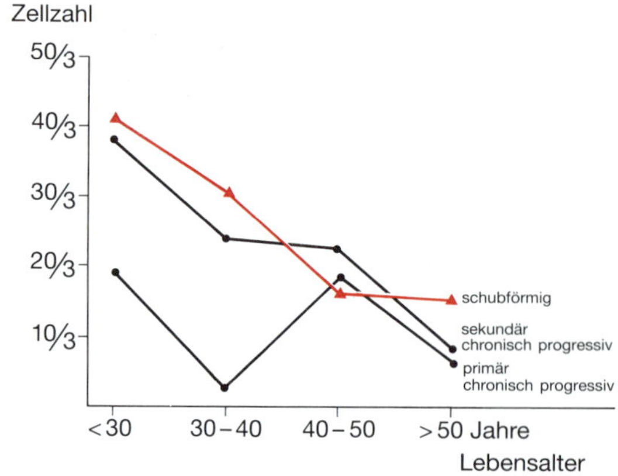

Abb. 12.**5** Pleozytose in Abhängigkeit von Lebensalter und Verlaufsform der Multiplen Sklerose (nach Schipper)

Eine gewisse positive Korrelation von IgG-Bildung und Liquorzellzahlerhöhung scheint zu bestehen (Tourtellotte u. Ma 1978, Thomson u. Mitarb. 1983). Während das IgG, zumindest bei *Therapie mit höheren Corticoiddosen,* im Liquor absinkt (aber nicht verschwindet), scheint die Pleozytose nicht darauf anzusprechen (Trotter u. Garvey 1980, Compston u. Mitarb. 1987, Barkof u. Mitarb. 1992).

13. Elektrophysiologische Untersuchungsmethoden

Allgemeines

Die für die Diagnostik der Multiplen Sklerose wichtigste elektrophysiologische Untersuchungsmethode ist die Ableitung von *evozierten Potentialen.* Seit kurzem gewinnt auch die Methode der *Magnetstimulation* zunehmend an Bedeutung.

Mit den **evozierten Potentialen** kann man die Leitgeschwindigkeit der Impulse zwischen bestimmten Strukturen des Zentralnervensystems bestimmen und damit Hinweise für die Lokalisation einer Schädigung bekommen. In beschränktem Umfang gewinnt man auch gewisse ätiologische Hinweise, indem man Aussagen darüber machen kann, ob es sich eher um eine Druckläsion oder um eine Demyelinisierung handelt. Von ganz besonderer Bedeutung für die Diagnostik der Multiplen Sklerose ist die Möglichkeit, daß man auch Herde finden kann, die klinisch stumm sind und dennoch als Baustein für die Diagnose verwendet werden können.

Jeder Reiz, ob optisch, akustisch oder taktil, wird von der entsprechenden Rezeptorzelle in elektrische Impulse umgewandelt und in einer kodierten Impulsfolge über Nerven und Nervenbahnen unter verschiedenen Umschaltungen zur Hirnrinde geleitet. In den Nervenbahnen, den Umschaltstellen und in der Hirnrinde entstehen dabei bestimmte *elektrische Potentiale,* welche man direkt abgreifen könnte, wenn man mit den Ableitelektroden an die entsprechenden anatomischen Strukturen herankäme. Die Ableitung solcher Potentiale direkt von der Kopfhaut stieß zunächst auf fast unüberwindliche Schwierigkeiten, die aber später mit einer elektronischen Rechnermethode (Averaging) überwunden werden konnten. Am gebräuchlichsten ist die Ableitung der **visuell evozierten Potentiale (VEP),** der **somatosensibel evozierten Potentiale (SEP)** und der **frühen akustisch evozierten Potentiale (FAEP).**

Mit Ausnahme der akustisch evozierten Potentiale (AEP) werden die evozierten Potentiale so aufgezeichnet, daß der negative Gipfel nach oben, der positive Gipfel nach unten gerichtet ist. Die nach oben gerichteten negativen Gipfel werden mit N (N = negativ), die nach unten gerichteten positiven Gipfel mit P (P = positiv) bezeichnet.

Neben der Form des Potentials werden Amplitude und Latenz für die Auswertung verwendet, wobei die Latenz am wichtigsten ist, die Amplitude unterliegt stärkeren Schwankungen.

Auf die Technik der Ableitung soll nicht weiter eingegangen werden (ausführliche Literatur bei Chiappa 1983, Stöhr 1989, Maurer u. Mitarb. 1990).

Visuell evozierte Potentiale (VEP)

Man verwendete früher als optische Reize Blitzlichtreize. Heute hat sich weitgehend die *Musterumkehrstimulation* durchgesetzt.

Der Proband muß ein Schachbrettmuster (meist auf einem Fernsehschirm präsentiert) fixieren, wobei die Quadrate des Schachbrettmusters mit konstanter Frequenz ihr Schwarz-weiß-Muster umkehren. Der eigentliche Reiz ist dabei die *Kontrastumkehr,* denn die Leuchtdichte des Schachbrettmusters bleibt ja ständig gleich. Da es auf den Kontrast ankommt, ist bei dieser Reizart eine weitgehend normale Sehschärfe Voraussetzung, d.h. z.B., daß die Patienten bei der Untersuchung ihre Brille aufsetzen müssen.

Bei *Blitzreizen* (Leuchtdichteänderungen) ergeben sich zwar deutlich ungenauere Werte, die Untersuchung kann jedoch auch bei verminderter Sehschärfe durchgeführt werden.

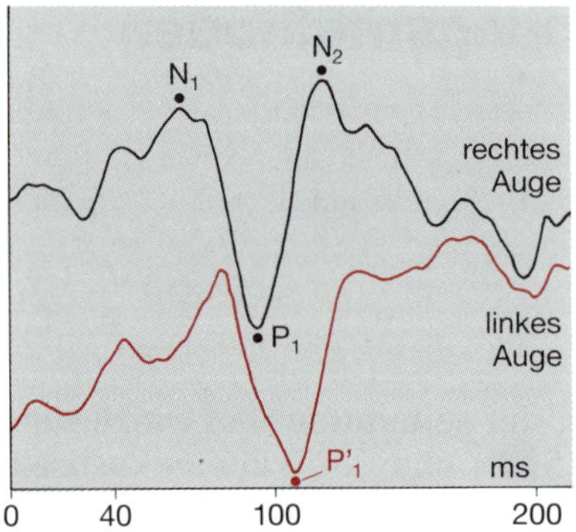

Abb. 13.**1** Visuell evozierte Potentiale. Obere Kurve: normales Potential mit N_1 und N_2, Bezugspunkt P_1. Untere Kurve: leicht verzögertes VEP bei MS. Retrobulbärneuritis nicht bekannt

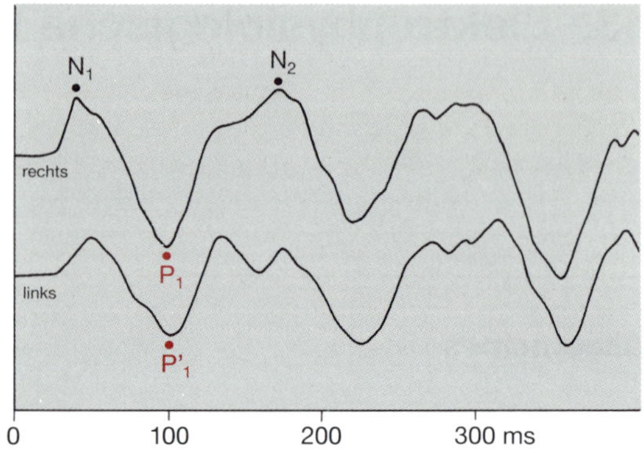

Abb. 13.**2** Normales Steady-state-Potential (s. Text)

Durch *Musterumkehr* werden in der Retina vorwiegend die Zapfen gereizt, welche zentral am stärksten repräsentiert sind und damit auch die meisten Neurone im N. opticus stellen. Deshalb ist die diagnostische Wertigkeit der Musterumkehrreizung höher als die der Blitzreizung, über die nur die Stäbchen gereizt werden, deren Axone nicht so stark vertreten sind.

Das visuell evozierte Potential (VEP) besteht in seiner tpischen Form aus zwei negativen und einem positiven Gipfel (N_1, P_1, N_2), wobei der positive Gipfel P_1 sehr konstant und meist eindeutig zu bestimmen ist. Er erscheint nach etwa 95–100 ms (Abb. 13.**1**).

Manche Autoren sind gegen die Bezeichnung P_1 und nennen diesen Punkt P_2, mit der Begründung, daß manchmal dem typischen 3gipfligen VEP-Komplex bei etwa 60 ms ein kleines positives Potential vorausgeht, das man dann mit P_1 bezeichnen müßte.

Andere nennen den konstanten positiven Gipfel auch P_{100}, weil seine Latenz bei 100 ms liegt. Da die Latenz von verschiedenen Parametern abhängig ist (Diener u. Zimmermann 1985) und auch in verschiedenen Laboratorien verschiedene Werte hat, ist die Bezeichnung P_{100} ebenfalls nicht exakt.

Bei der normalen Schachbrettreizung bringt man das Schachbrettmuster mit einer Frequenz von ca. 2/s zur Umkehr. Nimmt man eine höhere Frequenz, dann gehen die visuell evozierten Potentiale ineinander über, und ab einer gewissen Frequenz (ca. 8/s) kommt es dann zu einem sinusartig schwingenden VEP. Man nennt dies dann *Steady-state-Potential* (Abb. 13.**2**), welches sich gut zur Amplitudenbestimmung eignet. Durch das Steady-state-Potential kann die diagnostiche Ausbeute, besonders bei der Suche nach latenten Multiple-Sklerose-Herden, erhöht werden (Diener 1989).

Mit dem visuell evozierten Potential erfaßt man vorwiegend Herde im N. opticus und Chiasma, aber auch im Tractus opticus (Chiasma bis Corpus geniculatum laterale des Thalamus). Herde in der Sehstrahlung entgehen der üblichen Diagnostik.

Hier kann man unter Umständen mit *Halbfeldreizungen* im Gesichtsfeld weiterkommen. In der Routinediagnostik der Multiplen Sklerose wird diese Technik aber kaum angewendet.

Wo die einzelnen Komponenten des VEP entstehen, ist nicht ganz klar. Man vermutet, daß N_1 in der Area striata (A 17) der Okzipitalrinde entsteht, die weiteren Komponenten P_1 und N_2 in den angrenzenden Rindenfeldern (A 18 und A 19).

Nimmt die Zahl der Axone im N. opticus ab, sei es durch Verletzung, Druck oder auch durch eine retinale Schädigung, dann wird im visuell evozierten Potential die *Amplitude geringer.* Bei einer schwereren Schädigung kann das evozierte Potential vollständig verschwinden (Abb. 13.**3**). Die Amplitudenminderung korreliert in gewissem Maß mit der Sehschärfe.

Sind nur die Markscheiden geschädigt (Demyelinisierung), die Axone aber weitgehend erhalten, dann kommt es zu einer *Verlängerung der Latenz,* d.h. die Leitgeschwindigkeit im N. opticus ist vermindert. Die Latenz wird in der Regel an den konstant auftretenden P_1 bestimmt (Abb. 13.**1**). Man beurteilt sowohl die absolute Latenzverzögerung als auch die Latenzdifferenzen zwischen beiden Augen. Wenn die absolute Latenz beiderseits normal ist, kann zwischen beiden Augen dennoch ein Latenzunterschied bestehen, der als pathologisch zu werten ist und für einen stummen Multiple-Sklerose-Herd auf der Seite der längeren (aber absolut noch normalen) Latenz spricht.

Eine *Latenzverlängerung* durch Markscheidenschädigung ist typisch, aber *nicht pathognomonisch* für die Multiple Sklerose. Auch bei anderen Erkrankungen wie z.B. der *spastischen Spinalparalye,* der *hereditären Ataxie,* bei *Vitamin-B_{12}-Mangel* oder bei *Neurolues* kann es zu einer Verzögerung des visuell evozierten Potentials kommen. Raumforderungen, die den N. opticus bedrängen, führen nicht nur zu einer Amplitudenminderung, sondern über eine zusätzliche Demyelinisierung auch zu einer gewissen Verzögerung des visuell evozierten Potentials (McDonald 1982), welche aber nie das Ausmaß wie bei einer demyelinisierenden Krankheit hat.

Vermutet man eine abgelaufene Neuritis und findet vorwiegend eine Amplitudenminderung, so kommt eher eine vaskuläre oder toxische Optikusschädigung in Frage.

Bei einer ausgeprägten *Retrobulbärneuritis* oder *Papillitis,* gleich welcher Ursache, kommt es zunächst immer zu einem Potentialverlust, vermutlich bedingt durch das Ödem, welches zu einer vorübergehenden Axonausschaltung (Leitungsblock) führt. In der Rückbildungsphase baut sich dann das visuell evozierte Potential wieder auf, allerdings jetzt mit einem verzögerten P_1. Eventuell wird die Restitution durch eine Cortison-Stoßtherapie unterstützt (s. S. 238 und Abb. 13.**3**, S. 144).

Diese Verzögerung bleibt sehr lange, meist für immer bestehen. Die Latenz von P_1 kann sich aber auch vereinzelt wieder normalisieren (Lowitzsch u. Welkoborski 1983, Matthews u. Small 1983). Bei Kindern kommt diese Normalisierung häufiger vor (Parkin u. Mitarb. 1984, Kriss u. Mitarb. 1988), vermutlich bedingt durch eine größere Fähigkeit zur Remyelinisierung.

Die große Bedeutung des visuell evozierten Potentials liegt darin, daß blande Affektionen des N. opticus, welche noch zu keinen Sehstörungen geführt haben, nachgewiesen werden können. Dies ist besonders wichtig, wenn man auf der Suche nach dem *Symptom des weiteren Herdes* ist.

Weil leichte Demyelinisierungen im N. opticus sich im Visus nicht ausdrücken, wohl aber zu einer Latenzveränderung führen, ist die VEP-Untersuchung der augenärztlichen Untersuchung bezüglich einer demyelinisierenden Störung des N. opticus auch dann überlegen, wenn alle ophthalmologischen Hilfsmittel eingesetzt werden (Brooks u. Chiappa 1982). *Die VEP-Untersuchung ist auch der Kernspintomographie beim Nachweis von Herden im N. opticus weit überlegen.*

Die Minderung der Amplitude im visuell evozierten Potential korreliert mit einer Minderung der Sehschärfe. Die Sehschärfe ist offensichtlich abhängig von der Zahl der intakten Axone. Die Latenzverzögerung im visuell evozierten Potential steht mit einer Minderung der Sehschärfe praktisch nicht in Zusammenhang. Die Verzögerung des Potentials wird also zerebral offensichtlich gut kompensiert.

Wenn sich nach einer Optikusneuritis der Visus rasch wieder herstellt, dann nimmt die Amplitude zu, die Verzögerung bleibt (Halliday u. Mitarb. 1973). Bei einem Patienten (Matthews u. Small 1983) hatte sich bei gleichbleibend gutem Visus das stark verzögerte VEP nach 7 Jahren normalisiert.

Entsprechend sind die Veränderungen der *Pupillenreflexe* nicht mit der Verzögerung, sondern mit der Amplitudenreduktion korreliert.

Die VEP-Untersuchung kann aber auch *falsch-normale* Werte ergeben. Wenn vorwiegend die Axone, die von peripheren Netzhautabschnitten kommen, betroffen sind, stellt sich dies bei der üblichen VEP-

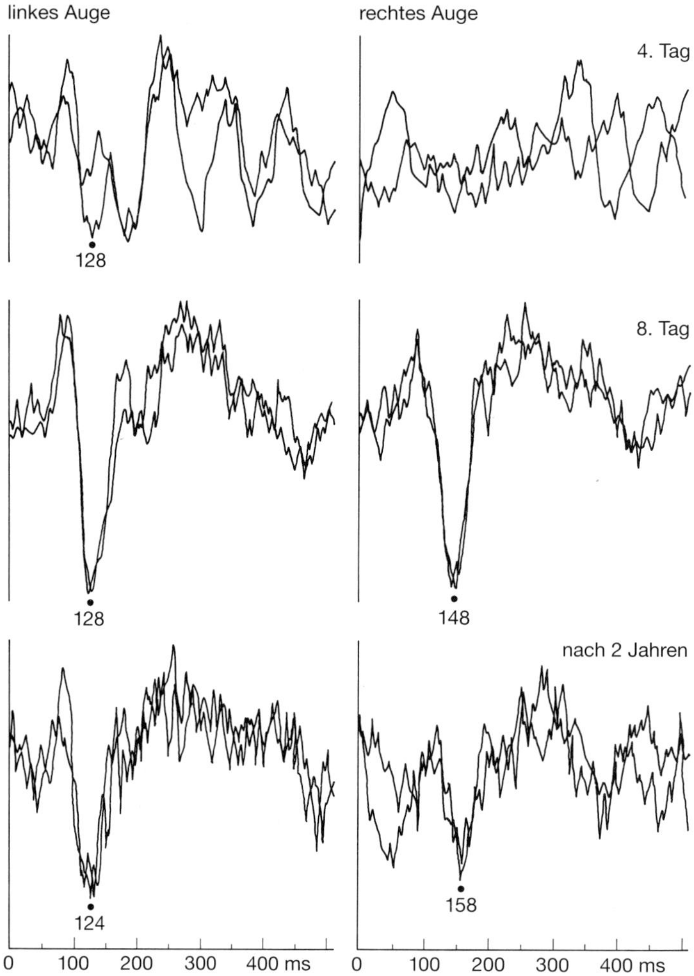

Abb. 13.**3** VEP-Verlust und Wiederaufbau des Potentials (nach Stöhr 1992)
nach 4 Tagen: kein Potential rechts zu erhalten;
nach 8 Tagen (5 Infusionen mit 500 mg Prednisolon): Besserung des Visus, VEP wieder gut auslösbar, aber deutlich verzögert;
nach 2 Jahren: Rezidiv, weitere Verzögerung und Amplitudenverminderung

Untersuchung nicht dar. Mit der Musterumkehrreizung werden nämlich vorwiegend Axone erfaßt, die von der Makula kommen.

Zu beachten ist, daß auch bei gesunden Menschen die Latenz von P_1 nicht ganz konstant ist. Es soll im Rahmen einer zirkadianen Rhythmik zu signifikanten Latenzveränderungen (bis zu 6 ms) kommen, wobei die Latenz in den frühen Morgenstunden (2 bis 5 Uhr) am längsten und gegen 17 Uhr am kürzesten ist (Stolz u. Mitarb. 1988).

Bei Patienten mit sicherer Multipler Sklerose werden pathologische Veränderungen der visuell evozierten Potentiale je nach Untersuchungsmethode in unterschiedlicher Häufigkeit angegeben (75–100 %). Bei einer Untersuchung mit der üblichen Schachbrettmuster- und Steady-state-Reizung ergab sich bei 93 % der Patienten mit *sicherer* Multipler Sklerose eine absolute oder relative Latenzverzögerung. Bei Patienten mit *wahrscheinlicher* Multipler Sklerose lag die Häufigkeit der Latenzverzögerung bei 78 %, bei Patienten mit *möglicher* Multipler Sklerose bei 55 % (Diener 1989). Es wurden auch niedrigere Werte, allerdings nur bei einer Musterumkehrreizung ohne Steady-state-Stimulation angegeben (Lowitzsch 1988).

Für den Kliniker sind aber gerade *die* Patienten am wichtigsten, bei denen eine Multiple Sklerose nur „möglich“ ist. Es wäre wichtig zu wissen, wie häufig sich bei diesen Patienten dann, wenn das visuell evozierte Potential nicht pathologisch ist, später eine sichere Multiple Sklerose entwickelt. Dazu gibt es, wenn man Patienten mit isolierter Optikusneuritis außer Betracht läßt nur spärliche Untersuchungen.

In einer Studie wurde gefunden, daß bei 10 von 34 Patienten mit möglicher Multipler Sklerose ein pathologisches VEP vorlag. Bei 7 von diesen 10 Patienten wiederum entwickelte sich innerhalb von 38 Monaten eine sichere Multiple Sklerose (Matthews u. Mitarb. 1982).

Ebenso wichtig wäre zu wissen, wie oft Patienten mit einer möglichen Multiplen Sklerose auch dann eine sichere Multiple Sklerose entwickeln, wenn die evozierten Potentiale normal waren.

Patienten mit einer unklaren rein *spinalen Symptomatik* stellen ein großes differentialdiagnotisches Problem dar. Häufig muß man eine spinale Form der Multiplen Sklerose vermuten. Bei 131 derartigen Patienten fanden Blumhardt u. Mitarb. (1982) nur in 29 % pathologische Veränderungen der visuell evozierten Potentiale.

Dieser diagnostische Zugewinn durch das visuell evozierte Potential bei der Suche nach einem weiteren Herd wird durch die Kernspintomographie aber weit übertroffen. Bei einer Untersuchung von 18 Patienten mit klinisch „rein“ spinaler Form der Multiplen Sklerose fand man bei 15 Patienten im Kernspintomogramm des Gehirns Herde. Die VEP waren aber nur bei 7 Patienten pathologisch. Aber gerade bei diesen 7 Patienten lagen auch kernspintomographisch Herde vor, so daß die VEP keinen diagnostischen Zugewinn erbracht haben (Mauch u. Mitarb. 1987).

Somatosensibel evozierte Potentiale (SEP)

Wenn man Sinneszellen in Haut, Bindegewebe oder Gelenkrezeptoren reizt, entstehen in dem entsprechenden Hirnrindenareal die somatosensibel evozierten Potentiale. Vermutlich erfassen wir dabei nur solche Potentiale, die von Impulsen evoziert werden, welche über das *Hinterstrangsystem* geleitet wurden.

Die Afferenzen, welche die somatosensibel evozierten Potentiale bilden, kommen über den peripheren Nerv und die Hinterwurzel in das Rückenmark. Dort gelangen sie über das Hinterhorn ohne Umschaltung in die Hinterstränge, werden in den Hinterstrangkernen der Medulla oblongata umgeschaltet und kommen über die mediale Schleife (Lemniscus medialis) in den Thalamus. Dort werden sie wieder umgeschaltet und erreichen über thalamokortikale Bahnen (im hinteren Anteil der inneren Kapsel) die primäre sensible Hirnrinde (Abb. 13.**4**).

Somatosenibel evozierte Potentiale entstehen in der Hinterhornregion, in den Hinterstrangkernen, im Thalamus und in der Hirnrinde. Mit Ausnahme der Thalamuspotentiale kann man sie mehr oder weniger direkt ableiten. Auf die vom Thalamus generierten Potentiale muß man über Oberflächenableitungen am Schädel indirekt schließen.

Prinzipiell kann man an jeder Stelle der Körperoberfläche reizen, um sensible Potentiale zu evozieren. Für die Routine hat sich eingebürgert, den *N. tibialis* an der Innenseite des Fußknöchels und den *N. medianus* am Handgelenk elektrisch zu reizen. Bei der Nervenstimulation benötigt man weniger Reize, als wenn man isoliert ein Hautareal stimulieren würde.

Die Reizung mehrerer Hautareale hintereinander bietet jedoch den Vorteil, daß man über die Zuordnung der Reizstellen zu bestimmten Dermatomen eine genauere Lokalisation vornehmen kann. Bei bestimmten Fragestellungen kann diese *Dermatomstimulation* von Bedeutung sein (Jörg 1983).

Auf der Suche nach *Hirnstammläsionen* kann man auch direkt im Trigeminusgebiet reizen (Stöhr u. Petruch 1979) (Trigeminus-SEP s. S. 148).

Medianus-SEP

Wenn man den N. medianus am Handgelenk stimuliert, bekommt man über der Hirnrinde ein Potential mit einer charakteristischen Form (Abb. 13.**5**). Es kommt

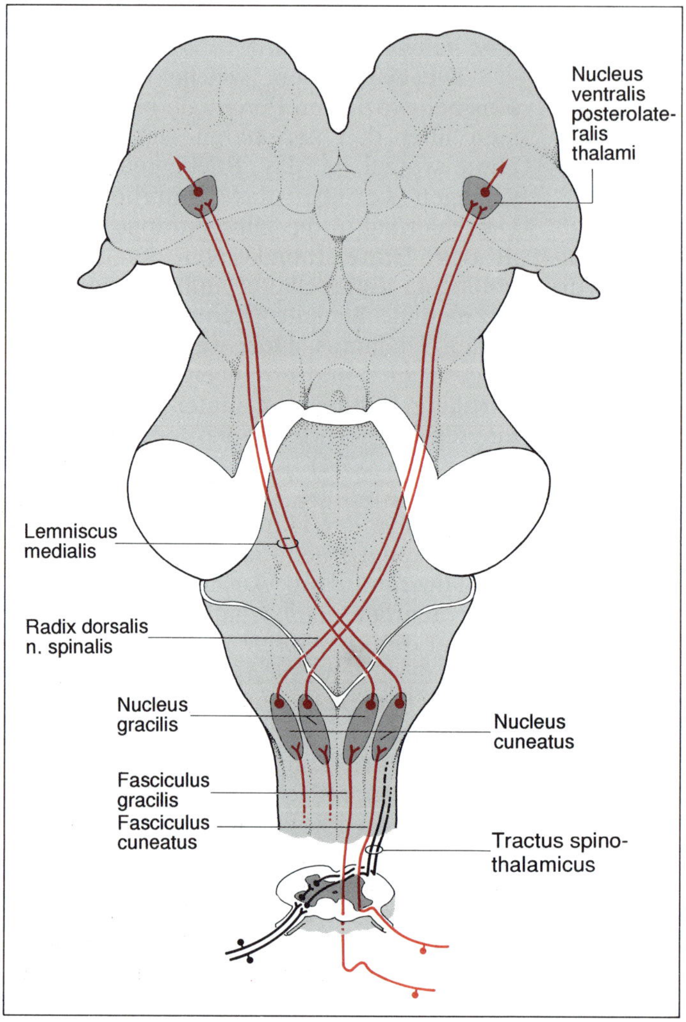

Abb. 13.**4** Hinterstrangbahnen und Lemniscus medialis.

nach einer kleinen inkonstanten positiven Vorwelle zu einem steilen negativen Anstieg mit einer Spitze nach ca. 20 ms (N_1), danach entsteht eine flache positive Nachschwankung (P_1). Man nennt diese beiden Komponten *kortikaler Primärkomplex,* weil sie im primären Kortex generiert werden. Die weiteren Nachschwankungen sollen Ausdruck der Verarbeitung in den Assoziationsfeldern sein.

Für die Diagnostik ist vorwiegend der *erste negative Gipfel (N_1)* wichtig. Ist die Latenz dieses Gipfels verzögert oder die Amplitude deutlich gemindert, spricht dies bei normaler Leitgeschwindigkeit der entsprechenden peripheren Nerven für eine Läsion, die irgendwo zwischen Hinterwurzel und Hirnrinde gelegen ist. Da diese Lokalisation ungenau ist, hat es sich in vielen Laboratorien eingebürgert, nicht nur das kortikale Potential abzuleiten, sondern gleichzeitig auch Potentiale, die in tiefergelegenen Regionen generiert werden *(„fraktionierte Ableitung“).* Am wichtigsten ist dabei das *Nackenpotential (N_{13}),* welches über den Hinterstrangkernen entsteht und in Höhe von C2 (etwa 4 cm unterhalb des Inions) leicht abgeleitet werden kann.

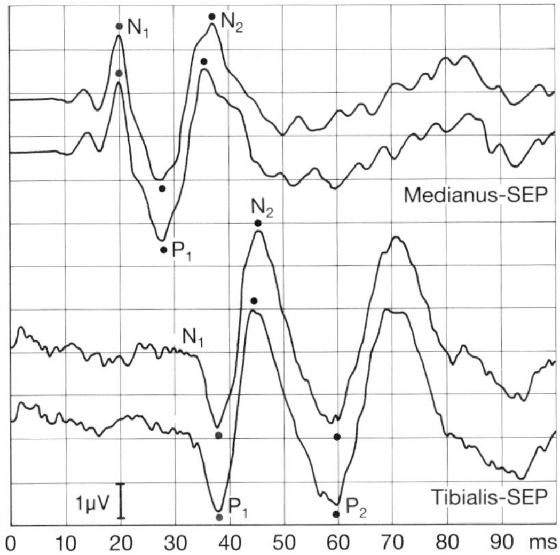

Abb. 13.**5** Medianus- und Tibialis-SEP

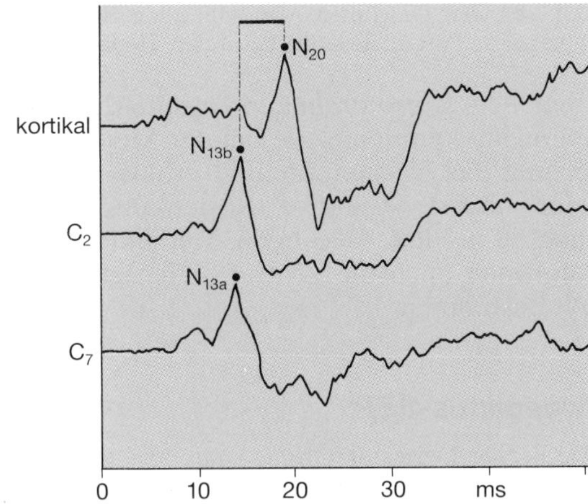

Abb. 13.**6** Medianus-SEP: zentrale Überleitungszeit (Zeitspanne von N_{13b} bis N_{20})

Die erste deutliche Schwankung ist negativ und hat ihren Gipfel nach etwa 13 Sekunden. Bestimmt man die Zeit zwischen diesem und dem kortikalen Potential, dann kennt man die Zeit, welche der Impuls benötigt, um von den Hinterstrangkernen der Medulla oblongata zum sensiblen Kortex zu gelangen. Dies ist die *zentrale Überleitungszeit* (Abb. 13.**6**).

Der diagnostische Vorteil dieses Nackenpotentials liegt darin, daß man im Falle einer Verzögerung des kortikalen Potentials die Läsion genauer lokalisieren kann. Erscheint der Gipfel N des Nackenpotentials (nach 13 ms) zu normaler Zeit, dann muß die Läsion im Falle einer Verzögerung des kortikalen Potentials irgendwo zwischen den Hinterstrangkernen (Medulla oblongata) und der Hirnrinde liegen. Ist aber das *Nackenpotential* schon verzögert, dann spricht dies für eine Läsion unterhalb der Hinterstrangkerne. Findet man eine Verzögerung des Nackenpotentials und eine Verlängerung der zentralen Überleitungszeit, dann können zwei Herde vorliegen.

Man kann zusätzlich noch ein direkt über dem Armplexus enstehendes Potential (am Erbschen Punkt, 2 cm oberhalb Klavikulamitte) ableiten. Der erste, gut nachweisbare negative Gipfel erscheint nach etwa 10 ms (N_{10}). Erscheint der Gipfel N_{10} zur normalen Zeit, dann ist z. B. eine Läsion des peripheren Nervs durch eine Polyneuropathie, aber auch eine verringerte Nervenleitgeschwindigkeit bei zu geringer Temperatur ausgeschlossen. Die zentrale Überleitungszeit ist unabhängig von einer Minderung der peripheren Nervenleitgeschwindigkeit (Gambi u. Mitarb. 1982).

Tibialis-SEP

Durch Reizung des N. tibialis am Innenknöchel erzielt man ebenfalls ein charakteristisches kortikales Potential über der Schädelkalotte, am stärksten ausgeprägt an der Stelle der somatosensiblen Repräsentation des Beines. Es kommt zu einer sehr konstanten positiven Auslenkung (nach unten) nach ca. 40 ms (P_1), die dann von einer negativen Nachschwankung gefolgt ist. *Der Bezugspunkt ist P_1* (Abb. 13.**5**). Manchmal geht P_1 eine kleine negative Auslenkung voraus, welche aber wegen ihrer Inkonstanz keine diagnostische Bedeutung hat.

Wie beim Medianus-SEP können noch weitere Potentiale abgegriffen werden. Direkt über der Cauda equina (Ableitepunkt L5) kommt es zu einem Potential (Cauda-equina-Potential), das man aber nur bei einem Teil der Patienten gewinnen kann. Ein weiteres Potential findet sich am thorakolumbalen Übergang bei Th 12/L 1 (lumbosakrales Potential), welches das Potential über dem Hinterhorn bzw. über der Hinterwurzeleintrittszone darstellt. In der Diagnostik der Multiplen Sklerose haben diese Potentiale keine besondere Bedeutung.

Über den *Hinterstrangkernen* der Medulla oblongata kann man wie bei der Medianusreizung das Nackenpotential erhalten, das seine höchste negative Auslenkung jetzt nach 30 ms hat. Wie beim Medianus-SEP kann man auch die zentrale Überleitungszeit bestimmen.

Trigeminus-SEP

Wie bei der Dermatomreizung kann man auch das Trigeminusgebiet reizen und ein evoziertes Potential ableiten, das durch Impulse über den N. trigeminus ausgelöst wird. Am besten erzielt man das Potential, wenn man an Ober- und Unterlippe gleichzeitig reizt (Stöhr u. Petruch 1979) (Abb. 13.7). Über der kontralateralen Postzentralregion findet man ein Potential mit einem konstanten positiven Gipfel nach 19 ms, dem ein kleinerer negativer Gipfel nach 13 ms (N_{13}) vorausgeht.

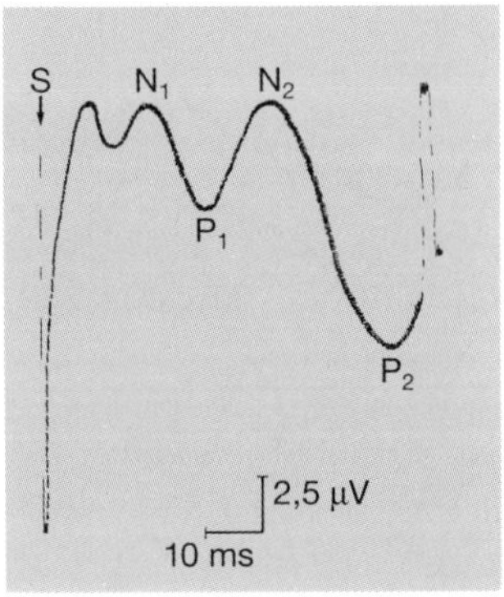

Abb. 13.**7** Trigeminus-SEP: elektrische Reizung des N. trigeminus an Ober- und Unterlippe

Die Bedeutung dieses Potentials für die erste Suche nach Multiple-Sklerose-Herden ist nicht groß. So findet sich bei sicherer Multipler Sklerose eine Verzögerung nur in 61 % (Buettner u. Mitarb. 1982), eine Verzögerung des Tibialis-SEP etwa bei 82 %. Ist man aber auf der Suche nach weiteren Herden, und haben die evozierten Potential (SEP, VEP und AEP) im Stich gelassen, dann kann gelegentlich das Trigeminus-SEP von Nutzen sein. Hat man bei einem Patienten mit Trigeminusneuralgie den Verdacht auf eine Multiple Sklerose (S. 83), dann weist eine deutliche Verzögerung auf eine Demyelinisierung z. B. im Wurzeleintrittsgebiet hin.

Klinische Bedeutung der somatosensibel evozierten Potentiale

Das wesentliche Kriterium für einen pathologischen Befund bei der Beurteilung des somatosensibel evozierten Potentials ist die *Verzögerung* des Potentials. Man kann folgende Arten der Verzögerung unterscheiden:

1. Die Verzögerung eines Potentials ist *absolut,* d. h. die gemessene Latenz geht über den Normalwert hinaus.
2. Die Verzögerung ist relativ, d. h. es besteht eine Seitendifferenz, wobei auf der Seite der Verzögerung die absolute Latenz jedoch nicht oder nicht signifikant überschritten ist.
3. Es besteht eine Verzögerung zwischen zwei Potentialen, die in verschiedener Höhe abgegriffen wurden (z. B. zentrale Überleitungszeit).

Ein weiteres Kriterium ist die *Amplitudenreduktion.* Da die Amplitude normalerweise schon erheblich schwankt, ist dieses Kriterium erst dann zuverlässig, wenn die Amplitudenreduktion ca. 50 % beträgt. Dabei kommt es hauptsächlich auf den Seitenunterschied an. Die Amplitudenminderung kann so stark sein, daß das Potential gar nicht mehr auszulösen ist. Dieser *SEP-Verlust* ist ein Befund, der bei Multipler Sklerose seltener vorkommt, z. B. wenn man ganz früh im Schub ableitet und durch das Ödem noch ein Leitungsblock besteht.

Gelegentlich wird der SEP-Verlust durch eine extreme Latenzverzögerung vorgetäuscht, weil dann das Potential nicht innerhalb der gewählten Analysezeit entsteht. In solchen Fällen muß man die Analysezeit verdoppeln, um diese Möglichkeit auszuschließen.

Die *Amplitudenminderung* ist Ausdruck der Axonschädigung bzw. der Schädigung der Nervenzellen. Man findet sie vorwiegend bei Kompression des Rückenmarks (z. B. Tumoren, zervikale Myelopathie).

Die *Latenzverlängerung* ist Ausdruck einer Myelinschädigung, wobei die Axone noch ganz oder wenigstens zum Teil erhalten sind. Dies ist typisch für einen Multiple-Sklerose-Herd (Bostok u. Sears 1978). Je nach Ausdehnung des Herdes beträgt die Impulsverzögerung ca. 10–20 ms. Umgekehrt muß ein Herd im Hinterstranggebiet auch eine gewisse Ausdehnung erreichen, damit er durch eine Verzögerung des somatosensibel evozierten Potentials überhaupt zum Ausdruck kommt. Kleine Herde werden deshalb oft gar nicht erfaßt.

Wenn in einem Multiple-Sklerose-Herd zusätzlich einige Axone ganz ausfallen, wird die Zahl der ankommenden Impulse geringer, was sich in einer *Amplitudenreduktion* ausdrückt. Eine Amplitudenminderung ist bei der Multiplen Sklerose in der Regel nur gering ausgeprägt. Weil die Axone von der Demyelinisierung immer verschieden stark betroffen sind, kommen die sonst synchronen Impulse zu verschiedenen Zeiten an („zeitliche Dispersion"), was nicht nur zu einer Latenzverlängerung, sondern auch zu einer *Verbreiterung und Verplumpung* des Potentials führt. Die Vergrößerung der Latenz steht bei Multiple-Sklerose-Herden zwar ganz im Vordergrund, aber auch die Amplitudenminderung und Verplumpung des Potentials, welche mit der Größe des Herdes zunimmt, hat diagnostische Bedeutung.

Die Tibialis-SEP sind bei Multipler Sklerose deutlich häufiger pathologisch verändert als die Medianus-SEP. Vermutlich ist dies zum einen dadurch bedingt, daß die Hinterstränge für die Beine länger sind und damit häufiger von den Multiple-Sklerose-Herden befallen werden können. Zum anderen sind die Herde im Rückenmark eher etwas dreiecksförmig und liegen mit der Basis außen, so daß sie dort die langen Bahnen eher tangieren (s. S. 18). Entsprechend findet man auch Tiefensensibilitätsstörungen an den Beinen häufiger als an den Armen.

Eine Entmarkung kommt nicht nur bei Multipler Sklerose, sondern auch bei anderen Krankheiten vor, wie z. B. bei *funikulärer Myelose, Friedreichscher Ataxie, Tabes dorsalis* u. a. Die somatosensibel evozierten Potentiale sind deshalb bei diesen Krankheiten ebenfalls verzögert. Auch bei spinalen Tumoren kann es neben einer Amplitudenminderung zu einer Latenzverzögerung kommen, die allerdings nicht sehr ausgeprägt ist. Man kann aber immer davon ausgehen, daß eine deutliche Latenzzunahme beim Tibialis-SEP (über 50 ms) in höchstem Maß den Verdacht auf eine Multiple Sklerose lenken muß (Riffel u. Mitarb. 1983).

Ein großer diagnostischer Vorteil der somatosensibel evozierten Postentiale ist, daß man wie mit den visuell evozierten Potentialen Läsionen nachweisen kann, die klinisch überhaupt nicht oder nicht mehr in Erscheinung treten (Trojaborg u. Petersen 1979, Stöhr u. Mitarb. 1989). So war bei 73 % der Multiple-Sklerose-Patienten mit pathologischen SEP-Veränderungen klinisch die Hinterstrangfunktion normal (Riffel u. Mitarb. 1983). Gelegentlich fanden wir auch Patienten mit Herden im Hinterstrang und deutlichen Tiefensensibilitätsstörungen, bei denen ein normales kortikales Tibialis-SEP abgeleitet werden konnte.

Die Latenzverzögerung des somatosensibel evozierten Potentials bei Multipler Sklerose kann sich – allerdings nur in seltenen Fällen – wieder *normalisieren* (Dorfmann u. Mitarb. 1978, Matthews u. Small 1983). In der Regel lassen sich aber Demyelinisierungen noch nach vielen Jahren durch eine Latenzverlängerung nachweisen, auch wenn sich die klinische Symptomatik schon vollständig zurückgebildet hat. Während die Latenzverzögerung sich nur selten zurückbildet, ist die Amplitudenminderung, z. B. nach der Operation eines Rückenmarktumors, oft vollständig rückbildungsfähig.

Mit der *fraktionierten* SEP-Ableitung kann man unter Umständen auch mehrere Herde nachweisen. Eine Verzögerung des kortikalen Tibialis-SEP beidseits beweist nicht, daß zwei Herde vorliegen, denn dies könnte auch durch einen Herd im Halsmark (wo die beiden Gollschen Stränge dicht nebeneinander liegen) bedingt sein. Findet man aber mit der fraktionierten Ableitung auf der einen Seite eine Verzögerung des Nackenpotentials, auf der anderen Seite eine Verzögerung der Überleitungszeit, dann spricht dies für zwei Herde.

Die Suche nach disseminierten Herden mit den SEP kann gelegentlich etwas ergiebiger werden, wenn man nicht nur die Nervenstämme reizt, sondern durch direkte Hautreizung (Dermatomreizung) mehrere Segmente überprüft (Jörg 1983). Dies erfordert aber einen erheblichen Zeitaufwand und ist, wenn die Kernspintomographie zur Verfügung steht, nur in seltenen Fällen hilfreich.

Die Trefferquote bei sicherer Multipler Sklerose liegt beim Tibialis-SEP bei 82% (Trojaborg u. Petersen 1979), beim Medianus-SEP bei 74% (Namerow 1968). Dies bedeutet aber für die Diagnostik nicht allzuviel, denn man sucht ja nach Herden nur bei klinisch möglicher oder wahrscheinlicher Multipler Sklerose. Hier liegt die Trefferquote um vieles niedriger, auch wenn sich später eine sichere Multiple Sklerose herausstellt.

Findet man allerdings im Verdachtsfall eine Verzögerung der somatosensiblen Potentiale, dann beträgt die Wahrscheinlichkeit, daß sich später eine Multiple Sklerose entwickelt, 71%, wenn SEP-Veränderungen fehlen, 16% (Hume u. Waxman 1988).

Die **Kernspintomographie** ist den somatosensibel evozierten Potentialen insgesamt überlegen. Die SEP sind aber billiger, leichter verfügbar und dem NMR beim Aufdecken latenter *spinaler Herde* zur Zeit noch deutlich übelegen. Weiter sind Kernspinveränderungen unspezifisch. Man kann in der Regel bei einem Kernspinherd nicht entscheiden, ob es sich um eine Demyelinisierung handelt. Eine Verzögerung im somatosensibel evozierten Potential spricht aber *immer* für eine Demyelinisierung, was jedoch keinesfalls eine Multiple Sklerose beweist. *Hochgradige* Verzögerungen im somatosensibel evozierten Potential, die allerdings selten vorkommen, kann man aber fast als pathognomonisch für die Multiple Sklerose bezeichnen.

Akustisch evozierte Potentiale (AEP)

So wie man nach Lichtreizen die evozierten Potentiale ableiten kann, lassen sich durch akustische Reizung Potentiale (AEP) abgreifen. Die klinisch relevanten Potentiale werden aber nicht in der Hirnrinde, sondern im *Hirnstamm* generiert. Das technische Prinzip ist das gleiche. Es gilt, die kleinen evozierten Potentiale aus der ständigen Unruhe der normalen elektrischen Hirnaktivität (EEG) herauszufiltern.

Nach einem akustischen Reiz kommt es innerhalb von 1000 ms zu einer Viezahl von Potentialen, wobei aber nur die, welche innerhalb der ersten 10 ms entstehen, klinisch bedeutsam sind, nämlich die **frühen akustisch evozierte Potentiale (FAEP).**

Diesen Potentialen (FAEP) schließen sich nach 10–50 ms dann die *akustisch evozierten Potentiale* **mittlerer Latenz** an. Diese sind zum Teil myogener Natur (myogene Reflexantworten), könnten aber auch einen zentralen Ursprung haben. In den darauffolgenden 50–500 (1000) ms entstehen dann die *akustisch evozierten Potentiale* **späterer Latenz.**

Für die Diagnostik, vor allem für die Diagnostik der Multiplen Sklerose, sind die frühen akustisch evozierten Potentiale von Bedeutung.

Frühe akustisch evozierte Potentiale (FAEP)

Die frühen akustisch evozierten Potentiale bestehen aus *7 Gipfeln,* die mit den römischen Ziffern I bis VII bezeichnet werden. Mann kann diese Gipfel mit einer gewissen Wahrscheinlichkeit bestimmten anatomischen Strukturen der Hörbahn zuordnen. Die einzelnen Stationen der Hörbahn und ihre Beziehung zu den FAEP sind in Abb. 13.**8** dargestellt.

Die Impulse von der Kochlea gelangen über den *N. cochlearis* (N. acusticus) zu den beiden *Hörkernen* (Nucleus cochlearis ventralis und Nucleus cochlearis dorsalis) im Recessus lateralis der Medulla oblongata.

Nach Umschaltung in diesen Hörkernen kreuzt der größte Teil der Fasern zur Gegenseite. Davon gelangt der eine Teil zum *Kerngebiet der oberen Olive,* wird dort umgeschaltet und weitergeleitet zum unteren Hügel der Vierhügelplatte auf der gleichen Seite. Der andere Teil, ebenfalls von den Hörkernen kommend, kreuzt auch zur anderen Seite, gelangt aber ohne Umschaltung gemeinsam mit den umgeschalteten Fasern zu dem gleichen Hügel der unteren Vierhügelplatte. Diese Bahn zwischen der oberen Olive und dem gleichseitigen unteren Vierhügel heißt *Lemniscus lateralis* oder auch *laterale*

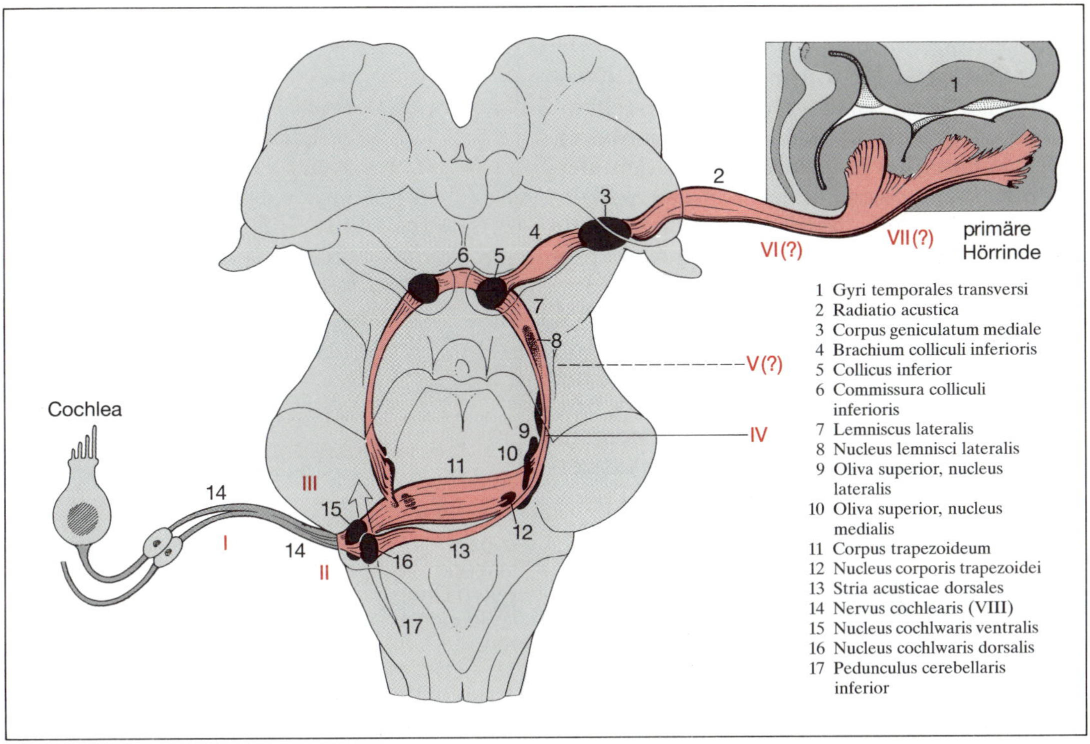

Abb. 13.**8** Akustische Bahnen mit Angabe der vermutlichen Entstehungsorte der einzelnen Wellen des FAEP (Anatomisches Bild nach Nieuwenhuys u. Mitarb.)

Schleife. (Der Lemniscus medialis, Fortsetzung der Hinterstrangbahn nach Umschaltung, hat nichts damit zu tun). Innerhalb der lateralen Schleife liegen noch einige Kerne Nuclei lemnisci lateralis), in denen ein Teil der Fasern umgeschaltet wird.

Nach Umschaltung in den unteren Vierhügel werden dann die Fasern zum homolateralen *Corpus geniculatum mediale* des Thalamus weitergeführt und gelangen von dort als Hörstrahlung zur *primären Hörrinde* im Temporallappen.

Wichtig ist, daß von den Hörkernen aus auch Fasern homolateral, d.h. ungekreuzt, im Lemniscus lateralis zu dem homolateralen Anteil der unteren Vierhügelplatte ziehen. Es besteht auch eine starke Verbindung zwischen den unteren Vierhügeln (Commissura colliculorum inferiorum). *Somit gelangen also alle Hörimpulse homolateral und kontralateral zur Hirnrinde.*

Wegen der vielfältigen Verbindungen zwischen den Hörbahnen jeder Seite weiß man nicht genau, ob die homolateral abgeleiteten Potentiale auch nur homolateral generiert werden. Man weiß von der Welle I und II nur, daß sie auf der gleichen Seite entstehen (N. cochlearis und Eintritt in den Hirnstamm). Da einseitige Hirnstammläsionen meist auch einseitige AEP-Veränderungen bewirken, nimmt man an, daß die homolateral abgegriffenen Potentiale zum größten Teil auch homolateral generiert werden.

Die einzelnen Wellen des frühen akustisch evozierten Potentials kann man mit gewisser Wahrscheinlichkeit bestimmten Strukturen des Hirnstamms zuordnen (Abb. 13.**8**). Man ist sich darüber einig, daß die Welle I vorwiegend im proximalen Anteil des Hörnervs entsteht und somit die Summe der Nervenaktionspotentiale darstellt. Die Welle II soll auch noch im Hörnerv entstehen, zum größten Teil aber in den beiden Hörnervenkernen. Wenn sich die Welle I verzögert darstellt, eventuell noch mit verminderter Amplitude, oder wenn sie sogar ganz fehlt, spricht dies für einen Herd im N.

cochlearis selbst oder aber für eine otogene Hörstörung.

Die Welle III soll in der *oberen Olive* entstehen und ist regelmäßig darstellbar. Vermutlich wird die Welle IV in den oberen Brückenarealen generiert, z.B. in den kleinen Kernen, welche in der *lateralen Schleife* eingelagert sind. Nicht immer ist dieser Gipfel IV so gut dargestellt wie in Abb. 13.**9** (oben).

Regelmäßig findet man den Gipfel V, der noch unterhalb der unteren Vierhügel entstehen soll. Gelegentlich verschmilzt die Welle V mit der Welle IV. Der Gipfel V bzw. die Verschmelzung von IV/V stellt ebenfalls einen wichtigen Meßpunkt bei der Auswertung des frühen akustisch evozierten Potentials dar.

Sowohl die klinische Bedeutung als auch der Ort der Entstehung von Welle VI ist noch unklar. Sie ist vermutlich durch die Erregung der Hörbahn bedingt. Die Welle VII ist sehr inkonstant zu erhalten. Man weiß auch nicht, wo sie entsteht. Eventuell handelt es sich um eine Frühantwort der primären Hörrinde.

In der Regel bestimmt man bei der Auswertung des akustisch evozierten Potentials die *Latenz der Gipfel I, III und V,* zusätzlich noch die Entfernung der einzelnen Peaks zueinander (Inter-Peak-Latenzen) *vorwiegend I-III, I-V und III-V.*

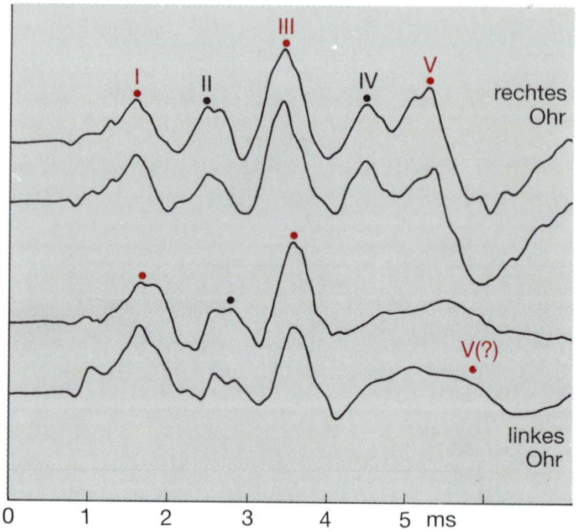

Abb. 13.**9** Obere Kurve: normales akustisch evoziertes Potential. Untere Kurve: subtotaler Verlust und Verzögerung der Welle V bei Reizung des linken Ohres
(28jährige Frau, seit 5 Jahren MS, keine Hörstörung

Akustisch evozierte Potentiale bei Multipler Sklerose

Die häufigste Veränderung des frühen akustisch evozierten Potentials bei Multipler Sklerose betrifft die *Welle V.* Der Gipfel V kann sowohl erniedrigt als auch in der Latenz verzögert sein, eventuell kann er sogar ganz fehlen. In solchen Fällen – wenn die Welle III normal auslösbar ist – spricht dies für eine Läsion in der lateralen Schleife oder in einem Bereich knapp unterhalb der unteren Vierhügel (Abb. 13.**8**).

Häufig kommt es zu einer Latenzverzögerung der Welle V bzw. zur Verlängerung der Inter-Peak-Latenz III-V. Chiappa u. Mitarb. (1980) fanden bei Multiple-Sklerose-Patienten mit AEP-Auffälligkeiten Veränderungen der Welle V in 87 % und eine Verlängerung der Inter-Peak-Latenz in 27 %.

Es kommt häufig zu einer Verplumpung der Welle V, aber auch der Welle IV und VI. Dies könnte dadurch bedingt sein, daß der Weg von der oberen Olive (III) bis zu den unteren Vierhügeln (V) der längste Teil der Hörbahn im Hirnstamm ist und deshalb auch die größere Wahrscheinlichkeit besteht, daß dieser Abschnitt von Multiple-Sklerose-Herden betroffen wird.

Veränderungen der Welle I sind bei Multipler Sklerose selten, aber dennoch häufiger, als man annehmen könnte. Ein direkter Befall des extrakraniellen Anteils von Hirnnerven gehört nicht zum Bild der Multiplen Sklerose. Hopf u. Maurer (1983) fanden aber bei ca. 15 % ihrer Patienten mit sicherer oder möglicher Multipler Sklerose eine Latenzverzögerung der Welle I mit und ohne Amplitudenminderung. Dies kann für einen direkten Befall des Hirnnervs sprechen. Bei einem großen Teil der Patienten bestanden auch Hörstörungen, die gelegentlich auch fluktuierend sein konnten (s. S. 65).

Über die Häufigkeit pathologischer AEP-Befunde bei Multipler Sklerose (bezogen auf die Wahrscheinlichkeit der Diagnose) gibt es sehr verschiedene Angaben in der Literatur. So schwankt die Häufigkeit pathologischer AEP-Befunde bei Patienten mit sicherer Diagnose von 26–93 %. Bei der Diagnose „mögliche" Multiple Sklerose soll die Häufigkeit pathologischer AEP-Befunde zwischen 11 und 41 % liegen (Stockard u. Rossiter 1977, Tackmann u. Mitarb. 1980, Chiappa 1980, 1986, Maurer u. Lowitzsch 1982).

Die unterschiedlichen Angaben sind vermutlich durch verschiedene Untersuchungstechniken zu erklären. So betrüblich diese Differenz auch ist, so wenig stört sie bei der täglichen Anwendung der akustisch evozierten Potentiale. Auch wenn wir genauere und übereinstimmende Aussagen hätten, im Einzelfall würde uns dies nichts nützen. Ein pathologisches akustisch evoziertes Potential ist nur ein weiterer Baustein für die Diagnose, ein normales akustisch evoziertes Potential schließt die Diagnose nicht aus. Pathologische Befunde bei den visuell oder den somatosensibel evozierten Potentialen sind sehr viel häufiger. *Man wird also bei der routinemäßigen Suche nach Multiple-Sklerose-Herden zweckmäßigerweise die akustisch evozierten Potentiale zuletzt ableiten.*

Findet man bei Medianus- oder Tibialis-SEP eine verlängerte zentrale Überleitungszeit, dann hilft ein pathologischer AEP-Befund nicht weiter, denn die pathologischen Befunde könnten durch den gleichen Herd im Hirnstamm bedingt sein.

Magnetstimulation

Allgemeines

Die transkranielle Stimulation der motorischen Hirnrinde mit Magnetreizen ist die jüngste Untersuchungmethode, welche in die Diagnostik der Multiplen Sklerose Eingang gefunden hat. Man hatte schon früher motorische Hirnrindenareale elektrisch gereizt und aus der Latenz und Form des motorischen Antwortpotentials Schlüsse gezogen. Wegen der enormen Schmerzhaftigkeit war jedoch diese Methode für die Klinik unbrauchbar. Nachdem es aber 1985 gelang, die motorische Hirnrinde allein durch völlig schmerzlose Magnetreize zu stimulieren (Barker u. Mitarb. 1985), setzte sich das Verfahren der transkraniellen Stimulation rasch durch.

Die Hirnrinde wird dadurch stimuliert, daß in einer Spule, die auf die Schädeldecke gelegt wird, ein rasch sich aufbauendes und langsam abfallendes Magnetfeld erzeugt wird, welches in der darunterliegenden Hirnrinde einen Induktionsstrom erzeugt. Dieser Induktionsstrom wiederum führt zu einer Stimulation der Nervenzellen. Es handelt sich also nicht um einen reinen Magneteffekt, sondern um eine *magnetoelektrische* Stimulation.

Werden nun die Pyramidenzellen in Schicht V der motorischen Hirnrinde stimuliert, dann senden sie *Impulsserien* aus, welche über die Pyramidenbahn an die motorische Vorderhornzelle gelangen, diese erregen und damit zu einem Muskelpotential führen, welches mit Oberflächenelektroden abgeleitet wird. Die Zeit vom transkortikalen Reiz bis zur Muskelerregung (Gesamtlatenz) kann leicht gemessen werden. Sie enthält sowohl eine *zentrale* als auch eine *periphere* Komponente.

Es interessiert aber vorwiegend die zentrale motorische Leitungszeit (ZML), weshalb auch die Zeit bestimmt werden muß, welche Impulse benötigen, um vom motorischen Vorderhorn an die motorische Endplatte zu gelangen (peripher motorische Leitungszeit, PML). Deshalb wird noch einmal magnetoelektrisch über dem Austrittsgebiet der entsprechenden Wurzel gereizt. Die Spule liegt z.B. auf dem 7. Halswirbel, wenn man den M. adductor pollicis brevis erregen will (man kann die PML aber auch über die F-Wellen-Latenz messen). Die ZML entspricht dann der Gesamtleitungszeit abzüglich der PML (Abb. 13.**10a-c**). Da bei der peripheren magnetoelektrischen Stimulation die motorische Wurzel nicht direkt an der Wurzelaustrittszone, sondern aus bestimmten physikalischen Gründen im Foramen intervertebrale gereizt wird, ist die dadurch errech-

a

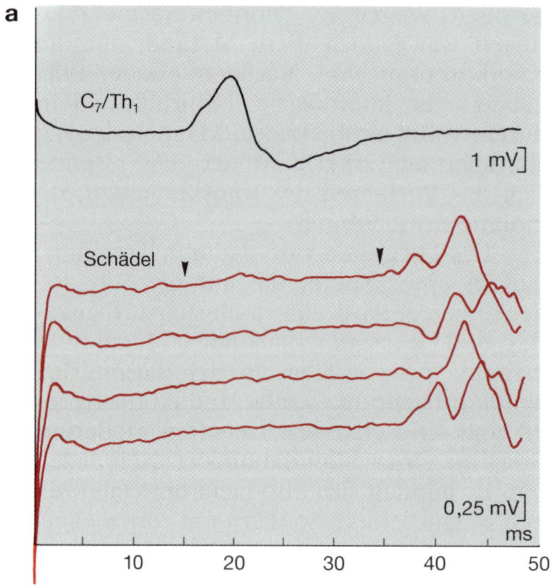

b

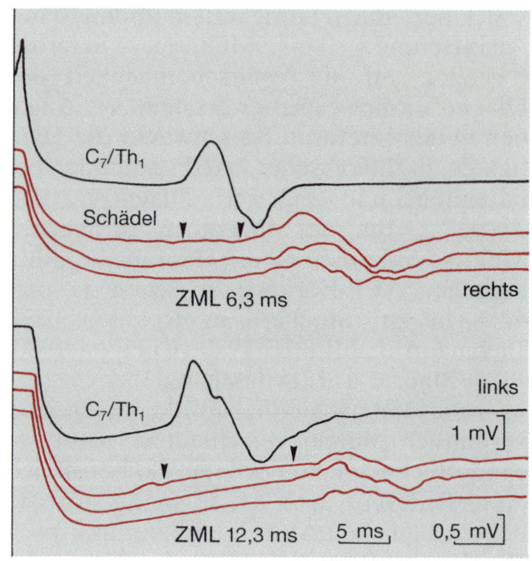

c

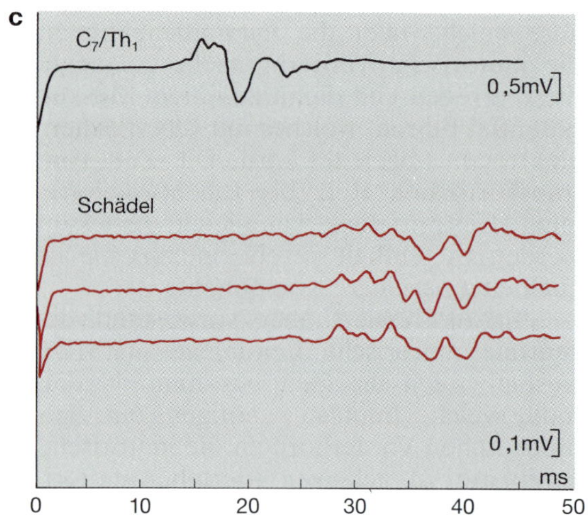

Abb. 13.**10a–c** Magnetisch evoziertes Potential bei Multipler Sklerose (Ableitung zum M. abductor digiti minimi, ADM) (nach Claus).
a Multiple Sklerose, 55 Jahre, Darstellung einer Seite: peripher motorische Leitungszeit (PML) von C 7/Th 1 aus intakt, die zentrale motorische Leitungszeit (ZML) auf 20 m/s verlängert;
b Tetraspastik und oligoklonale Banden positiv: die ZML zum linken ADM ist verdoppelt, auf der rechten Seite normal;
c Multiple Sklerose, 63 Jahre, Darstellung nur der rechten Seite: die ZML ist verdoppelt, das Summationspotential nach Kortexreiz *aufgesplittert*

nete ZML nicht rein zentral, sondern enthält noch die kurze Laufzeit (0,3 ms) im proximalen Anteil der motorischen Wurzel.

Die für die Diagnose so wichtige zentrale motorische Leitungszeit setzt sich aus verschiedenen Komponenten zusammen:

- Ansprechzeit der Pyramidenzellen,
- reine Leitungszeit in der Pyramidenbahn,
- Ansprechzeit der Alphamotoneurone,
- (proximale Nervenwurzel).

Bei der magnetoelektrischen Stimulation werden die Pyramidenzellen vermutlich nicht *direkt*, sondern *transsynaptisch*, d.h. über vorgeschaltete Zellen in oberflächlichen Rindenschichten erregt. Die entsprechende Umschaltung benötigt einige Zeit.

Bei der reinen elektrischen Stimulation werden die Pyramidenzellen offensichtlich direkt erreicht (vermutlich am Axonhügel), weshalb bei dieser Methode die Latenz um ca. 2 ms geringer ist als bei der Magnetstimulation.

Neben der reinen Leitungszeit in den Pyramidenbahnen geht in die zentrale motorische Leitungszeit noch die Zeit für die *synaptische Übertragung* auf das Alphamotoneuron ein.

Wird die peripher motorische Leitungszeit mit Hilfe der Magnetstimulation bestimmt, kommt noch die Leitungszeit in der Vorderwurzel dazu, was bei der Bestimmung über die F-Wellen-Latenz nicht der Fall ist. Bei Normalwertangaben ist dies zu beachten.

Beim entspannten Zielmuskel ist das transkortikal evozierte Muskelpotential ziemlich niedrig, wird aber deutlich höher, wenn der entsprechende Muskel leicht angespannt wird (Hess u. Mitarb. 1987).

Die spinalen Alphamotoneuronen haben einen hohen Summationsbedarf. Dieser wird zum Teil befriedigt, wenn die Alphamotoneurone durch eine willkürliche tonische Innervation voraktiviert werden.

Man leitet in der Routine gewöhnlich vom M. abductor pollicis brevis oder M. abductor digiti minimi an der Hand und im Bein vom M. tibialis anterior oder M. extensor hallucis longus ab. Die Amplitude des Muskelpotentials wird verglichen mit dem durch direkte elektrische Reizung des N. medianus oder N. peronaeus gewonnenen Muskelpotential. Die Amplitude des transkortikal evozierten Potentials sollte 15 % des direkt elektrisch evozierten Potentials nicht unterschreiten.

Befunde bei Multipler Sklerose

Der typische Befund bei Multipler Sklerose ist eine *leicht- bis mittelgradige Verlängerung* der zentralen motorischen Leitungszeit. Eine *extreme Verlängerung* (5 bis 6fach der Norm) ist zwar selten, kommt aber fast nur bei der Multiplen Sklerose vor, wie dies auch bei den somatosensibel evozierten Potentialen der Fall ist (s. S. 149). Eine Ausnahme bildet die Adrenomyeloneuropathie. Gelegentlich findet man auch eine extrem verlängerte zentrale motorische Leitungszeit bei amyotropher Lateralsklerose oder bei Hirninfarkten (Claus 1989). Obwohl die Befunde bei der Magnetstimulation unspezifisch sind, spricht *eine extreme Verlängerung der zentralen motorischen Leitungszeit (ZML) sehr für Multiple Sklerose.*

Die Verzögerung der zentralen motorischen Leitungszeit bei Multipler Sklerose ist in der Regel *seitendifferent.* Bei symmetrischer Verlängerung der zentralen motorischen Leitungszeit sollte man eher an eine spinale Raumforderung denken.

Die *Amplitude* des Muskelpotentials ist oft gemindert, das Potential vielfach verbreitert und polyphasisch gesplittert. Eine reine Amplitudenminderung, d.h. ohne Verlängerung der zentralen motorischen Leitungszeit, kann vorkommen, gehört aber zu den großen Seltenheiten (Hess u. Mitarb 1987).

Ein *Potentialverlust,* vor allem an den oberen Extremitäten, ist selten und sollte an der Diagnose Multiple Sklerose zweifeln lassen. Dieses Phänomen kommt häufiger bei der amyotrophen Lateralsklerose vor.

Die einzelnen kortikal evozierten Potentiale sind bei Multipler Sklerose in ihrer Form *variabler* als bei Gesunden. Ebenso findet man in manchen Fällen eine *erhöhte Latenzvariabilität* (Britton u. Mitarb. 1991), was diagnostisch zur Zeit allerdings noch nicht verwendet wird (Tab. 13.**1**).

Pathologische Befunde korrelieren häufig mit Paresen, lebhaften Reflexen (Claus 1989) und in gewissem Maße auch mit dem Babinskischen Zeichen, nicht aber mit der Tonuserhöhung.

Warum die magnetoelektrisch evozierten Muskelpotentiale bei Multipler Sklerose verzögert sind, ist schwieriger zu erklären als die Verzögerung bei den somatosensibel evozierten Potentialen. Eine Verzögerung der zentralen motorischen Leitungszeit wird nicht nur durch eine Demyelinisierung verursacht, sondern auch durch axonale Störungen, die bei den somatosensibel evozierten Potentialen vornehmlich zu einer Amplitudenminderung und nicht zu einer Latenzverzögerung führen.

Mit der Magnetstimulation bestimmt man ausschließlich die Leitung in den stark myelinisierten Axonen, welche nur etwa 5% der Pyramidenbahn ausmachen. Sind diese

Tabelle 13.1 Pathologische Befunde bei Multipler Sklerose durch Magnetstimulation

Leichte bis mittlere Verlängerung der ZML (oft asymmetrisch)
Hochgradige Verzögerung (5 bis 6-fach der Norm) fast nur bei MS
Amplitudenminderung
Polyphasische Potentialkonfiguration
Variable Potentiale bei einzelnen Reizen
Potentialverlust an den Armen selten (erhöhte Latenzvariabilität)

Fasern lädiert, werden die Impulse eventuell auf andere, schwach myelinisierte (langsam leitende) Fasern der Pyramidenbahn geleitet, vielleicht sogar unter synaptischer Umschaltung.

Pyramidenzellen geben keine Einzelimpulse ab, sondern ganze *Impulsserien* (bis zu 100/s). Demyelinisierende Fasern verlieren aber die Fähigkeit, schnelle Impulsserien zu übertragen (s. frequenzabhängiger Leitungsblock, S. 89), welche aber für die zeitliche Summation an den Alphamotoneuronen nötig sind.

Unklar ist, warum das Muskelaktionspotential bei Multipler Sklerose sehr selten, bei der amyotrophen Lateralsklerose hingegen relativ häufig ausfällt.

Wie bei den somatosensibel evozierten Potentialen kann man mit der Magnetstimulation *klinisch latente Läsionen* aufdekken und somit einen weiteren Baustein für die Diagnose Multiple Sklerose gewinnen. Sie eignet sich auch als Hilfe für den Kliniker, wenn er entscheiden soll, ob fraglich gesteigerte Reflexe als pathologisch oder als normal anzusehen sind.

Die *diagnostische Wertigkeit* der Magnetstimulation entspricht ungefähr der der visuell evozierten Potentiale. Sie ist damit höher als die der somatosensibel evozierten Potentiale und deutlich höher als die der akustisch evozierten Potentiale (Hess u. Mitarb. 1987). Andere Untersucher fanden die Wertigkeit der Magnetstimulation sogar noch höher. Auch ein Vergleich neurophysiologischer Untersuchungsmethoden mit der Kernspintomographie bei 40 Kranken mit Multipler Sklerose ergab pathologische Befunde in folgender Reihe: Kernspintomogramm 88 %, Magnetstimulation 83 %, VEP 67 %, SEP 63 % und AEP 42 % (Ravnborg u. Mitarb. 1992). Die diagnostische Wertigkeit der visuell evozierten Potentiale, betrachtet man sie als komplementär zur Kernspintomographie, ist dennoch höher einzuschätzen, weil man durch die visuell evozierten Potentiale Läsionen feststellen kann, welche weder der üblichen Kernspintomographie noch der Magnetstimulation zugänglich sind.

14. Bildgebende Verfahren

Frühere Verfahren

Vor der Ära der Computer- und Kernspintomographie gab es keine Methode, die pathologisch-anatomischen Veränderungen bei Multipler Sklerose bildlich dazustellen. Man konnte zwar mit der **Pneumenzephalographie (PEG)** das Gehirn indirekt abbilden, aber Veränderungen, die nicht raumfordernd wirkten oder zu keinem Substanzverlust führten, waren nicht zu sehen. Bei schon etwas fortgeschrittener Krankheit konnte man allerdings pneumenzephalographisch die häufig vorkommende *Rindenatrophie* und Erweiterung der Ventrikel durchaus gut erkennen. **Myelographisch** fand man ebenfalls gelegentlich eine Atrophie des Rückenmarks.

Derartige Atrophien des Großhirns, des Kleinhirns oder des Rückenmarks sind aber so unspezifisch, daß sie für die Diagnose Multiple Sklerose nur ganz beschränkt verwendet werden konnten.

Auch die **Gehirnszintigraphie** trug zur Diagnose Multiple Sklerose praktisch nichts bei. Zwar konnte man gelegentlich große Herde durch vermehrte Aufnahme von radioaktiver Substanz erkennen, was aber so selten war, daß man eher von der richtigen Fährte abgelenkt wurde, weil man an einen Infarkt oder Tumor dachte. So wurde z.B. in 160 Fällen von Multipler Sklerose nur 3mal im Gehirnszintigramm eine Speicherung gefunden (Antunes u. Mitarb. 1974), während sich Hirninfarkte und Tumoren sehr viel häufiger darstellten.

Die Speicherung im Gehirnszintigramm ist mit großer Wahrscheinlichkeit durch eine *Störung der Blut-Hirn-Schranke* bedingt. Diese Störung bildet sich aber wieder zurück, weshalb dann der szintigraphische Herd wieder verschwindet, ein Befund, der für einen Hirninfarkt ebenfalls sehr typisch ist und deshalb zu Verwechslungen führte.

Die konventionellen radiologischen Methoden trugen also nicht dazu bei, die Multiple Sklerose direkt nachzuweisen oder wenigstens wahrscheinlich zu machen. Dennoch waren diese Methoden oft unumgänglich, denn die Diagnose Multiple Sklerose ist – vielfach auch heute noch – eine Ausschlußdiagnose. Es geht ja immer darum, Raumforderungen, Durchblutungsstörungen oder andere Krankheiten auszuschließen.

Computertomographie (CT)

Computertomographische Veränderungen bei Multipler Sklerose

Durch die Einführung der Computertomographie (CT), besonders der Geräte der zweiten Generation, konnte man erstmals radiologisch Multiple-Sklerose-Herde darstellen. Die morphologischen Veränderungen sind zwar in keiner Weise spezifisch, können aber dennoch wegweisend sein. Wie bei der Pneumenzephalographie findet man in fortgeschrittenen Fällen eine *Atrophie,* jedoch wird diese im Computertomogramm sehr viel genauer dargestellt.

Der eigentliche Fortschritt liegt aber darin, daß in vielen Fällen auch einzelne Herde als hypodense Areale abgebildet werden können. Diese Herde lassen sich vor allem im Marklager gut darstellen und sind – was gut zu den pathologisch-anatomischen Befunden paßt –, besonders häufig periventrikulär betont, wo sie fast regelmäßig konfluieren. Weiter findet man größere und kleinere derartige hypodense Areale in der gesamten weißen Substanz. In der

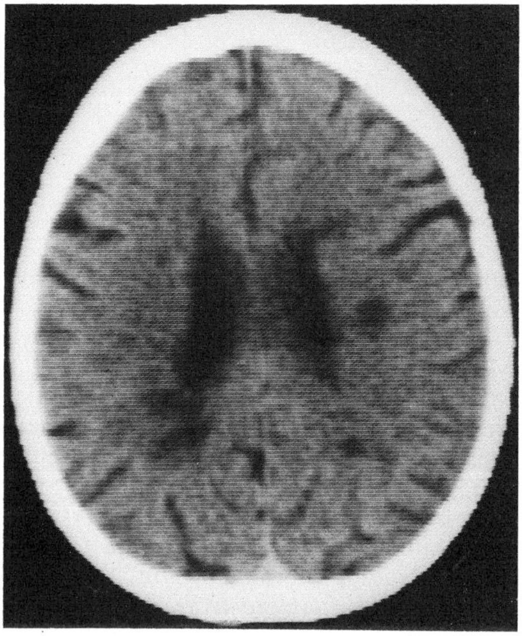

Abb. 14.**1** CT: multiple Marklagerherde nicht zu unterscheiden von Multiinfarktkrankheit (Frau, 28 Jahre, schubförmig progrediente Form der MS)

grauen Substanz sind sie schlecht nachweisbar.

Ohne Vorgeschichte und klinische Befunde zu kennen, hat man praktisch keine Möglichkeit, computertomographisch eine Multiinfarktkrankheit (Abb. 14.**1**) mit oder ohne begleitende subkortikale Enzephalopathie (Morbus Binswanger) von der Multiplen Sklerose abzutrennen. Es gibt noch eine ganze Reihe anderer Krankheitsbilder, die sich sehr ähnlich oder sogar identisch in der Computertomographie ausdrücken. So können manchmal Multiple-Sklerose-Herde wie Metastasen oder sogar wie ein primärer Hirntumor aussehen (van der Velden u. Mitarb. 1979, Literaturübersicht bei Mastrostefano u. Mitarb. 1987).

Die durch Multiple-Sklerose-Herde hervorgerufenen Hypodensitäten sind vor allem periventrikulär überraschend symmetrisch (Delouvier u. Mitarb. 1980). Gleichzeitig findet man aber auch im Marklager in der Größe stark variierende, meist rundliche, manchmal auch unregelmäßig begrenzte Herde, die zur Rinde hin deutlich seltener werden.

Bei der üblichen *Kontrastmittelgabe* kann man nur selten eine Anfärbung solcher Herde erzielen. Das änderte sich, als man das Kontrastmittel höher dosierte (doppelte Menge) und die computertomographische Untersuchung etwa 1/2–1 Stunde nach Kontrastmittelgabe durchführte. Die Ausbeute pathologischer Befunde konnte dadurch bis auf das Doppelte erhöht werden (Sears u. Mitarb. 1982).

Man kann mit solchen „Spätaufnahmen" nicht nur die im Nativbild schon dargestellten hypodensen Herde anfärben, sondern zum Teil auch Herde darstellen, die im Nativbild gar nicht sichtbar waren. Bei besonderer Größe kann ein solcher Herd durchaus mit einem Glioblastom verwechselt werden (Nelson u. Mitarb. 1981, Rieth u. Mitarb. 1981, Youl u. Mitarb. 1991). Manchmal färben sich Herde auch *ringförmig* an, so daß man an eine Metastase oder auch an einen Hirnabszeß denken muß (Gütling u. Landis 1989).

Diese Kontrastmittelanfärbung ist durch die gestörte Blut-Hirn-Schranke in dem entzündlich veränderten Areal bedingt, so daß man eine derartige Anreicherung nur in frischen Herden findet (Abb. 14.**2**). Autoren, die darauf abzielten, vor allem frische Herde nachzuweisen, und deshalb die Untersuchung im frischen Schub durchführten, gelang dies in 53 % (Ebers u. Mitarb. 1984) bis 78 % (Vinuela u. Mitarb. 1982) der Fälle. Sie konnten dann direkt verfolgen, wie solche frischen Herde die Bereitschaft, Kontrastmittel aufzunehmen, mit der Zeit wieder verloren.

Im *Hirnstamm* werden Herde im allgemeinen schlecht dargestellt, denn die Überlagerung durch Knochenartefakte ist dort oftmals zu stark. Nur selten gelingt hier die Kontrastmittelanfärbung. Kleinhirnherde wiederum sind deutlicher zu sehen, kommen aber insgesamt nicht so häufig vor.

Selten kann man im *Rückenmark* Herde nachweisen. Sehr große Herde, die zu einer Querschnittslähmung führen oder andere schwere Ausfälle hinterlassen, verursachen manchmal eine Anschwellung des Rückenmarks, so daß man an einen Tumor

a

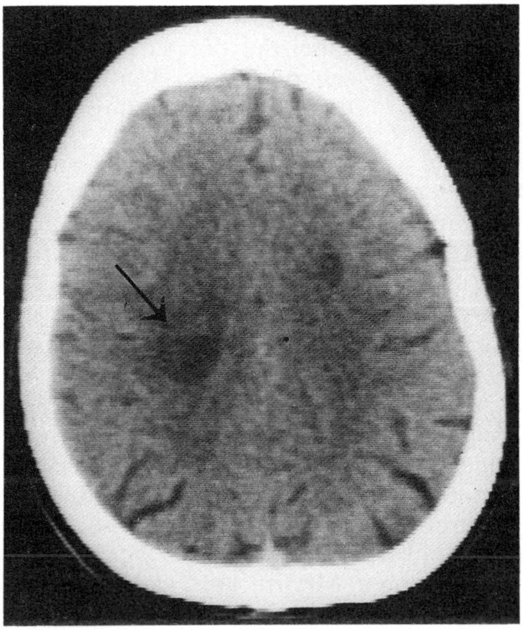

b

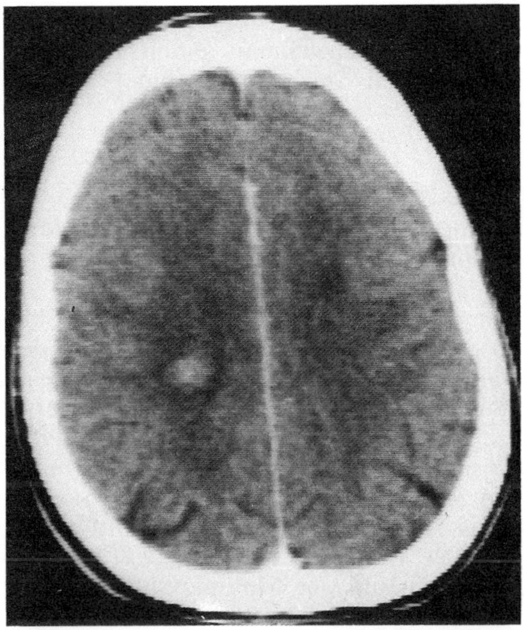

c

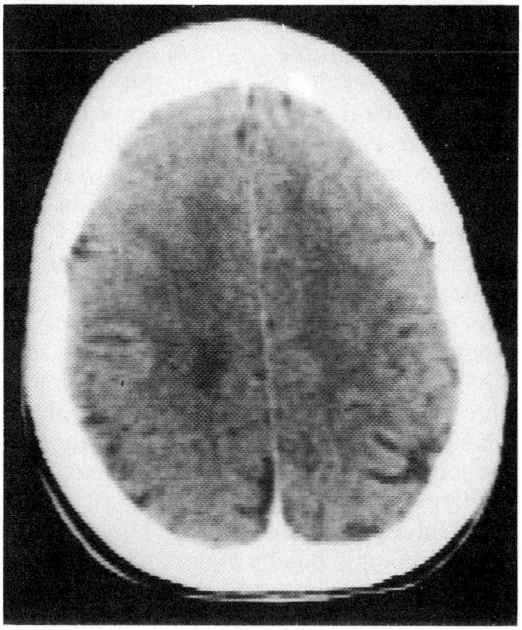

Abb. 14.**2a–c**

a CT ohne Kontrastmittel, Herd links (Pfeil) und rechts im Planum semiovale

b Nach Kontrastmittelgabe (Spätaufnahme): Anfärbung des Herdes links in seinem unteren Anteil.

c Derselbe Herd wie in **b,** wird in seinem oberen Anteil nicht gefärbt, ist also schon älter

denken könnte, vor allem wenn man unterhalb der Schwellung einen erhöhten Eiweißgehalt im Liquor findet (Stoppliquor).

Bedeutung der Computertomographie bei Multipler Sklerose

Die CT-Veränderungen bei Multipler Sklerose sind sehr unspezifisch und können deshalb nur zusammen mit der Vorgeschichte und den klinischen Befunden verwertet werden. Da bei einer klinisch und durch Zusatzuntersuchungen gesicherten Multiplen Sklerose die CT-Untersuchung – auch unter Anwendung von Kontrastmittel – oft normale Befunde liefert, schließt ein normales CT-Bild eine Multiple Sklerose nicht aus.

Die CT ist heute als bildgebendes Verfahren in der Diagnostik der Multiplen Sklerose durch die *Kernspintomographie* weitgehend ersetzt worden, mit der man sechsmal mehr Herde finden kann (Young u. Mitarb. 1981). Will man also für die Diagnose Multiple Sklerose einen weiteren Baustein bekommen, so sollte man das CT nicht einsetzen. Dennoch wird die Computertomographie mancherorts noch ihren Stellenwert behalten, denn zum einen hat man nicht überall problemlos Zugriff zu einem Kernspintomographen und zum anderen kann man eine Kernspintomographie nicht bei jedem Patienten durchführen (Patienten mit Metallsplittern, ferromagnetischen Metallclips, Herzschrittmachern, unüberwindbarer Platzangst).

Unbeschadet davon gilt: Die Computertomographie behält in der *Ausschlußdiagnostik* noch weitgehend ihren Stellenwert. Es ist ja nicht durchweg so, daß man am Anfang der Diagnostik gleich an die Multiple Sklerose denkt.

Ist man also aus besonderen Gründen auf die CT angewiesen, sollte man die Untersuchung in Höhe der Cella media (Pars centralis der Seitenventrikel) in engen Schichten durchführen, weil in dieser Gegend am ehesten Veränderungen zu erwarten sind. Zusätzlich sollte man dann aber auch die Kontrastmitteluntersuchung anschließen, dabei die doppelte Kontrastmittelmenge geben und erst 1/2–1 Stunde später die Untersuchung durchführen.

Kernspintomographie

Kernspintomographische Veränderungen bei Multipler Sklerose

Schon bald nach der Einführung der Kernspintomographie (nuclear magnetic resonance tomography = NMRT oder NMR) konnte gezeigt werden, daß damit die Veränderungen bei Multipler Sklerose beeindruckend deutlich dargestellt werden können (Young u. Mitarb. 1981, Crooks u. Mitarb. 1982).

Bei der Kernspintomographie sind keine prinzipiell anderen Veränderungen als bei der Computertomographie zu finden. die NMRT ist jedoch viel empfindlicher, und damit wird die diagnostische Ausbeute sehr viel größer. Im wesentlichen zeigen sich bei der Multiplen Sklerose ebenfalls die durch konfluierende Herde bedingten *periventrikulären Entmarkungszonen* sowie isolierte Herde im Marklager, wobei besonders Herde in der Rinden-Mark-Grenze und in der grauen Substanz deutlicher dargestellt werden können. Weil Knochenartefakte wegfallen, stellen sich Herde im Hirnstamm unvergleichlich viel besser dar als bei der CT. Auch beim Nachweis von Herden im Rückenmark, wo die CT fast gänzlich versagt, spielt die NMRT eine große Rolle.

Nach den ersten Berichten über die Möglichkeit, mit Hilfe der NMRT die Diagnose Multiple Sklerose stellen zu können (Young u. Mitarb. 1981, Crooks u. Mitarb. 1982), machte sich zunächst ein gewisser Optimismus breit. Dieser wurde aber rasch durch Berichte gedämpft (z. B. Ormerod u. Mitarb. 1984, 1987), in denen gezeigt wurde, daß eine Reihe von anderen Krankheiten im NMRT ganz ähnliche oder sogar gleiche Bilder wie die Multiple Sklerose verursachen.

Es konnte aber dennoch herausgearbeitet werden, daß die Kernspintomographie in Verbindung mit dem klinischen Befund so aussagekräftig ist wie die Bestimmung der *oligoklonalen Banden*. Bei der Aufdeckung weiterer Herde im Gehirn (z.B. bei spinaler Symptomatik oder bei „isolierter" Retrobulbärneuritis) *ist die NMRT den evozierten Potentialen überlegen* (Farlow u. Mitarb. 1986, Ormerod u. Mitarb. 1987).

Ursachen der kernspintomographischen Veränderungen

Warum sich Multiple-Sklerose-Herde im Kernspintomogramm nachweisen lassen, ist nur zum Teil geklärt. Bei der NMRT wird u.a. eine Veränderung der Protonendichte gegenüber der Umgebung bildlich dargestellt. Die Protonendichte innerhalb des Gewebes ändert sich mit dem Wassergehalt. Ein *Ödem* – gleich wie es entstanden ist – bedeutet eine Zunahme des Wassergehaltes und stellt sich deshalb dar. Bei frischen Multiple-Sklerose-Herden mit leichtem Ödem wird sich also allein schon deshalb eine Signalintensitätsänderung gegenüber dem umgebenden Gewebe zeigen.

Die älteren Herde, also die eigentlichen „Narben" – verantwortlich für die Bezeichnung „sclerosé en plaques" –, bestehen vorwiegend aus einer *Gliose*, die nun nach Abklingen des Ödems wohl zum Teil für die Signalintensität im Kernspintomogramm verantwortlich ist.

Barnes u. Mitarb. (1988) konnten experimentell an Ratten zeigen, daß nach kortikalen Kälteläsionen zunächst ein im NMRT nachweisbares Ödem auftritt. Dieses verschwindet wieder, so daß das NMRT-Bild zunächst für 3 Monate normal bleibt. Dann kommt es aber erneut zu einer Signalintensitätsänderung, die nun der entstehenden Gliose zugeordnet werden kann. Auch die Vergrößerung des *Extrazellulärraumes* scheint eine Rolle zu spielen (Barnes u. Mitarb. 1991, Newcombe u. Mitarb. 1991).

Beim Signalverhalten von Multiple-Sklerose-Herden spielt der *Myelinverlust* nur eine geringe Rolle (Bottomley u. Mitarb. 1984), so daß deshalb wahrscheinlich die Gliose die Hauptrolle bei der Entstehung des Signals spielt.

Herde im Kernspintomogramm

Die im Kernspintomogramm dargestellten Herde entsprechen denen, die man auch pathologisch-anatomisch findet (Stewart u. Mitarb. 1984, Bewermeyer 1987). Die Herde sind in ihrer Form sehr verschieden. Sie sind meist rundlich oder oval und oft unscharf gegen das gesunde Gewebe abgegrenzt. Unregelmäßig begrenzte Herde, meist in der Gegend der Ventrikel, entsprechen vermutlich den „Markschattenherden" der Pathologen (s. S. 24).

Manchmal sind die Herde so klein, daß man sie kaum erkennen kann, können aber im Extremfall auch riesige Areale einnehmen. Bei großen Herden kann man nicht immer sagen, ob es sich um einen einzigen Herd handelt, der sich wie ein Ballon ausgedehnt hat, oder ob es sich um die Verschmelzung mehrerer Herde handelt.

Ganz selten kann es auch zu einer *Raumforderung* kommen, so daß man einen solchen Herd mit einem Tumor oder Infarkt verwechseln kann (Estes u. Mitarb. 1990, Youl u. Mitarb. 1991).

Kleinere Herde sind jedoch sehr viel häufiger. Meist verschmelzen sie miteinander in der Umgebung der Ventrikel, manchmal so stark, daß aus dem ganzen periventrikulären Marklager eine einzige Entmarkungszone wird (Abb. 14.**3**).

Die Anzahl der Herde ist außerordentlich variabel. Sie können vereinzelt oder aber in solcher Häufigkeit auftreten, daß das ganze Gehirn damit übersät ist. Bei jüngeren Patienten (20–40 Jahre) finden sich oft mehr Herde als bei älteren, auch wenn die Krankheitsdauer gleich ist (Reider-Groswasser u. Mitarb. 1988).

Die Herde liegen überwiegend in der weißen Substanz, finden sich aber nicht so selten auch in der *Rinde* oder direkt subkortikal in der *Rinden-Mark-Grenze,* wo sie die U-Fasern (kurze Assoziationsfaser) betreffen und damit dicht nebeneinanderliegende

a

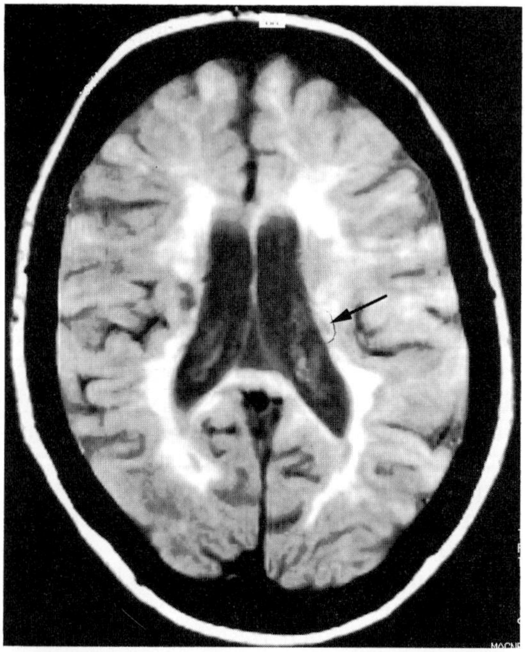

b

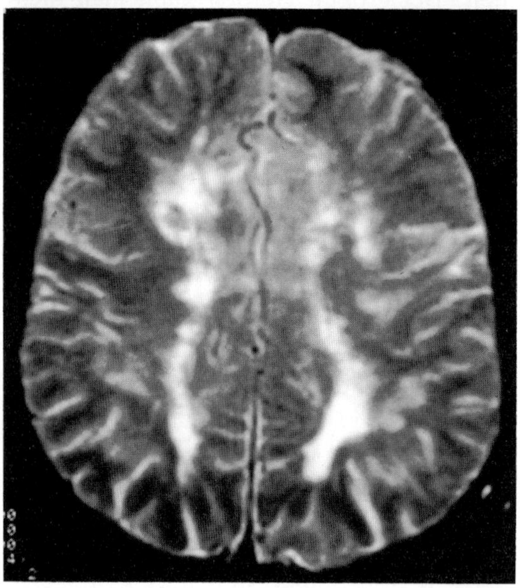

Abb. 14.**3a** u. **b**
a Ausgeprägte periventrikuläre Entmarkung. Beachte feine Zystenbildung links im Bereich der Cella media fraglich auch rechts occipital (Frau, 27 Jahre, rasch progrediente schubförmige MS mit massiven neurologischen Störungen).
b Frau, 28 Jahre, schubförmig progrediente Multiple Sklerose, deutliche hirnorganische Beeinträchtigung (beachte Zystenbildung rechts frontal)

Rindenareale voneinander trennen. Solche Herde sind vermutlich eine der Ursachen für das so häufige Psychosyndrom.

Reine *Rindenherde* sind seltener und können meist nur mit Kontrastmittel nachgewiesen werden. Sehr selten ist die graue Substanz der Stammganglien betroffen, was zum Teil erklärt, warum man bei Multipler Sklerose klinisch kaum extrapyramidale Störungen findet.

Herde können auch direkt im *Balken* (Abb. 14.**4**) liegen. Die in späteren Stadien anzutreffende *Balkenatrophie* wird aber nicht durch diese Herde verursacht, sondern ist Folge einer sekundären Degeneration von Balkenfasern durch Herde in der Balkenstrahlung (s. Abb. 6.**2**, S. 77).

Kaum beschrieben, aber gar nicht so selten, findet man (ohne Kontrastmittelgabe) *ringförmige Herde („zystische" Herde),* die einen raschen Verlauf und eine schlechte Prognose anzeigen sollen (Weihe u. Mitarb. 1987, 1988). Wir haben solche Herde aber auch schon bei Patienten mit benignen Verlaufsformen gesehen. Weiter kommen zystische Herde öfter bei Kindern mit Multipler Sklerose (Ishihara u. Mitarb. 1984) und bei Patienten mit diffuser Sklerose Schilder vor (s. S. 115). Man kann sich diese Ringform durch zystische Veränderungen erklären (Abb. 14.**5**, s. auch Abb. 14.**3**), wie sie auch in pathologisch-anatomischen Arbeiten schon beschrieben wurden (Juba 1938, Lumsden 1970, Peters 1970).

Möglicherweise entstehen diese zystischen Veränderungen dadurch, daß im Zentrum von rasch aufkeimenden Herden die Astrozyten mit der Gliafaserbildung nicht nachkommen. Adams (1989) vermutet, daß solche zystischen Herde durch Nekrosen entweder auf zytotoxischer Basis oder aufgrund von kleinen Thrombosen entstehen.

Neuropathologisch kann man gelegentlich ältere Blutungen in solchen Herden nachweisen (Walton u. Kaufmann 1984).

Ein deratiger zystischer Herd wurde einmal bei einem Kind punktiert (Ishihara u. Mitarb. 1984). Es fand sich dabei eine gelblich-visköse Flüssigkeit, durchsetzt von kleinen Partikeln nekrotischen Hirngewebes.

a

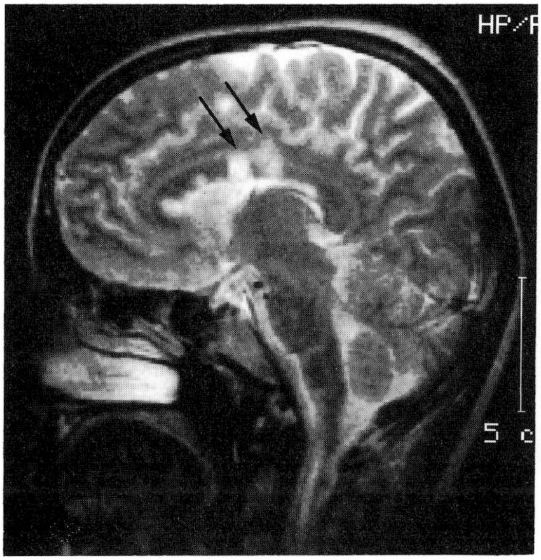

b

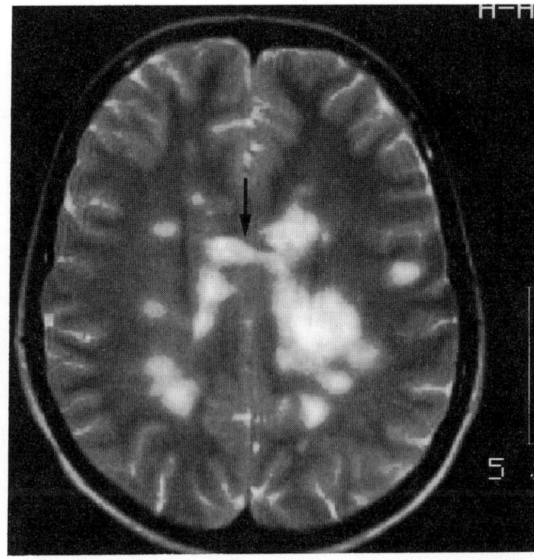

Herde, die einmal im Kernspintomogramm aufgetaucht sind, seien es nun ältere oder frischere, scheinen sich mit der Zeit zu verkleinern (Schrumpfung durch Gliose) und sollen gelegentlich auch ganz verschwinden können (Kesselring u. Mitarb. 1989 a). Die Angaben darüber sind jedoch etwas widersprüchlich. Durch NMRT-Untersuchungen in sehr kurzen, z. B. 14tägigen Abständen über 4–6 Monate, konnte gezeigt werden, daß frische Herde zunächst größer werden, innerhalb 4 Wochen ihre maximale Größe erreichen, dann wieder schrumpfen und manchmal so klein werden, daß man sie kaum noch erkennt (Willoughby u. Mitarb. 1989).

Frische und ältere Herde

Multiple-Sklerose-Herde erfahren durch ein geeignetes Kontrastmittel (paramagnetische Substanzen wie z. B. das Gadoliniumsalz Gd-DTPA) z. T. eine Signalverstärkung (in den T_1-gewichteten Bildern). Dies ist Ausdruck der gestörten Blut-Hirn-Schranke bei frischen Herden. Diese Anfärbung mit Gd-DTPA gelingt aber nur für etwa 3–5 Wochen. *Mit dieser Methode lassen sich somit frische von älteren Herden gut unterscheiden.*

c

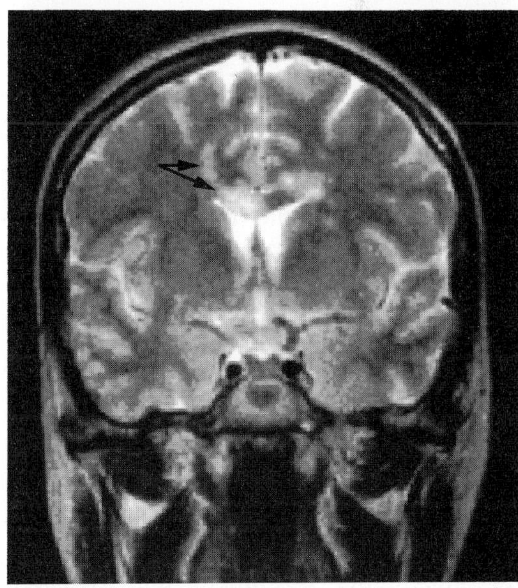

Abb. 14.**4a–c**
a u. **b** Ein großer Herd, der den ganzen Balken quer durchzieht.
c Großer Balkenherd, fingerförmig sich in die Balkenstrahlung fortsetzend
(Frau, 29 Jahre. Seit 5 Jahren schubförmig progrediente MS)

Eine entsprechende Anreicherung frischer Herde gelingt auch mit der Computertomographie, weil auch das jodhaltige Kontrastmittel wegen der gestörten Schran-

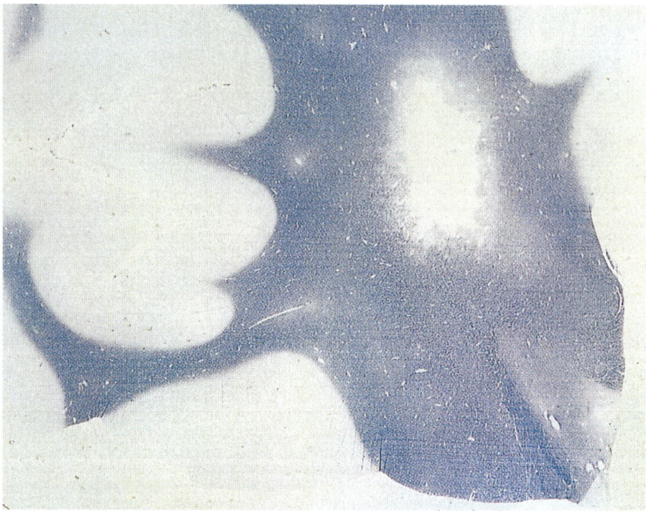

Abb. 14.**5** Zystischer Multiple-Sklerose-Herd (durch Nekrose bedingt) (aus Adams, C.: A Colour Atlas of Multiple Sclerosis and other Myelin Disorders. Wolfe, London 1989)

kenfunktion in das interstitielle Gewebe eindringen kann. In seltenen Fällen kommt es auch bei der Gehirnszintigraphie zu einer Speicherung in frischen Herden (s. S. 157).

Durch die Gabe von Gd-DTPA lassen sich im Kernspintomogramm auch solche Herde darstellen, die vor Kontrastmittelgabe nicht sichtbar waren. Somit kann man mit dieser Methode nicht nur das Alter der Herde genauer einordnen, sondern auch die diagnostische Ausbeute erhöhen.

Nicht alle frischen Herde nehmen Gd-DTPA auf. Am häufigsten finden sich anreichernde supraspinale Herde bei der primär schubförmigen und sekundär progredienten (80 %), weniger bei der benignen (33 %) und am wenigsten bei der primär chronischen Form (5 %) (Miller u. Mitarb. 1991). Es sind dabei besonders die kleinsten Herde, die kein Kontrastmittel speichern.

Manchmal reichern Herde das Kontrastmittel *ringförmig* an, wobei dies nichts mit den oben erwähnten zystischen Herden zu tun hat, die man gelegentlich im Kernspintomogramm *ohne* Kontrastmittel findet. Diese ringförmige Anreicherung ist vermutlich das Äquivalent eines sich *zentrifugal ausweitenden* Herdes mit einem frischen, entzündlichen Randsaum (Abb. 14.**6b**). Man kann den frischen Randsaum gelegentlich schon ohne Kontrastmittel erkennen (Abb. 14.**6a**).

In Zukunft wird man diese Darstellbarkeit frischer Herde und den Übergang in ältere, d. h. nicht mehr kontrastmittelaufnehmende Herde für *Therapiestudien* verwenden können (Kappos u. Mitarb. 1988 b, Städt u. Mitarb. 1989, Miller 1991). Für solche Studien ist es darüber hinaus von besonderer Bedeutung, daß man unter einer Therapie trotz gleichbleibenden klinischen Befundes und ohne Schübe frisch auftretende, stumme Herde feststellen kann. Es wurde mehrfach gezeigt, daß sowohl unter Cyclosporin- als auch unter Azathioprintherapie neue Herde aufblühen können, die sich klinisch überhaupt nicht bemerkbar machen. Damit steht dann fest, daß der Krankheitsprozeß durch die Therapie nicht genügend beeinflußt wurde (Kappos u. Mitarb. 1988 b) (Verhalten Gd-speichernder Herde unter Therapie mit Corticoiden, S. 238).

Periventrikuläre Veränderungen

Eine typische kernspintomographische Veränderung bei Multipler Sklerose ist die diffuse, unregelmäßig begrenzte, periventrikuläre Signalanhebung, die mit zunehmender Dauer der Erkrankung immer ausgedehnter wird (Abb. 14.**3**). Es handelt sich dabei um kleine bis kleinste konfluierende

a

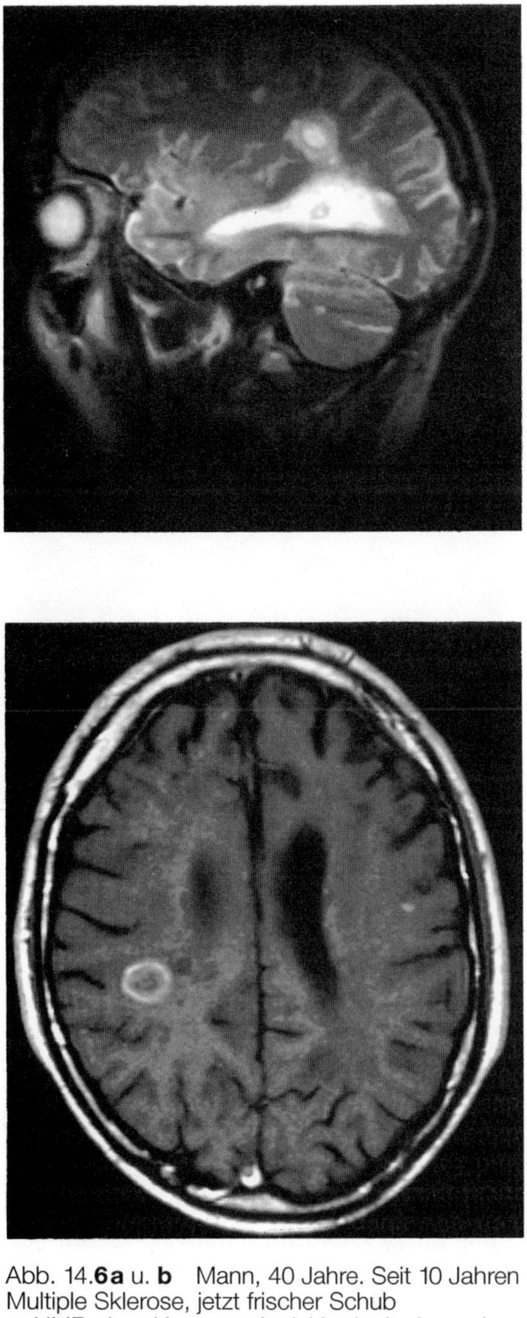

b

Abb. 14.**6a** u. **b** Mann, 40 Jahre. Seit 10 Jahren Multiple Sklerose, jetzt frischer Schub
a NMR ohne Kontrastmittel: Herd mit einem ringförmigen Hof
b Gleicher Herd, ringförmige Gadoliniumaufnahme im Hof als Ausdruck einer Schrankenstörung (durch frische Entzündung) in diesem Bereich. Der vorbestehende Herd (im Zentrum nicht mit Kontrastmittel gefärbt) hat sich im Rahmen des Schubs zentrifugal ausgedehnt

Entmarkungsherde, zwischen denen oft auch größere Herde liegen können. Die Herde haben meist direkt Anschluß an das Ventrikelependym. Vermutlich tritt über diese Herde Immunglobulin G (IgG), das wir als „autochthones IgG" nachweisen können, in den Liquor über.

Kernspintomographisch lassen sich Multiple-Sklerose-Herde erkennen, die histologisch nur sehr klein und makroskopisch kaum zu sehen sind (Newcombe u. Mitarb. 1991).

Etwa 50 % aller Herde befinden sich direkt an den Seitenventrikeln oder zumindest in ihrer unmittelbaren Nachbarschaft. Die dadurch bedingte periventrikuläre Signalanhebung ist annähernd symmetrisch und kann in fortgeschritteneren Fällen weit in das supraventrikuläre Marklager (Centrum semiovale) reichen. Die Konzentration der Herde an den verschiedenen Ventrikelabschnitten ist bei den einzelnen Patienten oft unterschiedlich. Manchmal ist mehr der Trigonum-, manchmal mehr der Vorderhornbereich betroffen. Typisch ist die *Lokalisation um das Vorderhorn,* besonders zwischen Balken und Nucleus caudatus (Steinerscher Wetterwinkel, s. Abb. 4.**2,** S. 16 f.).

Die bevorzugte Lage der Herde in dieser periventrikulären Region könnte durch die dort besondere Angioarchitektur einerseits und durch die perivaskuläre Lage der Multiple-Sklerose-Herde (vorwiegend um Venolen) andererseits erklärt werden (van den Bergh 1989). Lateral vom Vorderhorn und der Pars media der Seitenventrikel verzweigen sich die Endäste der Rr. striati laterales, im periventrikulären Gebiet der Cella media, des Hinter- und Temporalhornes sind es die Endäste der A. choroidea anterior und posterior. Diese stark vaskularisierte Region wird im Vorderhornbereich ventrikulopetal durchsetzt von *radiären Venen,* welche die *Vv. internae* bilden (Abb. 14.**7**). Durch die periventrikulären Herde entsteht dann eine Ventrikelerweiterung, die aber auch ohne besonders ausgedehnte periventrikuläre Herde vorkommen kann, wenn viele Marklagerherde vorliegen (Jacobs u. Mitarb. 1986 a).

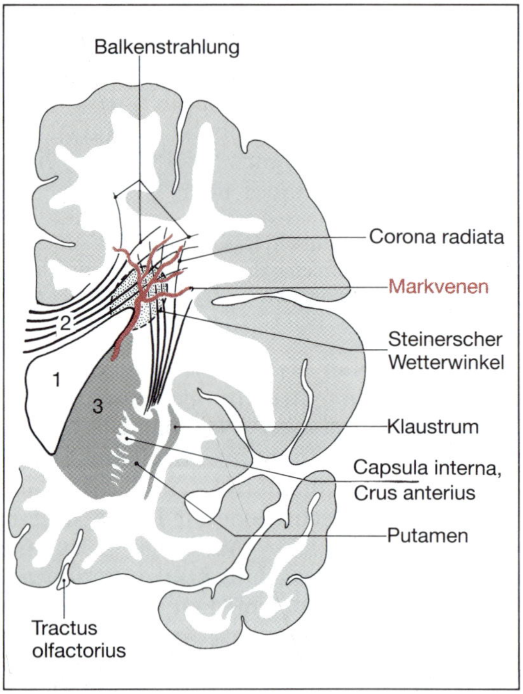

Abb. 14.**7** Frontalhirn (Frontalschnitt). Blaßrot: Venen der weißen Substanz (Markvenen), die über die V. septi pellucidi in die V. cerebri interna drainieren.
1 Vorderhorn, 2 Balken, 3 Caput nuclei caudati

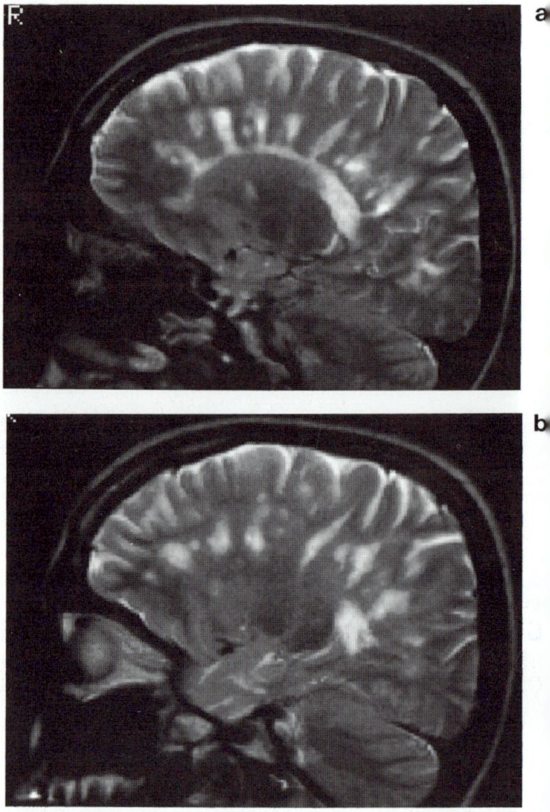

Abb. 14.**8a** u. **b**
„Hahnenkammkonfiguration". Periventrikuläre Herde mit fingerförmigem Auswachsen. Schnitt außerhalb der Mittellinie (Frau, 40 Jahre, primär schubförmige, jetzt chronisch progrediente MS)

Diese periventrikulären Veränderungen bei Multipler Sklerose sind zwar typisch, aber auf *keinen Fall pathognomonisch.* In unterschiedlicher Ausprägung kommen derartige Veränderungen nämlich auch bei Gesunden etwa ab dem 50. Lebensjahr vor und nehmen im höheren Alter zu (s. S. 168).

In weiter fortgeschrittenen Fällen, wenn die periventrikulären Veränderungen noch stärker ausgeprägt sind und weit in das peri- und supraventrikuläre Marklager reichen, kann man im seitlichen Bild (etwas außerhalb der Mittellinie) eine sehr typische supraventrikuläre Konfiguration erkennen. Durch viele unregelmäßig begrenzte Herde erscheint die Kontur nicht nur „rauh" wie bei der subkortikalen Enzephalopathie, sondern eher stark gezähnelt. Wir sprechen in unserer Klinik deshalb von der *„Hahnenkammkontur"*. Diese Hahnenkammkontur kommt nicht nur durch unregelmäßiges Konfluieren periventrikulärer Herde zustande, sondern vor allem auch durch *fingerförmiges „Auswachsen" der Herde (Dawson-Finger, S. 24),* wobei diese Ausstülpungen mit einer distalen Auftreibung in das Centrum semiovale zeigen. Bei den „Fingern" handelt es sich dann eher um Frosch- oder Trommelschlegelfinger. Die Basis der Herde liegt meist direkt am Ventrikel (Abb. 14.**8a u. b**).

Eine derartige Hahnenkammkontur haben wir bisher nie bei einem anderen Krankheitsbild als bei der fortgeschrittenen Multiplen Sklerose gesehen. Wenn diese Hahnenkammkontur auch so gut wie pathognomonisch ist – ihr diagnostischer

a

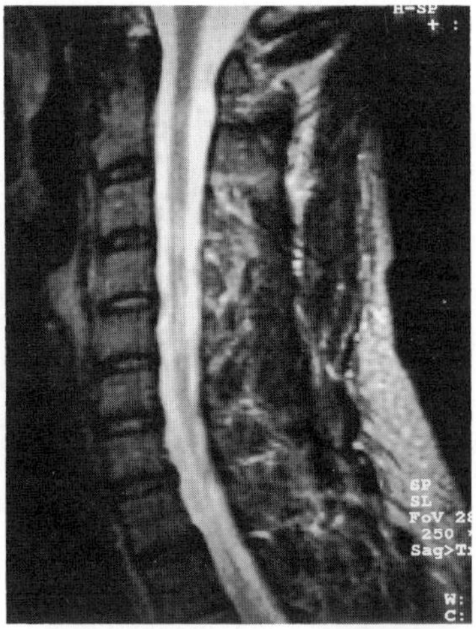

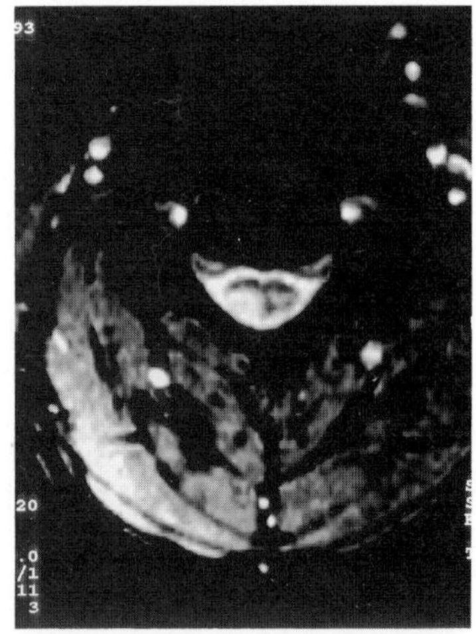

b

c

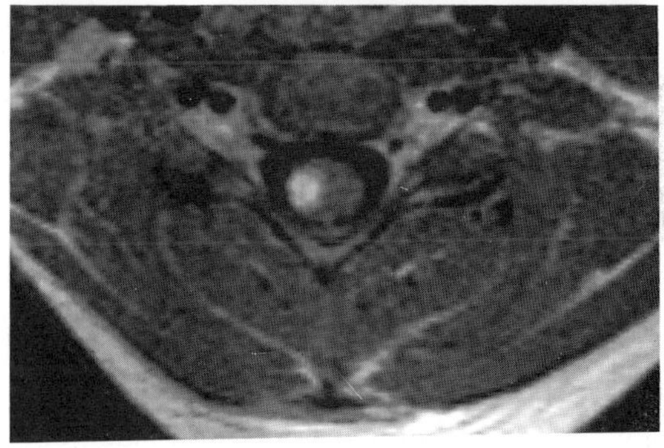

Abb. 14.**9a–c** Rückenmarksherde.
a typische Ausdehnung in Längsrichtung (Mann, 38 Jahre, chronisch progrediente MS).
b Großer Herd im Hinterstrangbereich rechts, oberes Halsmark. Klinisch: Sensory useless hand (Mann, 46 Jahre, s. auch Abb. 5.**2c**). Zweiter kleiner Herd links ohne klinische Symptomatik.
c Herd im Seitenstrang. Frischer Multiple-Sklerose-Schub. Symptome nur teilweise auf den Herd zu beziehen

Wert ist dennoch gering. Man findet sie nämlich praktisch nur bei Patienten mit einem derart weit fortgeschrittenen Krankheitsbild, so daß die Diagnose in der Regel bereits gesichert ist.

Die rein kernspintomographische Differentialdiganose gegen die *subkortikale vaskuläre Enzephalopathie* mit lakunären Infarkten ist oftmals unmöglich. Die Differentialdiagnose kann zum Teil gelingen, wenn man Herde im Balken findet, die praktisch nur bei der Multiplen Sklerose, nicht aber bei der vaskulären Enzephalopathie vorkommen (s. Abb. 14.4).

Herde im Rückenmark

Die diagnostische Ausbeute bei der Suche nach Herden ist im Rückenmark geringer als im Gehirn. Frische Herde lassen sich dabei leichter nachweisen als ältere. Herde im Thorakalmark sind seltener zu finden als im Zervikalmark, nicht nur, weil sie dort weniger häufig vorkommen, sondern vorwiegend auch deshalb, weil die Darstellung der Herde im Thorakalbereich durch Artefakte (Bewegungsartefakte, Liquorpulsationen) meist gestört ist.

Mit den neuesten Geräten kann man aber spinale Herde dennoch gut darstellen, ja sie sogar gelegentlich in die Hinter- oder Seitenstränge lokalisieren (Abb. 14.**9**). Die Kernspintomographie des Zervikalmarks soll sogar ergiebiger sein als die Untersuchung mit somatosensibel evozierten Potentialen (Miller u. Mitarb. 1987).

Die Bedeutung der Kernspintomographie des Spinalkanals liegt aber vorwiegend in der *Differentialdiagnose.* So können

Raumforderungen oder Syringomyeliehöhlen ausgeschlossen werden. Hat man den Verdacht auf eine spinale Form der Multiplen Sklerose, dann ergibt sich fast immer auch die Indikation zur Kernspintomographie des Kopfes, weil man nach weiteren Herden suchen muß.

Auch wenn man einen oder mehrere Herde im Rückenmark gefunden haben sollte, gestattet dies noch nicht die Diagnose einer spinalen Form der Multiplen Sklerose. Nur wenn man weitere Herde *supraspinal* findet, hat man einen wichtigen Baustein für die Diagnose der spinalen Form. Die supraspinalen Herde sind jedoch auch noch kein Beweis für die Multiple Sklerose, da zerebrale Herde durchaus unabhängig von einer MS bestehen können.

Öfter findet man bei Multipler Sklerose auch eine *Rückenmarksatrophie,* mit oder ohne Nachweis von Rückenmarksherden. Diese Atrophie ist vermutlich wie die schon erwähnte Balkenatrophie durch sekundäre Faserdegeneration bedingt. Gelegentlich kann es über ein Ödem auch zur *Rückenmarksschwellung* kommen, was dann mit einer stärkeren Eiweißerhöhung im Liquor verbunden sein kann. Nach einiger Zeit jedoch kommt es zur Atrophie, wobei sich dann das Rückenmark in der Myelographie als schmales Band abzeichnet („contracting cord sign") (Haughton u. Mitarb. 1979). Die entsprechende Rückenmarksatrophie läßt sich im Kernspintomogramm jedoch sehr viel besser darstellen.

Es gibt Hinweise dafür (SEP), daß im Rückenmark auch klinisch stumme Herde vorkommen. Bis jetzt wurde allerdings erst einmal pathologisch-anatomisch ein klinisch stummer Rückenmarksherd nachgewiesen (Ghatak u. Mitarb. 1974). Aber kernspintomographisch lassen sich solche klinisch stumme Rückenmarksherde durchaus erkennen.

Herde im Nervus opticus

Im N. opticus können bei der normalen kernspintomographischen Untersuchung des Schädels ganz selten einmal Herde gefunden werden, wenn diese sehr groß sind (Abb. 14.**10**). Will man gezielt nach Optikusherden suchen, muß man bestimmte technische Vorkehrungen (andere Spulen) treffen. So konnten Miller u. Mitarb. (1988a) in 84 % der untersuchten Nn. optici, von denen Symptome ausgingen, Herde nachweisen und sogar noch in 20 %, wenn die Läsion klinisch stumm war. Dennoch ergeben die visuell evozierten Potentiale deutlich häufiger – vor allem bei den klinisch stummen Entmarkungen – pathologische Befunde (Verteilung der Herde im N. opticus s. S. 16).

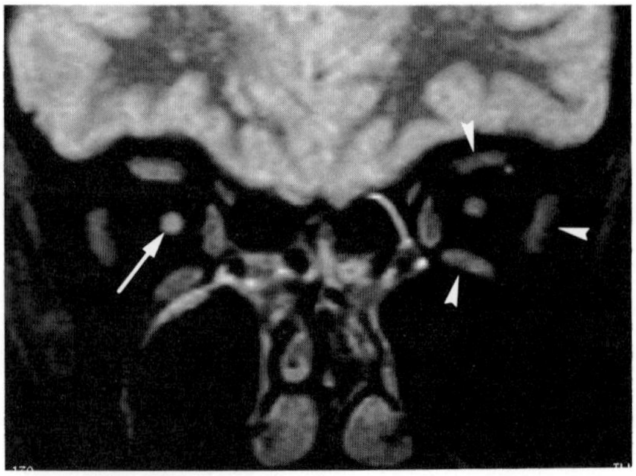

Abb. 14.**10** Optikusneuritis rechts (Pfeil). Der N. opticus erscheint deutlich heller. Der Befund ist unspezifisch und nur bei ausgeprägtem Herd auf diese Weise zu erheben. Pfeilspitzen: Augenmuskeln.

Differentialdiagnose der kernspintomographischen Veränderungen

Die kernspintomographische Differentialdiagnose von Multiple-Sklerose-Herden ist deshalb so schwer, weil *auch bei Gesunden periventrikuläre Signalanhebungen vorkommen,* die sich kaum von denen bei Multipler Sklerose unterscheiden lassen und deren Ursache letztlich unklar bleibt. So fanden Gerard u. Weisberg (1986) bei 7,8 % der Gesunden über 50 Jahre solche Veränderungen, die mit steigendem Lebensalter an Häufigkeit noch deutlich zunahmen. Bestehen vaskuläre Risikofaktoren (Diabetes, Hochdruck, Herzkrankheiten), steigt der

Anteil solcher Veränderungen bis auf 31 %, und bei Patienten, die bereits eine vaskuläre Hirnläsion erlitten hatten, sogar auf 78 %.

Immer wieder kann man bei Gesunden *einzelne* signalgebende Herde finden, die sich morphologisch von Multiple-Sklerose-Herden nicht unterscheiden lassen. Neben anderen Ursachen kommt differentialdiagnostisch auch eine *subklinische Multiple Sklerose* (s. S. 104) in Betracht.

Solche unspezifischen Herde werden oftmals ironisch-resignierend analog den UFO (unidentified flying objects) als *UBO* (unidentified bright objects) bezeichnet.

Es gibt aber einige – wenn auch *unsichere* – Anhaltspunkte dafür, wie man vaskuläre Veränderungen vorwiegend bei Morbus Binswanger und Multiinfarktkrankheit von Multiple-Sklerose-Herden unterscheiden kann (Tab. 14.**1**).

Auch andere Krankheiten können das Kernspinbild einer Multiplen Sklerose vortäuschen. Dazu gehören in erster Linie vaskulitische Erkrankungsn wie *Lupus erythematodes, Periarteriitis nodosa, zerebrale Vaskulitis, entzündliche Erkrankungen)* wie die *ADEM* (akute demyelinisierende Enzephalomyelitis), *AIDS* (s. S. 219), das *Behçet-Syndrom* (s. S. 186) oder etwa die *Sarkoidose* (Miller u. Mitarb. 1988a, s. S. 187). Die *Leukodystrophie* (s. S. 197) kann mit der Multiplen Sklerose oder der Schilderschen Krankheit verwechselt werden. Manchmal findet man auch bei *degenerativen Erkrankungen* einen periventrikulären Randsaum. Gelegentlich können *Virusenzephalitiden,* die seltene *progressive multifokale Leukodystrophie* (bei AIDS) oder auch der *Normaldruckhydrozephalus* differentialdiagnostische Schwierigkeiten bereiten.

Weiße Substanz ohne Herdveränderungen

Untersucht man bei Patienten mit gesicherter Multipler Sklerose kernspintomographisch solche Anteile der weißen Substanz, die nach konventionellen Methoden frei von Herden sind, so finden sich auch dort Veränderungen. Diese können allerdings noch nicht sichtbar gemacht werden. Es zeigt sich eine Verlängerung der T_1- und T_2-Relaxationszeiten (Lacomis u. Mitarb. 1986, Ormerod u. Mitarb. 1986b, Brainin u. Mitarb. 1989). Dies ist offensichtlich Aus-

Tabelle 14.**1** Kernspintomographische Unterschiede, die zwischen Multipler Sklerose und vaskulären Enzephalopathien bestehen können

Multiple Sklerose	**Vaskuläre Herde (Lakunen, Multiinfarkt, Morbus Binswanger)**
Herde werden mit zunehmender Entfernung vom Ventrikel kleiner	Größe der Herde unregelmäßig
Herde liegen direkt dem Ventrikel an (periventrikulär)	Herde oftmals in einer gewissen Distanz zum Ventrikel (paraventrikulär)
Frische Herde nehmen Kontrastmittel auf	Lakunen nehmen kein Kontrastmittel auf
Herde auch im Balken	Balken nicht betroffen
Hahnenkammkontur (Herde mit Dawson-Fingern)	keine fingerförmigen Ausstülpungen
Herde im Hirnstamm	
– häufiger	seltener
– größer	meist kleiner
– an den Liquorraum angrenzend	keine Beziehung zum Liquorraum

druck einer diffusen extrazellulären Flüssigkeitszunahme. Durch histochemische Untersuchungen konnte eine vermehrte Astrozytentätigkeit in der nicht von Herden betroffenen weißen Substanz nachgewiesen werden (Allen u. McKeown 1979, Allen 1983).

Inwieweit diese kernspintomographischen Veränderungen diagnostisch relevant werden können, bleibt noch offen. Die Ergebnisse zeigen aber, daß die Multiple Sklerose eine diffuse Erkrankung des *gesamten Marklagers* ist und sich nicht nur lokalisiert in den Regionen der Plaques abspielt.

Kernspintomographische Veränderungen und klinischer Befund

Schon aus computertomographischen Befunden wissen wir, daß die nachgewiesenen Herde fast nicht – und wenn, dann nur sehr ungenau – mit dem neurologischen Befund korrelieren. Auch frühere Versuche, die pathologisch-anatomischen Befunde mit dem klinischen Bild in Einklang zu bringen, sind meist erfolglos gewesen.

Wie dies zu erklären ist, wissen wir nicht genau. Vermutlich führen die Herde meist nicht zu einer völligen Unterbrechung der Leitungsbahnen, sondern es kommt unter bestimmten Umständen nur zu einem *Leitungsblock*. Es müssen aber noch andere Mechanismen dafür verantwortlich gemacht werden. Man findet nämlich auch bei lakunären Infarkten (z.B. Multininfarktkrankheit) oft nur eine unzureichende Korrelation zwischen Lokalisation der Schädigung im CT- bzw. NMRT-Bild und dem neurologischen Befund. Solche kleinen Infarkte können ebenfalls völlig symtomfrei bleiben. Eventuell spielen hier alternative Bahnen bzw. die physiologischerweise im Zentralnervensystem „redundante" Informationsübertragung eine Rolle.

So nimmt es nicht wunder, daß die meisten kernspintomographisch nachgewiesenen Multiple-Sklerose-Herde sich nicht eindeutig zu den klinischen Befunden in Beziehung setzen lassen. Dies gilt vor allem für

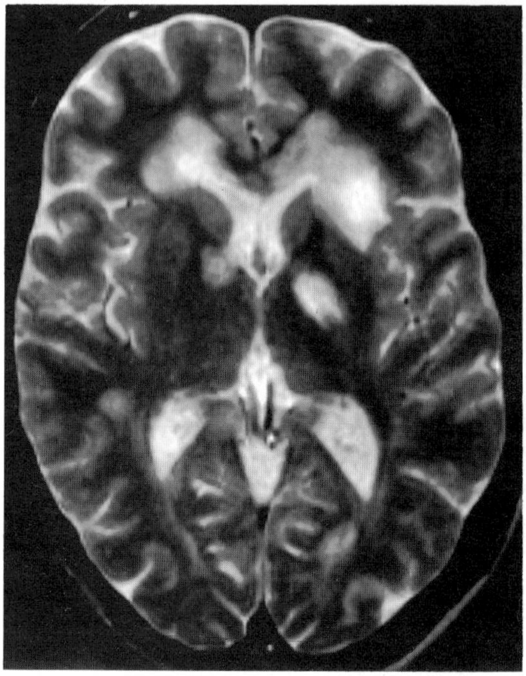

Abb. 14.**11** Herd in der inneren Kapsel links. Frau, 38 Jahre, schwerer Multiple-Sklerose-Schub. Fast komplette sensomotorische Hemiparese rechts, so daß zuerst an einen Infarkt gedacht wurde

supratentorielle Herde. So korrelieren nur 5% der im NMRT nachgewiesenen Herde mit den klinischen Symptomen (Jacobs u. Mitarb. 1986a).

Wir fanden z.B. mehrfach Herde in der inneren Kapsel sowohl bei Patienten, die keinerlei Halbseitenstörung hatten, als auch bei solchen mit sehr deutlicher Hemiparese (Abb. 14.**11**).

Aphasische Störungen sind bei Multipler Sklerose sehr selten, Herde in der Frontotemporalregion aber häufig (s. S. 68, Abb. 5.**13**). Relativ gut korreliert die *Rindenatrophie* (vorwiegend bedingt durch Rindenherde und Herde in der Rinden-Mark-Grenze) mit dem Grad der *psychoorganischen Veränderung;* noch besser ist die Korrelation mit der *Ventrikelerweiterung* und der *Balkenatrophie* (Weihe u. Mitarb. 1989). Am besten sollen die psychischen Veränderungen mit der Weite des III. Ventrikels korrelieren (Rao u. Mitarb. 1985,

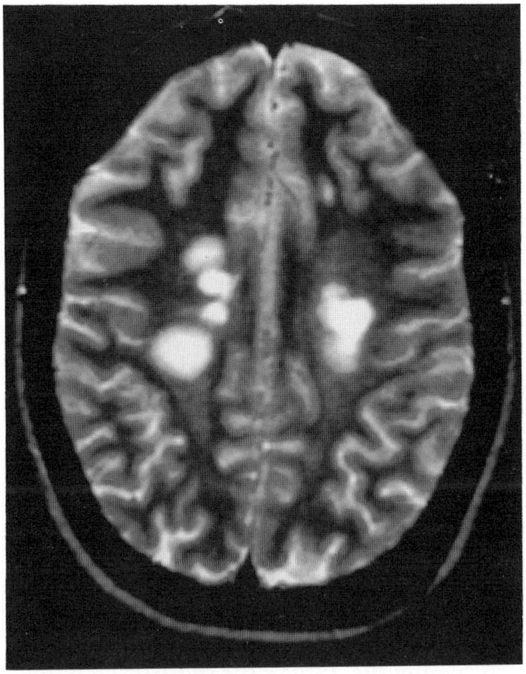

Abb. 14.**12** Größere Herde im oberen Marklager. Frau, 28 Jahre, flüchtige Parästhesien als Erstmanifestation einer Multiplen Sklerose. Seit 2 Jahren symptomfrei. Neurologisch kein pathologischer Befund

Pozzilli u. Mitarb. 1991). Wenn eine *Demenz* besteht, findet man praktisch immer auch eine **Balkenatrophie** (Huber 1987) (s. auch Abb. 6.**1,** S. 77).

Dagegen korreliert die *Zahl der Herde* nicht sehr gut mit dem Ausmaß des Psychosyndroms. Auch wenn mehrere große Herde (Abb. 14.**12**) vorliegen oder gar das ganze Gehirn mit Herden übersät ist, können ins Gewicht fallende psychische oder körperliche Störungen fehlen. Besonders häufig sind periventrikuläre Herde ohne jedes klinische Korrelat. Die Zahl der Herde und das Ausmaß der periventrikulären Veränderungen korrelieren auch fast nicht mit der *Krankheitsdauer* und dem *Behinderungsgrad* (Weihe u. Mitarb. 1987, Thompson u. Mitarb. 1990). Auch mit dem *Verlauf* besteht keine gute Korrelation. So fanden Thompson u. Mitarb. (1990) bei benignen Verlaufsformen öfter zahlreiche und größere Herde als bei Patienten mit raschen progredienten Formen und einem höheren Behinderungsgrad. Daraus ergibt sich, daß die Kernspintomographie zum Behinderungsgrad und zum Verlauf keine sichere Aussage zu treffen vermag.

Bei Serienuntersuchungen fand man aber, daß sich bei Patienten mit schubförmigem Verlauf deutlich mehr *neue Herde* bilden (18,2 Herde pro Jahr) als beim primär chronischen Verlauf (3,3 Herde pro Jahr) (Thompson u. Mitarb. 1991).

Wenn viele Herde vorliegen, kann man selbstverständlich auch schwere Störungen finden, wobei die Herde von ihrer Topik her das neurologische Bild in der Regel aber nicht erklären. Dies bedeutet, daß wir offensichtlich auch kernspintomographisch nicht alle Herde darstellen können. Am besten lassen sich noch Herde in der hinteren Schädelgrube zum neurologischen Befund in Beziehung setzen.

Auch Herde im Rückenmark korrelieren nicht besonders gut mit dem klinischen Bild, was wohl damit zusammenhängt, daß sich viele Rückenmarksherde der bildgebenden Diagnostik entziehen und der sichtbare Herd nicht unbedingt für das klinische Bild verantwortlich ist (Abb. 14.**9b**).

Bei 8 Patienten mit einer „sensory useless hand" (s. S. 38) fanden wir aber in 7 Fällen einen oder mehrere Herde im oberen Halsmark, oft am medullozervikalen Übergang, wobei sich ein Herd fast immer in das gleichseitige Hinterstranggebiet lokalisieren ließ (Abb. 14.**9b**).

Bedeutung der Kernspintomographie bei Multipler Sklerose und Ausblick

Die Kernspintomographie ist die beste Methode, um Herde, vor allem auch klinisch stumme, aufzudecken. Damit kann man eine noch nicht näher klassifizierte Krankheit – wenn auch mit gewissem Vorbehalt – als *multilokulär* einordnen.

Die kernspintomographischen Veränderungen bei Multipler Sklerose sind *unspezifisch* und können nur im Rahmen der übrigen Befunde verwertet werden. Periventrikuläre Veränderungen können etwa ab dem 50. Lebensjahr auch bei Gesunden vorkommen.

Mit hoher Sicherheit kann man mit der Kernspintomographie viele andere Prozesse, die zu ähnlichen klinischen Erscheinungen wie die Multiple Sklerose führen, *differentialdiagnostisch* ausschließen.

Die Kernspintomographie *zeigt in 90–95 % der Fälle mit gesicherter Multipler Sklerose einen positiven Befund.* Im klinischen Alltag aber, wenn wir eine Kernspinuntersuchung in Erwägung ziehen, haben wir es immer mit einer *nicht gesicherten Multiplen Sklerose* zu tun. In solchen Fällen ist mit einem höheren Prozentsatz negativer Kernspinbefunde zu rechnen (ca. 50 %). Dies bedeutet: *Ein negativer Kernspinbefund schließt eine Multiple Sklerose nicht aus.*

Weiter gilt: *Bei klinisch gesicherter Multipler Sklerose ist eine Kernspintomographie nicht zwingend nötig.*

Gewisse *prognostische Aussagen,* z. B. bei Optikusneuritis (s. S. 125), sind möglich. Über die Wachstumsgeschwindigkeit des Saums oder das Vorkommen von zystischen Herden kann die Progredienz des Prozesses zum Teil beurteilt werden. Der *Therapieerfolg* kann zum Teil durch die Kernspintomographie kontrolliert werden. Zukünftige Untersuchungen müssen zeigen, ob sich noch weitere Prognosefaktoren mit der Kernspintomographie finden lassen.

Weitere Untersuchungen werden zeigen, ob man eventuell die *T_1- und T_2-Relaxationszeitverlängerung* in der nicht betroffenen weißen Substanz (s. S. 169) diagnostisch oder für die Therapiekontrolle verwenden kann bzw. inwieweit man im Zusammenhang mit anderen Kernspinveränderungen etwas über den *Aktivitätsgrad* der Krankheit aussagen kann.

Eventuell wird auch die *NMR-Spektroskopie* eine Bedeutung für die Diagnose der Multiplen Sklerose und für die Einschätzung des Aktivitätsgrades der Krankheit gewinnen. Mit dieser Methode könen nichtinvasiv in vivo bestimmte Metaboliten und Enzyme im Gehirn nachgewiesen werden, wobei die *Lipide* für die Einschätzung des *Aktivitätsgrades* die größte Rolle spielen könnten (Wolinsky u. Mitarb. 1990). Die Anwendbarkeit dieser Methode bei Multipler Sklerose ist zur Zeit noch ungenügend erforscht.

Diagnose

15. Diagnosekriterien

Die Diagnose Multiple Sklerose kann sehr einfach sein. Sie bereitet aber manchmal auch dem erfahrenen Neurologen größte Schwierigkeiten, wenn die Symptomenkonstellation nicht typisch ist oder wenn andere, meist sehr viel seltenere Krankheiten das typische Bild der Multiplen Sklerose nachahmen. Diese werden dann oft nicht erkannt, weil – bei der großen Häufigkeit der Multiplen Sklerose – durch Gewohnheit und Routine das diagnostische Denken umnebelt ist.

Schon lange hat man nach handfesten diagnostischen Kriterien gesucht, zum einen, um die diagnostische Sicherheit des Arztes zu erhöhen, zum anderen aber, um einheitliche Voraussetzungen für therapeutische und andere klinische Studien zu schaffen.

Zu den ersten, allgemein anerkannten diagnostischen Kriterien gehörten die, welche vom sogenannten Schumacher-Komitee ausgearbeitet wurden (Schumacher u. Mitarb. 1965). Diese **Schumacher-Kriterien** legen fest, unter welchen Umständen man von einer *klinisch sicheren Multiplen Sklerose* ausgehen kann. Sie tragen der altbekannten Tatsache Rechnung, daß bei der klassischen Multiplen Sklerose die Läsionen polytop und zeitlich versetzt auftreten, vorwiegend die weiße Substanz betreffen und daß die Krankheit auch chronisch progredient verlaufen kann (Tab. 15.**1**).

Die Schumacher-Kriterien sind sehr streng, weil sie vorwiegend für wissenschaftliche Untersuchungen erarbeitet wurden. *Zusatzuntersuchungen* werden dabei *nicht* berücksichtigt. Deshalb sind sie gerade bei der *Erstuntersuchung* besonders hilfreich.

Kriterium 1: Kriterium 1 (Tab. 15.**1**) besagt, daß man ohne einen klinischen Befund, also nur aufgrund der Anamnese, die Diagnose nicht stellen kann.

Mit dieser Forderung wird aber ein gewisser, wenn auch kleiner Teil der Kranken ausgeschlossen. Es handelt sich dabei vorwiegend um solche mit benignem Verlauf, bei dem durchaus kleinere Schübe ohne Residuen ablaufen können. Durch dieses Kriterium wird aber auch verhindert, daß man psychogene Störungen als Multiple Sklerose verkennt.

Kriterium 2: Bei Kriterium 2 wird verlangt, daß zumindest zwei – nach strengen Maßstäben getrennte – Läsionen nachgewiesen werden müssen.

Doppelbilder, Nystagmus, Paresen und Gleichgewichtsstörungen können durchaus von einem einzigen Hirnstammherd, z. B. durch einen Tumor oder Infarkt, verursacht werden. Zerebelläre Ataxie und Spastik sind nicht nur durch einen Kleinhirn- und einen Rückenmarksherd zu erklären, sondern auch durch *einen* einzigen Herd in den Kleinhirnschenkeln, der auf den Hirn-

Tabelle 15.**1** Die Schumacher-Kriterien (1965)

1. Die neurologische Untersuchung ergibt objektiv eine Funktionsstörung des ZNS

2. Die Anamnese oder der Befund weist auf die Beteiligung von zwei oder mehr Abschnitten des ZNS hin

3. Die zur Frage stehende Krankheit betrifft vorwiegend die weiße Substanz

4. Das Nervensystem kann auf zweierlei Arten betroffen sein:
   a) 2 oder mehrere Episoden, die jeweils mindestens 24 Stunden anhalten und zeitlich mindestens durch einen Monat getrennt sind
   b) langsam kontinuierliche oder schrittweise Progression über mindestens 6 Monate hinweg

5. Das Alter bei Beginn beträgt 10 bis 50 Jahre

6. Der Befund und die Beschwerden dürfen durch keinen anderen Krankheitsprozeß erklärbar sein

stamm übergreift, oder durch einen Herd im hinteren Schenkel der inneren Kapsel („*ataktische Hemiparese*") (Fisher u. Cole 1965). Auch Sensibilitätsstörungen an Hand und Mund (*cheiroorales* Syndrom) können durch *einen* Herd bedingt sein (Kawakami u. Mitarb. 1989).

Wenn ein Patient früher über Parästhesien in den Händen geklagt hat und nun eine leichte Paraspastik der Beine aufweist, so kann dies durchaus mit einem einzigen Herd im Zervikalmark erklärt werden.

Neurologische Zeichen zusammen mit einer Optikusneuritis erfüllen aber meist die Forderungen nach sicher getrennten Läsionen. Übereinkunftsgemäß soll eine *doppelseitige* Optikusläsion – ob nun gleichzeitig oder zeitlich versetzt auftretend – nur als *ein Herd* gewertet werden. Das Risiko, nach einer doppelseitigen Optikusneuritis eine Multiple Sklerose zu bekommen, ist kaum höher als bei einer einseitigen (s. S. 124).

Man muß zu Kriterium 2 kritisch bemerken, daß bei dessen strenger Anwendung viele Patienten mit Multipler Sklerose nicht erfaßt werden.

Kriterium 3: Durch das Kriterium 3 sind Symptome, die durch eine Hirnrinden- oder Stammganglienbeteiligung bedingt sind, ausgeschlossen, auch wenn diese bei Multipler Sklerose durchaus vorkommen können, wie z. B. Demenz, extrapyramidale Störungen oder epileptische Anfälle.

Kriterium 4: Im Kriterium 4 wird zunächst ein *Schub* definiert.

Durch die Festsetzung der Dauer (nicht unter 24 Stunden) und der zeitlichen Distanz zwischen den Schüben von mindestens 1 Monat sollen Pseudoschübe (s. S. 98) und die akute disseminierte Enzephalomyelitis (ADEM) ausgeschlossen werden (siehe aber S. 216).

Auch dieses Kriterium ist sehr streng und schließt alle Patienten mit dem ersten Schub aus. Sonderformen der Multiplen Sklerose, wie die Schildersche Krankheit und die Neuromyelitis optica, werden ebenfalls nicht erfaßt.

Die **chronisch progrediente Form** der Multiplen Sklerose wird durch das Kriterium 4 b nur teilweise miterfaßt, denn es kommt ja häufig vor, daß gerade hier weitere Herde (Kriterium 2) nicht nachzuweisen sind.

Kriterium 5: Das Kriterium 5 (Alter 10–50 Jahre) wird allgemein nicht mehr anerkannt, da ganz sicher auch außerhalb dieser Altersgruppe Neuerkrankungen auftreten.

Dies war den Autoren sicher auch bewußt, sie haben aber der Tatsache Rechnung getragen, daß das Spektrum der differentialdiagnostischen Möglichkeiten mit zunehmendem Alter größer wird und bei eventuellen Studien zu viele Nicht-MS-Kranke eingeschlossen würden.

Kriterium 6: Das Kriterium 6 ist eigentlich das wichtigste. Es relativiert alle anderen Kriterien und besagt, daß die Multiple Sklerose eine *Ausschlußdiagnose* ist und rein klinisch nicht bewiesen werden kann.

Im Kapitel 16 (Differentialdiagnose) wird ausgeführt, daß es eine Reihe von Krankheiten gibt, die unter gewissen Umständen die Schumacher-Kriterien voll erfüllen und somit eigentlich als Multiple Sklerose anerkannt werden müßten.

Diese Schumacher-Kriterien wurden von anderen Autoren modifiziert (McAlpine u. Mitarb. 1972, Rose u. Mitarb. 1976, McDonald u. Halliday 1977). Zum ersten Mal wurden auf Vorschlag der IMAB (International Medical Advisory Board) auch Liquorbefunde und evozierte Potentiale in die diagnostischen Kriterien mit einbezogen. Gebräuchlich sind jetzt meist die **Poser-Kriterien** (Ch. M. Poser u. Mitarb. 1984), welche die Schumacher-Kriterien modifizieren und erweitern (siehe Tab. 15.**2**).

Welche klinischen Kriterien man auch aufstellt, es wird immer Patienten geben, die diese Kriterien nicht erfüllen, obwohl sie eine Multiple Sklerose haben. Deshalb wurden auch bei den Poser-Kriterien zusätzliche diagnostische Kategorien eingeführt und die Diagnosesicherheit weiter spezifiziert. So werden jetzt neben der *klinisch sicheren* Multiplen Sklerose noch die *wahrscheinliche* und die *mögliche* Multiple Sklerose eingeführt.

Wird die Diagnose Multiple Sklerose mit Hilfe positiver *Liquorergebnisse* gestellt (wobei hier nur die oligoklonalen Banden und/oder die autochthone IgG-Erhöhung gewertet werden), dann spricht man von der *laborunterstützt sicheren Multiplen Sklerose,* die der klinisch sicheren Multiplen Sklerose gleichwertig ist.

Semantisch etwas unstimmig wird die Liquoruntersuchung als „Laboruntersuchung" von sogenannten *„paraklinischen"* Untersuchungen wie Kernspintomographie und Ableitung evozierter Potentiale abgegrenzt.

Der Schub wird wie bei den Schumacher-Kriterien definiert. Die oberste Grenze des Erkrankungsalters wird allerdings von 50 auf 59 Jahre heraufgesetzt, was die Problematik der dadurch nicht erfaßten Fälle zwar etwas mildert, aber doch nicht ganz beseitigt.

Selbstverständlich kann im Einzelfall der Kliniker außerhalb dieses Altersspektrums die Diagnose Multiple Sklerose stellen. Solche Fälle können aber nicht in klinische Studien aufgenommen werden, wenn man sich nach den Poser-Kriterien richtet. Wie bei den Schumacher-Kriterien gilt, daß die Läsionen die weiße Substanz betreffen müssen und daß ungewöhnliche Symptome bei der Multiplen Sklerose nicht gewertet werden sollen.

Wie alle Diagnosekriterien, die seit den Schumacher-Kriterien aufgestellt wurden, lassen auch die Poser-Kriterien gewissermaßen ein Hintertürchen offen. Es wird nämlich ebenfalls die Bedingung gestellt, daß die Beschwerden und Befunde „nicht besser (als durch eine MS) erklärt werden können." *Es kommt also ganz auf die Beurteilung des erfahrenen Neurologen an, der mit der Krankheit und ihrer Differentialdiagnose vertraut ist.*

Unter diesen Voraussetzungen gibt es folgende Möglichkeiten, eine **klinisch sichere Multiple Sklerose** zu diagnostizieren:

1. zwei Schübe und der klinische Nachweis zweier getrennter Läsionen im Zentralnervensystem,
2. zwei Schübe, wobei der eine Schub klinisch nachgewiesen sein muß, und zusätzlich *paraklinischer* Nachweis einer Läsion.

Nach den Poser-Kriterien kann eine Läsion auch dann als klinisch nachgewiesen gelten, wenn man *sichere* anamnestische Angaben hat, die für eine MS-typische Läsion sprechen (z. B. Lhermittesches Zeichen, abgelaufene Optikusneuritis oder vorübergehende Lähmung der Beine). Aber auch bei diesen Poser-Kriterien gilt: *Für die „klinisch nachweisbare" Läsion darf es keine andere Erklärung geben.*

Zusätzlich werden nun noch **Liquorbefunde** (autochthone IgG-Bildung und/oder oligoklonale Banden) als Diagnosekriterien und damit der Begriff *„laborunterstützt sichere Multiple Sklerose"* eingeführt. Auch hier müssen andere Krankheiten, die zu diesen Liquorveränderungen führen, ausgeschlossen sein.

Für die Diagnose der **laborunterstützt sicheren Multiplen Sklerose** gibt es folgende Möglichkeiten:

1. a) zwei Schübe,
   b) eine entweder klinisch oder paraklinisch nachgewiesene Läsion,
   c) oligoklonale Banden und/oder IgG-Erhöhung im Liquor;
2. a) ein Schub,
   b) zwei klinisch nachgewiesene, getrennte Läsionen,
   c) IgG-Erhöhung und/oder oligoklonale Banden im Liquor;
3. a) ein Schub,
   b) klinischer Nachweis einer Läsion,
   c) paraklinischer Nachweis einer anderen, davon getrennten Läsion,
   d) oligoklonale Banden/IgG Erhöhung im Liquor.

Für die Schübe gilt, daß einer davon nicht mit der klinisch oder paraklinisch nachgewiesenen Läsion in Zusammenhang stehen darf. Weiter wird gefordert, daß *beide* Läsionen (klinisch oder paraklinisch) zum Zeitpunkt der Untersuchung nachweisbar sind. Das heißt: Angaben aus der früheren Vorgeschichte gelten nicht.

Diese Kriterien erlauben nun, die Diagnose Multiple Sklerose schon beim *ersten Schub* zu stellen (Möglichkeiten 2 und 3) oder aber auch dann, wenn sich nur eine Läsion nachweisen läßt.

Tabelle 15.**2** Poser-Kriterien für die Diagnose Multiple Sklerose (MS) (nach Poser u. Mitarb.)

	Schübe	*Nachweis von Läsionen* klinisch	paraklinisch	*Liquor* IgG/oligoklonale Banden im Liquor
Klinisch sichere MS				
1.	2	2		
2.	2	1 und	1	
Laborunterstützt sichere MS				
1.	2	1 oder	1	+
2.	1	2		+
3.	1	1 und	1	+
Klinisch wahrscheinliche MS				
1.	2	1		
2.	1	2		
3.	1	1 und	1	
Laborunterstützt wahrscheinliche MS				
1.	2			+

Es wurde von anderer Seite die etwas überzogene Forderung erhoben, überhaupt nur dann von einer klinisch sicheren Multiplen Sklerose zu sprechen, wenn im Liquor eine autochthone IgG-Bildung nachweisbar ist (Schipper 1989).

Für die Diagnose **klinisch wahrscheinliche Multiple Sklerose** sind die Kriterien weniger streng:

1. a) zwei Schübe,
   b) klinischer Nachweis einer Läsion;
2. a) ein Schub,
   b) klinischer Nachweis zweier Herde;
3. a) ein Schub,
   b) klinischer Nachweis einer Läsion,
   c) paraklinischer Nachweis einer anderen, davon abgrenzbaren Läsion.

Für die **laborunterstützt wahrscheinliche Multiple Sklerose** gilt:

1. a) zwei Schübe,
   b) IgG-Erhöhung, oligoklonale Banden im Liquor (Tab. 15.**2**).

Die Kriterien des Poser-Komitees sind in Tab. 15.**2** zusammengefaßt. Man muß beachten, daß die *chronisch progrediente spinale Form* der Multiplen Sklerose mit diesen Poser-Kriterien *nicht* erfaßt wird und die akute demyelinisierende Enzephalomyelitis u.a. diesen Kriterien entsprechen können.

16. Differentialdiagnose der Multiplen Sklerose

Allgemeines

Die Diagnose Multiple Sklerose kann so leicht sein, daß sie unter Umständen auch einem Anfänger möglich ist. Dennoch besteht kein Zweifel, daß sie zu den schwierigsten Diagnosen in der Neurologie gehört, vermutlich sogar zu den schwierigsten Diagnosen in der Medizin überhaupt. Wegen ihrer Symptomenvielfalt, ihrer Bereitschaft, die Symptome zu wechseln, und wegen ihrer so verschiedenen Verlaufsformen kann sie eine Reihe von Krankheiten vollkommen kopieren.

Die Diagnose wird zusätzlich noch dadurch erschwert, daß die Multiple Sklerose relativ häufig vorkommt, die meisten von ihr imitierten Krankheiten aber eher selten sind. Wenn man nun noch dem alten, ziemlich tautologischen Leitspruch *Ludolf von Krehls* anhängt, daß die häufigen Krankheiten häufig und die seltenen selten seien, dann wird man immer wieder in Gefahr geraten, fälschlich eine Multiple Sklerose zu diagnostizieren.

Es kommt also sehr viel häufiger vor, daß man irrtümlich irgendeine Krankheit als Multiple Sklerose ansieht, und seltener, daß man umgekehrt die Multiple Sklerose mit einer falschen Diagnose belegt. Die Gefahr, daß die Multiple Sklerose verkannt wird, besteht meistens dann, wenn sie atypisch auftritt, z.B. mit ausgeprägter psychischer Symptomatik, mit Hemiparese, Krampfanfällen oder in ihren Sonderformen, wie z.B. der Schilderschen Erkrankung oder der akut verlaufenden Multiplen Sklerose (Marburg-Typ).

Die ersten differentialdiagnostischen Überlegungen muß man schon beim Erheben der Anamnese und des körperlichen Befundes anstellen. Dazu muß die *differentialdiagnostische Bedeutung der einzelnen subjektiven und objektiven Symptome* bekannt sein. Es gibt nämlich Symptome, die gut, und solche, die weniger gut zur Diagnose Multiple Sklerose passen.

Wir werden bei der weiteren Besprechung der Differentialdiagnose zunächst die diagnostische Wertigkeit der einzelnen Symptome untersuchen und dann anschließend zu den einzelnen Krankheiten übergehen, welche differentialdiagnostisch in Frage kommen.

Differentialdiagnostische Bedeutung einzelner Symptome

Es gibt kaum neurologische Symptome, welche nicht schon einmal im Zusammenhang mit der Multiplen Sklerose beschrieben worden sind. Dennoch muß man solche, die besonders häufig sind, von solchen, die selten, extrem selten oder überhaupt nicht bei der Multiplen Sklerose vorkommen, unterscheiden.

Umgekehrt sind die bei der Multiplen Sklerose so häufigen Symptome wie Spastik, Ataxie und Sensibilitätsstörungen vielfach auch Ausdruck anderer Krankheiten, so daß von spezifischen Multiple-Sklerose-Symtomen nicht die Rede sein kann. Dennoch ist es hilfreich zu wissen, welche Symptome vor allem am Beginn der Krankheit für die Diagnose verwendet werden können, welche nicht verwendet werden sollten und welche sogar eher gegen die Diagnose sprechen.

Wir wollen deshalb an dieser Stelle die neurologischen Symptome, welche bei Multipler Sklerose besonders häufig vorkommen, als **Symptome 1. Ranges** bezeichnen. Dazu gehören z.B. neben Ataxie, spastischer Parese, Visusverlust (Optikusneuritis) vor allem Sensibilitätsstörungen, Paräs-

Tabelle 16.**1** Differentialdiagnostische Wertigkeit einzelner Symptome bei Multipler Sklerose (s. Text)

Symptome 1. Ranges	**Symptome 2. Ranges**	**Symptome, die eher gegen MS sprechen**
Spastik u. a. Pyramidenzeichen	Hemiparese	Muskelatrophien
Ataxie – zerebellar – spinal	Organisches Psychosyndrom	Schlaffe Lähmung
Dysarthrie	Akute Psychose	Faszikulationen
Nystagmus (besonders wenn dissoziiert)	Depression	Komplette Okulomotoriuslähmung
Internukleäre Ophthalmoplegie	Dissoziierte Empfindungsstörung	Motorische Trigeminuslähmung
Zentralskotom mit Rückbildungstendenz	Myorhythmien	Periphere Fazialislähmung
Visusschwankungen (temperaturabhängig)	Verschiedene Schmerzzustände	Periphere Hypoglossuslähmung
Bestimmte Augenmuskelparesen (Doppelbilder)	Trigeminusneuralgie (II. und III. Ast)	Argyll-Robertson-Phänomen (u. a. nicht amaurotische Pupillenstörungen)
Oberflächen- und Tiefensensibilitätsstörung (nicht peripher erklärbar)	Müdigkeit	Horner-Syndrom
Parästhesien (nicht peripher erklärbar)	Dissoziierte Empfindungsstörung	Stuhlinkontinenz ohne Blasenstörung
Lhermittesches Zeichen		Progredienter Visusverlust
Blasenstörung		Konvergenznystagmus (Parinaud-Syndrom)
Fazialismyokymien		Kopfschmerzen
Paroxysmale Erscheinungen – paroxysmale Akinese – paroxysmale Dysarthrie – paroxysmale Ataxie – paroxysmale Atonie – Painful tonic spasms		Aphasie
Trigeminusneuralgie (I. Ast mit Sensibilitätsstörungen)		Generalisierte und partielle epileptische Anfälle
		Drop-Attacken
		Synkopen
		Nackensteife
		Extrapyramidale Symptome – Ruhetremor – Dystonie – choreatische Bewegungsstörung – Tics – Myoklonie
		Hemianopsie
		Zönästhesien

thesien, dissoziierter Nystagmus, Blickrichtungsnystagmus, Blasenstörungen u. a. (Tab. 16.**1**).

Zu den **Symptomen 2. Ranges** gehören solche, welche bei Multipler Sklerose zwar öfter vorkommen, auf die man aber erfahrungsgemäß die Diagnose zunächst nicht stützen sollte. Diese Symptome zweiten Ranges sind bei der Multiplen Sklerose seltener, und man muß, vor allem wenn sie isoliert auftreten, in erster Linie an andere Krankheiten denken. Wenn man also die Diagnose Multiple Sklerose stellen möchte, sollte man diese Symptome zunöchst einmal ausklammern und versuchen, die Diagnose auf andere klinische Kriterien zu stützen.

So ist z. B. die *Müdigkeit* zwar sehr charakteristisch bei Multipler Sklerose und muß besonders beim Umgang mit den Kranken beachtet werden, ihre diagnostische Wertigkeit ist aber sehr gering (s. S. 71).

Das gleiche gilt für das *organische Psychosyndrom,* auch dann, wenn eine euphorische oder dysphorische Komponente (s. S. 73) nicht zu übersehen ist.

Die in Tab. 16.**1** aufgeführten Symptome (Beschwerden, Befunde) sind unvollständig, und die Einordnung in die verschiedenen Gruppen erfolgte zum Teil subjektiv. Gerade die Eingruppierung in Symptome zweiten Ranges und solche Symptome, die eher gegen Multiple Sklerose sprechen, ist sicher teilweise diskussionsbedürftig. Dennoch kann diese Tabelle dem noch nicht so erfahrenen Diagnostiker eine gewisse Orientierungshilfe geben.

Bei der Besprechung der klinischen Erscheinungen der Multiplen Sklerose (Kap. 5) wurde auf die diagnostische Wertigkeit und differentialdiagnostische Bedeutung der einzelnen Symptome **1. und 2. Ranges** schon eingegangen, so daß sich an dieser Stelle eine Diskussion im einzelnen erübrigt.

Die Multiple Sklerose ist in ihrer Erscheinung sehr vielfältig, und fast alle **Symptome, die eher gegen Multiple Sklerose sprechen** (Tab. 16.**1,** Spalte 3), können durch die Multiple Sklerose verursacht sein. Eine *komplette Okulomotoriusparese* wurde bis jetzt noch nicht bei der Multiplen Sklerose festgestellt. Eine isolierte, fast komplette Okulomotoriusparese und eine Okulomotoriusparese ohne Pupillenstörung als Erstsymptom wurden jedoch schon beschrieben (Uitti u. Rajput 1986, Newman u. Lessel 1990).

Ein *Konvergenznystagmus,* meist mit Lidretraktion (im Rahmen eines Parinaud-Syndroms), gehört ebenfalls zu den großen Seltenheiten bei Multipler Sklerose und wurde nur vereinzelt beobachtet (Lit. bei Slyman u. Lanning 1981).

Die isolierte *periphere Fazialisparese* gehört ebenfalls nicht zum Bild der Multiplen Sklerose, wurde aber auch schon festgestellt. *Nackensteife und Fieber,* sicherlich keine Symptome, die man mit der Multiplen Sklerose in Verbindung bringen würde, können bei der akuten Multiplen Sklerose auftreten. Bei ausgeprägter Retrobulbärneuritis kann es selten zu einem *leichten Exophthalmus* kommen. Ein Herd an der dorsalen Wurzeleintrittszone (Rückenmark) kann eine *radikuläre Symptomatik* verursachen, und ein Querschnittssyndrom beim Multipler Sklerose kann wochenlang aus einer *schlaffen Paraplegie* bestehen.

Sehr selten sind extrapyramidale Störungen wie *Dystonie* und *choreatische Bewegungsstörungen* (s. S. 69). Eine *rigorartige Tonuserhöhung* gibt es nicht nur bei massivem Mittelhirnbefall, sondern auch bei Herden, die andere Teile des Hirnstamms, und vermutlich auch bei solchen, welche die Interneurone des Rückenmarks betreffen (s. S. 212).

Eine *Hemianopsie* wurde zwar gelegentlich bei Multipler Sklerose beschrieben (Hawkins u. Behrens 1975, Kölmel 1988), spricht aber im allgemeinen dennoch gegen die Diagnose. Bei Kindern muß man in erster Linie an die Schildersche Krankheit denken, bei Erwachsenen an die PML (s. S. 220).

Es ist verwunderlich, daß trotz der vielen Herde, die im Okzipitallappen vorkommen können, die Hemianopsie zu den seltenen Symptomen der Multiplen Sklerose gehört. Das NMR-Bild einer Patientin mit Hemianopsie zeigt Abb. 16.**1.**

Ob die Multiple Sklerose überhaupt – auch in Ausnahmefällen – einen *Ruhetremor* verursachen kann, bleibt zweifelhaft. Vermutlich liegen in solchen Fällen zwei Krankheiten vor.

Das gleiche gilt für die *Zönästhesien* (s. S. 238), welche der Multiplen Sklerose auch schon zur Last gelegt worden sind (Wurthmann u. Mitarb. 1990, Heckl 1991b). Bei Zönästhesien und Herden im CT oder NMR des Schädels sollte man auch an die Borna-Infektion denken (s. S. 196).

Auch gewisse Symptomenkonstellationen kommen bei der Multiplen Sklerose selten vor. So spricht z. B. das *„dysarthria clumpsy hand syndrome"* und die *durchgehend sensomotorische Hemiparese* vielmehr für einen lakunären Infarkt in der inneren Kapsel. Die *„rein motorische Hemiparese"* wird dagegen auch immer wieder von Multiple-Sklerose-Herden erzeugt, jedoch häufiger durch kortikale Infarkte oder Blutungen.

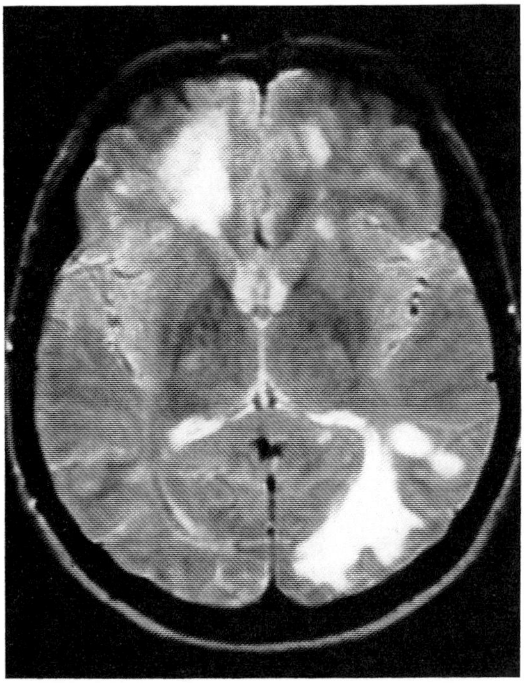

Abb. 16.**1** **Herd, fast das gesamte Marklager des Okzipitallappens links ausfüllend.** Weitere Herde.
Frau, 40 Jahre, erster Schub einer Multiplen Sklerose mit ausgeprägter Hemianopsie. Nur sehr geringe weitere neurologische Symptomatik. Man hätte an eine Schildersche Erkrankung denken können, das Erkrankungsalter sprach dagegen, auch bildete sich die Hemianopsie fast vollständig zurück

Solche Symptome, die eher gegen die Multiple Sklerose sprechen, machen aber auf keinen Fall die Diagnose unmöglich, vor allem nicht, wenn weitere Symptome bestehen, welche die Diagnose Multiple Sklerose erlauben.

Differentialdiagnostische Bedeutung einzelner Krankheiten

Bei der Differentialdiagnose der Multiplen Sklerose können Schwierigkeiten auf 2 Arten auftreten:

- Krankheiten, deren Symptome so geartet sind, daß irrtümlich eine Multiple Sklerose angenommen werden könnte,
- atypische Verlaufsformen der Multiplen Sklerose, die so geartet sind, daß irrtümlich eine andere Krankheit angenommen werden könnte.

Die erste Art der Schwierigkeiten ist eindeutig die häufigste und hat damit die größte Bedeutung. Nichts wird von einem Arzt mehr gefürchtet, als daß er irgendeine behandelbare Krankheit mit einem falschen Etikett versieht und dadurch für versäumte Therapiemaßnahmen verantwortlich wird. Besonders gefürchtet ist die Verkennung eines zerebralen oder, was häufiger vorkommt, eines *spinalen Tumors* als Multiple Sklerose.

In früheren Jahren, als uns weder die Kernspintomographie noch die evozierten Potentiale zur Verfügung standen und die Liquordiagnostik noch nicht so verfeinert war, sind derartige Fehldiagnosen – manchmal unvermeidbar – häufiger vorgekommen.

Aber auch heute ist – trotz Einsatz aller modernen Methoden – in vielen Fällen die Differentialdiagnose sehr schwer und manchmal überhaupt nicht möglich. Man ist auch heute immer wieder gezwungen, den *weiteren Verlauf* abzuwarten.

Im folgenden sollen einige Krankheiten und Syndrome besprochen werden, die man mit der Multiplen Sklerose verwechseln kann. Da die differentialdiagnostischen Überlegungen schon ganz am Anfang der klinischen Untersuchung stehen müssen, *sollen vorwiegend diejenigen differentialdiagnostischen Möglichkeiten herausgestellt werden, welche einem zur Verfügung stehen, wenn noch* **keine** *Zusatzuntersuchungen vorliegen.* Dieses Prinzip läßt sich aber nicht konstant durchhalten. Zum einen werden eine Reihe differentialdiagnostischer Fragen erst durch die Ergebnisse der Zusatzuntersuchungen (Liquor, Kernspintomogramm) aufgeworfen, zum anderen ist eine vollständige Differentialdiagnose ohne Zusatzuntersuchungen nicht möglich.

Im Zeitalter der medizinischen Technik ist aber eine Rückbesinnung auf die rein klinischen Möglichkeiten geradezu eine Notwendigkeit, denn nur, wenn diese voll ausgelotet werden, kann man belastende oder teure Zusatzuntersuchungen sinnvoll einsetzen.

Eine große Zahl von Krankheiten kann von der Multiplen Sklerose nachgeahmt werden. Um in die differentialdiagnostischen Überlegungen eine gewisse Ordnung zu bringen, sollen die differentialdiagnostisch in Frage kommenden Krankheiten nach bestimmten Prinzipien geordnet werden. Wir gehen dabei von der **Topik,** den **verschiedenen Verlaufsformen** und den einzelnen **Kernsymptomen** der Multiplen Sklerose aus, welche in gleicher Art auch bei anderen Krankheiten vorkommen können (Tab. 16.**2**).

Tabelle 16.**2** Charakteristika von Krankheiten, die man bei der Differentialdiagnose der Multiplen Sklerose beachten muß

1. Schubförmiger (remittierender) Verlauf
2. Disseminierte Topik (ohne besondere Schübe)
3. Chronisch progredienter Verlauf
   a) mit spinaler Symptomatik
   b) mit zerebellarer Symptomatik
4. Akuter und subakuter Verlauf
   a) mit zerebraler Symptomatik
   b) mit spinaler Symptomatik
5. Optikusneuritis
6. Psychische Symptomatik
7. Psychogene Störungen

Krankheiten mit möglichem schubförmigen (remittierenden) Verlauf

Der schubförmige Verlauf ist für die Multiple Sklerose sehr charakteristisch. Es gibt aber auch andere Krankheiten des Nervensystems, die schubförmig oder remittierend verlaufen können. Bei diesen kann es zusätzlich zu paroxysmalen Erscheinungen kommen, wie z. B. zu *Hirnstammanfällen* oder zum *Lhermitteschen Zeichen,* welche man allzu leicht als typisch für Multiple Sklerose ansieht. Eine Reihe derartiger differentialdiagnostisch in Frage kommender Krankheiten sind in Tab. 16.**3** zusammengestellt.

Tabelle 16.**3** Krankheiten, die schubförmig, remittierend oder mit paroxysmalen Erscheinungen auftreten können.

1. **Krankheiten mit Vaskulitis**
   Lupus erythematodes (LE)
   Periarteriitis nodosa
   Sjögren-Syndrom
   Morbus Behçet
   Lues cerebri
   Sarkoidose (Morbus Boeck)
   Thrombangiitis obliterans (Winiwarter-Buerger)
   Vaskulitis nur mit Befall des ZNS
2. **Andere vaskulär bedingte Erkrankungen**
   Transitorisch ischämische Attacken (TIA)
   Hirninfarkte
   Moyamoya-Krankheit
   Arteriovenöse Mißbildungen, Angiome
   Aneurysmen
   Claudicatio intermittens spinalis (Déjerine-Syndrom)
3. **Raumforderungen**
   Tumoren, subdurales Hämatom
   Mißbildungen am kraniozervikalen Übergang
4. **Krankheiten mit episodischer Ataxie**
   Herdeditäre episodische Ataxie
   Subakute nekrotisierende Enzephalitis (Morbus Leigh)
5. **Andere**
   Adrenomyeloleukodystrophie

Krankheiten mit Vaskulitis

Zu den wichtigsten Vaskulitiden, welche unter Umständen wie eine Multiple Sklerose verlaufen können, gehören *Lupus erythematodes, Periarteriitis nodosa, Morbus Behçet, Sarkoidose, Lues* und *zerebrale Vaskulitis.*

Lupus erythematodes

Der Lupus erythematodes (LE) befällt wie die Multiple Sklerose besonders häufig jüngere Frauen (2.–4. Lebensjahrzehnt) und kann die Multiple Sklerose täuschend kopieren. Besonders schwierig wird die Differentialdiagnose dann, wenn die zentralnervösen Erscheinungen den anderen organischen Manifestationen (Niere, Haut, Perikard, selten Endokard) vorausgehen.

Die zentralnervösen Veränderungen sind durch eine Vaskulopathie (sekundäre Vaskulitis) bedingt, welche zu weit verstreuten *kleineren Infarkten* führt. Die dadurch entstehenden Herde sind im CT und Kernspintomogramm oft nicht von Herden der Multiplen Sklerose zu unterscheiden. Durch die multifokalen Läsionen und den schubförmigen Verlauf des Lupus erythematodes wird die Differentialdiagnose zur Multiplen Sklerose oftmals sehr schwierig und ohne differenzierte Laboruntersuchungen unmöglich. Selbst die Kombination von Retrobulbärneuritis und Querschnittsmyelitis (Neuromyelitis optica) ist bei LE bekannt (April u. van Sonnenberg 1976).

Auch paroxysmale Erscheinungen wie z.B. ein *Lhermittesches Zeichen* oder Hirnstammanfälle (*painful tonic seizures,* s. S. 80f.) wurden beschrieben (Hutchinson u. Bresnihan 1983).

Es wurde sogar schon der Vorschlag gemacht, analog der „lupoiden Hepatitis" von einer *„lupoiden Sklerose"* zu sprechen, wenn der Lupus erythematodes die Multiple Sklerose imitiert (Fulford u. Mitarb. 1972), um damit eine Variante des Lupus erythematodes abzutrennen. Ob dies bei der doch immerhin seltenen und damit eventuell rein zufälligen Konstellation gerechtfertigt ist, muß bezweifelt werden.

Beim Lupus erythematodes kann es auch zu leichteren apoplektischen Erscheinungen kommen, was davor bewahren kann, eine Multiple Sklerose anzunehmen. Diese ischämischen Attacken sind aber oftmals nicht so akut (apoplektisch), wie man das normalerweise gewöhnt ist, und zeigen eine gewisse Progredienz, so daß man wiederum verführt werden könnte, an einen Multiple-Sklerose-Schub zu denken.

Es gibt aber auch einige klinische Zeichen, die auf einen Lupus erythematodes hinweisen und gegen eine Multiple Sklerose sprechen (Tab. 16.**4**).

Manchmal findet man bei Patienten mit Vaskulitis subunguale Splitterblutungen (Abb. 16.**2**).

Von den *Zusatzuntersuchungen* sind die Laborwerte am wichtigsten (Leuko- und Thrombozytopenie, erhöhte BSG, Antikörper gegen Doppelstrang-DNS). Sind diese negativ, dann spricht dies nur zum Teil gegen Lupus erythematodes, denn positive Laborwerte können den klinischen Erscheinungen um Jahre nachhinken. Auch bei ausgeprägtem Befall des Zentralnervensystems kann der *Liquor* normal sein.

Tabelle 16.**4** Klinische Erscheinungen, die für Lupus erythematodes und gegen Multiple Sklerose sprechen

Polyneuropathie
Ulzerationen (oral)
Hauterscheinungen (Erythem)
Photosensibilität
Raynaud-Phänomen (vor allem einseitig)
Subunguale Splitterblutungen (Abb. 16.**2**)
Livedo reticularis
Arthritiden
Epileptische Anfälle
Typische Hirninfarktzeichen
Choreatische Bewegungsstörungen
Hepatosplenomegalie

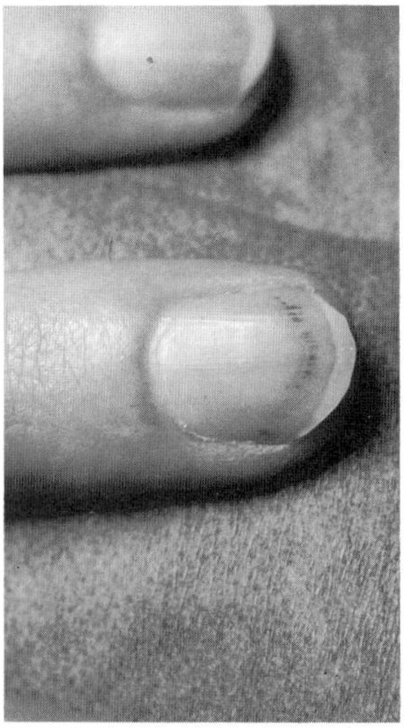

Abb. 16.**2** **Subunguale Splitterblutungen.** Frau, 23 Jahre. Rezidivierende Schübe mit Ataxie und psychischen Veränderungen. Einweisung mit Verdacht auf Multiple Sklerose. Viele kleine, vorwiegend zerebelläre Infarkte. Diagnose: Vaskulitis, vermutlich Lupus erythematodes

Manchmal findet man eine unspezifische Eiweißerhöhung mit oder ohne Pleozytose, *manchmal auch eine IgG-Erhöhung mit oligoklonalen Banden* (Winfield u. Mitarb. 1983), was die Differentialdiagnose zur Multiplen Sklerose nicht gerade erleichtert.

Der Lupus erythematodes kann auch zu verschiedenen *psychiatrischen Erscheinungen* führen, vor allem zu hirnorganischen Symptomen wie Verwirrtheit, Gedächtnisstörungen, Depressionen oder rezidivierenden akuten Psychosen. Derartige Erscheinungen können auch bei der Multiplen Sklerose auftreten. Wenn man sich aber daran hält, solche Symptome als *Symptome zweiten Ranges* anzusehen, wird man weniger leicht zu einer Fehldiagnose verleitet.

Bei Lupus erythematodes gibt es auch ophthalmologische Störungen, die nicht nur durch eine Vaskulitis der Retina, sondern auch durch eine *ischämische Optikusneuropathie* bedingt sein können. Differentialdiagnostisch zur Optikusneuritis bei Multipler Sklerose kann verwendet werden, daß die Sehstörung bei der ischämischen Optikusneuritis (meist Zentralskotom) *progredient* ist und *keine Rückbildung* zeigt. Schubförmig-remittierende Optikusläsionen scheint es beim Lupus erythematodes nicht zu geben. Aber auch bei der Optikusneuritis durch Multiple Sklerose kann in seltenen Fällen die Rückbildung fehlen (s. S. 35). Die *Verzögerung der visuell evozierten Potentiale* bei der durch Demyelinisierung bedingten Optikusschädigung weist jedoch auf die Multiple Sklerose hin; bei der ischämischen Läsion steht die Amplitudenreduktion im Vordergrund.

Rezidivierende Myelopathien sind beim Lupus erythematodes nicht beschrieben, aber einzelne Fälle mit chronisch *progredienter Myelopathie.* Öfter scheint die *akute Querschnittsmyelitis* (s. S. 222) vorzukommen (Andreanakos u. Mitarb. 1975, Kewalramani u. Mitarb. 1978).

Sjögren-Syndrom

Das Sjögren-Syndrom gehört ebenfalls zu den Kollagenosen. Im Mittelpunkt steht dabei das „Sicca-Syndrom" (Xerophthalmie, Xerostomie), bedingt durch eine chronische Tränen- und Speicheldrüsenentzündung. Wie beim Lupus erythematodes und bei der Dermatomyositis kann es auch zu Arthritiden kommen.

Erst seit neuerer Zeit weiß man, daß beim Sjögren-Syndrom das Nervensystem ähnlich wie beim Lupus erythematodes häufiger mitbetroffen ist. Dabei kann das Bild der Multiplen Sklerose komplett nachgeahmt werden. *Wenn das Sicca-Syndrom nicht deutlich ausgeprägt ist oder nicht beachtet wird, gelingt die Differentialdiagnose nicht.*

Über eine Vaskulitis kommt es meist schubförmig zu Sensibilitätsstörungen, Hemiparese, Querschnittsmyelomalazie oder querschnittsmyelitisartigen Bildern, aber auch zu chronisch progredienten Myelopathien und bleibenden oder auch transitorischen Sehstörungen. Eine zentrale Beteiligung wurde in 20 % der Fälle nachgewiesen (Alexander u. Mitarb. 1986).

Weder der *Liquor,* der häufig eine autochthone IgG-Bildung mit leichter monozytärer Pleozytose aufweist, noch CT oder Kernspintomogramm, welche gleichartige morphologische Veränderungen wie die Multiple Sklerose zeigen, helfen differentialdiagnostisch weiter. Auch die evozierten Potentiale sind in höherem Prozentsatz pathologisch (Alexander u. Mitarb. 1986).

Bei der Differentialdiagnose zur Multiplen Sklerose können einige Besonderheiten weiterhelfen (Tab. 16.**5**).

Die Multiple Sklerose und das Sjögren-Syndrom können gemeinsam auftreten, beide zeigen aber keine Syntropie, d.h. das (seltene) Zusammentreffen ist nicht über-

Tabelle 16.**5** Differentialdiagnostische Hinweise für das Sjögren-Syndrom (zur Abtrennung von der MS) (nach Alexander u. Mitarb. 1986)

Schirmer-Test positiv
Polyneuropathie (in 20 %)
Muskelbiopsie: in 40 % Vaskulitis oder Myositis
BSG erhöht (60 %)
Antinukleäre Antikörper positiv (60 %)
Komplementmangel (20 %)

zufällig häufig (Sandberg-Wollheim u. Mitarb. 1992).

Periarteriitis nodosa (Panarteriitis nodosa)

Wie der Lupus erythematodes kann auch die Periarteriitis nodosa (PN) schubförmig und remittierend verlaufen, so daß bei zerebraler Beteiligung eine Verwechslung mit der Multiplen Sklerose möglich wird. Es wurden Formen der Periarteriitis nodosa beschrieben, die wie eine Multiple Sklerose aussehen (Waisburg u. Mitarb. 1974).

Die Differentialdiagnose zur Multiplen Sklerose ist im allgemeinen aber nicht schwer, weil bei der Periarteriitis nodosa sehr häufig das periphere Nervensystem *(Polyneuropathie)* mitbeteiligt ist. Auch bei rein zentralem Befall wird das Bild oft durch einen *apoplektischen Insult* oder durch fokale bzw. generalisierte epileptische Anfälle gekennzeichnet. *Kopfschmerzen,* die nicht in das Bild der Multiplen Sklerose gehören, finden sich häufig bei Periarteriitis nodosa mit zentraler Beteiligung.

Eine gleichartige Krankheit wie die Periarteriitis nodosa kann das *Hepatitis-B-Virus* erzeugen, wobei die Leberwerte oft nur wenig erhöht sein müssen. Bei *Drogensüchtigen,* die häufig unter einer Hepatitis B leiden, kann deshalb eine Vaskulitis auftreten, die von einer Periarteriitis nodosa nicht zu unterscheiden ist. *Besteht bei einem Drogensüchtigen der Verdacht auf Multiple Sklerose, sollte immer die Vaskulitis differentialdiagnostisch erwogen werden.*

Die Diagnose Periarteriitis nodosa kann durch Blutuntersuchungen (Eosinophilie, Anämie, Antiglobulinkonsumptionstest, erhöhte BSG) und durch eine *Muskelbiopsie* (u. U. Nierenbiopsie) gestellt werden.

Morbus Behçet (Behçet-Syndrom)

Die Behçetsche Krankheit ist eine entzündliche – vaskulitische – Erkrankung, die nur unter bestimmten Umständen differentialdiagnostische Schwierigkeiten gegenüber der Multiplen Sklerose macht. Typischerweise beginnt die Krankheit akut mit Fieber, Appetitlosigkeit, Kopfschmerzen, wobei gleichzeitig *Aphthen* und sogar *Geschwüre an der Mundschleimhaut* auftreten. Eine Uveitis und/oder Hypopyoniritis können später dazukommen.

In 30 % der Fälle kommt es zu einem polytopen Befall des Nervensystems mit vorwiegend progredientem, aber auch *schubförmigem* Verlauf. Schwierig wird die Differentialdiagnose nur dann, wenn die Hautveränderungen noch sehr diskret sind oder sogar ganz fehlen, weil die neurologischen Symptome den typischen Hauterscheinungen vorausgeeilt sind. Eine *vaskulitische Optikusneuritis* kann die Differentialdiagnose noch zusätzlich erschweren.

Bei der Computertomographie oder Kernspintomographie findet man wie bei der Multiplen Sklerose unspezifische Herde, was zur Differentialdiagnose also nichts beiträgt. Evozierte Potentiale wie Tibialis-SEP oder akustisch evozierte Potentiale können verzögert sein (Nakamura u. Mitarb. 1985).

Im Liquor besteht meist eine leichte Eiweißerhöhung, nicht höher als bei der Multiplen Sklerose. In der Regel findet man *keine IgG-Erhöhung* und *keine oligoklonalen Banden.*

In fraglichen Fällen kann weiterhelfen, daß das Behçet-Syndrom mit *HLA-B5* assoziiert ist.

Eine einfache Untersuchung ist der sogenannte *Nadelstichtest.* Nadelstiche, am besten in Verbindung mit einer Injektion von 0,1 ml physiologischer Kochsalzlösung subkutan, führen zu einer übersteigerten entzündlichen Reaktion, welche eine Hauthyperreaktivität anzeigt. Die Kombination von HLA-B5 und einem positiven Nadelstichtest ist ein sehr gewichtiger Hinweis (Beweis?) für das Behçet-Syndrom.

In der Regel wird die *Vorgeschichte* mit Hauterscheinungen, wie rezidivierende Ulzera (genital und/oder oral), eventuell ein Erythema nodosum bzw. ein Erythema exsudativum multiforme oder auch abgelaufene Entzündungen an den Augen und Gelenken, die Abgrenzung von der Multiplen Sklerose erleichtern.

Lues cerebri

Was die Vielgestaltigkeit des Erscheinungsbildes anbelangt, steht die Lues der Multiplen Sklerose kaum nach. Die luetischen Veränderungen des Nervensystems können durch die luische Meningovaskulitis, durch Gummenbildung oder durch parenchymatöse Veränderungen wie bei der progressiven Paralyse oder der Tabes dorsalis bedingt sein. *Rezidivierende* bzw. *schubweise progrediente* Störungen treten besonders bei der luischen *Meningovaskulitis* auf.

Im Rahmen der **luischen Meningovaskulitis** kommt es durch die Vaskulitis der kleinen Rindengefäße (Nissl/Alzheimer) und der etwas größeren Gefäße (Heubnersche Arteriitis) zu Zirkulationsstörungen mit verschiedenartigen Ausfällen durch größere und kleinere Infarkte.

Die **Heubnersche Arteriitis** befällt oft die Hirnstammgefäße und führt dann zu verschiedenen, oft rezidivierenden Hirnstammsymptomen mit Schwindel, so daß der Verdacht auf eine Multiple Sklerose nahe liegt.

Differentialdiagnostische Schwierigkeiten ergeben sich meist in der Frühphase durch den disseminierten Befall des Nervensystems und durch flüchtige rezidivierende Erscheinungen. *Gummen und Infarkte* führen zu herdförmigen Symptomen, die *Paralyse* zu psychischen Störungen und die *Tabes dorsalis* zu Rückenmarkssymptomen, welche aber kaum mit denen der Multiplen Sklerose verwechselt werden können (Differentialdiagnose der spinalen Beteiligung s. S. 208 und der Beteiligung des N. opticus s. S. 225).

Kernspintomographische und computertomographische Veränderungen können meist nur dann differentialdiagnostisch herangezogen werden, wenn eindeutig Infarkte nachweisbar sind, welche dann gegen eine Multiple Sklerose sprechen. Die visuell evozierten Potentiale sind auch bei Lues häufig verändert (Conrad u. Mitarb. 1983), womit deren differentialdiagnostischer Wert nicht hoch ist. Die Diagnose stützt sich in solchen Fällen ganz auf den Luesnachweis in Serum und Liquor.

Sarkoidose (Morbus Boeck)

Ob die Sarkoidose wirklich isoliert das Nervensystem befallen kann, ist fraglich. Eine Lungenbeteiligung bei Morbus Boeck ist jedenfalls in über 95 % festzustellen, eine Leber- und Hautbeteiligung in bis zu 70 % (Müller-Quernheim u. Ferlitz 1988). Steht die Lungenbeteiligung im Hintergrund oder wird sie übersehen, dann kann irrtümlich die Krankheit als rein neurologisch erscheinen.

Es kommt vorwiegend zu einer basalen, *granulomatösen Meningoenzephalitis,* die zu rezidivierenden Hirnnervenstörungen führen kann. Am häufigsten ist eine periphere *Fazialis- und Abduzenslähmung.* Auch zu einer Optikusbeteiligung kann es kommen. Eine latente Optikusläsion (durch basale Meningitis) wurde bei einer Untersuchung mit visuell evozierten Potentialen festgestellt (Streletz u. Mitarb. 1981).

Die häufige *periphere Fazialisparese* läßt kaum den Verdacht auf eine Multiple Sklerose aufkommen, wohl aber eine isolierte *Abduzensparese* oder *Optikusneuropathie.* Schwindel und Gleichgewichtsstörungen können durch Befall des *N. vestibularis* bedingt sein und damit wie die Symptome eines Multiple-Sklerose-Herdes im vestibulären Kerngebiet erscheinen.

Über eine parenchymatöse Beteiligung des Gehirns kann es zu Hemiparesen, Sensibilitätsstörungen oder Nystagmus kommen, was aber zu den Seltenheiten gehört. Die Neurosarkoidose führt häufig zu *epileptischen Anfällen,* welche die Differentialdiagnose zur Multiplen Sklerose etwas erleichtern.

Kernspintomographische Veränderungen können bei Sarkoidose genau so aussehen wie bei Multipler Sklerose (Miller u. Mitarb. 1988a). Im *Liquor* findet man öfter eine leichte Pleozytose und Eiweißerhöhung. Auch eine IgG-Erhöhung mit oligoklonalen Banden kann vorkommen, ist aber eher selten.

Durch periphere Hirnnervenlähmungen, epileptische Anfälle oder durch eine Stauungspapille wird man von der Annahme einer Multiplen Sklerose abgehalten. Wenn man von einer *früher abgelau-*

fenen Uveitis, eventuell zusammen mit einer *Speicheldrüsenschwellung* (Heerfordt-Syndrom) oder von einem *Erythema nodosum* erfährt, wird man an die Sarkoidose denken. Hautveränderungen (Lupus pernio) und Lymphknotenschwellungen werden einen veranlassen, nach einer Sarkoidose zu suchen (Muskelbiopsie, Lymphknotenbiopsie, Tuberkulintest [negativ], Kveim-Test). Die ACE-(Angiotensin-concerting-enzyme-)Erhöhung im Serum führt meist auf die rechte Spur.

Thrombangiitis obliterans (Endangiitis obliterans, Winiwarter-Buergersche Krankheit)

Bei der Thrombangiitis obliterans ist außerhalb der Extremitätenarterien das Gehirn das am häufigsten mitbetroffene Organ (Lit. bei Diehm u. Schäfer 1993). Wegen der meist schon sehr deutlichen Durchblutungsstörungen an Fingern und Zehen stellt sich die Differentialdiagnose zur Multiplen Sklerose nicht.

Es soll aber auch eine *primär zerebrale Form* geben, die allerdings auch bezweifelt wird (Cervos-Navarrò 1980), weil die zerebrale Beteiligung bei der Thrombangiitis obliterans doch sehr selten sei. Wenn keine periphere Beteiligung besteht, kann man die Diagnose nicht stellen und bei der Seltenheit diese sehr fraglichen isolierten zerebralen Form wohl nicht einmal vermuten.

Die Krankheit macht sich dann durch multifokale, transitorisch ischämische Attakken bemerkbar, die dann bald zu bleibenden neurologischen Ausfällen führen. Nur über diese Erscheinungen kann es bei jungen Menschen (praktisch nur Männer) zu differentialdiagnostischen Schwierigkeiten gegenüber der Multiplen Sklerose kommen (Bernsmeier u. Held 1972; Stauder 1934).

Vaskulitis nur mit Befall des Zentralnervensystems

Es gibt sehr seltene Vaskulitiden, die isoliert das Gehirn, zum Teil auch das Rückenmark befallen und somit ganz ohne systemische Begleiterscheinungen einhergehen. Es kommt auch zu keinen Serumreaktionen. Pathologisch-anatomisch handelt es sich vorwiegend um granulomatöse Angiitiden, die zum einen nicht genau eingeordnet, zum anderen oft schwer gegen die Riesenzellarteriitiden abgetrennt werden können.

Der Beginn ist meist akut. Es kommt zu zerebralen Durchblutungsstörungen mit Hemiparese, Sprachstörungen, Bewußtseinsstörungen, transitorisch-ischämischen Attacken, manchmal auch zu Hirnblutungen. Der Verlauf ist vorwiegend progredient.

Manchmal ergibt sich aber die Differentialdiagnose zur Multiplen Sklerose, weil auch schubförmige Verläufe vorkommen können (Harbitz 1922, Griffin u. Mitarb. 1973). Häufig bestehen schon am Anfang Zeichen der psychoorganischen Beeinträchtigung, was nicht gegen Multiple Sklerose spricht. Im Gegensatz zur Multiplen Sklerose kommt es bei der zerebralen Angiitis aber sehr häufig zu *Kopfschmerzen.* Ganz gelegentlich kann allerdings auch ein Multiple-Sklerose-Schub mit Kopfschmerzen einhergehen (s. S. 65), welche dann jedoch mehr einen migräneartigen Charakter haben und nicht so konstant bleiben wie bei der Vaskulitis.

Die *Computertomographie* zeigt in den meisten Fällen einzelne oder multiple hypodense Zonen, die in der Regel *kein* Kontrastmittel aufnehmen. *Angiographisch* kann man nur in etwa der Hälfte der Fälle die typischen Kaliberschwankungen erkennen, denn es sind vorwiegend die kleinen Gefäße betroffen, die mit der Angiographie nicht darstellbar sind. Im *Liquor* kann das IgG erhöht sein, aber oligoklonale Banden sind bisher nicht gefunden worden. Wenn eine leichte Pleozytose besteht, dann findet man im Gegensatz zur Multiplen Sklerose häufig *polymorphkernige Leukozyten.*

Man wird also eine zerebrale Angiitis nur dann differentialdiagnostisch in Betracht ziehen müssen, wenn eine mehr oder weniger progrediente, multifokale neurologische Störung sonst nicht zu erklären ist. Systemkrankheiten (Lupus erythematodes, Periarteriitis nodosa u. a.) und entzündliche Krankheiten des Gehirns müssen ausgeschlossen sein. Kopfschmerzen, Bewußtseinsstörungen, Anfälle und aphasische

Störungen sprechen zunächst gegen die Multiple Sklerose.

Manchmal wird man auf eine *Biopsie* der weichen Hirnhäute nicht verzichten können. Nach einer Zusammenstellung von Hankey (1991) war die Biopsie in 70 % positiv, in 30 % falsch-negativ (durch Obduktion nachgewiesen). Wenn die Biopsie positiv ist oder man anderweitig den dringenden Verdacht auf eine Vaskulitis äußern kann, dann muß eine Therapie mit Corticoiden oder Immunsuppressiva durchgeführt werden.

Andere vaskulär bedingte Krankheiten

Transitorisch ischämische Attacken, flüchtige Infarkte

Transitorisch ischämische Attacken (TIA) könnten mit einem Multiple-Sklerose-Schub nicht verwechselt werden, wenn die Definitionen der Realität entsprechen würden, daß man unter einer transitorisch ischämischen Attacke nur solche Störungen zu verstehen hat, die nicht mehr als 24 Stunden anhalten, und daß ein Multiple-Sklerose-Schub nicht weniger als 24 Stunden dauert (s. S. 176). Es handelt sich dabei aber um willkürliche Zeitbegrenzungen, und gerade im Grenzbereich treten Schwierigkeiten auf. Es sind Patienten beschrieben, die nur Minuten bis wenige Stunden hemiparetische Erscheinungen hatten und später eine Multiple Sklerose entwickelten (Cowan u. Mitarb. 1990). In der Regel wird man sich differentialdiagnostisch damit begnügen müssen, daß bei flüchtigen Durchblutungsstörungen die Funktionsstörungen *schlagartig* auftreten (Ausnahme: flüchtige Infarkte bei LE, s. S. 184), während bei einem Multiple-Sklerose-Herd die Entwicklung neurologischer Störungen mehr protrahiert verläuft. Bei der **subkortikalen arteriosklerotischen Enzephalopathie (SAE)** kommt es oft zu rezidivierenden und flüchtigen neurologischen Störungen, die sich weder durch den Befund noch durch die Kernspintomographie von einem Multiple-Sklerose-Schub unterscheiden lassen. Manche Patienten mit einer subkortikalen arteriosklerotischen Enzephalopathie erfüllen (meist mit Ausnahme des Alters) die Poser-Kriterien (s. S. 176). Wenn die Differentialdiagnose auch meist nicht schwer ist (Risikofaktoren, Alter, schlagartiger Beginn), gibt es doch immer wieder differentialdiagnostische Schwierigkeiten, die noch verstärkt werden, da bei der subkortikalen arteriosklerotischen Enzephalopathie die somatosensibel evozierten Potentiale verzögert (Hassel u. Mitarb. 1986) sein können. Hier ist man ganz auf den Liquor und die visuell evozierten Potentiale angewiesen. Zu der schwierigen kernspintomographischen Differentialdiagnose s. S. 168.

Differentialdiagnostische Probleme ergeben sich, wenn bei der Multiplen Sklerose **paroxysmale Erscheinungen** auftreten, die man nur über die Anamnese nicht immer von einer transitorisch ischämischen Attacke abtrennen kann. Ausgesprochen schwierig wird die Differentialdiagnose dann, wenn solche paroxysmalen Erscheinungen die Multiple Sklerose einleiten, also noch keine weiteren Symptome für eine Multiple Sklerose bestehen. So sind *paroxysmale Atonien* (wenn sie halbseitig oder nur an einem Bein auftreten) nicht leicht von einer transitorisch ischämischen Attacke zu unterscheiden (s. Fallbeispiel und weitere Differentialdiagnose S. 81).

Auch *paroxysmale Dysarthrien* können Schwierigkeiten bereiten.

Bei einer 30jährigen Frau, die unter aphasisch/dysphasischen Attacken litt, welche bis zu 10 Minuten anhielten, nahmen wir kardial (embolisch) bedingte transitorische ischämische Attacken an, besonders weil noch ein leichter Mitralklappenprolaps nachweisbar war. Erst ein Jahr später konnte die Multiple Sklerose nachgewiesen werden.

Gleichartige differentialdiagnostische Probleme können sich bei der *paroxysmalen Ataxie* und *Diplopie* ergeben. Die sogenannten *„painful tonic spasms“* werden aber offensichtlich durch eine transitorisch ischämische Attacke nicht nachgeahmt.

Moyamoya-Krankheit

Die Moyamoya-Krankheit entsteht durch multiple, ätiologisch unklare Gefäßverschlüsse im Circulus Willisii. Dabei ist vorwiegend der Endabschnitt der A. carotis betroffen (Suzuki 1986). Im Angiogramm erscheint ein Bild wie Nebeldunst, bedingt durch ein feines Netzwerk von Kollateralen (Moyamoya, jap.: Dunst, Nebel). Klinisch kommt es im Rahmen von Infarkten zu Paresen, Sehstörungen, Krampfanfällen und Kopfschmerzen. Die Symptome entwickeln sich schubweise progredient.

Bei jungen Menschen können sich differentialdiagnostische Probleme ergeben, ähnlich wie bei den vorangehend erwähnten transitorisch ischämischen Attacken und Hirninfarkten. Es kommt zu wechselnden Mono-, Para- und Hemiparesen mit wechselnden sensiblen Störungen. Epileptische Anfälle und Kopfschmerzen sprechen zunächst eher gegen eine Multiple Sklerose, ebenso die bei Moyamoya öfter auftretenden Hirnblutungen. Das häufige organische Psychosyndrom läßt sich differentialdiagnostisch wieder nicht verwerten.

Bei einer unserer Patientinnen fanden wir einen rasch progredienten, angedeutet schubförmigen Verlauf mit wechselnden neurologischen und psychischen Störungen. Im CT zeigten sich symmetrische, massive hypodense Zonen, und wir vermuteten eine *Schildersche Krankheit.* Erst die Angiographie zeigte, daß eine Moyamoya-Krankheit vorlag.

Arteriovenöse Mißbildungen – Angiome

In aller Regel gehen zerebrale angiomatöse Mißbildungen mit Symptomen einher, die für die Multiple Sklerose uncharakteristisch sind, wie epileptische Anfälle (fokal und generalisiert), Blutungen und Kopfschmerzen.

Vereinzelt können aber auch – unabhängig von einer Angiomblutung – Hemiparesen, Dysästhesien, Sehstörungen und Schwindel auftreten, die schubförmig oder chronisch progredient verlaufen (De Joung u. Hicks 1980). Die Ursache dieser Störung ist nicht klar (kleine Thromben? Steal-Effekte?). In solchen Fällen kann sich die Differentialdiagnose zur Multiplen Sklerose stellen (Pool u. Potts 1965). Besondere Schwierigkeiten ergeben sich bei Angiomen in der *hinteren Schädelgrube,* weil die rezidivierende Hirnstammsymptomatik sehr an die der Multiplen Sklerose erinnern kann (Hierons 1953, Stahl u. Mitarb. 1980a, Britt u. Mitarb. 1981).

Symptome eines Angioms können sich während der Schwangerschaft verstärken oder erstmals manifest werden. Dies führt dann leicht zur Annahme einer Multiplen Sklerose.

Eine gewisse Besonderheit stellen die zystischen, mit Gefäßmißbildungen verbundenen **Lindau-Tumoren** (v. Hippel-Lindau) dar. Diese Tumoren machen sich oft durch Nacken-Hinterkopf-Schmerzen und Stauungspapille bemerkbar, was dann keine differentialdiagnostischen Probleme zur Multiplen Sklerose aufwirft. Es kann aber, verbunden mit Strangsymptomen, auch zu Störungen der kaudalen Hirnnerven kommen, die je nach Füllungszustand der Zysten *intermittieren.* Dann liegt wegen des intermittierenden und schubweisen Verlaufes eine Verwechslung mit der Multiplen Sklerose nahe.

Meistens geben diese Patienten aber auch *Nacken-Hinterkopf-Schmerzen* an, die für die Multiple Sklerose nicht typisch sind. Manchmal finden sich auch Gefäßmißbildungen am Augenhintergrund, so daß man die Diagnose mit dem Augenspiegel stellen kann.

Spinale Angiome haben in 20–30 % der Fälle einen remittierenden Verlauf und imitieren damit leicht spinale Multiple-Sklerose-Schübe. Nur *extradural gelegene Angiome* führen zu radikulären Schmerzen, was den Verdacht auf eine Multiple Sklerose nicht aufkommen lassen kann.

Aneurysmen

Solange Aneurysmen sich nicht durch eine Blutung bemerkbar machen, sind sie meistens klinisch stumm. Durch Druck auf benachbarte Strukturen können größere Aneurysmen jedoch zu klinischen Symptomen führen. Man denke an die *wechselnden Augenmuskelparesen* oder *Trigeminus-*

schmerzen bei Aneurysmen im Sinus cavernosus und an die *Okulomotoriuslähmung* oder *hemianopische Störung* bei Aneurysmen der A. cerebri posterior. Bekannt sind auch Hirnstammsymptome durch den Druck eines größeren Basilarisaneurysmas. *Intermittierende Hirnstammsymptome* können durch die vermutlich arteriosklerotisch bedingte *Dolichobasilaris* (Elongation der A. basilaris) hervorgerufen werden.

Rezidivierende Erscheinungen bei Aneurysmen könnten auch durch losgelöste kleine Thromben bedingt sein (Stewart u. Mitarb. 1980). Derartige transitorische neurologische Erscheinungen bei Aneurysmen sind sehr selten, können aber als Symptomatik einer Multiplen Sklerose fehlgedeutet werden (Pool u. Potts 1965). Noch seltener sind derartige rezidivierende Erscheinungen durch eine Embolie aus Aneurysmen in der hinteren Schädelgrube (Steinberger u. Mitarb. 1984).

Spinale Durchblutungsstörungen und Claudicatio intermittens spinalis (Déjerine-Syndrom)

Transitorisch ischämische Attacken im Rückenmark – analog den zerebralen ischämischen Attacken – sind sehr selten. Sie werden vereinzelt bei Durchblutungsstörungen der Aorta (und damit der abgehenden Segment- und Interkostalarterien) beschrieben (Hallen 1980). Sie kommen selten im Rahmen ischämischer Episoden bei Lupus erythematodes oder Periarteriitis nodosa mit Rückenmarksbefall vor.

Bei *angiomatösen Mißbildungen* im Rückenmark kann – gelegentlich durch Anstrengungen induziert – recht plötzlich eine Paraplegie auftreten, die Minuten bis Stunden anhält. Eventuell handelt es sich dabei um den Ausdruck einer transitorisch ischämischen Attacke (Taylor u. van Allen 1969).

Bei einer chronischen Minderdurchblutung des Rückenmarks kommt es eher zur **Claudicatio intermittens spinalis** (Déjerine-Syndrom). Beim Gehen entsteht langsam zunehmend eine Schwäche der Beine *ohne Schmerzen,* die Fußpulse bleiben erhalten. Die Paraplegie ist meist auf einer Seite etwas betont, die Reflexe sind gesteigert, Blasenstörungen können auftreten. Meist kommt es zu *keinen* Sensibilitätsstörungen. Als Hauptursache kommen spinale Durchblutungsstörungen in Frage, bedingt durch Angiome, vor allem aber auch durch eine Sklerose der Aorta mit Stenosierung der abgehenden Interkostalgefäße.

Klassisch ist die Claudicatio intermittens spinalis dann, wenn *vor der Belastung* keine oder nur geringe spastische Symptome bestehen. Bei Patienten mit verschiedenartigen Rückenmarksläsionen (z. B. Tumoren, ganz besonders aber bei Multiple-Sklerose-Herden), verschlechtert sich eine ausgeprägte spinale Symptomatik nach Anstrengungen ebenfalls sehr rasch. Man kann dann nicht unbedingt eine Durchblutungsstörung annehmen. Es handelt sich dabei eher um eine sehr rasche Ermüdbarkeit bei sehr geringer Muskelkraft.

Bei Multiple-Sklerose-Patienten könnte eine derartige Verschlechterung, z. B. nach Treppensteigen, auch oder zusätzlich als *Phänomen der inkonstanten Symptomatik* gedeutet werden, welche durch einen reversiblen Leitungsblock im Rahmen einer anstrengungsinduzierten Körpertemperaturerhöhung auftritt (s. S. 86).

Wenn in solchen Fällen durch ein Kaltbad die anstrengungsinduzierten Paresen rasch rückläufig sind, spricht dies sehr für eine Multiple Sklerose (Fallbeschreibung s. S. 88).

Raumforderungen

Tumoren und chronisch subdurales Hämatom

Plötzlich auftretende große Multiple-Sklerose-Herde können sowohl klinisch als auch computertomographisch einen Tumor vortäuschen. So können solche Herde mit großem Ödem zu **Kopfschmerzen** führen, die in Verbindung mit fokalen neurologischen Symptomen immer in erster Linie für eine Raumforderung sprechen (Van der Velden u. Mitarb. 1979, Nelson u. Mitarb. 1981, Rieth u. Mitarb. 1981, Hunter u. Mitarb. 1987).

Wenig bekannt ist, daß umgekehrt zerebrale und spinale Tumoren durch ungewöhnliche Symptome, vor allem durch **intermittierende Erscheinungen,** völlig auf die falsche Fährte führen können. Kurzdauernde, gelegentlich auch länger anhaltende Funktionsstörungen ahmen dann überraschend genau transitorisch-ischämische Attacken (Baum u. Heckl 1979, Loeb 1979), oder den Schub einer Multiplen Sklerose nach (Abb. 16.**3**).

Diese Tumoren sind meist in der *vorderen* und *mittleren Schädelgrube* lokalisiert und dort wiederum vermehrt an der *Konvexität.* Es soll sich vorwiegend um *Meningeome* handeln (Daly u. Mitarb. 1961, Metzel u. Friedrich 1979).

Wir haben aber bei einer Zusammenstellung von 13 Patienten mit Hirntumoren und intermittierenden Erscheinungen diesen hohen Anteil an Meningeomen nicht gefunden (von 13 Tumoren 3 Meningeome). Insgesamt war besonders die Parietalregion betroffen (Baum u. Heckl 1979).

Bei Meningeomen wurden auch schubweise Verschlechterungen beschrieben, die ganz offensichtlich im Zusammenhang mit einer *Schwangerschaft* standen (Bickerstaff u. Mitarb. 1958).

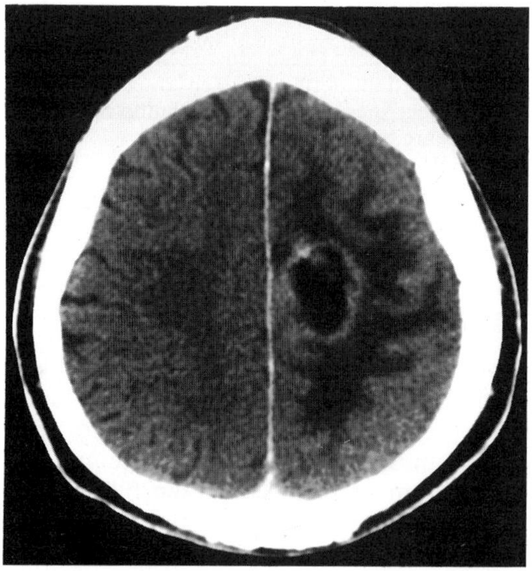

Abb. 16.**3** **Hochparietaler Tumor (Gliom)**, der zu einer rezidivierenden, nicht apoplektischen Hemiparese führte. Erste Verdachtsdiagnose: Multiple Sklerose

Rezidivierende Erscheinungen gibt es aber auch bei raumfordernden Prozessen in der *hinteren Schädelgrube* (Wieck 1964, Sakari u. Bickerstaff 1969), die dann besonders den Verdacht auf eine Multiple Sklerose erwecken können. Beim *zerebralen Lymphom,* das auch diffus auftreten kann, kommt es manchmal zu remittierend/schubförmigen Verläufen (Rubin u. Mitarb. 1987b, Sugita u. Mitarb. 1988). Dieser Tumor ist zunächst auch sehr corticoidempfindlich, was ebenfalls den falschen Verdacht auf eine Multiple Sklerose erhärten kann, wenn man unter Glucocorticoidtherapie eine Besserung feststellt.

Ausgesprochene differentialdiagnostische Schwierigkeiten gegenüber der Multiplen Sklerose machen Tumoren mit intermittierenden Erscheinungen dann, wenn sie im Rückenmark gelegen sind. Hierbei scheint es sich vorwiegend um *Meningeome* zu handeln (Hirschbiegel 1967, Miller u. Mitarb. 1987).

Auch beim **chronischen Subduralhämatom** kann es zu rezidivierenden Erscheinungen kommen (Robin u. Mitarb. 1978, Luxon u. Harrison 1979, Williams 1979). Die Ursache derartiger intermittierender Erscheinungen bei Raumforderungen ist nicht klar. Es könnte sich um leichte Tumorschwellungen handeln, wie dies z. B. beim Meningeom in der Schwangerschaft histologisch wahrscheinlich gemacht werden konnte (Bickerstaff u. Mitarb. 1958). In einem Tumor kann es aber auch zu Nekrosen und damit *über Wasseraufnahme* zu einer Vergrößerung kommen. Das Auftauchen und Schwinden der Symptome wäre dann durch Zunahme und Abnahme des Drucks bedingt. Ursache der Störung könnte aber auch ein plötzlich auftretendes *Umgebungsödem* sein, eventuell bedingt durch eine umschriebene entzündliche Reaktion. Durch Glucocorticoid- und ACTH-Behandlung ist die intermittierende Symptomatik manchmal zum Stillstand zu bringen.

Einer unserer Patienten mit einem Epidermoid am kraniozervikalen Übergang, das zunächst einer Myelographie und einer Computertomographie entgangen war, zeigte eindeutig intermittierende Veränderungen mit einer schubförmigen Progredienz. Dieser Tumor wurde jahrelang als spinale Form einer Multiplen Sklerose verkannt. Unterstützt wurde der Irrtum noch durch das gute Ansprechen der Symptomatik auf Glucocorticoidbehandlung. Erst bei Wiederholung der Diagnostik konnte die korrekte Diagnose gestellt werden.

Inwieweit eine Zystenbildung im Tumor (z.B. auch bei v. Hippel-Lindau-Tumoren, s. S. 190) oder arachnitische Begleiterscheinungen eine Rolle spielen, bleibt unklar.

Paroxysmale Erscheinungen, wie Hirnstammanfälle (s. S. 79), können auch durch Tumoren ausgelöst werden. Rein phänomenologisch gelingt die Unterscheidung zwischen einem vaskulär, tumorös oder durch Multiple-Sklerose-Herde ausgelösten Hirnstammanfall nicht. Tumoren führen wie die Multiple Sklerose meist zu tonisch-schmerzhaften Anfällen. *Akinetische Anfälle* sollen aber bei Tumoren häufiger sein (Glötzner 1980). Die *paroxysmale Dysarthrie* und die *paroxysmale Ataxie* gibt es nur bei Multipler Sklerose und bei bestimmten Krankheiten mit episodischer Ataxie (s. S. 195).

Atonische (akinetische) Anfälle können durch frontal oder in der Mittellinie gelegene Tumoren ausgelöst werden. Dabei verlieren die Patienten plötzlich den Tonus im ganzen Körper, stürzen zu Boden und können sich 1–2 Minuten nicht bewegen. Im Gegensatz zu „echten" kataplektischen Attacken werden die Stürze nicht durch Emotionen ausgelöst. Diese Attacken, welche auch als *„chalastische Krisen"* (chalasia = Schlaffheit) bezeichnet werden (Ethelberg u. Jensen 1952), unterscheiden sich etwas von den Drop-Attacken. Die chalastische Krise dauert länger (1–2 Minuten), weshalb die Patienten auch nicht wie bei der Drop-Attacke sofort wieder aufstehen können. Öfter sind chalastische Krisen von einer Sehstörung (amblyope Attacke) und Kopfschmerzen begleitet, welche vermutlich durch Hirndruck verursacht sind. Von einer solchen Attacke ist eine paroxysmale Ataxie bei Multipler Sklerose leicht zu unterscheiden.

Mißbildungen am kraniozervikalen Übergang (s. auch S. 205)

Die wesentlichen knöchernen Mißbildungen am kraniozervikalen Übergang sind die *basilare Impression,* die *atlantoaxiale Dislokation* (Instabilität des Dens) und die *Atlashypoplasie.* Meist sind diese Mißbildungen kombiniert, und oftmals besteht auch noch eine *Arnold-Chiari-I-Malformation,* d.h. daß die Kleinhirntonsillen deutlich in das Foramen occipitale hineinreichen (Tonsillenektopie) und auf das verlängerte Mark oder das obere Halsmark drücken.

Auf einen Nenner gebracht: Die neurologische Symptomatik bei kraniozervikalen Übergangsstörungen aller Art ist letztlich durch eine *Raumbeschränkung* verursacht.

Im allgemeinen ist die Symptomatik langsam progredient, und es stellt sich meistens nur die Differentialdiagnose zur *chronisch progredienten Multiplen Sklerose.* Es gibt aber bei Störungen am kraniozervikalen Übergang – wenn auch selten – intermittierende Erscheinungen, die beträchtliche Verwirrungen stiften können (Heckl u. Baum 1982). So kann es zu verschiedenartigen, flüchtigen Mißempfindungen an Armen und Beinen kommen. Derartige *paroxysmale Parästhesien* gibt es auch bei der Multiplen Sklerose. Wichtig sind *Kälteparästhesien,* die bei Störungen am kraniozervikalen Übergang, aber auch bei Tumoren in dieser Region, auftreten können (Elsberg u. Strauss 1929, Haymaker 1969) und ebenso bei Multipler Sklerose bekannt sind.

Das *Lhermittesche Zeichen* kann wie bei anderen zervikalen raumfordernden Prozessen auch bei kraniozervikalen Übergangsstörungen auftreten. *Paresen* können *plötzlich* entstehen oder sich spontan verschlimmern (Heckl 1978), meist findet man dabei aber ein Bagatelltrauma als Auslöser (Hirschmann u. Driesen 1958, Janzen 1962, Paradis u. Sachs 1972, Wild 1974, Heckl u. Baum 1982).

Auch Drop-Attacken oder atonische Attacken, die nur eine Gliedmaße betreffen, sind beschrieben, vorwiegend bei atlanto-axialer Dislokation (Hall u. Danoff

1975, Heckl u. Baum 1982). In solchen Fällen kann es schwierig sein, atonische Anfälle bei Multipler Sklerose abzutrennen.

Wie derartige paroxysmale und intermittierende Erscheinungen bei Mißbildungen am kraniozervikalen Übergang entstehen, muß offen bleiben. Es wurde eine Kombination von Druckschädigung, Instabilität, vaskulären Veränderungen und arachnitischen Verwachsungen diskutiert (Heckl u. Baum 1982). Drop-Attacken oder Tonusverlust in einer Gliedmaße könnten vaskulär – etwa über arachnitische Verwachsungen – erklärt werden, obwohl auch ein direkter Druck auf das Rückenmark oder den Hirnstamm in Frage käme. Tumoren im IV. Ventrikel können nämlich auch zu Drop-Attacken führen (Stahl u. Mitarb. 1980 b).

Krankheiten mit episodischer Ataxie

Es gibt einige seltene angeborene Krankheiten, die mit episodisch auftretender Ataxie einhergehen und damit den Verdacht auf eine Multiple Sklerose lenken können. Dazu gehören die **hereditäre episodische Ataxie, die subakute nekrotisierende Enzephalomyelopathie (Morbus Leigh)** und einige **Aminosäurestoffwechselstörungen.**

Hereditäre episodische Ataxie

Die hereditäre episodische Ataxie ist eine sehr seltene, angeborene Krankheit, die vermutlich auf einem Stoffwechseldefekt beruht, der noch nicht genau eingeordnet werden kann. Es kommt – oft schon in der Kindheit – attackenförmig zu einer *zerebellaren Ataxie,* die Minuten, Stunden, gelegentlich auch Wochen anhalten kann. Sie tritt immer wieder in unregelmäßigen Abständen von Wochen auf. In den Intervallen können unter Umständen leichte ataktische Symptome bestehen (Griggs u. Mitarb. 1978, Wolf 1980, Hawkes 1992).

Man muß die anfallsartige Ataxie bei dieser Krankheit gegen einen akuten Multiple-Sklerose-Schub oder eine paroxysmale Ataxie bei Multipler Sklerose abtrennen. Die Ähnlichkeit zwischen beiden Krankheiten wird dadurch noch verstärkt, daß die Attacken bei der hereditären Ataxie oft mit *Dysarthrie* und *Nystagmus* einhergehen. Wie paroxysmale Attacken bei Multipler Sklerose (s. S. 79 ff) spricht die hereditäre periodische Ataxie gut auf Acetazolamid (Diamox) an (Griggs u. Mitarb. 1978, Hawkes 1992) (s. S. 255). Die Differentialdiagnose gelingt nur über die *Familienanamnese.* Manchmal muß der weitere Verlauf zeigen, ob eine Multiple Sklerose vorliegt. Bei der hereditären episodischen Ataxie kann zwar eine leichte ataktische Störung dauernd bestehen bleiben, weitere neurologische Ausfälle kommen aber nicht dazu.

Subakute nekrotisierende Enzephalomyelitis (Morbus Leigh)

Die Ursache der subakuten nekrotisierenden Enzephalomyelitis (Leigh) ist ein angeborener, oft familiärer, neurometabolischer Defekt, der den Pyruvatstoffwechsel in den Mitochondrien betrifft. Der Nachweis eines Phosphoryltransferasehemmers (Thiaminstoffwechsel) im Urin oder Serum kann als diagnostischer Test verwendet werden (Pincus u. Mitarb. 1974).

Die Krankheit verläuft oft in *Schüben* und führt rasch zum Tod, meist im zentralen Atemversagen. Pathologisch-anatomisch findet man spongiöse Nekrosen besonders in der Gegend des III. und IV. Ventrikels.

Wenn die Krankheit bei Jugendlichen und Erwachsenen auftritt, kann man die Heredität nicht nachweisen, was aber bei der infantilen Form fast immer gelingt. Bei Jugendlichen und Erwachsenen besteht die Symptomatik zuerst aus langsam *progredienten Hirnstamm- und Rückenmarkssymptomen.* Dann kommt es oftmals ganz plötzlich zu einer Akzeleration, und die Krankheit führt rasch zum Tod (Lit. bei Sipe 1973).

Es gibt auch seltene Formen des Morbus Leigh, die erst bei Jugendlichen oder Erwachsenen auftreten und durch *schubweise ataktische Störungen* gekennzeichnet sind. Bei derartigen Phasen mit Ataxie kann es leicht zur Verwechslung mit der Multiplen Sklerose kommen.

Die öfter auftretenden Sehstörungen, epileptischen Anfälle, gelegentlich auch choreatischen Störungen und eine Demenz können zunächst die Differentialdiagnose gegen die *Schildersche Krankheit* schwer oder gar unmöglich machen. Auch computertomographische Veränderungen helfen differentialdiagnostisch wenig. Man findet oft symmetrische hypodense Zonen als Ausdruck von Nekrosen.

Krankheiten mit disseminiertem oder diffusem Befall des Zentralnervensystems (ohne besondere Schübe)

Einige der in den vorangegangenen Abschnitten beschriebenen Krankheiten weisen nicht nur Schübe oder intermittierende Erscheinungen auf, sondern sind auch topisch disseminiert. Auf diese soll hier nicht mehr eingegangen werden (LE, Periarteriitis nodosa, Lues, Sarkoidose, Thrombangiitis obliterans, Moyamoya).

Es gibt aber noch einige andere Krankheiten, die zwar eine diffuse oder disseminierte Topik aufweisen, aber in der Regel keinen schubweisen Verlauf zeigen. Diese können ebenfalls mit der Multiplen Sklerose verwechselt werden. Dazu gehören *Metastasen*, die *generalisierte Zystizerkose*, *multiple Aneurysmen*, aber auch die *Hochdruckenzephalopathie*, *Stoffwechselerkrankungen*, *Neuroborreliose* u.a. Es soll hier die Differentialdiagnose einiger Krankheiten besprochen werden, welche mit der Multiplen Sklerose oder ihren Sonderformen besonders leicht verwechselt werden können.

Borrelienenzephalomyelitis

Wenn die Borreliose in ihrer üblichen Weise das Nervensystem erfaßt (Meningoradikulitis), gibt es gegenüber der Multiplen Sklerose keine differentialdiagnostischen Schwierigkeiten. In einigen Fällen kann es aber auch zu einer *progredienten Enzephalomyelitis* kommen, die aufgrund des klinischen Bildes allein nur schwer oder gar nicht von einer Multiplen Sklerose zu unterscheiden ist (Ackermann u. Mitarb. 1985, Finkel 1988, Breuer u. Mitarb. 1989) (Tab. 16.**6**).

Die chronische Enzephalomyelitis stellt eine seltene Form des Stadium III der Borreliose dar und tritt mehrere Monate nach der Infektion auf. Wenn eine Meningopolyradikulitis vorausging (Stadium II) oder sich eine Beteiligung des peripheren Nervensystems findet, ist die Differentialdiagnose zur Multiplen Sklerose nicht schwer. Die isoliert auftretende Borrelienenzephalomyelitis ist aber ohne besondere Liquoruntersuchungen nicht von der Multiplen Sklerose abzutrennen. Der Verdacht kann zusätzlich ganz besonders auf die Multiple Sklerose gelenkt werden, wenn die Borrelienenzephalomyelitis mit einer *Optikusneuritis* einhergeht.

Von der Multiplen Sklerose wird der Verdacht andererseits wieder abgelenkt, wenn ein typischer *Liquorbefund* mit einem deutlich erhöhten Liquoreiweiß als Ausdruck einer gestörten Blut-Hirn-Schranke vorliegt. Die Eiweißwerte liegen jedenfalls deutlich höher, als man es bei der Multiplen Sklerose gewohnt ist. Zusätzlich zum IgG sind IgM und IgA erhöht, oft auch die Zellzahl, die aber in einem Viertel der Fälle nor-

Tabelle 16.**6** Differentialdiagnose chronische Borrelienenzephalomyelitis – Multiple Sklerose

Chronische Borrelienenzephalomyelitis	Multiple Sklerose
Borrelienantikörper im Liquor	Keine Borrelienantikörper im Liquor
Borrelienantikörper im Serum	Borrelien im Serum möglich (abgelaufene latente Infektion)
Sehr deutliche Schrankenstörung (hohes Liquoreiweiß)	Nur mäßige oder keine Schrankenfunktionsstörung
Meist hohe Zellzahl	Keine oder nur geringe Zellzahlerhöhung
Öfter Beteiligung des peripheren Nervensystems	Keine Beteiligung des peripheren Nervensystems
Schubweiser Verlauf sehr selten	Häufig schubförmig (Ausnahme chronisch progrediente Form)

mal sein kann, weil sich die lymphozytäre Pleozytose wieder zurückgebildet hat. Im *Kernspintomogramm* findet man Herde, die sich von denen einer Multiplen Sklerose nicht unterscheiden lassen.

Zeigt der Verlauf deutlich Schübe, dann spricht dies eher für eine Multiple Sklerose, denn die Borrelienenzephalomyelitis ist in der Regel *chronisch progredient,* wenn auch gelegentlich flüchtige Symptomverstärkungen (Kohler u. Mitarb. 1986) oder auch eine schrittweise Progression vorkommen können.

Man wird also bei jeder unklaren Enzephalomyelitis *Antikörper gegen Borrelien* im *Liquor* bestimmen müssen. Sind die Antikörper im Liquor positiv und im Serum negativ, spricht dies nicht gegen die Neuroborreliose (Breuer u. Mitarb. 1989). Umgekehrt darf man die Diagnose Neuroborreliose nicht stellen, wenn die Antikörpertiter im Serum erhöht sind, der Antikörpernachweis im Liquor aber nicht gelingt. *Eine Neuroborreliose ist nur dann nachgewiesen, wenn man im Liquor entsprechende Antikörper findet.*

In Endemiegebieten beobachtet man bei Multiple-Sklerose-Kranken immer wieder hohe Borrelientiter, denn der Durchseuchungsgrad ist hoch. Dies führt gelegentlich zu erheblichen diagnostischen Verwirrungen (Halperin u. Mitarb. 1989), vor allem, wenn zusätzlich noch Kernspinherde vorliegen.

Findet man *keine* Antikörper gegen Borrelien im Liquor, sondern nur im Serum, dann ist die Neuroborreliose ausgeschlossen. Bei einem typisch schubweisen Verlauf kommt eine Neuroborreliose differentialdiagnostisch nur ganz entfernt in Betracht.

Man sollte daran denken, daß positive Borrelienantikörper durch Luesantikörper vorgetäuscht werden können, und deshalb gezielt nach einer Lues suchen. Kreuzreaktionen bestehen auch bei *Mononukleose* und bei *Lupus erythematodes.* Wichtige Befunde für die Differentialdiagnose chronische Borrelienenzephalomyelitis und Multiple Sklerose sind in Tab. 16.**6** zusammengestellt.

Bornasche Krankheit

Borna-Viren sind vorwiegend tierpathogen und zeigen einen ganz ausgeprägten Neurotropismus mit Bevorzugung des limbischen Systems. Besonders bei Pferden und Eseln erzeugen sie eine persistierende Infektion des Zentralnervensystems, die zu einer endemischen Enzephalomyelitis führt (Rott u. Mitarb. 1991).

Man hat durch erhöhte Antikörper im Serum Hinweise dafür gewonnen, daß die Borna-Viren auch bei Menschen bei der Entstehung *affektiver Psychosen* eine Rolle spielen könnten (Amsterdam u. Mitarb. 1985). Bei Patienten mit verschiedenen psychischen Krankheiten wurden neben Antikörpern gegen Borna-Viren auch herdförmige CT-Veränderungen gefunden, zum Teil mit periventrikulären Hypodensitäten. Allerdings hatten Kontrollpersonen ebenfalls, wenn auch in geringerem Ausmaß, diese Antikörper (Bechter u. Mitarb. 1989).

Besonders häufig sollen bei solchen Patienten *Zönästhesien* vorkommen (Bechter u. Schüttler 1989).

Manchmal kann bei Patienten mit psychischen Störungen, unklaren Mißempfindungen und Herden im CT der Verdacht auf eine Multiple Sklerose aufkommen. Bei 50 % solcher Patienten mit Serumantikörpern gegen Borna-Viren findet man eine *autochthone IgG-Bildung,* was die Diagnose Multiple Sklerose noch bestärken könnte. Bei der zur Zeit noch nicht ausgefeilten Bestimmungsmethode kann die Antikörperkonzentration im Liquor unter der Nachweisgrenze liegen, besonders wenn der Serumtiter niedrig ist. Der *Beweis, daß eine derartige Borna-Enzephalomyelitis beim Menschen existiert, muß erst noch durch Nachweis von Borna-Viren im Zentralnervensystem geliefert werden.*

Leukodystrophien

Metachromatische Leukodystrophie

Die metachromatische Leukodystrophie gehört zu den Krankheiten mit *Dysmyelinisation* (s. S. 25), wobei vermutlich ein Arylsulfatase-A-Mangel in der Ursachenkette eine Rolle spielt. Die Symptomatik entwickelt sich meist im Säuglingsalter oder in der frühen Kindheit. In unserem Zusammenhang interessiert nur die **adulte Form,** welche recht selten auftritt und zu Lebzeiten meist nicht diagnostiziert wird.

Die Erkrankung beginnt nach dem 18. Lebensjahr und äußert sich durch ein *fortschreitendes organisches Psychosyndrom,* das über kurz oder lang in die Demenz mündet. Es kommt häufig auch zu psychotischen Schüben.

Neurologisch bestehen Pyramidenbahnzeichen mit Spastik, Dysarthrie, Gangataxie, aber auch *extrapyramidal motorische Hyperkinesien*. Die neurologischen Symptome können auch isoliert – d. h. *ohne* psychische Erscheinungen – vorkommen (Klemm u. Conzelmann 1989).

In der Computertomographie findet man im Marklager etwas diffuse, symmetrische, gelegentlich auch fokale Hypodensitäten, was dann zusammen mit dem klinischen Befund zur Verwechslung mit der Multiplen Sklerose führen kann. Im allgemeinen kommt es aber im Computertomogramm zu einer diffusen symmetrischen Marklagerhypodensität bzw. in den T_2-gewichteten Kernspinaufnahmen zu einer Signalanhebung, zunächst frontopolar, später auch im Hirnstamm und im Kleinhirn (Schwankhaus u. Mitarb. 1988). Diese Hypodensitäten im Marklager entsprechen pathologisch-anatomisch einer Demyelinisierung, welche durch eine „Dysmyelinisation" bedingt ist.

Für die Differentialdiagnose zur Multiplen Sklerose kommt erschwerend hinzu, daß die *visuell evozierten Potentiale* oft verzögert sind. Sehstörungen gehören aber nicht zum Bild der metachromatischen Leukodystrophie.

Das *periphere Nervensystem* ist durch eine segmentale Demyelinisierung mitbetroffen, wenn auch öfter nur subklinisch. Die *Nervenleitgeschwindigkeiten* sind entsprechend *erniedrigt,* was differentialdiagnostisch von großer Bedeutung ist.

Die Diagnose metachromatische Leukodystrophie wird durch den Nachweis einer verminderten Aktivität der *Arylsulfatase A* und durch die *Biopsie* des *N. suralis* gestellt. Man kann metachromatische Substanzen in den Schwannschen Zellen, aber auch in der Haut und in den Konjunktiven finden.

Adrenoleukodystrophie

Bei der Adrenoleukodystrophie (ADL) handelt es sich um ein X-chromosomal-rezessives Leiden, bei dem es ebenfalls auf der Basis der Dysmyelinisation (s. S. 25) zu einer Demyelinisierung im Marklager kommt. Gleichzeitig besteht eine mehr oder weniger ausgeprägte Nebennierenrindeninsuffizienz.

Der ursächliche Enzymdefekt ist noch unbekannt, dürfte aber etwas mit dem verminderten Abbau von sehr *langkettigen Fettsäuren* zu tun haben, vor allem der *Hexacosansäure* (C_{26}), welche sich in der Nebennierenrinde und in der weißen Substanz ablagert. Zusätzliche autoimmunologische Vorgänge werden diskutiert (Griffin u. Mitarb. 1985).

Meist beginnt die Krankheit zwischen dem 3. und 12., öfter aber auch im 25.–30. Lebensjahr. Der klinische Verlauf ist vielgestaltig. So kann die Krankheit mit *psychischen Störungen* beginnen, vor allem emotionaler Labilität, Verhaltensauffälligkeiten, Leistungsabfall, Gedächtnisstörungen, die sich bis zu den Zeichen des massiven Hirnabbaues ausweiten können. Auch Symptome, die an eine Schizophrenie denken lassen, können auftreten.

Die Differentialdiagnose zur *Schilderschen Erkrankung* ist rein klinisch nicht möglich, weil Orientierungsstörungen, zentrale Sehstörung, Hemianopsie, Optikusatrophie und Nystagmus bei beiden Krankheiten vorkommen. Beide können mit Gang- und Sehstörungen beginnen. Die Symptomatik der Adrenoleukodystrophie nimmt kontinuierlich zu, kann sich aber gelegentlich auch *schubweise* verschlechtern. Die Patienten sterben meist in der Dezerebrationsstarre.

Die Nebennierenrindenfunktionsstörung kann im Hindergrund stehen, in der Regel jedoch kommt man über die *Addison-Symptomatik* auf die Diagnose (z. B. bräunliches Hautpigment, Cortisonbestimmung, Elektrolyte).

Bei den *visuell evozierten Potentialen* (VEP) sind öfter die Amplituden reduziert. Die *somatosensibel evozierten Potentiale* (SEP) können als Ausdruck einer Demyelinisation verzögert sein.

Im *Computertomogramm* findet man symmetrische oder asymmetrische Marklagerhypodensitäten, öfter okzipital, aber auch frontal oder parietal. Die Ränder dieser Hypodensitäten können sich mit Kontrastmittel anfärben. Eine Abgrenzung zu der Schilderschen Krankheit gelingt über das CT nicht.

Die Kombination einer Nebennierenrindeninsuffizienz mit einem fortschreitenden neurologischen Leiden muß an die Diagnose denken lassen.

Die Adrenoleukodystrophie wird durch den *Nachweis vermehrter überlangkettiger Fettsäuren im Serum* gesichert. Als man von einem Defekt im Abbau langkettiger Fettsäuren noch nichts wußte, wurde diese Krankheit als Form der Schilderschen Erkrankung aufgefaßt, was Bezeichnungen wie „diffuse Sklerose Schilder mit Addison" „oder Addison-Schilder-Krankheit" noch zeigen (s. S. 115). Entsprechend muß man also in erster Linie die Schildersche Krankheit ausschließen, was nur über Laboruntersuchungen möglich ist. Neben anderen Leukodystrophien, vor allem der progressiven multifokalen Leukodystrophie (s. S. 219), müssen auch die subakute sklerosierende Panenzephalitis und die Rubeolenenzephalitis (s. 218) neben der Multiplen Sklerose in Betracht gezogen werden.

Eine Sonderform der Adrenoleukodystrophie ist die **Adrenomyeloleukodystrophie,** die bei der Differentialdiagnose progredienter spinaler Symptome erwähnt wird (s. S. 211).

Gliome und Gliomatose

Gliome und ganz besonders die seltene diffuse Gliomatose des Gehirns können zu langsam progredienten Symptomen führen (Spagnoli u. Mitarb. 1987, Neuhold 1989), die, da zunächst der raumfordernde Charakter fehlt, leicht mit denen einer progredienten Form der Multiplen Sklerose verwechselt werden können. Die Kernspintomographie kann den Irrtum unter Umständen geradezu noch unterstützen, da eine Multiple Sklerose mit ausgedehnten zerebralen Herden weder von einer Gliomatosis cerebri noch von multiplen Metastasen, Lymphomen oder auch multiplen Infarkten unterschieden werden kann (Sartor 1992).

Krankheiten mit chronisch progredientem Verlauf

Chronisch progrediente spinale Symptomatik

Wenn die Multiple Sklerose nur mit spinalen Symptomen in Erscheinung tritt (meist beim primär chronisch progredienten Verlauf), ergeben sich die größten differentialdiagnostischen Probleme, vor allem wenn keine autochthone IgG-Produktion und keine supraspinalen Herde nachweisbar sind. Am meisten fürchtet man sich davor, einen spinalen Tumor oder einen Tumor am kraniozervikalen Übergang zu übersehen. Deshalb ist es üblich, bei der geringsten Unsicherheit alle diagnostischen Methoden einzusetzen, welche es ermöglichen, einen Tumor auszuschließen. Aber auch wenn man einen Tumor weitgehend ausgeschlossen hat, sind die differentialdiagnostischen Möglichkeiten immer noch vielfältig.

Tumoren

Wenn spinale Tumoren sich **extradural** entwickeln, führen sie oft zu mehr oder weniger starken lokalen, teilweise radikulären Schmerzen, die in ihrer Bedeutung meist dann verkannt werden, wenn sie nur gering sind. Treten aber Strangsymptome (Sensibilitätsstörungen, spastische Paresen) mit deutlichen Schmerzen auf, dann wird man kaum in erster Linie eine Multiple Sklerose annehmen. Man muß aber immer daran denken: Multiple-Sklerose-Herde im Hinterhornbereich können durchaus zu unangenehmen segmentalen Schmerzen führen (Hinterhornschmerz, s. S. 64) und dann zusammen mit Strangsymptomen einen Tumor vortäuschen.

Bei **zentromedullären** Tumoren entsteht zunächst kein Schmerz, so daß man meist eine langsam progrediente spinale Symptomatik vor sich hat. Wenn keine Hinweise für eine supraspinale Beteiligung vorliegen, kann man ohne Hilfsuntersuchungen die chronisch progrediente spinale Form der Multiplen Sklerose nicht von einem Tumor unterscheiden.

Ist die Symptomatik schon etwas ausgeprägter und sind Sensibilitätsstörungen einem bestimmten Rückenmarkssegment zuzuordnen *(sensibler Schnitt),* dann spricht dies mehr für einen Tumor. Bei der chronisch progredienten Multiplen Sklerose kann man nämlich nur selten einen eindeutigen sensiblen Schnitt finden, obwohl bei rasch *entstandenen Herden* durchaus ein klassisches Querschnittsbild auftreten kann (Querschnittsmyelitis, s. S. 221).

Bei zentromedullären Tumoren steigen die sensiblen Störungen – z. B. von einem Thorakalsegment aus – *abwärts,* weil die kurzen Bahnen früher und die langen Bahnen erst später betroffen werden. Diese Art der Ausbreitung von Sensibilitätsstörungen ist der Multiplen Sklerose fremd. Multiple-Sklerose-Herde sind nämlich im Rückenmark oft keilförmig und haben die Tendenz, mit ihrer *Basis außen zu liegen,* also dort, wo das Rückenmark mit dem Liquor in Berührung kommt (s. Abb. 4.**4** u. 4.**5** S. 19). Durch solche Herde sind die langen Bahnen (die immer außen liegen) am stärksten und zuerst betroffen. Die Sensibilitätsstörungen erfassen damit zuerst die Beine und haben die Tendenz aufzusteigen, wenn der Herd größer wird und sich zum Zentrum des Rückenmarks hin vergrößert.

Wenn die Sensibilitätsstörungen bei einem thorakalen zentromedullären Tumor schon sehr stark ausgeprägt sind, findet man in der Sakralregion die Sensibilität oft noch erhalten (Anus, Skrotum, Damm), weil die sensiblen Bahnen aus dieser Region am weitesten außen liegen und damit zuletzt ausfallen. Dieses *„sacral sparing"* betrifft vorwiegend das Vibrationsempfinden und dürfte bei Multipler Sklerose wohl kaum vorkommen (Abb. 16.**4**).

Zentromedulläre Tumoren führen meist auch segmental zu einer *dissoziierten Sensibilitätsstörung,* ein Befund, der ebenfalls zu den Seltenheiten bei der Multiplen Sklerose gehört. Findet man gleichzeitig noch *segmentale Atrophien,* bedingt durch einen Vorderhornbefall, wird man kaum an die Multiple Sklerose denken, sondern an den zentromedullären Tumor oder an die *Syringomyelie.* Bei zentromedullären Tumoren, mehr noch bei der Syringomyelie, kann es schon früh durch Läsion des Hinterhorns zu starken Schmerzen kommen, so daß man eventuell auch an einen extraduralen
Tumor denken könnte. Manchmal können aber auch Multiple-Sklerose-Herde durch Läsion des Hinterhorns ähnliche Schmerzen verursachen, so daß der *Hinterhornschmerz* als differentialdiagnostisches Zeichen etwas relativiert wird.

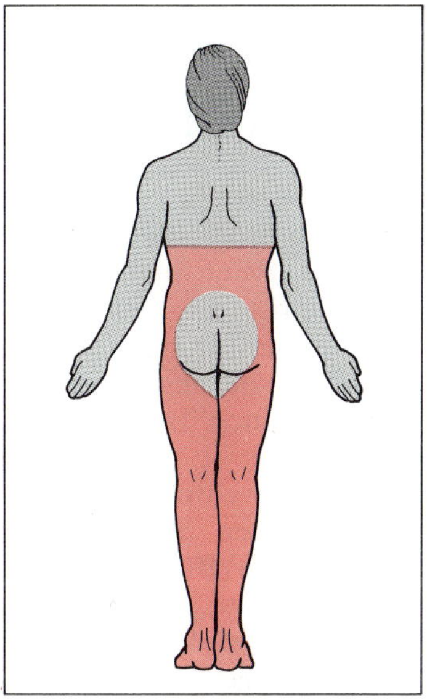

Abb. 16.**4** **Sacral sparing.** Fortgeschrittene zentromedulläre Raumforderung Th 4–Th 9. Dunkel: aufgehobenes Vibrationsempfinden (s. Text)

Auch ein *langsam* sich entwickelndes *Brown-Séquard-Syndrom (BS)* gehört nicht zu den Ausdrucksformen der chronisch progredienten spinalen Multiplen Sklerose, wohl aber zu der eines extraduralen spinalen Tumors oder eines Gefäßprozesses. Allerdings kann ein *akut auftretender* Multiple-Sklerose-Herd durchaus zu einem Brown-Séquard-Syndrom führen. Differentialdiagnostische Schwierigkeiten entstehen dann gegenüber einem vaskulären Prozeß.

Es gilt also: *Ein langsam sich entwikkelndes Brown-Séquard-Syndrom ist für die Multiple Sklerose untypisch.*

Problematisch wird die Differentialdiagnose bei **extraduralen** Tumoren, wenn sie zu *keinen* Schmerzen führen. Sie können manchmal durch einen schubförmigen Verlauf die Multiple Sklerose sogar komplett imitieren (s. S. 192).

Blasenstörungen entstehen bei extraduralen Tumoren sehr viel später als bei der chronisch progredienten spinalen Multiplen Sklerose. Wenn man also ein schon etwas fortgeschritteneres Bild mit Paraspastik und Sensibilitätsstörungen vor sich hat, ohne daß Blasenstörungen bestehen, spricht dies eher für einen Tumor oder eine zervikale Myelopathie (s. S. 202), denn in diesem Stadium der chronisch progredienten spinalen Multiplen Sklerose bestehen in der Regel schon Blasenstörungen. Man muß aber beachten, daß *zentromedulläre* Tumoren wiederum früher zu Blasenstörungen führen als extradurale.

Mantelkantensyndrom

Parasagittale Tumoren (fast nur *Meningeome*) können durch die Läsion der zentralmotorischen Region und der darunter liegenden weißen Substanz zu einer *chronischen Paraspastik mit Blasenstörung* führen. Dieses Syndrom (Mantelkantensyndrom) ist extrem selten. Wenn nicht andere Störungen, wie z.B. epileptische Anfälle, auf die zerebrale Lokalisation hinweisen, kann sich rasch die Diagnose Multiple Sklerose aufdrängen, weil die Exploration des Spinalkanals (Myelographie) völlig normale Befunde ergibt.

Tumoren am kraniozervikalen Übergang

Tumoren am kraniozervikalen Übergang können ebenfalls das Bild der Multiplen Sklerose täuschend nachahmen. Besonders verhängnisvoll ist es, wenn – wie gar nicht so selten – ein Nystagmus besteht und man deshalb einen „supraspinalen" Herd vermutet.

Tumoren am kraniozervikalen Übergang können zu einer schweren Paraparese der Beine führen, wobei die Arme noch vollkommen frei sind. Man ist dann leicht versucht, den Prozeß sehr viel tiefer, z.B. ins obere Thorakalmark, zu lokalisieren.

Einer unserer Patienten litt an einer langsam progredienten Paraspastik der Beine mit Tiefensensibilitätsstörungen. Zusätzlich bestand ein Blickrichtungsnystagmus. Die Arme waren völlig frei. Es wurde die Diagnose Multiple Sklerose gestellt.

Ein Meningeom am kraniozervikalen Übergang entging sowohl der Computertomographie (Schädel, HWS) als auch der Myelographie. Der kraniozervikale Übergang ist einfach nicht gezielt genug abgesucht worden. Erst nach einer Wiederholungsuntersuchung gelang die Diagnose mit Hilfe der Kernspintomographie.

Spinaler Tumor als Zweitkrankheit

Eine große diagnostische Falle kann sich auftun, wenn bei einem Patienten die Diagnose Multiple Sklerose gesichert ist und sich *zusätzlich* ein spinaler (oder zerebraler) Tumor entwickelt. Man vergißt allzu leicht, daß bei Multiple-Sklerose-Kranken auch eine *zweite* Krankheit auftreten kann.

Wenn bei einer chronisch progredienten Form der Multiplen Sklerose die Symptomatik sich *plötzlich* verändert, ein *sensibler Schnitt* entsteht oder gar *Schmerzen* auftreten, sollte man nicht nur daran denken, daß der chronische Verlauf – was vorkommen kann – durch einen Schub unterbrochen wurde, sondern auch daran, daß sich ein Tumor oder eine andere Krankheit entwickelt. *Eine erneute Kernspin-, eventuell auch Liquoruntersuchung, ist in solchen Fällen immer gerechtfertigt.*

Zervikale Myelopathie

Der Begriff zervikale Myelopathie (ZM) wird nicht überall im gleichem Sinn gebraucht. Versteht man darunter ganz allgemein eine Störung des Zervikalmarks, dann hat der Begriff keine Bedeutung, weil er zu weit gefaßt ist. Versteht man aber darunter wie im angloamerikanischen Schrifttum nur eine durch Spondylose bedingte Halsmarkläsion (spondylotic myelopathy), dann werden verschiedene andere Ursachen der Myelopathie, die gemeinhin unter diesem Begriff eingeordnet werden, nicht miterfaßt.

Wir verstehen unter der zervikalen Myelopathie *eine Zervikalmarkläsion, bedingt durch degenerative, entzündliche und dysgenetische Veränderungen der Halswirbelsäule (Wirbelkörper, Bänder, Bandscheiben, Gelenke) und/oder des kraniozervikalen Übergangs).* Das Gemeinsame dieser Veränderung ist die *Raumbeschränkung,* welche meist konstant ist (enger Spinalkanal), aber auch intermittierend auftreten kann (Instabilität mit Wirbelgleiten, Einfaltung bei Lig. flava, Densdislokation). Die Einengung kann auch *funktioneller Natur* sein durch eine abnorme Führung des Rükkenmarks (z.B. über eine kyphotische Knickbildung oder eine spondylotische Randzacke).

Das Rückenmark hat normalerweise einen ausreichend großen Komplementärraum, so daß pathologisch-anatomische Veränderungen an der Wirbelsäule sehr lange kompensiert werden. Liegt aber von vornherein (konstitutionell) ein *enger Spinalkanal* vor, dann genügen schon leichte Veränderungen, z.B. spondylotische Randzacken oder eine geringe Instabilität, um zu einer Myelopathie zu führen. Entsprechend sind auch die Verhältnisse bei der „thorakalen Myelopathie" (Heckl u. Mitarb. 1985).

Die neurologischen Erscheinungen sind oft denen eines extraduralen spinalen Tumors ähnlich. Damit bestehen auch viele Gemeinsamkeiten mit der chronisch progredienten spinalen Form der Multiplen Sklerose (Tab. 16.7).

So beginnt die zervikale Myelopathie oft mit Parästhesien, Hinterstrangsymptomen, spastischen Paresen und nicht segmental einzuordnenden Sensibilitätsstörungen. Die zervikale Myelopathie entwickelt sich wie die spinale Multiple Sklerose meist in der zweiten Lebenshälfte, ist langsam progredient, und es kann auch zum Lhermitteschen Zeichen kommen.

Manche Erscheinungen der zervikalen Myelopathie sind aber nicht typisch für die Multiple Sklerose. So kommt es bei etwa 20 % der Fälle anfänglich zu *Nacken-Schulter-Arm-Schmerzen* als Ausdruck einer begleitenden Wurzelirritation. Ist eine Wurzel (manchmal auch mehrere) geschädigt, dann kommt es *segmental* zu *Atrophie, Paresen, Sensibilitätsstörungen* oder *Reflexabschwächungen.* Auch das *Vorderhorn* kann direkt geschädigt sein, was ebenfalls zu segmentalen Ausfällen, vorwiegend der kleinen Handmuskeln, führt. *Handschuhförmige Sensibilitätsstörungen* an beiden Händen können bei der zervikalen Myelopathie (Voskuhl u. Hinton 1990), aber auch bei der Multiplen Sklerose vorkommen.

Tabelle 16.**7** Bedeutung einzelner Symptome für die Differentialdiagnose von zervikaler Myelopathie (ZM) und chronisch progredienter spinaler Multipler Sklerose

	Symptome	
gemeinsam bei zervikaler Myelopathie und chronisch progredienter spinaler Multipler Sklerose	**die eher für zervikale Myeolopathie sprechen**	**die eher für chronisch progrediente spinale Multiple Sklerose sprechen**
Beginn in der 2. Lebenshälfte	Schmerzen (20 % der Patienten mit ZM)	Blasenstörung, deutlich und früh auftretend
Beginn mit Parästhesien (z.T. schmerzhaft)	Wurzelläsionen	Gelegentliche Schübe
Spastische Parese Hinterstrangsymptome Claudicatio intermittens spinalis	Segmentale Vorderhornläsion	Supraspinale Symptome
Sensibilitätsstörung (nicht segmental, handschuhförmig)	Brown-Séquard-Syndrom	
Lhermittesches Zeichen	Kälteparästhesien	
Verlauf langsam progredient	Exazerbation oder Verschlechterung nach Trauma	
	(Blasenstörungen nur leicht und spät auftretend)	

Nicht selten kann man bei der zervikalen Myelopathie ein mehr oder weniger deutlich ausgeprägtes *Brown-Séquard-Syndrom* finden, was immer gegen die chronisch progrediente spinale Multiple Sklerose spricht (s. auch S. 200).

Bei der zervikalen Myelopathie, besonders aber auch bei Mißbildungen oder Tumoren am kraniozervikalen Übergang, kann es zu *Kälteparästhesien* kommen, welche unserer Erfahrung nach seltener bei der chronisch spinalen Multiplen Sklerose auftreten. Manche Patienten klagen z. B. über kalte Füße, stellen aber mit der Hand fest, daß die Füße gar nicht kalt sind. Dies ist Ausdruck einer Läsion des *Tractus spinothalamicus*.

Blasenstörungen treten bei der zervikalen Myelopathie erst im Spätstadium auf, bei der chronisch spinalen Multiplen Sklerose aber schon früher. Auch hier ist die Symptomatik der zervikalen Myelopathie wie bei einem extraspinalen Tumor. *Blasenstörungen* im Frühstadium, d. h. wenn andere Rückenmarkssymptome noch nicht so deutlich ausgeprägt sind, sprechen für die Multiple Sklerose – oder aber für einen zentromedullären Tumor (Tab. 16.**7**).

Manchmal kann die zervikale Myelopathie durch ein *Trauma* – häufig ein Bagatelltrauma – aus der Latenz gehoben oder verschlimmert werden, ein Phänomen, welches bei der Multiplen Sklerose nicht vorkommt (Ausnahmen s. S. 110).

Gegen eine zervikale Myelopathie und eher für die spinale Multiple Sklerose sprechen *spontane schubartige* Verschlechterungen, die bei chronisch spinaler Multipler Sklerose vorkommen können, nicht aber zur zervikalen Myelopathie gehören. Echte Schübe haben wir bei der zervikalen Myelopathie nie beobachten können, wohl aber einen gelegentlich Jahre dauernden Stillstand mit dann erneuter Progression.

Differentialdiagnostische Schwierigkeiten gegenüber der zervikalen Myelopathie entstehen eigentlich nur dann, wenn man einerseits keinerlei Hinweise für eine supraspinale Läsion hat, andererseits Röntgenaufnahmen der Halswirbelsäule, die Kernspintomographie oder die Myelographie eine Einengung des Spinalkanals belegen. Es ist nämlich zu beachten, daß auch eine *stärkere Einengung des Spinalkanals nicht zwangsweise zu einer Myelopathie führt.*

Patienten, bei denen wir nur wegen eines akuten zervikalen Bandscheibenvorfalls mit rein segmentaler Symptomatik eine Myelographie durchführten, zeigten nicht allzu selten eine durchgehende massive Einengung des zervikalen Spinalkanals, die bisher zu keinerlei Rückenmarkssymptomatik geführt hatte.

Dies bedeutet: Die zervikale Myelopathie muß *immer* gegen die chronische Form der Multiplen Sklerose abgegrenzt werden. *Auch das typische Röntgenbild der Halswirbelsäule und eine typische Myelographie mit Einengung des Duralsacks schließen die Multiple Sklerose nicht aus.*

Computertomographie und Kernspintomographie in der Differentialdiagnose der zervikalen Myelopathie

Das Kernspintomogramm kann zur Differentialdiagnose meist nicht viel beitragen. Findet man Herde im Gehirn, so können diese, besonders bei geringer Ausprägung, ab dem 50. Lebensjahr nicht mehr als Beweis für supraspinale Multiple-Sklerose-Herde angesehen werden. Es könnte sich genausogut um vaskuläre Herde handeln (Ormerod u. Mitarb. 1987). Bei einigen Patienten mit zervikaler Myelopathie, die keinerlei Hinweise für eine Multiple Sklerose aufwiesen, haben wir solche Herde, deren Ätiologie unklar blieb, finden können.

Mit dem Kernspintomogramm der Halswirbelsäule kann man bei zervikaler Myeolopathie durchaus einmal einen Herd im Rückenmark feststellen, der dann meist knapp oberhalb der spinalen Stenose liegt (Takahashi u. Mitarb. 1987). Dies leistet dann aber keinen entscheidenden Beitrag zur Differentialdiagnose gegen die Multiple Sklerose, weil der Herd auch als Multiple-Sklerose-Herd interpretiert werden könnte. Die Signalintensität in den T_2-gewichteten Aufnahmen bei einer zervikalen Myelopathie (Abb. 16.**5**) ist durch eine *zystische Myelopathie mit Demyelinisierung* bedingt, welche durch chronische Druckwirkung auf das Rückenmark entsteht.

Unter Umständen hilft in solchen Fällen ein *Kontrastmittel-Spät-CT* (4–8 Stunden nach thekaler Kontrastmittelgabe) weiter (Abb. 16.**6**). Bei der zervikalen Myelopathie kann es zu einer Kontrastmittelaufnahme im Herd kommen (Faiss u. Mitarb. 1990).

Auch wenn das Kernspintomogramm normal ist, d.h. keine Einengung des Spinalkanals zeigt, ist die zervikale Myelopathie noch nicht ausgeschlossen. Eine intermittierende Einengung des Spinalkanals durch Wirbelgleiten oder Einfalten der Ligg. flava (Kneifzangenphänomen) kann nur durch Funktionsaufnahmen und *Funktionsmyelographie* nachgewiesen werden. Funktionsuntersuchungen der Halswirbelsäule sind mit der Kernspintomographie nicht ohne weiteres möglich.

Evozierte Potentiale und Liquor in der Differentialdiagnose der zervikalen Myelopathie

Die Differenzierung der Multiplen Sklerose zur zervikalen Myelopathie gelingt mit den *somatosensibel evozierten Potentialen meist besser als mit den bildgebenden Verfahren.* Bei der zervikalen Myelopathie sind wie bei den spinalen Tumoren die vom N. tibialis und N. medianus evozierten Potentiale gar nicht oder nur gering verzögert, die Amplitude ist aber vermindert (Stöhr 1989). Bei der spinalen Multiplen Sklerose hingegen findet man regelmäßig eine *deutliche Verzögerung*. Das Potential N_{13} (s. S. 147) (bei Auslösung über N. medianus, N. radialis, oder N. ulnaris) fehlt bei der zervikalen Myelopathie in einem hohen Prozentsatz der Fälle, auch wenn das kortikale Potential gut ausgebildet ist (Restuccia u. Mitarb. 1992).

Bei einem ausgeprägten klinischen Bild kann aber sowohl bei der Multiplen Sklerose als auch bei der zervikalen Myelopathie das Potential ausgelöscht sein, so daß diese Untersuchung keine differentialdiagnostischen Hinweise ergibt. Die visuell evozierten Potentiale und die frühen akustischen Hirnstammpotentiale helfen beim

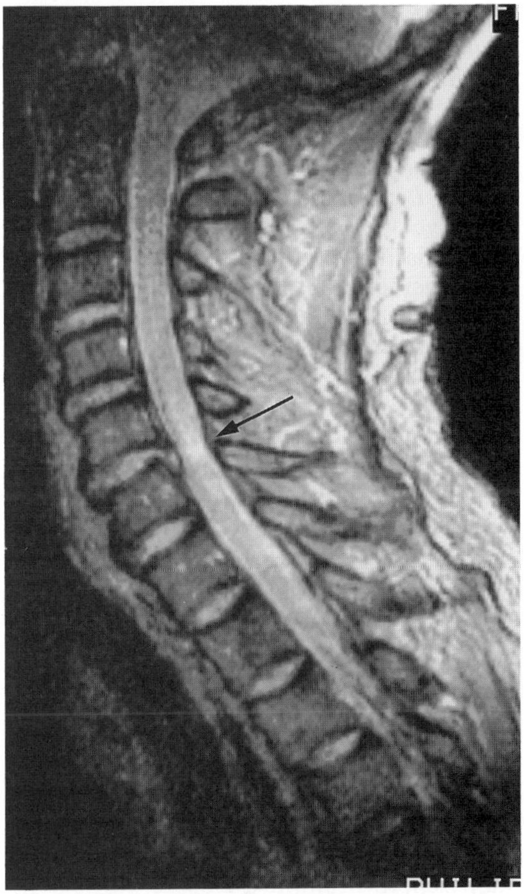

Abb. 16.**5** **Zervikale Myelopathie**, NMR, Medullärer Herd in Höhe C 5/C 6

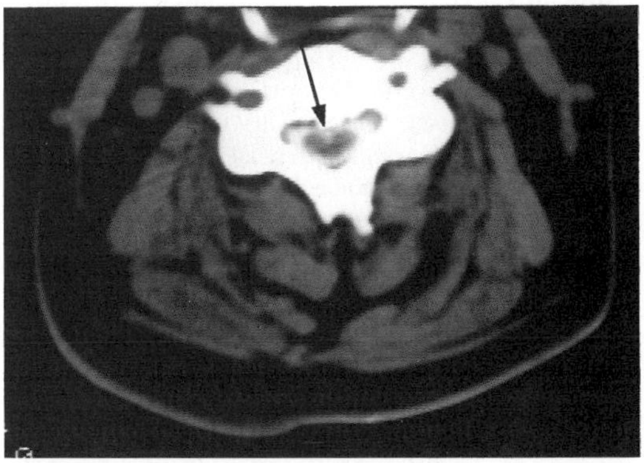

Abb. 16.**6** **Zervikale Myelopathie**. Computertomographie 6 Stunden nach Myelographie. Geringe Kontrastmittelimbibition des Rückenmarks (Pfeil)

Aufdecken supraspinaler Herde. Mit der *kortikalen Magnetstimulation* ergeben sich sowohl bei der Multiplen Sklerose als auch bei der zervikalen Myelopathie häufig pathologische Werte, welche somit nichts zur Differentialdiagnose beitragen.

Im *Liquor* findet man bei der zervikalen Myelopathie meist keine oder nur unspezifische Veränderungen. Eine deutliche Eiweißerhöhung spricht gegen die zervikale Myelopathie. In einem solchen Fall muß man eher an einen Tumor denken.

Wenn eine *autochthone IgG-Produktion* oder *oligoklonale Banden* nachweisbar sind, spricht dies sehr gegen die zervikale Myelopathie und für die Multiple Sklerose. Besteht *keine* autochthone IgG-Bildung im Liquor, schließt dies eine Multiple Sklerose nicht aus.

Zusammentreffen von Multipler Sklerose und zervikaler Myelopathie – Operationsindikation

Schwerwiegende und schwierige Entscheidungen werden einem abverlangt, wenn nach den bildgebenden Verfahren eine zervikale Myelopathie sehr wahrscheinlich ist, aber gleichzeitig auch eine wahrscheinliche oder sichere Multiple Sklerose vorliegt (s. Abb. 16.**5**). Dieses Zusammentreffen ist gar nicht so selten (Brain u. Wilkinson 1957, Wenig u. Kammerer 1975).

Multiple-Sklerose-Herde findet man besonders häufig im Zervikalmark (Oppenheimer 1978), aber noch häufiger im N. opticus. Man muß dabei in Rechnung stellen, wie gering die Gewebsmasse des Zervikalmarks und des N. opticus in bezug auf das Gesamt-ZNS ist (s. S. 16). Das Gemeinsame von N. opticus und Zervikalmark ist, daß beide ganz erheblichen *mechanischen* Belastungen ausgesetzt sind. Es wäre nicht ganz ausgeschlossen, daß die Einengung des Zervikalmarks einen prädisponierenden Faktor für die Lokalisation von Multiple-Sklerose-Herden darstellt (s. S. 18). Diese Annahme wird dadurch noch unterstützt, daß Multiple-Sklerose-Herde im N. opticus besonders häufig den kanalikulären Abschnitt betreffen, wo etwa ähnliche mechanische Verhältnisse bestehen wie bei dem sehr beweglichen Halsmark, welches ebenfalls von eng anliegenden knöchernen Strukturen umgeben und durch Mikrotraumen gefährdet ist. Setzt man im Tierversuch, bevor man eine experimentell allergische Enzephalitis erzeugt, kleine Läsionen, dann häufen sich dort die Herde (Levine u. Hoenig 1968).

Ob das Zusammentreffen von Multipler Sklerose und zervikaler Myelopathie statistisch signifikant ist, muß noch geklärt werden.

Es stellt sich nun die Frage, ob man zu einer Operation raten soll, wenn beide Krankheiten, zervikale Myelopathie und Multiple Sklerose, zusammentreffen. Im allgemeinen ist bei diesen Fällen der Operationserfolg nicht gut (Brain u. Wilkinson 1957).

Für 7 von 9 unserer Patienten, bei denen eine deutliche Einengung des zervikalen Spinalkanals und gleichzeitig eine gesicherte bzw. wahrscheinliche Multiple Sklerose bestand, brachte die Operation (Laminektomie und ventrale Spondylodese) *keine* Besserung. In einem Fall war der Erfolg gut, in einem mäßig.

Bei der noch geringen Erfahrung mit solchen Fällen kann man zur Operationsindikation zur Zeit noch keine sichere Aussage machen.

Die Problematik ist nach unserer Erfahrung folgende:
Bei der einfachen zervikalen Myelopathie (ohne Begleiterkrankung) wird die Operationsindikation nicht nach dem absoluten Grad der Einengung (z.B. Weite des Spinalkanals, Weite des Duralsakkes) gestellt, sondern *vorwiegend* **nach dem klinischen Bild.** Man weiß, daß die radiologischen Parameter nicht gut mit dem klinischen Bild korrelieren. Auch bei relativ geringer Einengung des Spinalkanals wird man, wenn sichere neurologische Funktionsstörungen bestehen, die Indikation zur Operation leicht stellen. Wenn aber gleichzeitig eine spinale Multiple Sklerose vorliegt, ist die Symptomatik deshalb schon deutlich, und man kann sich also nicht nach den neurologischen Funktionsstörungen richten, die ja jetzt die funktionelle Auswirkung der zervikalen Einengung nicht widerspiegeln.

Oft wird man sich aber unterschwellig dennoch von dem klinischen Bild leiten lassen und zur Operation raten. Es ist nämlich ungeheuer schwer, „tatenlos" zuzusehen, wie sich bei einem Patienten die Symptomatik im Laufe von Wochen und Monaten stetig verschlechtert, und ständig von dem Gedanken bedrückt zu werden, dem Patienten eine eventuell hilfreiche Operation vorzuenthalten.

Wir stellen in unserer Klinik die Operationsindikation zur Zeit eher noch großzügig. Dabei werden wir allerdings durch die Tatsache unterstützt, daß der Eingriff in der Zwischenzeit so zur Routine gehört, daß das Operationrisiko äußerst gering ist. Der Krankenhausaufenthalt dauert in unkomplizierten Fällen nur 8–10 Tage.

Knöcherne Mißbildungen am kraniozervikalen Übergang (basiläre Impression, Atlasdislokation, Os odontoideum u. a.)

(s. auch S. 193)

Die kraniozervikalen Mißbildungen führen in der Regel zu einer langsam progredienten Symptomatik, können gelegentlich aber auch schubförmig progredient sein und mit paroxysmalen Erscheinungen einhergehen. Deshalb sind diese Mißbildungen zum Teil schon unter der Rubrik „Krankheiten mit schubförmigem Verlauf" abgehandelt (s. S. 193).

Man kann die neurologischen Symptome bei den knöchernen Mißbildungen, wenn auch etwas willkürlich, folgendermaßen ordnen (Heckl 1978):

1. bulbo-ponto-zerebellare Symptome,
2. Störungen der langen Bahnen,
3. Hirnnervenstörungen,
4. Vorderhornläsionen } selten.
5. Liquorzirkulationsstörungen } selten.

Diese Erscheinungen treten selten isoliert auf. Wichtig für die Differentialdiagnose ist, daß bei den zervikalen Übergangsstörungen häufig ein *Nystagmus* besteht, den man leicht einer Multiplen Sklerose zuschreiben könnte. Kraniozervikale Übergangsstörungen gehen öfter mit *Kopfschmerzen* einher, die bei Multipler Sklerose wiederum sehr selten sind.

Nicht klar ist, warum Tiefensensibilitätsstörungen, aber auch spastische Paresen manchmal die Arme stärker betreffen als die Beine (Lit. bei Heckl 1978).

Strahlenschädigung des Rückenmarks (Strahlenmyelopathie)

Bei Strahlenschäden des zentralen Nervensystems kommt es vorwiegend zu Nekrosen und zur Demyelinisierung, vermutlich durch eine Schädigung der Oligodendrozyten und der Markscheide. Es gibt *Frühveränderungen,* die reversibel sind, und *Spätveränderungen,* die als progrediente Enzephalopathie oder progrediente Myelopathie auftreten.

Weil ein so einschneidendes Erlebnis wie eine Bestrahlung und ein so schwerwiegendes Grundleiden, das zur Bestrahlung führte, der Anamnese wohl kaum entgehen können, wird sich zunächst keine andere differentialdiagnostische Frage stellen als die nach einem Tumorrezidiv. Die Frage nach einer Multiplen Sklerose wird praktisch nicht auftauchen.

Die Bestrahlung kann aber doch sehr viele Jahre zurückliegen, und sie muß auch nicht unbedingt direkt auf das Rückenmark gerichtet gewesen sein, z. B. nach Neck dissection oder bei Bestrahlung von paraaortalen Lymphknoten. So kann es durchaus vorkommen, daß man zunächst bei einer progredienten spinalen Symptomatik die Möglichkeit einer Strahlenmyelopathie nicht in Betracht zieht.

Eine gerade beginnende Strahlenmyelopathie kann die spinale Form einer Multiplen Sklerose täuschend nachahmen. So kommt es zu verschiedenen Rückenmarkssymptomen, öfter auch zum *Lhermitteschen Zeichen,* das zunächst sogar oft völlig isoliert auftritt. In dem hauptsächlich betroffenen Rückenmarkssegment entstehen brennende und ziehende Schmerzen, die für eine Multiple Sklerose untypisch sind, wohl aber zunächst an einen extramedullären Tumor denken lassen können. Auch ein langsam auftretendes Brown-Séquard-Syndrom, bei der Strahlenmyelopathie nicht allzu selten, gehört nicht in das Bild der progredienten spinalen Multiplen Sklerose (s. S. 202).

In Form von vorübergehenden Par- und Dysästhesien, oft verbunden mit einem Lhermitteschen Zeichen, kann es in seltenen Fällen zu einer **transitorischen Strahlenmyelopathie** kommen, die dann den Verdacht auf einen Multiple-Sklerose-Schub nahelegen könnte. Die Latenz von der Bestrahlung bis zu den ersten Symptomen beträgt aber nur 2 Wochen bis 18 Monate

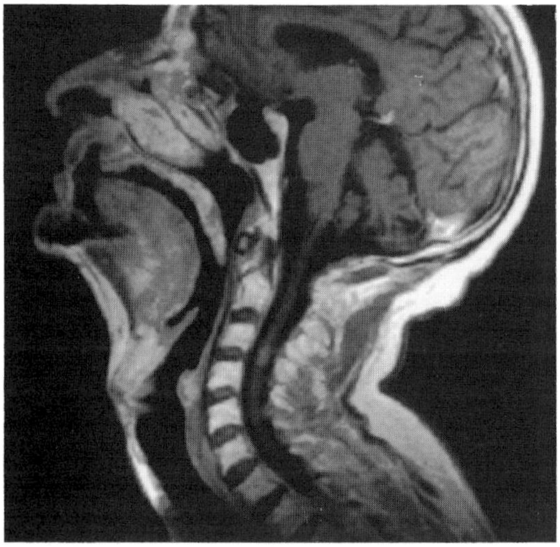

Abb. 16.**7** **Herd in Höhe C3/C4**. Mann, 48 Jahre. Neck dissection. Bestrahlung wegen eines Kehlkopfkarzinoms. Rasch sich entwickelnde Paraspastik der Beine. Verdacht auf Strahlenschaden wurde ausgeräumt. Dringender Verdacht auf ersten Schub einer Multiplen Sklerose (oligoklonale Banden, Verzögerung von VEP und SEP)

(Lit. bei Fröscher 1976), so daß die Anamnese meist vor einer Fehldiagnose schützt.

Bei der schwerer zu diagnostizierenden **strahlenbedingten Spätmyelopathie** kann die Latenz mehrere Jahre betragen. Weil die nekrotischen Areale Kontrastmittel aufnehmen können, ist die Differentialdiagnose zu einem frischen Multiple-Sklerose-Herd nicht immer leicht (Abb. 16.**7**).

Paraneoplastische Myelopathie

Paraneoplastische Myelopathien sind außerordentlich selten (ca. 3 % aller paraneoplastischen Erkrankungen des Nervensystems). Die Existenz einer subakuten, nekrotisierenden Form (rasch progrediente Para- und Tetraparesen, Blasenstörungen und querschnittsartige Sensibilitätsstörungen) ist umstritten (Neundörfer 1981).

Die paraneoplastische Myelopathie mit langsamer Progredienz ist dadurch von der Multiplen Sklerose zu unterscheiden, daß dabei meist auch Vorderhornzellen zugrundegehen. In der Regel ist die Myelopathie auch nicht isoliert, sondern tritt als eine **Enzephalomyeloradikulitis** auf.

Funikuläre Myelose

Die funikuläre Myelose (FM) ist durch Vitamin-B_{12}-Mangel (gelegentlich auch Folsäuremangel) bedingt. Es kommt zu fleckförmigen Entmarkungszonen (Lückenfelder) in den Hintersträngen und Pyramidenbahnen des Rückenmarks, vorwiegend im *Brust-* und *unteren Halsmark.* Öfter sind die Hinterwurzeln und die peripheren Nerven von der Demyelinisierung mitbetroffen.

Die Patienten klagen zuerst über allgemeine *Müdigkeit.* Es bestehen meist *Kribbelparästhesien,* vorwiegend an den Füßen (Hopf 1976). Später kommt es dann durch eine zunehmende *Hinterstrangläsion* zu *Tiefenparästhesien* und zur *Hinterstrangataxie.* Durch Schädigung der Pyramidenbahn entstehen *spastische Paresen,* die aber meist im Hintergrund bleiben. Die Spastik wird häufig durch den Befall von Hinterwurzeln und Nerven kaschiert.

Charakteristisch ist die Kombination von (noch) gesteigerten Patellarsehnenreflexen (Ausdruck der Pyramidenbahnläsion) und abgeschwächten oder nicht auslösbaren Achillessehnenreflexen (Hinterwurzeln, Polyneuropathie).

Die funikuläre Myelose ist gegen die chronisch progrediente spinale Form der Multiplen Sklerose durch Anamnese und klinischen Befund allein oft nicht abzutrennen. Man kann eine funikuläre Myelose vermuten, wenn sich z. B. aus der Anamnese Hinweise für Vitamin-B_{12}-Resorptionsstörungen ergeben (chronische Gastritis, Magen-Darm-Operationen, terminale Ileitis, Hydantoinmedikation usw.) oder wenn eine Beteiligung des peripheren Nervensystems vorliegt, wie z. B. *das Fehlen der Achillessehnenreflexe (ASR) bei gleichzeitig gesteigerten Patellarsehnenreflexen (PSR).*

Auf die funikuläre Myelose können auch andere Zeichen des Vitam-B_{12}-Mangels hinweisen, wie Blässe der Haut oder eine Huntersche Glossitis. Allerdings besteht eine Anämie nur in ca. 60 % der Fälle mit Vitamin-B_{12}-Mangel (Spatz u. Mitarb. 1976), so daß fehlende Blutbildveränderungen auf keinen Fall gegen eine funikuläre Myelose sprechen.

Aber auch die neurologische Symptomatik läßt die Differentialdiagnose zur chronisch progredienten spinalen Form der Multiplen Sklerose nicht zu. Die bei funikulärer Myelose so häufige *Müdigkeit* ist auch ein geradezu klassisches Symptom der Multiplen Sklerose (s. S. 71). *Kribbelgefühle,* die bei der funikulären Myelose oftmals als Anfangssymptome auftreten, sind ebenfalls das häufigste Anfangssymptom der Multiplen Sklerose.

Eine kleine differentialdiagnostische Hilfe kann der Umstand sein, *daß die Kribbelparästhesien bei funikulärer Myelose meist die Füße betreffen (vorwiegend Befall des Thorakalmarks, leichte Polyneuropathie);* die Kribbelparästhesien bei Multipler Sklerose, vor allem im Beginn der Krankheit, betreffen aber häufig auch die Hände, weil vorwiegend das Halsmark befallen ist.

Die *kernspintomographische* Untersuchung des Rückenmarks hilft bei der Differentialdiagnose zur Multiplen Sklerose nicht weiter, da sich die Rückenmarksveränderungen bei funikulärer Myelose, wenn man sie darstellen kann, nicht von denen bei Multipler Sklerose unterscheiden. Wenn man aber supraspinale Herde findet, dann spricht dies eher gegen die funikuläre Myelose.

Der *Liquor* hilft oft nicht weiter, weil bei der funikulären Myelose in über 60 % der Fälle auch leichte Eiweiß- oder Zellzahlerhöhungen bestehen sollen (Spatz u. Mitarb. 1976). Eindeutige oligoklonale Banden im Liquor sprechen aber *gegen* die funikuläre Myelose.

Ist die Diagnose Multiple Sklerose nicht eindeutig zu stellen und muß an die funikuläre Myelose gedacht werden, dann ist das Ergebnis des Schilling-Tests (am besten zusammen mit Vitamin-B_{12}-Bestimmung im Serum) beweisend für die Diagnose funikuläre Myelose.

Retroviren

AIDS-Myelopathie (HIV I): Auch das *Rückenmark* ist bei AIDS häufig betroffen. Es kommt zu einer vakuoligen Degeneration (spongioform mit Entmarkungszonen). Die vakuoligen Veränderungen liegen im Myelin, vorwiegend in den Seiten- und Hintersträngen, betont in der Höhe des *Thorakalmarks.* Die neuropathologischen Veränderungen ähneln sehr denen der funikulären Myelose (Goldstik u. Mitarb. 1985, Petito u. Mitarb. 1985).

Im Verlauf von Wochen bis Monaten kommt es zu einer langsam sich entwickelnden Paraparese der Beine mit Hinterstrangstörung.

Die Differentialdiagnose der vakuoligen Myelopathie zur spinalen Form der Multiplen Sklerose kann schwer sein, wenn man noch keine serologischen Werte hat. Wenn – was bei AIDS häufig vorkommt – das periphere Nervensystem mitbetroffen ist (z. B. Radikuloneuropathie), dann wird man die Multiple Sklerose leicht ausschließen können. Je nach Verlaufsform wird man dann eher an eine andersartige Radikulomyelitis denken oder an die funikuläre Myelose. Wenn man die Schädigung ins Thorakalmark lokalisieren kann, spricht dies, wie bei der Differentialdiagnose zur funikulären Myelose, eher für AIDS und *gegen* Multiple Sklerose, bei welcher das *Halsmark* weit eher betroffen ist.

Tropische spastische Paraparese (HTLV-I-Myelitis): In der Karibik (z. B. Jamaika) ist schon länger eine ätiologisch unklare Krankheit bekannt, deren Kardinalsymptom eine spastische Paraparese ist. Man nahm früher eine nutritiv-toxische Genese an (zit. nach Hughes 1978). Es hat sich aber herausgestellt, daß diese Krankheit nicht nur in der Karibik, sondern auch in Japan, Südindien, Afrika, auf den Seychellen, Panama und anderen südamerikanischen Ländern vorkommt und durch eine *HTLV-I-Infektion* bedingt ist (Gessain u. Mitarb. 1985, Romań u. Mitarb. 1985, Romań 1987, Iwasaki 1990). Die Prävalenz beträgt in den Endemiegebieten bis zu 100/Mill. (Romań u. Mitarb. 1985).

Durch Einwanderungen ist die Krankheit in verschiedene andere Länder gelangt (England, USA) und wird wohl auch bei uns bald eine gewisse Bedeutung bekommen.

Bei der HTLV-I-Myelitis kommt es ähnlich wie bei der AIDS-Myelitis (HIV I) zu einer vakuoligen Degeneration (Status spongiosus), welche vorwiegend die weiße Substanz des Thorakalmarks betrifft, wobei auch die Vorderhörner mitbeteiligt sein können. *Im Gegensatz zur AIDS-Myelitis sind bei der HTLV-I-Myelitis die Hinterstränge nur wenig beteiligt. Die Veränderungen betreffen vorwiegend die Seitenstränge.*

Entsprechend steht klinisch zunächst die spastische Paraparese der Beine im Vordergrund. Die Muskelschwäche betrifft vorwiegend die proximalen Muskeln, die spastische Tonuserhöhung zeigt sich vor allem in einem *Adduktorenspasmus*. Eine leichte Beteiligung der Hinterstränge zeigt sich zunächst nur in einer Minderung des Vibrationsempfindens.

Die Krankheit kann in unseren Breiten leicht mit der Multiplen Sklerose verwechselt werden, weil man zunächst wohl kaum an eine tropische spastische Paraparese denkt. Weiter treten bei der tropischen spastischen Paraparese schon *früh Blasenstörungen* auf, was ebenfalls die Verwechslung mit der Multiplen Sklerose nahelegt. Auch scheint es gelegentlich zu remittierenden Verläufen zu kommen (Iwasaki 1990).

Differentialdiagnostisch müssen neben AIDS-Myelitis und der Multiplen Sklerose vor allem noch die funikuläre Myelose und der intraspinale Tumor in Betracht gezogen werden.

Kernspintomographisch kann man auch supraspinal Herde finden (Newton u. Mitarb. 1987), aber nicht wie so häufig bei der Multiplen Sklerose in der hinteren Schädelgrube (Rudge u. Mitarb. 1991). Das Zervikalmark ist kernspintomographisch unauffällig, so daß dort Herde ganz gegen die tropische spastische Parese sprechen.

Die evozierten Potentiale (einschließlich der VEP) können verzögert sein. Im *Liquor* findet man regelmäßig eine IgG-Erhöhung und oligoklonale Banden, im *Serum* meist Luesantikörper (Rudge u. Mitarb. 1991) als Ausdruck einer luischen Begleitinfektion.

Bei Verdacht auf eine Multiple Sklerose sollte man immer dann an eine tropische spastische Parese denken, wenn folgende Konstellation besteht:

1. ausländische Herkunft,
2. vorwiegend spastische Paraparese der Beine ohne Beteiligung der Arme,
3. keine Schübe,
4. keine Hirnnervensymptome,
5. früh einsetzende Blasenstörung,
6. Luesantikörper im Blut,
7. keine NMR-Herde im Zervikalmark.

Den weitgehenden Beweis für die tropische spastische Parese liefert der Antikörpernachweis. Es besteht aber das Problem, daß Multiple-Sklerose-Kranke durchaus HTLV-I-positiv sein können. Nach Ch. M. Poser u. Mitarb. (1990) sollte man in solchen Fällen eine HTLV-I-Myelitis nur dann annehmen, wenn mindestens 2 der folgenden Kriterien erfüllt sind:

- Nachweis der Beteiligung peripherer Nerven,
- oligoklonale Banden im Serum positiv (kommt bei MS nicht vor),
- Lymphozyten im Blut und Liquor haben einen mehrfach lobulierten Kern,
- Luesreaktionen positiv,
- Vorliegen eines Sicca-Syndroms,
- Nachweis einer lymphozytären Alveolitis (Bronchial-Lavage).

Rückenmarkserkrankungen bei Lues

Beim Rückenmarksbefall führt die Lues vorwiegend zu chronischen Störungen, gelegentlich aber auch zu akuten, sehr bedrohlichen Bildern. Die verschiedenen Möglichkeiten, wie das Rückenmark bei Lues betroffen sein kann, sind in Tab. 16.**8** aufgeführt.

Tabes dorsalis

Die Tabes bereitet in der Regel keine besonderen Schwierigkeiten in der Differenzierung zur Multiplen Sklerose, beson-

Tabelle 16.**8** Verschiedene Formen des Rückenmarksbefalles bei Lues

Tabes dorsalis (parenchymatöse Form)
Pachymeningeosis cervicalis hypertrophicans
Meningovaskulitis a) akute Formen b) luische spastische Spinalparalyse (Erb) c) luische Amyotrophie

dern dann nicht, wenn sie vollständig ausgeprägt ist. Die lanzinierenden Schmerzen und das Argyll-Robertson-Phänomen, verbunden mit Reflexverlust an den Beinen, verhindern eine Verwechslung. Fehlen aber die lanzinierenden Schmerzen oder werden sie nicht richtig gedeutet und besteht kein typisches Argyll-Robertson-Phänomen, aber dafür z. B. eine *Optikusatrophie,* die ganz am Anfang des Krankheitsbildes stehen kann, dann wird die Differenzierung unter Umständen schwerer. Das Fehlen der Beineigenreflexe, zumindest der Achillessehnenreflexe, in Verbindung mit einer Hinterstrangsymptomatik, müssen aber viel eher an eine funikuläre Myelose, an eine AIDS-Myelopathie oder an eine familiäre Hinterstrangataxie (Biemond 1975) denken lassen.

Kältehyperästhesien (z. B. schmerzhaftes Empfinden von kalten Wassertropfen) kommen fast nur bei Tabes dorsalis vor und sprechen gegen eine Multiple Sklerose. Im Gegensatz zur Multiplen Sklerose sind die Bauchhautreflexe bei der Tabes gut erhalten („lachendes Abdomen"). Eine Verzögerung der visuell und somatosensibel evozierten Potentiale kann nicht für die Multiple Sklerose verwandt werden, weil diese auch bei Tabes vorkommt. Der Liquor bringt immer die diagnostische Klärung.

Pachymeningeosis cervicalis hypertrophicans

Die Pachymeningeosis cervicalis hypertrophicans entsteht über eine Wirbelkörperostitis, welche auf die Dura übergreift und zu einer Meningealfibrose führt. Dabei ist die Leptomeninx mitbetroffen.

Es kommt zu einer Einengung des Zervikalkanals und zu einer Einschnürung des Rückenmarks, was zu einer Myelopathie führt. Die Differentialdiagnose der Pachymeningeosis cervicalis zur Multiplen Sklerose basiert auf den gleichen Kriterien wie die Differentialdiagnose der zervikalen Myelopathie zur Multiplen Sklerose (s. Tab. 16.**7** S. 201).

Meningovaskulitis

Im Rahmen der Vaskulitis (s. S. 188) kann es zu Infarkten im Rückenmark kommen. Wenn viele solche Infarkte vorliegen, sieht das Rückenmark makroskopisch wie bei Multipler Sklerose aus, was zur Bezeichnung „syphilitische Sklerose" Anlaß gegeben hat (Hughes 1978). Bei den chronischen Rückenmarksstörungen durch *vaskulitische* Veränderungen unterscheidet man die *luische Amyotrophie* und die *luische Spinalparalyse* (Erb).

Luische Amyotrophie: Die luische Amyotrophie ist ein besonderer Ausdruck der luischen Meningovaskulitis. Im Vordergrund steht der Untergang motorischer Vorderhornzellen, bedingt durch vaskulitische Veränderungen der A. spinalis anterior, so daß das Bild der spinalen Muskelatrophie oder der amyotrophen Lateralsklerose nachgeahmt wird. Die luische Amyotrophie ist bei uns extrem selten.

Luische spastische Spinalparalyse (Erb): Bei der von Erb 1892 beschriebenen syphilitischen spastischen Spinalparalyse kommt es zu einer langsam fortschreitenden spastischen Para- oder Tetraparese ohne sensible Störungen. Blasenstörungen treten sehr früh auf. Wegen der Blasenstörungen ist die Differentialdiagnose gegen die erbliche spastische Spinalparalyse (s. S. 210) nicht schwer, wohl aber gegen die *spinale Form der Multiplen Sklerose.*

Neurologische Systemkrankheiten

Erbliche spastische Spinalparalyse

Wenn bei einem langsam progredienten, rein spastischen Prozeß eine Erblichkeit nachgewiesen werden kann, ist es einfach, die spastische Spinalparalyse von der Multiplen Sklerose abzutrennen. Bei der rezessiv erblichen oder gar bei der sporadisch auftretenden Form der spastischen Spinalparalyse kann man aber erhebliche differentialdiagnostische Schwierigkeiten bekommen, besonders wenn die Krankheit nach dem 40. Lebensjahr auftritt. *Die spinale Form der Multiplen Sklerose macht sich nämlich am Anfang manchmal längere Zeit nur durch eine langsam progrediente Paraspastik ohne IgG-Bildung im Liquor bemerkbar.*

Einige charakteristische Merkmale der spastischen Spinalparalyse können aber den Verdacht auf diese Krankheit richten (Tab. 16.**9**). So besteht häufig ein *Adduktorenspasmus,* der bei der Multiplen Sklerose zumindest im Anfang selten ist. *Blasenstörungen* treten bei der spastischen Spinalparalyse, wenn überhaupt, nur sehr spät auf, bei der spinalen Form der Multiplen Sklerose schon früher. Die *Bauchhautreflexe* sind anders als bei der Multiplen Sklerose lange erhalten.

Manchmal besteht bei der spastischen Spinalparalyse eine merkwürdige Dissoziation von Funktionsstörung und klinischem Befund. Die Reflexsteigerung und die Tonuserhöhung können bei der Untersuchung im Liegen sehr gering sein, im Gehen aber ist die Störung sehr viel stärker ausgeprägt, als man erwarten würde (Hopf 1976). Diese Dissoziation von mäßiger Reflexsteigerung und Tonuserhöhung im Liegen einerseits und der deutlichen, spastischen Gangstörung andererseits kann man aber manchmal auch bei der amyotrophen Lateralsklerose und bei Multiple-Sklerose-Kranken finden, so daß dieses Kriterium nur bedingt differentialdiagnostisch zu verwerten ist.

Tabelle 16.**9** Neurologische Besonderheiten bei **spastischer Spinalparalyse**, die bei Multipler Sklerose (MS) selten vorkommen

Blase und Darm:	bis in späte Stadien intakt
Adduktorenspasmus:	häufiger als bei MS
Bauchhautreflexe:	lange erhalten, bei MS früh erloschen
Armeigenreflexe:	erst spät gesteigert
Dissoziation von geringem neurologischem Befund im Liegen und deutlicher spastischer Gangstörung	häufiger als bei MS

Die Differentialdiagnose ist dann besonders erschwert, wenn bei der erblichen spastischen Spinalparalyse die Hinterstränge und Kleinhirnseitenstränge leicht mitbetroffen sind. Man wird also bei sporadischen Fällen von spastischer Spinalparalyse die ganze apparative Diagnostik anwenden müssen, um durch Ausschluß anderer Krankheiten, vor allem der Multiplen Sklerose, die Diagnose zu erhärten. Immer wieder wird man jedoch gezwungen sein, den weiteren Verlauf abzuwarten.

Amyotrophe Lateralsklerose (ALS)

Wenn die amyotrophe Lateralsklerose (ALS) isoliert mit spastischen Erscheinungen beginnt *(primär spastische Form),* dann kann sie zunächst erhebliche differentialdiagnostische Schwierigkeiten zur Multiplen Sklerose bereiten. Wie bei der spastischen Spinalparalyse kommt es bei der amyotrophen Lateralsklerose praktisch nicht zu Blasenstörungen, die Bauchhautreflexe bleiben erhalten. Auch ein Adduktorenspasmus kommt gelegentlich vor.

Solange man keine Muskelatrophien oder wenigstens Denervierungspotentiale im EMG findet, kann die Diagnose amyotrophe Lateralsklerose nicht gestellt werden. Man wird zwar sehr häufig eine erbliche spastische Spinalparalyse ausschließen können, vor allem, weil die Patienten mit einer amyotrophen Lateralsklerose deutlich älter sind. Auch entwickelt sich die Spastik bei der primär spastischen Form der amyotrophen Lateralsklerose in der Regel schneller als bei der spastischen Spinalparalyse, die nur sehr langsam progredient ist. Durch apparative Zusatzuntersuchungen wird man immer sämtliche anderen Möglichkeiten ausschließen müssen, u.a. auch das parasagittale Meningeom (Mantelkantensyndrom, S. 200).

Gelegentlich kann es bei der amyotrophen Lateralsklerose wie bei der spastischen Spinalparalyse zu einer leichten Hinterstrangbeteiligung kommen, und die Spastik kann auch von einer gewissen Rigidität durchsetzt sein. Manchmal kommt es auch bei der amyotrophen Lateralsklerose zu einer leichten unspezifischen Eiweißerhöhung im Liquor.

Bei einem unserer Patienten mit einer primär spastischen Form der amyotrophen Lateralsklerose bestanden neben der Paraspastik der Beine noch eine deutliche Rigidität und eine leichte Minderung der Lageempfindung an den Beinen. Auch das Eiweiß im Liquor war mit 60 mg leicht erhöht. Es wurde lange an eine Enzephalomyelitis mit Rigidität (s. S. 212) gedacht und mit Decortin behandelt. Erst nach 1 1/2 Jahren entwickelten sich Muskelatrophien und eine Pseudobulbärparalyse.

Bei der **primären Lateralsklerose** handelt es sich um eine seltene, offensichtlich eigenständige degenerative Erkrankung mit Pyramidendegeneration durch Untergang der Betzschen Riesenzellen im Gyrus praecentralis. Etwa um das 50. Lebensjahr (35–66 Jahre) entwickelt sich eine *langsam progrediente Spastik* der Beine und als Zeichen des Befalls supraspinaler Bahnen eine *Dysarthrie.* Muskelatrophien treten nicht auf. Blasenstörungen sind im Spätstadium möglich, aber wahrscheinlich nicht spezifisch für die Krankheit. Wie bei der amyotrophen Lateralsklerose kommt es zu Affektinkontinenz bzw. pathologischem Lachen und Weinen. Der Verlauf ist mit durchschnittlich 14 Jahren Dauer deutlich länger als bei der amyotrophen Lateralsklerose. Im Kernspintomogramm kann man eine deutliche Atrophie des Gyrus praecentralis finden (Pringle u. Mitarb. 1992).

Die chronisch *progrediente spinale Form der Multiplen Sklerose* läßt sich nur dann abtrennen, wenn evozierte Potentiale, Liquor oder NMR wie bei Multipler Sklerose verändert sind. Klinisch kann helfen, daß Blasenstörungen bei der primären Lateralsklerose im Gegensatz zur Multiplen Sklerose nicht zum Bild gehören, allenfalls in späteren Stadien auftreten. Die Differentialdiagnose zur amyotrophen Lateralsklerose gelingt nur über den Verlauf, d.h. wenn nie Muskelatrophien oder Faszikulationen als Ausdruck eines Vorderhornbefalls auftreten. Die *spastische Spinalparalyse* beginnt in der Regel vor dem 40. Lebensjahr, und es kommt nicht zur bulbären Beteiligung. Eine familiäre Disposition ist meist nachweisbar.

Heredodegenerative Erkrankungen mit vorwiegender Hinterstrangataxie (spinozerebellare Degeneration mit Reflexverlust)

Zu der Gruppe degenerativer Erkrankungen mit vorwiegender Hinterstrangataxie gehören in erster Linie die *Friedreich-Ataxie,* die *fämiliäre Hinterstrangataxie (Biemond)* und die *hereditäre spastische Ataxie.* Diese Krankheiten bereiten in aller Regel gegenüber der Multiplen Sklerose keine differentialdiagnostischen Schwierigkeiten, weil die *Erblichkeit* oft klar erkennbar ist und der Reflexverlust an den Beinen nicht zu den Symptomen der Multiplen Sklerose gehört.

Bei der **Friedreichschen Ataxie** bestehen neben der Hinterstrangataxie meist noch eine Dysarthrie und Nystagmus. Manchmal findet man Sensibilitätsstörungen, und die Patienten berichten über Parästhesien, was gut zu einer Multiplen Sklerose passen könnte. Das Fehlen der Reflexe an den Beinen und der häufige Hohlfuß machen aber in der Regel die Differentialdiagnose leicht.

Bei der **familiären Hinterstrangataxie (Biemond)** kommt differentialdiagnostisch eher die Tabes dorsalis als die Multiple Sklerose in Frage. Auch hier wird das Fehlen der Reflexe den Verdacht nicht in erster Linie auf eine Multiple Sklerose lenken.

Die **hereditäre spastische Ataxie** (Eadie 1975) beginnt durchschnittlich um das 28. Lebensjahr mit Ataxie, Spastik der Beine und Dysarthrie. Ohne entsprechende Familienanamnese ist die Differentialdiagnose nicht möglich.

Adrenoleukomyeloneuropathie

Die Adrenoleukomyeloneuropathie ist eine Variante der Adrenoleukodystrophie (s. S. 197), die ältere Kinder und Erwachsene befällt (O'Neill u. Mitarb. 1981). Die Symptomatik besteht aus einer mehr oder weniger stark ausgeprägten Nebennierenrindeninsuffizienz und einer progredienten Paraspastik der Beine, meist verbunden mit einer Blasen-Mastdarm-Störung. Bei einem Teil der Patienten liegt auch noch eine Polyneuropathie vor, manchmal auch ein leichter Hypogonadismus.

Die Zeichen der *Nebennierenrindeninsuffizienz* können einerseits den neurologischen Symptomen lange Zeit vorauseilen; andererseits kann aber die Nebennierenrindeninsuffizienz, auch wenn neurologische Symptome vorliegen, so gering sein, daß man sie nur laborchemisch finden kann. Ohne den Nachweis einer Nebennierenrindeninsuffizienz ist die Diagnose nicht zu stellen.

Das Problem besteht also darin, daß man meist nicht an die Adrenoleukomyeloneuropathie denkt und somit auch nicht gezielt nach der Nebennierenrindeninsuffizienz sucht. Die Addison-Symptomatik ist nämlich meist nicht sehr augenfällig. Oft wird deshalb die Adrenoleukomyeloneuropathie mit der Multiplen Sklerose verwechselt (Moser u. Mitarb. 1984). *Man wird also bei nicht ganz sicheren chronisch progredienten Formen der spinalen Multiplen Sklerose sorgfältig nach einer Polyneuropathie, einer Nebennierenrindeninsuffizienz und nach überlangkettigen Fettsäuren suchen.*

Progressive Enzephalomyelitis mit Rigidität (progressive encephalomyelitis with rigidity)

Bei der progressiven Enzephalomyelitis mit Rigidität handelt es sich um eine Krankheit (evtl. auch um eine Gruppe von Krankheiten), welche das Rückenmark, meist wohl zusätzlich auch den Hirnstamm, betrifft. Es kommt zu einer fortschreitenden Tonuserhöhung vorwiegend an den Beinen, welche nicht die klinischen Zeichen der Spastik aufweist, sondern als „plastisch“ beschrieben wird und schließlich die Patienten fast völlig einmauert (Tarlow 1967, Kasparek u. Zerbowski 1971, Whitely u. Mitarb. 1976, Howell u. Mitarb. 1979). Die Kraft ist nur wenig vermindert, die Reflexe sind manchmal gesteigert, fehlen aber im fortgeschrittenen Stadium. Wesentlich sind schmerzhafte *Muskelspasmen,* die durch taktile oder akustische Reize, aber auch durch passive Bewegungen ausgelöst werden können (Whitely u. Mitarb. 1976).

Im Liquor finden sich manchmal leicht entzündliche Zeichen. Pathologisch-anatomisch bestehen im Rückenmark diffuse entzündliche Veränderungen. Besonders auffällig ist der *Untergang von Zwischenneuronen im motorischen Vorderhorn.* Die Pyramidenbahnen bleiben weitgehend erhalten. Bei Obduktionen zeigte sich, daß der Hirnstamm mitbetroffen ist (Kasparek u. Zerbowski 1971, Whitely u. Mitarb. 1976).

Dieses Bild entwickelt sich nicht nur spontan, sondern kann auch *paraneoplastisch* (Bateman u. Mitarb. 1990) oder im Rahmen einer *Borrelienmyelitis* (Martin u. Mitarb. 1990) entstehen.

Es besteht ganz offensichtlich eine Ähnlichkeit zum *Stiff-man-Syndrom* (Stöhr u. Heckl 1977, Meinck u. Mitarb. 1984). Dieses zeigt aber nicht die deutliche Progredienz der Enzephalomyelitis mit Rigidität, und es finden sich außer der Tonuserhöhung mit Spasmen keine weiteren neurologischen Symptome wie z. B. Sensibilitätsstörungen oder Pyramidenzeichen; der Liquor ist normal.

Bei Patienten mit fortgeschrittener chronischer Multipler Sklerose findet man gar nicht so selten bei der Tonuserhöhung eine *rigorartige Komponante* ohne Zahnradphänomen. In weit fortgeschrittenen Stadien ist der Tonus oft massiv erhöht, die quälenden Spasmen bestehen fort (s. S. 45). In diesen Fällen zeigt sich ein ganz ähnliches Bild wie bei der „encephalomyelitis with rigidity“.

Die Differentialdiagnose gelingt dann nur über die typische Vorgeschichte der Multiplen Sklerose. Handelt es sich aber um eine rasch progrediente, rein spinale Form der Multiplen Sklerose, ist die Differentialdiagnose sehr schwierig. Eine autochthone IgG-Bildung im Liquor mit oligoklonalen Banden kann nicht für die Differentialdiagnose verwendet werden, weil diese bei der Enzephalomyelitis mit Rigidität auch vorkommen kann (Burn u. Mitarb. 1991). Diagnostisch wegweisend ist aber das Vorhandensein von Antikörpern gegen *Glutamatdehydrogenase* (GAD) im Liquor und Serum, welche bei der Enzephalomyelitis mit Rigidität und beim Stiff-man-Syndrom ebenfalls gefunden wurden (Lit. bei Burn u. Mitarb. 1991).

Es wäre denkbar, daß durch Multiple-Sklerose-Herde, welche auch die graue Substanz des Rückenmarks besetzen können, die kleinen Interneurone des motorischen Vorderhorns besonders stark geschädigt werden, wie dies auch bei der Enzephalomyelitis mit Rigidität der Fall ist. Aber es sind durchaus auch Läsionen im Hirnstamm möglich, wie dies schon für das reine Stiff-man-Syndrom wahrscheinlich gemacht werden konnte (Stöhr u. Heckl 1977).

Stöhr hat als erster gefunden, daß durch die Infusion von *Clomipramin* (Anafranil) die Symptome des Stiff-man-Syndroms *verstärkt* werden, was bei zweifelhaften Fällen als verläßlicher diagnostischer Test gelten kann (Stöhr u. Heckl 1977). Ob man Patienten mit *Enzephalomyelitis mit Rigidität* über diesen Test auch erkennen kann, müssen weitere Untersuchungen zeigen.

Bei Multiple-Sklerose-Patienten mit starker rigorartiger Tonuserhöhung fanden wir nach Clomiprimininfusion keine Zunahme des Tonus. Die rigorartige Tonuserhöhung bei Patienten mit Multipler Sklerose spricht wie die Tonuserhöhung beim Stiff-man-Syndrom und bei der Enzephalomyelitis mit Rigidität gut auf *Clonazepam* und Diazepam an, so daß dies keine Unterscheidung erlaubt.

Chronisch progrediente zerebellare Symptomatik

Die Multiple Sklerose beginnt selten mit einer chronisch progredienten zerebellaren Symptomatik. Wir kennen aber einige Fälle, die gerade wegen ihrer Seltenheit zunächst erhebliche differentialdiagnostische Schwierigkeiten bereiteten. Erschwerend kommt hinzu, daß es *keine typische* zerebellare Symptomatik bei Multipler Sklerose gibt. Je nachdem, welche Teile des Kleinhirns von Herden betroffen sind, kommt es zu verschiedenen zerebellaren Störungen, wie sie auch durch Tumoren, heredodegenerative Erkrankungen, toxische Schädigungen, Entzündungen u.a. hervorgerufen werden können.

Man muß also das vorliegende zerebellare Syndrom zunächst genau erfassen und dann versuchen, dieses einer bestimmten zerebellaren Region zuzuordnen. Manche Krankheiten, die das Kleinhirn betreffen, bevorzugen bestimmte Regionen und können deshalb gezielt durch weitere Untersuchungen ausgeschlossen werden (z.B. chronische Alkoholschädigung). Tumoren und Infarkte betreffen meist umschriebene Regionen und können dann zum Teil rein klinisch lokalisiert werden.

Alkoholische Kleinhirnatrophie

Die häufigste Ursache einer Kleinhirnatrophie ist der chronische Alkoholismus. Durch posturographische Untersuchungen konnte bei 15–30 % aller Alkoholiker eine Kleinhirnläsion nachgewiesen werden, auch wenn sie klinisch noch nicht manifest war (Scholz u. Mitarb. 1986, Diener u. Dichgans 1988).

Bei der alkoholischen Kleinhirnatrophie ist vorwiegend der *spinozerebellare* Anteil des Kleinhirnvorderlappens (Wurmanteil und Pars intermedia) betroffen. Es kommt dann zu einem charakteristischen Bild (Tab. 16.**10**) mit Gang- und Standataxie, wobei die Störung nach Wegfall der optischen Kontrolle stärker ausgeprägt ist, was zur Verwechslung mit einer Hinterstrangläsion Anlaß geben könnte. Beim *Rombergschen Stehversuch* schwanken die Patienten in anteroposteriorer Richtung, der Knie-Hacken-Versuch ist deutlich pathologisch, eine Ataxie der Arme ist dabei nur gering ausgeprägt oder fehlt. Öfter besteht ein leichter Rumpftremor (3 Hz) in anterior-posteriorer Richtung. Man findet *computertomographisch* fast immer Atrophiezeichen im **Wurmgebiet.** Durch die computertomographischen Veränderungen allein kann man aber keine Zuordnung zum klinischen Bild treffen (Diener u. Mitarb. 1986).

Wenn Multiple-Sklerose-Herde im Kleinhirnvorderlappen lokalisiert sind, können sie das Bild der chronischen Alkoholschädigung nachahmen. Bei sorgfältiger Untersuchung wird man aber bei Patienten mit Multipler Sklerose immer zusätzliche Befunde erheben können, die nicht zur alkoholtoxischen Kleinhirnatrophie passen.

Tabelle 16.**10** Klinische Zeichen bei Schädigung des spinozerebellaren Anteils des Kleinhirnvorderlappens (meist alkoholtoxisch bedingt)

Gang- und Standataxie (ohne optische Kontrolle stärker ausgeprägt)
Schwanken in anterior-posteriorer Richtung
Knie-Hacken-Versuch pathologisch
Arme relativ ungestört
Rumpftremor (3 Hz, in a.-p. Richtung)

Die Differentialdiagnose der Multiplen Sklerose mit isolierter Kleinhirnschädigung gegen einen Tumor oder auch eine vaskuläre Läsion des Kleinhirnvorderlappens wird aber nur durch Zusatzuntersuchungen gelingen (CT, NMR, Liquor).

In weitaus weniger Fällen führt Alkohol zu einer *diffusen* Kleinhirnschädigung. Solche diffusen Schädigungen findet man häufiger nach Intoxikationen mit Diphenylhydantoin, Bromiden und Lithium. Es entsteht dabei ein uncharakteristisches zerebellares Bild (s. u.).

Schädigung des Vestibulozerebellum

Der untere Anteil des Kleinhirns – das Vestibulozerebellum (Lobus flocculonodularis) – kann durch Tumoren, Entzündungen oder auch durch paraneoplastische Schädigung ausfallen. Es kommt wie bei einer Schädigung des Lobus anterior des Kleinhirns zu einer Stand- und Gangataxie, wobei die Arme oft ungestört bleiben. Das Schwanken ist aber ungerichtet und optisch nicht zu stabilisieren. Die Fixationssuppression des optokinetischen Nystagmus (s. S. 54) ist gestört.

Tumoren (vorwiegend das Medulloblastom) und *Blutungen* befallen häufig den *Kleinhirnwurm*. Dabei können sich dann die neurologischen Zeichen der anterioren und kaudalen Wurmläsion mischen.

Schädigung der Kleinhirnhemisphären

Die Schädigung der Kleinhirnhemisphären führt zu *Hypotonie, Hyporeflexie,* vorzeitiger *muskulärer Ermüdbarkeit, Dysdiadochokinese, Dysmetrie* und *Intentionstremor*. Eine Gang- und Standataxie besteht nicht oder ist nur sehr gering ausgeprägt. Weiter kommt es zur *Dysarthrie* (s. S. 57).

Diffuse Kleinhirnläsion

Die diffuse Kleinhirnläsion entsteht, wenn Wurm und Hemisphären betroffen sind. Es kommt zu einer Symptomatik, bei der die einzelnen Krankheitsmerkmale je nach Schwergewicht des Befalls zu den verschiedenen Kleinhirnsymptomen führen, wobei einzelne betont sein können. Dies ist der häufigste Schädigungstyp bei Multipler Sklerose.

Die diffuse Kleinhirnschädigung entsteht bei verschiedenen *zerebellären Heredoataxien* (besonders olivo-ponto-zerebellare Ataxie), die oft gegen eine Multiple Sklerose abgetrennt werden müssen.

Bei einem *vorwiegend zerebellaren Bild der Multiplen Sklerose* gelingt die Differentialdiagnose ohne Zusatzuntersuchungen nicht. Der Liquor liefert in der Regel den entscheidenden Befund.

Kernspintomographisch findet man bei einer Multiplen Sklerose mit vorwiegend zerebellarer Funktionsstörung praktisch immer Herde im Kleinhirn oder den Kleinhirnschenkeln. Bei der olivo-ponto-zerebellaren Atrophie besteht eine Atrophie des Kleinhirns und der Brücke. Die Atrophie kann im Anfangsstadium aber noch vermißt werden. Bei Zeichen der diffusen Kleinhirnschädigung muß man die Hyperthyreose, verschiedene Intoxikationen (Diphenylhydantoin, Alkohol, Lithium, Bromide), heredodegenerative und auch paraneoplastische Erkrankungen ausschließen.

Paraneoplastische Kleinhirnschädigung

Eine paraneoplastische Kleinhirnschädigung kann sich langsam entwickeln, nimmt aber in der Regel einen subakuten oder gar akuten Verlauf. Entsprechend dem diffusen Befall kann es zu Dysarthrie, Ataxie, Dysmetrie und Intentionstremor kommen, oft verbunden mit Nystagmus und Störung der glatten Augenbewegungen. Da diese Symptome *der Manifestation eines Tumors lange vorausgehen können,* wird man vor allem auch eine Multiple Sklerose ausschließen müssen. Zur *Fehldiagnose Multiple Sklerose* kann man unter Umständen direkt gedrängt werden, wenn – wie gar nicht so selten – die langen Bahnen mitbeteiligt sind (Peterson u. Mitarb. 1992) oder wenn der Liquor nicht nur eine Eiweißerhöhung, sondern auch noch eine *autochthone IgG-Bildung* aufweist.

Differentialdiagnostische Hilfe bringt zunächst das CT, das bei der paraneoplastischen Kleinhirnschädigung unter Umständen schon eine Kleinhirnatrophie erkennen läßt. Differentialdiagnostisch am wichtigsten ist jedoch die Bestimmung der *Antikörper gegen Purkinje-Zellen* in Liquor und Serum. Lassen sich diese nicht nachweisen, spricht dies allerdings *nicht* gegen eine paraneoplastische Kleinhirnerkrankung, weil die Purkinje-Zellen-Antikörper gerade beim Bronchialkarzinom im Gegensatz zum Ovarialkarzinom, bei Morbus Hodgkin und beim Non-Hodgkin-Lymphom *nicht* vorkommen (Wessel u. Mitarb. 1988).

Morbus Gerstmann-Sträußler

Bei der Gerstmann-Sträußlerschen Krankheit (auch Gerstmann-Sträußler-Scheinker) handelt es sich um eine sehr seltene, meist *familiär* auftretende *spongiöse Enzephalopathie* mit Befall des Kleinhirns. Es gibt offensichtlich auch sporadische Fälle.

Es soll sich um eine Variante der nichterblichen Creutzfeldt-Jakobschen Krankheit handeln, die bisher als eine Slow-virus-Krankheit angesehen wurde. Diskutiert wird zur Zeit die *Priontheorie,* wobei ein bestimmtes, hoch stabiles, proteinaseresistentes Eiweißmolekül ohne jegliche Nucleinsäurekomponente die infektiöse Matrix darstellen soll (Prusiner u. Mitarb. 1989).

Es kommt meist im Alter zwischen 40 und 60 Jahren zu einer Gang- und Standataxie, Dysarthrie, okulären Dysmetrie und Störung der optischen Fixationssuppression (s. S. 54), wobei dann später noch bulbäre Symptome folgen (Schumm u. Mitarb. 1981). Oft fehlen die Reflexe, bei voller Ausprägung des Krankheitsbildes finden sich aber Pyramidenzeichen, öfter kombiniert mit den Zeichen einer Läsion des zweiten motorischen Neurons. Myoklonien können auftreten.

Die Differentialdiagnose gegen die Multiple Sklerose ist bei sporadischen Fällen nicht leicht, gegen die Heredoataxien aber im allgemeinen sehr viel schwieriger. Der Reflexverlust – auch wenn Pyramidenzeichen vorliegen – spricht zunächst gegen eine Multiple Sklerose. Der Liquor ist bei der Gerstmann-Sträußlerschen Krankheit normal. Computertomographisch findet man in der Regel eine *Hirnrindenatrophie.*

Die Diagnose kann zu Lebzeiten nur dann gestellt werden, wenn in einer Sippe die Diagnose schon einmal durch Obduktion gesichert wurde. Hirnbiopsien sind bisher noch nicht durchgeführt worden.

Krankheiten mit akutem und subakutem Verlauf

Akute und subakute zerebrale Symptomatik

Die akute Multiple Sklerose (Typ Marburg, s. S. 115, 216) ist sehr selten, und man vergißt allzu leicht, sie in die Differentialdiagnose akuter neurologischer Krankheiten mit einzubeziehen. Bei der Differentialdiagnose der üblichen Multiplen Sklerose (Charcotsche Form) ist man fast immer in Gefahr, eine andere Krankheit fälschlich als Multiple Sklerose zu klassifizieren. Weil die akute Form der Multiplen Sklerose (Typ Marburg) sehr selten ist, gerät man umgekehrt in Gefahr, die Multiple Sklerose nicht zu erkennen und eine andere Krankheit anzunehmen.

Bei Kindern und Jugendlichen muß die **Schildersche Krankheit** (s. S. 115) und die seltene **konzentrische Sklerose Baló** (s. S. 117) bedacht werden. Ein mit der akuten Multiplen Sklerose völlig identisches Bild kann die **akute disseminierte Enzephalomyelitis** (ADEM) zeigen.

Im folgenden sollen einige, teilweise sehr seltene Krankheiten erwähnt werden, von denen die akute Multiple Sklerose und

Sonderformen der Multiplen Sklerose differentialdiagnostisch abgegrenzt werden müssen.

Akute Multiple Sklerose (Marburg-Typ) und akute demyelinisierende Enzephalomyelitis (ADEM)

Vor allem bei jüngeren Personen kann die Encephalomyelitis disseminata ganz akut mit massiven klinischen Symptomen auftreten und dann – wenn auch sehr selten – innerhalb von Tagen bis Monaten zum Tode führen oder in eine Multiple Sklerose vom Typ Charcot übergehen. Die Herde sind diffus in Gehirn und Rückenmark verteilt, die Sehnerven sind ebenfalls betroffen. Wegen des sehr akuten Verlaufes ist der Markscheidenabbau nicht vollständig, und man findet mikroskopisch noch keine Gliareaktion. Entsprechend sind die Herde nicht so scharf begrenzt wie bei der Charcotschen Form der Multiplen Sklerose, und die Axone sind häufiger zerstört. Zusätzlich bestehen außerhalb der Herde stärkere perivaskuläre Rundzellinfiltrate, zum Teil auch in den weichen Hirnhäuten, wie dies z. B. bei der diffusen Sklerose Schilder vorkommen kann.

Die sehr seltene **akute Form der Multiplen Sklerose (Typ Marburg)** ist meist ein besonders lärmender Trommelwirbel, welcher die Charcotsche Form einleitet. Es kommt aber auch vor, daß dieser Marburg-Typ auftritt, wenn schon vorher leichtere Multiple-Sklerose-Schübe bestanden (Johnson u. Mitarb. 1990).

Es gibt nun aber eine andere, akut verlaufende Krankheit mit völlig gleichartiger Symptomatik, der aber, wenn sie überlebt wird, *keine* Schübe folgen. Man spricht dann von der **akuten demyelinisierenden Enzephalomyelitis (ADEM).**

Es ist nicht klar, welche Verwandtschaft zur Multiplen Sklerose besteht. Die akute demyelinisierende Enzephalomyelitis kann zwar spontan auftreten, kommt aber sehr viel häufiger im Gefolge von Infektionskrankheiten oder Impfungen vor. Klinisch, aber auch histologisch, wenn keine Hämorrhagien bestehen, ist die akute demyelinisierende Enzephalomyelitis zunächst von der akuten Multiplen Sklerose (Typ Marburg) nicht abzutrennen.

Da die klinsichen Zeichen der akuten Multiplen Sklerose (Marburg-Typ) und der akuten demyelinisierenden Enzephalomyelitis denen einer akuten Enzephalitis entsprechen, wird man bei *spontanem* Auftreten wohl kaum in erster Linie an die akute Multiple Sklerose oder an die akute demyelinisierende Enzephalomyelitis denken, sondern z. B. an eine Virusenzephalitis.

Zunächst bestimmen ganz unspezifische Symptome, welche man nicht mit einer Multiplen Sklerose in Zusammenhang bringen würde, das Bild. Es kommt zu Fieber, Kopfschmerzen, Erbrechen, Verwirrtheit und Vigilanzstörungen von der Apathie bis zum Koma. Die neurologischen Störungen sind vielgestaltig: Halbseitenstörung, Kleinhirnstörung, Optikusneuritis u. a. Die Diagnose akute demyelinisierende Enzephalomyelitis ist nur dann einfach, wenn sich eruieren läßt, daß eine Impfung oder ein Infekt vorausgegangen ist. Tritt die Krankheit aber spontan auf oder läßt sich der Infekt anamnestisch nicht sicher ermitteln, dann wird man eine akute demyelinisierende Enzephalomyelitis erst nach Beobachtung des weiteren Verlaufs feststellen können. Es ist nur dann gerechtfertigt, eine akute demyelinisierende Enzephalomyelitis anzunehmen, wenn etwa 6 Monate nach dem Ergebnis kein weiterer Schub aufgetreten ist (Kesselring u. Mitarb. 1990). Eine akute demyelinisierende Enzephalomyelitis kann auch angenommen werden, wenn das autochthone IgG im Liquor wieder verschwindet, was bei der Multiplen Sklerose nicht vorkommt.

Um eine akute Multiple Sklerose hat es sich gehandelt, wenn sich Schübe anschließen. Man muß aber auch dann eine akute Multiple Sklerose annehmen, wenn – was selten vorkommt – vorher schon Zeichen einer Multiplen Sklerose (Schübe) bestanden haben. Dann ist die „akute MS" eher als ein besonders massiver Schub zu deuten.

Bei *Kindern* kommt die Multiple Sklerose selten vor (s. S. 105), verläuft aber oft *sehr akut* mit Fieber, Neigung zu Hirnödem, Bewußtseinsstörungen und Anfällen.

Die Mortalität ist dann hoch (Sheremata u. Mitarb. 1981). Bei einem akuten enzephalitischen Krankheitsbild wird man bei Kindern wohl zunächst nur selten an den ersten Schub einer Multiplen Sklerose denken.

Kernspintomographisch findet man sowohl bei der akuten Multiplen Sklerose als auch bei der akuten demyelinisierenden Enzephalomyelitis massive Veränderungen (Abb. 16.**8**), welche aber so unspezifisch sind, daß sie keine Differentialdiagnose zulassen. Sie könnten z. B. genauso gut zu einer progressiven multifokalen Leukenzephalopathie (s. S. 219) oder zu einem intrazerebralen Lymphom passen.

Die Mortalität bei der akuten demyelinisierenden Enzephalomyelitis ist mit 30 % sehr hoch. Eine starke Bewußtseinstrübung ist prognostisch ungünstig. Erfolgt der Tod sehr rasch, dann läßt sich auch histologisch die Differentialdiagnose zwischen akuter Multipler Sklerose und akuter demyelinisierender Enzephalomyelitis oft nicht stellen, es sei denn, daß eine hämorrhagische Leukenzephalitis vorliegt, welche als *perakute Form der akuten demyelinisierenden Enzephalomyelitis* aufgefaßt werden kann.

Die akute demyelinisierende Enzephalomyelitis kann auch in Form einer **Querschnittsmyelitis** auftreten (s. S. 221). Kombiniert sich diese Querschnittsmyelitis mit einer Retrobulbärneuritis, dann haben wir das Bild der *Neuromyelitis optica* (s. S. 116). Die Neuromyelitis optica als Ausdruck der akuten demyelinisierenden Enzephalomyelitis wurde als postinfektiöse Komplikation bei Varizellen (Chusid u. Mitarb. 1979), postvakzinal (nach Grippeimpfung) (Saito u. Mitarb. 1980) und nach unspezifischen Infekten (Breukelmann u. Mitarb. 1988) beschrieben. Auch ein immunologischer Zusammenhang mit Lungentuberkulose ist bekannt (Hughes u. Mair 1977, Barbizet u. Mitarb. 1980), wobei akutelle Berichte aus Südafrika stammen (Siler u. Mitarb. 1990).

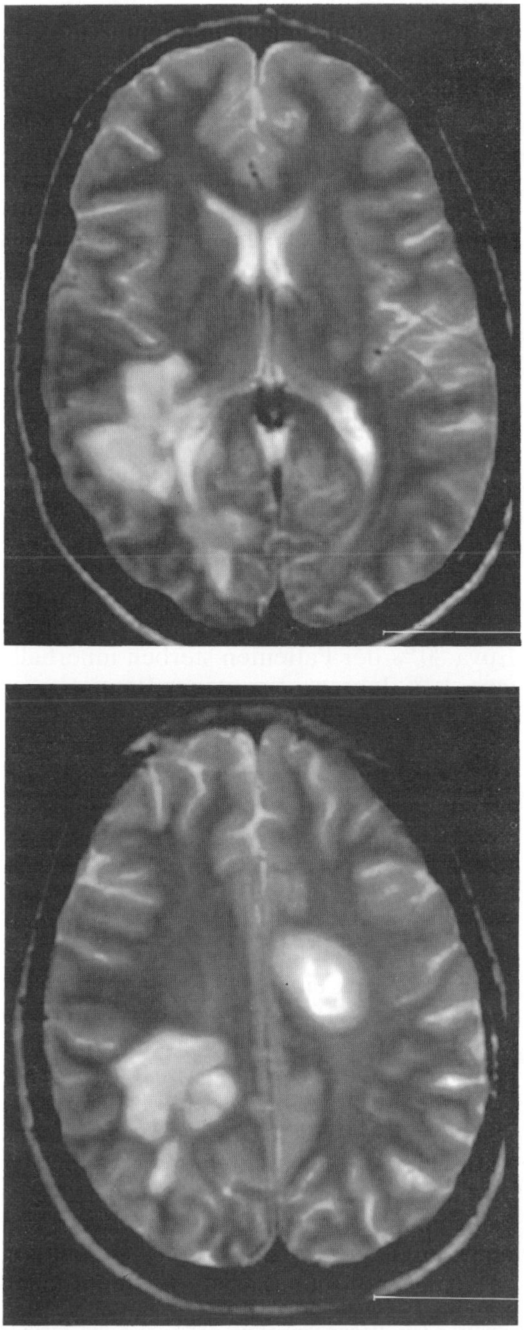

Abb. 16.**8** Akute demyelinisierende Enzephalitis. Mädchen, 17 Jahre. Plötzlich auftretende ausgeprägte neurologische Symptomatik mit Hemiparese rechts und Hemianopsie nach links. Verschwinden des autochthonen Liquor-IgG mit guter Rückbildung der neurologischen Symptomatik. Kein weiteres Ereignis innerhalb von 2 Jahren

Subakute sklerosierende Panenzephalitis (SSPE)

(Synonym: Einschlußkörperchenenzephalitis Dawson, Panenzephalitis Pette-Döring, subakute sklerosierende Leukenzephalitis van Bogaert)

In der Regel werden von der subakuten sklerosierenden Panenzephalitis (SSPE) Kinder und Jugendliche im Alter von 2–20 Jahren befallen. Das durchschnittliche Alter beträgt etwa 7 Jahre. Bei über 50 % der Fälle läßt sich eine *Maserninfektion* in der Vorgeschichte nachweisen.

Die Krankheit beginnt mit *intellektuellen und psychischen Abbauerscheinungen,* denen neurologische Ausfälle folgen, meist *motorische Störungen, Koordinationsstörungen, Myoklonien* und manchmal auch *epileptische Anfälle.* Die Symptomatik nimmt rasch zu und kulminiert dann schließlich in einer Dezerebrationsstarre. Etwa 80 % der Patienten sterben innerhalb von 1–3 Jahren. Spontane Remissionen und chronische Verläufe sind sehr selten.

Im *EEG* findet man häufig, etwa im Abstand von 5–7 Sekunden, periodisch aufschießende Komplexe von Spikes und langsamen Wellen, sogenannte *Radermecker-Komplexe,* die meist mit Myoklonien korrelieren.

Wegweisend für die Diagnose ist neben den EEG-Veränderungen, die allerdings fehlen können, eine ganz ausgeprägte Produktion von *Antikörpern gegen Masernstrukturantigene,* die sowohl im Blut als auch im Liquor nachweisbar ist. Die oligoklonalen Banden im Liquor bestehen fast nur aus Masernantikörpern. Mit diesen Befunden kann man die subakute sklerosierende Panenzephalitis von der *Schilderschen Krankheit* sicher abtrennen. Eine *Pleozytose* kann ganz fehlen.

Pathologisch-anatomisch ist bei der subakuten sklerosierenden Panenzephalitis nicht nur die weiße, sondern auch die graue Substanz betroffen, was auch in der Bezeichnung *„Panenzephalitis" (Pette-Döring)* zum Ausdruck kommt. Man findet gelegentlich in den Nervenzellen eosinophile intranukleäre Einschlußkörperchen, weshalb die Krankheit früher auch als *„Einschlußkörperchenenzephalitis (Dawson)* bezeichnet wurde. Diese Einschlußkörperchen entsprechen wohl einer Anhäufung von Viruspartikeln, in diesem Fall von Masernvirus. Sie sind aber nicht typisch für die subakute sklerosierende Panenzephalitis, weil sie auch bei der Herpesenzephalitis und in Astrozytomen vorkommen (Hirano 1983).

Kernspintomographisch findet man unspezifische, diffuse, teils symmetrische, teils asymmetrische Entmarkungszonen, verbunden mit einer kortikalen Atrophie, *welche sich kaum von den Veränderungen bei der Schilderschen Krankheit unterscheiden.* Wenn die typischen Radermecker-Komplexe im EEG fehlen, kann man ohne Liquorbefunde die subakute sklerosierende Panenzephalitis von der Schilderschen Krankheit nicht unterscheiden. Bei besonders akuten Verlaufsformen muß man auch an die *akute Multiple Sklerose*, an die *akute demyelinisierende Enzephalomyelitis* oder an eine andersartige Enzephalitis denken. Hohe bis höchste Titer von Antikörpern gegen Masern sind beweisend für die subakute sklerosierende Panenzephalitis.

Progressive Rubeolenenzephalitis

Ähnliche Erscheinungen wie die subakute sklerosierende Panenzephalitis können in seltenen Fällen bei einer *Rötelninfektion* auftreten. Die progressive Rötelnenzephalitis entwickelt sich ebenfalls meist erst viele Jahre nach der eigentlichen Rötelninfektion. Wie bei der subakuten sklerosierenden Panenzephalitis stellt sich bei den fortschreitenden psychoorganischen Veränderungen mit Pyramidenläsion, teilweise auch mit extrapyramidalen Störungen die *Differentialdiagnose zur Schilderschen Erkrankung.*

Im Gegensatz zur subakuten sklerosierenden Panenzephalitis sind bei der Rubeolenenzephalitis Kleinhirnzeichen häufig. Im Liquor besteht ebenfalls eine autochthone IgG-Bildung (rötelnspezifisch). Im EEG können periodische hochamplitudige Slow-wave-Komplexe auftreten. Es wurde auch eine Form der Rubeolenenzephalitis beschrieben, die einen *schubweisen Verlauf* zeigt (Callaghan u. Mitarb. 1977).

AIDS-Enzephalopathie (AIDS-Dementia-Komplex)

AIDS führt u. a. auch zu einer Demyelinisierung im Marklager und zu Polyneuropathien. Weil die Demyelinisierung aber im Hintergrund steht, rechnet man AIDS nicht zu den demyelinisierenden Krankheiten. Die zentralnervösen Symptome bei AIDS sind entweder durch eine primäre Wirkung des HIV I (human immunodeficiency virus, früher HTLV III) bedingt oder durch opportunistische Infektionen des Zentralnervensystems. Für differentialdiagnostische Erwägungen ist wichtig, daß *zentralnervöse Symptome* nicht nur in späten, sondern *sehr häufig schon in frühen Stadien der Erkrankung auftreten.*

Als direkte Folge des HIV-Befalls wird die *subakute Enzephalopathie* oder *AIDS-Enzephalopathie* (AIDS-Dementia-Komplex) angesehen, welche man zunehmend häufiger beobachtet.

Es kommt zu progredienten psychopathologischen Veränderungen, die im Computertomogramm mit einer Gehirnatrophie und teils mit hypodensen Zonen einhergehen. Im Vordergrund der klinischen Störungen stehen zunächst *leichte Gedächtnis- und Konzentrationsstörungen* mit einer *affektiven Nivellierung,* die dann schließlich in die *Demenz* münden. Die oft ganz uncharakteristischen psychischen Störungen werden erst später von *neurologischen Störungen* verschiedener Art begleitet wie Ataxie, Paresen, parkinsonistische Erscheinungen u.a. (Enzensberger u. Fischer 1987). Schon bevor die Patienten klinisch manifeste Symptome bieten oder kernspintomographische Veränderungen nachweisbar sind, kann man mit besonderen Untersuchungsmethoden feinmotorische Störungen aufdecken (Arendt u. Mitarb. 1990).

Die Veränderungen im *Kernspintomogramm* sind unspezifisch. Man findet flächige und fleckige Entmarkungszonen, wobei die subkortikalen Areale (U-Fasern) verschont bleiben (Valk u. van der Knaap 1989). Fokale Veränderungen, die wie Herde der Multiplen Sklerose aussehen können, sind meist durch andere Infektionen wie z.B. durch Toxoplasmose bedingt. Eine Differenzierung gegen die vaskuläre subkortikale Enzephalopathie oder gegen Multiple-Sklerose-Herde ist kernspintomographisch nicht möglich. Im Liquor finden sich nur diskrete entzündliche Veränderungen. Es soll eine IgG-Erhöhung *ohne* oligoklonale Banden vorkommen.

Beim klassischen Verlauf ist die Differentialdiagnose zur Multiplen Sklerose nicht schwierig. *Allerdings kann auch die Multiple Sklerose primär mit psychischen Symptomen beginnen* (s. S. 73) Man wird in einem solchen Fall aber eher in Gefahr geraten, die Multiple Sklerose zu verkennen.

Kommen bei der AIDS-Enzephalopathie rasch neurologische Störungen dazu, dann wird man versucht sein, zunächst eine Multiple Sklerose anzunehmen. Bei AIDS-Kranken findet man sehr häufig als Zeichen der beginnenden Enzephalopathie einen *Blickrichtungsnystagmus* oder *dissoziierten Nystagmus* (Pfister u. Mitarb. 1989). Da der Nystagmus nun eines der häufigsten Symptome bei Multipler Sklerose ist, kann man leicht auf die falsche Fährte gebracht werden.

Vor der Fehldiagnose wird man nur durch die Erhebung einer *genauen Anamnese* geschützt. Es muß nach Sexualpraktiken, nach Zugehörigkeit zur Drogenszene und nach Bluttransfusionen gefragt werden. Man muß auch dezidiert nach den Zeichen des Lymphadenopathiesyndroms fragen (Tab. 16.**11**) (AIDS-Myelopathie s. S. 207).

Tabelle 16.**11** Anamnesefragen bei neurologischen Störungen, die durch AIDS verursacht sein könnten

Äußere Umstände	Körperliche Symptome (Lymphadenopathiesyndrom)
Sexualprobleme	Lymphknotenschwellungen (evtl. schon seit Monaten bis Jahren)
Bluttransfusion	Leistungsknick
Drogen	Nachtschweiß
	Fieber (ohne Erregernachweis)
	Diarrhoe (ohne Erregernachweis)
	Gewichtsabnahme

Progressive multifokale Leukenzephalopathie (PML)

Die progressive multifokale Leukenzephalopathie (PML) beginnt uncharakteristisch mit zerebralen Symptomen, vorwiegend motorischen Störungen und einem zunehmenden hirnorganischen Psychosyndrom.

Häufig sind *Gesichtsfeldausfälle.* Innerhalb von 3–6 Monaten tritt der Tod ein. Die Krankheit entsteht fast nur im Rahmen neoplastischer Erkrankungen des lympho- und myeloretikulären Systems, bei AIDS und bei immunsuppressiver Behandlung. Es sind aber auch spontan auftretende Fälle, zum Teil allerdings mit atypischem Verlauf beschrieben worden (Richardson 1970, Müller u. Mitarb. 1987).

Vermutlich handelt es sich um eine Erkrankung durch *Papovaviren,* die normalerweise harmlos sind, aber unter veränderten immunologischen Verhältnissen virulent werden. Histologisch findet man multifokale, demyelinisierende Plaques, die zu großen Entmarkungsherden konfluieren und deshalb im *Kernspintomogramm* wie große konfluierende Multiple-Sklerose-Herde aussehen.

Die Oligodendrozyten sind geschwollen und enthalten Einschlußkörperchen, die wohl Papovavirusstrukturen entsprechen. Die Demyelinisierung erfolgt vermutlich über die Zerstörung von Oligodendrozyten. Die Astrozyten zeigen Mitosen und bizarre Chromatinmuster, was bei Multipler Sklerose selten vorkommt. Die Herde sind nicht wie bei Multipler Sklerose streng perivaskulär angeordnet.

Neben dem Marklager des Großhirns können auch die *Brücke,* die *Medulla oblongata* und sehr selten auch das *Rückenmark* betroffen sein. Bei der Obduktion, aber auch kernspintomographisch, findet man zystenartige Strukturen, die vermutlich durch die rasche Progredienz entstehen, wobei die Gliafaservernarbung nicht mehr nachkommt.

Klinisch läßt sich die Diagnose nur dann vermuten, wenn man eines der typischen Grundleiden wie z.B. eine lymphoproliferative Störung findet oder wenn AIDS bekannt ist. Die klinischen Störungen sind uncharakteristisch. *Im Gegensatz zur Multiplen Sklerose findet man jedoch bei etwa 50 % der Kranken Gesichtsfeldausfälle.* Bei Kindern und Jugendlichen ergibt sich deshalb die Differentialdiagnose zur *Schilderschen Erkrankung.* Bei der progressiven multifokalen Leukenzephalopathie ist der *Liquor* oft nicht oder nur sehr geringfügig verändert. Bei der Multiplen Sklerose mit derartig massiven klinischen Symptomen und Veränderungen im CT und NMR müßte man aber sehr deutliche Liquorveränderungen mit IgG-Erhöhung erwarten.

Unter Umständen wird man eine stereotaktische Hirnbiopsie durchführen. Die progressive multifokale Leukenzephalopathie kann damit einigermaßen sicher diagnostiziert werden (Feiden u. Mitarb. 1990).

Zentrale pontine Myelinolyse

Die zentrale pontine Myelinolyse (ZPM) ist eine sehr seltene Krankheit, über deren Ursache man wenig weiß. Es kommt zu einer akuten Demyelinisierung im ventralen Anteil des Pons. Klinisch entwickelt sich entsprechend eine Tetraparese mit horizontaler Blicklähmung, Dysarthrie und Schluckstörung.

Die zentrale pontine Myelinolyse tritt in der Regel bei Patienten mit chronischem Alkoholismus, aber auch bei solchen mit Leberschädigung und anderen Krankheiten auf. Meist bestand eine Hypo- und/oder Hypernatriämie, die zu schnell ausgeglichen wurde. Dem Ganzen liegt vermutlich eine inadäquate Sekretion des antidiuretischen Hormons (ADH) zugrunde.

Die Diagnose ist schwer zu stellen, vor allem weil man die typischen CT- und Kernspinveränderungen nicht gleich zu Beginn findet und die Krankheit häufig sehr rasch, oft innerhalb von 1–2 Wochen zum Tod führt (Berlit 1986). Es gibt allerdings auch weniger dramatisch verlaufende Formen (Pfister u. Mitarb. 1989).

Verwirrend wird das Bild, wenn im Kernspintomogramm auch *extrapontine Demyelinisierungen* nachgewiesen werden (Hemisphärenmark, Kleinhirnschenkel, Tegmentum des Mittelhirns), was gar nicht so selten ist.

Die *Differentialdiagnose* zur akuten Multiplen Sklerose oder akuten demyelinisierenden Enzephalomyelitis wird aber meist nicht schwer sein, weil die zentrale pontine Myelinolyse fast immer im Rahmen anderer schwerer Krankheitsbilder auftritt. Allerdings kann dann, wenn bei dem akuten Verlauf der Alkoholismus und vielleicht auch die Leberschädigung noch gar nicht bekannt sind, die Differentialdiagnose sehr schwer werden. Wir haben aber umgekehrt auch schon bei einem akuten Krankheitsbild wegen eines massiven Herdes in der Brücke eine zentrale pontine Myelinolyse angenommen, wobei später eine akute demyelinisierende Enzephalomyelitis wahrscheinlich gemacht werden konnte.

Marchiafava-Bignami-Syndrom

Das Marchiafava-Bignami-Syndrom (MB) kommt im Gegensatz zur zentralen pontinen Myelinolyse nur bei Alkoholikern vor.

Aus völlig unbekannten Gründen entsteht nach langjährigem Alkoholabusus (ca. 2 l Wein pro Tag) eine zentrale *Balkennekrose*. Die Krankheit beginnt mit einer starken Demyelinisierung, wobei zunächst die Axone noch erhalten bleiben.

Der obere und untere Rand des Balkens ist *nicht* zerstört, was ein typisches kernspintomographisches Bild ergibt (Valk 1989). Manchmal findet man auch Demyelinisierung im Hemisphärenmark und Nekrosen in den Basalganglien. Es wird angenommen, daß es sich bei dem Marchiafava-Bignami-Syndrom um eine Variante der extrapontinen zentralen Myelinolyse handelt, weil beide Krankheiten auch zusammen schon vorgekommen sind (Ghatak u. Mitarb. 1978).

Die Krankheit beginnt meist subakut, kann aber auch akut und chronisch verlaufen. Es kommt zu Verwirrtheitszuständen und zu einer rasch progredienten Demenz. Die Patienten sind mutistisch. Wenn sie sprechen, besteht eine *dysarthrische Sprechstörung,* was wieder den Gedanken an eine Multiple Sklerose aufkommen lassen kann.

Der Tonus an den Extremitäten ist spastisch erhöht. Besonders stark ist die *Tonuserhöhung im Nacken,* so daß der Kopf manchmal in Extensionsstellung gehalten wird. Gleichzeitig besteht auch ein Trimus. Anfänglich kann das Bild mit einer *Enzephalitis* oder *akuten Multiplen Sklerose* verwechselt werden. Wenn aber die Nackensteife und Extension des Kopfes, eventuell auch noch ein *Trismus* dazukommen, ist eine akute Multiple Sklerose ganz unwahrscheinlich. Die Diagnose Marchiafava-Bignami-Syndrom ist intra vitam nur schwer zu stellen und unter Umständen mit Hilfe des Kernspintomogramms möglich, wenn man einen deutlich *konturierten Balken* finden kann (Valk u. van der Knaap 1989).

Andere Erkrankungen mit akuten und subakuten zerebralen Erscheinungen

Akut auftretende zerebrale Erscheinungen, die mit der akuten Multiplen Sklerose verwechselt werden können, gibt es beim *Lupus erythematodes,* bei der *Periarteriitis nodosa,* dem *Behçet-Snydrom* und anderen Krankheiten, die mit einer *Vaskulitis* einhergehen (s. S. 183). Auch reine enzephalitische Bilder können unter Umständen zur Verwechslung mit der akuten Multiplen Sklerose oder ihren Sonderformen Anlaß geben.

Die wichtigste *paraneoplastische* Erkrankung des Gehirns ist die *progressive multifokale Leukodystrophie* (s. S. 219). Die seltene, ebenfalls fast nur paraneoplastisch bedingte *limbische Enzephalitis* geht vorwiegend mit mnestischen Störungen und Persönlichkeitsabbau einher, die dann bis zur Demenz führen. Differentialdiagnostische Schwierigkeiten ergeben sich dann, wenn man das ursächliche *Bronchialkarzinom* noch nicht gefunden hat. Die Multiple Sklerose kann ebenfalls mit massiven psychopathologischen Symptomen ohne ins Gewicht fallende neurologische Störungen beginnen. Die herdförmigen Veränderungen bei Multipler Sklerose im CT und Kernspintomogramm sind aber völlig anders als die bei der limbischen Enzephalitis.

Die ebenfalls sehr seltene, paraneoplastische *bulbäre Enzephalitis* ist durch eine Bulbärparalyse charakterisiert, oft verbunden mit Augenmuskelstörungen und vestibulären Erscheinungen. Da diese bulbäre Enzephalitis häufig mit peripher-neurologischen Störungen einhergeht, ergeben sich gegenüber der akuten Multiplen Sklerose nur bedingt differentialdiagnostische Schwierigkeiten.

Akute spinale Symptomatik

Akute Querschnittsmyelitis

Nur selten tritt die Multiple Sklerose unter dem Bild einer akuten Querschnittsmyelitis auf. So entwickelte sich nach einer Querschnittsmyelitis *nur in 1,6–7,7% der Fälle* eine Multiple Sklerose (Altrocchi 1963,

Lipton u. Teasdall 1973, Ropper u. Postkanzer 1978, Berman u. Mitarb. 1981). In Japan ist die Querschnittsmyelitis als Ausdruck einer Multiplen Sklerose aber deutlich häufiger (Shibasaki u. Mitarb. 1981).

Bei einem plötzlich aufgetretenen kompletten Querschnittssyndrom ist die Multiple Sklerose als Ursache in unseren Breiten demnach weniger wahrscheinlich. Inkomplette (partielle) Querschnittssyndrome werden aber bei Multiple-Sklerose-Herden häufiger gesehen.

Es gibt eine Reihe von Krankheiten, die man bei der akuten Querschnittsmyelitis, auch wenn sie nicht komplett ist, bedenken muß. Am wichtigsten ist die **akute demyelinisierende Enzephalomyelitis (ADEM,** s. S. 216), welche isoliert mit spinalen Symptomen vorkommen kann, gelegentlich auch unter dem Bild der Neuromyelitis optica (s. S. 116 u. S. 217).

Wenn eine typische Vorgeschichte fehlt (Impfung, Infektion), dann gelingt die Differentialdiagnose zwischen akuter disseminierter Enzephalomyelitis und Multipler Sklerose nicht. Wenn man supraspinale Herde findet (NMR, evozierte Potentiale), ist die akute disseminierte Enzephalomyelitis dennoch nicht ausgeschlossen.

Man sollte in solchen Fällen nach einer zusätzlichen klinischen oder *subklinischen Polyneuropathie* suchen, welche fakultativ bei der akuten disseminierten Enzephalomyelitis vorkommen kann, nicht aber zum Bild der Multiplen Sklerose gehört.

Wenn früher schon einmal neurologische Störungen bestanden, welche man als Multiple-Sklerose-Schub deuten könnte, so spricht dies wiederum gegen eine akute disseminierte Enzephalomyelitis.

In vielen Fällen hilft nur die Verlaufsbeobachtung. Die akute disseminierte Enzephalomyelitis ist ein *abgeschlossener Vorgang,* d.h. wenn später weitere neurologische Funktionsstörungen auftreten oder subklinische Herde nachgewiesen werden können (evozierte Potentiale, NMR), spricht dies gegen die akute disseminierte Enzephalomyelitis und für die Multiple Sklerose.

Der *Liquor* trägt in der Akutphase zur Differentialdiagnose Multiple Sklerose nichts bei, weil autochthone IgG-Bildung und oligoklonale Banden bei beiden Krankheiten vorkommen können. Wenn aber die akute Querschnittsmyelitis durch eine Multiple Sklerose verursacht ist und autochthones IgG im Liquor gefunden wurde, dann bleibt diese IgG-Erhöhung bestehen. Bei der Multiplen Sklerose wurde kaum je festgestellt, daß das IgG wieder verschwand. Bei einer andersartigen Querschnittsmyelitis mit IgG-Bildung verschwindet dieses nach Abklingen der Akutphase wieder, bzw. es wird deutlich vermindert. Weitere Lumbalpunktionen, Woche oder Monate nach Beginn der Symptomatik, können dann differentialdiagnostisch Aufschluß geben.

Die Querschnittsmyelitis beginnt oft mit einem *dumpfen Rückenschmerz,* meist verbunden mit einem *gürtelartigen Schnürgefühl* um den Leib. Wenn ein *allgemeines Krankheitsgefühl* besteht, verbunden mit Kopfschmerzen und Fieber, spricht dies *gegen* eine Multiple Sklerose. Bei der akuten Form der Multiplen Sklerose mit diffusem Befall des Nervensystems kann es allerdings gelegentlich, vor allem bei Kindern, auch zu Fieber und allgemeinem Krankheitsgefühl kommen.

Zusammen mit den Rückenschmerzen bzw. kurz danach kommt es dann zu *Parästhesien* und *Sensibilitätsstörungen.* Innerhalb von Stunden, seltener von Tagen, entwickeln sich meist schlaffe Paresen mit Blasen- und Mastdarmstörung. Die Paresen können auch aufsteigen und damit den Vedacht auf ein *Landry-Syndrom* lenken.

Eine unserer Patientinnen erkrankte akut mit Nacken- und Rückenschmerzen, wobei es dann innerhalb von 2 Tagen zu rasch aufsteigenden schlaffen Paresen bis C 8 kam. Wegen einer leichten Lymphopleozytose dachten wir zunächst an eine Meningoradikulitis. Nach 2 Wochen entwickelten sich die ersten spastischen Zeichen. Kernspintomographisch fanden sich mehrere Herde im Marklager, die visuell evozierten Potentiale waren beiderseits leicht verzögert. Wie der weitere Verlauf zeigte, hatte es sich um den ersten – ziemlich atypischen – Schub einer Multiplen Sklerose gehandelt.

Neben der akuten disseminierten Enzephalomyelitis gibt es akute Myelitiden durch *Viren* (Echo, Coxsackie, FSME). Akut – manchmal subakut bis chronisch – kann eine Myelitis auch im Rahmen einer *Borreliose* auftreten (Rousseau u. Mitarb. 1986, Mertens u. Mitarb. 1989). In frühen Stadien der Borreliose ist die Querschnittsmyelitis allerdings in der Regel mit einer Meningoradikulitis verbunden, was eine Multiple Sklerose als Ursache schon klinisch ausschließt. Im Stadium III der Borreliose ist die Myelitis zwar meist chronisch progredient, kann aber unter Umständen auch als akute Querschnittsmyelitis auftreten. Die Antikörperbestimmung im Liquor bringt dabei den entscheidenden diagnostischen Hinweis.

Myelographisch kann man bei Myelitiden eine Auftreibung des Rückenmarks über mehrere Segmente finden, so daß unter dem Verdacht auf eine spinale Raumforderung gelegentlich schon laminektomiert wurde. *Auch bei Multiple-Sklerose-Herden wurde vereinzelt schon eine derartige Rückenmarksschwellung gefunden* (Haughton u. Mitarb. 1979, Feasby u. Mitarb. 1981). Nach Abklingen des akuten Ereignisses stellt sich dann bei einer Kontrollmyelographie eine Rückenmarksatrophie (contracting cord sign) dar (Haughton u. Mitarb. 1979).

Ist das rasch aufgetretene Querschnittssyndrom inkomplett und findet man dabei das *Snydrom der A. spinalis anterior* (spastische Para-/Tetraparese, segmental schlaffe Paresen, dissoziierte Empfindungsstörungen unterhalb des betroffenen Segments, Hinterstrangsensibilität erhalten), dann liegt mit größter Wahrscheinlichkeit ein Gefäßprozeß vor. Aber auch die Querschnittsmyelitis kann die Hinterstränge ganz ausgespart lassen und somit das Syndrom der A. spinalis anterior nachahmen.

Das *Syndrom der Aa. spinales posteriores* (Hinterstrangataxie, Verlust der Eigenreflexe in Segmenthöhe, öfter Paresen) ist derart selten, daß eine Myelitis oder ein Multiple-Sklerose-Herde differentialdiagnostisch ebenso, vielleicht sogar noch eher in Betracht kommt. Vaskuläre Prozesse können aber auch zu einer kompletten Querschnittsläsion führen, welche klinisch nicht von einer Myelitis abzugrenzen ist.

Rückenmarksinfarkte entwickeln sich meist nicht so schlagartig wie Hirninfarkte, so daß die Geschwindigkeit, mit der sich die Symptomatik entwickelt, bei der Differentialdiagnose zur Multiplen Sklerose wenig hilft. Ein sicher apoplektisch auftretendes Querschnittssyndrom ist zwar in aller Regel gefäßbedingt, bei etwas langsamerer Entwicklung ist ein Gefäßprozeß aber nicht ausgeschlossen.

Die Hauptursache eines vaskulären Prozesses mit Rückenmarksstörung war früher die *Lues*. Heute sind es meist *arteriosklerotische* Veränderungen und thrombotische Verschlüsse, entweder der verschiedenen Rückenmarksarterien oder auch der von der Aorta abgehenden Segmentarterien. In einigen Fällen liegt dem akuten Querschnittssyndrom ein *Lupus erythematodes* (Lit bei Andrianakos u. Mitarb. 1975, Kewalramani u. Mitarb. 1978/1979) zugrunde. Es kann auch durch eine *Periarteriitis nodosa* (Hughes 1978), seltener durch einen *Morbus Behçet*, hervorgerufen werden. Es wurde sogar ein Querschnittssyndrom im Rahmen einer *Riesenzellarteriitis* (Arteriitis temporalis) beschrieben, welches sich unter Corticoidtherapie gut zurückbildete (Engelke u. Dörstelmann 1979).

Wenn **spinale Angiome** klinisch manifest werden, so geschieht dies meist unter einem progredienten oder *remittierenden* spinalen Bild (s. S. 190). In vielen Fällen entwickelt sich ein partielles oder vollständiges Querschnittssyndrom, welches durchaus auch apoplektisch auftreten kann. Weil diese Störungen oft eine *gewisse Rückbildungstendenz* zeigen, kann es leicht zu einer Verwechslung mit der Multiplen Sklerose kommen.

Durch **arteriovenöse Aneurysmen,** die teils intra-, teils extramedullär lokalisiert sind, kann es über eine plötzlich auftretende nekrotische Myelopathie zu einem Querschnittsbild kommen (angiodysgenetische nekrotisierende Myelopathie *Foix-Alajouanine*). Nur wenn man Erythrozyten im Liquor findet, kann man diese Diagnose, welche zu Lebzeiten meist nicht gestellt wird, vermuten.

Bei einem plötzlich auftretenden Querschnittssyndrom, auch wenn klinisch Hinweise für eine Multiple Sklerose vorliegen, muß man immer myelographieren oder eine Kernspintomographie durchführen, denn vor Überraschungen ist man nie sicher.

Eine bisher gesunde 45jährige Frau entwickelte *ohne* Schmerzen aus voller Gesundheit innerhalb weniger Stunden schlaffe Paresen der Beine mit spastischer Komponente, Pyramidenbahnzeichen und Sensibilitätsstörungen. Klinisch zeigten sich keine weiteren Besonderheiten. Die Laborwerte waren normal. Die vaskuläre oder myelitische Ätiologie schien sicher. Myelographisch und computertomographisch wurde eine große thorakale Raumforderung festgestellt, welche sich dann als *spontan* aufgetretenes *epidurales Hämatom* erwies.

Optikusneuritis

Die Retrobulbärneuritis im Rahmen der Multiplen Sklerose muß gegen Optikusläsionen abgetrennt werden, die durch eine Reihe von anderen Krankheiten hervorgerufen werden können. Dazu gehören vorwiegend Störungen durch Kompression des Nervs, entzündliche Läsionen, vaskuläre Läsionen und degenerative Erkrankungen. Die klinischen Erscheinungen bei Optikusneuritis im Rahmen der Multiplen Sklerose sind ausführlich in Kapitel 5 beschrieben.

Kompression des Nervus opticus

Eine Kompression des N. opticus, entweder durch Tumoren oder granulomatöse Wucherungen, führt zu einer langsamen Demyelinisierung und damit zu einer langsam zunehmenden Sehstörung. Die *langsame* Entwicklung spricht dann sehr gegen eine Optikusneuritis.

Es gibt bei Multipler Sklerose nur ganz selten eine langsam progrediente Retrobulbärneuritis (Ormerod u. McDonald 1984). Man kann in einem solchen Fall nur dann, wenn das visuell evozierte Potential massiv verzögert ist, auf die Demyelinisierung schließen. Eine Kompression des N. opticus kann auch zu einer Verzögerung des visuell evozierten Potentials führen, diese ist allerdings nicht so ausgeprägt wie bei der Retrobulbärneuritis, und die Amplitudenreduktion ist deutlich.

Oftmals wird den Patienten die durch eine Tumorkompression bedingte Sehstörung auf einem Auge erst bei bestimmten Gelegenheiten ganz unvermittelt bewußt, so daß der Eindruck entstehen kann, die Sehstörung habe sich plötzlich entwickelt. Am Augenhintergrund findet man dann aber eine *Papillenabblassung* als Ausdruck der Optikusatrophie, die auf keinen Fall plötzlich entstanden sein kann. *Die Papillenabblassung nach einer Retrobulbärneuritis entwickelt sich frühestens nach 2–4 Wochen.* Über die Perimetrie kann man differentialdiagnostisch in solchen Fällen keine sicheren Hinweise gewinnen, denn in beiden Fällen besteht ein Zentralskotom.

Manchmal kann die kompressionsbedingte Sehstörung aber doch sehr schnell entstehen, was dann die Differentialdiagnose ohne Hilfsmittel zunächst erschwert (Perkin u. Roose 1979). Vor allem in der Schwangerschaft kann es, besonders bei Meningeomen, sehr plötzlich zu einer Verschlechterung kommen, die sich unter Umständen auch wieder zurückbildet (Ehlers u. Malmros 1973). Die durch Tumordruck bedingte Sehstörung spricht manchmal gut auf Steroide an (Ehler u. Malmros 1973), was ebenfalls zur Verwechslung mit einer Retrobulbärneuritis führen kann.

Zu einem progredienten Visusverlust führt unter Umständen auch der **Morbus Boeck,** wenn Granulationsgewebe in der Orbita (Gudeman u. Mitarb. 1982) oder in der Optikusscheide (Frisén u. Mitarb. 1977) den N. opticus bedrängt. Bei Patienten mit Morbus Boeck (auch bei solchen, die keine Sehstörung bemerkten) waren bei den visuell evozierten Potentialen in 30 % Latenz- und Amplitudenveränderungen nachweisbar (Streletz u. Mitarb. 1981).

Bei **Tumoren** sind auch intermittierende Sehstörungen möglich.

Ein 14jähriger Junge klagte über eine Sehstörung auf dem linken Auge, welche nach wenigen Tagen wieder verschwand. Es wurde eine Optikusneuritis angenommen.

Einige Zeit später zog er sich beim Fußballspiel eine allenfalls leichte Commotio cerebri zu, bei der sich sofort eine Amaurosis des linken Auges entwikkelte. Wir fanden ein *Optikusgliom,* in welches es offensichtlich durch das Trauma eingeblutet hatte.

Auch bei **Meningeomen** und anderen Raumforderungen wurden intermittierende Sehstörungen berichtet, die zum Teil wohl durch intermittierenden Druck auf die A. ophthalmica zustande kamen (McDonald 1982).

Die *Stauungspapille* kann rein phänomenologisch kaum von einer Papillitis (Optikusneuritis im Bulbus) unterschieden werden. Die Differenzierung ist aber leicht, weil bei der Stauungspapille im Gegensatz zur Papillitis keine nennenswerte Sehstörung besteht.

Unter dem *Foster-Kennedy-Syndrom* versteht man die Kombination einer Optikusatrophie auf der einen mit einer Stauungspapille auf der anderen Seite (Kennedy 1911). Man kann durchaus bezweifeln, ob es sich dabei wirklich um eine Syndromeinheit handelt (Lange u. Vogel 1965).

Diese Symptomenkombination soll vorwiegend bei Frontalhirntumoren vorkommen, wird aber auch bei Tumoren der mittleren Schädelgrube und in anderen Regionen festgestellt. Bei der extremen Seltenheit einerseits und der unsicheren Lokalisation andererseits kommt dem Foster-Kennedy-Syndrom keine klinische Bedeutung zu.

Entzündliche Optikusläsionen

Bei der **akuten demyelinisierenden Enzephalomyelitis (ADEM,** s. S. 216) kann es zu einer Mitreaktion des N. opticus kommen, die dann von einer Retrobulbärneuritis bei Multipler Sklerose nicht zu unterscheiden ist. Der N. opticus ist dabei aber meist doppelseitig betroffen. Bei einer doppelseitigen Retrobulbärneuritis muß man deshalb immer differentialdiagnostisch die akute demyelinisierende Enzephalomyelitis in Betracht ziehen (zur Differentialdiagnose der ADEM s. S. 216).

Bei der heute sehr seltenen **luetischen Optikusneuritis** kommt es durch eine interstitielle Neuritis zu einem *langsam progredienten* Visusverlust mit Verzögerung und Amplitudenminderung im visuell evozierten Potential. Wegen der langsamen Entwicklung besteht zunächst keine Gefahr der Verwechslung mit einer Retrobulbärneuritis. Es kommen dabei aber auch intermittierende Sehstörungen vor (Alexopoulos u. Mitarb. 1985).

Die luetische Optikusatrophie kann isoliert auftreten, aber meist entwickelt sie sich im Rahmen einer *Tabes dorsalis.* Auch durch eine *basale luetische Meningitis* kann der N. opticus geschädigt werden.

Nasennebenhöhlenentzündungen wurden früher oftmals als Ursache einer Optikusneuritis angesehen. Man weiß heute aber, daß bei Patienten mit Optikusneuritis Sinusitiden nicht häufiger als bei anderen Patienten vorkommen (Perkin u. Rose 1979). Gelegentlich kann eine Optikusneuritis der Entwicklung eines **Guillain-Barré-Syndroms** vorauseilen (Uncine u. Mitarb. 1988). Im Stadium II der **Borreliose** kann ebenfalls – wenn auch selten – eine Optikusneuritis auftreten (Farris u. Webb 1986, Müller-Jensen u. Mitarb. 1992).

Vaskuläre Optikusläsionen

In der Regel kommt es erst nach dem 45. Lebensjahr zu ischämischen Optikusläsionen. Der Visusverlust entwickelt sich schlagartig und bleibt dann konstant. Manchmal kann die Sehstörung allerdings auch etwas fluktuieren. Wie bei einer Papillitis bzw. „intraokulären" Optikusneuritis kommt es zu einer *Papillenschwellung.*

Die Papillenschwellung bei einer ischämischen Optikusläsion ist im Gegensatz zu der bei Optikusneuritis eher blaß und farblos.

Oft findet man die Ursache nicht. Aber es gibt einige entzündliche Gefäßkrankheiten, welche auch sonst in der Differentialdiagnose der Multiplen Sklerose eine Rolle spielen. Dazu gehören der **Lupus erythematodes,** das **Sjörgen-Syndrom** (Alexander u. Mitarb. 1986) und der **Morbus Behçet** (Scouras u. Koutroumanos 1976). Die Sehstörung bei **Arteriitis temporalis** macht differentialdiagnostisch gegenüber der Optikusneuritis durch Multiple Sklerose in der Regel keine Schwierigkeiten. Die Sehstörung tritt bei älteren Menschen auf und ist mit Kopfschmerzen und einer teigigen Schwellung der Temporalarterien verbunden. Bei jungen Menschen kann es aber zu der sogenannten **juvenilen Arteriitis tempo-**

ralis mit *Eosinophilie* kommen (Bollinger u. Mitarb. 1986), einer Vaskulitis, die in der Nähe der Periarteriitis nodosa und der Churg-Strauss-Angiitis anzusiedeln ist.

Bei Patienten mit ausgeprägter **Karotisstenose** kann es auf dem gleichseitigen Auge zu einer deutlichen Sehminderung kommen, wenn der Betroffene hellem Licht ausgesetzt ist. Die Sehstörung ist wieder rückläufig, wenn das Licht etwas gedämpft oder eine Sonnenbrille getragen wird (Wiebers u. Mitarb. 1985). Dies darf man nicht mit der erhöhten *Blendempfindlichkeit* bei Optikusneuritis verwechseln. Man vermutet, daß diese Sehminderung bei Ischämie der Netzhaut durch eine Störung der Regeneration des Pigments bedingt ist.

Beidseitige Optikusläsionen

Wenn die Retrobulbärneuritis bei der Multiplen Sklerose *im Kindesalter* auch beidseitig auftreten kann (s. S. 34 u. 124), so ist doch die Beidseitigkeit zumindest bei Jugendlichen und Erwachsenen in unseren Breiten sehr selten. Man wird in solchen Fällen ganz besonders nach anderen Ursachen suchen müssen. Wenn die **akute demyelinisierende Enzephalomyelitis** den Sehnerv befällt, dann ist er fast immer doppelseitig betroffen.

Toxische Läsionen (Tabak-Alkohol-Amblyopie, Methylalkohol, Chinin u. a.), aber auch in bestimmten Fällen ein **(Vitamin-B_1- oder Vitamin-B_{12}-Mangel** betreffen den N. opticus beidseits. Durch **Chloramphenicol** kann es ebenfalls zu einer Optikusschädigung kommen (Godel u. Mitarb. 1980), bei welcher auch das Uhthoffsche Zeichen (Phänomen des inkonstanten Visus, s. S. 86) besteht.

Wenn bei Blasenstörungen mit einem *Anticholinergikum* behandelt wird, kann es als Nebenwirkung zu einer **Akkommodationsstörung** mit Verschwommensehen kommen, was gerade bei einem Patienten mit Multipler Sklerose zur Annahme einer Optikusneuritis verführen könnte.

Die **Lebersche Optikusatrophie** ist eine hereditäre Krankheit mit axonaler Degeneration und Demyelinisation im N. opticus. Sie kommt besonders bei Männern im Alter von 20–25 Jahren vor. Sie kann schubweise verlaufen und deshalb leicht mit einer Retrobulbärneuritis bei Multipler Sklerose verwechselt werden. Die Differentialdiagnose zur Multiplen Sklerose ist besonders schwierig, wenn die Heredität nicht bekannt ist und wenn – was bei der Leberschen Atrophie allerdings selten vorkommt – neurologische Erscheinungen wie Spastik und eventuell auch ein organisches Psychosyndrom auftreten. Auch kernspintomographische Veränderungen in der weißen Substanz sind möglich (Dotti u. Mitarb. 1992). Eine vorübergehende Verschlechterung des Visus bei körperlicher Anstrengung (Uhthoffsches Zeichen) wurde beschrieben (Smith u. Mitarb. 1973). Eventuell besteht auch bei Patienten mit Leberscher Optikusatrophie eine gewisse Empfänglichkeit für Multiple Sklerose (Harding u. Mitarb. 1992).

Die **Behrsche Optikusatrophie** ist ebenfalls hereditär und kommt bei Kindern vor. Dabei gehen u. a. auch Zellen im Corpus geniculatum laterale zugrunde (Horoupian u. Mitarb. 1979). Meist ist dabei die

Tabelle 16.**12** Krankheiten, die mit doppelseitiger Optikusatrophie einhergehen können und unter Umständen differentialdiagnostisch zur Multiplen Sklerose in Frage kommen

Akute demyelinisierende Enzephalomyelitis (ADEM)
Toxische Läsion (z. B. Tabak-Alkohol-Amblyopie)
Behrsche Optikusatrophie
Lebersche Optikusatrophie
Funikuläre Myelose
Leukodystrophie (s. S. 196)
Adrenoleukodystrophie (s. S. 211)
Spastische Spinalparalyse (s. S. 209)
Heredodegenerative Krankheit mit vorwiegender Hinterstrangataxie – Friedreichsche Ataxie – familiäre Hinterstrangataxie (Biemond) – hereditäre spastische Ataxie
Olivo-ponto-zerebellare Atrophie
Degenerative Kleinhirnatrophie

Optikusatrophie von Spastik und zerebellarer Ataxie begleitet. Die Ätiologie ist unklar. Beziehungen zur spinozerebellaren Heredodegeneration und zur Leberschen Optikusatrophie werden diskutiert.

Eine Reihe weiterer neurologischer Krankheiten kann mit beidseitiger Optikusatrophie einhergehen, wobei diese Krankheiten meist auch anderweitig differentialdiagnostisch zur Multiplen Sklerose in Frage kommen (Tab. 16.**12**).

Psychogene Störungen im Umfeld der Multiplen Sklerose

Bei der vielfältigen Symptomatik und den so verschiedenartigen Verlaufsformen der Multiplen Sklerose ist es nicht verwunderlich, daß einerseits psychogene Symptome als Ausdruck einer Multiplen Sklerose verkannt werden können, andererseits psychogene Symptome bei Kranken mit Multipler Sklerose schwer zu erkennen sind.

Psychogene Störungen im Umfeld der Multiplen Sklerose sollen im folgenden nach differentialdiagnostischen Gesichtspunkten geordnet werden. Man kann die Einteilung in *3 Hauptgruppen* vornehmen (Tab. 16.**13**).

Bei der *ersten Hauptgruppe* (I) handelt es sich um rein psychogene Störungen, die besonders als Erstsymptome der Multiplen Sklerose fehlgedeutet werden können. Die *zweite Gruppe* (II) besteht aus organisch begründbaren Symptomen bei Patienten mit Multipler Sklerose, die aber als psychogen verkannt werden können.

Tabelle 16.**13** **Psychogene Störungen im Umfeld der Multiplen Sklerose**

I. Pseudo-MS-Symptome (Symptome ohne organisches Korrelat)
II. Als psychogen zu verkennende organische Symptome
III. Psychogene Störungen bei MS-Kranken

Bei der *dritten Gruppe* (III) handelt es sich um psychogene Symptome bei Patienten mit Multipler Sklerose.

I. Pseudo-Multiple-Sklerose-Symptome (Symptome ohne organisches Korrelat)

Es gibt eine Reihe von psychogenen Störungen, die organisch anmuten und nicht selten den Verdacht auf eine Multiple Sklerose lenken können (Tab. 16.**14**).

Während man motorische Phänomene im Rahmen einer Konversionsneurose im allgemeinen leicht als nicht organisch begründet erkennen kann, ist dies bei sensiblen Störungen, vor allem wenn sie als Parästhesien vorgebracht werden, sehr viel schwieriger.

Neben der Konversionsneurose, deren körperliche Symptomatik eher *zufällig* zur Annahme einer Multiplen Sklerose führt, gibt es eine andere Form der Konversionsneurose, bei der die Patienten *ganz gezielt beim Arzt die Diagnose Multiple Sklerose induzieren wollen.*

Diese Form der Konversionsneurose soll hier als **MS-Philie** bezeichnet werden. Wie eine reife Frucht auf silbernem Tablett servieren solche Patienten dem Arzt die Diagnose Multiple Sklerose in so gekonnter Manier, daß dieser meist arglos zugreift. Diesen Patienten ist gemeinsam, daß sie schon einmal nähereren Umgang mit Multiple-Sklerose-Kranken hatten, sei es in der Verwandtschaft, sei es im Bekanntenkreis.

Tabelle 16.**14** **I. Pseudo-MS-Symptome** (Symptome ohne organisches Korrelat)

A. *Konversionsneurose*
   a) Mit körperlichen Symptomen, die zufällig den Verdacht auf eine MS lenken
   b) Mit körperlichen Symptomen, die den Verdacht auf eine MS wecken sollen (MS-Philie)
B. *Hypochondrische Neurose* (mit Fixierung auf die Diagnose MS)
C. *Symptomarme Psychose mit Zönästhesien*

Mit der Diagnose Encephalomyelitis disseminata, schubförmiger Verlauf, wurde uns vom Nervenarzt eine 35jährige Frau geschickt.

Sie war eine gepflegte Erscheinung, adrett, nicht ganz ohne Flair von Welt und mit einem denkwürdig sphinxhaften Lächeln. Sie berichtete zunächst mit leidvoller, gleichwohl tapferer Miene, daß sie eine Multiple Sklerose habe, genau wie ihr Ehemann, der nach 10jähriger Krankheit verstorben sei. Seit vielen Jahren arbeite sie in einer Multiple-Sklerose-Selbsthilfegruppe (wo sie, wie wir erfuhren, eine tonangebende Stellung innehatte) und habe den Leidensgenossen ihres Mannes und jetzt auch den eigenen viel geholfen.

Dabei wandelte sich das leidvolle Lächeln unmerklich in ein aufopferungsvolles.

Vor 5 Jahren seien zum ersten Mal Sehstörungen aufgetreten. Danach sei es zu einer Schwäche im linken Bein, später im rechten Bein gekommen. Sie habe die Diagnose gleich bei sich gestellt. Sie wisse wohl, daß man ihr nicht helfen könne.

Das Lächeln zeigte jetzt eine Metamorphose zur stillen Resignation. Dann aber mit einem winzigen Hoffnungsschimmer: „Aber ein bißchen Cortison könnte mir doch gut tun, Herr Doktor?"

Der Befund war eindrucksvoll: Es bestand eine deutliche spastische Gangstörung. Die Füße schleiften etwas am Boden, aber keineswegs mit der ärgerlichen Plumpheit, die man bei den meisten Patienten mit psychogenen Lähmungen feststellen muß. Ja, der Gang hatte sogar eine gewisse graziöse Komponente.

Dem Ganzen überlagerte sich ein Schuß – wirklich nur ein kleiner Schuß – von Rumpfataxie, welche dem scharfsichtigen Beobachter schon bei der sitzenden Patienten nicht entgangen war.

In den ersten Tagen kam nicht eine Spur von Zweifel an der Echtheit der Symptome auf. Der Irrtum kulminierte sogar in einer Lumbalpunktion.

Nicht beachtet wurden die etwas gröberen Paresen, welche nicht so recht zu dem Gangbild passen wollten und daß die Reflexe zwar äußerst lebhaft, aber nicht gesteigert waren. Auch das Babinskische Zeichen fehlte, die Bauchhautreflexe waren auslösbar.

Als der Verdacht auf eine *psychogene* Störung aufkam, war es nicht mehr schwer, die Psychogenie nachzuweisen. Auch dem psychotherapeutischen Konsiliarius gelang es nicht, die Patientin davon zu überzeugen, daß eine psychische Behandlung sinnvoller wäre als eine Cortisontherapie.

Häufiger als bei Patienten mit einer derartigen *MS-Philie*, die Ausdruck einer vordergründigen Hysterie ist, findet man solche mit **hypochondrischen** Befürchtungen. Es handelt sich dabei um Patienten mit einer Neigung zur Hypochondrie, die durch das Erlebnis einer Multiple-Sklerose-Erkrankung im Familien- oder Freundeskreis gewissermaßen auskristallisiert ist. Mehr oder weniger deutlich bemerken sie die Symptomatik, welche sie bei Bekannten oder Angehörigen kennengelernt haben, an sich selbst. Diese Patienten können dem Arzt eine reichhaltige Palette hypochondrischer Finessen bieten.

Das Gemeinsame bei Patienten mit MS-Philie und solchen mit hypochondrischer Fixierung auf eine Multiple Sklerose ist, daß sie Kontakt mit Multiple-Sklerose-Kranken hatten und daß sie dem Arzt, wenn auch aus unterschiedlichen, unbewußten Motiven, das Bild einer Multiplen Sklerose suggerieren.

Eine andere Gruppe von Patienten mit nicht organisch begründbaren Symptomen leidet unter einer **blanden Psychose mit Zönästhesien** (Huber 1987). Charakteristisch für Zönästhesien sind Beschwerden in Form von Mißempfindungen, die sehr bizarr anmuten, nicht den Eindruck des Gemachten vermitteln und ohne Theatralik vorgebracht werden.

So berichtete einer unserer jugendlichen Patienten, der seine Ausbildung abgebrochen hatte, daß seine Arme wie Holz seien und von innen heraus schmerzen würden; es sei wie ein inneres Brennen. Es komme immer wieder ein Gefühl über ihn, als ob langsam ein Reif um die Brust gespannt werde und ihm das Herz abgeklemmt würde.

Wenn derartige Beschwerden nur gering sind, kann sich der Verdacht auf eine organische Störung ergeben, kaum aber bei den meist sehr bizarren Schilderungen. *Die Patienten produzieren bei der Untersuchung im Gegensatz zu Hysterikern* **keine** *psychogenen Zutaten.* Das Problem ist nicht so sehr die Abgrenzung gegen eine körperliche Krankheit als vielmehr die Schwierigkeit, dem Patienten die psychische Genese der Störung klarzumachen.

Bei 2 unserer Patienten mit symptomarm verlaufender Psychose wurde von ärztlicher Seite – wenn auch nur in ganz unbestimmtem Sinn – der Begriff Multiple Sklerose gebraucht. Von diesem Augenblick an gab es keine Möglichkeit mehr, sie davon zu überzeugen, daß eine Multiple Sklerose ausgeschlossen sei. Einer der beiden Patienten hatte sogar eine zweite stationäre Aufnahme in einer anderen Klinik erzwungen.

Offensichtlich erleben diese Patienten es als eine so große Erleichterung, endlich einen Grund für ihre quälenden Störungen – den zönästhetischen Mißempfindungen – gefunden zu haben, daß sie einfach nicht mehr von dieser Erklärung lassen können (Zusammenfassung der MS-Symptomatik ohne organisches Korrelat s. Tab. 16.**14**).

Tabelle 16.**15** **Hauptgruppe III: Psychogene Störungen bei Multipler Sklerose**

1. Iatrogen induzierte Insuffizienz
   – mangelnde Aufklärung
   – zu lange Krankschreibung
   – ungerechtfertigte Berentung
2. Depressive Störungen
3. Psychogen bedingter Pseudoschub
   a) bei Depression
   b) Corticoidabhängigkeit
4. Ätiologieverleugnung

Leicht als psychogen zu verkennende Symptome der Multiplen Sklerose

Die zweite Hauptgruppe besteht aus Symptomen der Multiplen Sklerose, welche leicht als psychogen verkannt werden können. Dazu gehört z.B. das bisher noch nicht genügend geklärte Phänomen der *starken Ermüdbarkeit* (s. S. 71), die meist viel ausgeprägter ist, als man nach Art und Ausmaß der organischen Funktionsstörungen erwarten würde. Wenn man diese abnorme Ermüdbarkeit im besonderen, aber auch die pseudoneurasthenischen Beschwerden bei Patienten mit Multipler Sklerose im allgemeinen nicht kennt, wird man leicht in Gefahr geraten, eine psychogene Störung anzunehmen.

Isolierte *Sensibilitätsstörungen,* vor allem wenn sie sich nicht an die bekannten Muster halten, werden häufig, vor allem wenn man für eine Polyneuropathie oder für eine Multiple Sklerose keinen Anhalt findet, als psychogen angesehen. Große Schwierigkeiten ergeben sich auch bei isoliert auftretenden *Parästhesien,* die besonders häufig die Multiple Sklerose einleiten (s. S. 35) und oft jahrelang das einzige Symptom bei der benignen Form der Multiplen Sklerose sein können. Ungewöhnliche *paroxysmale Erscheinungen* (s. S. 79) wie z.B. paroxysmale Schmerzen, paroxysmales Jucken u.a., die kaum bekannt sind, werden oft als psychogen verkannt.

Psychogene Störungen bei Multipler Sklerose

Die dritte Hauptgruppe psychogener Störungen im Umfeld der Multiplen Sklerose und vermutlich auch die wichtigste sind die psychogenen Störungen *bei* Multiple-Sklerose-Kranken selbst. Diese psychogenen Störungen kann man in 4 Gruppen gliedern (Tab. 16.**15**).

Bei Multiple-Sklerose-Kranken findet man häufig *Insuffizienzgefühle,* die durch eine inkompetente ärztliche Führung bei psychisch labilen Kranken fixiert wurden. Ich möchte diese Erscheinung als **iatrogen fixierte Insuffizienz** bezeichnen.

Diese Patienten haben in der Regel nur geringe funktionelle Ausfälle, sind aber dennoch übergebührlich lange krankgeschrieben oder sogar berentet worden. Meist ist in die für die Berentung maßgebliche Beurteilung *die falsche Vorstellung des Arztes von einer schlechten Prognose der Multiplen Sklerose* mit eingegangen. Die meisten Patienten haben über die Laienpresse und vom Hörensagen die Vorstellung gewonnen, daß die Multiple Sklerose eine stets unheilvolle und immer zu Siechtum führende Krankheit sei. Diese Einschätzung finden sie dann durch lange Krankschreibung und sogar Berentung – wenn auch nur indirekt – vom Fachmann voll bestätigt. Wir kennen beängstigend viele, viel zu früh berentete Patienten. Einige davon zeigen blande oder sogar völlig inapparente Verlaufsformen. Versuche, diese Patienten nach längerer Zeit beruflich wieder einzugliedern, scheitern in der Regel an deren unverrückbarer (fixierter), negativer Einstellung zur Krankheit. Nachdem sie jahrelang das Bild einer schwerkranken Person inkorporiert haben, ist – wie bei

Patienten mit *MS-Philie* – die Multiple Sklerose so sehr zu einem integralen Bestandteil der Persönlichkeit geworden, daß alle ärztlichen Versuche der Umstimmung scheitern (s. S. 267).

Eine weitere bei Multiple-Sklerose-Kranken vorkommende psychogene Störung ist die **neurotische Depression,** die wie bei körperlich Gesunden auftreten kann. Da *die häufigste psychische Störung bei Kranken mit Multipler Sklerose die organisch verursachte Depression ist,* gelingt es nur schwer, meist gar nicht, die neurotische gegen die reaktive, endogene oder körperlich begründbare Depression abzugrenzen.

Bestimmte Einwirkungen, u. a. auch psychische, können bei Multiple-Sklerose-Kranken zu einer Verschlechterung führen, was dann wie ein frischer Schub aussehen kann (*Pseudoschub,* s. S. 98). Der **Pseudoschub** hat verschiedene Ursachen, u. a. auch die *depressive Verstimmung*. Auf welche Weise der Pseudoschub über eine Depression ausgelöst wird, ist nicht bekannt. Man kann sich aber durchaus vorstellen, daß es am Antrieb fehlt, die Störungen von Koordination oder Motorik bewußt zu kompensieren, so daß eine Verschlechterung vorgetäuscht wird. Die Symptomatik kann aber auch unbewußt verstärkt werden, was dann meist einem Appellcharakter oder Hilferuf gleichkommt.

Eine weitere diagnostische Fallgrube kann sich bei der *Corticoidtherapie* ergeben.

Eine 23jährige Patienten litt schon seit 4 Jahren unter einer Multiplen Sklerose, vorwiegend mit spastisch-ataktischer Gangstörung. Nach der ersten Corticoidbehandlung stellte sich rasch eine deutliche Besserung ein. Nach einem zweiten Schub, der wieder mit Corticoiden behandelt wurde, bildete sich die Symptomatik ebenfalls schnell zuück. Bald nach Beendigung der Corticoidtherapie kam es nochmals zu einem „Schub“, der wiederum rasch unter Corticoiden abklang. Zwischen dem niedergelassenen Nervenarzt und der Klinik wurde so einige Zeit Pingpong gespielt, bis endlich der Gedanke aufkam, daß eine *Corticoidabhängigkeit* vorliegen könnte.

Bei der Untersuchung unter diesem Aspekt zeigte sich jetzt in einem erneuten „Schub“, daß die Zunahme der Ataxie und der Parese *nicht echt* war.

Es gibt Patienten, die nach Beendigung der Corticoidbehandlung gewisse unangenehme, subjektive Symptome entwickeln wie Reizbarkeit, Kopfschmerzen, Lethargie, gelegentlich auch Erbrechen, Schwindel, Fieber und Appetitlosigkeit. Dies wurde als **Cortisonentzugssyndrom** bezeichnet, welches besonders den Rheumatologen bekannt ist. Wir vermuten daher, daß die oben beschriebene Verschlechterung der neurologischen Symptomatik, die wie ein erneuter Schub aussehen kann, eine psychische Reaktion auf den Corticoidentzug ist.

Es ist oft sehr schwierig, bei einer deutlich vorhandenen organischen Störung, die durch Aggravation oder psychogene Mechanismen aufgesetzte Komponente zu erkennen. Wenn Patienten unter einer Ataxie leiden und psychogene Störungen hinzukommen, dann neigen sie dazu, sich in ihre Ataxie gewissermaßen „hineinfallen“ zu lassen. Der unbefangene Untersucher, der bei einem schwer geschädigten Patienten überhaupt nicht an eine psychogene Symptomverstärkung denkt, hat eigentlich keine Chance, eine feine psychogene Komponente zu erkennen.

Selten kommt die **Ätiologieverleugnung** vor. Dabei handelt es sich um eine massive Verdrängung der Diagnose. Die Patienten sind fest davon überzeugt, daß ihre Beschwerden eine ganz andere Ursache haben, wie z. B. psychische Belastungen, berufliche Überbelastung, Verletzungsfolgen u. a.

Einer Patientin von uns gelang es sogar, bis zum Sozialgericht vorzudringen. Sie zeigte wohl schon länger eine leichte Schwäche im rechten Bein, die sie aber nicht realisierte. Sie erlitt dann einen Knöchelbruch rechts, der als landwirtschaftlicher Berufsunfall anerkannt wurde. Nach der Entfernung des Gipsverbandes war die Lähmung wohl dekompensiert oder vielleicht auch während der Krankenhauszeit schlimmer geworden. Es bestand eine rechtsbetonte Paraspastik der Beine, die Diagnose Multiple Sklerose wurde gesichert.

Sie konnte nicht einsehen, daß der Unfall nicht die Ursache der Lähmung war, auch nicht als ihr gezeigt wurde, daß das linke Bein ebenfalls schwach war. Der zeitliche Zusammenhang war für sie überwältigend. Es gab keinen Hinweis dafür, daß es ihr um die Rente ging. Sie war einfach nur von dem Unfallzusammenhang völlig überzeugt.

Psychogene Störungen bei Patienten mit Multipler Sklerose müssen immer in die Differentialdiagnose mit einbezogen werden, auch wenn gezeigt werden konnte, daß neurotische oder hysterische Störungen bei Multiple-Sklerose-Kranken *nicht häufiger* als bei anderen Patienten vorkommen (Caplan u. Nadelson 1980, Colombo u. Mitarb. 1988).

Über **psychophysische Symptome** bei Multipler Sklerose s. S. 71.

Ärztliche Betreuung

17. Therapie

Allgemeines

Die Therapiemöglichkeiten bei Multipler Sklerose sind noch sehr unbefriedigend. Für die nähere Zukunft kann man zwar auf weitere Verbesserungen hoffen, ein richtungsweisender Durchbruch scheint jedoch noch nicht in Sicht.

Wie bei allen Krankheiten, die von der sogenannten Schulmedizin nicht beherrscht werden, gibt es auch bei der Multiplen Sklerose eine fast unüberschaubare Anzahl von mehr oder weniger sinnlosen, zum Teil auch gefährlichen Außenseitermethoden, auf die hier nicht weiter eingegangen werden soll (Literatur bei Schweizerische MS-Gesellschaft, Bauer 1983, Schimrigk u. Schmitt 1988).

Man kann die zur Zeit üblichen therapeutischen Strategien in *2 Gruppen* einteilen. Zur ersten gehören Behandlungsweisen, von denen man annimmt, daß sie in irgendeiner Form, zumindest ansatzweise, in die pathogenetische Kette eingreifen und somit **kausalitätsbezogen** sind. Die zweite Gruppe besteht aus verschiedenen, rein **symptomatischen Therapien**, bei denen man nur einzelne Krankheitserscheinungen mildern, wenn möglich zum Verschwinden bringen will. Die symptomatische Therapie richtet sich nicht nur gegen die *primären Auswirkungen* der Multiplen Sklerose, d. h. gegen die einzelnen Symptome der Krankheit wie z. B. Spastik, Blasenstörung, Schmerzen u. a., sondern auch gegen die *sekundären Folgen*, Störungen, die durch die Symptome der Multiplen Sklerose selbst wieder hervorgerufen werden wie Blaseninfekte, Kontrakturen, Druckgeschwüre u. a.

Dort, wo man mit rein medizinischen Maßnahmen nicht mehr weiterkommt, beginnt die *Rehabilitation*, die aber besonders in den Anfangsphasen unter ärztlicher Betreuung erfolgen muß (Kap. 18, S. 263).

Kausalitätsbezogene Therapieansätze

Alle kausalitätsbezogenen Therapien nehmen für sich in Anspruch, in die pathogenetische Kette der Multiplen Sklerose einzugreifen. Viele mußten wieder verlassen werden, manche sind zum Teil noch in Erprobung. Durchgesetzt hat sich bis heute nur die Behandlung mit *Corticosteroiden (weniger ACTH), Azathioprin und Cyclophosphamid*. Einige Therapieformen, die wieder verlassen worden sind oder deren Erfolglosigkeit noch nicht ganz feststeht, werden am Schluß kurz erwähnt.

Corticoide

Die Anwendung von Glucocorticoidpräparaten oder ACTH brachte in der Behandlung der Multiplen Sklerose zum ersten Mal gewisse, wenn auch nur bescheidene Erfolge. Die ersten Studien, die statistischen Ansprüchen genügten (z. B. Miller u. Mitarb. 1961, Rose u. Mitarb. 1970), zeigten, daß mit Corticosteroiden oder ACTH behandelte Patienten besser abschnitten als solche, die nur ein Placebo bekamen. Die Schübe wurden abgekürzt, die Symptomatik bildete sich offensichtlich etwas besser zurück. *Langzeiterfolge waren aber mit Cortisonderivaten oder ACTH nicht zu erzielen. Der Verlauf der Krankheit wurde nicht beeinflußt.*

In Amerika ist, anders als in Deutschland, das ACTH gebräuchlicher als Corticoidpräparate. Es steht noch nicht fest, ob die Corticoidpräparate dem ACTH überlegen sind. Vermutlich besteht kein Unterschied in der Wirksamkeit. Die Corticoidpräparate sind jedoch viel einfacher zu handhaben und zu steuern. ACTH muß z. B. intravenös gegeben werden. Daß man ACTH in den USA bevorzugt, ist nicht wissenschaftlich, sondern wohl nur historisch begründet.

Vielerorts ist es noch üblich, mit einer Dosis von 80–150 mg Prednison/Prednisolon oder einem anderen Cortisonabkömmling zu beginnen und dann langsam über Wochen zu reduzieren. Es gibt leider nur empirische und keine wissenschaftlich abgesicherten Vorschläge, *wie lange* man im Einzelfall behandeln und wie *schnell* man reduzieren soll. Manche Autoren benützen ein Standardschema, andere modifizieren „ihr" Schema je nach Schwere des Krankheitsbildes und Dauer der Schübe. Ein verbindliches Therapieregime gibt es nicht.

Das übliche schrittweise Abbauen der Dosis im Bereich *über* 20–30 mg Prednisonäquivalent/Tag ist ebenfalls eher traditionell als wissenschaftlich begründet, während das schrittweise Reduzieren ab einer Dosis von 20–30 mg Prednison dadurch begründet ist, daß die Suppression des hypothalamisch-hypophysären-adrenalen Regelkreises langsam wieder durchbrochen wird. Eine Untersuchung von Miró u. Mitarb. (1990) hat aber gezeigt, daß gerade bei Kranken mit Multipler Sklerose dieser Regelkreis durch Prednison nur wenig gehemmt wird.

Das Corticoidpräparat wird immer am Morgen gegeben (6–8 Uhr), um den zirkadianen Rhythmus der physiologischen Cortisonausschüttung wenigstens teilweise nachzuahmen. Manche geben jeden 2. Tag die Dosis für 2 Tage auf einmal. Dies hat aber nur einen Sinn bei langdauernder Therapie mit *niederen Dosen* (z. B. 5–15 mg), die bei Multipler Sklerose nicht üblich ist. Darunter wird der Hypophysen-Nebennierenrinden-Regelkreis weniger gestört. *Bei hohen Dosen hat die alternierende Gabe keinen Sinn.*

Die meisten beginnen mit 100 mg, seltener mit 150 mg Prednison oder einem Analogon und reduzieren je nach Schwere des Bildes in 2- bis 3tägigen Abständen um 5–10 mg.

Corticoidstoßtherapie (pulse therapy)

In den 70er Jahren fand man, daß bei einer Reihe immunologisch begründbarer Krankheiten (z. B. Lupus erythematodes) der Erfolg mit hohen Dosen intravenös verabreichter Corticoide größer war als mit der üblichen Dosierung (Cathcart u. Mitarb. 1976, Cole u. Mitarb. 1976). Es wurde dann von Dowling u. Mitarb. 1980 erstmals berichtet, daß auch bei der Multiplen Sklerose die Behandlung mit höheren Dosen Methylprednisolon intravenös (600 mg/Tag für 3–4 Tage) und nachfolgend mit den üblichen, oral verabreichten Dosen in absteigender Dosierung ein besserer Effekt auf den Schub zu erreichen sei. Dieses Ergebnis wurde durch weitere Studien bestätigt, wobei die Anfangsdosis für die ersten Tage bis zu 1 000 mg Methylprednisolon i. v. betrug (Buckley u. Mitarb. 1982, Goas u. Mitarb. 1983, Newmann u. Mitarb. 1983, Barnes u. Mitarb. 1985, Riffel u. Stöhr 1985, Durelli u. Mitarb. 1986, Miligan u. Mitarb. 1987, Troiano u. Mitarb. 1987).

Unter dieser *Stoßtherapie (pulse therapy)* erfolgt die Besserung der Symptomatik bei einem Schub sehr früh, meist schon nach der 3. Infusion, manchmal schon nach 24 Stunden, fast immer innerhalb der 1. Woche. Bisweilen kommt es auch noch in den folgenden Wochen zu einer Besserung. Weitere Schübe werden aber auch durch diese Stoßtherapie nicht verhindert. Es handelt sich also nur um Kurzzeiterfolge. Diese Stoßtherapie ist aber offensichtlich effektvoller als die Therapie mit ACTH (Barnes u. Mitarb. 1985).

Auch Patienten, die unter einer chronisch *progredienten Form* der Multiplen Sklerose litten, sprachen zum Teil auf die Stoßtherapie gut an (Milligan u. Mitarb. 1987), wobei die Besserung aber fast nur die *Spastik* betraf, Sensibilitätsstörungen wurden weniger beeinflußt. Dies wurde aber von anderen Autoren nicht bestätigt (Durelli u. Mitarb. 1986, Stöhr 1992).

Unklar bleibt, warum gerade die Spastik auf diese Therapie ansprechen soll. Man könnte eventuell Zusammenhänge mit der allerdings nicht durchweg bestätigten Beobachtung einzelner Autoren sehen (Kappos u. Mitarb. 1985, Nelson u. Mitarb. 1973),

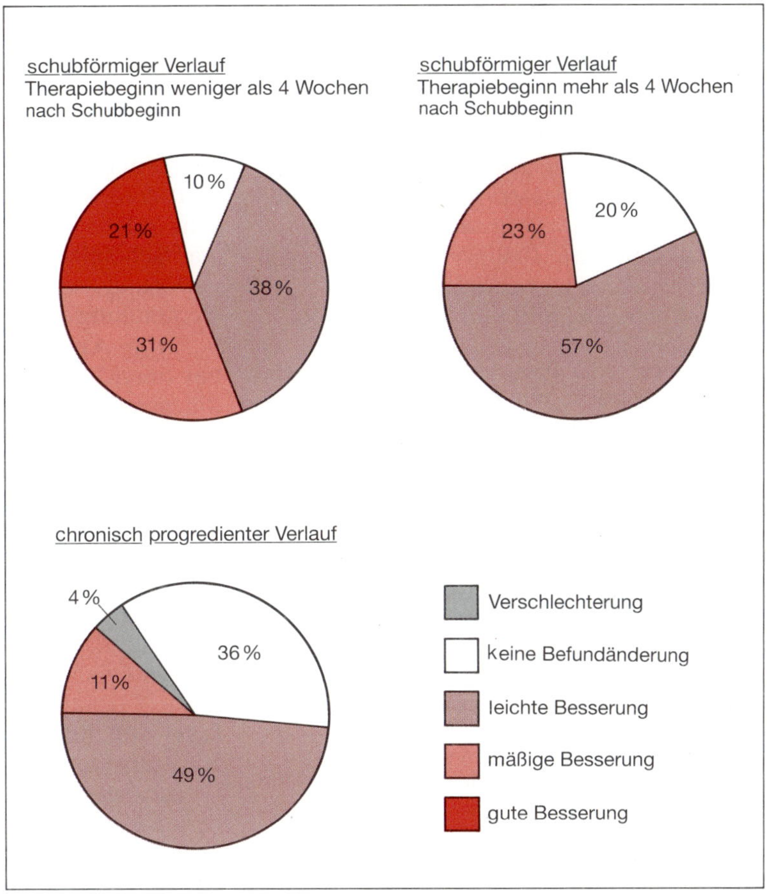

Abb. 17.**1** Abhängigkeit des Therapieerfolges einer Corticoidstoßtherapie vom Beginn der Behandlung und vom Krankheitsverlauf (nach Stöhr 1992)

daß die intrathekale Verabreichung von Corticoiden (S. 249) die Spastik bei Patienten mit Multipler Sklerose mindert.

Es wurde vielfach mit 1 000 mg eines Prednisolonpräparates pro Tag behandelt. *Bei Gaben von 500 mg Prednisolon am Tag wird das Ergebnis jedoch nicht schlechter* (Stöhr 1992) (Abb. 17.**1**). Im akuten Schub sprechen die meisten Symptome gut an, weniger jedoch psychoorganische Symptome sowie Blasen- und Mastdarmstörungen. Beim schubförmigen Verlauf ist die Ansprechbarkeit deutlich besser als beim chronischen (Stöhr 1992). Beim chronischen Verlauf ist die Corticoidtherapie nur bei einer deutlich feststellbaren Verschlimmerung indiziert. Ob regelmäßige, d. h. in bestimmten Abständen durchgeführte Corticoidstöße beim chronischen Verlauf einen Effekt haben, ist noch nicht geklärt.

Meist beschränkt man die intravenöse Gabe von hochdosierten Corticoiden auf 3–5 Tage und führt die Behandlung dann nicht mehr weiter. Aber auch nach 7 Tagen kann man noch folgenlos abrupt abbrechen. Bei dieser Dauer sind praktisch keine Nebenwirkungen zu verzeichnen, denn der Hypophysen-Nebennierenrinden-Funktionskreis wird dabei noch nicht beeinflußt (Literatur bei Kaiser 1987). Es kommt auch zu *weniger Nebenwirkungen* wie z. B. Gesichtsrötung, Knöchelödeme, manchmal metallischer Geschmack im Mund (Milligan u. Mitarb. 1987, Trotter u. Garvey 1980, Lyones u. Mitarb. 1988). Aseptische Knochennekrosen, die vorwiegend Hüft- und Oberarmkopf betreffen, sind nicht von der

Dosis abhängig, sondern nur von der Dauer der Anwendung des Präparates und sind somit nicht zu befürchten.

Man behandelt am besten mit 500 mg eines Prednisolonpräparates in einer 250-ml-Kochsalz- oder Glucoselösung über 5 Tage. Wegen der mineralocorticoiden Nebenwirkung sollte die Infusionsdauer nicht unter 30 Minuten betragen. Um Elektrolytstörungen entgegenzuwirken, empfiehlt sich zusätzlich eine kaliumreiche und natriumarme Kost.

Medikamente wie Phenytoin, Barbiturate und Rifampicin bewirken eine Induktion von corticoidabbauenden Enzymen in der Leber. Müssen diese Präparate gegeben werden, gleicht man am besten den erhöhten Corticoidabbau aus, indem man statt 500 mg 1 000 mg verabreicht.

Unklar ist aber zur Zeit noch, ob man sich auf eine isolierte Stoßtherapie beschränken oder ob man die Behandlung mit oralen Gaben in üblicher Weise weiterführen soll.

In schweren Fällen führen wir die Nachbehandlung mit niedrigeren Corticosteroiddosen weiter, denn wir haben schon *wenige Tage* nach einer Stoßtherapie einen zweiten Schub erlebt. Es wurde auch schon festgestellt, daß sich trotz einer Stoßtherapie mit Methylprednisolon kurz danach neue Herde im Kernspintomogramm gebildet haben (Kesselring u. Mitarb. 1989b, Miller u. Mitarb. 1992).

Auch die **Optikusneuritis** wird durch hochdosierte Prednisolon-(Methylprednisolon-) Gaben gut beeinflußt (s. Abb. 13.**3**, S. 144). In einer neueren Studie ergab sich bei einer derart behandelten Patientengruppe nur ein geringer, aber doch signifikanter Vorteil (Beck 1992), wobei unerklärlicherweise solche Patienten, welche nur oral mit dem Corticoidpräparat behandelt wurden, *schlechter* abgeschnitten haben sollen als die Placebogruppe.

Absolute **Kontraindikationen** für die Corticoidstoßtherapie gibt es kaum. Man wird allerdings bei einem *floriden Ulkus* äußerst vorsichtig sein (H_2-Blocker), den bei der Multiplen Sklerose so häufigen *Harnwegsinfekt* zuerst sanieren, einen *Diabetes mellitus* besonders genau im Auge behalten und *Elektrolytverschiebungen* (Hypokaliämie, Hypernatriämie) ausgleichen. Bestehen *epileptische Anfälle,* muß man auf gute Spiegel des entsprechenden Antiepileptikums achten oder sogar vorübergehend Clonazepam geben. Bei einer *Psychose* in der Vorgeschichte oder gar bekannter Neigung zur Cortisonpsychose sollte man genau Nutzen und Risiko der Corticoidstoßtherapie abwägen. Bei der sehr seltenen *Cortisonallergie*, die höchstwahrscheinlich eine Allergie gegen die Trägerlösung ist, verbietet sich die parenterale Behandlung.

Ein **Angriffspunkt** der Corticoide ist bei der Multiplen Sklerose wohl zunächst die gestörte Blut-Hirn-Schranke, was die Wirkung auf das dadurch bedingte interstitielle Ödem (S. S. 22 u. 161) erklärt. Die durch Kontrastmittel mögliche Anfärbung frischer Herde im Computertomogramm kann durch Gabe von hochdosiertem Methylprednisolon (1,5 g) schon nach 8 Stunden deutlich reduziert werden. Aber auch durch orale Gabe von 60–120 mg ist dies möglich, wenn auch in geringerem Maße (Troiano u. Mitarb. 1984). Die Wirkung auf die Blut-Hirn-Schranke kann im Kernspintomogramm, welches ja im Gegensatz zum Computertomogramm beliebig wiederholbar ist, besonders schön gezeigt werden. Die Gadoliniumaufnahme frischer Herde wird durch hochdosierte Corticoide zum größten Teil sehr schnell verhindert (Barkhof u. Mitarb. 1992, Miller u. Mitarb. 1992).

Die rasche klinische Besserung kann über die *antiödematöse* Wirkung erklärt werden, wobei z. B. ein mechanisch bedingter Leitungsblock aufgehoben wird.

Man kann diese frappierende Wirkung manchmal bei der akuten Optikusneuritis beobachten. Wenn es zu einem Verlust der visull evozierten Potentiale oder zu einer massiven Amplitudenminderung gekommen ist, dann baut sich das visuell evozierte Potential unter der Stoßtherapie oft rasch wieder auf. An der Demyelinisierung kann sich dabei nichts Prinzipielles geändert haben, denn die typische Verzögerung des visuell evozierten Potentials bleibt bestehen (s. S. 144).

Die klinische Besserung unter hohen Corticoidgaben korreliert zwar mit der Abnahme der Gadoliniumspeicherfähigkeit frischer Multiple-Sklerose-Herde, wenn aber nach

Abschluß der Behandlung die Speicherung wieder zunimmt, wird merkwürdigerweise die klinische Symptomatik deshalb nicht wieder schlechter (Miller u. Mitarb. 1992).

Ein spezifischer Effekt auf die Multiple Sklerose selbst besteht nicht. Einige Monate nach der Behandlung war der Unterschied zwischen einer Verum- und Placebogruppe wieder ausgeglichen (Ellison u. Mitarb. 1980).

Durch Corticoide wird das *IgG im Liquor* oft deutlich gesenkt, auch noch über den Behandlungszeitraum hinaus (Trotter u. Garvey 1980, Durelli u. Mitarb. 1986). Die Stärke des Effektes scheint von der Dosis abhängig zu sein (Warren u. Mitarb. 1986), *was für die Behandlung mit hohen Corticoiddosen spricht.* Das autochthone IgG und oligoklonale Banden im Liquor können aber bei einer Corticoidbehandlung nicht vollständig unterdrückt werden, d. h. sie bleiben *immer* nachweisbar.

Auch das *basische Myelinprotein* (S. 136) wird durch hohe Methylprednisolongaben gesenkt (Barkhof u. Mitarb. 1992), anscheinend aber nicht durch die übliche ACTH-Behandlung (Warren u. Mitarb. 1986). Die *Zellzahl* im Liquor ändert sich unter einer Stoßtherapie mit Methylprednisolon *nicht* (Trotter u. Garvey 1980).

Die *evozierten Potentiale* können im akuten Schub eine deutliche Amplitudenminderung aufweisen, die sich unter Corticosteroiden vermutlich rascher wieder zurückbildet. Die für die Multiple Sklerose typische Latenzverzögerung wird aber durch Corticoide überhaupt nicht beeinflußt (Compston u. Mitarb. 1987). (Corticoidabhängigkeit s. S. 230).

Azathioprin

Azathioprin (Imurek) ist ein Purinderivat. Es wirkt als Antimetabolit auf eine bestimmte Phase der Zellteilung, indem es einzelne enzymatische Schritte des Purinnucleotidstoffwechsels hemmt und damit die Synthese von Nucleinsäuren stört. Weiter unterdrückt es die Bildung von humoralen Antikörpern. Die Wirkung erfolgt nicht durch das Azathioprin selbst, sondern über dessen Metabolite (6-Mercaptopurin). Die Ausscheidung erfolgt *nicht* über die Niere, sondern es wird direkt in der Zelle metabolisiert. Wegen der immunsuppressiven Wirkung wird das Azathioprin in der Neurologie vorwiegend bei der Behandlung der *Multiplen Sklerose* und der *Myasthenie* eingesetzt.

Es gibt mehrere Studien die zeigen, daß die Multiple Sklerose durch Azathioprin günstig beeinflußt wird. Manche Autoren meinen, daß es die Schubrate verringere und bei schubförmig progredientem Verlauf die Progression abschwäche. Beim chronisch progredienten Verlauf wurde meist *keine* Wirkung gesehen (Dommasch u. Mitarb. 1980, Patzold u. Mitarb. 1982, Mertin 1985, Patzold 1985, British and Dutch Multiple Sclerosis Azathioprine Trial Group 1988, Kappos 1990). Eine günstige Beeinflussung des chronisch progredienten Verlaufs wurde allerdings auch angegeben (Rosen 1979, Ellison u. Mitarb. 1988).

Alle derartigen Studien haben mit einigen fast unüberwindlichen Schwierigkeiten zu kämpfen. So ist die Schubrate bei der Multiplen Sklerose nicht konstant, sie fluktuiert und nimmt mit der Dauer der Erkrankung eher ab (Broman u. Mitarb. 1981). Man benötigt also hohe Fallzahlen, um statistisch relevante Aussagen machen zu können.

Um diese Fallzahlen zu reduzieren, wurde versucht, „homogene" Gruppen zu bilden, was aber sehr schwer oder fast unmöglich ist. Man kann den natürlichen Verlauf der Krankheit auch nach dem zweiten Schub noch nicht voraussagen. Außerdem läßt sich beim chronisch progredienten Verlauf, der einigermaßen homogen erscheint, die Prognose nicht bestimmen. Es gibt immer wieder spontane Stillstände, weshalb ein isolierter Therapieerfolg oft nur vorgetäuscht ist.

Es gibt keine Laborwerte, mit denen man die Aktivität des Prozesses bestimmen könnte, und der neurologische Befund ist kein ausreichendes Maß für die pathologisch-anatomischen Veränderungen. Ob sich in Zukunft begleitende kernspintomographische Untersuchungen (Kappos u. Mitarb. 1988b) als nützlich erweisen werden, muß noch abgewartet werden.

Obwohl eine günstige Wirkung des Azathioprins häufig beschrieben wurde, wird immer wieder zweifelnd die Frage geäußert, ob die Behandlung mit Azathioprin überhaupt einen Sinn habe und ob sie wegen der Nebenwirkungen überhaupt zu verantworten sei (Silberberg 1988).

Therapie mit Azathioprin

Man behandelt mit einer Dosis von 2–3 (meist 2,5) mg/kg Körpergewicht. Wegen der häufig auftretenden gastrointestinalen Nebenwirkungen empfiehlt es sich, langsam bis zur gewünschten Enddosis zu steigern. Es kommt unter Azathioprin zu einer *Depression der Leukozyten*, die in einem gewissen Maß sogar angestrebt werden muß, weil nur diese anzeigt, daß man sich im therapeutischen Bereich bewegt. Dennoch, ab einem bestimmten Leukozytenwert besteht die Gefahr der *Agranulozytose*. Man muß deshalb die Leukozytenzahl regelmäßig kontrollieren, zunächst in 8tägigen, später in 4wöchigen Abständen. *Es ist eine leichte Leukozytendepression, je nach Ausgangswert bis auf 2500–3500, anzustreben.* Sinken die Leukozyten zu stark, muß das Medikament etwas reduziert und bei einer Leukozytenzahl von 2000 vorübergehend sogar ganz abgesetzt werden, bis es wieder zu einem Leukozytenanstieg kommt. Dann fährt man mit einer geringeren Dosis fort. Die meisten Patienten benötigen etwa 3mal 50 mg Imurek.

Gelegentlich, vor allem wenn sich die Leukozyten länger im niedrigen Bereich bewegen, sollte man auch die Thrombozyten bestimmen. Die Thrombozytopenie entsteht fast immer erst nach der Leukozytopenie. Auch die anderen Laborwerte (Gamma-GT, alkalische Phosphatase) und das Differentialblutbild müssen regelmäßig kontrolliert werden.

Unter der Therapie nimmt nicht nur die Leukozytenzahl ab, sondern es kommt auch zu einer Zunahme des *mittleren Erythrozytenvolumens* (MCV). Dies hat keine besondere Bedeutung bezüglich der Dosisbestimmung, zeigt aber, daß der Patient das Mittel einnimmt.

Es handelt sich um eine Makrozytose, die nicht durch Vitamin-B_{12}- oder Folsäuremangel, sondern durch eine Hemmung der DNS-Synthese bedingt ist.

Es wäre sehr günstig, wenn man die *Serumspiegel* von Azathioprin und seinen Metaboliten bestimmen könnte. Die Bestimmungsmethode ist aber noch zu ungenau und zu aufwendig. Auch kennt man zur Zeit noch nicht die genaue Korrelation von Spiegel, Immunsuppression und Nebenwirkung.

Es ist immer noch unklar, wie lange die **Dauer der Behandlung** sein soll. Manche legen nach 2 Jahren eine halbjährige Pause ein, manche beenden die Therapie nach einigen Jahren. Man muß hier weitere Forschungsergebnisse abwarten, bevor man begründete Empfehlungen geben kann. Bei einer retrospektiven Untersuchung einer behandelten und einer nicht behandelten Gruppe fand man, daß nach 10 Jahren der Anteil der rollstuhlabhängigen und verstorbenen Patienten in der nichtbehandelten Gruppe gut *doppelt* so groß war. Der Anteil der nicht oder kaum behinderten Patienten war allerdings in beiden Gruppen gleich (Kappos 1990). Es scheint des weiteren gesichert zu sein, *daß die Wirkung des Azathioprins erst ein halbes Jahr nach Beginn der Behandlung einsetzt.*

Bei Patienten, die nicht zuverlässig sind, z. B. wenn ein Psychosyndrom besteht, muß man genau prüfen, ob die regelmäßige Blutbildkontrolle und auch die regelmäßige Medikamenteneinnahme gewährleistet sind. Die Gefahr einer *Agranulozytose* wäre zu groß. Hier muß man dann eventuell die Verantwortung einem Familienangehörigen übertragen oder sogar ganz auf das Präparat verzichten. Bei den nur geringen (zum Teil sogar fraglichen) Erfolgen unter Azathioprin sollte man nie versuchen, die Therapie zu erzwingen.

Zu den **Nebenwirkungen** des Präparates gehört vorrangig die *Depression des Knochenmarks* mit Blutbildveränderungen, die im Extremfall bis zur *Agranulozytose* führen kann. Weiter kommt es, vor allem am Anfang, zu *Appetitlosigkeit, Übelkeit* und *Erbrechen*. Ganz massiv wird die Wirkung des Azathioprins durch *Allopurinol* potenziert, so daß es zur Agranulozytose kommt, wenn man bei der Kombination das Azathioprin nicht deutlich reduziert. Manchmal wird dadurch die Therapie sogar unmöglich. Man muß dann eventuell auf ein anderes Präparat übergehen, z. B. Cyclophosphamid (Endoxan) oder Cyclosporin, in der Hoffnung, daß diese Präparate besser vertragen werden, was aber oft auch nicht der Fall ist.

Selten kommt es zu einer *Leberschädigung*. Eine isolierte *Erhöhung der Gamma-GT* hat aber im allgemeinen keine Bedeutung. *Haarausfall* kommt bei den in der Behandlung der Multiplen Sklerose gebräuchlichen Dosen fast nicht vor. *Mißbildungen* sind unter Azathioprin nicht bekannt, doch theoretisch anzunehmen. Eine *Schwangerschaft* muß deshalb immer geplant werden: Sowohl bei der Frau als auch beim Mann muß das Präparat etwa ein halbes Jahr vor der Konzeption abgesetzt werden.

Es gibt Hinweise dafür, daß das Risiko für *Neoplasien* unter Langzeitbehandlung mti Azathioprin erhöht ist. So fanden Lhermitte u. Mitarb. (1984) bei Patienten unter immunsuppressiver Behandlung in 10 % Karzinome. Diese Studie wurde nicht bestätigt. Eine so hohe Neoplasierate ist sonst noch nie berichtet worden. In einer neueren Studie konnte *keine* signifikant erhöhte Malignomrate gefunden werden (Kappos 1990). Man ist aber dennoch immer verpflichtet, die Patienten regelmäßig einer *Vorsorgeuntersuchung* zuzuführen, solange eine erhöhte Neoplasierate noch nicht durch weitere Studien ausgeschlossen ist. Besonders sollte man nach einem beginnenden Brustkrebs suchen.

Indikation zur Azathioprinbehandlung

Es versteht sich von selbst, daß bei einer so differenzierten Therapie, deren Effektivität nicht zweifelsfrei feststeht, die Indikation zur Behandlung nur unter strengen Kriterien gestellt werden darf. So muß die Diagnose Multiple Sklerose weitgehend *sicher* sein. Dies ist oftmals beim ersten Schub nicht der Fall. Aber auch wenn die Diagnose sicher ist, wissen wir beim ersten Schub noch nicht, wie sich die Krankheit weiterentwickelt. Es könnte durchaus sein, daß längere Zeit – eventuell Jahre – kein weiterer Schub mehr folgt oder daß es sich sogar um eine benigne Form der Multiplen Sklerose handelt. Es besteht deshalb weitgehend Übereinstimmung darüber, daß man nach dem ersten Schub noch nicht behandelt. Auch beim zweiten Schub ist die Indikation oft nicht gegeben, wenn es sich ganz offensichtlich nur um einen leichten Schub in einem größeren Abstand gehandelt hat, was ja eher einen günstigeren Verlauf annehmen läßt.

Man befindet sich hier aber in einem Dilemma. *Die Azathioprinbehandlung ist offensichtlich zu Beginn der Krankheit am wirkungsvollsten* (Patzold 1985) (Abb. 17.**2**), und bei der Strategie eines späteren Einsatzes nimmt man einigen Patienten die Chance, das Medikament dann zu bekommen, wenn sie noch besser ansprechen.

Umgekehrt kann man aber durchaus schon nach dem *ersten Schub* behandeln, wenn dieser mit massiven Funktionsstörungen eingesetzt hat und im Kernspintomogramm viele Herde nachzuweisen sind. Die Diagnose ist dann meist sicher, und ein gutartiger Verlauf ist weniger wahrscheinlich. Wenn man in solchen Fällen mit Azathioprin behandelt, besteht sicherlich die Gefahr, daß einige Patienten dabei sind, bei denen sich vielleicht der nächste Schub erst viele Jahre später ereignet hätte. Es dürfte sich allerdings nur um sehr wenige handeln, die man so den Risiken einer Azathioprinmedikation umsonst ausgesetzt hat.

Wenn ein Patient unter der Therapie klinisch schubfrei erscheint, ist dies noch kein Beweis, daß der Prozeß zum Stillstand gekommen ist. Kernspintomographisch konnte man zeigen, daß auch unter Azathioprinbehandlung durchaus klinisch stumme Herde auftreten können (Kappos u. Mitarb. 1988b).

Ob man bei der chronisch *progredienten Form* der Multiplen Sklerose behandeln soll, ist nicht sicher. So fand z. B. Patzold (1985) überhaupt keinen Effekt (Abb. 17.**3**), andere nur einen geringen (Rosen

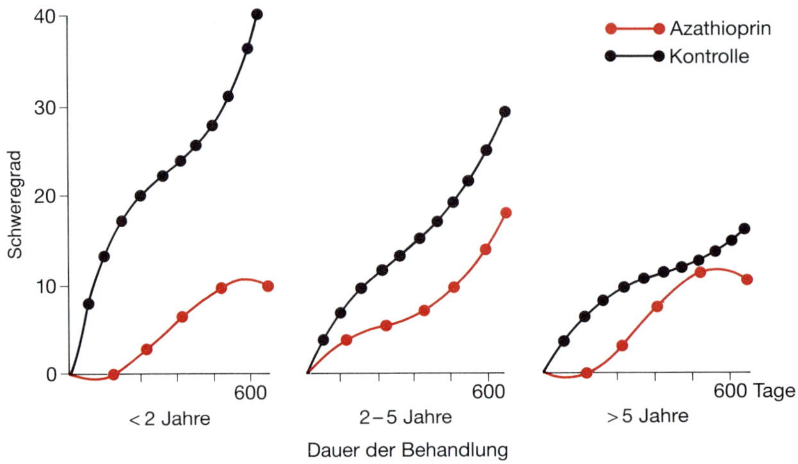

Abb. 17.**2** Progression bei Patienten mit unterschiedlicher Dauer der Erkrankung bis zur Therapie mit Azathioprin bzw. Placebo (nach Patzold u. Mitarb.)

1979, Ellison u. Mitarb. 1988). Hier eröffnet aber das *Cyclophosphamid (Endoxan)* eine gewisse Perspektive.

Es ist selbstverständlich, daß der Patient vor der Therapie über seine Krankheit vollständig aufgeklärt und über die Wirkung und Nebenwirkung der immunsuppressiven Behandlung voll informiert werden muß. Die letzte Entscheidung über die Therapie mit einem Immunsuppressivum müßte der Patient eigentlich selbst treffen. Die klinische Erfahrung zeigt jedoch, daß die meisten Patienten vom Arzt nicht nur einen Rat, sondern letztlich auch eine *Entscheidung* wünschen.

Cyclophosphamid (Endoxan)

Das Cyclophosphamid gehört zu den alkylierenden Substanzen und wirkt wohl wie das Azathioprin über seine Abbauprodukte.

Neuere tierexperimentelle Untersuchungen haben wahrscheinlich gemacht, daß eine Immunsuppression, z. B. mit Cyclophosphamid (aber auch mit Antikörpern gegen CD4- und CD8-Zellen bzw. gegen Lymphokinine, vor allem gegen den Tumornekrosefaktor), die *Remyelinisierung* begünstigt (Rodriguez u. Lindsley 1992).

Es gibt viele Studien, die die Wirksamkeit des Präparates bei Multipler Sklerose bele-

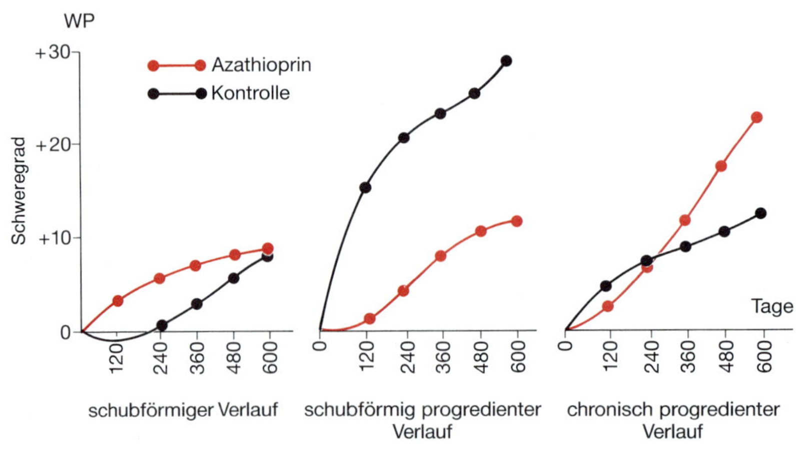

Abb. 17.**3** Einfluß von Azathioprin auf die Progression bei Patienten mit schubförmiger, schubförmig progredienter und chronisch progredienter Multipler Sklerose (nach Patzold u. Mitarb.)

gen (z. B. Gonsette u. Mitarb. 1977), Hommes u. Mitarb. 1975, Hauser u. Mitarb. 1983, Goodkin u. Mitarb. 1987), aber auch einige, die Zweifel an einer bedeutsamen Wirkung aufkommen lassen (z. B. Theys u. Mitarb. 1981, Liskoskosky 1988).

Besonders hervorzuheben ist eine gewisse Wirkung auf die chronisch progrediente Form, bei der eine Reduktion der Progression in 60–70 % der Fälle gefunden wurde (Hommes 1985), wobei der Effekt aber nur vorübergehend war. Durch Behandlung mit hohen Dosen konnten Hauser u. Mitarb. (1983) den Krankheitsverlauf (geprüft gegen Patienten, die mit ACTH und Plasmapherese behandelt wurden) aufhalten.

Der Grund, warum sich dieses Präparat noch nicht durchgesetzt hat, obwohl es die gleiche, eventuell sogar bessere Wirkung als Azathioprin hat – bei der chronischen Verlaufsform offensichtlich sogar eine bessere –, ist die höhere **Nebenwirkungsrate** (hämorrhagische Zystitis, Übelkeit, Erbrechen, Haarausfall, Entwicklung von Blasenkarzinomen, Blutbildveränderungen, wohl auch Leukämien) (Grunewald u. Rosner 1979). Es kommt unter der üblichen Therapie zu einer Besserung oder zumindest zu einer Stabilisierung der Krankheit für etwa 1–2 Jahre, manchmal auch länger.

Beim Cyclophosphamid weiß man ebenfalls nicht sicher, in welcher **Dosierung** und wie lange es gegeben werden soll. Meist verabreicht man es zyklisch, d. h. man infundiert über einige Tage hochdosiert und wiederholt dann die Infusionsserie in bestimmten (z. B. 6- bis 12monatigen) Abständen. *Eine orale Intervallbehandlung hat keine Vorteile gebracht* (Goodkin u. Mitarb. 1987), weshalb diese meist nicht durchgeführt wird.

Bei den üblicherweise infundierten Dosen kommt es rasch zu Haarausfall, der zwar reversibel ist, aber die Patienten dennoch sehr belastet. Sehr unangenehm sind auch die unter hohen Dosen erheblichen gastrointestinalen Nebenwirkungen. Aus diesen Gründen versucht man mit kleineren Mengen auszukommen.

So wurde von Kornhuber (Kornhuber u. Mauch 1986, Kornhuber 1987 a, Mauch u. Mitarb. 1989) vorgeschlagen, 8 mg/kg Endoxan in 250 ml physiologischer Kochsalzlösung als Einzeldosis in Intervallen von 4 Tagen zu infundieren, bis die Lymphozytenzahl um die Hälfte (aber nicht unter 1 000) reduziert ist. Zur Prophylaxe der hämorrhagischen Zystitis wird Mesna i. v. vor der Infusion und 4 und 8 Stunden nach der Infusion gegeben, gegen Schwindel und Erbrechen Domperidon. Die Patienten müssen während der Behandlung etwa 3 000 ml pro Tag trinken. Die Infusion soll in gewissen Abständen (7–12 Monate) wiederholt werden. Im Verlauf der Krankheit sollte man nicht mehr als insgesamt 50 g Cyclophosphamid geben. Eventuell kann die Dosis auf 6 mg/kg Körpergewicht verringert werden. Weitere Studien müssen aber den Erfolg des niedrig dosierten Cyclophosphamids noch belegen.

Bei kleinen Dosen könnte es aber sein, daß unerwünschterweise die T-Suppressorzellen selektiv gehemmt werden, was die erwünschte Wirkung durch den immunstimulierenden Effekt geradezu verkehren könnte. Die Wirkung des Cyclophosphamids ist nämlich dann am besten, wenn die T-Suppressorzellen ansteigen (Hauser u. Mitarb. 1983, Khatri u. Koethe 1984). Die Minderung der T-Suppressorzellen spielt in der Pathogenese der Multiplen Sklerose eine wichtige Rolle, wie immunologische Studien unter Cyclophosphamidbehandlung gezeigt haben (Mickey u. Mitarb. 1987).

Cyclosporin A

Ein weiteres Medikament ist das Cyclosporin A, ein zyklisches Peptid, das aus Pilzen gewonnen wird und eine wichtige Rolle in der Transplantationschirurgie spielt. Es wirkt direkt auf die Lymphozyten, hat aber im Gegensatz zu Azathioprin keinen antiproliferativen Effekt. Eine groß angelegte Multicenter-Studie in Deutschland (Kappos u. Mitarb. 1988a) hat zwar gezeigt, daß die Wirksamkeit von Cyclosporin A mit der von Azathioprin durchaus zu vergleichen ist, daß aber bei der Behandlung mit Cyclosporin A häufiger Nebenwirkungen auftreten. Damit dürfte das Cyclosporin A in der Therapie der Multiplen Sklerose kaum noch eine Rolle spielen. Nur wenn Azathioprin und Endoxan nicht vertragen werden (Allergie oder andere Nebenwirkungen), kann man den Einsatz von Cyclosporin erwägen.

Mitoxantron

Mitoxantron hemmt die DNS- und RNS-Synthese. Es wird in der gleichen Art angewendet wie Cyclophpsphamid und soll etwa gleich wirksam sein (Mauch u. Mitarb. 1991). Die Nebenwirkungen sind zum Teil geringer als beim Cyclophosphamid (gastrointestinale Störungen, Haarausfall), die kardiotoxischen Störungen sind jedoch sehr bedenklich. Das Medikament ist noch in Erprobung.

Interferon

Versuche wurden auch mit Interferon unternommen. Die *intrathekale Gabe* (Alpha- und Betainterferon überschreiten die Blut-Hirn-Schranke nicht) hat aber in einigen Fällen (bei Betainterferon) sogar zur Verschlechterung geführt (Jacobs u. Mitarb. 1982, Ruuitiainen u. Mitarb. 1983), in anderen dagegen wiederum zu einer Verbesserung (Jacobs u. Mitarb. 1987).

Bei der *systemischen* Anwendung von Alpha- und Betainterferon gibt es widersprüchliche Ergebnisse, teils ermutigende (Knobler 1988), teils enttäuschende (Johnson 1988). Weitere Studien sind noch im Gange (Knobler 1988, Panitch 1987). Gammainterferon kann sogar Schübe auslösen (Panitch u. Mitarb. 1987).

In den USA wird demnächst ein dort neu zugelassenes, genetisch modifiziertes Betainterferon, das Interferon β_{1b}, unter dem Namen **Betaseron** eine gewisse Verbreitung finden. Dieses Präparat muß subkutan gespritzt werden. Die Herstellung ist jedoch so aufwendig, daß das Präparat zunächst nur in den USA und auch dort nur in beschränkter Menge zur Verfügung steht. In Europa wird es nicht vor Mitte 1995 zu haben sein.

Es konnte gezeigt werden, daß das Interferon β_{1b} bei Patienten mit schubförmig-remittierendem Verlauf gegenüber einer Placebogruppe die Zahl der Schübe signifikant (in ca. 34 % der Fälle) senkt und kaum Nebenwirkungen hat (IFNB-Multiple Sclerosis Study Group 1993) und auch die Zahl der neu auftretenden Herde im Kernspintomogramm signifikant niedriger ist (Paty u. Mitarb. 1993).

Deoxyspergualin

Das Deoxyspergualin ist eine immunsuppressive Substanz, welche in Japan in der Transplantationsmedizin eingesetzt wird. Durch den Selbstversuch eines Anästhesisten, der in der Laienpresse über Gebühr Aufmerksamkeit fand, ist eine größere Verbundstudie angeregt worden, deren Ergebnis abgewartet werden muß.

Theoretisch ist ein Effekt möglich. 15 ± Deoxyspergualin ist ein weitverbreitetes synthetisches Spergualin (gewonnen aus Bacillus laterosporus) und wirkt global immunsuppressiv. Vermutlich hemmt es die Ausreifung der T-Zellen zu zytotoxischen Zellen und von B-Zellen in antikörpersezernierende Zellen.

Andere Therapieansätze (zum Teil verlassen)

Es gibt eine Reihe von Therapieansätzen, die für sich in Anspruch nehmen, kausal an der pathogenetischen Kette der Multiplen Sklerose einzugreifen. Es sollen hier nur solche aufgeführt werden, die zum Teil einen gewissen Erfolg versprechen, sowie einige interessante Präparate, die man allerdings schon wieder aufgegeben hat.

Levamisol ist ein in der Veterinärmedizin als Wurmmittel bekanntes Präparat. Es hat einen immunstimulierenden Effekt. Daß es *keinen* Erfolg bei Multipler Sklerose hat, ist weitgehend sicher (Matthews 1985). Auch die Bestrahlung oder Entfernung des **Thymus**, analog der erfolgreichen Behandlung bei der Myasthenie, ist wieder verlassen worden.

Die Behandlung mit dem **Transferfaktor** brachte nur sehr widersprüchliche Ergebnisse. Es handelt sich dabei um ein Extrakt, vorwiegend aus T-Lymphozyten, mit denen man die antigenspezifische Immunität übertragen kann. Die Erfolglosigkeit ist durch Studien belegt (z. B. Gonsette u. Mitarb. 1982).

Das **Antilymphozytenserum** hat keinerlei Erfolge gebracht, und auch in der Kombination mit *ACTH* wurde die Wirkung nicht verstärkt.

Versuche, durch **Desensibilisierung** mit **basischem Myelinprotein** (MBP, s. S. 136) die Multiple Sklerose zu unterdrücken, sind fehlgeschlagen. Man hat Therapieversuche mit MBP unternommen, weil im Tierversuch ein Fragment des MBP den Ausbruch der experimentell allergischen Enzephalitis (EAE) verhindern kann, wenn man es einige Tage vor Auslösung der experimentell allergischen Enzephalitis spritzt. Klinische Erfolge sind damit aber leider ausgeblieben (Salk u. Mitarb. 1980).

Versuche mit dem **Copolymer 1** (COP-1) zeigten wohl gewisse Erfolge. Die Ergebnisse sind jedoch noch widersprüchlich (Baumhefner u. Mitarb. 1988, Bornstein u. Mitarb. 1988). COP-1 ist ein in Israel entwickeltes Polypeptid, das ähnlich gebaut ist wie das basische Myelinprotein, aber nicht dessen enzephalitogene Wirkung besitzt. Die Wirkung soll dann besonders deutlich sein, wenn die Patienten erst leicht erkrankt sind. Das Mittel muß täglich gespritzt werden. Die Erprobungsphase ist noch nicht abgeschlossen.

Mit der **Plasmapherese**, die bei bestimmten immunologischen Erkrankungen in der Neurologie (Guillian-Barré-Syndrom und Myasthenie) mit Erfolg angewandt wird, hat man auch versucht, die Multiple Sklerose zu beeinflussen. Dabei wird das Plasma gegen normales Frischplasma oder Humanalbumin ausgetauscht, um somit zirkulierende Antikörper zu entfernen. Bei der *Lymphozytapherese* werden mit einem bestimmten Zellseparationsverfahren vorwiegend Lymphozyten aus dem Blut entfernt. Über beide Methoden gibt es Studien mit widersprüchlichen Ergebnissen. Gewisse Erfolge wurden in Kombination mit Immunsuppressiva gesehen (z. B. Khatri 1988, Literaturzusammenfassung bei Spitzner u. Kunze 1988). Die Plasmapherese ist als letzter Versuch dann gerechtfertigt, wenn ein schwerer Schub vorliegt, der unter Steroiden keine Rückbildungstendenz erkennen läßt.

Weit verbreitet ist die Therapie mit mehrfach **ungesättigten Fettsäuren**, welchen ein geringer immunsupressiver Effekt zugeschrieben wird (Lit. bei Mertin u. Caspary 1975). Weiter scheint bei Kranken mit Multipler Sklerose eine Minderung von Linol- und Arachidonsäure zu bestehen (Neu 1981). Man glaubt gewisse Besserungen bei solchen Patienten gesehen zu haben, bei denen die Krankheit erst kurze Zeit dauert, schubförmig verläuft und nur zu geringen Behinderungen geführt hat (Miller u. Mitarb. 1973, Dworkin u. Mitarb. 1984, Übersicht bei Seidel 1982). Da von einer Therapie mit ungesättigten Fettsäuren keine Nebenwirkungen zu erwarten sind und ungesättigte Fettsäuren eventuell sogar einen gewissen Atheroskleroseschutz bieten, kann eine entsprechende Therapie (z. B. mit Pimrose oder Naudicelle) durchgeführt werden. Eine gewisse Änderung des Speiseplans, z. B. vermehrter Gebrauch von ungesättigten Fettsäuren (Distelöl, Sonnenblumenöl) ist nicht aufwendig.

Für Patienten, die ja sehr häufig mit der Frage auf den Arzt zukommen, ob sie nicht doch irgendetwas tun könnten, um ihrer Krankheit zu begegnen, ist es wohltuend, wenn man ihnen wenigstens etwas empfehlen kann. Auch für den kritisch denkenden Arzt ist es unter Umständen entlastend, wenn er einem Patienten zu etwas raten kann, was zumindest einen positiven Effekt haben könnte und auf keinen Fall schadet.

Symptomatische Therapie

Therapie der Spastik

Allgemeines

Die reine spastische Tonuserhöhung wird für den Patienten erst ab einem bestimmten Ausmaß so lästig, daß man zu einer Therapie gezwungen wird. Es kommt zu Spannungsgefühlen, Steifheit der Gliedmaßen oder auch zu einschießenden Muskelspasmen (spinale Automatismen, s. S. 43). Obwohl die Paresen gar nicht immer so stark ausgeprägt sind, kommen die Patienten mit ihrer Muskelschwäche gegen die Tonuserhöhung nicht mehr an. Wenn eine starke Beuge- oder Streckspastik besteht, ist die Pflege oftmals sehr erschwert, das Sitzen im Rollstuhl kann unmöglich werden.

Tabelle 17.**1** Direkte und indirekte Folgen der Spastik

Verstärkung der Parese	**Spinale Automatismen**
Kontrakturen	**Beckenbodenspastik** – (Blasenauslaßstörung)
Immobilität – Druckgeschwür – Osteoporose – respiratorischer Infekt	

Durch Reduktion der Tonuserhöhung kann man die Beweglichkeit des Patienten erhöhen, seine Pflege erleichtern und damit bei Bettlägerigen allein schon einen Beitrag zur Verhinderung von Druckgeschwüren leisten. Auch eine Reihe weiterer *Folgeerscheinungen der Spastik* kann vermieden oder gebessert werden (Tab. 17.**1**).

Durch die *medikamentöse Therapie* wird der Tonus zwar gemindert, die eigentliche Schwäche aber nicht reduziert. Manche antispastischen Medikamente sollen sogar direkt eine muskelschwächende Nebenwirkung haben. Vermindert man die Spastik zu stark, dann kann die Schwäche voll durchschlagen. Ein Patient, der gewissermaßen mit seiner Spastik stehen kann, knickt jetzt in den Knien leichter ein, weil der Strecktonus vermindert wird. Es kommt deshalb oft vor, daß man die Spastik nur unbefriedigend behandeln kann, weil schon kleinere Dosen die Standfestigkeit beeinträchtigten.

Aber auch die eigentliche Wirkung der medikamentösen Therapie auf die Spastik – trotz hoher und höchster Dosen – ist nicht immer befriedigend. Zwar kann durch Wechseln des Präparates oder durch Kombination verschiedener Präparate noch eine bessere Wirkung erzielt werden, manchmal ist man aber auf invasive Maßnahmen (s. 249) angewiesen.

Auch können die Nebenwirkungen unter Umständen so stark sein, daß man schon bei geringeren Dosen auf unüberwindliche Schwierigkeiten stößt.

Bei manchen Patienten überwiegt an einem Bein die Streckspastik, die für die Standfestigkeit benötigt wird, am anderen Bein besteht aber schon eine Beugespastik, die man gern medikamentös angehen würde. Die Streckspastik, die man in diesem Fall gar nicht mindern will, weil der Patient sie für seine Standfestigkeit benötigt, spricht aber leider meistens besser an, so daß man medikamentös an die Beugespastik des anderen Beines gar nicht herankommt.

Der zentrale Pfeiler, auf den sich die Therapie der Spastik stützt, ist aber nicht die medikamentöse Therapie, sondern die **krankengymnastische Behandlung**, die lebenslang durchgeführt werden muß. Die Erfahrung hat gezeigt, daß Inaktivität die Spastik fördert. Deshalb erreicht man auch schon mit jeder ungezielten Bewegungstherapie gewisse Erfolge. Die Patienten müssen angehalten werden, sich mehrmals am Tag – wenn möglich allein – zu bewegen. Durch bestimmte Dehnungs- und Bewegungsübungen kann die Spastik deutlich gemindert werden. Mit verschiedenen Methoden (Bobath, Vojta) gelingt es, einerseits bestimmte Bewegungsmuster zu aktivieren, andererseits die Spastik zu dämpfen. Hilfreich ist manchmal die lokale Anwendung von Eis, gegebenenfalls Wärme.

Manchmal führt schon der normale Nachtschlaf von 8 Stunden dazu, daß der Tonus der Muskulatur morgens höher als sonst ist. Die Patienten, die nachts ein- bis zweimal wegen einer Blasenstörung zur Toilette gehen müssen, haben manchmal mit ihrer Spastik deshalb morgens weniger Probleme, weil sie nachts ihre Muskulatur, wenn auch nur für kurze Zeit, aktivieren mußten. So kann man gelegentlich nach erfolgreicher Behandlung einer Blasenstörung (z. B. erhöhte Detrusoraktivität) von den Patienten hören, daß die morgendliche Spastik stärker sei.

Wir raten unseren Patienten mit morgendlicher Tonuserhöhung der Beine, nachts mehrmals aufzustehen. Das Trinken am Abend – oftmals vermieden wegen des nächtlichen Harndrangs – braucht somit nicht nur als eine Prophylaxe des Harnwegsinfektes angesehen zu werden, sondern man kann dies auch als eine Maßnahme gegen die Spastik betrachten. Die Empfehlung, abends etwas zu trinken, muß aber selbstverständlich ganz auf den Einzelfall abgestimmt sein.

Abb. 17.**4** Struktur des liquorgängigen Baclofens im Vergleich zur Gammaaminobuttersäure. Der Chlorphenylring in Betastellung bewirkt, daß Baclofen liquorgängig ist

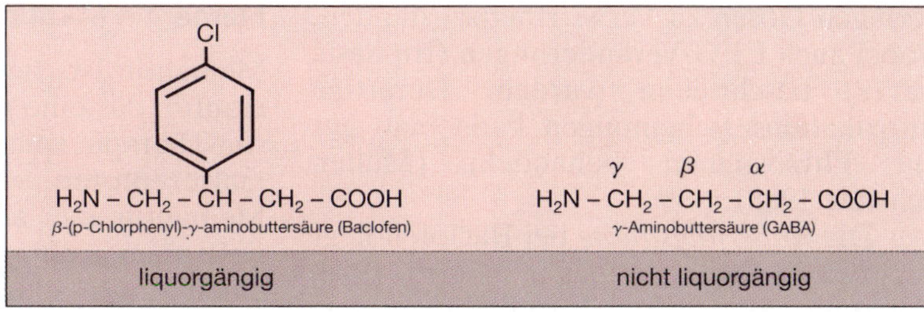

Die Beine können auch passiv durch ein Elektrogerät (Bewegungstrainer) durchbewegt werden (Kornhuber 1987b). Der Patient kann vom Rollstuhl aus seine Beine in Pedale stellen und aktiv treten. Die Beine können aber auch über die Pedale passiv bewegt werden, was einen spastikmindernden Effekt hat. Beim Einschießen von Spastik schaltet das Gerät automatisch ab.

Medikamentöse Therapie der Spastik

Das erste für die Behandlung der Spastik mögliche Präparat war *Mephenesin,* das 1946 eingeführt wurde. Es hat eine hemmende Wirkung auf die polysynaptischen Reflexe im Rückenmark.

Man konnte damit z. B. die durch Strychnin gesteigerte Erregungsausbreitung im Rückenmark unterbinden. Da Mephenesin gleichzeitig im Hirnstamm eine dämpfende Wirkung hatte, machte es müde. Deshalb wurde das Medikament zwar bald wieder verlassen, leitete aber über die Fortentwicklung zum Meprobamat (Aneural, Miltaun) die Entwicklung der Tranquilizer ein. Ein Abkömmling des Meprobamats mit wenig sedierender, aber gut tonusmindernder Wirkung war das Carisoprodol (Sanoma), das noch teilweise benützt wird.

Es gibt heute eine Reihe anderer Medikamente, die gegen die Spastik wirksam sind. Sie haben verschiedene Angriffspunkte (spinal, zerebral, muskulär), so daß man bei unzureichender Wirkung die Präparate wechseln oder auch kombinieren kann. Sie sollen im folgenden aufgeführt werden.

Baclofen (Lioresal)

Das Baclofen (Lioresal) ist zur Zeit wohl das am häufigsten gebrauchte Antispastikum. Es ist ein Analogon zu dem inhibitorischen Neurotransmitter *Gammaaminobuttersäure (GABA).* Erste Versuche mit reiner GABA waren erfolglos, weil die Substanz *nicht liquorgängig* ist. Durch Betasubstitution mit einem Chlorphenylrest wurde aber eine gewisse Liquorgängigkeit erreicht (Abb. 17.**4**).

Das Baclofen unterscheidet sich aber noch in anderer Hinsicht von der GABA. So wirkt es z. B. mehr auf die Beta-GABA-Rezeptoren (Bowery u. Mitarb. 1984, Davidoff 1985). Die monosynaptischen Reflexe (Beta/Gamma-Rezeptoren) werden stärker gehemmt als die polysynaptischen Fremdreflexe, wie z. B. die Beugesynergismen (Reiben an der Fußsohle als sensibler Reiz führt zur Auslösung des Beugesynergismus).

Man beginnt die Therapie mit einer niederen Dosis, z. B. 5 mg pro Tag, und steigert dann langsam, z. B. in 5-mg-Schritten, um Nebenwirkungen zu unterlaufen. Meist genügen 45–80 mg pro Tag. Gelegentlich muß man aber noch steigern. Bei 120 mg pro Tag, meist schon bei niedrigeren Dosen, sind die Nebenwirkungen so groß, daß eine Dosiserhöhung oft nicht mehr möglich ist. Dennoch gibt es Patienten, die mit gutem Erfolg 200–250 mg pro Tag (!) ertragen (Smith u. Mitarb. 1991).

Es kann aber auch schon bei niedriger Dosierung zu **Nebenwirkungen** wie z. B. Übelkeit, Schwindelgefühl und vor allem Müdigkeit kommen. Gerade wegen verstärkter Müdigkeit kann man oft nicht mit der eigentlich nötigen Dosis arbeiten. Das Präparat *verstärkt die Alkoholwirkung,* worauf man die Patienten unbedingt aufmerksam machen muß.

Ganz selten, besonders bei renalen Funktionsstörungen, kommt es schon bei geringen Dosen zu Verwirrtheitszuständen, wobei auch EEG-Veränderungen (triphasic waves) beschrieben wurden. Derartige Intoxikationserscheinungen kann man gut mit Physostigmin behandeln (Müller-Schwefe 1988).

Die *Mißerfolgsquote* bei Baclofen liegt bei etwa 25–30 % (Johnes u. Mitarb. 1970, Corston u. Mitarb. 1981), so daß man öfter auf ein anderes Präparat übergehen muß.

Wenn bei schweren Fällen mit oralen Gaben von Antispastika kein ausreichender Erfolg zu erzielen ist, verbleibt noch die Möglichkeit der *intrathekalen Behandlung* (s. S. 249). Man erzielt damit oft sehr eindrucksvolle Erfolge, die oral auch bei Höchstdosen nicht denkbar wären. Die Liquorgängigkeit des Baclofens ist zwar besser als die von GABA, aber immer noch verhältnismäßig schlecht. Bei oraler Gabe von z. B. 100 mg Baclofen am Tag läßt sich dieses im Liquor gar nicht nachweisen (Müller u. Mitarb. 1988b), während man bei intrathekaler Gabe einen Spiegel bis zu 1 200 μg/ml erreicht.

Benzodiazepine

Die Benzodiazepine gehören zu den ältesten, gut wirksamen Antispastika. Sie wirken ebenfalls über eine Verstärkung der präsynaptischen Hemmung, also GABA-agonistisch. Es kann angenommen werden, daß bei spastischen Paresen die präsynaptische Hemmung (durch GABA-Neurone) vermindert ist.

Da die meisten Benzodiazepine eine sedierende Wirkung haben, sind sie nicht so sehr als Antispastikum geeignet. Diese Wirkung ist beim *Tetrazepam* (Musaril) am geringsten, aber dennoch, besondes bei höherer Dosierung, als Nebenwirkung sehr zu beachten. Man benötigt vom Tetrazepam etwa 150–300 pro Tag. Nur selten wird man bei der Therapie der Spastik noch auf das *Diazepam* (Valium) zurückgreifen müssen (Dosis 15–30 mg), das eine gute antispastische Wirkung hat, aber bei den benötigten Dosen erheblich sediert.

Memantin (Akatinol-Memantine)

Memantin ist chemisch verwandt mit Adamantin, das eine große Rolle in der Parkinson-Therapie spielt und hier auf die Glutamatrezeptoren wirkt. Wie und wo das Memantin aber als Antispastikum angreift, weiß man nicht genau. Vermutlich hat es einen Angriffspunkt in den Basalganglien, denn es wirkt wie das Adamantin auch auf den Rigor beim Parkinson-Syndrom. Man kann Memantin also nicht als reines Antispastikum bezeichnen. Es ist eher ein breit wirkendes *Myotonolytikum* mit guter Wirkung auf die Spastik.

Besondere Begleiteffekte des Memantins könnten für Patienten mit Multipler Sklerose von Vorteil sein. Das Memantin führt offensichtlich zu einer Besserung der Vigilanz, des Kurzzeitgedächtnisses und der Konzentrationsfähigkeit (Ambrozy u. Danielczyk 1988), wie man dies auch vom Adamantin kennt (z. B. Kugler 1975). Da die Patienten häufig unter einem organischen Psychosyndrom und vor allem auch unter starker Ermüdbarkeit leiden, kann man diesen Begleiteffekt ausnützen. Die Dosis zur Reduzierung der Spastik liegt bei maximal 60 mg. Als *Nebenwirkung* können Unruhe und Verwirrtheit auftreten.

Tizanidin (Sirdalud)

Tizanidin ist ein neueres Medikament, abgeleitet von dem Antihypertonikum Clonidin, das wie das Baclofen und Tetrazepam spinal angreift, aber eine besondere Affinität zu den Alpharezeptoren hat (Sayers u. Mitarb. 1980). Es hat eine gute antispastische Wirkung, die Muskelschwäche selbst soll durch dieses Präparat nicht verstärkt werden (Knutsson u. Mitarb. 1982, Gonsette u. Mitarb. 1984). Da das Tizanidin im Gegensatz zum Baclofen über die Alpharezeptoren besonders die polysynaptischen Fremdreflexe hemmt, ist es besonders dann indiziert, *wenn kutan auslösbare spastische Synergien (spinale Automatismen) bestehen.*

Man gibt etwa 12–36 mg pro Tag. Als *Nebenwirkung* kann es zu Müdigkeit, Mundtrockenheit und Blutdruckabfall kommen.

Dantrolen (Dantamacrin)

Beim Vergleich mit den vorher aufgeführten Antispastika fällt das Dantrolen aus der Reihe, denn es hat einen *rein peripheren* Angriffspunkt, d.h. es setzt direkt an der *Muskelzelle* an und hemmt dort die Freisetzung von Calcium aus dem sarkoplasmatischen Retikulum.

Die Dosis liegt bei 100–200 pro Tag (bis maximal 400 mg pro Tag, allerdings dann nicht länger als 2 Monate). Als *Nebenwirkung* muß eine zum Teil recht gefährliche *Hepatotoxizität* beachtet werden. Unangenehm ist manchmal eine *generalisierte Schwäche*, die dadurch bedingt ist, daß das Medikament an *allen,* nicht nur an den tonuserhöhten Muskeln angreift. Die *sedierende* Wirkung ist deutlich geringer als bei den anderen Antispastika.

Man kann die Wirkung von Memantin, Tizanidin und Baclofen durch die Kombination mit Dantrolen verstärken.

Wegen der *Lebertoxizität* sollte die Indikation eher streng gestellt werden. Besteht der Verdacht auf eine Leberschädigung, verbietet sich die Anwendung des Präparates.

Intrathekale Therapie der Spastik

Intrathekale Corticoidtherapie

Früher hat man versucht, den Verlauf der Multiplen Sklerose durch intrathekale Gabe von Corticoiden zu beeinflussen. Ein Vorteil gegenüber der systemischen Anwendung wurde jedoch nicht festgestellt (Mazzarelli u. Mitarb. 1983). In einigen Kliniken wird aber heute immer noch die intrathekale Corticoidtherapie angewandt, allerdings unter der Vorstellung, daß vorwiegend die *spinale Spastik* positiv beeinflußt wird. In einigen Fällen hat sich eine Besserung ergeben (Nelson u. Mitarb. 1973, Rohrbach u. Mitarb. 1987b), die wir auch gefunden haben.

Man muß bei der intrathekalen Corticoidgabe Kristallsuspensionen benutzen, weil wasserlösliche Corticoidpräparate nur kurze Zeit im Liquorraum bleiben. Kristallsuspensionen geben das Corticoid nur langsam ab und sollen dadurch den Liquorspiegel länger aufrecht erhalten. Dennoch könnte es sein, daß das langsam freigesetzte Corticoid sofort verschwindet und der erhöhte Liquorspiegel nur durch das an die Suspension gebundene – und damit noch nicht wirksame – Corticoid vorgetäuscht wird (Fishman u. Christy 1965).

Da die Wirkung von intraspinal gegebenen Corticoiden auf die Spastik noch nicht genügend gesichert ist, kann diese Therapie nicht allgemein empfohlen werden, besonders auch deshalb, weil negative Folgeerscheinungen wie z.B. eine *Arachnopathie* (Nelson u. Mitarb. 1973, Nelson 1988, Bernet u. Mitarb. 1976) nicht ausgeschlossen werden können. Eine solche Arachnopathie ist sicherlich nicht durch das Corticoid selbst, sondern durch die beigemischten Detergentien und andere Substanzen bedingt.

Es wurde aber auch berichtet, daß keine gravierenden Nebenwirkungen bei intrathekal gegebenen Corticoiden aufgetreten seien (Neu 1982, Rivera 1981, Kappos u. Mitarb. 1985). Eventuell kommen diese unterschiedlichen Angaben dadurch zustande, daß bei den einzelnen Studien verschiedene Corticoidpräparate (und damit auch eine verschiedene Galenik) angewendet wurden. *Man muß aber mit vorübergehenden meningealen Reizerscheinungen, Parästhesien, Bewußtseinsstörungen (Verwirrtheit) und epileptischen Anfällen rechnen.*

Ob die eventuell positive Wirkung von Corticoiden ein Spezifikum für die intrathekale Gabe darstellt, ist fraglich. Immerhin konnte bei einigen Patienten mit chronisch progressiver Multipler Sklerose durch die Corticoidstoßtherapie (systemische Anwendung) auch eine positive Wirkung auf die Spastik erzielt werden (Milligan u. Mitarb. 1987). Um hohe Liquorspiegel zu erzeugen, benötigt man aber hohe, systemisch verabreichte Dosen, da der Liquorspiegel nur ein Zehntel des Serumspiegels beträgt (Berndt u. Führmeister 1980).

Intrathekale Therapie mit Baclofen (Baclofenpumpe)

Bei manchen Patienten ist die Spastik so stark ausgeprägt, daß man auch mit höchsten oralen Dosen von Antispastika keine befriedigende Wirkung erzielt. Während man vor wenigen Jahren in solchen Fällen entweder resignierte oder auch vereinzelt seine letzte Zuflucht bei chirurgischen Maßnahmen suchte, hat man heute die Möglichkeit, durch intrathekale Gabe eines Antispastikums (z. Zt. nur Baclofen) die Spastik vollkommen zum Verschwinden zu bringen (Dralle u. Mitarb. 1985, Penn u. Jefferey 1987).

Die orale Anwendung von Baclofen (Lioresal) hat den Nachteil, daß man wegen der schlechten Liquorgängigkeit nur wenig Wirkstoff an das Rückenmark bringt. Bei der intrathekalen Gabe erreicht man aber eine außerordentlich hohe Liquorkonzentration. Die Konzentration im Liquor, mit der man die beste antispastische Wirkung erzielt, liegt durchschnittlich etwa um den *Faktor 400* höher als die höchsten Liquorspiegel, die man durch orale Gabe erreicht (Müller u. Mitarb. 1988a).

Da man das Baclofen nicht täglich in den Liquorraum spritzen kann, wird wie bei der intrathekalen Schmerzbehandlung ein Pumpsystem angewandt. Man benützt eine *gas- oder elektronisch betriebene Pumpe*, die mit einer konstanten Geschwindigkeit aus einem Reservoir das Medikament über einen Katheter abgibt (1–2 ml pro Tag). Diese Pumpe ist unter der Bauchhaut eingepflanzt und der Katheter in den lumbalen Liquorraum eingelegt (Abb. 17.**5**).

Weil die benötigte Baclofenmenge bei jedem Patienten verschieden ist, muß man den individuellen täglichen Bedarf ermitteln.

Dies würde aber mit einer Pumpe zu lange dauern, da die Flußrate mit 1–2 ml pro Tag viel zu gering ist. Deshalb pflanzt man zunächst nur den Katheter in den Spinalkanal und verbindet ihn mit einem unter die Haut gelegten vorläufigen Kunststoffreservoir (*port*). Durch die Haut kann man nun über diesen Port das Präparat direkt im Bolus in den Liquorraum spritzen. Man erspart dem Patienten damit die täglichen intrathekalen Injektionen über eine Lumbalpunktion. Der eingesetzte Katheter wird dann später für die endgültige Pumpe gebraucht.

Man beginnt zunächst mit 50 µg pro Tag und steigert dann jeden Tag um 50 µg, bis man die gewünschte Wirkung erzielt. Druchschnittlich benötigt man zwischen 200 und 300 µg pro Tag. Warum die optimale Konzentration bei den einzelnen Patienten so verschieden ist, weiß man nicht.

Nach der Verabreichung eines solchen Baclofen-Bolus verschwinden zunächst die spontanen Spasmen (spinale Automatismen); erst dann kommt es zu einer Tonusminderung, wobei zunächst die Beugespastik beeinflußt wird. Darauf verschwinden der Klonus und die durch äußere Reize auszulösenden spinalen Automatismen. Erst bei höherer Konzentration werden auch die Arme erreicht.

Die Eigenreflexe der Beine verschwinden zuletzt. So weit muß man es aber gar nicht kommen lassen. Verschwinden die Reflexe, so ist die Konzentration meist schon so hoch, daß die ersten Nebenwirkungen eintreten.

Die häufigsten **Nebenwirkungen** sind Kopfdruck, Sedierung, selten auch Blutdruckabfall, Bradykardie und Übelkeit. Man kann dies damit erklären, daß das Baclofen bei höherer Konzentration auch den Hirnstamm erreicht. Die Behandlung einer ausgeprägten Spastik der Arme ist deshalb nicht möglich oder zumindest sehr problematisch.

Durch die Tonusminderung bei gleichzeitiger Unbeweglichkeit der Beine sind die Venen jetzt nicht mehr tonisiert, und es besteht die Gefahr der *Thrombose* mit Embolie. Deshalb sollte man gleichzeitig mit einem Heparinpräparat behandeln.

Wenn nach einigen Tagen (durchschnittlich 8–10 Tage) die richtige Dosierung gefunden ist, muß man genau festhalten, wie lange die Wirkung des Bolus anhält. Diese Zeit ist nämlich wichtig für die Berechnung der Baclofenmenge, mit der man die Pumpe füllt.

Zur Bestimmung der endgültigen Füllungsmenge für die Pumpe berechnet man zunächst die benötigte *Tagesdosis:*

$$\frac{\text{effektive Einzeldosis (µg)}}{\text{Dauer der Wirksamkeit (h)}} \times 24.$$

Abb. 17.**5a** u. **b**
a Anlage einer Pumpe (Infusaid) mit einem intrathekalen Katheter lumbal. Die Pumpe liegt subkutan in der Bauchwand und wird an der Faszie befestigt. Der Katheter liegt in einem subkutanen Tunnel. Befestigung des Katheters am Lig. supraspinale
b Pumpe in situ

a

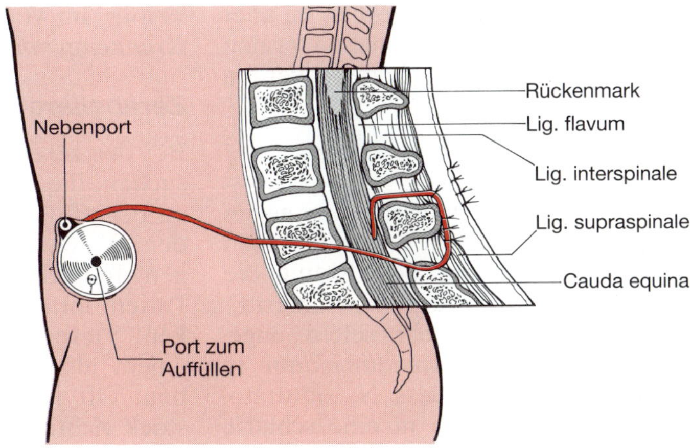

b

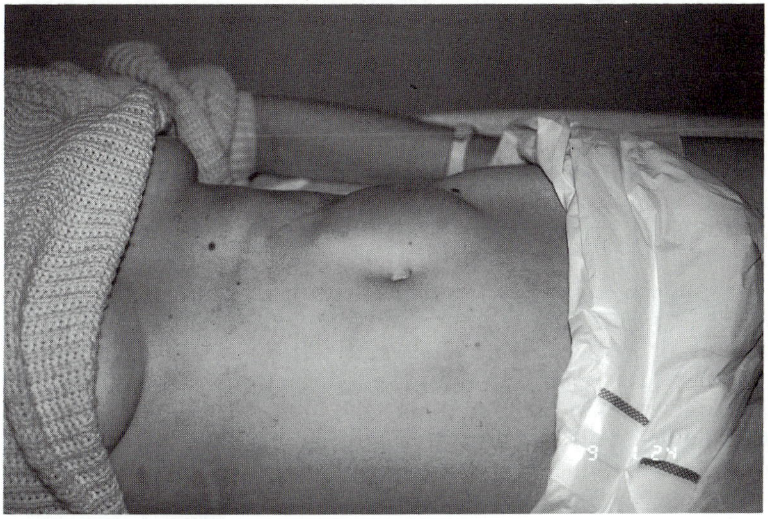

Die Pumpe hat ein Füllungsvolumen von *50 ml*. Die Abgabe des Medikamentes *(Flußrate)* soll so gering wie möglich gehalten werden, damit die Pumpe nicht so oft nachgefüllt werden muß. Bei einer Flußrate von z. B. 1,5 ml pro Tag kommt man zumindest rechnerisch auf etwa 33 Tage. Die in die Pumpe zu gebende Substanzmenge berechnet sich wie folgt:

$$\frac{\text{50 (Füllungvolumen der Pumpe) (ml)}}{\text{Flußrate (ml/24 h)}} \times \text{Tagesdosis.}$$

Beim Einfüllen wird manueller Druck aufgewendet, der im System gespeichert wird und mit dem dann die Pumpe wiederum die Flüssigkeit ausdrückt. Gegen Ende der errechneten Zeit nimmt die Flußgeschwindigkeit langsam ab, und die Patienten bemerken durch das Nachlassen der Wirkung, daß es Zeit wird, die Pumpe wieder füllen zu lassen.

Zum ersten Nachfüllen der Pumpe bestellt man die Patienten noch einmal stationär ein, weil eventuell an der Baclofenkonzentration noch etwas geändert werden muß. Die weitere Betreuung, vor allem das Auffüllen der Pumpe, kann dann der Hausarzt übernehmen.

In vielen Kliniken hat sich diese Methode zur Bekämpfung der Spastik als sehr hilfreich erwiesen. Indiziert ist sie aber nur dann, wenn mit der üblichen oralen Behandlung kein Erfolg erzielt werden kann.

Chirurgische Eingriffe

Bei der Vielfalt der Medikamente gegen Spastik und der modernen intrathekalen Therapie ergibt sich nur noch selten die Indikation zu einem chirurgischen Eingriff.

Die früher schon sehr selten angewandte Methode der *Phenolinjektion* in einzelne Nerven (besonders N. obturatorius), um eine spastische in eine schlaffe Lähmung umzuwandeln, wird wohl kaum noch durchgeführt. Dies gilt auch für die *partielle Durchtrennung von Hinterwurzeln*, die so gezielt vorgenommen werden kann, daß nur einzelne Muskelgruppen ausgeschaltet werden. Intraoperativ wird vor der Durchtrennung über elektrische Reizung die motorische Fasergruppe bestimmt, über welche der Reflexbogen für die gewünschte Muskelgruppe läuft (Sindoci u. Mitarb. 1982). Die Sensibiltität bleibt somit erhalten.

Auf die selten durchgeführte *Alkoholinjektion in den Spinalkanal* kann man verzichten.

Bestehen aber stärkere Gelenk- und Muskelkontrakturen, dann hilft die intrathekale Therapie mit Baclofen auch nicht mehr. Hier können chirurgische Eingriffe, z.B. eine *Tenotomie* und eine *operative Gelenkmobilisierung*, unvermeidlich sein. Damit können die Patienten wenigstens wieder so weit gebracht werden, daß sie im Rollstuhl sitzen können und auch leichter zu pflegen sind. Bei extremer Beuge-Adduktions-Kontraktur im Hüftgelenk hat auch heute noch die Teno- und Myotomie des M. iliopsoas, der Adduktoren und der Kniebeuger eine Bedeutung.

Behandlung der Koordinationsstörungen

Die Behandlung von Koordinationsstörungen gestaltet sich oft sehr schwierig. Mit Medikamenten erzielt man meist nur einen bescheidenen, manchmal gar keinen Erfolg. Im Vordergrund steht hier ganz die *Krankengymnastik*.

Zerebellare Ataxie

Bei der zerebellaren Ataxie muß man versuchen, die gröberen Bewegungsabläufe so zu beeinflussen, daß sie etwas glatter werden. Wesentlich sind Stand- und Gangübungen. Je nach Schwere der Störung muß der Patient lernen, mit einem Stock, mit Krükken, Vierpunktstöcken, Rollator oder mit einem alternierenden Gehgestell umzugehen. Oft fällt es ihm schwer, einen Gehstock richtig einzusetzen, wenn neben der Gangataxie noch eine Ataxie der Arme besteht. In solchen Fällen sollte man prüfen, ob ein Vierpunktstock nicht besser ist. *Manchmal hilft es schon, wenn man am unteren Ende eines Gehstocks ein Gewicht anbringt.*

Werden Bewegungen *gegen Widerstand* durchgeführt – ein Grundprinzip in der krankengymnastischen Ataxiebehandlung –, wird die Ataxie deutlich abgemildert. Man kann deshalb bei stark ausfahrenden Bewegungen von Armen und Beinen einen Versuch mit *Bleimanschetten* machen (300–700 g), die man um die Knöchel bzw. um die Handgelenke legt (Abb. 17.**6**). Dadurch werden die Bewegungen etwas weniger ausfahrend; eine derartige Beschwerung ist

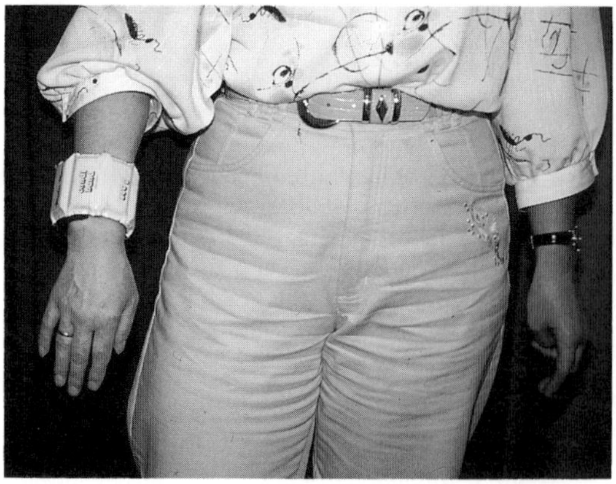

Abb. 17.**6** Bleimanschette am rechten Arm (Ataxie und nur angedeutete Parese)

aber nicht oder nur in sehr beschränktem Umfang möglich, wenn gleichzeitig Paresen vorliegen.

Auch im Wasser ist die Ataxie deutlich geringer, weshalb die Übungstherapie häufig auch im *Bewegungsbad* durchgeführt wird. Durch konsequentes Üben, das vom Patienten und Physiotherapeuten gleichermaßen viel Geduld verlangt, können mit der Zeit bestimmte Bewegungsmuster so eingeschliffen werden, daß die Ataxie weniger in Erscheinung tritt bzw. überspielt wird.

Unter krankengymnastischer und ergotherapeutischer Anleitung müssen die Patienten aber auch lernen, mit ihrer Ataxie umzugehen, wobei es dazu einige kleine Tricks und Hilfsmittel gibt. Es ist erstaunlich, wie nach geduldigen Übungen – auch ohne daß sich, objektiv gesehen, die Koordinationsstörungen besonders gebessert hätten – die Patienten mit manchen Anforderungen des täglichen Lebens wieder fertig werden, die sie früher nicht bewältigt haben. Manche entwickeln dabei eine ganz erstaunliche Virtuosität, die der oberflächliche Betrachter, der nur das Zittern und Wackeln sieht, gar nicht wahrnehmen kann.

Nystagmus und Oszillopsie

Der **vertikale Nystagmus** mit oder ohne Oszillopsie wurde schon erfolgreich mit *Clonazepam* behandelt (Chambers u. Mitarb. 1983). Die Behandlung kann auch mit *Baclofen* (Brandt 1991) erfolgen. Manchmal schwindet damit zumindest die lästige **Oszillopsie**.

Die Amplitude des **Fixationspendelnystagmus** (s. S. 54) soll sich in manchen Fällen deutlich verringern, wenn durch Kontaktlinsen Refraktionsanomalien ausgeglichen werden. Das Lesen kann verbessert werden, wenn man Vergrößerungshilfen benützt (Frieling u. Mitarb. 1986). Eine Besserung wurde auch unter *anticholinerger Therapie* (Trihexyphenidyl) beschrieben (Jabbari u. Mitarb. 1987).

Tremor und Aktionsmyoklonien

Die zerebellare Ataxie ist oft mit einem Tremor, besonders dem Intentionstremor (Intentionswackeln), verbunden. Die medikamentöse Behandlung erfolgt in erster Linie mit Benzodiazepinpräparaten, wobei sich am besten *Clonazepam* (Rivotril) bewährt hat. Wir haben gelegentlich auch einen günstigen Einfluß durch *Amantadininfusionen* (PK-Merz) gesehen, die über 14 Tage gegeben wurden.

Propranolol, das beim essentiellen Tremor wirksam ist, wurde auch schon empfohlen, hat sich aber nicht bewährt.

In schweren Fällen überlagern sich dem Intentionstremor **Aktionsmyoklonien** (s. S. 56). Diese sind mit Hilfe der Physiotherapie nicht anzugehen. Hier hilft allenfalls *Clonazepam* (Rivotril) in hohen Dosen, was die Myoklonien zwar etwas dämpft, aber dann doch sehr sedierend wirkt.

Weiter kann man versuchen, die Aktionsmyoklonien mit *5-Hydroxytryptophan* (Trouillas u. Mitarb. 1988), *Valproat, Primidon* oder *Piracetam* zu dämpfen.

Gewisse Erfolge kann man mit Carbamazepin erzielen (Sechi u. Mitarb. 1989).

Für Patienten mit massivem zerebellarem Haltetremor (S. 57) und Aktionsmyoklonien wurde die Behandlung mit dem Tuberkulostatikum *Isoniazid* (INH) vorgeschlagen (Sabra u. Mitarb. 1982).

Es wurden etwa 1200 mg/Tag verabreicht, was, verglichen mit den üblichen Dosen in der Tuberkulosetherapie (ca. 300 mg/Tag), ziemlich hoch ist. Hydrazin, ein Metabolit des INH, hemmt die GABA-Aminotransferase, was zu einem generalisierten Anstieg dieses hemmenden Transmitters im Gehirn führt (Perry u. Mitarb. 1985). Die Erfolge wurden von einigen Autoren bestätigt (Francis u. Mitarb. 1986, Morrow u. Mitarb. 1985), die erzielte Verbesserung wurde aber nur als gering angesehen (Boeck u. Mitarb. 1984, Bozek u. Mitarb. 1984, Duquette u. Mitarb. 1985). Nebenwirkungen waren nicht selten und bestanden meist aus Müdigkeit und Verstärkung der Paresen.

Setzt man das Präparat ab, so hört die Wirkung auch wieder auf (Morrow u. Mitarb. 1985).

Wenn man einen Versuch mit INH machen möchte (z. B. Isozid), dann muß man Pyridoxin (ca. 100 mg) dazugeben.

Der Intentionstremor mit Aktionsmyoklonien kann solche Ausmaße annehmen, daß der Patient schwerstpflegebedürftig wird. Die kleinste intendierte Bewegung artet gewissermaßen in einen chaotischen Bewegungssturm aus. Man wird in solchen Fällen den Patienten eine *stereotaktische Operation (Thalamotomie)* empfehlen müssen. Diese wird nur einseitig durchgeführt. Gelingt die Operation, hat der Patient wenigstens einen Arm, den er zum Teil benützen kann. Die Nebenwirkungsrate ist allerdings hoch, und die Ergebnisse sind nicht durchweg befriedigend (51 % Besserung nach 3 Jahren, Mundinger u. Kuhn 1982). Wenn die gleiche Operation bei Parkinson-Kranken durchgeführt wird, ist die Nebenwirkungsrate (Hemiparese, Dysarthrie) geringer (Wester u. Hauglie-Hanssen 1990).

Hinterstrangataxie

Für die Behandlung der Hinterstrangataxie gibt es ebenfalls keine Medikamente. Krankengymnastisch wird im wesentlichen nach dem gleichen Prinzip vorgegangen wie bei der zerebellaren Ataxie. Der Patient muß aber mehr angehalten werden, Bewegungen unter *optischer Kontrolle* und Gehübungen vor dem Spiegel durchzuführen.

Meist sind die Arme weniger betroffen, so daß die Patienten mit dem Gehstock gut umgehen können. Da in der Regel auch eine Parese der Beine vorliegt, ist die Gehstütze meist sowieso kaum zu umgehen. Wie bei der zerebellaren Ataxie wird man auch hier versuchen, mit *Bleimanschetten* um die Knöchel die Gehstörung etwas zu vermindern (Abb. 17.**6**).

Bei einer stärkeren Hinterstrangläsion ist oft auch die Tiefensensibilität im Kniegelenk gestört. Es kommt deshalb sehr häufig zu einem *Genu recurvatum* (s. S. 58). Bei der Krankengymnastik muß viel Wert darauf gelegt werden, dem Patienten zu helfen, die Kniekontrolle wiederzugewinnen. Er soll sich dabei in erster Linie seiner Störung bewußt werden.

Wenn alle Bemühungen um eine ausreichende Knieführung fehlschlagen, sollte man eine *Knieschiene* verordnen (z.B. Iowa-Brace-Schiene). Eine derartige Hilfe erfüllt ihren Zweck auch beim Genu recurvatum, das durch eine Parese der Kniestrecker oder -beuger bedingt ist.

Ein besonderes ergotherapeutisches Training verlangt die *Tiefensensibilitätsstörung der Hand* (Sensory useless hand, s. S. 38). Glücklicherweise bildet sich diese Störung oft nach Wochen, gelegentlich auch erst nach Monaten wieder zurück.

Dysarthrie

Die Dysarthrie bei der Multiplen Sklerose ist meist eine Kleinhirnstörung (skandierende Sprache), oft aber liegen zusätzlich noch suprabulbäre Störungen vor. Bei dieser Sprechstörung kann die logopädische Behandlung – allerdings meist nur mit begrenztem Erfolg – helfen. Am Anfang der Behandlung müssen *Atemübungen* stehen, da in der Regel nicht nur die Koordination der reinen Sprechmuskulatur, sondern auch die der Atemmuskulatur gestört ist.

Schluckstörung

Ein großes, zum Glück sehr seltenes Problem stellen Schluckstörungen dar, die gerade bei fortgeschrittener Krankheit den sowieso schon äußerst mühseligen Alltag der Kranken noch zusätzlich erschweren. Wir führen unter ergotherapeutischer Regie ein *Schlucktraining* durch, wobei u.a. die Pharynxmuskulatur mit Eis gereizt wird.

Wenn man keinen Erfolg erzielt und die Magensonde auf Dauer nicht zu umgehen ist, gibt es in einigen Fällen noch die Möglichkeit eines *operativen Eingriffs* (Loizou u. Mitarb. 1980, Pillsbury u. Buckwalter 1984). Der obere Ringmuskel der Speiseröhre (M. cricopharyngeus) wird gespalten (Krikopharyngeomyotomie, Abb. 17.**7**). Es kommt dadurch zu einer Erweiterung des Ösophaguseingangs, die bei partiell noch intaktem Schluckakt unter Umständen etwas helfen kann. Meist läßt sich aber auf Dauer eine Magensonde nicht vermeiden. Für diese Patienten ist aber eine Sonde über die fast problemlose *perkutane endoskopische Gastrostomie* viel angenehmer.

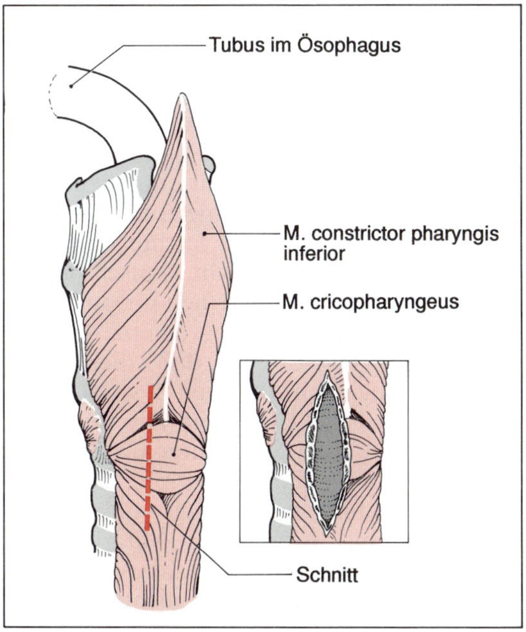

Abb. 17.**7** Schnitt bei der Krikopharyngeotomie. Die Mukosa wird nicht eröffnet (nach Pillsbury u. Buckwalter)

Abnorme Ermüdbarkeit

Die abnorme Ermüdbarkeit (S. 71) stellt bei Patienten mit Multipler Sklerose ein großes therapeutisches Problem dar. Günstige, wenn auch keine überwältigenden Erfolge wurden mit Amantadinpräparaten (200 mg/Tag) berichtet (Murray 1985, Canadian MS Research Group 1987, Rosenberg u. Appenzeller 1988, Cohen u. Fisher 1989).

Wir behandeln mit Amantadinsulfat 300–400 mg/Tag. Wenn eine Spastik besteht, geben wir statt dessen Memantin, weil dieses neben einem antispastischen auch einen vigilanzsteigernden Effekt besitzt (S. 248).

In manchen Fällen kann man auch einen Versuch mit Psychoanaleptika (Tradon, Captagon) wagen. Ob bei Multiple-Sklerose-Patienten mit chronischer Müdigkeit die Suchtgefahr ebenso gering ist wie bei Patienten mit Narkolepsie, weiß man nicht; entsprechende Vorsicht ist geboten.

Bei adipösen Patienten verordnen wir gelegentlich auch Appetitzügler mit analeptischem Effekt. Diese Medikamente dürfen aber nur zeitlich beschränkt gegeben werden.

Pathologisches Lachen und Weinen

Das Phänomen des pathologischen Lachens und Weinens (S. 75) ist in gewissem Maß einer Therapie zugänglich. Mit Imipraminpräparaten wie Tofranil oder Anafranil kann man manchmal ganz erstaunliche Erfolge erzielen. Es genügen meist 3mal 10–25 mg. Nur selten benötigt man 4mal 25 mg. Die gleiche positive Wirkung dieses Präparates sahen wir nicht nur bei Patienten mit Multipler Sklerose, sondern auch bei Patienten mit Hirnstammläsionen, Infarkten im Groß- und Stammhirn (Multiinfarktkrankheit) und bei amyotropher Lateralsklerose.

Diese Wirkung hat wohl nichts mit dem antidepressiven Effekt des Imipramins zu tun. Eventuell kompensiert Imipramin die Enthemmung der affektmotorischen Koppelung (S. 76), wie dies vermutlich auch bei der Kataplexie im Rahmen des narkoleptischen Syndroms der Fall ist (Heckl u. Roos 1976).

Paroxysmale Erscheinungen

Die paroxysmalen Erscheinungen wie die verschiedenen Hirnstamm- und Spinalanfälle, die paroxysmale Dysarthrie mit Ataxie, paroxysmale Parästhesien usw. (S. 79) sprechen sehr gut auf *Carbamazepin* und *Phenytoin* an (Espir u. Millac 1970). Man kann nach wenigen Wochen mit der Therapie wieder aufhören, weil die Attacken sowieso meist spontan sistieren und deshalb eine Dauertherapie nicht nötig ist.

Wir haben bei einigen Patienten mit paroxysmaler Dysarthrie oder paroxysmaler Ataxie, schon 4 Wochen nachdem Wirkspiegel erreicht waren, das Präparat wieder abgesetzt, ohne daß es zu einem Rezidiv kam.

Die paroxysmalen Störungen, vor allem die Hirnstammanfälle, können auch gut mit *Acetazolamid* (Diamox) behandelt werden

(Voiculescu u. Mitarb. 1975, Sethi u. Mitarb. 1992). Darin zeigt sich eine pathophysiologische Verwandtschaft zur hereditären episodischen Ataxie (Hawkes 1992) (s. S. 194).

Trigeminusneuralgie

Die Behandlung der Trigeminusneuralgie bei Multipler Sklerose unterscheidet sich nicht von der der idiopathischen Trigeminusneuralgie. *Carbamazepin* ist das Mittel der Wahl. In aktuen und schweren Fällen wird man manchmal gezwungen sein, *Phenytoin* zu infundieren, um rasch Schmerzfreiheit zu erzielen.

In der Akutbehandlung hat sich auch bewährt, die Zeit, bis der Carbamazepinwirkspiegel erreicht ist, mit *Acetylsalicylsäure* (Aspisol) intravenös zu überbrücken.

Manchmal vertragen die Patienten das Carbamazepin nicht, sei es, daß es zu Schwindel- und Übelkeitsgefühlen kommt, sei es, daß sich eine Allergie entwickelt. Selten ist das Carbamazepin nicht wirksam. In solchen Fällen ist meist auch die Wirkung des Phenytoins nicht befriedigend. Ein *Ausweichmittel* stellt dann das *Baclofen* dar (Fromm u. Mitarb. 1984), das man aber, wenn möglich, mit Carbamazepin kombinieren sollte.

Bei absoluter Therapieresistenz kommen neurochirurgische Eingriffe in Frage. Die Elektrokoagulation des Ganglion Gasseri und die retroganglionäre Faserdurchtrennung zeigte bei Multipler Sklerose und idiopathischer Trigeminusneuralgie erstaunlicherweise gleiche Erfolge (Brett u. Mitarb. 1982,, Brismann 1987).

Lhermittesches Zeichen

Das Nacken-Beuge-Phänomen erfordert meist keine besondere Therapie. Wenn die Beschwerden sehr stark sind, kann man mit Erfolg ebenfalls Carbamazepin geben (Ekbom 1971). Wenn dem Gründe entgegenstehen, hilft hier auch Phenytoin. Uns hat sich auch *Clonazepam* bewährt.

Einer unserer Patienten mit quälendem Lhermitteschem Phänomen durch eine Strahlenmyelopathie des Thorakalmarks (bei MS kommen offensichtlich derartig schwere Fälle nicht vor) wurde nach Phenytoininfusionen sofort schmerzfrei.

Carbamazepinbedingte Schwäche

Manchmal kommt es bei Patienten mit Multipler Sklerose unter Carbamazepin zu einer leichten Zunahme der Schwäche der Beine. Wenn man dieses Phänomen nicht kennt, kann es einem leicht entgehen, weil die Klagen der Patienten meist nicht so charakteristisch sind und eine leichte Zunahme dieser Schwäche auch nicht klinisch faßbar ist. Man könnte auch an einen neuen Schub oder an eine weitere Progredienz denken. Wir haben festgestellt, daß diese Verschlechterung nach Absetzen des Carbamazepins schnell rückläufig war. Die Beobachtung, daß die Schwäche unter Carbamazepin bei Patienten mit Multipler Sklerose zunehmen kann, wurde auch von anderer Seite gemacht (Hoffmann u. Mitarb. 1987, Sechi u. Mitarb. 1989). Studien zu diesem Phänomen liegen aber noch nicht vor.

Blasenstörungen

Allgemeines

Will man die Blasenstörungen bei der Multiplen Sklerose behandeln, dann setzt dies voraus, daß man die Grundzüge der Physiologie der Miktion kennt. Man muß auch eine Vorstellung davon haben, welche Form der Blasenstörung bei einem Patienten vorliegen könnte. Dazu muß die Miktionsstörung anamnestisch genauestens erfaßt werden (s. S. 58). Weiter muß man wissen, wie groß die Restharnmenge ist. Da häufig auch ein *Harnwegsinfekt* besteht, muß dieser zunächst saniert werden, denn nicht selten verschwindet eine leichtere Inkontinenz allein schon dann, wenn der Harnwegsinfekt behoben ist.

Oftmals gelingt es aber mit diesen einfachen Mitteln nicht, die Blasenstörung genau zu bestimmen und gezielt medikamentös zu behandeln, da aus der Kombination verschiedener Schädigungsmuster ein komplexes Störungsbild resultiert. In solchen Fällen kann dann die *urodynamische Messung* weiterhelfen. Diese erfordert aber eine besondere Ausbildung und wird meist vom Urologen oder Paraplegiologen durchgeführt.

Detrusorhyperaktivität

Wenn sich der Detrusor ungehemmt kontrahiert, entsteht ein imperativer Harndrang, der sich bis zur *Dranginkontinenz* (S. 59) steigern kann. Diese Inkontinenz entsteht dann, wenn der noch normal funktionierende Blasenschluß durch die Überaktivität des Detrusors überwunden wird. Diese Störung ist zwar für den Patienten sehr unangenehm, birgt aber nicht das Infektionsrisiko wie die Blasenstörungen, die mit Restharnerhöhung einhergehen.

Da der Detrusor vorwiegend parasympathisch innerviert wird, sollte man versuchen, die Hyperaktivität durch *Parasympatholytika* zu dämpfen (z. B. Vagantin, Dridase [Oxybutynin], Bellafolin).

Auch Imipramin (z. B. Tofranil) kann gegeben werden; man nützt dabei dessen anticholinergen Nebeneffekt. Im Gegensatz zur antidepressiven Wirkung des Tofranils, die erst nach 14 Tagen zu erwarten ist, entwickelt sich der dämpfende Effekt auf den Detrusor schon nach wenigen Tagen.

Eine andere Möglichkeit, die überschießende Detrusoraktivität zu dämpfen, ist die Behandlung mit *Flavoxat* (Spasuret 200). Diese Substanz hat keine parasympathikolytische, sondern eine papaverinähnliche Wirkung und greift direkt an der glatten Muskulatur an.

Das Präparat ist gut verträglich und zeigt weniger Nebenwirkungen (Gould 1975). Man kann auf dieses Präparat ausweichen, wenn Anticholinergika nicht gegeben werden dürfen oder wenn man befürchten muß, daß sich eine Darmträgheit oder gar Darmatonie entwickelt.

Hat man die Inkontinenz unter Kontrolle, ist man immer noch nicht am Ziel. Man muß jetzt unbedingt den *Restharn* bestimmen, weil man nie genau weiß, ob die Dosis nicht doch zu hoch angesetzt war und die *Detrusorhyperaktivität* in eine *Hypoaktivität* übergegangen ist. Man muß sich überhaupt immer wieder durch Restharnuntersuchungen vergewissern, ob die Therapie richtig ist, denn sehr häufig entwickelt sich im weiteren Verlauf der Multiplen Sklerose eine Detrusor-Sphinkter-Dyssynergie, ohne daß jetzt unter der Behandlung eine Inkontinenz auftritt. Restharnbestimmungen sollten etwa in 2- bis 3monatigen Abständen durchgeführt werden.

Hilfreich ist hier die Messung mit einem Ultraschallgerät (Kornhuber 1987b), das sowohl die Patienten als auch deren Angehörige anwenden können.

Detrusor-Sphinkter-Dyssynergie

Bei der Detrusor-Sphinkter-Dyssynergie kommt es zusätzlich zur Detrusorhyperaktivität noch zu einer Hyperaktivität des inneren *Sphinkters*, der sympathisch innerviert wird (sympathisches Blasenzentrum: Th 11 bis L 2) (s. Abb. 15.10b, S. 60). Wenn sich der hyperaktive Detrusor kontrahiert, kann die Blase nicht immer ganz entleert werden, weil sich oft gleichzeitig der M. sphincter internus kontrahiert. Die Miktion kommt oft trotz des Harndrangs nicht richtig in Gang, oder es kommt zu häufigen Unterbrechungen des Harnstrahls (Stakkato-Miktion). Der Restharn steigt an und somit das Infektionsrisiko.

Der Sympathikotonus am Blasenhals kann durch den *Alpharezeptorenblocker Dibenzyran* gemindert werden. Da dieser nicht isoliert am Blasenhals, sondern auch am Gefäßsystem angreift, kann es – besonders bei älteren Patienten – zu *Blutdruckabfall* kommen.

Im Rahmen der Spastik, die bei diesen Patienten oftmals schon ziemlich stark ausgeprägt ist, kann die Blasenentleerung zusätzlich noch durch eine Tonuserhöhung des *Beckenbodens und des äußeren Sphinkters* erschwert sein (s. Abb. 5.**11**, S. 61). Durch Palpation (rektal, evtl. auch vaginal) kann man sich vom Grad der Tonuserhöhung des Beckenbodens einen Eindruck verschaffen.

Am besten untersucht man den Patienten in Rückenlage, wenn er eine gefüllte Blase hat, und versucht durch Klopfen auf die Blase die Miktion in Gang zu bringen. Mit dem rektal palpierenden Zeigefinger kann man bei der Sphinkter-Detrusor-Dyssynergie die Anspannung des Beckenbodens beim Beginn der Miktion spüren und somit diese Störung nachweisen.

Durch Behandlung mit Baclofen (Lioresal) oder Dantrolen (Dantamacrin) muß man versuchen, den Tonus zu mindern. Manchmal ist dies nicht möglich, weil gleichzeitig an den Beinen eine „Erfordernisspastik" besteht und man sich deshalb die Tonusverminderung im Beckenboden mit einer Minderung des Tonus für die Stand- und Gangsicherheit erkaufen müßte.

Eine reine Hyperaktivität des M. sphincter internus ohne Detrusorhyperaktivität, also eine reine sympathische Tonuserhöhung, kommt bei der Multiplen Sklerose vermutlich nicht vor.

Findet man bei der Detrusor-Sphinkter-Dyssynergie eine größere Restharnmenge, dann ist es sekundär zu einer Erschlaffung des Detrusors gekommen. Von einer Detrusorhyperaktivität kann jetzt also nicht mehr gesprochen werden.

In diesem Fall darf zunächst *kein Parasympatholytikum* gegeben werden. Man würde damit die durch Überdehnung sowieso schon in der Kontraktilität verminderte Blase noch mehr schwächen. Es darf deshalb zunächst nur der Sympathikotonus und die eventuell begleitende Beckenbodenspastik gedämpft werden. Der Patient muß zusätzlich die Blase manuell (unter Anwendung der Bauchpresse) ausdrücken (Credé-Handgriff). Dies gelingt bei Frauen wegen der günstigeren anatomischen Verhältnisse besser.

Wird auf diese Weise eine gute Entleerung erreicht, sollte später versucht werden, durch *Klopfen* (Klopftraining) eine spontane Blasenentleerung zu erzielen. Wenn dies nicht gelingt, empfiehlt sich jetzt die Zugabe eines *Parasympathomimetikums* (Doryl oder ein Cholinesterasehemmer wie Ubretit oder Prostigmin).

Es muß aber immer gewährleistet sein, daß sich der Blasenhals auch öffnet, denn sonst kann es zu einem *Reflux* in die oberen Harnwege kommen.

Gelingt trotz dieser Maßnahmen die Blasenentleerung nicht mehr restharnfrei (unter 100 ml bzw. 20 % der entleerten Urinmenge), dann muß man *intermittierend katheterisieren.*

Kommen die Patienten schon mit *stark überdehnter Blase* und mit großen Restharnmengen in die Klinik, muß sofort intermittierend katheterisiert werden (zunächst 5mal am Tag). Nur dadurch kann man die oft schon viel zu lange bestehende Überdehnung der Blase wieder rückgängig machen und die Kontraktilität wiedergewinnen. Der Patient muß dann erlernen, die Blase selbst zu entleeren (Credé-Handgriff), und durch Klopfen versuchen, die Blasenentleerung wieder spontan in Gang zu bringen. Am besten läßt man vor der gewünschten Miktion ziemlich rasch eine größere Flüssigkeitsmenge trinken. Dies führt zu einer starken Flüssigkeitsausscheidung, die durch eine halbe Tablette Lasix (Furosemid) noch untersützt werden kann. Es kommt dann ziemlich abrupt zu einer Blasendehnung, die den Entleerungsreflex, der durch das Klopfen ausgelöst werden soll, bahnt.

Reflexblase

Die Reflexblase entsteht dadurch, daß das Rückenmark oberhalb des Lumbalmarks durchtrennt ist. Es liegt das Bild der *Detrusor-Sphinkter-Dyssynergie* vor, wobei allerdings der Patient keinen Harndrang verspürt, weil die Afferenzen im Rückenmark auch gestört sind. Die Reflexblase in diesem Sinn ist bei der Multiplen Sklerose nicht häufig und kommt nur im Spätstadium oder bei besonders malignen Verlaufsformen vor. Die Behandlung erfolgt wie bei der Detrusor-Sphinkter-Dyssynergie.

Chirurgische Maßnahmen

Bei einer medikamentös nicht zu beherrschenden chronischen Auslaßstörung können manchmal chirurgische Maßnahmen etwas helfen. Es wurde die Blasenhalsresektion (Jakobsen u. Mitarb. 1973) empfohlen; der Erfolg einer reinen Sphinkterotomie soll besser sein. Zu chirurgischen Maßnahmen sollte man sich allerdings nur in ganz besonderen Fällen entschließen, denn die chirurgischen Ergebnisse sind bei Patienten mit Multipler Sklerose nicht besonders gut.

Prophylaxe und Therapie des Harnwegsinfektes

Die Prophylaxe der Harnwegsinfektion besteht vorwiegend darin, daß die Blasenstörung so weit wie möglich kompensiert wird und vor allen Dingen keine Restharnmengen entstehen. Gelingt dies nicht, dann muß man intermittierend katheterisieren, was der Patient später selbst lernen muß (anderenfalls auch seine Pflegeperson). Ein Dauerkatheter – auch ein suprapubischer Blasenkatheter – muß vermieden werden. Jeder Dauerkatheter führt schon nach kurzer Zeit zur Blaseninfektion.

Sorgt man für größere Trinkmengen, dann wird der sogenannte Auswascheffekt größer, d.h. Bakterien werden mit dem Urin effizienter entfernt.

Zeigt sich eine Tendenz zur Restharnentwicklung, dann besteht die **1. prophylaktische Maßnahme** darin, für *ausreichende Trinkmengen* (3 l und mehr am Tag) zu sorgen. Der Restharn muß unter 100 ml gebracht werden. Die Blase darf auch nicht zu sehr gefüllt sein, d.h. die einzelnen Harnportionen sollten 400–500 ml nicht überschreiten. Nähert man sich diesem Wert, dann muß man öfter entleeren (spontanes Wasserlassen, Klopfen, Credéscher Handgriff, Katheterismus).

Die **2. prophylaktische Maßnahme** besteht also darin, für *häufige Blasenentleerungen* zu sorgen. Dadurch wird einerseits der Auswascheffekt erhöht, andererseits eine Überdehnung der Blase vermieden. Man muß etwa alle 3–4 Stunden, bei Harnwegsinfekten häufiger, die Blasenentleerung anstreben.

Der normale Urin ist mit einem pH-Wert von 6 bis 6,5 leicht sauer. Bei Infektionen wird er häufig alkalisch. Bakterienwachstum wird durch alkalischen Urin begünstigt, durch sauren aber erschwert. Deshalb ist die **3. prophylaktische Maßnahme** *das Ansäuern des Urins.*

Durch eine bestimmte Diät kann man den Urin nur schwer direkt ansäuern. Wenn man Milchprodukte meidet, wird die Alkalisierung des Urins etwas verringert. Am besten gibt man aber zum Ansäuern Medikamente wie L-Methionin oder Mandelsäure. Apfel- und Grapefruitsaft haben eine leicht ansäuernde Wirkung. Vitamin C, das häufig empfohlen wird (3–4 g/Tag), hat keinen so guten Effekt wie L-Methionin oder Mandelamine. Der Urin muß regelmäßig (am besten alle 3–4 Monate) auf einen Harnwegsinfekt untersucht werden.

Im Falle eines Infektes muß eine Urinkultur angelegt und gezielt antibiotisch behandelt werden.

Bei Patienten, welche die Blase ausdrücken oder die Klopfmethode anwenden, muß man den Restharn vor allem am Anfang in kurzen Abständen, unter Umständen auch täglich, kontrollieren.

Zu der Restharnbestimmung muß die Blase immer dann entleert werden, wenn der Patient es wünscht. Wartet man, bis der Arzt oder die Schwester für die Bestimmung „Zeit hat", ist die Blase eventuell schon zu lange gefüllt und damit überdehnt. Die Restharnmenge wird jetzt größer, weil sich die Blase bei der Entleerung nicht mehr so ausgiebig kontrahiert. Man bekommt also nicht den sonst üblichen Wert, was zu therapeutischen Fehlentscheidungen führt.

Die **weiteren prophylaktischen Maßnahmen** sind also Kontrolle des *Urinstatus* und der *Restharnmenge.*

Wenn die Patienten gezwungen sind, sich selbst intermittierend zu katheterisieren, müssen sie angehalten werden, auf *strenge Asepsis* zu achten. Am besten eignet sich die Non-touch-Methode (Guttman 1971, ausführlich beschrieben von Wahle 1977, 1979).

Manchmal ist das intermittierende Kathetern nicht möglich, sei es, daß der Patient es wegen seiner Behinderung nicht kann, sei es, daß die äußeren Umstände es nicht erlauben. Man sollte dann den *suprapubischen Katheter* dem transurethralen vorziehen. Die vergleichende Untersuchung bei Rückenmarksverletzten hat gezeigt, daß die Harnwegsinfektion beim intermittierenden Kathetern innerhalb der ersten 35 Tage sogar häufiger ist als bei einem korrekt angelegten suprapubischen Katheter. Bei diesem kam es auch weniger häufig zu Problemkeimen (z.B. Proteus) (Noll u. Mitarb. 1988) (Tab. 17.**2**).

Tabelle 17.**2** Prophylaxe des Harnwegsinfektes

Restharn unter 100 ml
Reichlich Flüssigkeitszufuhr (3 l und mehr)
Häufige Blasenentleerung (alle 3–4 Stunden)
Ansäuern des Urins (Mandelamine, L-Methionin)
Regelmäßige Urinkontrolle
Regelmäßige Restharnbestimmung
Asepsis beim Katheterisieren
Vermeiden des Dauerkatheters

Sexualstörungen

Die Behandlung von Sexualstörungen wie Libidoverlust und Impotenz ist außerordentlich schwierig. Meist läßt sich gar nicht feststellen, ob die Störung organischer oder psychogener Natur ist (s. S. 62). Frauen und Männer haben von sich immer eine bestimmte Körpervorstellung, in die auch die Einschätzung ihrer Attraktivität, besonders ihrer sexuellen Attraktivität eingeht. Die sexuelle Selbsteinschätzung hängt ganz besonders von der körperlichen Integrität ab und kann bei einer Krankheit wie der Multiplen Sklerose so stark beeinträchtigt sein, daß allein schon daraus ein psychisch bedingter Libidoverlust resultiert.

Hinzu kommen oftmals noch schwere soziale Probleme sowie eine *Depression* mit ängstlich-pessimistischer Zukunftsbetrachtung und häufig Partnerschaftsprobleme. Der Arzt kann eigentlich nur hier ansetzen, wobei die Behandlung der Sexualstörungen selbst gar nicht im Mittelpunkt der psychotherapeutischen Bemühungen stehen sollte. Es muß das Ziel sein, die körperliche und seelische Beeinträchtigung so weit wie nur möglich zu mildern. Sehr selten stehen bei Patienten die Klagen über sexuelle Störungen im Mittelpunkt. Wenn dies der Fall ist, dann handelt es sich meist um Männer, bei denen die übrigen körperlichen Symptome noch wenig ausgeprägt sind und eine organisch bedingte erektile Impotenz ohne besonderen Libidoverlust besteht.

Für solche Patienten besteht die Möglichkeit einer *Schwellkörperinjektionstherapie* (Kirkeby et al. 1988). Unter urologischer Anweisung lernen die Patienten sich selbst ein Papaverinpräparat zu spritzen.

Nur selten wird man einem Patienten zu einer *implantierbaren Penisprothese* raten. Die ersten Modelle, die eine Dauererektion bewirkten, sind überholt. Neben dem künstlichen Priapismus gab es auch erhebliche Komplikationen (Perforationen). Anscheinend bewähren sich zur Zeit Prothesen mit einem Pumpsystem (Hydroflex-Prothese), mit denen der Patient Erektion und Erektionsdauer selbst bestimmen kann.

Stuhlentleerungsstörungen

Die *Stuhlinkontinenz* gehört zu den selteneren Störungen bei Multipler Sklerose und kommt meist nur bei weit fortgeschrittener Krankheit vor. Man kann hier einen Versuch mit *Anticholinergika* machen, welche die Darmaktivität etwas dämpfen. Dies hat allerdings nur dann einen Sinn, wenn eine gewisse Überaktivität des Darms vorliegt, denn sonst kann es leicht zur Obstipation kommen, eine Störung, die bei der Multiplen Sklerose sowieso sehr häufig ist. Man muß bei der Anwendung von Anticholinergika auch die Blasensituation beachten. Durch Dämpfung des Detrusors besteht die *Gefahr der Restharnbildung*.

Die Stuhlinkontinenz ist aber meist dadurch bedingt, daß der willkürliche Schluß des M. sphincter externus (über den N. pudendus) nicht mehr möglich ist. Fast regelmäßig ist die Stuhlinkontinenz mit einer Miktionsstörung verknüpft.

Die *Obstipation* kommt bei der Multiplen Sklerose sehr viel häufiger vor, wobei hier meist mehrere Ursachen zusammenspielen. So können die *parasympathischen Neurone im Sakralmark* (s. S. 60) gestört sein. Von dem parasympathischen sakralen Zentrum gibt es Verbindungen zu übergeordneten Stuhlentleerungszentren im Hypothalamus und Frontalhirn. Die elektrische Reizung bestimmter Areale im vorderen Hypothalamus und im hinteren Anteil des Septums löst eine Stuhlentleerung aus. Verbindungen zu diesen übergeordneten Zentren können an vielen Stellen gestört sein.

Bei stark ausgeprägten Paresen ist meist auch die Bauchwand so schwach, daß schon wegen der *ungenügenden Bauchpresse* die Stuhlentleerung nicht richtig in Gang kommt.

Bei Multiple-Sklerose-Patienten im fortgeschrittenen Stadium besteht meist noch ein erheblicher Bewegungsmangel, was auch bei Gesunden die Obstipation fördert. Oft ist der Stuhl zu wenig voluminös, weil bei der Ernährung zu wenig auf *Ballaststoffe* geachtet wird und Patienten mit Harninkontinenz häufig mit Absicht *zu wenig Flüssigkeit* zu sich nehmen; dadurch wird der Stuhl oft hart.

Wenn Patienten wegen Blasenstörungen mit Anticholinergika behandelt werden, verstärkt dies die Darmträgheit zusätzlich. In diesen Fällen ist es wichtig, daß man die medikamentöse Blasentherapie umstellt (z. B. Flavoxat [Spasuret 200]).

Bei der Therapie der Obstipation muß man zunächst genau so vorgehen wie bei der Obstipation bei Nicht-MS-Kranken (ballastreiche Nahrung, ausreichende Trinkmenge, viel Bewegung). Wenn man medikamentös eingreift, sollte man zunächst solche Stoffe geben, die den Stuhl nur weich und etwas voluminöser machen. Zu Laxantien im engeren Sinn wird man erst später greifen.

Zunächst kommt es auf ein konsequentes „Darmtraining" an. Zu ganz regelmäßigen Zeiten sollte die Darmentleerung versucht werden, am besten etwa 45–60 Minuten nach dem Essen (z. B. nach dem Frühstück), weil dann der *gastrokolische Reflex* am stärksten ist.

Kommt die Entleerung nicht in Gang, muß der Patient versuchen, durch Massagen der Bauchwand (Kolonausstreichbewegungen) die Peristaltik zu verstärken oder durch digitale Stimulation der Analregion den Entleerungsreflex anzuregen. Bleibt dies ohne Erfolg, muß man die Entleerung mit einem Klysma erzwingen.

Wichtig ist, daß eine wie auch immer erzielte Entleerung ganz *regelmäßig*, d. h. genau zeitlich festgelegt, erfolgt. Dies wird mit der Zeit damit belohnt, daß sich der Entleerungsreflex auch ohne besondere Hilfsmittel einstellt. Dieses „Stuhltraining" wird in schweren Fällen am besten in der Klinik durchgeführt.

18. Rehabilitation

Allgemeines, Begriffe

Der Begriff Rehabilitation wird zwar vielfach benutzt, aber nicht immer richtig verwendet. So grenzt man ihn oft nicht scharf ab gegen andere Begriffe wie „Therapie", „Heilung", „Nachsorge" oder einfach „Hilfsmaßnahmen". Zwar sind die Übergänge in der Praxis meist fließend, was einen aber nicht davon abhalten sollte, sich um eine möglichst scharfe Definition zu bemühen. Das Wesen der Rehabilitation kann man nur dann verstehen, wenn man den rechten Begriff davon hat.

Im Mittelpunkt der Rehabilitation steht die **Behinderung**.

Unter einer Behinderung im sozialmedizinischen Sinn versteht man eine körperliche, geistige oder psychische Beeinträchtigung, die meist bleibend ist oder zumindest länger andauert und so stark ist, daß sie ins Gewicht fallende körperliche, psychische oder soziale Folgen nach sich zieht.

Nach Festlegung der Weltgesundheitsorganisation werden bei der Behinderung drei Komponenten unterschieden, welche vor allem deren Folgen näher kennzeichnen (Abb. 18.**1**). Unter **Impairment** (Schaden) versteht man die Schädigung selbst, also z. B. die Amputation eines Armes oder die entzündliche Schädigung des Rückenmarks. Auch die sekundäre Organschädigung, z. B. der Neuromknoten nach Amputation oder das Druckgeschwür bei einer Querschnittslähmung, wird zum Impairment gerechnet. Es handelt sich also um eine Schädigung auf der *Ebene der Organe*.

Die **Disability** ist die aus dem Impairment – der Organschädigung – resultierende Funktionsstörung, *welche der Betroffene bemerkt*. Der Armamputierte kann nicht mehr richtig hantieren, der Rückenmarksgeschädigte muß seine Gehunfähigkeit zur Kenntnis nehmen.

Eine Behinderung liegt nur dann vor, wenn eine Disability besteht. Ein Impairment (Organschaden) kann es auch ohne die Disability geben wie z. B. stumme Multiple Sklerose-Herde oder ein Hirntumor, der noch keine Symptome macht.

Die meisten Behinderungen führen auch zu einer sozialen Beeinträchtigung. Diese wird als **Handicap** bezeichnet. So kann die Lähmung der Beine zu einer Abhängigkeit von anderen Menschen führen. Sie kann eine wirtschaftliche Beeinträchtigung nach sich ziehen und auch die Gesellschaft belasten.

Man muß diese drei Komponenten der Behinderung – Impairment, Disability und Handicap – genau unterscheiden, wenn man die Rehabilitation in ihren einzelnen Phasen verstehen will.

In der Rehabilitation setzt man sich mit dem *bleibenden Schaden* – der Behinderung – auseinander. Das Ziel ist es, dem Behinderten so zu helfen, daß er mit seiner Behinderung richtig umgehen kann und daß ihm aus der Behinderung möglichst wenig Nachteile erwachsen. Es geht also gar nicht um das Impairment (Organschaden), sondern nur um dessen Folgen, um die Disability und um das Handicap. Diese

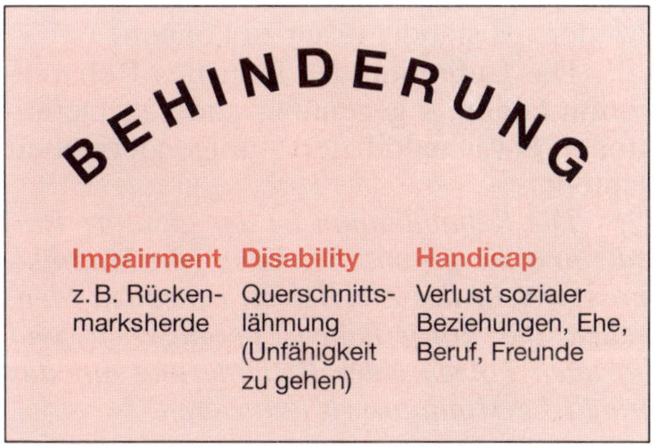

Abb. 18.**1** Komponenten der Behinderung

sollen so gering wie möglich gehalten werden. Daraus ergibt sich schon der Unterschied zur kurativen Medizin. Diese greift in erster Linie am Organschaden an und sucht auf diesem Weg das Impairment zu mindern oder gar aufzuheben.

In der Rehabilitation hingegen findet man sich mit dem Organschaden ab, allerdings ohne zu resignieren.

In der Definition des Begriffes Rehabilitation muß der Begriff Behinderung enthalten sein, und die Trennung von dem Begriff „Therapie" muß daraus hervorgehen. Weiter muß die Definition besagen, was man in der Rehabilitation unternimmt und welches Ziel man dabei verfolgt.

Die *Maßnahmen* in der Rehabilitation sind vielfältig, und in der Definition müssen sie auf den kleinsten Nenner gebracht werden.

Das höchste Ziel der Rehabilitation wäre – wie es die wörtliche Übersetzung des Begriffes schon suggeriert – die völlige Wiedereingliederung eines behinderten Menschen, sozusagen die „Zurückversetzung in den alten Zustand".

Das Idealziel „Wiedereingliederung" oder gar „Zurückversetzung in den alten Zustand" sollte deshalb nicht in die Definition aufgenommen werden, denn niemand denkt daran, z.B. einen Menschen mit einer Tetraplegie oder schweren Ataxie in den alten Zustand zurückversetzen zu wollen. Es geht in der Rehabilitation nicht um das Ziel der Restitutio ad integrum, sondern, wie Wiedemann (1977) es ausdrückt, um das Ziel der *Restitutio ad optimum*. Dieses Optimum kann – je nach Behinderungsausmaß – auch in der Fähigkeit bestehen, wieder selbständig essen zu können.

Die Definition des Begriffes Rehabilitation könnte – gegenüber anderen Definitionen etwas modifiziert – folgendermaßen lauten:

Die Rehabilitation ist der gesamte Einsatz und die gesamte Wirkung von Maßnahmen, welche das Ziel haben, bei einem Menschen die körperlichen, psychischen und sozialen Folgen einer Behinderung auf das mögliche Minimum zu reduzieren.

Motivation als Voraussetzung für die Rehabilitation

Die Rehabilitation erfordert von den Behinderten erhebliche Anstrengungen. Diese werden aber ohne Motivation, d.h. ohne den unverbrüchlichen Willen, die Folgen der Krankheit zu überwinden, nicht aufgebracht. Deshalb ist überhaupt der erste Akt der Rehabilitation, den Patienten zu motivieren.

Gerade Kranke mit Multipler Sklerose neigen oft zur Resignation, wenn sie die Diagnose erfahren. Wenn sie über die Krankheit etwas wissen, dann besteht dieses Wissen meist aus nebelhaften und zumeist schrecklichen Vorstellungen. Wesentlich für die Motivation ist somit eine *von Empathie getragene Aufklärung*, bei der man besonders darauf hinweisen sollte, daß es bei der Multiplen Sklerose durchaus auch günstige Verlaufsformen gibt.

Es wird oft kontrovers diskutiert, ob einem Patienten die Diagnose Multiple Sklerose auch dann mitgeteilt werden soll, wenn diese noch nicht sicher ist oder wenn die Symptome der Krankheit nur ganz leicht ausgeprägt sind und klinisch überhaupt nicht mehr in Erscheinung treten (Hachinsky 1988, Sencer 1988). In einer retrospektiven Studie hatte die Mehrzahl der Patienten angegeben, daß ihnen die Mitteilung der Diagnose zu einem früheren Zeitpunkt lieber gewesen wäre (Hirschmann u. Zimmermann 1987).

Es ist aber gar keine Frage, daß ein Patient, bei dem Rehabilitationsmaßnahmen durchgeführt werden sollen, über die Diagnose und das Wesen der Krankheit voll aufgeklärt sein muß. Dies gilt auch für den Fall, daß die Diagnose noch nicht gesichert werden konnte (z.B. spinale Verlaufsform).

Weiter muß dem Patienten geholfen werden, seine *Behinderung zu bewältigen*. Der Multiple-Sklerose-Kranke hat es dabei besondes schwer. Er muß nicht nur seine Behinderung akzeptieren, sondern sich auch noch damit abfinden, daß diese weiter zunehmen kann. Bewältigen heißt, daß der Kranke die Folgen der Krankheit in seiner inneren und äußeren Realität zu integrieren versucht. Gelingt ihm dies nicht, dann wird

Abb. 18.**2** (s. Text)

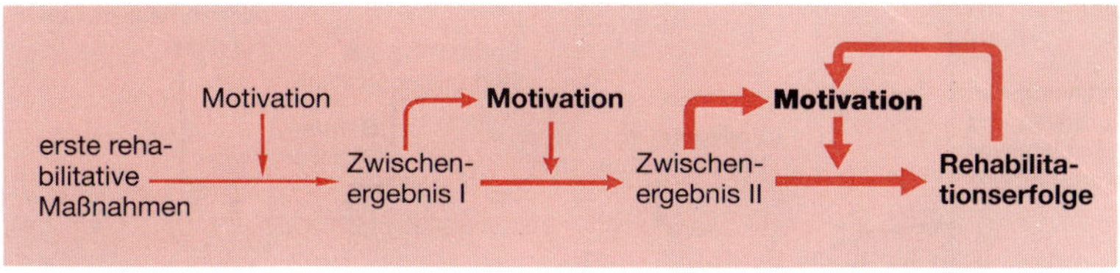

er entweder durch übermäßige Verdrängung sinnvolle rehabilitative und andere Hilfen ablehnen, oder aber er wird durch den ständigen Wechsel von Angst, Hoffnung und Resignation in seiner Zukunftsbewältigung gelähmt.

Dieser Prozeß der Bewältigung dauert lange und hängt von vielen Faktoren ab (Persönlichkeit des Kranken, Partnerschaftsbeziehung, weiteres soziales Umfeld, Beruf, ärztliche Hilfe, Hilfe durch das Rehabilitationsteam u. a.). Die Krankheitsbewältigung wird am besten unterstützt, wenn die Selbständigkeit weitgehend erhalten oder wieder hergestellt wird. Ganz wesentlich ist die Möglichkeit zu einer *beruflichen Tätigkeit*, welche zur Stabilität der Rollenidendität beiträgt.

Die Rehabilitation, gleich in welcher Form, ist in erster Linie von der Motivation abhängig. Gleichzeitig wird aber die *Motivation* in der Art einer positiven Rückkoppelung durch die Rehabilitation selbst bzw. die Rehabilitationsergebnisse aufrecht erhalten oder gar verstärkt (Abb. 18.**2**).

Wesentlich ist die genaue *Einschätzung der derzeitigen Möglichkeiten* des Patienten. Häufig steckt man sich zu hohe Ziele, die dann nicht erreicht werden können. Dies führt zur Enttäuschung und *Demotivation*. Wenn man die Möglichkeiten des Patienten richtig bewertet, wird man zwar keine so hochgesteckten, dafür aber realistische Ziele vorgeben, die dann zu erreichen sind.

Die verschiedenen Phasen der Rehabilitation

Die Rehabilitation ist ein Prozeß, der unter Umständen Jahre dauert und bei dem sich die einzelnen Maßnahmen je nach dem Ergebnis, welches stufenweise erzielt wird, ändern. Entsprechend kann man verschiedene Phasen in diesem Prozeß unterscheiden, die allerdings kontinuierlich ineinander übergehen und sich meist überlappen. Man unterscheidet die *medizinische Rehabilitation,* die *berufliche Rehabilitation* und die *soziale Rehabilitation*.

Medizinische Rehabilitation

Die medizinische Rehabilitation ist die erste Phase der Rehabilitation. Dabei gehen kurative und rehabilitative Maßnahmen nebeneinander her. In der Akutphase stehen die Rehabilitationsmaßnahmen noch ganz im Hintergrund, gewinnen dann aber mit der Zeit zunehmend an Bedeutung (Abb. 18.**3**). Unter *medizinischer Rehabilitation* verstehen wir alle diejenigen Rehabilitationsmaßnahmen, welche schon in der Akutphase und während der noch nicht abgeschlossenen Heilphase (z. B. Frührehabilitation) durchgeführt werden. Auch später, wenn die Heilphase abgeschlossen ist, muß oft weiter die medizinische Rehabilitation stattfinden.

Die medizinische Rehabilitation läuft also meist parallel zu den kurativen Maßnahmen. Während der gesamten Akutphase stehen die kurativen Maßnahmen noch ganz im Vordergrund. Wenn der Kranke sich erholt und das Ausmaß der Behinderung sich langsam abzeichnet, nehmen die kurativen Maßnahmen ab, und die Rehabilitationsmaßnahmen gewinnen immer mehr an Bedeutung (Abb. 18.**3**).

Bei der medizinischen Rehabilitation muß man sehr individuell vorgehen und kann sich kaum auf standardisierte Konzepte stützen. Dies gilt ganz besonders für Patienten mit Multipler Sklerose, deren vielfältige Symptomatik ein ausgesprochen individuelles Vorgehen verlangt.

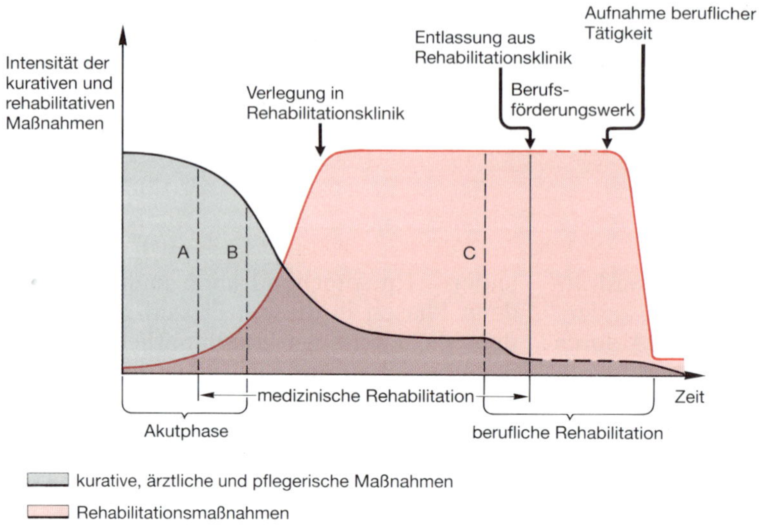

Abb. 18.**3** Rehabilitationsverlauf bei einem Patienten nach einer akuten Erkrankung:
a Etwaiger Beginn der medizinischen Rehabilitation.
b Ungefähres Ende der Akutphase. Günstig wäre, wenn zu diesem Zeitpunkt die Verlegung in eine Rehabilitationsklinik erfolgen könnte, was aber häufig nicht möglich ist.
c Beginn der beruflichen Rehabilitation: Diese beginnt also häufig schon *während* der medizinischen Rehabilitation und vor Verlegung in ein Berufsförderungswerk

Je nach Art und Ausmaß der Schädigung geht es darum, den Gang zu schulen, die Handgeschicklichkeit zu verbessern, den Umgang mit der Ataxie zu üben. Insbesondere aber gilt es, zusammen mit Krankenschwester, Ergotherapeutin und Krankengymnastin die *„activities of daily living"* zu üben. Die Patienten müssen lernen, Blase und Darm zu kontrollieren, selbständig zu essen, sich anzuziehen usw. Wesentlich ist die *Hilfsmittelversorgung*. Wenn ein Rollstuhl nötig ist, muß dieser ganz auf die Belange des Patienten maßgeschneidert sein (Ade 1991). Der Umgang mit dem Rollstuhl muß eingehend geübt werden.

Bedarf der Patient zu Hause noch Hilfe, dann muß man die für den Patienten zuständigen Angehörigen ebenfalls genau informieren und für bestimmte Verrichtungen schulen. Der Patient und die Angehörigen müssen in solchen Fällen genau über die Prophylaxe von Sekundärschäden wie Harnwegsinfekte und Druckgeschwüre informiert sein (Kornhuber u. Rieber 1984).

Berufliche Rehabilitation

Für die meisten Menschen ist es wichtig, für viele sogar unabdingbar, irgendeinem Beruf nachgehen zu können. Eine berufliche Tätigkeit sichert nicht nur die wirtschaftliche Existenz, sondern auch die Stellung in der Gemeinschaft. Deshalb wird Arbeitslosigkeit häufig als sehr beeinträchtigend erlebt, ganz unabhängig von den sich daraus ergebenden wirtschaftlichen Problemen. Weil also das soziale Wohlbefinden der meisten Menschen allein schon von einer beruflichen Tätigkeit abhängt, muß von den in der Rehabilitation Tätigen immer angestrebt werden, einem Behinderten die berufliche Tätigkeit zu ermöglichen, vorausgesetzt, er hat die nötige Motivation und die körperlichen und geistigen Fähigkeiten dafür. Meist wird in einer Rehabilitationsklinik oder einer anderen Einrichtung geklärt, ob der Behinderte diese notwendigen Voraussetzungen erfüllt.

Häufig gelingt es, u.a. auch mit Hilfe des Sozialarbeiters und des Betriebsarztes, dem Behinderten wieder zu einer *beruflichen Stellung in seinem alten Betrieb* zu verhelfen, wenn auch nicht immer am alten Arbeitsplatz (Umsetzung am Arbeitsplatz, innerbetriebliche Umsetzung, behindertengerechte Ausstattung des alten Arbeitsplatzes). Wenn dies nicht gelingt, muß versucht werden, daß der Behinderte die in seinem erlernten Beruf gewonnenen Fähigkeiten erweitert oder gar einen anderen Beruf erlernt und somit einen anderen, geeigneteren Arbeitsplatz erhalten kann.

Zunächst muß dabei geklärt werden, ob prinzipiell die körperlichen und psychischen Fähigkeiten für eine berufliche Tätigkeit ausreichen. Dazu gehört bei neurologisch Kranken ein genauer neurologischer, psychiatrischer und auch *testpsychologischer Befund*.

Oft gestatten diese Befunde aber keine genaue Aussage darüber, ob der Behinderte die nötige Durchhaltefähigkeit besitzt und wie er seine verbliebenen Fähigkeiten realisieren kann. Die Selbsteinschätzung der Patienten ist oft nicht zutreffend. Manche Multiple-Sklerose-Kranke, vor allem wenn sie psychisch schon eine gewisse Beeinträchtigung zeigen, neigen dazu, sich weit zu überschätzen.

Andere Kranke wiederum, auch wenn sie psychoorganisch nicht beeinträchtigt sind, neigen zu einer depressiv-resignierenden Grundeinstellung, unterschätzen ihre oft noch völlig ausreichenden Möglichkeiten und streben eine Berentung an. Hier ist ganz besonders die *Motivierung* durch den Arzt bzw. durch das Rehabilitationsteam (Krankenschwester, Ergotherapeut, Krankengymnast, Arzt, Psychologe) gefordert. Gerade in dieser Phase kann es durch falsche ärztliche Einschätzung oder durch mangelndes ärztliches Engagement zu der kaum mehr behebbaren **iatrogen fixierten Insuffizienz** (s. S. 229) kommen. Dabei wird die pessimistische Selbsteinschätzung des Patienten durch ärztliche Bestätigung fixiert. So kommt es dann zu einer Berentung von völlig berufsfähigen Patienten, welche nicht mehr rückgängig zu machen ist.

Je nach Schwere des Krankheitsbildes werden bei der Frage der Berufsfähigkeit durch längerdauernde aufbauende ergotherapeutische Übungen, die dann in eine spezielle Ausdauererprobung übergehen, das Konzentrations- und Durchhaltevermögen geprüft. Zeigen sich hier eindeutig positive Ergebnisse, muß je nach Ausmaß der Behinderung in Zusammenarbeit mit einem Rehabilitationsberater, eventuell einem Berufsberater und unter Mitwirkung des Sozialarbeiters geprüft werden, welche Möglichkeiten *am alten Arbeitsplatz* bestehen.

Ergeben sich Zweifel daran, daß der Behinderte den allgemeinen Bedingungen des beruflichen Alltags gewachsen ist, so wird eine Phase der **praktischen Arbeitserprobung** angeschlossen (Fischer 1987). Hier arbeitet der Behinderte unter Anleitung eines Beurfstherapeuten an einem mehr oder weniger exakt simulierten Arbeitsplatz (z.B. Werken mit Holz), unter Bedingungen, die denen des Erwerbslebens angenähert sind. Nach etwa 4 Wochen, gelegentlich schon früher, kann man dann die Arbeitsfähigkeit beurteilen.

Eine Grunderprobung erfolgt auch dann, wenn von vornherein schon klar ist, daß die frühere Arbeit nicht mehr verrichtet werden kann und ein anderer Beruf bzw. eine berufliche Umstellung angestrebt werden muß. Hier schließt sich dann die **Berufsfindung** an. Diese wird in den einzelnen Rehabilitationszentren und Berufsförderungswerken oft unterschiedlich durchgeführt.

Im Rehabilitationskrankenhaus Karlsbad-Langensteinbach (Stiftung Rehabilitation Heidelberg) dauert die Berufsfindung, die mit einer Arbeitserprobung gekoppelt sein kann, 4 Wochen (Fischer 1987).

1. und 2. Tag:	Allgemeines, Gespräch mit dem Rehabilationsberater, Besprechung des Teams mit dem Arzt, Kontaktgespräche mit Psychologen und Berufspädagogen.
7 Tage:	Facherprobung: Maschinenbau, fertigungstechnische, meßtechnische und zeichnerische Berufe. Lern- und Übungsphase anhand von Projekten. Abschließende Lernerfolgskontrollen. Besprechung der Erfahrungen/Ergebnisse.
Ein Tag:	Psychologische Eignungsuntersuchung.
5 Tage:	Facherprobung: kaufmännische Berufe, Verwaltungsberufe, Datenverarbeitung. Lern- und Übungsphase anhand von Fallstudien. Abschließende Lernerfolgskontrollen. Besprechung der Ergebnisse/Erfahrungen.
4 Tage:	Facherprobung: Elektrotechnik/Elektronik. Lern- und Übungsphase anhand von Experimenten und Projekten. Abschließende Lernerfolgskontrollen. Besprechung der Ergebnisse/Erfahrungen.

20. Tag: Abschlußteambesprechung der Fachdienste. Gespräch mit dem Probanden. Erarbeitung der Empfehlung.

21. Tag: Abschlußgespräche beim Rehabilitationsberater. Klärung des weiteren Ablaufs der Rehabilitation.

Parallelangebote: 20 Stunden Berufswahlförderkurs. Feststellung eigener Interessen und Präferenzen. Ermitteln persönlicher und genereller Entscheidungskriterien.
Vorbereitung von Betriebsbesuchen. Besuche im BIZ (Berufsinformationszentrum des Arbeitsamtes). Auswertung der Informationen.

Die berufliche Rehabilitation gestaltet sich bei Patienten mit *fortgeschrittener* Multipler Sklerose sehr schwierig. Es sind oft nicht so sehr die Folgen der körperlichen Behinderungen, welche alle Bemühungen vereiteln können, sondern vielmehr die *psychischen Störungen und die häufige abnorme Ermüdbarkeit* (s. S. 71).

Im allgemeinen hat man es in der beruflichen Rehabilitation neurologisch Kranker mit *stationären*, d. h. nicht progredienten Behinderungen zu tun (Hemiparese, Querschnittslähmung, Hirnverletzung, Folge von Polyneuritis u. a.). Man kann also an einer qualitativ und quantitativ *eindeutig definierten Behinderung* ansetzen. Bei der Multiplen Sklerose muß man aber davon ausgehen, daß die Behinderung schlimmer wird und sich **quantitativ und qualitativ** ändert; wenn sich z. B. eine spastische Parese der Beine verstärkt oder noch eine Ataxie der Arme hinzukommt. Bei der Planung der medizinischen Rehabilitation muß man dies nicht unbedingt beachten. *Bei der beruflichen Rehabilitation kommt man jedoch nicht umhin, die Prognose, obwohl sie nur ungenau oder auch gar nicht zu stellen ist, in die Überlegungen mit einzubeziehen.*

Wenn sich bei einem Patienten mit Hirntraumafolgen, also einer meist stationären Behinderung, bei der Arbeitserprobung oder der Berufsfindung gewisse Zweifel ergeben, ob eine berufliche Tätigkeit möglich sein wird, kann man unter Umständen dennoch das Wagnis einer Umschulung eingehen. Bei einem Multiple-Sklerose-Patienten mit einer quantitativ und qualitativ gleichartigen Behinderung wird man aber von weiteren beruflichen Maßnahmen absehen müssen. Schon ein leichter Schub könnte das labile Gleichgewicht stören und alle Anstrengungen zunichte machen. Gerade in solchen Fällen haben wir eher schlechte Erfahrungen gemacht.

Die Prognose muß aber auch in einem anderen Zusammenhang bedacht werden. Für einen Patienten mit Multipler Sklerose, der nur mit Mühe gehen kann, bei dem die übrigen Voraussetzungen für eine berufliche Rehabilitation aber günstig sind, muß man unbedingt eine Tätigkeit anstreben, die auch bei völliger Rollstuhlabhängigkeit, die ja eventuell zu erwarten ist, ausgeführt werden kann.

Arbeitsfähigkeit bei Multipler Sklerose

Es hat sich gezeigt, daß die Arbeitsfähigkeit bei Multiple-Sklerose-Kranken oft lange erhalten bleibt. So fand S. Poser (1978, 1982), daß nach 15–20 Jahren Krankheitsdauer bei 30 % der Patienten die Arbeitsfähigkeit noch nicht ernsthaft eingeschränkt war (Abb. 18.**4**). Bei einer Patientenerhebung zeigte sich, daß zum Zeitpunkt der Untersuchung immerhin noch ca. 50 % der vor der Erkrankung Berufstätigen erwerbsfähig waren (Ritter u. Mitarb. 1978, Bauer 1989, Gronning u. Mitarb. 1990). Nach einer Untersuchung von Downie u. Phadke (1983) waren zum Zeitpunkt der Untersuchung von 839 Patienten 41 % weitgehend unbehindert, 20 % teilweise behindert, aber beruflich tätig.

Der Erhalt der Arbeitsfähigkeit scheint mit dem Erhalt der *Gehfähigkeit* zu korrelieren. Eine schwere Gehstörung ist für die Prognose bezüglich der Arbeitsfähigkeit der nachteiligste Faktor (Poser u. Mitarb. 1979). Einen ungünstigen Faktor stellt auch der primär chronische Verlauf dar (Poser 1978), wobei dieser Faktor aber wiederum auf die Gehstörung reduziert werden kann, weil diese ja beim primär chronischen Verlauf die dominierende Funktionsstörung darstellt.

Als weiterer ungünstiger Faktor hat sich ein *Alter über 30 Jahre* bei Beginn der

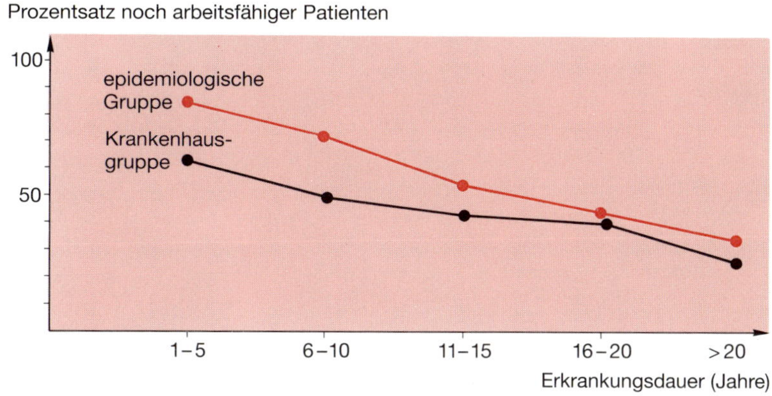

Abb. 18.**4** Die Arbeitsfähigkeit bei Patienten mit Multipler Sklerose: Vergleich eines stationären (N = 1837) und eines epidemiologischen Krankengutes (N = 221) (nach S. Poser)

Erkrankung ergeben (Gronning u. Mitarb. 1990). Hier spielt vermutlich auch die Korrelation von höherem Alter und primär chronischem Verlauf (der vorwiegend zu Gehstörungen führt) eine Rolle. Aber auch ganz allgemein sind die Ergebnisse der beruflichen Rehabilitation bei älteren Probanden schlechter.

Die *vorherige berufliche Tätigkeit* hat ebenfalls einen erheblichen Einfluß. Berufliche Tätigkeiten, die körperliche Anstrengungen erfordern, auch wenn sie nicht so stark sind, können naturgemäß nicht so lange durchgeführt werden. Bei Patienten mit einer beruflichen Tätigkeit im Sitzen, d.h. meist bei Patienten mit einer höheren beruflichen Qualifikation, bleibt die Arbeitsfähigkeit länger erhalten. *Frauen* haben bezüglich der beruflichen Tätigkeit eine bessere Prognose als Männer, weil sie schon von vornherein eher einer Beschäftigung nachgehen, die körperlich weniger Anforderungen stellt. Dies gilt besonders auch dann, wenn man den Beruf der Hausfrau mit einbezieht.

Soziale Rehabilitation

Der Begriff soziale Rehabilitation ist etwas unscharf und bezieht sich nur teilweise auf einen besonderen Abschnitt der Rehabilitation. Rehabilitation hat immer das Ziel der sozialen Wiedereingliederung. So ist gerade die berufliche Rehabilitation ein besonders wirksamer Beitrag zur sozialen Rehabilitation.

Man versteht aber unter sozialer Rehabilitation auch diejenigen Hilfsmaßnahmen, vorwiegend finanzieller Art, welche soziale oder andere Institutionen gewähren, um das soziale Abgleiten des Behinderten abzuwenden. Man muß also z.B. die Gewährung von Übergangsgeld, d.h. Geld, welches dem Rehabilitanden während der Berufsförderungsmaßnahme gewährt wird, als eine Maßnahme der sozialen Rehabilitation ansehen.

Zur sozialen Rehabilitation gehören auch Maßnahmen, welche nötig werden, wenn die Schädigung so schwer ist, daß eine berufliche Rehabilitation nicht möglich ist. Es gilt dann alles zu versuchen, den Behinderten so einzugliedern, daß wenigstens seine sozialen Bezüge bestehen bleiben. Alle über die medizinische Rehabilitation hinausgehenden Maßnahmen, welche das Ziel haben, daß der Patient in seiner gewohnten Umgebung bleiben kann, ihm z.B. einen Heimaufenthalt zu ersparen, können unter den Begriff soziale Rehabilitation fallen. Dazu gehört z.B. der Umbau der Wohnung, die Tätigkeit des örtlichen Sozialdienstes u.v.a. mehr.

Bei der sozialen Rehabilitation zielt man vorwiegend darauf ab, die Benachteiligung durch Behinderung im Sozialleben (Familie, Freiheit, kulturelles Leben) soweit wie möglich auszugleichen. Die Teilnahme am Leben der Gesellschaft soll weitgehend möglich werden. Dazu gehören auch Maßnahmen wie Behindertenparkplätze, rollstuhlgerechte Einrichtungen in öffentlichen Gebäuden, Theater usw.

Anhang

Funktionssysteme und deren Beeinträchtigung bei MS-Patienten. (Aus der „expanded disability status scale“ EDSS, Kurtzke 1983)

Pyramidal Functions
0. Normal
1. Abnormal signs without disability
2. Minimal disability
3. Mild or moderate paraparesis or hemiparesis; severe monoparesis
4. Marked paraparesis of hemiparesis; moderate quadriparesis; or monoplegia
5. Paraplegia, hemiplegia, or marked quadriparesis
6. Quadriplegia

V. Unknown

Cerebellar Functions
0. Normal
1. Abnormal signs without disability
2. Mild ataxia
3. Moderate truncal or limb ataxia
4. Severe ataxia, all limbs
5. Unable to perform coordinated movements due to ataxia

V. Unknown
X. Is used throughout after each number when weakness (grade 3 or more on pyramidal) interferes with testing

Brain Stem Functions
0. Normal
1. Signs only
2. Moderate nystagmus or other mild disability
3. Severe nystagmus, marked extraocular weakness, or moderate disability of other cranial nerves
4. Marked dysarthria or other marked disability
5. Inability to swallow or speak

V. Unknown

Sensory Functions (revised 1982)
0. Normal
1. Vibration or figure-writing decrease only, in one or two limbs
2. Mild decrease in touch or pain or position sense, and/or moderate decrease in vibration in one or two lims; or vibratory (c/s figure writing) decrease alone in three or four limbs
3. Moderate decrease in touch or pain or position sense, and/or essentially lost vibration in one or two limbs; or mild decrease in touch or pain and/or moderate decrease in all proprioceptive tests in three or four limbs
4. Marked decrease in touch or pain or loss of proprioception, alone or combined, in one or two lims; or moderate decrease in touch or pain and/or severe proprioceptive decrease inmore than two lims
5. Loss (essentially) of sensation in one or two lims; or moderate decrease in touch or pain/or loss of proprioception for most of the body below the head
6. Sensation essentially lost below the head

V. Unknown

Bowel and Bladder Functions (revised 1982)
0. Normal
1. Mild urinary hesitancy, urgency, or retention
2. Moderate hesitancy, urgency, retention of bowel or bladder, or rate urinary incontinence
3. Frequent urinary incontinence
4. In need of almost constant catheterization
5. Loss of bladder function
6. Loss of bowel and bladder function

V. Unknown

Visual (or Optic) Functions

0. Normal
1. Scotoma with visual acuity (corrected) better than 20/30
2. Worse eye with scotoma with maximal visual acuity (corrected) of 20/30 to 20/59
3. Worse eye with large scotoma, or moderate decrease in fields, but with maximal visual acuity (corrected) of 20/60 to 20/99
4. Worse eye with marked decrease of fields and maximal visual acuity (corrected) of 20/100 to 20/200; grade 3 plus maximal acuity of better eye of 20/60 or less
5. Worse eye with maximal visual acuity (corrected) less than 20/200; grade 4 plus maximal acuity of better eye of 20/60 or less
6. Grade 5 plus maximal visual acuity of better eye of 20/60 or less

V. Unknown

X. Is added to grades 0 to 6 for presence of temporal pallor

Cerebral (or Mental) Functions

0. Normal
1. Mood alteration only (does not affect DSS score)
2. Mild decrease in mentation
3. Moderate decrease in mentation
4. Marked decrease in mentation (chronic brain syndrome-moderate)
5. Dementia or chronic brain syndrome-severe or incompetent

V. Unknown

Other Functions

0. None
1. Any other neurologic findings attributed to MS (specify)

V. Unknown

Literatur

Acheson, E. D.: Epidemiology of multiple sclerosis. Brit. med. Bull. 33 (1977) 9–16

Ackermann, R., E. Gollmer, B. Rehse-Küpper: Progressive Borrelien-Encephalomyelitis. Dtsch. med. Wschr. 110 (1985) 1039–1042

Adams, C. W. M.: The general pathology of multiple sclerosis. In Hallpike, J. F., C. W. M. Adams, W. W. Tourtellotte: Multiple Sclerosis. Chapman & Hall, London 1983 (pp. 203–240)

Adams, C. W. M.: A Colour Atlas of Multiple Sclerosis and other Myelin Disorders. Wolfe, London 1989

Ade, G.: Menschen im Rollstuhl. In Heckl, R., G. Ade, W. Schell: Rehabilitation und Krankenpflege. Thieme, Stuttgart 1991

Aimard, G., C. ques Confravreùx, J. J. Ventre et al.: Etude de 203 cas de sclérose en placques traites par l'azathioprine de 1967 à 1982. Rev. neurol. 139 (1983) 509–513

Al-Din, A. S.: Multiple sclerosis in Kuwait: clinical and epidemiological study. J. Neurol. Neurosurg. Psychiat. 49 (1986) 928–931

Alexander, E. L., K. Malinow, I. W. Lejewski et al.: Primary Sjögren's syndrome with central nerve system disease mimicking multiple sclerosis. Ann. intern. Med. 104 (1986) 323–330

Alexander, L., A. W. Berkeley, A. M. Alexander: Prognosis and treatment of multiple sclerosis: quantitative nosometric study. J. Amer. med. Ass. 166 (1958) 1943–1949

Alexopoulos, T., K. Kunze, A. Müller-Jensen: Klinische Aspekte der luetischen Angiopathie. In: Verhandlungen der Deutschen Gesellschaft für Neurologie, Bd. 3. Springer, Berlin 1985 (S. 239–242)

Allen, I. V.: Hydrolytic encymes in multiple sclerosis. In Zimmerman, H. M.: Progress in Neuropathology, vol. 5. Raven, New York 1983 (pp. 1–17)

Allen, I. V., S. R. McKeown: A histological, histochemical and biochemical study of the macroscopically normal white matter in multiple sclerosis. J. neurol. Sci. 41 (1979) 81–91

Alter, M., M. Okihoro: When is multiple sclerosis acquired? Neurology 21 (1971) 1030–1036

Alter, M., A. Antonowsky, U. Leibowitz: Epidemiology of multiple sclerosis in Israel. In Alter, M., J. Kurtzke: The Epidemiology of Multiple Sclerosis. Thomas, Springfield/Ill. 1968 (pp. 83–109)

Alter, M., E. Kahana, R. Loewenson: Migration and risk of multiple sclerosis. Neurology 28 (1978) 1089–1093

Altrocchi, P. H.: Acute transverse myelopathy. Arch. Neurol. 9 (1963) 11–119

Ambrozy, L., W. Danielczyk: Treatment of impaired cerebral function in psychogeriatric patients with memantine: result of a phase II double blind study. Pharmacopsychiatry 21 (1988) 144–146

Amsterdam, J. D., V. Winokur, W. Dyson et al.: Borna disease virus: a possible aetiologic factor in human affective disorders? Arch. gen. Psychiat. 42 (1985) 1093–1096

Andermann, S., J. A. R. Cosgrove, D. Lloyd-Smith, A. M. Walters: Paroxysmal dysarthria and ataxia in multiple sclerosis: a report of 2 anusual cases. Neurology 9 (1959) 211–216

Anderson, J. T., W. E. Bradley: Abnormalities of detrusor and sphincter function in multiple sclerosis. Brit. J. Urol. 48 (1976) 193–198

Anderson, M., M. U. Salmon: Symptomatic cataplexy. J. Neurol. Neurosurg. Psychiat. 40 (1977) 186–191

Andersson, S. A.: Projection of different spinal pathways to the second somatic sensory area in cats. Acta physiol. scand. 56, Suppl. 194 (1962)

Andrianakos, A. A., J. Duffy, M. Suzuki, J. T. Sharp: Transverse myelopathy in systemic lupus erythematosus: report of three cases and review of the literature. Ann. intern. Med. (1975) 616–624

Antunes, J. L., E. B. Schlesinger, W. J. Michelsen: The abnormal brain scan in demyelating diseases. Arch. Neurol. 30 (1974) 269–271

April, R. S., E. van Sonnenberg: A case of neuromyelitis optica in systemic lupus erythematosus: clinicopathologic report and review of literature. Neurology 26 (1976) 1066–1077

Arendt, G., H. Hefter, C. Elsing et al.: Motor dysfunction in HIV-infected patients without clinical detectable central nervous deficit. J. Neurol. 237 (1990) 362–368

Arnold, A. C., J. S. Pepose, R. S. Hepler, R. Y. Foos: Retinal periphlebitis and retinitis in multiple sclerosis: a pathologic characteristic. Ophthalmology 91 (1984) 225–262

Aschoff, J. C., U. Lindner, H. H. Kornhuber: Entmarkungsherde und Hirnatrophie im kranialen Computertomogramm bei MS. Nervenarzt 55 (1984) 208–213

Aulhorn, E., S. Trauzettel-Klosinski: Der Flimmertest – Ein neues, einfaches Verfahren zur Diagnostik der Neuritis nervi optici. Fortschr. Ophthalmol. 80 (1983) 398–400

Bahro, M., P. M. Faustmann, S. Köppen, G. Schwendemann: Apoplektiform einsetzende Aphasie in der Differentialdiagnostik der Multiplen Sklerose. Psycho 15 (1989) 378–390

Baier, W. H.: Multiple Sklerose im Kindesalter. In Fixel, H.: Aktuelle Neuropädiatrie 1986. Springer, Berlin 1987 (S. 72–79)

Bamford, C. R., W. A. Sibley, C. Thies et al.: Trauma as an etiologic and aggravating factor in multiple sclerosis. Neurology 31 (1981) 1229–1234

Bandelow, D., P. Müller: Paranoid-halluzinatorische Syndrome bei Multipler Sklerose. Nervenheilkunde 9 (1990) 18–21
Barbizet, J., J. D. Degos, C. Meyrignac: Neuromyelité optique aigué' associée à une tuberculose pulmonaire aigué. Rev. neurol. 136 (1980) 303–309
Barker, A. T., R. Jalinous, J. L. Freeston: Non invasive magnetic stimulation of the human motor cortex. Lancet 1985/I, 1106–1107
Barkhof, F., S. T. F. Frequin, O. R. Hommes et al.: A correlative triad of gadolinium-DTPA: MRI, EDSS and CSF-MBP in relapsing multiple sclerosis patients treated with high-dose intravenous methylprednisolone. Neurology 42 (1992) 63–67
Barnard, R. O., M. Triggs: Corpus callosum in multiple sclerosis. J. Neurol. Neurosurg. Psychiat. 37 (1974) 1259–1264
Barnes, D., W. J. McDonald, D. N. Landon, G. Johnson: The characterization of experimental gliosis by quantitative nuclear magnetic resonance imaging. Brain 111 (1988) 83–94
Barnes, D., P. M. G. Munro, B. D. Youl et al.: The longstanding MS lesion. Brain 114 (1991) 1271–1280
Barnes, M. P., D. E. Batzmann, P. G. Cleland et al.: Intravenous methylprednisolone for multiple sclerosis in relapse. J. Neurol. Neurosurg. Psychiat. 48 (1985) 157–159
Batchelor, J. R., D. A. Compston, W. J. McDonald: HLA and multiple sclerosis. Brit. med. Bull. 34 (1978) 279–284
Bateman, D. E., R. O. Weller, P. Kennedy: Stiffman syndrome: a rare paraneoplastic disorder? J. Neurol. Neurosurg. Psychiat. 53 (1990) 695–696
Bauer, H. J.: IMBAB-Enqueté concerning the diagnostic criteria for multiple sclerosis. In Bauer, H. J., S. Poser, G. Ritter: Progress in Multiple Sclerosis Research. Springer, Berlin 1980 (pp. 455–563)
Bauer, H. J.: Umstrittene MS-Therapien. Nervenarzt 54 (1983) 400–405
Bauer, H. J.: Medizinische Rehabilitation und Nachsorge bei Multipler Sklerose. Fischer, Stuttgart 1989
Bauer, H. J., W. Firnhaber, W. Winkler: Prognostic criteria in multiple sclerosis. Ann. N. Y. Acad. Sci. 112 (1965) 542–551
Baum, R., R. Heckl: Hirntumoren und transitorische ischämische Attacken. In Lechner, H., G. Ladurner, E. Ott: Die zerebralen transitorisch ischämischen Attacken. Huber, Bern 1979
Baumhefner, R. W., W. W. Tourtellotte, K. Syndulko et al.: Copolymer 1 as therapy for multiple sclerosis: the cons. Neurology 38, Suppl. 2 (1988) 69–71
Beatty, W. W., D. E. Goodkin, N. Monson et al.: Anterograde and retrograde amnesia in patients with multiple sclerosis. Arch. Neurol. 45 (1988) 611–619
Bechter, K., R. Schütter: Zur viralen Aetiologie der psychiatrischen Krankheiten am Beispiel der Bornaschen Krankheit. Psycho 15 (1989) 757–766
Bechter, K., S. Herzog, R. Rott: Die Bornasche Krankheit – wahrscheinlich auch eine menschliche Krankheit: Neue Ergebnisse. In Saletu, B.: Biologische Psychiatrie. Thieme, Stuttgart 1989 (S. 17–21)
Beck, R. W. (Optic Neuritis Study Group): A randomized, controlled trial of corticosteroids in the treatment of acute optic neuritis. New Engl J. Med. 326 (1992) 581–588
Beer, S., J. Kesselring: Die Multiple Sklerose im Kanton Bern. Fortschr. Neuro. Psychiat. 56 (1988) 390–397
Bejar, J. M., D. K. Ziegler: Onset of multiple sclerosis in a 24-month-old child. Arch. Neurol. 41 (1984) 881–882
Berger, J. R., W. A. Sheremata: Persistent neurological deficit precipitated by hot bath test in multiple sclerosis. J. Amer. med. Ass. 249 (1983) 1751–1753
Berger, J. R., W. A. Sheremata, E. Melamed: Paroxysmal dystonia as the initial manifestation of multiple sclerosis. Arch. Neurol. 41 (1984) 747–750
Bergin, J. D.: Rapidly progressive dementia in disseminated sclerosis. J. Neurol. Neurosurg. Psychiat. 20 (1957) 285–292
Berlit, P.: Die zentrale pontine Myelinolyse. Nervenarzt 57 (1986) 624–63
Berman, M., S. Feldmann, M. Alter et al.: Acute transverse myelitis: incidence and etiologic considerations. Neurology 31 (1981) 966–971
Berndt, S., U. Führmeister: Glucocorticoide. In Dommasch, D., H. G. Mertens: Cerebrospinalflüssigkeit. Thieme, Stuttgart 1980 (S. 176–179)
Bernet, J. L., C. H. Sadowsky, F. M. Vincent et al.: Sclerosing spinal pachymeningitis: a complication of intrathecal administration of depot-medrol for multiple sclerosis. J. Neurol. Neurosurg. Psychiat. 39 (1976) 1124–1128
Bernsmeier, A., K. Held: Thrombangitis obliterans cerebri. In Vinken, P. J., G. W. Bruyn: Handbook of Clinical Neurology, vol. XII. North Holland, Amsterdam 1972
Bertrando, B., C. Maffei: A study of neuropsychological alteration in multiple sclerosis. Acta psychiat. belg. 1 (1983) 13–21
Beukelman, D. R., G. H. Kraft, J. Freal: Expressive communication disorders in persons with multiple sclerosis: a survey. Arch. phys. Med. 66 (1985) 675–677
Bewermeyer, H., M. Huber, G. Ebhardt: Korrelation neuroradiologischer und pathologisch/anatomischer Befunde bei einem Fall von Multipler Sklerose. Med. Klin. 82 (1987) 255–257
Bickerstaff, E. R., J. M. Small, J. S. Guest: Relapsing course of certain meningeomas in relation to pregnance and menstruation. J. Neurol Neurosurg. Psychiat. 21 (1958) 89–91
Biemond, A.: Hereditary posterior column ataxy. In Bruyn, G. W., P. J. Vinken: Handbook of Clinical Neurology, vol. XXI. Elsevier, Amsterdam 1975 (pp. 377–381)
Birk, K., S. Smeltzer, R. Rudick: Pregnancy and multiple sclerosis. Semin. Neurol. 8 (1988) 205–213
Birk, K., C. Ford, S. Smeltzer et al.: The clinical course of multiple sclerosis during pregnancy and the puerperium. Arch. Neurol. 47 (1990) 738–742
Blavais, J. G.: The neurophysiology of micturation: a clinical survey of 550 patients. J. Urol. 127 (1982) 958–963
Bleistein, J., F. Jerusalem: Paroxysmale Phänomene bei Multipler Sklerose. Nervenarzt 56 (1985) 440–441

Blumhardt, L. D., G. Barret, A. M. Halliday: The pattern vision evoked potential: the clinical assessment of undiagnosed spinal cord disease. In Courjon, J., F. Mauguière, M. Revol: Clinical Application of Evoked Potentials in Neurology. Raven, New York 1982 (p. 463)

Boldt, H. A., A. F. Haerer, W. W. Tourtellotte et al.: Retrochiasmal visual field defects from multiple sclerosis. Arch Neurol. 8 (1963) 565–575

Bollinger, A., H. J. Leu, U. Breunet: Juvenile arteriitis of extracranial arteries with hypereosinophilia. Klin. Wschr. 64 (1986) 526–529

Bonduelle, M.: Les formes benignes de la sclérose en plaques. Presse med. 75 (1967) 2023–2026

Bornstein, M. B., A. Miller, S. Slayle et al.: Clinical experience with COP-1 in multiple sclerosis. Neurology 38, Suppl. 2 (1988) 66–69

Bostock, H., T. A. Sears: The internodal axon membrane: electrical excitability and continuous conduction in segmental demyelination. J. Physiol. 280 (1978) 273–280

Bostock, H., T. A. Saers, R. M. Sherrat: The effects of 4-aminopyridine and tetraethylammonium ions on normal and demyelinated mammalian nerve fibers. J. Physiol. 313 (1981) 301–315

Bottomley, P. A., H. R. Hart, W. A. Edelstein et al.: Normal human brain studied by magnetic resonance at 1,5 Tesla. Radiology 150 (1984) 441–446

Bourdette, D., M. McClung, R. Whitham, Th. Hatch: Hypothalamic hypogonadism may cause sexual dysfunction in some males with multiple sclerosis. Neurology 38, Suppl. (1988) 253

Bowery, N. B., G. W. Price, A. L. Hudson et al.: GABA receptor multiplicity: visualisation of different receptor types in the mammalian CNS. Neuropharmacology 23 (1984) 219–231

Bozek, C. B., L. I. Kastrukoff, J. Wright et al.: A double blind cross-over trial of isoniazid (INH) in the treatment of action tremor associated with multiple sclerosis (MS). Neurology 34, Suppl. (1984) 128

Bradley, W. G., W. M. Whitty: Acute optic neuritis: its clinical features and their relation to prognosis for recovery of vision. J. Neurol. Neurosurg. Psychiat. 30 (1967) 531–538

Brain, R., M. Wilkinson: The association of cervival spondylosis and disseminated sclerosis. Brain 80 (1957) 456–478

Brainin, M., G. Goldenberg, C. Ahlers et al.: Structural brain correlates of anterograde memory deficits in multiple sclerosis. J. Neurol. 235 (1988) 362–365

Brainin, M., Th. Reisner, A. Neuhold et al.: Mitbeteiligung der scheinbar normalen weißen Hirnsubstanz am Krankheitsprozeß der Multiplen Sklerose. Nervenarzt 60 (1989) 159–162

Brandt, Th.: Vertigo: Its Multisensory Syndromes. Springer, Berlin 1991

Brandt, Th., W. Büchele: Augenbewegungsstörungen. Fischer, Stuttgart 1983

Brant-Zawadzki, M., D. Norman: Magnetic Resonance Imaging of the Central Nervous System. Raven, New York 1987

Brennan F., St. Hawkins: Paroxysmal symptoms in multiple sclerosis. Irish med. J. 79 (1986) 323–325

Brett, D. C. T., G. G. Ferguson, G. C. Ebers, D. W. Paty: Percutaneous trigeminal rhizothomy: treatment of trigeminal neuralgia secondary to multiple sclerosis. Arch. Neurol. 39 (1982) 219–221

Breuer, W. D., H. J. Haferkamp, H. J. Wellensiek, R. Ackermann: Progressive Borrelienencephalomyelitis liquorpositiva sed seronegativa. Akt. Neurol. 16 (1989) 168–170

Breukelmann, A. J., C. H. Polman, G. M. de Slegte, J. C. Koetsier: Neuromyelitis optica (Devic's syndrome): not always multiple sclerosis. Clin. Neurol. Neurosurg. 90 (1988) 357–360

Brisman, R.: Trigeminal neuralgia and multiple sclerosis. Arch. Neurol. 44 (1987) 379–381

British and Dutch Multiple Sclerosis Azathioprine Trial Group: Double-masked trial of azathioprine in multiple sclerosis. Lancet 1988/II, 179–183

Britt, R. H., W. St. Connor, D. Enzmann: Occult arteriovenous malformation of the brainstem simulating multiple sclerosis. Neurology 31 (1981) 901–903

Britton, T. C., B.-U. Meyer, R. Benecke: Variability of cortical elicited motor responses in multiple sclerosis. Electroenceph. clin. Neurophysiol. 81 (1991) 186–194

Broman, T., O. Anderson, L. Bergmann: Clinical studies on multiple sclerosis: presentation of an incidence material from Göteborg. Acta neurol. Scand. 63 (1981) 6–33

Brooks. E. B., K. H. Chiappa: A comparison of clinical neuroophthalmological findings and pattern shift visual evoked potential in multiple sclerosis. In Courjon, J., F. Mauguière, M. Revol: Clinical Applications of evoked Potentials in Neurology. Raven, New York 1982 (p. 453)

Brown, W., R. Snow: Denervation in hemiplegic muscles. Stroke 21 (1990) 1700–1704

Brownell, B., J. I. Hughes: The distribution of plaques in the cerebrum of multiple sclerosis. J. Neurol. Neurosurg. Psychiat. 25 (1962) 315–320

Buckley, C., C. Kennard, M. Swash: Treatment of acute exacerbations of multiple sclerosis with intravenous methylprednisolone. J. Neurol. Neurosurg. Psychiat. 45 (1982) 179–186

Buddenhage, F., M. M. Pantovic: Vergleichende epidemiologische Analyse der Multiplen Sklerose in Gebieten des mittleren und südlichen Europas. Psychiat. Neurol. med. Psychol. 37 (1985) 565–572

Buettner, U. W., F. Petruch, K. Schegelmann, M. Stöhr: Diagnostic significance of cortical somatosensory evoked potentials following trigeminal nerve stimulation. In Courjon, J., F. Mauguière, M. Revol: Clinical Applications of Evoked Potentials in Neurology. Raven, New York 1982

Buettner, U. W., J. Dichgans, M. Stöhr: Dissoziation von Lage- und Vibrationssinn bei Patienten mit postzentralen kortikalen Läsionen. In: Verhandlungen der Deutschen Gesellschaft für Neurologie, Bd. 2. Springer, Berlin 1983 (S. 964–968)

Burde, R. M.: Retrobulbar neuritis. Trans. New Orleans Acad. Ophthalmol. (1976) 48–58

van den Burg, W., J. M. H. van Zomeren, A. J. A. Minderhoud et al.: Cognitive impairment in patients with multiple sclerosis and mild physical disability. Arch. Neurol. 44 (1987) 494–501

Burn, D. J., J. Bull, A. J. Lees et al.: A case of progressive encephalomyelitis with rigidity and positive antiglutamatic acid dehydrogenase antibodies. J. Neurol. Neurosurg. Psychiat. 54 (1991) 449–451

Callaghan, N., M. Feely, B. Walsh: Relapsing neurological disorder associated with rubella virus infection in two sisters. J. Neurol. Neurosurg. 40 (1977) 1117–1119

Canadian MS Research Group: A randomized controlled trial fo amantadine in fatigue associated with multiple sclerosis. Canad. J. neurol. Sci. 14 (1987) 273–278

Caplan, L. R., T. Nadelson: Multiple sclerosis and hysteria. J. Amer. med Ass. 243 (1980) 2418–2420

Caroscio, J. T., S. Kochwa, H. Sacks et al.: Quantitative cerebrospinal fluid IgG-measurements as a marker of disease activity in multiple sclerosis. Arch. Neurol. 43 (1986) 1129–1131

Carpenter, M. B.: A study of the red nucleus in the rhesus monkey. J. comp. Neurol. 105 (1956) 195–245

Carrea, R. M. E., F. H. Mettler: Function of the primate brachium conjunctivum and related structures. J. comp. Neurol. 102 (1955) 151–322

Carter, J. L., D. A. Hafler, D. M. Dawson et al.: Immunsuppression with high-dose IV cyclophosphamide and ACTH in progressive multiple sclerosis: cumulative 6-year experience in 164 patients. Neurology 38, Suppl. 2 (1988) 9–14

Cartlidge, N. E. F.: Autonomic function in multiple sclerosis. Brain 95 (1972) 661–664

Castro, O., L. N. Johnson, A. C. Mamourian: Isolated inferior oblique paresis from brain-stem infarction. Arch. Neurol. 47 (1990) 235–237

Cathcart, E. S., B. A. Idelson, M. A. Scheinsberg, W. G. Collser: Beneficial effects of methylprednisolone „pulse“ therapy in diffuse proliferative lupus nephritis. Lancet 1976, 163–166

Cazzulo, C. L., A. Ghezzi, S. Marfosio, D. Caputo: Clinical picture of multiple sclerosis with late onset. Acta neurol. scand. 58 (1978) 190–196

Celesia, G. G., D. J. Kaufmann, M. Brigel et al.: Optic neuritis: a prospective study. Neurology 40 (1990) 919–923

Cervos-Navarrò, I.: Gefäßerkrankungen und Durchblutungsstörungen des Gehirns. In Cervos-Navarrò, I., H. Schneider: Pathologie des Nervensystems I. Springer, Berlin 1980

Chambers, B. R., J.-J. Ell, M. A. Gresty: Case of downbeat nystagmus influenced by otolith stimulation. Ann. Neurol. 13 (1983) 204–207

Chan, R. C., P. Steinbok: Delayed onset of Lhermitte's sign following head and/or neck injuries. J. Neurosurg. 60 (1984) 609–612

Charcot, J. M.: Histologie de la sclérose en plaques. Gaz. Hôp. (Paris) 41 (1868) 554, 557, 566

Charcot, J. M.: Lectures on the disease of the nervous system, delivered at the Salpétrière London (translated by G. Sigerson). New Sydenham Society 1877–1889

Charcot, J. M.: Diagnostic des formes frustes de la sclérose en plaques. Progr. med. (Paris) 7 (1879) 97–99

Charcot, J. M.: Lectures on the Pathological Anatomy of the Nervous System. Diseases of the Spinal Cord. Thomson, Cincinnati 1881

Chiappa, K. H.: Evoked Potentials in Clinical Medicine. Raven, New York 1983

Chiappa, K. H.: Brainstem auditory evoked potentials in clinical neurology. In Courjon, J., F. Mauguière, M. Revol: Clinical Applications of Evoked Potentials in Neurology. Raven, New York 1982 (pp. 157–158)

Chiappa, K. H., J. L. Harrison, E. B. Brooks, R. R. Young: Brainstem auditory evoked response in 200 patients with multiple sclerosis. Ann. Neurol. 7 (1980) 135–143

Chokroverty, S., M. G. Reyes, F. A. Rubino, K. D. Barron: Hemiplegic amyotrophy. Arch. Neurol. 33 (1976) 104–110

Chusid, M. I., S. J. Williamson, I. V. Murphy, L. S. Ramey: Neuromyelitis optica (Devic's disease) following varicella infection. J. Pediat. 95 (1979) 737–738

Citron, L., M. R. Dix, C. S. Hellpike, I. D. Hood: A recent clinicopathological study of cochlear nerve degeneration resulting from tumor pressure and disseminated sclerosis with particular reference to the findings of normal threshold sensitivity for pure tones. Acta otolaryngol. 56 (1963) 330–337

Clark, V. A., R. Detels, B. R. Visscher et al.: Factor associated with malignant or benign course of multiple sclerosis. J. Amer. med. Ass. 248 (1982) 856–860

Claus, D.: Die transkranielle motorische Stimulation. Fischer, Stuttgart 1989

Clifford, D. B., J. L. Trotter: Pain in multiple sclerosis. Arch. Neurol. 41 (1984) 1270–1272

Cohen, M. M., S. Lessell, Ph. A. Wolf: A prospective study of the risk of developing multiple sclerosis in uncomplicated optic neuritis. Neurology 29 (1979) 208–213

Cohen, R. A., M. Fisher: Amantadine treatment of fatigue associated with multiple sclerosis. Arch. Neurol. 46 (1989) 676–680

Cohen, S. R., B. R. Brooks, B. Jubelt et al.: Myelin basic protein in cerebrospinal fluid: index of active demyelinisation. In Wood, J. H.: Neurobiology of Spinal Fluid, vol. I. Plenum, New York 1980 (pp. 487–494)

Cole, B. R., J. T. Brocklebank, R. H. Kienstra et al.: „Pulse“ methylprednisolone therapy in treatment of severe glomerulonephritis. J. Pediat. 88 (1976) 307–314

Colombo, G., M. Armani, E. Feruzza, C. Zuliani: Depression and neuroticism in multiple sclerosis. Ital. J. neurol. Sci. 9 (1988) 551–557

Compston. A: The 150th anniversary of the first depiction of the lesions of multiple sclerosis. J. Neurol. Neurosurg. Psychiat. 51 (1988) 1249–1252

Compston, D. A. S., N. M. Milligan, P. J. Hughes et al.: A double-blind controlled trial of high dose methylprednisolone in patients with multiple sclerosis: 2. Laboratory results. J. Neurol. Neurosurg. Psychiat. 50 (1987) 517–522

Confavreux, Chr., C. Chapius-Cellier, Ph. Arnaud et al.: Oligoclonal „fingerprint“ of CSF-IgG in multiple sclerosis patients is not modified following intrathecal administration of natural beta-interferon. J. Neurol. Neurosurg. Psychiat. 49 (1986) 1308–1312

Conomy, J. P., M. Namey, R. B. Schiffer: Epilepsy in multiple sclerosis: a clinical study. Neurology 38, Suppl. (1988) 253

Conrad, B., R. Beneck, H. Musers et al.: Visual evoked potentials in neurosyphilis. J. Neurol Neurosurg. Psychiat. 46 (1983) 23–27

Cook, St. D., J. I. Cromarty, W. Tapp et al.: Declining incidence of multiple sclerosis in the Orkney Islands. Neurology 35 (1985) 545–551

Corston, R. N., F. Johnson, R. B. Godwien-Aust: The assessment of drug treatment of spastic gait. J. Neurol. Neurosurg. Psychiat. 44 (1981) 1035–1039

Cottrell, S. S., S. A. K. Wilson: The affective symptomatology of disseminated sclerosis. J. Neurol. Psychopathol. 7 (1926) 1–30

Cowan, I., I. E. C. Ormerod, P. Rudge: Hemiparetic multiple sclerosis. J. Neurol. Neurosurg. Psychiat. 53 (1990) 675–680

Crooks, L. E., C. M. Mills, P. L. Davis et al.: Visualization of cerebral and vascular abnormalities by NMR imaging: the effects of imaging parameters on contrast. Radiology 144 (1982) 843–852

Daly, D. D., H. J. Svien, R. E. Yoss: Intermittent cerebral symptoms with meningeomas. Arch. Neurol. 5 (1961) 287–293

Daroff, R. B., J. L. Smith: Intraocular optic neuritis with normal visual acuity. Neurology 15 (1965) 409–412

Daugherty, W. T., R. J. Ledermann, R. H. Nodar, J. P. Conomy: Hearing loss in multiple sclerosis. Arch. Neurol. 40 (1983) 33–35

David, A., S. Wessely, P. Pelosi: Postviral fatigue: time for a new approach. Brit. med. J. 296 (1988) 696

Davidoff, R. A.: Antispasticity drugs: mechanisms of action. Ann. Neurol. 17 (1985) 107–116

Davis, F. A: Impairment of repetitive impulse conduction in experimentally demyelinated and pressure injured nerves. J. Neurol. Neurosurg. Psychiat. 35 (1972) 537–544

Davis, F. A., F. O. Becker, J. A. Michael, E. Sorensen: Effect of intravenous sodium bicarbonate, disodium edetate (Na2 EDTA) and hyperventilation on visual and oculomotor signs in mutliple sclerosis. J. Neurol. Neurosurg. Psychiat. 33 (1970) 722–732

Davis, F. A., J. A. Michael, D. Neer: Serial hyperthermia testing in multiple sclerosis: a method for monitoring subclinical fluctuations. Acta neurol. scand. 49 (1973a) 63–74

Davis, F. A., J. A. Michael, J. A., J. S. Tomaszewski: Fluctuations of motor function in multiple sclerosis related to circadian temperature variations. Dis. nerv. Syst. 34 (1973b) 33–38

Davis, F. A., D. Bergen, Ch. Schauf et al.: Movement phosphenes in optic neuritis: a new clinical sign. Neurology 26 (1976) 1100–1104

Davis, F. A., D. Stefoski, J. Rush: Orally administered 4-aminopyridine improves clinical signs in multiple sclerosis. Ann. Neurol. 27 (1990) 186–192

Dawson, J. W.: The histology of disseminated sclerosis. Trans roy. Soc. Edin. 50 (1916) 517–740

Dean, G., J. F. Kurtzke: On the risk of multiple sclerosis according to age at immigration to South Africa. Brit. med. J. 1971/III, 725–729

De Joung, R. N., S. P. Hicks: Vascular malformation of the brain-stem: report of a case with long duration and fluctuating course. Neurology 30 (1980) 395–397

Delouvier, J. J., J. Tritschler, M. T. Desbeldes et al.: Computerized tomography in multiple sclerosis. In Wackenheim. H., G. H. du Boulay: Choices and Characteristics in Computerized Tomography. Kugler, Amsterdam 1980

Delpech, B., E. Lichtblau: Etude quantitative des immunoglobulines G et de l'albumine du liquide céphalo-rachidien. Clin. chim. Acta 37 (1972) 15–23

Detels, R., B. R. Visscher, R. M. Malmgren et al.: Evidence for lower susceptibility to multiple sclerosis in Japanese Americans. Amer. J. Epidemiol. 105 (1977) 303–310

Deuschl, G., G. Mirke, E. Schlenck et al.: Symptomatic and essential rhythmic palatal myoclonus. Brain 113 (1990) 1645–1672

Dichgans, J.: Elektronystagmographische Befunde bei Kleinhirnveränderungen. Abstracts of the 21st Annual Meeting of the German EEG-Society 1976

Dichgans, J., G. M. von Reutern, U. Römmel: Impaired suppression of vestivular nystagmus by fixation in cerebellar and noncerebellar patients. Arch. Psychiat. Nervenkr. 226 (1978) 183–199

Diehm, C., M. Schäfer: Das Buerger-Syndrom (Thrombangiitis obliterans). Springer, Berlin 1993

Diener, H. C.: Visuell evozierte kortikale Potentiale (VEP) In Stöhr, M. J. Dichgans, H. C. Diener, U. W. Büttner: Evozierte Potentiale. Springer, Berlin 1989

Diener, H. C., J. Dichgans: Anwendung und Nutzen der statischen und dynamischen Standmessung (Posturographie). Fortschr. Neurol. Psychiat. 56 (1988) 249–258

Diener, H. C., C. Zimmermann: Visuell evozierte Potentiale: methodische Probleme. Variation der Reizparameter. EEG EMG 16 (1985) 155–157

Diener, H. C., A. Müller, A. Thron et al.: Correlation of clinical signs with CT-findings in patients with cerebellar disease. J. Neurol. 5–2 (1986)

Di Trapani, D., A. La Cara et al.: Demyelinating peripheral neuropathy in multiple sclerosis. J. Neurol. 237 (1990) 82

Dodson, D.: Transverse myelitis and spastic paraparesis in a patient with HIV infection. New Engl. J. Med. 322 (1990) 1322

Dommasch, D., M. Lurati, E. Albert, H. G. Mertens: Long-term azathioprine therapy in multiple sclerosis. In Bauer, H. J., S. Poser, G. Ritter: Progress in Multiple Sclerosis Research. Springer, Berlin 1980 (pp. 381–387)

Dorfmann, L. J., T. M. Bosley, K. L. Cummins: Electrophysiological localisation of central somatosensory lesions in patients with multiple sclerosis. Electroenceph. clin. Neurophysiol. 44 (1978) 742–753

Dotti, M. T., N. Caputo, E. Signorini, A. Federico: Magnet resonance imaging findings in Leber's hereditary optic neuropathy. Europ. Neurol 32 (1992) 17–19

Dowling, P. C., V. V. Bosch, S. D. Cook: Possible beneficial effect of high-dose intravenous steroid therapy in acute demyelinating disease and transverse myelitis. Neurology 30 (1980) 33–36

Downie, A. W., J. G. Phadke: The Chief Scientist reports: multiple sclerosis in North East Scotland. H. Bull. (Edinb.) 42 (1983) 151–156

Drake, M. E.: Peripheral neuropathy in multiple sclerosis. J. nat. med. Ass. 79 (1987) 672–673

Dralle, D., K. Müller, J. Zirski et al.: Intrathecal baclofen for spasticity. Lancet 1985/II, 1003

Dupont, B., R. P. Lisak, C. Jersild et al.: HLA-antigens in black American patients with multiple sclerosis. Transplant. Proc. 9, Suppl. 1 (1977) 181–185

Duquette, P., L. Charest: Cerebrospinal fluid findings in healthy siblings of multiple sclerosis patients. Neurology 36 (1986) 727–729

Duquette, P., J. Pleines, P. du Souich: Isoniazid for tremor in multiple sclerosis: a controlled trial. Neurology 35 (1985) 1772–1775

Duquette, P., T. J. Murray, J. Pleines et al.: Multiple sclerosis in childhood: clinical profile in 125 patients. J. Pediat. 111 (1987) 359–363

Durelli, L., D. Cocito, A. Riccio et al.: High-dose intravenous methylprednisolone in the treatment of multiple sclerosis: clinical-immunologic correlations. Neurology 36 (1986) 238–243

Dworkin, R. H., D. Bates, J. H. D. Millar: Linoleic acid and multiple sclerosis. Neurology 34 (1984) 1441–1445

van Dyk, H. J. L.: Some diagnostic blunders in neuroophthalmology (Symposium on Neuroophthalmology). Trans. New Orleans Acad. Ophthalmol. (1976) 250–254

Eadie, M. J.: Hereditary spastic ataxia. In Bruyn, G. W., G. J. Vinken: Handbook of Clinical Neurology, vol. XXI. Elsevier, Amsterdam 1975 (pp. 365–375)

Ebers, G. C.: Genetic factors in multiple sclerosis. Neurol. Clin. 1 (1983) 645–654

Ebers, G. C., D. W. Paty: The major histocompatibility complex: the immune system and multiple sclerosis. Clin. Neurol Neurosurg. 81 (1979) 69–86

Ebers, G. C., D. W. Paty: CSF-electrophoresis in thousand patients. Canad. J. neurol. Sci. 7 (1980) 275–280

Ebers, G. C., M. Farrell, J. C. Kaufmann: Oligoclonal bands in MS: clinicopathological correlation. Neurology 33, Suppl. 2 (1983) 141–151

Ebers, G. C., F. V. Vinuela, T. Feasby et al.: Multifocal CT enhancement in MS. Neurology 23 (1984) 341–346

Ehlers, N., R. Malmros: The suprasellar meningeoma: a review of literature and presentation of a series of 31 cases. Acta ophthalmol. 121, Suppl. (1973) 1–74

Eibl-Eibesfeldt, J.: Der vorprogrammierte Mensch. Molden, Wien 1973

Eisen, A., D. Paty, M. Hoirch: Altered supernormality in multiple sclerosis peripheral nerve. Musc. and Nerve 5 (1982) 411–414

Ekbom, K.: Carbamazepine: a new symptomatic treatment for paresthesias associated with Lhermitte's sign. Z. Neurol. 200 (1971) 341–344

Elisan, M., G. Dean: MS and seizures. In Penry, K.: Epilepsy: the Eighth International Symposium. Raven, New York 1977 (p. 341)

Ellis, C. J. K.: The afferent pupillary defect in acute optic neuritis. J.Neurol. Neurosurg. Psychiat. 42 (1979) 1008–1117

Ellison, G. W., L. W. Myers, M. R. Mickey et al.: Clinical experience with azathioprine: the pros. Neurology 38, Suppl. 2 (1988) 20–23

Ellison, G. W., M. R. Mickey, L. W. Myers, A. W. Rose: A pilot study of amantadine treatment of multiple sclerosis. In Bauer, H. J., P. Poser, G. Ritter: Progress in Multiple Sclerosis Research. Springer, Berlin 1980 (pp. 40–408)

Elsberg, C. A., J. Strauss: Tumors of the spinal cord which project intǒ the posterior cranial fossa. Arch. Neurol. Psychiat. 21 (1929) 261–273

Engelke, W. D., D. Dörstelmann: Hohes Querschnittssyndrom (C4) durch Riesenzellarteriitis (Arteriitis temporalis Horton). Fortschr. Neurol. Psychiat. 47 (1979) 91–94

Engell, J., N. E. Raun, M. Thomsen, P. Platz: HLA and heterogeneity of multiple sclerosis. Neurology 32 (1982) 1043–1046

England, M. J., T. Perlman, Y. Veriàva: Dermatomyositis in pregnancy: a case report. J. reprod. Med. 31 (1986) 633–636

Enzensberger, W., P.-A. Fischer: Zentralnervöse Befunde bei 140 Frankfurter Patienten mit HIV-Infektion. In Fischer, P.-A., W. Schlote: AIDS und Nervensystem. Springer, Berlin 1987

Espir, M. L. E., P. Millac: Treatment of paroxysmal disorders in multiple sclerosis with carbamazepine. J. Neurol. Neurosurg. Psychiat. 33 (1970) 528–531

Espir, M. L. E., S. M. Watkins, H. V. Smith: Paroxysmal dysarthria and other transient neurological disturbances in disseminated sclerosis. J. Neurol. Neurosurg. Psychiat., 29 (1966) 323–330

Faiss, J. H., G. Schroth, W. Grodd et al.: Central spinal cord lesions in stenosis of the cervical canal. Neuroradiology 32 (1990) 117–123

Farlow, M. R., O. N. Markand, M. K. Edwards et al.: Multiple sclerosis: magnetic resonance imaging evoked responses and spinal fluid electrophoresis. Neurology 36 (1986) 828–831

Farris, B. K., R. M. Webb: Lyme disease and optic neuritis. J. clin. Neuro-Ophthalmol. 8 (1988) 73–38

Feasby, Th. E., D. W. Paty, A. J. F. Ebers: Spinal cord swelling in multiple sclerosis. Canad. J. neurol. Sci. 8 (1981) 151–153

Feiden, W., K. Bise, U. Steude: Anmerkung zur Arbeit: Bedeutung der stereotaktischen Hirnbiopsie bei atypischer Multipler Sklerose (Braus u. Mitarb.: Nervenarzt 60 [1989] 700). Nervenarzt 61 (1990) 379–381

Felgenhauer, K.: Psychiatric disorders in the encephalitic form of multiple sclerosis. J. Neurol. 237 (1990) 11–18

Felgenhauer, K., H.-J. Schädlich, M. Neckic, R. Ackermann: Cerebrospinal fluid virus antibodies. J. neurol. Sci. 71 (1985) 291–299

Fihn, S. D., W. E. Stamm: The urethral syndrome. Semin. Urol. 1 (1983) 121–124

Finkel, M. F.: Lyme disease and its neurological complications. Arch. Neurol. 45 (1988) 99–103

Firnhaber, W:: Die praktische Bedeutung klinisch-statistischer Untersuchungen bei der Multiplen Sklerose. Med. Klin. 66 (1971) 1079–1085

Firnhaber, W.: Klinische und sozialmedizinische Aspekte bei der Multiplen Sklerose. Nervenarzt 44 (1973) 117–127

Firnhaber, W., K. Lauer: Prevalence incidence and mortality data on MS in Southern Hessen. International MS Conference, Hamburg 1985

Firth, D.: The Case of Auguste d'Esteé. University Press, Cambridge 1948

Fischer, T.: Berufsfindung und Arbeitserprobung. Modernes Leben, Dortmund 1987

Fischler, M., H. H. Kornhuber, F. Sindermann: Altersspezifische Verlaufsformen der Erwerbsfähigkeit bei tausend Fällen von Multipler Sklerose. Nervenarzt 48 (1977) 139–144

Fisher, C. M., M. Cole: Homolateral ataxia and crural paresis: a vascular syndrome. J. Neurol. Neurosurg. Psychiat. 28 (1965) 48–53

Fisher, M., R. L. Randall, D. A. Drachman: Hand muscle atrophy in MS. Arch. Neurol. 40 (1983) 811–815

Fishman, R. A., N. P. Christy: Fate of cortical steroids following intrathecal injection. Neurology 15 (1965) 1–6

Fleck, V.: Multiple Sklerose und Schwangerschaftsunterbrechung sowie Unfruchtbarmachung aus ärztlichem Grund. Allg. Z. Psychiat. 109 (1938) 9–15

Fog, T.: Topographic distribution of plaques in the spinal cord in multiple sclerosis. Arch. Neurol. Psychiat. 63 (1950) 382–414

Fog, T.: The topography of plaques in multiple sclerosis. Acta neurol. scand. 41, Suppl. 15 (1965) 7–162

Fog, T., F. Linnemann: The course of multiple sclerosis in 73 cases with computer designed curves. Acta neurol. scand., Suppl. 37 (1970) 1–95

Fontana, A., W. Fierz, H. Weckerle: Astrocytes present myelin basic protein to encephalitogenic T-cell lines. Natures 307 (1984) 273–276

Francis, D. A., D. Grundy, J. R. Heron: The response to isoniazid of action tremor in multiple sclerosis and its assessment using polarised light goniometry. J. Neurol. Neurosurg. Psychiat. 49 (1986) 87–89

Francis, D. A., D. A. S. Compston, J. R. Batchelor, W. J. McDonald: A reassessment of the risk of multiple sclerosis developing in patients with optic neuritis after extended follow-up. J. Neurol. Neurosurg. Psychiat. 50 (1987) 758–765

Frank, B.: Phantomgliederleben bei Multipler Sklerose. Zum Problem der partiellen Deafferenzierung. In: Verhandlungen der Deutschen Gesellschaft für Neurologie, Bd. 6. Springer, Berlin 1991 (S. 65–66)

Frank, C.: Psychische Veränderungen bei Multipler Skerose. Wien med. Wschr. 135 (1985) 12–7

Frank, Ch., G. Harrer, P. Schiner: Diagnostische Bedeutung der Flimmerverschmelzungsfrequenz bei Multipler Sklerose. Nervenarzt 51 (1980) 168–175

Franklin, G. M., L. M. Nelson, R. K. Heaton et al.: Stress and its relationship to acute exacerbations in multiple sclerosis. Neurology 38, Suppl. 1 (1998a) 254

Franklin, G. M., R. K. Heaton, L. M. Nelsch et al.: Correlations of neuropsychological and MRI findings in chronic progressive multiple sclerosis. Neurology 38 (1988b) 1826–1829

Freal, J. E., G. H. Kraft, J. K. Coryell: Symptomatic fatigue in multiple sclerosis. Arch. phys. Med. 65 (1984) 135–138

Freedman, F., T. A. Gray: Vascular headache: a presenting symptom of multiple sclerosis. Canad. J. neurol. Sci. 16 (1989) 63–66

Frerichs, F. T.: Über Hirnsklerose. Arch. ges. Med. 10 (1849) 334–337

Frick, E., L. Scheid-Sydell: Untersuchungen mit J 131 markiertem Gammaglobulin zur Frage der Abstammung der Liquoreiweißkörper. Klin. Wschr. 36 (1958) 857–863

Frick, E. H., R. Angstwurm, R. Blomer, G. Strauss: Immunsuppressive Therapie der MS. Münch. med. Wschr. 119 (1977) 1111–1114

Frieling, E., H. H. Kornhuber, K. Nissl: Sehhilfe für Multiple-Sklerose-Patienten. Dtsch. med. Wschr. 111 (1986) 211–215

Frisén, L., M. Frisén: A simple relationship between the probability distribution of visual acuity and the density of retinal output channels. Acta ophthalmol. 54 (1976) 437–444

Frisén, L., W. F. Hoyt, H. C. Bird, R. A. Weale: Diagnostic uses of the Pulfrich phenomenon. Lancet 1973/II, 385–386

Frisén, L., S. Lindgren, B. J. L. McGregor, S. Stattin: Sarcoid like disorder of intracranial optic nerve: clinicopathological report of two cases. J. Neurol. Neurosurg. Psychiat. 40 (1977) 702–707

Frith, G. A., J. G. McLeod: Pregnancy and multiple sclerosis. J. Neurol. Neurosurg. Psychiat. 51 (1988) 495–498

Fromm, G. H., C. T. Terrence, A. S. Chatta: Baclofen in the treatment of trigeminal neuralgia: double-blind study and long-term follow-up. Ann. Neurol. 15 (1984) 240–244

Fröscher, W.: Die Strahlenschäden des Rückenmarks. Fortschr. Neurol. Psychiat. 44 (1976) 94–135

Fulford, K. W. M., R. D. Catterall, I. I. Delhanty et al.: Collagen disorders of the nervous system presenting as multiple sclerosis. Brain 95 (1972) 373–386

Galer, B. S., R. B. Lipton, S. Weinstein et al.: Apoplectic headache and oculomotor nerve palsy: an unusual presentation of multiple sclerosis. Neurology 40 (1990) 1465–1466

Gall, J. C., A. B. Hayler, R. G. Siekert, H. M. Keith: Multiple sclerosis in children. Pediatrics 21 (1958) 703–709

Gallineck, A., L. B. Kalinowsky: Psychiatric aspects of multiple sclerosis. Dis. nerv. Syst. 19 (1958) 77–80

Gambi, D., P. M. Rossini, L. Marchionno et al.: Multimodal evoked potentials in multiple sclerosis: basal and follow-up data. In Courjon, J., F. Mauguière, M. Revol: Clinical Applications of Evoked Potentials in Neurology. Advances in Neurology, vol. 32. Raven, New York 1982 (pp. 551–557)

Gantes, M., T. Gonzalez: HLA-B12 antigen and multiple sclerosis in a spanish population (Canary Islands). Tiss. Antigens 22 (1983) 172–173

Garbern, J., A. M. Spence, E. C. Alvord: Balo's concentric demyelination diagnosed premortem. Neurology 36 (1986) 1610–1614

Garcia, J. R., S. Rodriguez, M. Sosa Henriquez et al.: Prevalence of multiple sclerosis in Lanzarote (Canary Islands). Neurology 39 (1989) 265–267

Gardener, W. J.: Trigeminal neuralgia. In Hassler, R., A. E. Walker: Trigeminal Neuralgia. Thieme, Stuttgart 1970 (pp. 153–174)

Garfield, D. A.: Multiple sclerosis and affective disorder: 2 case reports of mania with psychosis. Psychother. Psychosom. 44 (1985) 25–33

Gautier-Smith, P. C.: Lhermitte's sign in subacute combined degeneration of the cord. J. Neurol. Neurosurg. Psychiat. 36 (1973) 861–863

Gay, D., G. Dick, G. Upton: Multiple sclerosis associated with sinusitis. Lancet 1986/I, 815–819

Geokaris, K.: Psychotic episodes heralding the diagnosis of multiple sclerosis. Bull. Menninger Clin. 21 (1957) 107–116

Georgi, F.: Multiple Sklerose: Pathologisch-anatomischer Befund bei klinisch nicht diagnostizierten Krankheiten. Schweiz. med. Wschr. 91 (1961) 605–607

Gerard, G., L. A. Weisberg: MRI periventricular lesion in adults. Neurology 36 (1986) 998–1001

Gerstenbrand, F., I. Gloning, K. Weingarten: Störung der optischen Wahrnehmung bei Hirnstammherden. Wien. Z. Nervenheilk. 12 (1956) 261–273

Gessain, A., F. Barro, J. C. Vernant et al.: Antibodies to human T-lymphotropic virus type I in patients with tropical spastic paraparesis. Lancet 1985/II, 407–410

Ghatak, N. R., A. Hirano, H. Lijtmaer, H. M. Zimmerman: Asymptomatic demyelated plaque in the spinal cord. Arch. Neurol. 30 (1974) 484–486

Ghatak, N. R., M. J. Hadfield, W. J. Rosenblum: Association of central pontine myelinolysis and Marchiafava-Bignami disease. Neurology 28 (1978) 1295–1298

Ghawche, F., A. Destée: Hypothermia and multiple sclerosis: one case with 3 episodes of transient hypothermia. Rev. neurol. 146 (1990) 767–769

Gilbert, J. S., M. Sadler: Unsuspected multiple sclerosis. Arch. Neurol. 40 (1983) 533–536

Gilman, S., J. R. Bloedel, R. Lechtenberg: Disorders of the Cerebellum. Davis, Philadelphia 1981

Gilmore, R. L., E. J. Kasarskis, R. G. McAllister: Verapamil-induced changes in central conduction in patients with multiple sclerosis. J. Neurol. Neurosurg. Psychiat. 48 (1985) 1140–1146

Gloning, K.: Die zerebral bedingten Störungen des räumlichen Sehens. Maudrich, Wien 1965

Glötzner, F. L.: Hirnstammanfälle und „Spinal-Epilepsie“. In Mertens, H. G., H. Przuntek H: Verhandlungen der Deutschen Gesellschaft für Neurologie, Bd. 1. Springer, Berlin 1980 (S. 67–74)

Goas, I. Y., J. L. Manon, A. Missoum: High dose intravenous methyl prednisolone in acute exacerbations of multiple sclerosis. J. Neurol. Neurosurg. Psychiat. 46 (1983) 99

Godel, V., P. Nemet, M. Lazar: Chloramphenicol optic neuropathy. Arch. Ophthalmol. 98 (1980) 1417–1421

Goebel, H. H., A. Komatzuzaki, M. M. Bender, B. Cohen: Lesions of the pontine tegmentum and conjugate gaze paralysis. Arch. Neurol. 24 (1972) 431–440

Goldman, M., J. Rickaert, Th. Voordecker et al.: Disseminated cholesterol embolism presenting as neuromyelitis optica. Brit. med. J. 295 (1987) 697

Goldmann, H.: Zum Problem der Nyktalopie. Schweiz. med. Wschr. 17 (1936) 1127–1129

Goldstick, L., T. S. Mandybur, R. Bode: Spinal cord degeneration in AIDS. Neurology 35 (1985) 103–106

Gonsette, R. E., L. Demonty, P. Delmotte: Intensive immunsuppression with cyclophosphamide in mutliple sclerosis: follow up of 110 patients for 2–6 years. J. Neurol. 214 (1977) 173–181

Gonsette, R. E., L. Demonty, P. Delmotte et al.: Modulation of immunity in multiple sclerosis: a double blind levamisol-placebo controlled study in 85 patients. J. Neurol. 228 (1982) 65–72

Gonsette, R. E., Y. Desmet, L. Demonty: Tizanidine, a new antispastic agent: 6 years clinical experience in 152 MS-patients. In: Immunological and Clinical Aspects of Multiple Sclerosis. Proceedings of the 25th Aniversary Symposium of the Belgium Resarch Group for Multiple Sclerosis 1983. MTP, Lancaster (pp. 219–225)

Goodkin, D. E., St. Plencer, J. Palmer-Saxerud et al.: Cyclophosphamid in chronic progressive multiple sclerosis. Arch. Neurol. 44 (1987) 823–827

Goodstein, R. K., R. B. Ferrell: Multiple sclerosis presenting as a depressive illness. Dis nerv. Syst. 38 (1977) 127–131

Gordon, R. M., B. Morris, B. Bender: Visual phenomena in lesions of the median longitudinal fasciculus. Arch. Neurol. 15 (1966) 238–240

Gould, S.: Urinary tract disorders: clinical comparison of flavoxate and phenazopyridine. Urology 5 (1975) 612–615

Granieri, E., G. Rosati: Italy: a medium- or high-risk area for multiple sclerosis: an epidemiologic study in Barbagia, Sardinia, southern Italy. Neurology 32 (1982) 466–471

Granieri, E., R. Tola, E. Paolino et al.: The frequency of multiple sclerosis in Italy: a descriptive study in Ferrara. Ann. Neurol. 17 (1985) 80–84

Grant, J.: The social environment and neurologic disease. In Timble, M.: Advances in Psychosomatic Medicine. Karger, Basel 1985 (pp. 26–48)

Grant, J., W. J. McDonald et al.: Deficient learning and memory in early and middle phases of multiple sclerosis. J. Neurol. Neurosurg. Psychiat. 47 (1984) 250–255

Griffin, D. E., H. W. Moser, Q. Mendoza et al.: Indentification of inflammatory cells in the central nervous system of patients with adrenoleucodystrophy. Ann. Neurol. 18 (1985) 660–664

Griffin, J., D. L. Price, L. Davis, G. M. McKhann: Granulomatous angiitis of the central nervous system with aneurysms on multiple cerebral arteries. Trans. Amer neurol. Ass. 98 (1973) 145–148

Griggs, R. C., R. T. Moxley, R. A. Lafrance, J. McQuillen: Hereditary paroxysmal ataxia: response to acetazolamide. Neurology 28 (1978) 1259–1264

Gronning, M., E. Hannisdal, S. J. Mellgren: Multivariante analysis of factors associated with unemployment in people with multiple sclerosis. J. Neurol. Neuosurg. Psychiat. 53 (1990) 388–390

Grossmann, Ch. J.: Are there underlying imune neuroendocrine interactions responsible for immunological sexual dimorphism. Progr. Neuroendocrinol. 3 (1990) 75–82

Growdon, J. H., G. F. Winkler, S. H. Wray: Midrain ptosis: a case with clinicopathologic correlation. Arch. Neurol. 30 (1974) 179–181

Grunewald, H. W., F. Rosner: Acute leukemia and immunosuppressive drug use. Arch. intern. Med. 139 (1979) 461–466

Gudeman, St. K., J. B. Selhorst, J. O. Susac, E. A. Waybright: Sarcoid optic neuropathy. Neurology 32 (1982) 597–603

Gütling, E., Th. Landis: CT-ring sign imitating tumor disclosed as multiple sclerosis by MRT: a case report. J. Neurol. Neurosurg. Psychiat. 52 (1989) 903–906

Guttmann, L.: Prinzipien und Methoden in der Behandlung von Rückenmarksverletzten. In Kessel, F. K., L. Guttmann, G. Maurer: Neurotraumatologie, Bd. II. Urban & Schwarzenberg, München 1971
Haas, J., U. Patzold: Störungen „höherer kortikaler Funktionen" bei der Multiplen Sklerose. In: Verhandlungen der Deutschen Gesellschaft für Neurologie, Bd. 3. Springer, Berlin 1985 (S. 724–727)
Habicht, G. S., G. Beck, J. L. Benach: The role of interleukin-1 in the pathogenesis of Lyme disease. Ann. N. Y. Acad. Sci. 439 (1988) 80–86
Hachinsky, V.: Suspected multiple sclerosis: how much to tell the patient? Arch. Neurol. 45 (1988) 442
Hader, W. J., M. Elliot, G. U. Ebers: Epidemiology of multiple sclerosis in London and Middelsex County Ontario, Canada. Neurology 38 (1988) 617–621
Hagström, L., G. Hörnsten, B. D. Silfverskóld: Oculostatic and visual phenomena occurring in association with Wallenberg's syndrome. Acta neurol. scand. 45 (1969) 568–582
Hall, Ch. W., D. Danoff: Sleep attacks: apparent relationship to atlantoaxial dislocation. Arch. Neurol. 32 (1975) 57–60
Hallen, O.: Die Klinik der Durchblutungsstörungen des Rückenmarkes. Nervenarzt 51 (1980) 78–80
Halliday, A. M.: Changes in the form of cerebral evoked potentials in man associated with various lesions of the nervous system. Electroenceph. clin. Neurophysiol., Suppl. 25 (1967) 178–192
Halliday, A. M., W. I. McDonald, J. Mushin: Delayed visual evoked responses in optic neuritis. Lancet 1972/I, 972
Halliday, A. M., W. I. McDonald, I. Mushin: Delayed visual evoked responses in optic neuritis in relation to visual acuity. Trans. Ophthalmol. Soc. U. K. 93 (1973) 315–324
Halperin, J. J., B. I. Luft, A. K. Amand et al.: Lyme neuroborreliosis: central nervous system manifestation. Neurology 39 (1989) 753–759
Hankey, G. J.: Isolated angiitis angiopathy of the central nervous system. Cerebrovasc. Dis. 1 (1991) 2–15
Harbitz, F: Unknown forms of ateriitis with special reference to the relation to syphilitic arteriitis and periarteriitis nodosa. Amer. J. med. Sci. 163 (1922) 250–272
Harding, A. E., M. G. Sweeney, D. H. Miller et al.: Occurrence of a multiple sclerosis like illness in women who have a Leber's hereditary optic neuropathy mitochondrial DNA mutation. Brain 115 (1992) 979–989
Hassel, M., W. Hacke, A. Ferbert et al.: Elektrophysiologische Befunde bei lakunären Infarkten. EEG EMG 17 (1986) 83–87
Hassler, R., F. Bronisch, F. Mundinger, T. Riechert: Intention myoclonus of mutlipie sclerosis, its patho-anatomical basis and its stereotactic relief. Neurochirurgia 18 (1975) 90–106
Haughton, V. M., K. Ch. Ho, R. A. Boedecker: The contracting cord sign of multiple sclerosis. Neuroradiology 17 (1979) 207–209
Hauser, S. L., D. M. Dawson, I. R. Lehrich et al.: Intensive immunosuppression in progressive multiple sclerosis: a randomized, three-arm study of high dose cyclophosphamide, plasma exchange and ACTH. New Engl. J. Med. 308 (1983) 173–180
Hawke, S. H. B., J. M. Hallinan, A. McLeod: Cranial magnetic resonance imaging in chronic demyelinating polyneuropathy. J. Neurol Neurosurg. Psychiat. 53 (1990) 794–796
Hawkes, C. H.: Familial paroxysmal ataxia: report of a family. J. Neurol. Neurosurg. Psychiat. 55 (1992) 212–213
Hawkes, C. H., R. Beard, D. Fawcett et al.: Dorsal column stimulation in multiple sclerosis: effects on bladder long term findings. Brit. med. J. 287 (1983) 793–795
Hawkins, K., M. M. Behrens: Homonymous hemianopia in multiple sclerosis. Brit. J. Ophthalmol. 59 (1975) 334–336
Hawkins, S. A., F. Kee: The changing prevalence of multiple sclerosis in Northern Ireland with preference to benign multiple sclerosis. In Gonsette, R. W., P. Delmotte: Recent Advances in Multiple Sclerosis Therapy. Elsevier, Amsterdam 1989 (pp. 357–358)
Haymaker, W.: Bing's Local Diagnosis in Neurological Diseases, 15th ed. Mosby, St. Louis 1969
Heckl, R. W.: Das Phänomen des inkonstanten Visus bei Multipler Sklerose. Nervenarzt 45 (1974a) 467–473
Heckl, R. W.: Bone malformations of the craniocervical region: clinical aspects. In Vinken, P. J., W. Bruyn: Handbook of Clinical Neurology. North Holland, Amsterdam 1978 (pp. 66–98)
Heckl, R.: Rehabilitation heute. In Heckl., R., G. Ade, W. Schell: Rehabilitation und Krankenpflege. Thieme, Stuttgart 1991a
Heckl, R. W.: Anmerkungen zur Arbeit von Wurthmann et al. (1990) Nervenarzt 62 (1991b) 260
Heckl, R., R. Baum: Akute und intermittierende Erscheinungen bei knöchernen Mißbildungen am kranio-zervikalen Übergang. Nervenarzt 53 (1982) 318–322
Heckl, R., J. Harms: Klinische Erscheinungen bei kraniozervikalen Übergangsstörungen. In Hohmann, D., B. Kügelgen, K. Liebig: Neuroorthopädie. Bd. IV. Springer, Berlin 1988 (S. 204–207)
Heckl, R., W. Roos: Die Wirkung von Imipraminpräparaten auf die Kataplexie. Akt. Neurol. 3 (1976) 227–231
Heckl, R. W., R. Baum, J. Harms: Die thorakale Myelopathie. In Hohmann, D., B. Kügelgen, K. Liebig: Neuroorthopädie, Bd. III. Springer, Berlin 1985 (S. 160–168)
Hely, M., P. G. McManis, P. J. Doran et al.: Acute optic neuritis: a prospective study of risk factors for multiple sclerosis. J. Neurol. Neurosurg. Psychiat. 49 (1986) 1125–1130
Hengst, J. C. D., R. A. Kempf: Immunmodulation by cyclophosphamide. Clin. Immunol. Allergy 4 (1984) 199–216
Hennessy, A., R. J. Swingler, D. A. S. Compston: The incidence and mortality of multiple sclerosis in South East Wales. J. Neurol. Psychiat. 52 (1989) 1085–1089
Herbaut, A. G., P. Voordecker, G. Monseu, F. Germeau: Benign transient urinary retention. J. Neurol. Neurosurg. Psychiat. 50 (1987) 354–355
Herndon, R. M., R. A. Rudick: Multiple sclerosis: the spectrum of severity. Arch. Neurol. 40 (1983) 531–532

Hershey, L. A., I. L. Trotter: The use and abuse of the cerebrospinal fluid IgG profile in the adult: a practical evaluation. Ann. Neurol. 8 (1980) 426–434

Hess, C. W., K. R. Mills, N. M. F. Murray: Magnetic stimulation of the human brain: facilitation of motor responses by voluntary contraction of the ipsilateral and contralateral muscles with additional observations on an amputee. Neurosci. Lett. 71 (1986) 235–240

Hess, C. W., N. M. F. Murray, T. N. Schriefer: Magnetic brain stimulation: central motor conduction studies in multiple sclerosis. Ann. Neurol. 22 (1987) 744–752

Hierons, R.: Relapsing symptoms and signs strongly suggestive of disseminated sclerosis. Proc. roy. Soc. Med. 46 (1953) 195–196

Hirano, A.: Praktischer Leitfaden der Neuropathologie. Springer, Berlin 1983

Hirschbiegel, H.: Remittierende Verläufe bei Spinaltumoren. Dtsch. Z. Nervenheilk. 190 (1967) 74–82

Hirschmann, J., W. Driesen: Die unfallmedizinische Bedeutung der basilaren Impression. H. Unfallheilk. 56 (1958) 159–161

Hirschmann, J., Ch. W. Zimmermann: Multiple Sklerose – Eröffnung der Diagnose. Stellungnahme der Betroffenen: Wann? Wie? Überhaupt? Fortschr. Neurol. 55 (1987) 279–288

Hishe, E. A. H., H. J. van der Helm, H. K. van Walbeek: The cerebrospinal fluid immunoglobulin G index as a diagnostic aid in multiple sclerosis. Clin. Chem. 28 (1982) 354

Hoffmann, F., P. Wolf, K. D. Stoll: Carbamazepin bei nichtepileptischen Anfällen im Rahmen der Multiplen Sklerose. In Krämer, G., H. Chr. Hopf: Carbamazepin in der Neurologie. Thieme, Stuttgart 1987

Höll, R., H.-J. Erbguth, W. Gmeiner et al.: Ataktische Hemiparese. In: Verhandlungen der Deutschen Gesellschaft für Neurologie, Bd. 5. Springer, Berlin 1989 (S. 1186–1189)

Hollender, M. H., P. P. Steckler: Multiple sclerosis and schizophrenia: a case report. Psychiat. Med. 3 (1972) 251–257

Holzer, G., K. Schimrigk, W. Tönjes: Intrathekale Antikörpersynthese der IgG-Klasse gegen Masern-, Mumps- und Herpesviren und ihre Beziehung zur MS und an deren neurologischen Erkrankungen. Akt. Neurol. 15 (1988) 97–191

Hommes, O. R.: Short-term high-dose therapy with cyclophosphamide in chronic progressive MS-patients with special attention to side effects. Europ. Neurol. 24 (1985) 438–439

Hommes, O. R., J. J. G. Prick, K. J. B. Lamers: Treatment of the chronic progressive form of multiple sclerosis with a combination of cyclophosphamid and prednisone. Clin. Neurol. Neurosurg. 1 (1975) 59–72

Honer, W. G.: Temporal lobe involvement in multiple sclerosis patients with psychiatric disorders. Arch. Neurol. 44 (1987) 187–190

Honig, L. S., Ph. H. Wasserstein, B. T. Adornato: The anatomic basis of tonic spasms in multiple sclerosis. Neurology 38, Suppl. 1 (1988) 236

Hooge, J., W. K. Redkop: Multiple sclerosis with very late onset. Neurology 42 (1992) 1907–1910

Hopf, H. C.: Die Leitgeschwindigkeit motorischer Nerven bei Multipler Sklerose unter dem Einfluß hoher Cortisonmedikation. Dtsch. Z. Nervenheilk. 187 (1965) 522–526

Hopf, H. C.: Erbliche spastische Spinalparalyse. Akt. Neurol. 3 (1976) 75–78

Hopf, H. C.: Vertigo and masseter paresis: a new brainstem syndrome probably of vacular origin. J. Neurol. 235 (1987) 42–45

Hopf, H. C., K. Maurer: Wave I of early auditory evoked potentials in multiple sclerosis. Electroenceph. clin. Neurophysiol. 56 (1983) 31–35

Hopf, H. C., A. M. Stamatovic, W. Wahren: Die zerebralen Anfälle bei der Multiplen Sklerose. Z. Neurol. 198 (1970) 256–279

Hopf, H. C., H. P. Breuel, K. Rieling: Funikuläre Spinalerkrankung. Das Symptom der kombinierten Strangdegeneration. Akt. Neurol. 3 (1976) 63–74

Horikawa, Y., T. Tsubaki, M. Nakajiama: Rubella antibody in multiple sclerosis. Lancet 1973/I, 996–997

Hormer, J. T., E. E. Benarroch, M. Rodriguez et al.: Periodic sharp waves in baclofen-induced encephalopathy. Arch. Neurol. 45 (1988) 814–815

Hornabrook, R. S. L., D. H. Miller, M. R. Newton et al.: Frequent involvement of the optic radiation in patients with acute isolated optic neuritis. Neurrology 42 (1992) 77–79

Horner, W. G., T. Hurwitz, D. K. B. Li et al.: Temporal lobe involvement in multiple sclerosis patients with psychiatric disorders. Arch. Neurol. 44 (1987) 187–190

Horoupian, D. S., D. K. Zucker, S. Moshe, H. C. Peterson: Behr's syndrome: a clinicopathologic report. Neurology 29 (1979) 323–327

Houck, W., C. Melnyk, M. J. Gast: Polymyositis in pregnancy. J. reprod. Med. 32 (1987) 208–210

Howard, R. S., C. M. Wiles, N. P. Hirsch et al.: Respiratory involvement in multiple sclerosis. Brain 115 (1992) 479–494

Howell, D. A., A. J. Lees, P. J. Toghill: Spinal internuncial neurons in progressive encephalomyelitis with rigidity. J. Neurol. Neurosurg. Psychiat. 42 (1979) 773–785

Huber, G.: Hypochondrie und Coenaesthopathie. Fundam. psychiat. 1 (1987) 123–127

Huber, St. J., G. W. Paulson, E. C. Shuttleworth et al.: Magnetic resonance imaging correlates of dementia in multiple sclerosis. Arch. Neurol. 44 (1987) 732–736

Hughes, J. T.: Pathology of the Spinal Cord. Lloyd-Luke, London 1978

Hughes, R. A., W. G. P. Mair: Acute necrotic myelopathy with pulmonary tuberculosis. Brain 100 (1977) 223–228

Hume, A. L., S. G. Waxman: Evoked potentials in suspected multiple sclerosis: diagnostic value and prediction of clinical course. J. neurol. Sci. 83 (1988) 191–210

Hung, T.-P., D. Landsborough, M.-S. Hsi: Multiple sclerosis amongst chinese in Taiwan. J. neurol. Sci. 27 (1976) 459–484

Hunter, St. B., W. E. Ballinger, J. J. Rubin: Multiple sclerosis mimicking primary brain tumor. Arch. Pathol. Lab. Med. 111 (1987) 464–468

Hutchinson, M., B. Bresnihan: Neurological lupus erythematosus with tonic seizures simulating

multiple sclerosis. J. Neurol. Neurosurg. Psychiat. 46 (1983) 583–585
Hyllested, K.: Lethality, duration and mortality of disseminated sclerosis in Denmark. Acta psychiat. scand. 36 (1961) 553–564
IFNB Multiple Sclerosis Study Group: Clinical results of a multicenter randomized, double blind, placebo controlled trial. Neurology 43 (1993) 655–661
Ipsen, J.: Life expectancy and probable disability in multiple sclerosis. New Engl. J. Med. 243 (1950) 909–913
Isayama, Y., T. Takahashi, T. Shimoyoma, A. Yamadori: Acute optic neuritis and multiple sclerosis. Neurology 32 (1982) 73–76
Ishihara, O., Y. Yamaguchi, T. Matsuishi et al.: Multiple ring enhancement in a case of acute reversible demyelinating disease in childhood suggestive of acute multiple sclerosis. Brain and Develop. 6 (1984) 401–406
Iwasaki, Y.: Pathology of chronic myelopathy associated with HTLV-infection (HAM/TSP). J. neurol. Sci. 96 (1990) 103–123
Iwashita, H., Y. Kuroiwa: Cerebrospinal fluid findings in Yapanese patients with multiple sclerosis. In Bauer, H. J., S. Poser, G. Ritter: Progress in Multiple Sclerosis Research. Springer, Berlin 1980
Izquierdo, G., J.-J. Hauw, O. Lyon-Caen et al.: Value of multiple sclerosis diagnostic criteries. Arch. Neurol. 42 (1985) 848–850
Jabbari, B., M. Rosenberg, B. Scherokman et al.: Effectiveness of trihexyphenidyl against pendular nystagmus and palatal myoclonus: evidence of cholinergic dysfunction. Mov. Disord. 2 (1987) 93–98
Jacobs, L., J. O'Malley, A. Freeman et al.: Intrathecal interferon in multiple sclerosis. Arch. Neurol. 39 (1982) 609–615
Jacobs, L., P. R. Kinkel, W. R. Kinkel: Impact of nuclear magnetic resonance imaging on the assessment of multiple sclerosis patients. Semin. Neurol. 6 (1986a) 24–32
Jacobs, L., W. R. Kinkel, R. J. Polachini, R. P. Kinkel: Correlations of nuclear magnetic resonance imaging, computerized tomography and clinical profiles in multiple sclerosis. Neurology 36 (1986b) 27–34
Jacobs, L., A. M. Salazar, R. Herndon et al.: Multizentrische Doppelblindstudien über die Wirkung von intrathekal verabreichtem Fibroblasten-Interferon auf Schübe der MS. Lancet (dtsch. Ausg.) 1987/I, 185–188
Jacobson, D. M., H.St. Thomson, J. J. Corbett: Optic neuritis in the elderly. Neurology 38 (1988) 1834–1837
Jakobsen, B. E., E. Petersen, V. Grynderup: Bladder neck resection in multiple sclerosis. Urol. int. 28 (1973) 109–120
Jankovic, J., S. C. Patel: Belpharospasm with brainstem lesions. Neurology 33 (1983) 1237–1240
Jankowski, K.: A case of Schilder's diffuse sclerosis diagnosed clinically schizophrenia. Acta neuropathol. 2 (1963) 302–305
Janzen, R.: Basilare Impression in der Begutachtung. In: Die Wirbelsäule in Forschung und Praxis, Bd. 25. Hippokrates, Stuttgart 1962 (S. 74–82)
Jaque, C., A. Delassalle, G. Rancorce et al.: Myelin basic protein in CSF and blood. Arch. Neurol. 39 (1982) 557–560
Jellinger, K., G. Schnaberth, U. Traugott, M. Turnheim: Klinik, Liquorbefunde und pathologische Anatomie bei subakuter Entmarkungsencephalitis („Mischform“ multipler, diffuser und konzentrischer Sklerose). Nervenarzt 47 (1976) 118–123
Jensen, T. S., T. Rasmussen, E. Reska-Nielsen: Association of trigeminal neuralgia with multiple sclerosis: clinical and pathological features. Acta neurol. scand. 65 (1982) 182–189
Jerger, J. R., T. A. Oliver, R. A. Chmiel, V. M. Rivera: Patterns of auditory abnormality in multiple sclerosis. Audiology 25 (1986) 193–209
Jestico, J. V., P. D. M. Ellis: Changes in nystagmus on raising body temperature in clinical suspected and proved multiple sclerosis. Brit. med. J. 1976/II, 970–972
Johnes, R. F., D. Burke, J. E. Marosszeky, J. D. Gillies: A new agent for the control of spasticity. J. Neurol. Neurosurg. Psychiat. 33 (1970) 464–468
Johnson, K. P.: Cerebrospinal fluid and blood assay of diagnostic usefulness in multiple sclerosis. Neurology 30 (1980) 106–111
Johnson, K. P.: Treatment of multiple sclerosis with various interferons: the cons. Neurology 38, Suppl. 2 (1988) 62–64
Johnson. M. D., P. L. Lavin, W. O. Whetsell: Fulminant monophasic multiple sclerosis, Marburg's type. J. Neurol. Neurosurg. Psychiat. 53 (1990) 918–921
Jones, R. E., D. H. Heron, R. S. Foster et al.: Effects of 4-aminopyridine in patients with multiple sclerosis. J. neurol. Sci. 60 (1983) 353–362
Jörg, J.: Praktische SEP-Diagnostik. Enke, Stuttgart 1983
Juba, A.: Akute Multiple Sklerose mit Höhlenbildung. Dtsch. Z. Nervenheilk. 145 (1938) 275–289
Kahana, E., U. Leibowitz, M. Alter: Cerebral multiple sclerosis. Neurology 21 (1971) 1179–1185
Kaiser, H.: Cortisonderivate in Klinik und Praxis, 8. Aufl. Thieme, Stuttgart 1987
Kaji, R., A. J. Sumner: Effects of 4-aminopyridine in experimental CNS demyelination. Neurology 38 (1988) 1884–1887
Kamalian, N., R. E. Keesey, G. M. Zu Rhein: Lateral hypothalamic demyelination and cachexia in a case of „malignant“ multiple sclerosis. Neurology 25 (1975) 25–30
Kammer, Th., D. Ludin, R. Diehl, M. Hennerici: Paroxysmale Hemiataxie und Dysarthrie mit singulärem Herdbefund im Kleinhirnstiel. Akt. Neurol. 19 (1992) 15–27
Kanchandani, I. G., I. J. Howe: Lhermitte's sign in multiple sclerosis: a clinical survey and review of the literature. J. Neurol. Neurosurg. Pychiat. 45 (1982) 308–312
Kappos, L.: Behandlung der Multiplen Sklerose mit Cyclosporin A und Azathioprin. Langzeiteffekte, Risiken, kernspintomographische und immunologische Befunde. Schriftenreihe Neurologie, Bd. 32. Springer, Berlin 1990
Kappos, L., P. Krauseneck, D. Dommasch et al.: Verträglichkeit von Triamcinolon-Acetonid-Kristallsuspension und Antibiotika bei intrathekaler Applikation. In: Verhandlungen der Deutschen

Gesellschaft für Neurologie, B. 3. Springer, Berlin 1985 (S. 505–508)
Kappos, L., U. Patzold, D. Dommasch et al.: Cyclosporine versus azathioprine in the long-term treatment of multiple sclerosis: results of the German multicenter study. Ann. Neurol. 23 (1988a) 56–63
Kappos, L., D. Städt, M. Ratzka et al.: Magnetic resonance imaging in the evaluation of treatment in multiple sclerosis. Neuroradiology 30 (1988b) 299–302
Kaschka, W. P., H. N. Aschauer: Psychoimmunologie. Thieme, Stuttgart 1990
Kasparek, S., S. Zerbowski: Stiff man syndrome and encephalomyelitis. Arch. Neurol. 24 (1971) 22–32
Kawakami, Y., M. Chikama, Y. Shimamura: Radiological studies of cheirooral syndrome. J. Neurol. 236 (1989) 177–181
Kelly, R.: Clinical aspects of multiple sclerosis. In Vinken, P. J., G. Bruyn, H. G. Klawans: Handbook of Clinical Neurolgy, vol. XLVII. Elsevier, Amsterdam 1985 (pp. 49–78)
Kennedy, F.: Retrobulbar neuritis as an exact diagnostic sign of certain tumors and abscesses in the frontal lobe. Amer. J. med. Sci. 142 (1911) 355–368
Kerr, F. W. L.: Evidence for peripheral etiology of trigeminal neuralgia. J. Neurosurg. 26 (1967) 168–179
Kesselring, J., I. E. C. Ormerod, D. H. Miller et al.: Magnetic Resonance Imaging in Multiple Sclerosis. Thieme, Stuttgart, 1989a (p. 21)
Kesselring, J., D. H. Miller, D. J. MacManus et al.: Quantitative magnetic resonance imaging in multiple sclerosis: the effect of high dose intravenous methylprednisolone. J. Neurol. Neurosurg. Psychiat. 52 (1989b) 14–17
Kesselring, J., D. Miller, St. Robb et al.: Acute disseminated encephalomyelitis: MRI findings and distinctions from multiple sclerosis. Brain 113 (1990) 291–302
Kestenbaum, A.: Clinical Methods of Neuro-Ophthalmologic Examination. Grune & Stratton, New York 1961
Ketelaer, Ch. J., P. Ketelaer: Lioresal in der Behandlung der Muskelhypertrophie bei Multipler Sklerose. In Birkmayer, W.: Aspekte der Muskelspastik. Huber, Bern 1972 (S. 128–131)
Kewalramani, L. S., M. S. Orth, S. Saleem, D. Bertrand: Myelopathy associated with systemic lupus erythematosus. Paraplegia 16: 282–294 (1978/1979)
Khatri, B. O.: Experience with the use of plasmapheresis in chronic multiple sclerosis: the pros. Neurology 38, Suppl. 2 (1988) 50–52
Khatri, B. O., S. M. Koethe: Plasmapheresis with immunsuppressive drug therapy in multiple sclerosis: a pilot study. Arch. Neurol. 41 (1984) 734–738
Killian, J., R. B. Bressler, R. M. Armstrong et al.: Controlled pilot trial of monthyl intravenous cyclophosphamide in multiple sclerosis. Arch. Neurol. 45 (1988) 27–30
Kinnunen, E., J. Wikstroem: Prevalence and prognosis of epilepsy in patients with multiple sclerosis. Epilepsia 27 (1986) 729–733
Kinnunen, E., J. Juntunen, L. Ketonen et al.: Genetic susceptibility to multiple sclerosis. Arch. Neurol. 45 (1988) 1108–1111
Kirkeby, H. J., E. U. Poulsen, T. Petersen, M. D. Dorup: Erectile dysfunction in multiple sclerosis. Neurology 38 (1988) 1366–1371
Kissing, B., R. M. Schmidt, G. Kuppe, V. Neumann: Zur Häufigkeit und zur Verteilung der Multiplen Sklerose im Bezirk Halle. Nervenarzt 57 (1986) 579–582
Klemm, E., E. Conzelmann: Adult onset metachromatic leucodystrophy presenting without psychiatric symptoms. J. Neurol. 236: 427–429 (1989)
Klostermann, W., P. Vieregge, D. Kömpf: Extrapyramidale motorische Störungen bei Multipler Sklerose. In: Verhandlungen der Deutschen Gesellschaft für Neurologie, Bd. 6. Springer, Berlin 1991 (S. 55–56)
Knobler, R. L.: Systemic interferon therapy of multiple sclerosis: the pros. Neurology 38, Suppl. 2 (1988) 58–61
Knutsson, E., A. Martensson, L. Gransberg: Antiparetic and antispastic effects induced by tizanidine in patients with spastic paresis. J. neurol. Sci. 53 (1982) 187–204
Koeppen, A. H.: Abducens palsy after lumbar puncture. Proc. weekly Semin. Neurol. 17 (1967) 68–76
Kohler, J., J. Kasper, U. Kern et al.: Borrelia encephalomyelitis. Lancet 1986/II, 35
Kölmel, H. W.: Die homonymen Hemianopsien. Springer, Berlin 1988
Kömpf, D.: Supranukleaere und internukleaere Augenbewegungsstörungen. Fortschr. Neurol. Psychiat. 50 (1982) 143–164
Kömpf, D.: Zur Klinik und Topodiagnostik vertikaler Blickparesen. Fortschr. Ophthalmol. 80 (1983) 182–185
Koopmans, R. A., D. K. B. Li, E. Grochowski et al.: Benign versus chronic progressive multiple sclerosis: magnetic resonance imaging features. Ann. Neurol. 25 (1989) 74–81
Kornhuber, H. H.: Präventive Neurologie. Nervenarzt 54 (1983) 57–68
Kornhuber, H. H.: Zum Malignitätsrisiko der Cyclophosphamid-Terapie der Multiplen Sklerose. Dtsch. med. Wschr. 112 (1987a) 530
Kornhuber, H. H.: Forschung mit dem Ziel, den Patienten direkt zu helfen. Symptomatische Therapie der Multiplen Sklerose als Grundbehandlung und Voraussetzung für wirksame Immunsuppression. In: Multiple Sklerose. Gemeinnützige Hertie-Stiftung, Frankfurt/M. 1987b (S. 83–95)
Kornhuber, H. H., E. Mauch: Immunsuppressive Cyclophosphamid-Therapie der Multiplen Sklerose mit wenig Nebenwirkungen. Dtsch. med. Wschr. 111 (1986) 1778
Kornhuber, H. H., R. Rieber: Mit der Multiplen Sklerose leben. Die häusliche Behandlung der MS. Schattauer, Stuttgart 1984
Korn-Lubetzki, I., E. Kahana, G. Cooper, O. Abramsky: Activity of multiple sclerosis during pregnancy and puerperium. Ann. Neurol. 16 (1984) 229–231
Kostulas, V. K., A. Henriksson, H. Link: Monosymptomatic sensory symptoms and cerebrospinal fluid immunoglobulin levels in relation to

multiple sclerosis. Arch. Neurol. 43 (1986) 447–451

Kriss, A., D. H. Francis, F. Cuendet et al.: Recovery after optic neuritis in childhood. J. Neurol. Neurosurg. Psychiat. 51 (1988) 1253–1258

Krüger, H.: Isoelektrische Fokussierung von Serum und Liquor bei 1000 neurologischen Patienten. In Gänshirt, H., P. Berlit, G. Haack: Kardiovaskulär Erkrankungen und Nervensystem. Verhandlungen der Deutschen Gesellschaft für Neurologie. Bd. 3. Springer, Berlin 1985 (S. 795–798)

Krupp, L. B., L. A. Alvarez, N. G. La Rocca, L. C. Scheinberg: Fatigue in multiple sclerosis. Arch. Neurol. 45 (1988) 435–437

Kugler, J.: Influence of aminoamantadine sulfate on vigilance and awareness. Akt. Neurol. 2 (1975) 43–51

Kupersmith, M. J., J. I. Nelson, W. H. Seiple et al.: The 20/20 eye in multiple sclerosis. Neurology 33 (1983) 1015–1020

Kuroiwa, Y.: Epidemiological and immunogenetic studies of multiple sclerosis in Japan. In Bauer, H. J., S. Poser, G. Ritter: Progress in Multiple Sclerosis Research. Springer, Berlin 1980 (pp. 503–598)

Kuroiwa, Y.: Neuromyelitis optica. In Koetsier, I, C.: Handbook of Clinical Neurology, vol. III. Elsevier, Amsterdam 1985 (p. 47)

Kuroiwa, Y., H. Shibasaki: Clinical studies of multiple sclerosis in Japan. Neurology 23 (1973) 609–617

Kurtzke, J. F.: On evaluation of disability in multiple sclerosis. Neurology 11 (1961) 686–694

Kurtzke, J. F.: Further notes on disability evaluation in multiple sclerosis with scale modifications. Neurology 15 (1965) 654–661

Kurtzke, J. F.: Clinical manifestations of multiple sclerosis. In Handbook of Clinical Neurology, vol. IX. Vinken, P. J., G. W. Bruyn: North Holland, Amsterdam 1970 (pp. 161–216)

Kurtzke, J. F.: A reassessment of the distribution of multiple sclerosis. Acta neurol. scand. 51 (1975) 110–157

Kurtzke, J. F.: Geographic distribution of multiple sclerosis: an update with special reference to Europe and the Mediterranean region. Acta neurol. scand. 62 (1980) 65–80

Kurtzke, J. F.: Rating neurologic impairment in multiple sclerosis: an expanded disability status scale (EDSS). Neurology 33 (1983) 1444–1452

Kurtzke, J. F., K. Hyllested: Multiple sclerosis in the Faroe Islands. II: Clinical and epidemiological features. Ann. Neurol. 5 (1979) 6–21

Kurtzke, J. F., K. Hyllested: Multiple sclerosis in the Faroer Islands. II: Clinical update, transmission, and the nature of MS. Neurology 36 (1986) 307–328

Kurtzke, J. F., G. W. Beebe, B. Nagler et al.: Studies on the natural history of multiple sclerosis. 6. Clinical and laboratory findings at first diagnosis. Acta neurol. scand. 48 (1972) 19–46

Kurtzke, J. F., G. W. Beebe, B. Nagler et al.: Studies on the natural history of multiple sclerosis: early prognostic features of the later course of the illness. J. chron. Dis. 30 (1977) 819–830

Lacomis, D., M. Osbakken, G. Gross: Spin-lattice relaxation (T1) times of cerebral white matter in multiple sclerosis. Magn. Reson. Med. 3 (1986) 194–202

van Lambalgen, R., E. A. C. Sanders, S. D'Amaro: Sex distribution, age of onset and HLA-profiles in two types of multiple sclerosis. J. neurol. Sci. 76 (1986) 13–21

Lancet Annotation: Lyme disease in Europe. Lancet (1987) 264–265

Lange, H. J., Th. Vogel: Statistische Analyse von Symptomenkorrelationen bei Syndromen. Med. Inform. 4 (1965) 83–89

Lascelles, R. G., P. D. Mohr, J. Peart: Unilateral cataplexy with systemic lupus erythematosus. J. Neurol. Neurosurg. Psychiat. 39 (1976) 1023–1026

Lauer, K.: Some comments on the occurrence of multiple sclerosis in the Faroer Islands. J. Neurol. 233 (1986) 171–173

Lauer, K., W. Firnhaber: Das mögliche Risiko von Impfungen für die Erstmanifestation der Multiplen Sklerose. Akt. Neurol. 17 (1990) 42–46

Lazarte, J. A.: Multiple sclerosis: prognosis for ambulatory and nonambulatory patients. Ass. Res. nerv. Dis., Proc. 28 (1950) 512–523

von Leden, H., B. T. Horton: The auditory nerve in multiple sclerosis. Arch. Otolaryngol. 48 (1948) 51–57

Lefkowitz, D., J. N. Angelo: Neuromyelitis optica with unusual vascular changes. Arch. Neurol. 41 (1984) 1103–1105

Lehmann, H. J., R. J. Gloeckner: Cerebral disconnection in multiple sclerosis. Europ. Neurol. 8 (1972) 257–269

Lehnhardt, E.: Hörstörungen bei Multipler Sklerose. HNO 23 (1975) 101–108

Leibowitz, U., M. Alter: Clinical factors associated with increased disability in multiple sclerosis. Acta neurol scand. 46 (1970) 103–114

Leibowitz, U., E. Kahana, M. Alter: The changing frequency of multiple sclerosis in Israel. Arch. Neurol. 29 (1973) 107–111

Lepore, F. E.: Ther origin of pain in optic neuritis. Arch. Neurol. 48 (1991) 748–749

Levine, S., E. Hoenig: Induced localization of allergic adrenalitis and encephalomyelitis at a site of thermal injury. J. Immunol. 100 (1968) 1310–1318

Lievera, P., M. Trojano, I. L. Simone et al.: Intrathecal IgG-synthesis in multiple sclerosis: comparison between isoelectric focusing and quantitative estimations of cerebro-spinal fluid IgG. J. Neurol. 224 (1981) 159–169

Lilius, H. G., E. J. Valtonen, J. Wilkstrom: Sexual problems in patients suffering from multiple sclerosis. J. Chronic Disease 29 (1976) 643–647

Lindeboom, J., R. Ter Horst: Interhemispheric disconnection effects in multiple sclerosis. J. Neurol Neurosurg. Psychiat. 51 (1988) 1445–1447

Lipton, H. L., R. D. Teasdall: Acute transverse myelopathy in adults. Arch. Neurol. 28 (1973) 252–257

Liskoskosky, W. H.: Experience with cyclophosphamide in multiple sclerosis: the cons. Neurology 38, Suppl. 2 (1988) 14–18

Lhermitte, F., R. Marteau, E. Roullet (Letter): Not so benign long-term immuno suppression in multiple sclerosis? Lancet 1984/1: 276–277

Loeb, C: Clinical evaluation of patients with transient ischemic attacks. Advanc. Neurol. 25 (1979) 141–148

Loeser, J. D., W. H. Calvin, J. F. Howe: Pathophysiology of trigeminal neuralgia. Clin. Neurosurg. 24 (1977) 527–537

Loizou, L. A., M. Small, G. A. Dalton: Cricopharyngeal myotomy in motor neuron disease. J. Neurol. Neurosurg. Psychiat. 43 (1980) 42–45

Lowenthal, A.: Agar Gel Electrophoresis in Neurology. Elsevier, Amsterdam 1964

Lowitzsch, K.: Visuell evozierte Potentiale (VEP). In Maurer, K., K. Lowitzsch, M. Stöhr: Evozierte Potentiale. Atlas mit Einführungen. Enke, Stuttgart 1988

Lowitzsch, K., H. J. Welkoborski: „Normalisierung" des VEP bei Multipler Sklerose? Verlaufsbeobachtung bei 50 von 500 MS-Patienten. EEG EMG 14 (1983) 93–95

Lumbsden, C. E.: The neuropathology of multiple sclerosis. In Vinken, P. J., G. W. Bruyn: Handbook of Clinical Neurology, vol. IX. North Holland, Amsterdam 1970 (pp. 217–319)

Lundberg, P. O.: Sexual dysfunction in patients with multiple sclerosis. Sex. Disabil. 173 (1978) 218–229

Luxon, L. M., M. J. G. Harrison: Chronic subdural haematoma. Quart. J. Med. 48 (1979) 43–53

Lynch, Sh. J., J. W. Rose, M. Smoker, J. H. Petajan: MRI in familial multiple sclerosis. Neurology 40 (1990) 900–903

Lyon-Caen, O., R. Jouvent et al.: Cognitive function in recent-onset demyelinating disease. Arch. Neurol. 43 (1986) 1138–1141

McAlpine, D.: The benign form of multiple sclerosis: a study based on 241 cases seen within three years of onset and followed until the tenth year or more of the disease. Brain 84 (1961) 186–203

McAlpine, D.: The benign form of multiple sclerosis: results of a long-term study. Brit. med. J. 1964/II, 1029–1032

McAlpine, D., Y. Kuroiwa, Y. Toyokura, S. Araki: Acute demyelinating disease complicating herpes zoster. J. Neurol. Neurosurg. Psychiat. 22 (1959) 120–123

McAlpine, D., C. E. Lumsden, E. D. Acheson: Multiple Sclerosis: A Reappraisal, 2nd ed. Churchill Livingstone, Edinburgh 1972

McCombe, P. A., P. G. McManis, J. A. Frith et al.: Chronic inflammatory demyelinating polyradiculoneuropathy associated with pregnancy. Ann. Neurol. 21 (1987) 102–104

McDonald, W. J.: Pathophysiology in multiple sclerosis. Brain 97 (1974) 179–196

McDonald, W. J.: Pathophysiology of conduction in central nerve fibers. In Desmond, J. E.: Visual Evoked Potentials in Man: New Development. Clarendon, Oxford 1977 (pp. 427–437)

McDonald, W. J.: The symptomatology of tumors of the anterior visual pathways. Canad. J. neurol. Sci. 9 (1982) 381–390

McDonald, W. J.: The significance of optic neuritis. Trans. ophthalmol. Soc, U. K. 103 (1983) 230–246

McDonald, W. J.: The role of NMR imaging in the assessment of multiple sclerosis. Clin. Neurol. Neurosurg. 90 (1988) 3–9

McDonald, W. J., A. M. Halliday: Diagnosis and classification of multiple sclerosis. Brit. med. Bull. 33 (1977) 4–8

McFarland, H. F., N. J. Patronas, D. E. McFralin et al.: Studies of multiple sclerosis in twins, using nuclear magnetic resonance. Neurology 35, Suppl. 1 (1985) 137

McHenry, L. C.: Garrison's History of Neurology. Thomas, Springfield/Ill. 1969

McIvor, G. P., M. Riklan, M. Reznikoff: Depression in multiple sclerosis as a function of length and severity of illness, age, remissions, and perceived social support. J. clin. Psychol. 40 (1984) 1028–1033

Mackay, R. P., A. Hirano: Forms of benign multiple sclerosis: report of two „clinically silent" cases discovered at autopsy. Arch. Neurol. 17 (1967) 588–600

McLean, A. R., J. Berkson: Mortality and disability in multiple sclerosis: a statistical estimate of prognosis. J. Amer. med. Ass. 146 (1951) 1367–1369

Maimone, D., A. T. Reder, F. Finocchiaro, E. Recupero: Internal capsule plaque and tonic spasms in multiple sclerosis. Arch. Neurol. 48 (1991) 427–429

Malhorta, A. S., H. Goren: The hot bath test in the diagnosis of multiple sclerosis. Lancet 246 (1981) 1113–1114

Manohara, P. J., P. J. Senaratne, D. Carroll et al.: Evidence of cardiovascular autonomic nerve dysfunction in multiple sclerosis. J. Neurol. Neurosurg. Psychiat. 47 (1984) 947–952

Märkel, S., P. Berlit: Fehldiagnose Hirntumor bei Multipler Sklerose. Nervenheilkunde 7 (1988) 342–344

Marsden, C. D., M. Hallet, S. Fahn: The nosology and pathophysiology of myoclonus. In Marsden, C. D., S. Fahn: Movement Disorders. Butterworth, London 1982 (pp. 196–248)

Martin, R., H. M. Meinck, W. Schulte-Mettler et al.: Borrelia burgdorferi myelitis presenting as a partial stiff man syndrome. J. Neurol. 237 (1990) 51–54

Mastrostefano, R., E. Occhipint, G. Repotti, A. Pompili: Multiple sclerosis plaque simulating cerebral tumor: a case report and review of the literature. Neurosurgery 21 (1987) 244–246

Masucci, E. F., N. Saini, J. F. Kurtzke: Bilateral hemiballism in multiple sclerosis. Neurology 39 (1989) 1641–1642

Matthews, W. B.: Paroxysmal symptoms in multiple sclerosis. J. Neurol. Neurosurg. Psychiat. 38 (1975) 617–623

Mathews, W. B.: Multiple sclerosis presenting with acute remitting psychiatric symptoms. J. Neurol. Neurosurg. Psychiat. 42 (1979) 859–863

Matthews, W. B.: Clinical aspects. In Matthews, W. B., E. D. Acheson, J. R. Batchelor, R. O. Weller: McAlpine's Multiple Sclerosis. Churchill Livingstone, Edinburgh 1985

Matthews, W. B., G. H. Glaser: Recent Advances in Clinical Neurology. Livingstone, Edinburgh 1984

Matthews, W. B., M. Small: Prolonged follow-up of abnormal visual evoked potentials in multiple sclerosis: evidence for delayed recovery. J. Neurol. Neurosurg. Psychiat. 46 (1983) 639–642

Matthews, W. B., D. J. Read, E. Pountney: Effect of raising body temperature on visual and somatosensory potentials in patients with multiple

sclerosis. J. Neurol. Neurosurg. Psychiat. 42 (1979) 250–255
Matthews, W. B., J. R. B. Wattam-Bell, E. Pountney: Evoked potentials in the diagnosis of multiple sclerosis: a follow-up study. J. Neurol Neurosurg. Psychiat. 45 (1982) 303–310
Mattson, D. H., R. P. Roos, B. G. W. Armason : Isoelectric focusing of IgG eluted from multiple sclerosis and subacute sclerosing panencephalitis brains. Nature 287 (1980) 335–337
Mauch, E., G. Schroth, J. Gawehn et al.: Dic Bedeutung der magnetischen Resonanztomographie für die Diagnostik der MS. Akt. Neurol. 14 (1987) 76–80
Mauch, E., H. H. Kornhuber, U. Pfrommer et al.: Effective treatment of chronically progressive multiple sclerosis with low-dose cyclophosphamide with minor side effects. Europ. Arch. Psychiat. neurol. Sci. 238 (1989) 115–117
Mauch, E., U. Fetzer, H. Krapf et al.: Treatment of multiple sclerosis with low-dose cyclophosphamide or mitoxantrone. In H. Wiethhölter, J. Dichgans, J. Mertin: Current Concepts in Multiple Sclerosis. Excerpta Medica, Amsterdam 1991 (pp. 285–288)
Maurer, K., U. Lowitzsch: Brainstem auditory evoked potentials (BAEP) in reclassification of 143 MS patients. In Courjon, J., F. Mauguiére, M. Revol: Clinical Applications of Evoked Potentials in Neurology. Raven, New York 1982 (p. 481)
Maurer, K., K. Lowitzsch, M. Stöhr: Evozierte Potentiale (Atlas mit Einführungen). Enke, Stuttgart 1988; 2. Aufl. 1990
Mayeux, R., D. F. Benson: Phantom limb and multiple sclerosis. Neurology 29 (1979) 724–726
Mazzarelli, P., M. Poloni, G. Piccolo et al.: Intrathecal methylprednisolone acetate in multiple sclerosis treatment: clinical evaluation. Acta neurol. belg. 83 (1983) 190–196
Meadows, S. P.: Retrobulbar and optic neuritis in childhood and adolescence. Trans. ophthalmol. Soc. U. K. 89 (1969) 603–608
Medaer, R.: Does history of multiple sclerosis go back as far as the 14th century? Acta neurol. scand. 60 (1979) 189–192
Mehta, P. D., J. Miller, W. W. Tourtellotte: Oligoclonal IgG bands in plaques from multiple sclerosis brains. Neurology 32 (1981) 372–376
Meinck, H.-M., K. Ricker, C. Conrad: The stiff-man-syndrome: new pathophysiological aspects from abnormal exteroceptive reflexes and the response to clomipramine, clonidine and tizanidine. J. Neurol. Neurosurg. Psychiat. 47 (1984) 280–287
Melo, T. P., J. Boguousslavsky, T. Moulin et al.: Thalamic ataxia. J. Neurol. 239 (1992) 331–337
Mertens, H. G., W. Kohlhepp, R. Martin: Borrelienenzephalitis und -myelitis. Verhandlungen der Deutschen Gesellschaft für Neurologie, Bd. 2 Springer, Berlin 1989 (S. 964–968)
Mertin, J.: Drug treatment of patients with multiple sclerosis. In Koertsier, I. C.: Handbook of Clinical Neurology. Elsevier, Amsterdam 1985 (pp. 187–212)
Mertin, J., E. A. Caspary: Inhibition of the lymphocyte response in multiple sclerosis by linoleic acid. In Davison, A. N., I. H. Humpery et al.: Multiple Sclerosis Research. Elsevier, Amsterdam 1975 (pp. 198–216)
Metzel, E., H. Friedrich: TIA bei falxnahen Meningeomen. In Lachner, H., G. Ladurner, E. Ott: Die zerebralen transitorisch-ischämischen Attakken. Huber, Bern 1979 (S. 158–163)
Meyer-Steineg, Th.: Die Bedeutung der Prognose in hippokratischen Schriften. Arch. Gesch. Naturw. Technik. 6 (1913) 257–262
Mickey, M. R., G. W. Ellison, J. L. Fahey et al.: Correlation of clinical and immunologic states in multiple sclerosis. Arch. Neurol. 44 (1987) 371–375
Miley, Ch. E., M. Francis, M. Forster: Paroxysmal signs and symptoms in multiple sclerosis. Neurology 24 (1974) 459–461
Millar, J. H. D.: Disseminated sclerosis: a follow-up of 91 cases. Lancet 1949/II, 556–559
Millar, J. H. D., J. K. Zilka, M. J. S. Langman, H. Paylingwright et al.: Double-blind trial of linoleate supplementation of diet in multiple sclerosis. Brit. med. J. 1973/I, 765
Miller, D. H., W. J. McDonald, L. D. Blumhardt et al.: Magnetic resonance imaging in isolated non compressive spinal cord syndromes. Ann. Neurol. 22 (1987) 714–723
Miller, D. H., B. E. Kendall, S. Barter et al.: Magnetic resonance imaging in central nervous system sarcoidosis. Neurology 38 (1988a) 378–383
Miller, D. H., M. R. Newton, J. C. van der Poel et al.: Magnetic resonance imaging of the optic nerve in optic neuritis. Neurology 38 (1988b) 175–179
Miller, D. H., I. E. C. Ormerod, O. Rudge et al.: The early risk of multiple sclerosis following isolated acute syndromes of the brainstem and spinal cord. Ann. Neurol. 26 (1989) 635–639
Miller, D. H., F. Barkhof, J. Berry et al.: Magnetic resonance imaging in monitoring the treatment of multiple sclerosis: concerted action guidelines. J. Neurol. Neurosurg. Psychiat. 54 (1991) 683–688
Miller, D. H., A. J. Thompson, S. P. Morrissey et al.: High dose steroids in acute relapses of multiple sclerosis: MRI evidence for a possible mechanism of therapeutic effect. J. Neurol. Neurosurg. Psychiat. 55 (1992) 450–453
Miller, H., D. J. Newell, A. Ridley: Multiple sclerosis: treatment of acute exacerbation with corticotropin (ACTH). Lancet 1961/II, 1120–1122
Miller, H., C. A. Sumpson, W. K. Yeates: Bladder dysfunction in multiple sclerosis. Brit. med. J. 1965/I, 265
Miller, H. D., R. W. Hornabrook, J. I. Dagger, R. Fong: Ethnic and HLA patterns related to multiple sclerosis in Wellington, New Zealand. J. Neurol. Neurosurg. Psychiat. 49 (1986) 43–46
Milligan, N. M., R. Newcombe, D. A. S. Compston: A double-blind controlled trial of high dose methylprednisolone in patients with multiple sclerosis. I. Clinical effects. J. Neurol. Neurosurg. Psychiat. 50 (1987) 511–516
Minderhoud, J. M., J. G. Leemhuis, J. Kremer et al.: Sexual disturbances arising from multiple sclerosis. Acta neurol. scand. 70 (1984) 299–306
Miró, J., J. A. Amado, C. Pesquera et al.: Assessment of hypothalamic-pituitary-adrenal axis after corticosteroid therapy for MS relapses. Acta neurol. scand. 81 (1990) 524

Mogensen, F., O. Kristensen: Auditory double click evoked potentials in multiple sclerosis. Acta neurol. scand. 59 (1979) 96–197

Molteni, R. W.: Vertigo as a presenting symptom of multiple sclerose in shildhood. Amer. J. Dis. Childhood 131 (1977) 533–556

Moore, G. R., P. E. Neumann, K. Suzuki et al.: Balo's concentric sclerosis: new observations on lesion development. Ann. Neurol. 17 (1985) 604–611

Morariu, M., W. F. Klutzow: Subclinical multiple sclerosis. J. Neurol. 213 (1976) 71–76

Morell, P., W. T. Norton: Myelin. In: Gehirn und Nervensystem. Spektrum der Wissenschaft, Heidelberg 1983

Morgan, B. P., A. K. Campell, D. A. S. Compston: Terminal component of complement (C9) in cerebrospinal fluid of patients with multiple sclerosis. Lancet 1984/II, 251–254

Morrow, J., H. McDowell, C. Ritchie, V. Patterson: Isoniazid and action tremor in multiple sclerosis (letter). J. Neurol. Neurosurg. Psychiat. 48 (1985) 282–283

Moser, A. W., A. E. Moser, I. Singh, B. P. O'Neill: Adrenoleukodystrophy-survey of 303 cases: biochemistry, diagnosis and therapy. Ann. Neurol. 16 (1984) 628–641

Moulin, D., D. W. Paty, G. C. Ebers: The predictive value of cerebrospinal fluid electrophoresis in „possible" multiple sclerosis. Brain 106 (1983) 809–816

Moulin, D., K. M. Foley, G. E. Ebers: Pain syndromes in multiple sclerosis. Neurology 38 (1988) 1830–1834

Moxon, W.: Two cases of insular sclerosis of the brain and spinal cord. Lancet 1875/I, 471, 609

Mueri, R. M., O. Meienberg: The clinical spectrum of internuclear ophthalmoplegia in multiple sclerosis. Arch. Neurol. 42 (1985) 851–855

Müller, B., P. Krauseneck, B. Schuhknecht et al.: Progressive multifokale Leukoencephalopathie. Psycho 13 (1987) 410–414

Müller, H., J. Zierski: Clinical experience with spinal morphine, midezolam and tizanidine in spasticity. In Müller, H., J. Zierski, R. D. Penn: Local-Spinal Therapy of Spasticity. Springer, Berlin 1988

Müller, H., J. Zierksi, D. Dralle et al.: Intrathecal baclofen in spasticity. In Müller, H., J. Zierski, R. D. Penn: Local-Spinal Therapy of Spasticity. Springer, Berlin 1988a (pp. 143–50)

Müller, H., J. Zierski, D. Dralle et al.: Pharmacokinetics of intrathecal baclofen. In Müller, H., J. Zierski, R. D. Penn: Local-Spinal Therapy of Spasticity. Springer, Berlin 1988b (pp. 223–226)

Müller, J., et al.: Epileptische Anfälle bei Multipler Sklerose. Z. ges. Nervenheilk. Psychother. 9 (1986) 497-502

Müller, R.: Studies on disseminated sclerosis with special reference to symptomatology, course and prognosis. Acta med. scand. 133, Suppl. 222 (1949) 1-124

Müller-Jensen, K., U. Berens, B. Müller: Die entzündlichen Augenerkrankungen der 90er Jahre. Therapiewoche 42 (1992) 3112–3117

Müller-Quernheim, R., R. Ferlitz: Sarkoidose – eine Immundysregulation? Dtsch. Ärztebl. 85 (1988) 1698–1704

Müller-Schwefe, G.: Physostigmine reversal of baclofen-induced sedation. In Müller, H., J. Zierski, R. D. Penn: Local-Spinal Therapy of Spasticity. Springer, Berlin 1988 (p. 252)

Mumenthaler, M.: Neurologie. Thieme, Stuttgart 1986; 9. Aufl. 1990

Mundinger, F., I. Kuhn: Postoperative and long term results after stereotactic operations for action myoclonus in cases of encephalomyelitis disseminata. Appl. Neurophysiol. 45 (1982) 299–305

Murray, T. J.: Amantadine therapy for fatigue in multiple sclerosis. Canad. J. neurol. Sci. 12 (1985) 251–254

Myers, L. W., J. L. Fahey, D. I. Moody et al.: Cyclophosphamide „pulses" in chronic progressive multiple sclerosis: a preliminary clinical trial. Arch. Neurol. 44 (1987) 828–832

Nager, B. J., D. I. Lanska, R. B. Daroff: Acute demyelination mimicking vascular hemicrania. Headache 29 (1989) 423–424

Nakumura, Y., M. Takahashi, M. Kitaguchi et al.: Evoked potentials in neuro-Behcet's syndrome. Clin. Neurol. 25 (1985) 1294–1299

Namerow, N. S.: Circadian temperature rhythmus and vision in multiple sclerosis. Neurology 18 (1968) 417

Namerow, N. S.: Temperature effect on critical flikker fusion in multiple sclerosis. Arch. Neurol. 25 (1971) 269–275

Navia, B. A., B. D. Jordan, R. W. Priece: The AIDS-dementia complex. I. Clinical features. Ann. Neurol. 19 (1986) 517–524

Nelson, D. A.: Dangers from methylprednisolone acetate therapy by intraspinal injection. Arch. Neurol. 45 (1988) 804–806

Nelson, D. A., W. H. Jeffreys, F. McDowell: Effects of induced hyperthermia on some neurological diseases. Arch. Neurol. Psychiat. 79 (1958) 31–39

Nelson, D. A., T. S. Vates, R. B. Thomas: Complications from intrathecal steroid therapy in patients with multiple sclerosis. Acta neurol. scand. 49 (1973) 176–188

Nelson, L. M., G. M. Franklin, M. C. Jones: Risk of mutliple sclerosis ecacerbation during pregnancy and breast-feeding. J. Amer. med. Ass. 259 (1988) 3441–3443

Nelson, M. J., S. L. Miller, L. W. McLain, L. H. A. Gold: Multiple sclerosis: large plaque causing mass effect and ring sign. J. Comput. assist. Tomogr. 5 (1981) 892–894

Neu, I.: Essentielle Fettsäuren im Serum und Liquor cerebrospinalis bei Patienten mit Multipler Sklerose. Nervenarzt 52 (1981) 100–107

Neu, I.: Intrathekale Gabe eines Depot-Kortikosteroids. Münch, med. Wschr. 124 (1982) 67–68

Neuhold, A., M. Brainin, K. Jellinger: Diffuse zerebrale Gliomatose. Nervenarzt 60 (1989) 437–449

Neundörfer, B: Das paraneoplastische Syndrom aus neurologischer Sicht. Fortschr. Med. 99 (1981) 1871–1876

Newcombe, I., C. P. Hawkins, C. L. Henderson, et al.: Histopathology of multiple sclerosis lesions detected by magnetic resonance imaging in unfixed postmortem central nervous system tissue. Brain 114 (1991) 1013–1023

Newman, N. J., S. Lessel: Isolated pupil-sparing third nerve palsy as the presenting sign of multiple sclerosis. Arch. Neurol. 47 (1990) 817–818

Newmann, P. K., M. Saunders, P. J. B. Tilley: Methylprednisolone therapy in multiple sclerosis. J. Neurol. Neurosurg. Psychiat. 46 (1983) 941–942

Newton, M., K. Cruickshank, D. Miller et al.: Antibody to HTLV I in West-Indian born UK residents with spastic paraparesis. Lancet 1987, 415–416

Noffsinger, D., W. Olsen, R. Carlart et al.: Auditory and vestibular aberrations in multiple sclerosis. Acta oto-laryngol., Suppl. 303 (1972) 1

Noll, F., O. Russe, E. Kling et al.: Intermittent catheterisation versus percutaneous suprapubic cystostomy in the early management of traumatic spinal cord lesions. Paraplegia 26 (1988) 4–9

Nordin, N. R., B. Nystrom, U. Wallin, K.-E. Hagbarth: Ectopic sensory discharges and paresthesiae in patients with disorders of peripheral nerves, dorsal roots and dorsal columns. Pain 20 (1984) 231–245

Noronha, M. J., C. J. Vas, H. Asiz: Autonomic dysfunction in multiple sclerosis. J. Neurol. Neurosurg. Psychiat. 31 (1968) 19–22

Noseworthy, I., D. Pathy, Th. Wonnacott et al.: Multiple sclerosis after age 50. Neurology 33 (1983) 1537–1544

Nuwer, M. R., B. R. Visscher, J. W. Packwood, N. S. Namerow: Evoked potential testing in relatives of multiple sclerosis. Ann. Neurol. 18 (1985) 30–34

Olsson, J.-E., H. Link: Immunglobulin abnormalities in multiple sclerosis: relation to clinical parameters – exacerbations and remissions. Arch. Neurol. 28 (1973) 392–399

O'Malley, P. P.: Severe mental symptoms in disseminated sclerosis: a neuropathological study. J. Irish med. Ass. 55 (1966) 115–127

O'Neill, B. P., L. C. Marmion, E. R. Feruga: The adrenoleucomyeloneuropathy complex: expression in four generations Neurology 32 (1981) 151–156

Oppenheimer, D. R.: Demyelinating diseases. In Blackwood, W., J. A. N. Corsellis: Greenfields Neuropathology. Arnold, London 1976 (pp. 470–499)

Oppenheimer, D. R.: The cervical cord in multiple sclerosis. Neuropathol. appl. Neurobiol. 4 (1978) 151–162

Ormerod, I. E., W. J. McDonald: Multiple sclerosis presenting with progressive visual failure. J. Neurol. Neurosurg. Psychiat. 47 (1984) 943–946

Ormerod, I. E. C., W. J. McDonald, G. H. du Boulay et al.: NMR in multiple sclerosis and cerebral vascular disease. Lancet 1984/II, 1334–1335

Ormerod, I. E. C., W. J. McDonald, G. W. du Boulay et al.: Disseminated lesions at presentation in patients with optic neuritis. J. Neurol. Neurosurg. Psychiat. 49 (1986a) 124–127

Ormerod, I. E. C., G. Johnson, D. McManus et al.: Relaxation times of apparently normal cerebral white matter in multiple sclerosis. Acta radiol. 369, Suppl. (1986b) 382–384

Ormerod, I. E. C., D. H. Miller, W. J. McDonald et al.: The role of NMR imaging in the assessment of multiple sclerosis and isolated neurological lesions. Brain 110 (1987) 1579–1616

Osterman, P. O.: Paroxysmal itching in multiple sclerosis. Brit. J. Dermatol. 95 (1976) 555–558

Osterman, P. O., C.-E. Westerberg: Paroxysmal attacks in multiple sclerosis. Brain 98 (1975) 189–202

Pálffy, G.: Epidemiology of the multiple sclerosis. In Poeck, K., H. J. Freund, H. Gänshirt: Neurology. Springer, Berlin 1986 (pp. 282–287)

Panelius, M.: Study on epidemiological, clinical and etiological aspects of multiple sclerosis. Acta neurol. scand. 45, Suppl. 39 (1969) 1–82

Panitch, H. S.: Systemic alpha-interferon in multiple sclerosis. Arch. Neurol. 44 (1987) 61–63

Panitch, H. S., R. Hirsch, A. S. Haley, K. P. Johnson: Exacerbations of multiple sclerosis in patients treated with gamma interferon. Lancet 1987/I, 893–894

Paradis, R. W., D. S. Sax: Familial basilar impression. Neurology 22 (1972) 554–560

Parker, H. L.: Trigeminal neuralgia pain associated with multiple sclerosis. Brain 51 (1928) 46–62

Parkin, P. J., R. Heirons, W. J. McDonald: Bilateral optic neuritis: a long term follow-up. Brain 107 (1984) 951–964

Patten, B. M., et al.: Multiple sclerosis associated with defects in neuromuscular transmission. J. Neurol. Neurosurg. Psychiat. 35 (1972) 385–394

Paty, D. W., G. C. Ebers, T. H. Wonnacott: Prognostic markers in multiple sclerosis (12th World Congress of Neurology). Excerpta med. int. Congr. Ser. 548 (1981) 56

Paty, D. W., D. K. B. Li, the UBC MS/MRI Study Group, the IFNB Multiple Sclerosis Study Group: MRI analysis of a multicenter, randomized, double blind, placebo-controlled trial. Neurology 43 (1993) 662–667

Patzold, U.: Multipke Skerose. Verlauf und Therapie. Thieme, Stuttgart 1985

Patzold, U., Pocklington P.: Course of multiple sclerosis: first results of a prospective study, carried out of 102 MS patients from 1976–1980. Acta neurol. scand. 65 (1982) 248–266

Patzold, U., H. Hecker, P. Pocklington: Acathioprine in treatment of multiple sclerosis. J. neurol. Sci. 54 (1982) 377–394

Pause, M., V. Hömberg, M. Hennerici: Uhthoff-Phaenomen bei nicht demyelinisierenden Erkrankungen – vaskulär bedingte passagere Leitungsverzögerung im N. opticus. In: Verhandlungen der Deutschen Gesellschaft für Neurologie, Bd. 3. Springer, Berlin 1985 (S. 215–220)

Payk, Th. R.: Psychopathologische Besonderheiten bei Kranken mit Encephalomyelitis disseminata. Nervenarzt 44 (1973) 378–380

Penn, R. D., S. K. Jefferey: Long-term intrathecal baclofen infusion for treatment of spasticity. J. Neurosurg. 66 (1987) 181–185

Perkin, G. D., C. Rose: Uhthoff's symptom. Brit. J. Ophthalmol. 60 (1976) 6–63

Perkin, G. D., F. C. Rose: Optic Neuritis and its Differential Diagnosis. Oxford University Press, London 1979

Perry, Th. L., R. A. Wall, S. Hansen: Brain amino compounds in a Huntington's disease patient on isoniazid therapy. Neurology 35 (1985) 755–758

Persson, H. E., C. Sachs: Visual evoked potentials elicited by pattern reversal during provoked visual impairment in multiple sclerosis. Brain 104 (1981) 369–382

Peters, G.: Neuromyelitis optica. In Scholz, W.: Handbuch der speziellen pathologischen Anatomie und Histologie, Bd. XIII/2A. Springer, Berlin 1958

Peters, G.: Klinische Neuropathologie. Thieme, Stuttgart 1970

Peterson, K., M. K. Rosenblum, H. Kostanides, J. B. Posner: Paraneoplastic cerebellar degeneration. Neurology 42 (1992) 1931–1937

Petito, C. K., B. A. Navia, E.-S. Cho et al.: Vacuolar myelopathy pathologically resembling subacute combined degeneration in patients with acquired immunodeficiency syndrome. New Engl. J. Med. 312 (1985) 874–879

Peyser, J. M., K. R. Edwards, C. M. Poser: Psychological profiles in patients with multiple sclerosis. Arch. Neurol. 37 (1980a) 437–440

Peyser, J. M., K. R. Edwards, C. M. Poser, S. Filskov: Cognitive function in patients with multiple sclerosis. Arch. Neurol. 37 (1980b) 577–579

Pfister, H. W., K. M. Einhäupl, U. Büttner et al.: Dissociated nystagmus as a common sign of motor disorders in HIV infected patients. Europ. Neurol. 29 (1989) 277–280

Phadke, J. G.: Survival pattern and cause of death in patients with multiple sclerosis: results from an epidemiological survey in North East Scotland. J. Neurol. Neurosurg. Psychiat. 50 (1987) 523–531

Phadke, J. G.: Clinical aspects of multiple sclerosis in north-east Scotland with particular reference to its course and prognosis. Brain 113 (1990) 1597–1628

Pillsbury, H. C., I. A. Buckwalter: Surgical intervention in dysphagia. In Groher, M. E.: Dysphagia: Diagnosis and Management. Butterworth, London 1984

Pinching, A.: A clinical testing of olfaction reassessed. Brain 10 (1977) 377–388

Pincus, J. H., H. I. Cooper, K. Piros et al.: Specifity of the urine inhibitor test for Leigh's disease. Neurology 24 (1974) 885–890

Plant, G. T., A. G. Kermode, G. Turano et al.: Symptomatic retrochiasmal lesions in multiple sclerosis. Neurology 42 (1992) 68–76

Poeck, K.: Das Problem der Demenz aus der Sicht der Neurologie. Akt. Neurol. 15 (1988) 1–15

Poeck, K., P. Markus: Gibt es eine gutartige Verlaufsform der Multiplen Sklerose? Münch. med. Wschr. 106 (1964) 2190–2197

Poeck, K., G. Pilleri: Pathologisches Lachen und Weinen. Schweiz. Arch. Neurol. Psychiat. 92 (1963) 323–370

Polacek, L., W. Schuppien: Vier Jahre Erfahrung in der Behandlung der Multiplen Sklerose mit Lioresal. In Birkmayer, W.: Aspekte der Muskelspastik. Huber, Bern 1972 (S. 123–127)

Pollok, M., C. Calder, S. Allpress: Peripheral nerve abnormality in multiple sclerosis. Ann. Neurol. 2 (1977) 41–48

Polman, C. H., B. M. J. Uit de Haag, J. Valk et al.: Magnetic resonance in multiple sclerosis twins. In Gonsette, R. E., P. Delmotte: Recent Advances in Multiple Sclerosis Therapy. Elsevier, Amsterdam (pp. 259–262)

Pool, J. L., D. G. Potts: Aneurysms and Arteriovenous Anomalies of the Brain. Harper & Row, New York 1965

Portenoy, R. K., K. Yang, D. Thorton: Chronic intractable pain: an atypical presentation of multiple sclerosis. J. Neurol. 235 (1988) 226–228

Poser, Ch. M.: Exacerbations, activity and progression in multiple sclerosis. Arch. Neurol. 37 (1980) 471–474

Poser, Ch. M.: To the editor: MS and post partum stress. Neurology 34 (1984) 704

Poser, Ch. M.: Trauma and multiple sclerosis. J. Neurol. 234 (1987a) 155–159

Poser, Ch. M.: The peripheral nervous system in multiple sclerosis. J. neurol. Sci. 79 (1987b) 83–90

Poser, Ch. M., D. W. Paty, L. Scheinberg et al.: New diagnostic criteria for multiple sclerosis: guidelines for research protocols. In Poser, Ch. M.: The Diagnosis of Multiple Sclerosis. Thieme, Stuttgart 1984

Poser, Ch. M., Z. Benedik, P. Hibbert, G. Gudmundsson: The pseudo-epidemic of multiple sclerosis in the Faroes. Neurology 36 (1986)

Poser, Ch. M., G. C. Roman, I. Ch. Vernant: Multiple sclerosis or HTLV-I-myelitis? Neurology 40 (190) 1020–1022

Poser, S.: Multiple Sclerosis. Schriftenreihe Neurologie. Bd. 20. Springer, Berlin 1978

Poser, S.: Die Prognose der Multiplen Sklerose. Akt. Neurol. 9 (1982) 165

Poser, S.: Multiple Sklerose. Wissenschaftliche Buchgesellschaft, Darmstadt 1986

Poser, S., W. Poser: Multiple sclerosis and gestation. Neurology 33 (1983) 1422–1427

Poser, S., W. Poser: Reply from the authors. Neurology 34 (1984) 704

Poser, S., N. E. Raun, J. Wikström, W. Poser: Pregnancy, oral contraceptives and multiple sclerosis. Acta neurol. scand. 59 (1979) 108

Poser, S., G. Ritter, H. Bauer et al.: HLA-antigens and the prognosis of multiple sclerosis. J. Neurol. 225 (1981) 219–221

Poser, S., N. E. Raun, W. Poser: Age at onset, initial symptomatology and the course of multiple sclerosis. Acta neurol. scand. 66 (1982) 355–362

Poser, S., W. Poser, G. Schlaf et al.: Prognostic indicators in multiple sclerosis. Acta neurol. scand. 74 (1986) 387–392

Postkanzer, D. C., K. Shapira, H. Miller: Epidemiology of multiple sclerosis in the Counties of Northumberland and Durham. J. Neurol. Neurosurg. Psychiat. 26 (1963) 368–376

Postkanzer, D. C., I. L. Sheridian, L. B. Prenney, A. M. Walker: Multiple sclerosis in the Orkney and Shetland Islands. II: The surch for an exogenous etiology. J. Epidemiol. Community Hlth 34 (1980a) 240–242

Postkanzer, D. C., P. J. Terasaki, L. B. Prenney et al.: Multiple sclerosis in the Orkney, and Shetland Islands. III: Histocompatibility determinants. J. Epidemiol. Community Hlth 34 (1980b) 253–257

Pozzilli, C., D. Passafiume, S. Bernardi et al.: SPECT, MRI and cognitive function in multiple sclerosis. J. Neurol. Neurosurg. Psychiat. 54 (1991) 110–115

Prasher, K., W. P. R. Gibson: Brain stem auditory evoked potentials: a comparative study of monoaural versus binaural stimulation of monoaural versus binaural stimulation in the detection of

multiple sclerosis. Electroenceph. clin. Neurophysiol. 50 (1980) 247–253
Pratt, R. C.: An investigation of the psychiatric aspects of disseminated sclerosis. J. Neurol. Neurosurg. Psychiat. 14 (1951) 326–336
Prineas, J. W., F. Connell: Remyelinisation in multiple sclerosis. Ann. Neurol. 5 (1979) 21–31
Pringle, C. E., A. J. Hudson, D. G. Munoz et al.: Primary lateral sclerosis. Brain 115 (1992) 495–520
Prusiner, S. B., K. K. Hsiao, D. E. Bredesen, St. J. De Armond: Prion disease. In McKendall, R. R.: Handbook of Clinical Neurology, vol. XII. Elsevier, Amsterdam 1989 (pp. 543–578)
Quine, D. B., D. Regan, K. I. Beverly, T. J. Murray: Patients with multiple sclerosis experience hearing loss specifically for shifts of tone frequency. Arch. Neurol. 41 (1984) 506–508
Rabinovitch, H. E., J. A. Sharpe, T. O. Sylvester: The ocular tilt reaction: a paroxysmal dyskinesia associated with eliptical nystagmus. Arch. Ophthalmol. 95 (1977) 1395–1398
Radü, E. W., V. Skorpil, H. E. Kaeser: Facial myokymia. Europ. Neurol. 13 (1975) 499–512
Rao, S. M., T. A. Hammeke, M. P. McQuillen et al.: Memory disturbance in chronic progressive multiple sclerosis. Arch. Neurol. 41 (1984) 625–631
Rao, S. M., S. Glatt, T. A. Hammeke et al.: Chronic progressive multiple sclerosis: relationship between cerebral ventricular size and neuropsychological impairment. Arch. Neurol. 42 (1985) 678–682
Rao, S. M., G. D. Leo, V. M. Haughton et al.: Correlation of magnetic resonance imaging with neuropsychological testing in multiple sclerosis. Neurology 39 (1989) 161–166
Rasminsky, M.: The effect of temperature on conduction in demyelated single nerve fibers. Arch. Neurol. 28 (1973) 287–292
Rasminsky, M.: Ephaptic transmission between single nerve fibers in spinal nerve roots of dystrophic mice. J. Physiol. (Lond.) 305 (1980) 151–169
Ravnborg, M., R. Liguosi, P. Christiansen et al.: The diagnostic reliability of magnetically evoked motor potentials in multiple sclerosis. Neurology 42 (1992) 1296–1301
Rawlinson, D. G., C. W. Braun: Granulomatous angiitis of the nervous system first seen as relapsing myelopathy. Arch. Neurol. 38 (1981) 129–131
Reiber, H.: Quantitative Bestimmung der lokal im Nervensystem synthetisierten IgG-Fraktionen des Liquors. J. clin. Chem. clin. Biochem. 17 (1979) 587–591
Reiber, H.: The discrimination between different blood-CSF barrier dysfunctions and inflammatory reactions dysfunctions and inflammatory reactions of the CNS by a recent evaluation graph for the protein profile of CSF. J. Neurol. 224 (1980) 89–99
Reider-Groswasser, J., E. Klott, J. Benmaier et al.: MRI parameters in multiple sclerosis patients. Neuroradiology 30 (1988) 219–223
Restuccia, D., V. Di Lazzaro, M. Valeriani et al.: Segmental dysfunction of the cervical cord revealed by abnormalities of the spinal N13-potential in cervical spondylotic myelopathy. Neurology 42 (1992) 1054–1063
Revol, A., A. Vighetto, C. Confavroeux et al.: Oculo-palatal myoclonus in a case of multiple sclerosis. Rev. neurol. 146 (1990) 518–521
Richardson, E. P.: Progressive multifocal leucencephalopathy. In Vinken, P. J., G. W. Bruyn: Handbook of Clinical Neurology, vol. IX. Elsevier, New York 1970 (pp. 485–499)
Riechert, R., R. Hassler, F. Mundinger, F. Bronisch, K. Schmidt: Pathologic-anatomical findings and cerebral localization in stereotactic treatment of extrapyramidal motor disturbances in multiple sclerosis. Confin. neurol. 37 (1975) 24–40
Rieth, K. G., G. Di Chiro, L. D. Cromwell et al.: Primary demyelinating disease simulating glioma of the corpus callosum: report of three cases. J. Neurosurg. 55 (1981) 620–624
Riffel, B., Stöhr M.: Hochdosierte Prednisolongabe in der Therapie der Multiplen Sklerose (Erfahrungsbericht). Psycho 11 (1985) 431–432
Riffel, B., M. Stöhr, F. Petruch, H. Ebensberger, K. Scheglmann: Somatosensory evoked potentials following tibial nerve stimulation in multiple sclerosis and space occupying spinal cord disease. In Courjon J., F. Mauguière, M. Revol: Clinical Application of Evoked Potentials in Neurology. Raven, New York 1982 (pp. 493–500)
Riffel, B., M. Stöhr, H. Ebensperger, F. Petruch: Somatosensorisch evozierte Potentiale nach Tibialisstimulation in der Differentialdiagnose von Rückenmarkskrankheiten. Akt. Neurol. 10 (1983) 147
Rindfleisch, E.: Histologisches Detail zur grauen Degeneration von Gehirn und Rückenmark. Arch. Anat. Physiol. Klin. 26 (1863) 474–483
Ritter, G., S. Poser: Epilepsie und Multiple Sklerose. Münch. med. Wschr. 116 (1974) 1984–1986
Ritter, G., W. Elias, J. Wikström, S. Poser: Zur sozialen und medizinischen Lage MS-Kranker anhand einer epidemiologischen Studie. Rehabilitation 17 (1978) 108–115
Rivera, V. M.: Intraspinal steroid therapy. Neurology 31 (1981) 1060–1061
Rizzo, J. F., S. Lessell: Risk of developing multiple sclerosis after uncomplicated optic neuritis: a long-term prospective study. Neurology 38 (1988) 185–190
Roberts, M. H., J. P. Martin, D. L. McLellan et al.: The prevalence of multiple sclerosis in Southampton and South West Hamsphire Health Authority. J. Neurol. Neurosurg. Psychiat. 54 (1991) 55–59
Robin, J. I., I. A. Maxwell, D. T. Pitkethly: Chronic subdural haematoma simulating transient ischemic attacks. Ann. Neurol. 4 (1978) 154
Robinson, R. G., J. D. Boston, S. E. Starkstein, T. R. Price: Comparison of mania and depression after brain injury: causal factors. Amer. J. Psychiat. 145 (1988) 172–178
Rodriguez, M., M. D. Lindsley: Immunsuppression promotes CNS remyelination in chronic virus-induced demyelinating disease. Neurology 42 (1992) 348–357
Rohrbach, E., L. Kappos, R. Meyermann, M. Ratzka: Morbus Schilder – eine Variante der MS? – Unterschiede und Gemeinsamkeiten. In: Verhandlungen der Deutschen Gesellschaft für Neurologie, Bd. 4. Springer, Berlin 1987a (S. 412–413)

Rohrbach, E., L. Kappos, D. Städt et al.: Intrathekale vs. orale Kortikosteroidtherapie von spinalen Symptomen bei Multipler Sklerose (eine unkontrollierte Doppelblindstudie). In: Verhandlungen der Deutschen Gesellschaft für Neurologie, Bd. 4. Springer, Berlin 1987b (S. 410–411)

Rolak, L. A., T. Ashizawa: The hot bath test in multiple sclerosis: comparison with visual evoked responses and oligoclonal bands. Acta neurol. scand. 72 (1985) 65–67

Rolak, L. A., S. Brown: Headaches and multiple sclerosis: a clinical study and review of the literature. J. Neurol. 237 (1990) 300–302

Román, G. C.: Retrovirous-associated myelopathies. Arch. Neurol. 44 (1987) 659–663

Román, G. C., C. N. Román, P. S. Spencer, B. S. Sclouberg: Tropical spastic paraparesis: a neuroepidemiological study in Colombo. Ann. Neurol. 17 (1985) 361–365

Ron, M. A., S. J. Logsdail: Psychiatric morbidity in multiple sclerosis: a clinical and MRI study. Psychol. Med. 19 (1989) 887–895

Roobol, T. H., B. A. Kazzaz, Ch. J. Vecht: Segmental rigidity and spinal myoclonus as a paraneoplastic syndrome. J. Neurol. Neurosurg. Psychiat. 50 (1987) 628–631

Roos, W.: Psychosen bei Kortisonbehandlung. Med. Welt 38 (1965) 2167–2171

Ropper, A. H., D. C. Postkanzer: The prognosis of acute and subacute transverse myelopathy based on early signs and symptoms. Ann. Neurol. 4 (1978) 51–59

Rosati, G., J. Aiello, M. J. Pirastru et al.: Sardinia – a high-risk area for multiple sclerosis: a prevalence and incidence study in the district of Alghero. Ann. Neurol. 21 (1987) 190–194

Rose, A. S., J. W. Kuzma, I. F. Kurtzke et al.: Cooperative study in the evaluation of therapy in multiple sclerosis: ACTH vs. placebo. Final report. Neurology 20 (1970) 1–59

Rose, A. S., G. W. Ellison, L. W. Myers et al.: Criteria for the clinical diagnosis of multiple sclerosis. Neurology 26 (1976) 20–22

Rosen, I. A.: Prolonged azathioprine treatment of non-remitting multiople sclerosis. J. Neurol. Neurosurg. Psychiat. 42 (1979) 338–344

Rosenberg, G. A., O. Appenzeller: Amantadine, fatigue and multiple sclerosis. Arch. Neurol. 45 (1988) 1104–1106

Rott, R., S. Herzog, K. Bechter, K. Frese: Borna disease, a possible hazard for man? Arch. Virol. 118 (1991) 143–149

Rousseau, J. J., C. Lust, P. F. Zangerle, G. Bigaignon: Acute transverse myelitis as a presenting neurological feature of Lyme disease. Lancet 1986, 1222–1223

Rowbotham, G. F.: Trigeminal neuralgia: pathology and treatment. Lancet 1954/I, 796–798

Rubin, M., G. Carpati, S. Carpenter: Combined central and peripheral myelinopathy. Neurology 37 (1987a) 1287–1290

Rubin, M., J. Libmann, M.-L. Brisson: Spontaneous temporary remission in primary CNS lymphoma. Canad. J. neurol. Sci. 14 (1987b) 175–177

Rudge, P., A. Ali, J. K. Cruickshank: Multiple sclerosis, tropical spastic paraparesis and HTLV-1 infection in Afro-Caribean patients in the United Kingdom. J. Neurol. Neurosurg. Psychiat. 54 (1991) 689–694

Rush, J. A., B. R. Younge: Paralysis of cranial nerves III, IV and VI: cause and prognosis in 1000 cases. Arch. Ophthalmol. 99 (1981) 76–79

Rushton, D.: Use of Pulfrich pendulum for detecting abnormal delay in visual pathway in multiple sclerosis. Brain 98 (1975) 283–296

Ruth, G., G. Di Chiro, L. D. Cromwell et al.: Primary demyelinating disease simulating glioma of the corpus callosum. J. Neurosurg. 55 (1981) 620–624

Ruuitiainen, J., M. Panelius, K. Cantell: Toxic effects of interferon administered intrathecally. Lancet 1983/I, 286

Sabra, A. F., M. Haller: Action tremor with alternating activity in antagonistic muscles. Neurology 34 (1984) 151–156

Sabra, A. F., M. Haller, L. Sudarsky, W. Mullay: Treatment of action tremor in multiple sclerosis with isoniazid. Neurology 32 (1982) 912–913

Sadovnick, A. D., A. P. Baird: The familial nature of multiple sclerosis: age corrected recurrence risks for children and siblings of patients. Neurology 38 (1988) 990–991

Sadovnick, A. D., P. M. J. McLeod: The familial nature of multiple sclerosis: epidemic recurrence risks for first, second and third degree relatives of patients. Neurology 31 (1991) 1039–1041

Sadovnick, A. D., D. Bulman, G. C. Ebers: Parent-child concordance in multiple sclerosis. Ann. Neurol. 29 (1991) 252–255

Saito, H., M. Endo, S. Takase, K. Itahara: Acute disseminated encephalomyelitis after influenza vaccination. Arch. Neurol. 37 (1980) 564–566

Sakari, N. B., E. R. Bickerstaff: Relapses and remissions in brain stem tumours. Brit. med. J. 1969/II, 21–23

Salk, J., J. S. Romine, F. C. Westall, W. C. Wiederholt: Myelin basic protein studies in experimental allergic encephalitis and multiple sclerosis. In Davison, A. N., M. L. Cuzner: The Suppression of Experimental Allergic Encephalomyelitis and Multiple Sclerosis. Academic Press, London 1980

Sandberg-Wollheim, M., T. Axéll, B. U. Hansen et al.: Primary Sjögren's syndrome in multiple sclerosis. Neurology 42 (1992) 845–847

Sanders, E. A., E. L. Bollen, E. A. von der Velde: Presenting signs and symptoms in multiple sclerosis. Acta neurol. scand. 73 (1986) 269–272

Sartor, K.: MR Imaging of the Skull and Brain. Springer, Berlin 1992

Savitsky, N., L. Rangell: The ocular findings in MS. Proc. Ass. Res. nerv. ment. Dis. 28 (1950) 403–413

Sayers, A. C., H. R. Bürki, E. Eichenberger: The pharmacology of 5-chloro-4- (2-imidazolin-2-amino)-2, 1, 3 benzothiadiazole, a novel myotonolytic agent. Arzneimittel-Forsch./Drug Res. 30 (1980) Nr. 5

Sayk, J., R. W. Olischer, R. Lemitz: Cytological findings in cerebrospinal fluid as a criteria of process activity in mutliple sclerosis. In Bauer, H. J., S. Poser, G. Ritter: Progress in Multiple Sclerosis. Springer, Berlin 1980 (pp. 331–335)

Schädlich, H. J., K. Felgenhauer, M. Schifferdekker: Schwere des Krankheitsbildes und Intensität der humoralen Immunreaktion bei der Multiplen Sklerose. Nervenarzt 55 (1984) 441–443

Schädlich, H. J., A. Karenberg, M. Nekic, K. Felgenhauer: Acute encephalitis with intrathecal synthesis of measles antibodies. J. Neurol. 235 (1988) 248–251

Scheinberg, L. C.: Multiple Sclerosis: Guide for patients and Their Families. Raven, New York 1984

Scheinberg, L., B. S. Giessen: INH in multiple sclerosis. Neurology 34 (1984) 134

Schell, W.: Gesetzliche Grundlagen. In Heckl, R. W., G. Adc, W. Schcll: Rehabilitation und Krankenpflege. Thieme, Stuttgart 1991

Schiffer, R. B., H. M. Babigian: Behavioral disorders in multiple sclerosis, temporal lobe epilepsy, and amyotrophic lateral sclerosis: an epidemiologic study. Arch. Neurol. 41 (1984) 1067–1069

Schiffer, R. B., R. A. Rudick, R. M. Herndon: Psychological aspects of multiple sclerosis. N. Y. St. J. Med. 83 (1983a) 312–316

Schiffer, R. B., E. D. Caine, K. A. Bamford, S. Levy: Depressive episodes in patients with multiple sclerosis. Amer. J. Psychiat. 140 (1983b) 1498–1500

Schiffer, R. B., N. M. Wineman, L. R. Weitkamp: Association between bipolar affective disorders and multiple sclerosis. Amer. J. Psychiat. 143 (1986) 94–95

Schiffter, R.: Die klinische Phänomenologie der supra- und internukleären Augenmuskellähmungen. Akt. Neurol. 1 (1974) 61–67

Schilder, P.: Zur Kenntnis der diffusen Sklerose (Über Encephalitis periaxialis diffusa). Z. ges. Neurol. Psychiat. 10 (1912) 1–60

Schimrigk, K., D. Schmitt: Multiple Sklerose. Konventionelle Therapie und Außenseitermethoden. VCH, Weinheim 1988

Schipper, H. I.: Lokale IgG-Produktion im Liquor bei Multipler Sklerose. Springer, Berlin 1989

Schipper, H. J., H. Neumayer, S. Poser: Prognostischer Wert der lokalen IgG-Produktion bei monosymptomatischer Optikusneuritis. Akt. Neurol. 11 (1984) 73–76

Schmähl, D., E. Petru: Zweittumoren nach zytostatischer Chemotherapie mit Alkylantien: toxikologische Gesichtspunkte. Dtsch. med. Wschr. 111 (1986) 833

Schneider, E., V. F. Mautner: Kopfschmerzen – Initialsymptom der Encephalomyelitis disseminata? In: Verhandlungen der Deutschen Gesellschaft für Neurologie, Bd. 4. Springer, Berlin 1987 (S. 419–420)

Scholz, E., H. C. Diener, J. Dichgans, H. D. Langohr, W. Schied: Incidence of peripheral neuropathy and cerebellar ataxia in chronic alcoholics. J. Neurol. 233, 212–217 (1986)

Schoop, H. D., P. Rohrbach: Progrediente neurologische Komplikationen nach Tollwutimpfung mit Hempt-Vakzine. Dtsch. med. Wschr. 99 (1974) 1923–1926

Schrader, A.: Die Multiple Sklerose. In Schwiegk, H.: Handbuch der inneren Medizin, V/Bd 2. Springer, Berlin 1953 (S. 648–740)

Schumacher, G. A., G. Beebe, R. F. Kibler et al.: Problems of experimental trials of therapy in multiple sclerosis: report by the panel on the evaluation of experimental trials of the therapy in multiple sclerosis. Ann. N.Y Acad. Sci. 122 (1965) 552–558

Schumm, F., J. W. Boellard, W. Schlote, M. Stöhr: Morbus Gerstmann-Sträussler-Scheinker: Familie Sch. – Ein Bericht über drei Kranke. Arch. Psychiat. Nervenkr. 230 (1981) 179–196

Schwankhaus, J. D., N. Patronas, R. Dowart et al.: Computed tomography and magnetic resonance imaging in adult-onset leukodystrophy. Arch. Neurol. 45 (1988) 1004–1008

Schweizerische MS-Gesellschaft: Therapien der Multiplen Sklerose. Zürich 1989

Scouras, J., J. Koutroumanos: Ischemic optic neuropathy in Behçet's syndrome. Ophthalmologica 173 (1976) 11

Sears, E. S., A. McCamman, R. Bigelow, L. A. Hayman: Maximizing the harvest of contrast enhancing lesions in multiple sclerosis. Neurology 32 (1982) 815–820

Sechi, G. T., M. Zuddas, M. Piredda et al.: Treatment of cerebellar tremors with carbamazepine: a controlled trial with long-term follow-up. Neurology 39 (1989) 1113–1115

Seeldrayers, P. A., S. Borenstein, Z.-M. Gerard, J. Flament-Durand: Reversible capsulo-tegmental locked-in state as first manifestation of multiple sclerosis. J. neurol. Sci. 80 (1987) 153–161

Seidel, D.: Mehrfach ungesättigte (essentielle) Fettsäuren und ihre Bedeutung in der Pathogense, Diagnostik und Therapie der Multiplen Sklerose. Fortschr. Neurol. Psychiat. 50 (1982) 173

Seitz, D.: Impfschäden nach Pocken- und Poliomyelitisimpfungen und ihre gutachterliche Beurteilung. Med. Welt 27 (1976) 637–640

Sencer, W.: Suspicion of multiple sclerosis: to tell or not to tell. Arch. Neurol. 45 (1988) 441–442

Seneratne, M. P. J., D. Carrol, D. Warren et al.: Evidence for cardiovascular autonomic nerve dysfunction in multiple sclerosis. J. Neurol. Neurosurg. Psychiat. 47 (1984) 947–952

Sethi, K. D., D. C. Hess, V. Huffnagel, R. J. Adams: Acetolamide treatment of paroxysmal dystonia in central demyelinating disease. Neurology 42 (1992) 919–921

Seyfert, S., J. Mager: Abducens palsy after lumbale myelography with water-soluble contrast media. J. Neurol. 219 (1978) 213–220

Sharif, M. K., E. J. Thompson: Intrathecal immunglobuline M synthesis in multiple sclerosis. Brain 114 (1991) 181–195

Sharper, J. A., H. J. Goldberg, A. W. Lo, Y. O. Herishanin: Visual-vestibular interaction in multiple sclerosis. Neurology 31 (1981) 427–433

Shaw, C. M., E. C. Alvord: Multiple sclerosis beginning in infancy. J. Child Neurol. 4 (1987) 252–256

Shepherd, D. J., A. W. Downie: A further prevalence study of multiple sclerosis in north east Scotland. J. Neurol. Neurosurg. Psychiat 43 (1980) 310–315

Sheremata, W., S. B. Brown, R. R. Courless, H. G. Duan: Childhood multiple sclerosis: a report of 12 cases. Ann. Neurol. 10 (1981) 304–308

Shibasaki, H., Y. Kuroiwa: Painful tonic seizures in multiple sclerosis. Arch. Neurol. 30 (1974) 47–51

Shibasaki, H., W. I. McDonald, Y. Kuroiwa: Racial modifications of clinical picture of multiple sclerosis. J. neurol. Sci 49 (1981) 253–271

Sibley, W. A., J. M. Foley: Infection and immunization in multiple sclerosis. Ann. N. Y. Acad. Sci. 122 (1965) 457–468

Sibley, W. A., D. W. Paty: A comparison of multiple sclerosis in Ontario, Canada and Arizona, USA. Acta neurol. scand. 64, Suppl. 87 (1981) 60

Sibley, W. A., C. R. Bambord, J. F. Laguna: Influenza vaccination in patients with multiple sclerosis. J. Amer. med. Ass. 236 (1976) 1965–1966

Sibley, W. A., C. R. Bamford, K. Clark: Triggering factors in multiple sclerosis. In Poser, Ch. M.: The Diagnosis of Multiple Sclerosis. Thieme, Stuttgart 1984

Sibley, W. A., C. R. Bamford, K. Clark et al.: A prospective study of physical trauma and multiple sclerosis. J. Neurol. Neurosurg. Psychiat. 54 (1991) 584–589

Silber, M. H., A. A. Willcox, R. M. Bowen et al.: Neuromyelitis optica (Devic's syndrome) and pulmonary tuberculosis. Neurology 40 (1990) 934–938

Silberberg, D. H.: Azathioprine in multiple sclerosis: the cons. Neurology 38, Suppl. 2 (1988) 24–27

Sindic, C. I. M., D. L. Delacroix, J. P. Vaerman et al.: Study of IgA in the cerebrospinal fluid of neurologic patients with special reference to size, subclass and local production. J. Neuroimmunol. (1984) 67–75

Sindoci, M., M. F. Millet, J. Mortamais, M. Eysette: Results of selective posterior rhizotomy in the treatment of painful and spastic paraplegia secondary to multiple sclerosis. Appl. Neurophysiol. 45 (1982) 335–349

Sipe, J. C.: Leigh's syndrome: the adult form of subacute necrotizing encephalomyelopathy with predilection for the brainstem. Neurology 23 (1973) 1030–1038

Skegg, D. C. G., P. A. Corwin, R. S. Craven et al.: Occurrence of multiple sclerosis in the north and south of New Zealand. J. Neurol Neurosurg. Psychiat. 50 (1987) 134–139

Slyman, J. F., K. B. Lanning: Dorsal midbrain-syndrome in multiple sclerosis. Neurology 31 (1981) 196–198

Smith, Ch. R., N. G. La Rocca, B. S. Giesser, L. Scheinberg: High-dose oral baclofen: experience in patients with multiple sclerosis. Neurology 41 (1991) 829–831

Smith, J. L., W. F. Hoyt, I. Q. Susac: Ocular findings in acute Leber's optic neuropathy. Arch. Ophthalmol. 90 (1973) 349–354

Smith, T., I. Zeeberg, O. Sjö: Evoked potentials in multiple sclerosis before and after high-dose methylprednisolone infusion. Acta neurol. scand. 63 (1981) 57–66

Sosa-Enriques, M., P. Betancor-Leon, M. C. Navarro: La esclerosis múltiple en la provincia des Las Palmas. Arch. Neurobiol. 46 (1983) 161–166

Sozzi, G., P. Maroffa, L. Piatti et al.: Paroxysmal sensory-motor attacks due to a spinal cord lesion identified by MRI. J. Neurol. Neurosurg. Psychiat. 50 (1987) 490–492

Spagnoli, M. V., R. I. Grossman, R. J. Packer et al.: Magnetic resonance imaging determination of gliomatosis cerebri. Neuroradiology 29 (1987) 15–18

Spatz, H.: Über Leukencephalitis concentrica. Allg. Z. Psychiat. 96 (1932) 367

Spatz, R., R. Thimm, A. Heinze et al.: Zum klinischen Gestaltwandel der Vitamin-B_{12}-Mangelerkrankung. Nervenarzt 47 (1976) 169–172

Spector, N. H., E. A. Korneva: Neurophysiology, immunophysiology and neuroimmunomodulation. In Ader, R.: Psychoneuroimmunology. Academic Press, New York 1981 (pp. 449–473)

Specort, R. H., I. S. Glaser, N. J. Schätz: Demyelinative chiasmal lesion. Arch. Neurol. 37 (1980) 757–762

Spiegel, M., H. Krüger, E. Hofmann, L. Kappos: MRI study of Baló's concentric sclerosis before and after immunosuppressive therapy. J. Neurol. 236 (1989) 487–488

Spitzer, K., K. Kunze: Plasmapherese-/Lymphozytapherese – Behandlung bei Multipler Sklerose. Was ist gesichert? Akt. Neurol. 15 (1988) 89–93

Städt, D., L. Kappos, A. Hennes et al.: Magnetische Resonanztomographie mit Gadolinium bei verschiedenen Krankheitsverläufen und -aktivitätsgraden der Multiplen Sklerose. In Fischer, P. A., H. Baas, W. Enzensberger: Gerontoneurologie, Enzephalitiden, Neurogenetik. Verhandlungen der Deutschen Gesellschaft für Neurologie, Bd. 5. Springer, Berlin 1989 (S. 566–569)

Stahl, St. M., K. P. Johnson, N. Malamud: The clinical and pathological spectrum of brain-stem vascular malformation. Arch. Neurol. 37 (1980a) 25–29

Stahl, St. M., R. B. Layzer, M. J. Aminoff et al.: Continuous cataplexy in a patient with a midbrain tumor: the limp man syndrome. Neurology 30 (1980b) 1115–1118

Staples, D.: Intellectual impairment in multiple sclerosis and its relation to functional abilities. Rheumatol. Rehab. 18 (1979) 153

Starkstein, S. E., R. G. Robinson, M. A. Honig et al.: Mood changes after right hemisphere lesions. Brit. J. Psychiat. 155 (1989) 79–85

Stauder, K. H.: Neurologische Störungen bei Thrombangiitis obliterans (Buerger). Klin. Wschr. 13 (1934)

Stazio, A., L. T. Kurland, L. G. Bell et al.: Multiple sclerosis in Winnipeg, Manitoba: methodological considerations of epidemiologic survey. J. chron. Dis. 17 (1964) 415–438

Stefoski, D., F. A. Davis, M. Faut, C. L. Schauf: 4-Aminopyridine improves clinical signs in multiple sclerosis. Ann. Neurol. 21 (1987) 71–77

Steinberger, A., S. R. Ganti, J. G. McMurtry: Transient neurological deficit secondary to saccular vertebrobasilar aneurysms. J. Neurosurg. 60 (1984) 410–413

Steiner, G.: Regionale Verteilung der Entmarkungsherde und ihre Bedeutung für die Pathogenese der Multiplen Sklerose. In: Krankheitserreger und Gewebsbefund bei Multipler Sklerose. Springer, Berlin (1931), 108–120

Steller, U., U. Beck: Durchgangssyndrom als Frühsymptom einer Multiplen Sklerose. Nervenarzt 58 (1987) 256–260

Stendahl-Brodin, L., H. Link: Optic neuritis: oligoclonal bands increase the risk of multiple sclerosis. Acta neurol. scand. 67 (1983) 301–304

Sterman, A. B., P. K. Coyle, D. Panasci, R. Grimson: Disseminated cardiovascular autonomic abnormalities in multiple sclerosis. Neurology 35, Suppl. (1985) 314

Stewart, R. M., D. Samson, J. Diehl et al.: Unruptured cerebral aneurysms presenting as recurrent transient neurologic deficit. Neurology 30 (1980) 47–51

Stewart, W. A., L. D. Hall, K. Berry, D. W. Paty: Correlation between NMR-scan nad brain-slice data in multiple sclerosis. Lancet 1984/I, 412

Stockard, J. J., U. S. Rossiter: Clinical and pathological correlates of brainstem auditory response abnormalities. Neurology 27 (1977) 316–325

Stöhr, M.: Somatosensible Reizantworten von Rükkenmark und Gehirn (SEP). In Stöhr, M., J. Dichgans, H. C. Diener, U. W. Buettner: Evozierte Potentiale. Springer, Berlin 1989 (S. 23–251

Stöhr, M.: Kortison-Stoßtherapie. Springer, Berlin 1992

Stöhr, M., R. Heckl: Das Stiff-man-Syndrom. Arch. Psychiat. Nervenkr. 223 (1977) 171–180

Stöhr, M., F. Petruch: Somatosensory evoked potentials following stimulation of the trigeminal nerve in man. J. Neurol. 220 (1979) 95–98

Stolz, G., J. C. Aschoff, J. Born, J. Aschoff: VEP, physiological and psychological circadian variations in man. J. Neurol. 235 (1988) 308–313

Störch, B., B. Wildemann, R. van Kummer: Die Wertigkeit oligoklonaler IgG-Fraktionen in Liquor und Serum bei neurologischen Erkrankungen. Nervenarzt 58 (1987) 665–669

Strebel, J.: Multiple Sklerose und Versicherung. Schweiz. med. Wschr. 55 (1925) 433–435

Streletz, L. J., R. A. Chambers, H. S. Bae, H. L. Israel: Visual evoked potentials in sarcoidosis. Neurology 31 (1981) 1545–1549

Sugita, Y., M. Shigemori, T. Yuge et al.: Spontaneous regression of primary malignant intracerebral lymphoma. Surg. Neurol. 30 (1988) 148–152

Sullivan, F., M. Hutchinson, S. Bahandeka, R. E. Moore: Chronic hypothermia in multiple sclerosis. J. Neurol. Neurosurg. Psychiat. 50 (1987) 813–815

Surridge, D.: Investigation into some psychiatric aspects of multiple sclerosis. Brit. J. Psychiat. 115 (1969) 749–467

Sutherland, J. M., I. H. Tyrer, M. J. Eadie et al.: The prevalence of multiple sclerosis in Queensland, Australia. Acta neurol. scand. 42, Suppl. 19 (1966) 57–67

Suzuki, J.: Moyamoya Disease. Springer, Berlin 1986

Tackmann, W., H. Strenge, R. Barth, A. Sojka'raykscheff: Wertigkeit verschiedener elektrophysiologischer Untersuchungsmethoden in der Diagnostik der Multiplen Sklerose. In Reisner, H., G. Schnaberth: Fortschritte der technischen Medizin in der neurologischen Diagnostik und Therapie. Neurologische Universitätsklinik, Wien 1980 (S. 221–224)

Taff, I., U. C. Sabato, G. Lehrer: Choreoathetosis in multiple sclerosis. Clin. Neurol. Neurosurg. 87 (1985) 41–43

Takahashi, M., Sakamoto, M. Miyawaki, H. Bussaka: Increased MR-signal intensity secondary to chronic cervical cord compression. Neuroradiology 29 (1987) 550–556

Tan, C. T.: Multiple sclerosis in Malaysia. Arch. Neurol. 45 (1988) 624–627

Tarlow, J. M.: Rigidity in man due to spinal interneuron loss. Arch. Neurol. 16 (1967) 536–543

Tavolato, B. F.: Multiple sclerosis in Padova province (Italy). Acta neurol. scand. 50 (1974) 76–90

Taylor, I. R., M. W. van Allen: Vascular malformation of the spinal cord with transient ischemic attacks (case report). J. Neurosurg. 31 (1969) 576–578

Tenser, R. B., I. Corbett: Myorhythmic and facial contraction in brain stem glioma. Arch. Neurol. 30 (1974) 425–427

Theys, P., B. Gosseye-Lissoir, P. Ketalaer et al.: Short-term intensive cyclophosphamide treatment in multiple sclerosis. J. Neurol. 225 (1981) 119–133

Thompson, A. J., M. Hutchinson, I. Brazil et al.: A clinical and lobaratory study of benign multiple sclerosis. Ouart. J. med. 58 (1986) 69–80

Thompson, A. J., A. G. Kermode, D. G. MacManus et al.: Pattern of disease activity in multiple sclerosis: clinical and magnetic resonance imaging study. Brit. med. J. 300 (1990) 631–634

Thompson, A. J., A. G. Kermode, D. Wicks et al.: Major differences in the dynamics of primary and secondary progressive multiple sclerosis. Ann. Neurol. 29 (1991) 53–62

Thompson, D. S., L. M. Nelson, A. Burns et al.: The effects of pregnancy in multiple sclerosis: a retrospective study. Neurology 36 (1986) 1097–1099

Thompson, E. J., P. Kaufmann, P. Rudyn: Sequential changes in oligoclonal patterns during the course of multiple sclerosis. J. Neurol. Neurosurg. Psychiat. 46 (1983) 114–118

Thygesen, P.: Prognosis in initial stage of disseminated primary demyelinating disease of central nervous system. Arch. Neurol. Psychiat. 61 (1949) 339–351

Thygesen, P.: The Course of Disseminated Sclerosis: a Close-Up of 105 Attacks. Rosenkilde & Bagger, Kopenhagen 1953

Tienari, P. J., O. Salonen, I. Wikström et al.: Familial multiple sclerosis: MRI findings in clinically affected and unaffected siblings. J. Neurol. Neurosurg. Psychiat. 55 (1992) 883–886

Tobler, J., A. Borbely, N. Schwyzer, A. Fontana: Interleukin-l derived from astrocytes enhances slow wave activity in sleep EEG of the rat. Europ. J. Pharmacol. 104 (1985) 191–194

Torvic, A.: Central chromatolysis and axon reaction: a reappraisal. Neuropathol. appl. Neurobiol. 2 (1976) 423–432

Tourtellotte, W. W.: Cerebrospinal fluid in multiple sclerosis. In Vinken, P. J., G. W. Bruyn: Handbook of Clinical Neurology, vol. IX.: North Holland, Amsterdam 1970 (pp. 324–382)

Tourtellotte, W. W., B. J. Ma: Multiple sclerosis: the blood brain barrier and the measurement of de novo central nervous system IgG synthesis. Neurology 28 (1978) 76–83

Tourtellotte, W. W., R. W. Baumhefner, A. R. Potvin et al.: Multiple sclerosis de novo CNS IgG synthesis: effect of ACTH and corticosteroids. Neurology 30 (1980) 1155–1162

Tourtellotte, W. W., S. M. Staugaitis, M. J. Walsh et al.: The basis of intra-blood-brain-barrier IgG synthesis. Ann. Neurol. 17 (1985) 21–87

Troiano, R., M. Hafstein, M. Ruderman et al.: Effect of high-dose intravenous steroid administration on contrast-enhancing computed tomographic scan lesions in multiple sclerosis. Ann. Neurol. 15 (1984) 257–263

Troiano, R., S. D. Cook, P. D. Dowling: Steroid therapy in multiple sclerosis. Arch. Neurol. 44 (1987) 803

Trojaborg, W. E., E. Petersen: Visual and somatosensory evoked cortical potentials in multiple sclerosis. J. Neurol. Neurosurg. Psychiat. 42 (1979) 323–330

Trotter, I. L., W. F. Garvey: Prolonged effects of large-dose methylprednisolone infusions in multiple sclerosis. Neurology 30 (1980) 702–708

Trouillas, P., I. Courjong: Epilepsy with multiple sclerosis. Epilepsia 13 (1972) 325–333

Trouillas, P., F. Brudon, P. Adelaine: Improvement of cerebellar ataxia with levorotatory form of 5-hydrotroxytryptophan. Arch. Neurol. 45 (1988) 1217–1222

Tsu-Pei Hung: Multiple sclerosis in Taiwan: a reappraisal. In Kuroiwa, Y., L. P. Kurland: Multiple Sclerosis East and West. Kyushu University Press, Fukuoka 1982 (pp. 83–96)

Twomey, I. A., M. L. Espir: Paroxysmal symptoms as the first manifestations of multiple sclerosis. J. Neurol. Neurosurg. Psychiat. 43 (1980) 296–304

Uchimura, I. J., H. Shiraki: A contribution to the classification and pathogenesis of demyelinating encephalomyelitis with special reference to the central nervous system lesions caused by preventive inoculation against rabies. J. Neuropathol. exp. Neurol. 16 (1957) 139–203

Uhthoff, W.: Untersuchungen über die bei der multiplen Herdsklerose vorkommenden Augenstörungen. Arch. Psychiat. Nervenkr. 21 (1889) 303–367

Uitti, R. J., A. H. Rajput: Multiple sclerosis presenting as isolated oculomotor nerve palsy. Canad. J. neurol. Sci. 13 (1986) 270–272

Ulrich, J., W. Groebke-Lorenz: The optic nerve in multiple sclerosis: a morphological study with retrospective clinico-pathological correlations. Neuroophthalmology 3 (1983) 149–159

Uncine, A., M. Treviso, M. Baciani et al.: Associated central and peripheral demyelination: an electrophysiological study. J. Neurol. 235 (1988) 238–240

Unger, A., A. Key, A. Griffen, G. Panayi: Disease activity and pregnancy associated alpha-2-glyceroprotein in rheumatoid arthritis during pregnancy. Brit. med. J. 186 (1983) 750–751

Valentiner, W.: Über die Sklerose des Gehirns und des Rückenmarks. Dtsch. Klin. 8 (1856) 147–151, 158–162, 167–169

Valk, J., M. S. van der Knaap: Magnetic Resonance of Myelin, Myelination, and Myelin Disorders. Springer, Berlin 1989

van der Berg, R.: Vascularisation of the periventricular demyelinisation areas in multiple sclerosis. In Gonsette, R. E., P. Delmotte: Recent Advances in Multiple Sclerosis Therapy. Elsevier, Amsterdam 1989 (pp. 267–276)

van der Velden, M., G. T. A. Bots, L. J. Edd: Cranial CT in multiple sclerosis showing a mass effect. Surg. Neurol. 12 (1979) 307–310

Vasallo, L., M. Elian, G. Dean: Multiple sclerosis in Southern Europe. II. Prevalence in Malta since 1978. J. Epidemiol. Community Hlth 33 (1979) 111–113

Vierck, C. J.: Proprioceptive deficits after dorsal column lesions in monkeys. In Kornhuber, H. H.: The Somatosensory System. Thieme, Stuttgart 1975

Vinuela, F. V., A. J. Fox, G. M. Debrun et al.: New perspectives in computed tomography of multiple sclerosis. Ann. J. Radiol. 139 (1982) 123–127

Visscher, B. R., R. Detels, A. H. Coulson et al.: Latitude, migration and prevalence of multiple sclerosis. Amer. J. Epidemiol. 106 (1977) 470–475

Visscher, B. R., K. S. Liu, V. A. Clark et al.: Onset symptoms as predictors of mortality and disability in multiple sclerosis. Acta neurol. scand. 70 (1984) 321–328

Voiculescu, V., B. Pruskauer-Apostol, C. Alecu: Treatment with acetazolamide of brainstem and spinal paroxysmal disturbances in multiple sclerosis. J. Neurol. Neurosurg. Psychiat. 38 (1975) 191–193

Voskuhl, R. R., R. C. Hinton: Sensory impairment in the hands secondary to spondylotic compression of the cervical spinal cord. Arch. Neurol. 47 (1990) 309–311

Wahle, H.: Das Schicksal der Querschnittsgelähmten aus medizinischer und sozialer Sicht. Springer, Berlin 1965

Wahle, H.: Die Behandlung und Rehabilitation bei Patienten mit Querschnittslähmungen. In Bock, H. E., W. Gerok, F. Hartmann: Klinik der Gegenwart, Bd. I. Urban & Schwarzenberg, München 1977

Wahle, H.: Prophylaktische Maßnahmen bei der Rehabilitation von Querschnittsgelähmten. Psycho 5 (1979) 453–458

Waisburg, H., K. L. Meloff, R. Buncic: Polyarteriitis nodosa complicated by a multiple sclerosis-like syndrome. Canad. J. neurol. Sci. 1 (1974) 250–252

Wall, M., H. S. Wray: The one-and-a-half-syndrome – a unilateral disorder of pontine tegmentum: a study of 20 cases and review of the literature. Neurology 33 (1983) 971–980

Walsh, M. J., W. W. Tourtellotte: IgG, IgM and IgA temporal clonal stability in multiple sclerosis. Neurology 33, Suppl. 2 (1983) 123

Walch, M. J., W. W. Tourtellotte: The cerebrospinal fluid in multiple sclerosis. In Hallpike, J. F., S. W. M. Adams, W. W. Tourtellotte: Multiple Sclerosis, Pathology, Diagnosis and Management. Chapman & Hall, London 1984 (p. 275)

Walton, J. C., J. C. E. Kaufmann: Iron deposits and multiple sclerosis. Arch. Pathol. 108 (1984) 755–756

Warren, K. G., J. Catz: A myelin basic protein antibody cascade in purified IgG from cerebrospinal fluid of multiple sclerosis. J. neurol. Sci. 96 (1990) 19–27

Warren, K. G., J. Catz, M. J. Verona et al.: Effect of methylprednisolone on CSF-IgG parameters, myelin basic protein and anti-myelin basic protein in multiple sclerosis exacerbations. Canad. J. neurol. Sci. 13 (1986) 25–30

Warren, S. A., K. G. Warren, S. Greenhill, M. Paterson: How multiple sclerosis is related to animal illness, stress and diabetes. Canad. med. Ass. J. 126 (1982) 377–385

Wartenberg, R.: Neurologische Untersuchungsmethoden in der Sprechstunde, 3. Aufl. Thieme, Stuttgart 1958

Watkins, S. M., M. Espir: Migraine and multiple sclerosis. J. Neurol. Neurosurg. Psychiat. 32 (1969) 35–37

Waxman, St. G.: Biophysical mechanisms of impulse conduction in demyelinated axons. In: Advances in Neurology, vol. 47. Raven, New York 1988 (pp. 185–213)

Waxman, St. G., J. M. Ritchie: Demyelinating Diseases: Basic and Clinical Electrophysiology. Advances in Neurology, vol. 31. Raven, New York 1981

Weigel, G.: Die Multiple Sklerose im Kindes- und Jugendalter. Diss., Marburg 1974

Weihe, W., W. Gowin, C. Appel et al.: Zur diagnostischen Wertigkeit magnetischer Resonanztomographie bei Enzephalomyelitis disseminata. Nervenarzt 58 (1987) 158–164

Weihe, W., A. Manke, W. Gowin et al.: Die Bedeutung von lakunären Herden im magnetischen Resonanztomogramm bei Multipler Sklerose. Nervenarzt 59 (1988) 14–18

Weihe, W., M. Löw, I. Schulze-Siedschlag et al.: Multiple Sklerose: Balkenatrophie und Psychosyndrom. Nervenarzt 60 (1989) 414–419

Weisberg, L. A.: Computed tomography and pure motor hemiparesis. Neurology 29 (1979) 490–495

Weisner, B.: Do lumbal puncture and other diagnostic procedures have an unfavourable effect on the clinical course of multiple sclerosis? Acta neurochirg. 31 (1975) 294

Wenig, Ch., V. Kammerer: Zur Wertung myleographischer Befunde bei Spondylosis cervicalis und Multipler Sklerose. Radiologe 15 (1975) 323–327

Wentzel, I., D. F. Roberts, D. Bates: Multiple sclerosis HLA and lymphoycte surface markers. Acta neurol. scand. 69 (1984) 65–73

Wessel, K., C. Budde-Steffen, H. Wiethölter et al.: Cerebellar dysfunctions in patients with bronchogenic carcinoma: immunological investigations. J. Neurol. 235 (1988) 297–299

Wessely, S., R. Powell: Fatigue syndromes: a comparison of chronic „postviral" fatigue with neuromuscular and affective disordes. J. Neurol. Neurosurg. Psychiat. 52 (1989) 940–948

Wester, K., E. Hauglie-Hanssen: Stereotaxic thalamotomy-experience from the levodopa era. J. Neurol. Neurosurg. Psychiat. 53 (1990) 427–430

Westhphal, C. F. O.: Über einige durch mechanischen Einwirkungen auf Sehnen und Muskeln hervorgebrachte Bewegungserscheinungen. Arch. Psychiat. Nervenkr. 5 (1875) 803–810

White, J. C., W. H. Sweet, R. H. Hawkins, R. Nilges: Anterolateral cordotomy: results, complications and causes of failure. Brain 73 (1950) 345

Whitely, A. M., M. Swash, H. Urich: Progressive encephalomyelitis with rigidity. Brain 99 (1976) 27–42

Whitlock, F. A., M. M. Siskind: Depression as a major symptom of multiple sclerosis. J. Neurol. Neurosurg. Psychiat, 43 (1980) 861–870

Wiebers, D. O., J. W. Swanson, T. L. Cacino, J. P. Whisnant: Bilateral loss of vision in bright light. Stroke 20 (1989) 554–558

Wieck, H. H.: Ein als Enzephalomyelitis verkannter Hirntumor. Med. Welt (1964) 975–976

Wiedemann, E.: Rehabilitation und Medizin. In Augsburger, W., W. Herrmann, F. Knapp et al.: Rehabilitation, Praxis und Forschung. Springer, Berlin 1977

Wikström, J., G. Ritter, S. Poser et al.: Das Vorkommen von Multipler Sklerose in Süd-Niedersachsen. Ergebnisse einer Feldstudie über 12 Jahre. Nervenarzt 48 (1977) 494–499

Wikström, J., S. Poser, G. Ritter: Optic neuritis as an initial symptom in multiple sclerosis. Acta neurol. scand. 61 (1980) 178–185

Wild, H.: Erkrankungen der Wirbelsäule und des Schädels als Ursache neurologischer Affektionen. In Bodechtel, G.: Differentialdiagnose neurologischer Krankheitsbilder. Thieme, Stuttgart 1974

Wiliams, A. C., E. S. Mingioli, H. F. McFarland et al.: Increased CSF-IgM in multiple sclerosis. Neurology 28 (1978) 996–998

Williams, A., R. Eldridge, H. F. McFarland et al. Multiple sclerosis in twins. Neurology 30 (1980) 1139–1147

Williams, E. S., D. R. Jones, R. O. McKeran: Mortality rates from multiple sclerosis: geographical and temporal variations revisited. J. Neurol. Neurosurg. Psychiat. 54 (1991) 104–109

Williams, R. S.: Chronic subdural haematoma simulating transient ischemic attacks. Ann. Neurol. 5 (1979) 597

Willoughby, E. W., E. Grochowski, D. K. B. Li et al.: Serial magnetic resonance scanning in multiple sclerosis: a second prospective study in relapsing patients. Ann. Neurol. 25 (1989) 43–49

Winfield, J. B., M. Shaw, C. M. Silverman et al.: Intrathecal IgG-synthesis and blood-brain barrier impairment in patients with systemic lupus erythematosus and central nervous dysfunction. Amer. J. Med. 74 (1983) 837–844

Wist, E. R., M. Hennerici, J. Dichgans: Pulfrich spatial phenomenon: a psychophysical method competitive to visual evoked potentials in the diagnosis of multiple sclerosis. J. Neurol. Neurosurg. Psychiat. 41 (1978) 1069–1077

Wolf, P.: Familiäre episodische Ataxie. Nervenarzt 51 (1980) 355–358

Wolinsky, J. S., P. A. Narayana, M. J. Fenstermacher: Proton magnetic resonance spectroscopy in multiple sclerosis. Neurology 40 (1990) 1764–1769

Wurster, U.: Comparison of formulas for calculation of intrathecal IgG. In Pedersen, E., J. Clauser, L. Oodes: Actual Problems in Multiple Sclerosis Research. Fadl, Kopenhagen 1983

Wurster, U., J. Haas, U. Patzold: Liquorbefunde bei isolierter Optikusneuritis. Fortschr. Ophthalmol. 80 (1983) 35–38

Wurthmann, C., M. Daffertshofer, M. Hennerici: Qualitativ abnorme Leibgefühle bei Multipler Sklerose. Nervenarzt 61 (1990) 361–363

Xian-hao, X., D. E. McFarlin: Oligoclonal bands in CSF twins with multiple sclerosis. Neurology 34 (1984) 769–774

Yamamoto, M., S. Gabinki, T. Hayabam, S. Otsuki: Paroxysmal itching in multiple sclerosis: a report of three cases. J. Neurol. Neurosurg. Psychiat. 44 (1981) 19–22

Yamamoto, T., I. Fllena, E. S. Kim, A. Hirano: Chronic encephalomyelitis presenting as chronic progressive myelopathy. J. Neurol. Neurosurg. Psychiat. 47 (1984) 1192–1196

Yamanouchi, H., S. Sugiura, H. Shimada: Loss of nerve fibers in the corpus callosum of progressive subcortical vascular encephalopathy. J. Neurol. 237 (1990) 39–41

Yaqub, B. A., A. K. Daif: Multiple sclerosis in Saudi Arabia. Neurology 38 (1988) 621–623

Youl, D. B., K. Kermode, A. J. Thompson et al.: Destructive lesions in demyelinating disease. J. Neurol. Neurosurg. Psychiat. 54 (1991) 288–292

Young, A. C., J. Sounders, J. R. Ponsford: Mental change as an early feature of multiple sclerosis. J. Neurol. Neurosurg. Psychiat. 39 (1976) 1008–1013

Young, J. R., A. S. Hall, C. A. Pallis et al.: Nuclear magnetic resonance imaging of the brain in multiple sclerosis. Lancet 1981/II, 1063–1066

Yu-Yl., Woo-E., B. R. Hawkins et al.: Multiple sclerosis amongst Chinese in Hong Kong. Brain 112 (1989) 1445–1467

van Zandycke, M., I.-J. Marlin, L. V. Gaer, P. van den Heyning: Facial myokymia in the Guillain-Barré-syndrome: a clinico-pathologic study. Neurology 32 (1982) 744–748

Sachverzeichnis

I